U0066858

近代國際關係史（1814～1914）

張麟徵◎著

序

　　研讀歷史常常令人會心微笑，或悵然感嘆。這些年來看到美國總統中有人極力宣揚民主政治，大力推展人權外交等普世價值時，我們好像看見了百多年前英國政治家的影子，如標榜英國政治理念在維持所有國家自由獨立，並將其文明推廣到全世界的帕瑪斯頓，或高舉人道主義大旗，譴責英國政府支持土耳其暴虐統治，殺害異族的格蘭斯頓。可是事實又如何呢？強調支持所有國家追求自由獨立的帕碼斯頓，對於當時波蘭的自由獨立運動，結果是袖手旁觀；聲言追求人道主義，道貌岸然的格蘭斯頓，在殖民地的拓殖上也毫不後人，手段也未必都符合人道。

　　不僅不同時代、不同國家的政治家會有這麼相似的言行不一，同一個國家、同一個政治家、論斷同一性質的事務，也有不同的標準。當我們看到小布希維護以色列人的權益，義正辭嚴時，他似乎完全忘了巴勒斯坦阿拉伯人的權益。當他譴責中國大陸人權保障不足時，他似乎忘了，土耳其對其境內的庫德人，人權保障似乎也好不到哪裡。

　　強權間的利益衝突和對抗也是老套，當我們看到二十世紀八十年代前後美蘇在伊朗和阿富汗鬥法時，那和十九世紀英俄在此一地區的衝突又有何異？不過是換了個主角而已。在這個勢力交會的新月地帶，這樣的戲碼還會一再上演可以肯定。

　　不同文化、宗教、民族、發展程度國家間上演的衝突，也是一樣的老戲碼，從十字軍東征到現在，只是以不同的方式，換著樣的出現罷了。不同的是，以前的強者對非我族類者是明白的鄙視，必欲據之為己有，或滅之而後快，無須掩飾。現在則是表面強調平等尊重，和平相處，骨子裡強者對弱者還是一樣的頤氣指使，一樣的想將之納入自己的勢力範圍，接受其認可的價值觀。

　　國際關係史的演變發展，給我們最大的啓示是：要制約強權的擴充野心不容易，維持國際秩序不容易，要將國際秩序建立在正義的基礎上就更不容易。國家像個人，有了權力，就有濫權的傾向，一定要有制衡的力量加以約束。國內政治要靠制度、靠權力分立來達到制衡，即便如此，還是有力有未逮的時候，要用革命、政變來重新洗牌，將失衡的政治納入軌道。國際政治，在一次大戰以前，大約都靠致力於尋求權力平衡，來維持穩定。一旦權力失衡，某一國家實力獨大，就有掀起大戰的可能。拿破崙戰爭如此，一次、二次大戰亦莫不如此。

　　學究氣質的美國總統威爾遜，素來厭惡歐洲國家間的權力平衡遊戲，理想主義的他，想在戰後創建一個維持國際和平與秩序的組織，把國際社會納入國際法規範之下，讓每個國家都能循規蹈矩，國際社會從此戰爭斂跡。雖然立意甚佳，但不合國際社會的本質，連他本國人民都不支持，結果二十年後又爆發二次世界大戰。二次戰後的聯合國想完成國際聯盟的未竟之功，不錯，二戰結束已經半個多世紀，三次大戰並未爆發，但區域性的戰爭還少嗎？三次大戰未發生，是聯合國維持秩序與和平之功嗎？真正的答案可能是核子戰爭的代價沒有國家付得起，這才是恐怖平衡得以維持的原因。

　　二十一世紀的國際關係會往哪裡走？美國今天一超獨霸的地位可以永續保持嗎？地區性難解的衝突會一直延續下去嗎？毀滅性的第三次世界大戰可以避免嗎？國際社會嚴重的貧富不均，環境生態的空前威脅，有解決的方法嗎？這些問題都不容易預測和答覆。不過在前瞻未來時，我們不妨回顧一下過去。歷史當然不會原樣重複，因為時代在演進，科技一日千里，國際社會的異質性遠較以往突出。但人的本性、國家的本質，變化的可能性不大，同樣的或類似的錯誤還是可能出現。歷史是一面鏡子，即便不可能原貌重現，但發揮一下想像力，鑒往知來的功效還是有的。為了儘量避免重蹈覆轍，歷史還是有參考價值。現在，讓我們回頭來看看十九世紀的國際關係，看能否從中得到一點教訓，一點啓示。

　　細加分析，從1814到1914年的百年裡，國際關係的演進是有脈絡可

循的。從趨勢來看，它不可能長期維持在十八世紀的政治思想、權力結構上。梅特涅建構的那個國際體系，從奧國的利益來看，絕對值得全力維護。但是這個建構在保守主義上的國際體系，本來就是先天不良，後天失調，難以獲得長期支撐也就不足爲奇。先天不良，是因爲在拿破崙戰爭期間，保守主義已經受到來自自由主義與民族主義的侵蝕。這些自由主義、民族主義的病毒，在戰後只是暫時被壓下，並沒有徹底消滅，也無法徹底消滅。只要免疫力稍差，它就會捲土重來。後天失調，是因爲戰後的奧國本身問題重重，但卻自以爲身體健康，未採取適當治療措施好好調養。再加上東歐三個保守國家間利益有所衝突，與西歐的英國又有意識型態的矛盾，法國更是要防範東山再起搗蛋的對象，歐洲國際社會的共識不足，內聚力欠缺，要維持梅特涅建構的這個維也納體系談何容易？

在這個情況下，革命可以預期。雖然經由干預鎮壓，1820年、1830年、及1848年的革命都失敗了，但每經一次革命，革命就聚集了更多政治能量，就預言了其成功之日不遠。如果要避免革命，就必須進行改革，梅特涅也不是沒有嘗試改革，但是老大的哈布斯堡王室、貴族地主形成的巨大阻力、多元民族國家的先天困難，顯然不容易克服。

任何一場戰爭結束，勝利的一方都想盡辦法把現狀架構在最有利於己的基礎上，雖然維也納建構的體系對戰敗的法國夠寬大，也是由於此一原因，才使維也納體系可以維持那麼多年。但即便如此，還是有國家想在調整或推翻體系的變革中，爭取本身更多的利益。於此，自由與民族主義成了推波助瀾的大幫手。這樣的趨勢可以預見，如果保守的皇室沒有憂患意識，又專斷獨行，再有遠見的首相外相也無能爲力。

從趨勢上看，五十年代末期以後，梅特涅體系的解構已經無可避免。隨著體系的逐漸瓦解，原來架構歐洲均勢的一些國際規範也漸漸走調，什麼正統主義、補償原則、條約神聖、多邊協商機制等，都面臨嚴重考驗，但這些規範不是一夕消失，而是一點點的被侵蝕。

經過義大利與德意志的整合、統一，七十年代以後，歐洲權力架構已經與1815年時截然不同，這個新的權力架構不是經過集體協商的機制

所建構，而只是經由少數國家參與，逐步調整所出現，國際社會對如何維持此一新的權力均勢，並無任何共識，也未意識到它有多大的危險性。也許當時它們還認爲若干舊的規範，如條約神聖、多邊協商、乃至於補償原則都還可以適用，新的情勢還可以靠舊的規範來穩定，但事實並非如此。如果舊的條約，如維也納協議，可以經由強制的行爲，如戰爭，一點點撕毀，而不會引起任何制裁，我們就很難期待新的條約會得到尊重與信守。如果所謂多邊協商，只是形式上對一個片面更改的國際事實作追認，如1871年的倫敦會議，追認俄國在1870年10月，片面廢除1856年黑海中立化條款，則多邊協商的價值就毫無意義。如果國際情勢變更帶來的權力結構巨大調整，如義大利及德意志統一所帶來的變化，而不能對受此調整影響甚大的國家，如法國，給予適當的補償，反而認爲法國一再追索補償，是令人厭惡的討賞行爲，那麼補償原則其實就不再存在了。

由是，我們不僅要問，七十年代以後的國際均勢要靠什麼來維持？如果所有舊的規範都已經不再有規範的效用，則這個新的權力架構就只有靠對權力本身的操作來尋求平衡，達到均勢。這就是爲什麼此後締結平時同盟的秘密條約如此風行，軍備競賽如此白熱化，強權間的衝突不斷升高，外交活動如此爾虞我詐的原因。舊規範解構，新規範未建立，每個國家都只有自求多福。在尋求機動維持權力平衡的遊戲中，每個國家都害怕自己對權力估算發生錯誤，因此寧可高估對手，也不能高估自己。於是，原是尋求權力均勢的努力，到頭來無可奈何的，變質爲尋求權力優勢的遊戲。

在這樣一個沒有規矩可循，沒有國家可以信賴，國際信心指數幾乎歸零的時代，維持和平除了要靠政治外交家的策略，更要靠智慧。很可惜，在這個時代裡這樣的人物並不多。

十九世紀五十年代逐漸浮出檯面的政治家如路易拿破崙、加富爾、俾斯麥，都想從推翻維也納體制中渾水摸魚。加富爾與俾斯麥受愛國主義與強加在他們身上的民族主義的驅使，非朝此政策推進，無法完成其政治志業。就這個角度看來，他們的作爲非僅無可厚非，從他們各自的

國家利益看來，還居功厥偉。但是就路易拿破崙而論，克里米亞戰後法國已經擺脫其伯父戰敗的恥辱，法國國際地位大幅上升，可以從巴黎成為戰後議和重鎮一事上印證。路易要持盈保泰必須謹慎處理國際事務。就像蒂耶所說，盡力維護維也納體制，讓法國周邊只存在一系列小國，才最符合法國利益。可是路易偏不此之圖，反一心想從推動義大利與德意志民族整合運動中，為法國爭取尺土吋地的蠅頭小利，實在沒有政治眼光。路易自詡其國際觀過人，其實是目光如豆。蒂耶對他的諫阻、批評，他不僅不能虛心接納，反而反唇相譏。普奧薩多瓦一役，法國當時的軍政部長杭動（Random）將軍說：「在薩多瓦被打敗的，是法國」，確實是至理名言，也是法國的不幸。

政治家對國際局勢的研判正確與否，對國家利益影響至鉅。不正確的研判當然導致錯誤的政策，有害國家利益。路易拿破崙對義大利與德意志統一運動的支持，證明是搬石頭砸自己的腳，為法國留下長久的後患。無獨有偶的是亞歷山大二世。亞歷山大二世因為氣憤奧國忘恩負義，不念1848年革命中俄國拔刀相助之恩，反而在克里米亞戰爭中對俄落井下石。他感激普魯士在克里米亞戰爭中的中立，在波蘭事件上的聲援，所以在普奧與普法戰爭中都對普魯士採取善意中立的支持態度，結果普魯士統一德意志後對俄國又如何呢？德意志日後反而長期支持奧匈對抗俄國，難怪英國史學家泰勒（Taylor）要仿杭動的話說：「色當一役，被打敗的是俄國」。

前瞻的能力與穿透性的眼光，是一個成功政治家或外交家必不可少的條件。具備這種能力，才能看出趨勢，才能趨吉避凶。除此之外，還需要清明的頭腦、冷靜的功力、與堅毅不拔，甚至有點跋扈的個性。具備這樣條件的人確實不多，帕瑪斯頓與俾斯麥是其中佼佼者。這兩個人都絕頂聰明，對國際局勢瞭解透徹，對自己的政策毫不讓步，對待同僚甚至上司都相當霸氣，更不用說對過招的外國對手，但他們對國家利益維護確實沒有話說。

帕瑪斯頓認定法俄兩國與英國有難解的利益糾紛，是英國的對手，所以其反法、反俄的立場旗幟鮮明，手法狠辣。但帕瑪斯頓也是最務實

的人，如果與這兩個國家合作，反可以維護英國利益，他也絕不受原有立場的牽絆。他的名言：「英國沒有永久的朋友或敵人，只有永久的利益」，傳唱千古，是辦外交的至理名言。

俾斯麥是另一個頭腦冷靜的範例。他和梅特涅一樣，功於外交精算，每一出招都是謀定而動，所以把奧國法國都擺佈得動彈不得，但他並未因此而得意忘形。他一生最大的失算是強迫法國割地，這成為他日後需要用盡心機，預防報復的負擔。另外一個失著則是太過重視奧匈，這使得德俄關係受到嚴重的損壞。雖然如此，他至少知道自己所犯的錯，致力彌補。德意志統一後，他所建構的複雜同盟體系就是既在防法，也在防俄。他以為國家初統，德意志在內政上，應努力於國家建構（nation-building）工程，在外交上，應爭取國際社會的接納，維持和平的國際環境，保障德國的安全。因此，在統一後的頭二十年，俾斯麥領導的德意志，雖然令人敬威，還不至於令人感到會被侵略的恐懼（法國除外）。

不過多數政治外交家都是普通人，能夠免於情緒誤導，冷靜作決策的確實不容易，更何況其中許多人本來能力就有問題。俾斯麥以後的德國領導人，從威廉二世、霍恩洛厄·希靈斯菲斯特、比羅到貝特曼·霍爾維格，乃至於隱身幕後，卻對外交政策頗富影響力的霍爾斯泰茵，或雖然主管海軍，但對外交決策一言九鼎的提爾皮茨，都是識見有問題，見樹不見林，或易於激動之人。德國的外交在這樣一批人的手中操作，雖有一手好牌，但由於判斷與出牌錯誤，輸得一敗塗地。

至於原就處境不佳的俄奧，照說處事更應謹慎穩重，但事實上卻更流於意氣，兩位皇帝的無能不在話下，輔佐他們的外交軍事人員就更短視毛躁。尼古拉二世在一戰前夕，對應不應該下全面動員令猶豫再三時，結果身邊人一句「這個決定確實不容易做」的無心之話刺激下，他就決定全面動員，避免被人譏為行事有欠果斷。法蘭西斯約塞夫在聽說費迪南被刺時，只會哭著說「可怕呀！全能的上帝一點都不開玩笑！」此時的奧皇已經高齡八十四，再也沒有鬥志，再也經不起打擊。這樣的帝國不崩解倒成了異數。

　　在外交上，政策非常重要。政策選擇一旦錯誤，後遺症非常可怕。以奧國為例，在克里米亞戰爭中決策錯誤非常之大。它捨棄一向幫助它的俄國，與英法同盟，結果又因普魯士及德意志邦聯制肘，只好解除對俄動員。這樣的作法最後遭到各方怨尤，特別是不能見諒於俄國，使它在日後與法薩及普的戰爭中孤立無援。

　　制定外交政策，首先一定要將國家利益理出優先順序。其次要分析本身實力，一國實力若有限，就只能選擇維護最重要的利益。再次則要分析當時的國際環境，競爭對手的強弱。如果國際環境並不利於本國，對手實力也難以企及，則須要以忍待變。如果有可能爭取他國合作，用以平衡對手力量，轉變國際不利的情勢，就應考慮爭取盟友的手段、代價。國家最重要的利益為何？其外交政策是否能達成維護其利益的目的？看法常常見仁見智。以德國為例，十九世紀九十年代時，德國最重要的國家利益為何？是繼續鞏固在歐陸的霸權？還是發展海軍，與英國去爭海上的霸權？德國應該爭取的盟友是擬議中「大陸同盟」的法俄？還是英國？德國如果要爭取法俄，應採取什麼手段才能奏效？如果要爭取英國，又應採取什麼態度？對這些問題，德國內部一再辯論，始終沒有找到正確答案，終於促成三國協約的出現。

　　再以英國為例，整個十九世紀，它在外交上一向採取孤立政策，但在世紀末，其政策卻不得不改弦更張，開始尋找盟友。為什麼有這麼大的變革？無他，國家實力已經不如以往強大，可以獨來獨往。但是找誰做與國？遠東的日本較少恩怨，國內比較沒意見，所以很快就敲定了。但是歐洲呢？是找德國？法國？還是俄國？國內意見可就多了。英國外交部門基於專業認知，可能覺得與法國合作較好，但國內民意與在野政黨，甚至執政黨內都有不同意見，都比較鍾情德國。在這樣的民主國家內，外交部門就得運用高度技巧來推動政策。歷史證明，當年英國外相格雷確實是個中高手。

　　影響國際關係發展的不止是時代趨勢、政治外交家的能力智慧、政策的良窳而已，國內國際局勢，特別是經濟社會情況的演變也非常重要。十九世紀國際關係中，像是殖民帝國主義的勃興，歐洲國家彼此

間，以及它們與美國日本間的衝突，與工業化的進程很有關係。工業化對國內國際都有意想不到的影響。在國內，工業化促成大型城市出現，大量人口聚集在有限的面積內，政府對他們的管理，就不再像對散居的農村人民那麼容易。工業化更帶來社會問題、貧富差距、勞工問題、勞資糾紛。在政治上則帶來左翼政黨，如社會民主黨等實力強大的政黨出現，使政府疲於應付。在國外，則為了原物料的供應、成品的銷售、資金的出路，帶來殖民地的爭取、勢力範圍的搶奪、市場的佔有等國際衝突。因此，說近代國際關係受經濟因素的影響很大，絕不為過。國家為了解決或疏導其國內的經濟、社會、政治問題，製造或挑起國際紛爭，以轉移注意，也就成了一個便宜的手段。這種情形在一次戰前如此，在二十世紀也是如此。今天國際關係中的南北問題、東西問題、北北問題、南南問題，與所謂的全球化問題，絕大部分也是經濟問題所引起。這些問題如果得不到合理解決，很難確保國際關係和平發展。

從近代國際關係史中，我們看到強權間的權力遊戲，證實了如果那個強權獨大，權力平衡不再能維持，各國安全感越來越低，那麼戰爭的陰霾就會越來越濃。二十世紀中葉以來，武器的毀滅性反而抑制了大規模戰爭爆發的可能性，當下美國的單一霸權也沒有那個國家能挑戰，各國也都認份的接受了這個事實。但就在此時，戰爭卻以另外一種面目出現，那就是美國口中的「恐怖主義」。巨人美國所受的震撼使它本能的傾全力反擊，但後效尚待觀察。不過可以確定的是，美國如果企圖以暴制暴，後效顯然有問題。因為如果對手是個國家，以暴制暴可能有效，但對行蹤飄忽的「恐怖份子」，這樣的反制可能就沒有太大功效。畢竟「敵暗我明」，光腳的不怕穿鞋的，而且這些「高僧」連「廟」都沒有，如何剿滅？為美國計，全面政策檢討，特別是對以阿政策之檢討，不失為斧底抽薪之計。

政治家與外交工作者的職責在維護國家利益，但不應是小利、短利，不應是將自己的利益建立在對它國的損害上，這樣的關係注定不可能長久，一旦弱者轉強，情勢就會反轉，強者就會遭到報復。換言之，在國際關係中，只有所有的國家都能共存共利，都有得有失，都相互安

協，才能期待國際和平可以長久維持。從這個角度看，帕瑪斯頓是英國人眼中的偉大政治外交家，但卻是法俄兩國人眼中討人厭的對手，更是我們中國人眼中驕寵跋扈，欺壓善良的帝國主義者。從這個角度看，二十世紀九十年代以來，美國外交政策在美國人眼中是成功的：蘇聯瓦解了，東歐解放了，美國在伊拉克、前南聯、阿富汗的用兵都勝利了，美國已經是世界唯一霸權。但在巴勒斯坦阿拉伯人，甚至其他地區的阿拉伯人眼中，美國卻是盲目支持猶太人的邪魔，在歐洲盟國眼中也是個霸氣十足的盟友，在分裂國家人民眼中，更是個見不得人家和好，善玩分而治之遊戲的高手。而美國雖然是一超獨霸，巨人也有他致命的弱點，這就是911事件發生的原因。

　　再也不希望見到我們的政治外交家，像滿清時代那麼無能與喪權辱國，沒有對策。但在國際間尋找中國安身立命應有的地位之前，我們希望兩岸的政治領導人先能解決眼前棘手的經濟、社會、兩岸關係、政治改革等問題。只有停止內耗，才能發展。但當中國人站起來時，希望能記取歷史的苦難，己所不欲，勿施予人。如果國家的領導人沒有民胞物與、人飢己飢的胸懷，沒有世界大同的嚮往，一味以確保本身權位為念，以人民為芻狗，以鄰為壑，造成國內政局動盪，國際關係正義不彰，就很難維持和平，而和平，是二十一世紀最高的道德，是我們每個人都應努力以赴協助完成的目標。這是讀史者與有志於外交工作者所應共勉的。

目錄

圖目錄

第一篇

歐洲協調及民族覺醒

　　歐洲經過二十五年拿破崙戰爭，社會動盪，民生凋敝，政治疆界被大幅重劃，許多王室被推翻，改變可說驚天動地。戰爭結束之後，如何復原，戰後的國際社會要如何調整，才能長治久安，這些棘手的問題考驗著歐洲大國領導人的智慧。另方面，這些領導人也思索著，如何在戰後紛亂的情況中取得實質的利益（如領土利益），爲其本國在日後的國際社會打下基礎。

　　戰爭結束前的國際關係沒有太多國際法的約束，權力是外交的主要後盾，合縱連橫是習見的外交手段。但是戰爭犧牲的慘烈，使各國都覺得在戰後國際關係的規劃上，應強調條約的神聖性。甚至道德性的訴求，如廢除奴隸，也在維也納會議（Congress of Vienna）中得到支持，雖然付諸行動還需要更多的時間。其他前瞻的思考，如國際河川自由航行的原則，外交制度的建立，都在會議中獲得支持。雖然如此，在維也納會議上，大國主要關心的還是如何維護本身的利益，如何將戰後的國際秩序建立在最有利於自己的基礎上。因此，大國首要的考慮是如何擺平它們彼此間的矛盾，至於對它們不具制衡力量的小國利益，當然不在大國的心上。

　　按照維也納會議的主人梅特涅（Metternich, Klemes, 1773-1859），及英國外相卡索雷（Caslereagh, Robert Stewart, 1769-1822）的規劃，拿破崙戰後亟待恢復原有的歐洲均勢，否則歐洲和平難保。此一構想邏輯簡單，即歐洲和平一向建立在歐洲大國的相互制衡上，各國如果權力相當，相互牽制，即不敢輕舉妄動。一但某個國家權力過大，如拿破崙時代的法國，就容易起覬覦之心，挑起戰爭，破壞和平。簡言之，只要能維持歐洲均勢，就能維持歐洲和平。因此，拿破崙戰後國際體系的兩大策劃者，即梅特涅與卡索雷以爲：維也納會議的第一要務是防止法國再興波瀾。第二是要透過領土安排，使各國實力回復舊觀，彼此相當，相互牽制。第三就是建立一個機制，維持維也納會議的規劃，確保其不被破壞。

　　這時期的民族主義與自由主義由於拿破崙戰爭的傳輸，已經在歐陸獲得迴響，特別是在知識份子中，頗受支持。在德意志、義大利、西班

牙，民族主義與自由主義都已開始萌芽，雖然二者並非齊頭並進。對於這些地區保守的統治者來說，這是最大的威脅，其嚴重猶勝於洪水猛獸，因爲這些思想直接衝擊到他們的王權。如何確保專制正統王室的統治權，免於民族主義與自由主義的顛覆，是維也納會議及其後外交布署的主要課題。應指出的是，在這個課題上，戰勝國之間顯然有不同的看法。而民族主義與自由主義的種子一但播下，時機成熟，總有開花結果之日，有時時勢所趨，人力也難挽回。

對於民族主義與自由主義，大國間的看法並不一致，像英國，由於國情與處境的不同，對於民族主義與自由主義充滿同情。英國之所以發起聯盟，對抗法國，不是反對拿破崙所鼓吹的這些新思維，英國所反對的是法國的霸權。對英國而言，這些新思維不具任何威脅，反倒是霸權會破壞均勢，歐洲大陸不論由哪個國家一手掌控，都構成英國安全上的威脅，使英國不能放心拓展海外事業。反之，英國在歐陸的同盟國，保守的俄奧普，它們固然反對法國霸權，但更反對拿破崙所鼓吹的上述思想。因爲有形的霸權可以擊潰，但無形的思想一旦進入人心，要徹底消除並不容易。

意識型態相同的國家自然比較容易溝通，不同的國家難免有所隔閡。但這並不意味相同的國家間沒有矛盾，不同的國家間不能合作。因爲這裡還有一項比意識型態更具決定性的因素，那就是國家利益。如果國家利益有所交集，不同意識型態的國家未必不能合作；反之，如果國家利益有所衝突，意識型態相同的國家間一樣會有矛盾。這裡，英奧的合作，與奧俄的對抗，做了最清楚的說明。

這時候的外交界，既重公益，也有私誼。在長期反法戰爭中所凝聚的私友情，有時也會對特定決策產生影響。俄國的亞歷山大一世（Alexander I, 1777-1825），英國的卡索雷，都曾面對種公益私誼的兩難。前者在決定法國政權的歸屬時，後者在決定應否積極參與歐洲事務，與保守國家合作維持歐洲均勢時，都受到影響。

維也納會議後，爲維持會議所精心規劃的歐洲均勢，創設了歐洲協調（Concert of Europe），即會議制度（System of Congress）的機制，期

待透過這種集體協商方式，解決共同關切的問題。但是由於各國想法不同，利益不同，縱然仍常藉會議方式，尋求共同關切問題的解決，但其精神與原始構想已有相當差距，不僅意見落差大，共識形成難，終至背道而馳的情況也曾發生。

第一章

維也納會議與歐洲協調制度

第一節 會議召開的背景

一、會議核心人物素描

維也納會議規劃了拿破崙戰後國際社會的權力結構，維護此一權力結構的法律文件與外交機制，重要性不言可喻。而這一艱鉅的外交及法律工程，主要是由幾個外交人士一手推動完成。這些人對戰後幾十年的歐洲國際和平貢獻良多，影響深遠，值得略加介紹。

首先是地主國的梅特涅，他是外交官出身，曾任奧國駐薩克森（1801）、普魯士（1803）、法國（1806～1809）等國之大使，拿破崙戰爭期間曾促成拿破崙與奧國公主瑪麗露易絲（Marie-Louise）之婚姻。他從1809年起擔任奧國外相，1821年起任首相兼外相，直到1848年。他曾在法帝國崩潰後，發起反法同盟。戰後致力維持歐洲之專制體制，熱中權力平衡，為保守陣營之巨擘。直到1848年3月革命前，他不僅是奧國的靈魂人物，對奧帝國的外交內政有絕對的影響力，甚至對當代整體歐洲外交都有莫大的影響力。他參與創建的戰後歐洲國際體系，因受他影響之大，所以被稱為「梅特涅體系」（Metternich System）。

梅特涅對戰後國際社會的規劃，當然是從奧國的利益出發：奧國的王室哈布斯堡王朝有著光榮輝煌的歷史，其專制體制源遠流長，不容自由主義更改；奧國是個多元民族的國家，經不起民族主義的撩撥。因此，梅特涅成為保守派的政治家是理所當然。在維也納會議中及會議結束後，他費盡心機安排，務必使戰後的權力規劃、國際體制有利於奧國的生存發展。許多他當代的同儕以及後代的史學者批評他，認為他過於保守，昧於時勢；或欠缺誠懇，漫天謊言，一味鎮壓革命，反更刺激革命，最後自己還是被革命趕下台。但是為他辯護的人則以為，處在那個時代，那個國家，梅特涅其實已經做了最好的選擇[1]。梅特涅的外交手腕也許不夠磊落，但他的三吋不爛之舌，成功的籠絡了帶有自由色彩的亞歷山大一世，不僅掩蓋了奧俄間的矛盾，而且將其延後爆發。他也成功

的維持了他和卡索雷的私人情誼，使後者縱然不苟同他的看法，至少並不積極的攔阻或對抗。他使體質不佳，實力虛有其表的奧國，在戰後還能維持三十多年的大國地位，他參與建構的維也納和平也維持歐洲長時期的安寧，功過相抵，他應獲得正面的評價。

再來是俄國的亞歷山大一世。亞歷山大一世是一個謎樣的人物，這當然與其成長的背景有關。他是由祖母凱薩琳二世親自撫養，刻意培植的繼承人。曾在瑞士受教育，所以有自由思想，但父親帕維爾管教嚴厲，因此也有保守傾向。1796年11月凱薩琳過世，亞歷山大未敢披露祖母廢棄帕維爾繼承權之詔書，聽由其父繼位。1801年其父被刺，亞歷山大才即位。亞歷山大的自由思想使他在位期間做過許多興革，如創設內閣制，建立學校。他曾想廢除農奴，可惜未付諸執行。他極為熱中外交事物，在外交上長期執行反法政策，支持普奧，參與反法聯盟，拒絕拿破崙向其妹安娜之求婚。

亞歷山大一世由於受到兩種截然不同的教育，所以人格上充滿矛盾。一方面他有世俗的野心，精明狡詐，一方面又有崇高的理想，神秘虔誠。他的身邊不乏來自瑞士、波蘭、希臘的顧問與軍官，因此感染了自由主義與民族主義思潮，對諸如波蘭、希臘的民族運動充滿同情，但本質上他仍是保守主義者。他在內政上的改革未盡其功，可能與他所受教育不足有關。但在外交上，他一生都扮演著重要的角色。在結束拿破崙戰爭上，俄國出力甚多，加以當時俄國實力甚強，所以亞歷山大一世的影響力很大，在維也納會議中他十分活躍，動見觀瞻。但在外交決策中常混入道德或宗教的考量，使人費解[2]。戰後他極思藉此機會拓展俄國勢力於歐陸及海外，所以與英奧兩國的關係很緊張。他對法國相對而言較為友善，後者也努力爭取他的支持。

與歐洲大陸國家並肩抗法的英國，誠如上文指出，政治路線與大陸上的奧俄普等國都不同。卡索雷在1805～1809年間擔任國防大臣，因為進攻安特衛普（Antwep）失敗辭職，1812年初任外交大臣。在反拿破崙戰爭中與歐洲大陸國家有長時間的合作，戰爭結束後則一心防止俄國勢力之擴充。

　　卡索雷對於歐洲大陸的瞭解頗深，與英國一般政治家與百姓對歐洲事務的認知頗有落差。季辛吉說他爲人冷淡沉默，他的政策一如他的爲人，令人難以親近與瞭解，所以一路走來，始終寂寞[3]，此一描述十分貼切。卡索雷和梅特涅一樣，主張建構戰後歐洲的權力平衡，所以對梅特涅推動此一外交工程協助甚多。卡索雷認爲無論是建構戰後歐洲大陸的均勢，或維持此一均勢，都需要英國積極介入；但英國國內的看法則以爲，只有在歐洲大陸出現霸權，威脅歐洲均勢時，英國才有必要介入，和平時期英國應保持光榮孤立。因此在安排戰後歐洲秩序時，英國無論政府及民意都以爲英國不必捲入純屬歐洲地區性的衝突。這種認知上的差距，在維也納會議期間由於卡索雷「將在外，君命有所不受」的作法，對他沒有發生太大的制肘及造成太大的困擾，但日後卻對他造成很大的心理壓力，成爲揮之不去的夢魘。

　　普魯士在戰勝國的陣營中排名殿後，這當然是因爲他的實力稍遜。普魯士首相哈登堡（Hardenberg, Karl, 1750-1822）在1804～1806年間擔任普魯士外相，其後升任首相，一度被拿破崙逼迫下台，1810年復任首相。他以圓滑的外交手腕，使普魯士度過艱難歲月，參加維也納會議時，年事已高，聽力衰退。他雖然努力想以較獨立的立場，在會中爭取普魯士的利益，但常受普王腓特烈威廉三世（Frederick William III）的牽制，後者由於感激亞歷山大一世在1813年從法軍控制下解放普魯士，在會中大力支持俄國的主張[4]。所以哈登堡能做的事其實不多，1815 年後逐漸失勢。

　　最後一個重要人物，是戰敗國的外相塔列杭（Talleyrand, Charles Maurice, 1754-1838），他是一個傳奇性人物。一生長袖善舞，善觀風向，知道適時選邊，也從未選錯[5]。他畢業於巴黎神學院，後任主教。在法國大革命以後從政，當時爲最前進的代表，1791年任巴黎市長。因爲具談判長才，1792年被派赴倫敦阻止英國與普奧結成反法聯盟，英國在其遊說下接受。後來拿破崙看中他政治與外交長才，機敏權變，啓用其爲外長，他也支持拿破崙在1802年成爲終身執政。1804年拿破崙稱帝後擔任侍衛長。他在共和國、執政府、拿破崙帝國都身膺要職，稱得上是

三朝元老。雖然他與拿破崙共事甚久，關係親密，但二人之間想法不同，久處生嫌。1808年9月塔列杭趁著陪同拿破崙到德境艾爾福特（Erfurt），出席歐洲君主大會之便，曾秘密建議亞歷山大一世反對拿破崙，1809年終於被解職。亞歷山大打敗拿破崙後，在巴黎與塔列杭會晤，因後者遊說俄國支持路易十八（Louis XVIII）復辟成功，又被路易十八任命為外交大臣。

塔列杭無所謂意思型態，他可以遊走在自由與保守之間，來去自如。既然支持路易十八復辟，現在他自然是保守陣營的一員。他與保守的俄國或自由的英國都維持了不錯的關係，這對於他達成維護法國利益的目的，提供了很好的機會。

以一個戰敗國外相的身分來到維也納，塔列杭活躍於每一個聚會，無論是社交性的或政治性的，希望不錯過任何一個可以爭取支持，保障法國利益，或至少將戰勝國想加諸法國身上的損害減至最低的機會，而就這一點來說，他絕對稱職。他知道戰勝國國君與大臣的想法，也清楚他們之間的矛盾，他能夠提出迎合他們想法的主張，也知道如何為法國脫罪。他甚至能洞悉小國的無奈，而以它們代言人的姿態出現，既贏得了它們的感激，也提昇了法國的形象。以戰敗國外相的身份，能發揮這麼大的影響，一部分原因固然是出於戰勝國的寬大，但也是因為塔列杭高操的外交手腕。如果沒有百日復辟，他為法國爭取得到的地位實在不差。

對這些決定會議成敗的關鍵人物有了初步的瞭解之後，我們再來看會議的進行。

二、列強的共同目的

在拿破崙戰爭行將結束之際，歐洲國家仍然對法國以及拿破崙懷著極大的戒心。因此，如何處理法國問題，是列強關切的重點。法國的問題有二，一是法國的政府如何組成？二是如何確保法國在日後不再威脅歐洲？

　　對於政府組成問題，在1814年3月底亞歷山大一世進入巴黎之後，曾下榻塔列杭府邸，與其有所討論。當時亞歷山大一世尚未對法國未來政府的組成有所決定。由於沙皇本身濃厚的自由主義思想，一度曾有在法國成立共和政府的想法，但與塔列杭談論時，後者鼓其如簧之舌，遊說俄皇支持波旁（Bourbon）王室復辟，迎回路易十八。

　　塔列杭用以說服沙皇的主要理由就是正統主義（Principle of Legitimacy）。根據他的看法「征服不能創設權力，任何領土或王室，除非獲得其正統所有人正式宣布放棄，否則不得被掠奪、被推翻」[6]。這種論調十分迎合當時歐洲各國君主之口味，因為此一原則無異於授予他們一道護身符，對抗來自自由與民族等思想的革命威脅。此一說法亦獲得俄皇及普魯士國王腓特列威廉三世的青睞。因此，關於法國新政府的組成，拿破崙及其家族被排出，路易十八得以復辟。拿破崙力求挽回，宣稱讓位其子羅馬王，企圖扭轉頹勢，打開僵局。鑑於拿破崙在法國的影響力，沙皇擔心如不接受禪位羅馬王，可能引起法國的動亂，再加上沙皇本人並不喜歡路易十八[7]，所以立場有所動搖。此時塔列杭又扮演了關鍵性的角色，他向沙皇解說，如接受此議，拿破崙勢力隨時會捲土重來，後患無窮，終於穩住沙皇，維持原案。拿破崙無限悔恨的簽署了楓丹白露條約（Treaty of Fontainbleau），退隱厄爾巴島（Elba）[8]。塔列杭雖然對於拿破崙十分不友好，但究其用心，除了個人利益的考量外，也在維護法國的利益。

　　如何確保戰敗的法國不再興風作浪？於此，圍堵法國，是所有對法作戰國家的共識。在此一共識下，英俄奧普四國早在1814年3月9日即簽定索蒙條約（Treaty of Chaumont），決定繼續聯盟二十年。該約主要目的在於推翻拿破崙，但由於聯盟時間之長，似乎已可以看出，該聯盟國家決定集體長期維持歐洲均勢。該約的主要內容如下：

（一）推翻拿破崙，促成波旁王朝復辟。

（二）重建公正的權力平衡，終止歐洲苦難。締約國承諾行動一致，絕不單獨與法國談判停戰媾和。

（三）1814年內英國提供俄、奧、普三國五百萬英鎊的軍費。如果
對法戰爭延續，英國每年仍應提供三國五百萬英鎊軍費。

（四）如果戰爭延續，英、俄、奧、普須經常維持各十五萬人的兵
力[9]。

拿破崙被放逐到厄爾巴島，為了安撫支持拿破崙的法國人，也為了
增加復辟的路易十八的聲望，聯盟對法國相當寬厚。1814年5月30日，
聯盟與法國外相塔列杭簽定的第一次巴黎條約中，法國的疆界回復到
1792年時的規模，既沒有賠款，也無須解除武裝，只是海外領土損失較
大[10]。

聯盟對處理法國雖有共識，但對戰後其他歐洲領土的安排則矛盾很
大，這是因為一方面牽涉國家實質利益，另方面也影響歐洲均勢的建
立。當時，英國擔心俄國會繼法國之後，稱霸歐洲，特別是東歐巴爾
幹，所以英國想將此二地納入維也納會議中討論，但為俄國堅拒。至於
俄國，確實如英國所料，企圖建立其在歐洲的霸權，對土耳其帝國轄下
的比薩拉比亞（Bessarabia），乃至於整個波蘭，都想據為己有，甚至還
想插足海權，將西屬拉丁美洲殖民地、公海自由等問題搬到會議中討
論，但亦為英國堅拒。奧國方面，除害怕俄國在東歐與其競爭外，也恐
懼普魯士威脅其在德意志地區的領導地位。普魯士雖然國力不及俄奧
英，但野心也不小，不僅想保留原普屬波蘭，併吞整個薩克森
（Saxony），還想稱霸德意志。

三、列強的內部矛盾

（一）英俄間的矛盾

一旦拿破崙被擊敗，英俄對抗之勢即已顯現。由於在對抗拿破崙的
戰爭中，俄皇亞歷山大一世扮演了非常重要的角色，在關鍵時期鼓舞了
奧普等國的士氣，甚至把入侵俄國的拿破崙趕出俄國，使其狼狽而逃，
所以當1814年3月，亞歷山大一世以勝利者的姿態，進入巴黎之時，他

在歐洲的聲望達於頂峰，無人能望其項背。也因為如此，俄國將繼法國之後稱霸歐洲的恐懼就在其他國家，特別是英國蔓延。

由於亞歷山大一世自由主義的傾向，對諸如波蘭、希臘的民族運動充滿同情，所以早就想在這些地方有所作為。在波蘭問題上，受到其波蘭籍顧問沙杜瑞斯基（Czartoryski）的影響，亞歷山大一世在1812年時即承諾：在與俄國組成君合國的前提下，戰後將幫助波蘭爭取獨立，並給予波蘭一部自由憲法[11]。自是，亞歷山大一世視取得瓜分前的波蘭為其「道義」上的責任。此一主張不僅要從普魯士取得普屬波蘭，相對的給普魯士尋找補償，另方面必然激起英奧兩國反彈，因為從英奧兩國的立場來看，無論俄國如何解說，這都代表俄國勢力向東歐擴充。

就英國外相卡索雷而言，維持歐洲大陸的均勢，使歐陸各國彼此牽制，相安無事，是安排戰後歐洲國際秩序的終極指標。因此，任何想破壞此一均勢的國家，無論是拿破崙統領的法國，還是亞歷山大一世統領的俄國，都是英國的敵人。拿破崙戰爭的慘痛教訓使英國提高警覺，在對待實力已經坐大的俄國時，更要小心翼翼，防患未然。

英俄之間的矛盾不僅存在於歐洲，特別是土耳其，波蘭等地，在美洲及海權的事物上亦有強烈的衝突，1804年亞歷山大一世曾想與英國結盟，分享世界：英國為海上霸權，俄國為陸上霸權，但未有結果。1814年時情勢變更，俄國不僅想稱霸陸上，還想與英國共享海上霸權。早在1812年亞歷山大一世即曾想調停英美之間的戰爭，並交好歐陸海權國家如荷蘭、西班牙。俄皇亦曾擬將其妹嫁與西班牙國王費迪南七世（Ferdinand VII），以對抗英國，但皆未如願[12]。

英國不僅不能容忍海權的分享，也絕不願見到俄國在歐陸取法國的地位而代之，出現所謂鯨與象的對抗。對於海權問題，英國決議將其排除於維也納會議之外，英國並支持西班牙在南美的統治，以阻止美國勢力南下。因此維也納會議舉行前，卡索雷已為此與西班牙在1814年7月5日簽署了英西友好同盟條約，同年8月13日又與荷蘭簽約，以財政支援交換荷蘭海外領土開普敦及錫蘭，同時積極結束美英戰爭，在同年12月24日與美國締結剛特條約（Treaty of Gand）。英美戰爭中英國雖然在戰

事上屢獲勝利，卻在此約中對美國大幅讓步，放棄在美加之間另建一印第安國來解決捕鯨問題以及海洋問題的構想，就是由於對抗俄國的緣故。

（二）英奧合作、俄普聯手、法國介入

在大陸問題的解決上，英國則設法與奧國交好。奧國外相梅特涅對俄國亦極不信任，認為沙皇的野心可能不下於拿破崙，在聯手防俄一事上，與英國的卡索雷有很大的合作空間。在俄國方面，亞歷山大一世也對奧國滿懷戒心，擔心奧國藉著有利的地位，攫取太多的利益，所以企圖壯大普魯士，以牽制奧國。梅特涅的助理，也是維也納會議時主其事的秘書長根茨（Gentz），談到會上各國統治者的立場時，曾指出亞歷山大一世在維也納會議中的三大目標是：取得華沙大公國的全部或絕大部分；阻止奧國取得太多利益；壯大普魯士，使其成為俄國有用的盟國[13]。

梅特涅在維也納會議期間給人的印象並不好，被批評為懶惰、怠忽職守、拖延，像花蝴蝶一樣飛來飛去，輕諾寡信[14]。但這正是梅特涅的外交計謀，因為列強間的矛盾甚多，利害各異，協調起來不容易，所以他就用拖延、裝病、緋聞、各種社交活動來搪塞，等大家都被弄得心煩意燥之餘，他再出面收拾殘局，往往事半功倍[15]。以當時的奧國來說，真的是「金玉其外，敗絮其內」，在所有大國中，它最是虛有其表。以這樣的國力，挑起大會主席的工作，全力維護奧國利益，沒有幾分機敏和一些權謀，是沒有辦法應付的。

英奧間雖然有共同的利益，但也有矛盾，那就是兩國在普魯士及德意志問題上立場不同。梅特涅不僅十分重視建構歐洲的權力平衡，更希望維持德意志地區的權力平衡。不僅要對抗俄國西擴，更要防範普魯士西擴。在對抗俄國西擴上，梅特涅與卡索雷一樣，都反對俄國兼併波蘭，差別只在卡索雷主張應讓波蘭恢復獨立，梅特涅則主張波蘭應由普、俄、奧共同瓜分。對於普魯士，梅特涅認為強大的普魯士對奧國本身及其在德意志地區的影響力都構成威脅，因之不僅反對普魯士兼併薩

克森，還主張應強化南德的巴伐利亞（Baveria）等國。卡索雷則認為為了對抗法俄，普魯士可以適度強化。卡索雷重視的是歐洲全面的權力平衡，德意志地區的權力平衡與否，並非他所關心。

　　至於普魯士，既想擴張領土，又想藉民族主義稱霸德意志。再說如果俄國希望取得全部波蘭，包括原普屬波蘭，以兌現其對波蘭的承諾，普魯士自然不能平白受損，必須從他處取得補償。由於拿破崙戰爭激起了日爾曼人的民族熱忱，又受到民族主義者史丹（Stein）等人的鼓吹，在法國勢力退出之後，日爾曼人要求建立一個強大而統一的德意志。但這只是若干知識份子的想法，事實上由於普奧兩國在日耳曼民族內的對立，事情並不簡單，尤其是小的邦國根本對統一德意志毫無興趣。因此，普魯士發現若想擴充領土，增加在德意志地區的影響力，似乎只有向俄國靠攏一途。普魯士第一個目標在兼併薩克森，因為第一，兩者領土毗連，採取行動較為容易。第二，薩克森國王在拿破崙戰爭中，一直忠實的支持拿破崙，現在是在俄國軍隊佔領之下，在普魯士看來，予以兼併是薩克森應得的懲罰。第三，普魯士若在波蘭問題上支持俄國，就不難要求俄國在外交上支持普魯士，將薩克森移交。在互為奧援的外交考量下，早在1813年2月，普魯士即與俄國締結了卡力墟（Kalisch）條約，根據該約，沙皇獲普承諾，同意其於戰後取得包括若干普屬波蘭在內的華沙大公國，普王腓特烈威廉三世則獲俄支持，兼併薩克森，雙方相約不單獨對法國締約，並與奧國合作爭取英國財政支助。

　　在上述情形下英奧與俄普四強分為兩個陣營，勢均力敵，相持不下，因而給予法國一個絕佳的機會，擺脫了一個對法國而言，可能相當不利的局面。換言之，在英奧及俄普的對抗下，戰敗國的法國反而成為一個舉足輕重的力量，雙方都努力爭取。

第二節　妥協的達成

　　維也納會議在列強各懷鬼胎下，定於1814年10月1日正式揭幕[16]。與會代表皆為一時之選：俄皇亞歷山大一世，普王腓特烈威廉三世，普魯

士首相哈登堡，奧皇法蘭西斯一世（Francis I, 1768-1835），奧國外相梅特涅，英國外相卡索雷，法國外相塔列杭等都親自參與，不過普王與奧皇多由其首相或外相代表參加。

一、會議指導原則

誠如前文所指出，會議的的終極目標，根據梅特涅與卡索雷的規劃，在建構歐洲新的均勢。達成此一目標需要幾項原則作爲指導，其中最基本的一項即前述塔列杭所提出的正統原則。由於此一原則十分迎合當時歐洲各國君主之口味與需要，自然得到與會代表的一致支持。塔列杭不僅藉助此一原則爭取到波旁王朝的復辟，還想藉此爭取法國在會議中的平等地位，更有進者，此一原則也成爲會議期間，各國引用以維護本身利益的憑藉。遺憾的是，就法國而言，此一原則並未使其爭得會議初期平等參與地位，直到英奧與俄普之僵局無解，敵對雙方才想到利用法國，法國才得以進入五強行列。對小國而言，此一原則被雙重標準所破壞，無助於維護它們的利益。對英奧而言，雖可引用此一原則以對抗俄普的領土野心，但在妥協時也需要找理由自圓其說。

另外一個原則爲恢復原狀原則（Principle of restoration），其宗旨在把被拿破崙戰爭搞得面目全非的歐洲秩序與政治疆界，儘量回復舊觀。就歐洲當時的政治領袖來看，如能返回原來的基礎上，則穩固的和平當非妄想，當然也一致支持。

第三個指導原則爲補償原則（Principle of Compensation），這是在彌補恢復原狀原則的不足，也是謀求權力平衡的捷徑。根據此一原則，一國的領土如果不能恢復原狀，只能給予相當的補償。一國如在甲地有所損失，必須在乙地取得適當補償，務必使各權力之間原有的平衡不遭破壞。例如，奧國雖同意放棄奧屬尼德蘭，即比利時，讓其與荷蘭組成荷蘭王國，但同時也要求英國支持奧國在義大利取得相對補償。

這三個原則是建構歐洲均勢的三大支柱，沒有它們，均勢不過鏡花水月。而均勢原則在梅特涅、卡索雷等人大力推動之下，在會中得到一

致支持也順理成章。

二、核心爭議

　　在上述幾項原則的指導下，大部分有關領土調整的問題，在會前都有共識，並無爭議，只要在會中予以確認即可。有爭議的就是波蘭與薩克森二地，所以很快的，波蘭與薩克森成為會議的核心問題。就是因為這兩個問題的難解，所以會議正式揭幕的日期被推後一個月，正式揭幕後，梅特涅又裝病拖延，以各種社交活動來填塞空白的日程。因此會外冠蓋雲集，宴會舞會不斷，但掩飾不了私下大國之間的勾心鬥角。會議進展如牛步，因而被譏為「會議舞步婆娑，但毫無進展」（Le Congres Danse, mais ne marche pas）[17]。

　　亞歷山大一世與哈登堡抵達維也納之後，就發現情勢對彼等不利，所以俄普兩國在1814年9月28日再簽密約，重申卡力壚條約的承諾。俄普的態度迫使梅特涅與卡索雷不得不重新檢討對策。對梅特涅而言，波蘭與薩克森問題似可分開處理。俄國之所以支持普魯士取得薩克森，是因為俄國想獨佔華沙大公國，包含了原來普屬波蘭部分土地，所以必須為普魯士另覓補償。如果能說服沙皇，上策是將波蘭回復原狀，仍由俄普奧瓜分，中策是讓波蘭真正的獨立，無論哪一個策略奏效，都既可制止俄國西擴，薩克森問題亦可迎刃而解。但由誰去與沙皇交涉？任務首先落在卡索雷身上。卡索雷與沙皇的談判費時費力，不可能有交集，更何況俄國軍隊佔據著波蘭，在談判上具有絕對優勢。任務後來被推給了哈登堡，但是由於沙皇直接向普王腓特烈威廉三世抱怨，直指哈登堡與英奧聯手制俄，所以普王當著沙皇的面，命令哈登堡不得再與英奧兩國代表單獨談判，哈登堡樂得袖手[18]。

　　至於卡索雷，對策不外兩種。其一，設法離間俄普兩國。英國既然以俄國為假想敵，就需要極力爭取普魯士。當時卡索雷曾想以普魯士及奧國共同領導德意志，成為中歐的雙重藩籬，使其能東拒俄、西抗法。為此，英國不惜答允普魯士兼併部分薩克森以及萊茵河左岸，以強化普

魯士。爲兼顧梅特涅的主張及感受，英國要求普魯士必須擺脫俄國之保護，並與奧國分享德意志境內之影響力。但普魯士一心想獲得整個薩克森，及德意志境內之霸權，並未接受此議[19]。

卡索雷的第二個想法就是，在無法離間俄普時，爲化解英奧與俄普之間的僵持，只好將戰敗的法國拉入，以反制俄普。不過卡索雷對法國其實還有戒心，再說，聯合剛被打敗的敵國，對抗崛起的敵國，在感覺上也很荒謬，所以此策是下策，但是，如果事實上有此需要，卡索雷也不會排除。

是年11月7日哈登堡照會英國，不反對俄國進入波蘭之納雷夫（Narev）及維斯杜拉河（Vistule river），次日普魯士即揮軍進入薩克森，由俄軍手中接管了此地。爲了平息薩克森的反彈，哈登堡慷他人之慨，建議以萊茵河左岸之地補償薩克森，普魯士則兼併整個薩克森。但此建議爲英國所排斥，因爲如此一來，薩克森將進入法國之勢力範圍，而壯大法國，絕非英國之利。法國亦不敢接受，因爲薩克森國王一向親法，且爲路易十八之岳父，如允此議，於情於理皆難說得過去。因此法國外相塔列杭表示，瓜分薩克森，推翻其王室，有違正統原則，法國絕對不能接受[20]。此一立場造成了法國與英奧之接近。至於奧國，梅特涅表示，不能以犧牲薩克森來強化奧普關係，但是爲了解決問題，他提議保持薩克森核心，維持其獨立，但將部分薩克森領土，以及萊茵河左岸之地，給予普魯士[21]。稍後，梅特涅又要求哈登堡，既然普王不同意其與英奧代表談判波蘭問題，則哈登堡應與沙皇直接溝通，要求後者在波蘭問題上讓步。俄普磋商後，哈登堡告知梅特涅，沙皇自認其對波蘭的立場動機純正，但爲表示安協，可以讓出托恩（Thorn）、克拉科夫（Cracow）等地，但此議並不爲英奧接受。至此，透過談判處理波蘭與薩克森問題已經無解。

於此，特別值得一提的是卡索雷的態度。當時的英國政府與民意認爲法國既然戰敗，歐陸威脅既已解除，英國就可以從歐洲大陸抽身，對於歐陸國家間的爭執實在不必理會。英國政府的錯誤認知有三。其一，是以爲薩克森與波蘭問題只不過是歐陸國家間的矛盾，無關宏旨，英國

不必過問，因此，內閣訓令卡索雷，叫他不要介入。其二，英國內閣，以首相利物浦（Liverpool）為首的一批人並不以為俄國有何危險性，其中甚至有人認為，俄國兼併波蘭只會加重其脆弱性，對英國並無不利[22]。其三，認為在法國戰敗之後，歐陸權力平衡的維持，是大陸國家自己的事，英國不必積極參與。但卡索雷知道事情不是這樣，並辯稱其反對俄國，並不是為波蘭，而是為歐洲的權力平衡。但他也知道跟國內解釋不清，所以常置內閣訓令於不顧，為所當為。當然，這樣做也會在其內心深處引起掙扎與自責。

三、外交交鋒，各顯神通

由於卡索雷沒有遵照國內訓令，退出爭端，反而繼續支持梅特涅的立場，所以情勢僵持。為打破僵局，梅特涅與卡索雷在12月，先後知會塔列杭，爭取法國支持英奧立場。對塔列杭來說，這真是峰迴路轉。話說塔列杭在9月下旬來到維也納之後，就發現所有問題都由英奧俄普四個大國壟斷，法國只能與西班牙、葡萄牙、瑞典這些二流國家並列，這是非常大的歧視。所以他一到維也納，就抗議法國被四強排除在外，沒有被公平對待。塔列杭強調，聯盟的敵人是拿破崙，不是法國，現在波旁王朝既然復辟，列強就應公平對待法國[23]。可是塔列杭的抗議一直無人理會，直到12月。

機會既然來到，塔列杭自然不會錯過。1815年1月3日英奧法三國簽署了由塔列杭所提出，針對俄普兩國的三國秘密同盟條約，並邀請巴伐利亞、漢諾威（Hanover）、荷蘭等三國君主加入[24]。三國秘密同盟的基礎並不穩固，雖然由於洞悉俄國野心，英奧不願過分削弱法國實力，並將其拉入自己陣營，但事實上法國至多也不過是英奧兩國外交棋盤上的一顆棋子，一旦擺平了俄普，法國其實隨時可被拋棄。雖然如此，但這種情勢至少使得戰敗的法國暫時與其他四強平起平坐了。在百日復辟以前，法國在維也納會議中地位還算不錯。

三國同盟的主旨只在反對俄普卡力墟條約，警告俄普如一意孤行，

三國將不惜動武。1815年1月9日，維也納會議的四國委員會擴大爲五國，法國被納入。在波蘭與薩克森問題上，由於英、奧、法的反對，俄普最後決定妥協。因此，俄國最後只獲得波蘭領土的大部分，也就是「會議王國」（le royaume du Congres），而非華沙大公國。奧國取得加里西亞（Galicia），普魯士保留了波茲南（Poznaǹ），克拉科夫則成爲自由市[25]。俄皇並給予波蘭一部自由色彩之憲法。普魯士，則僅取得薩克森領土的一半，加上西發利亞（Westphalia）及萊茵河左岸之地。二個集團劍拔弩張之勢因而消失。

維也納會議中還討論到德意志與義大利兩個地區的問題。在這兩個問題上，梅特涅的主張大獲全勝。其實維也納會議舉行時，雖然在繁管急弦，舞影婆娑下，看起來哈布斯堡王朝依然雄風不減，但實質上卻是外強中乾，堂皇的樑柱內早已蟲蟻聚生。在這樣的情況下，梅特涅還能在德意志與義大利兩個區域都爲奧國爭取到最大的利益，不能不說是他外交手腕高超，確實有過人之處。

德意志地區在拿破崙戰前約有三百多個小國家，經過拿破崙的整併重組，在1814年時只剩三十餘個。受到拿破崙鼓吹的民族主義的影響，德意志地區的知識份子中不乏主張成立一個統一的聯邦者，但梅特涅堅決反對此一意見，他主張只要成立一個鬆散的邦聯就夠了。這自然是從奧國的利益著眼，果眞德意志成爲一個統一的國家，對奧國不利的影響起碼有二。第一，奧國原想取拿破崙帝國的地位而代之，成爲德境小國新的共主，如果德意志統一，奧國將失去對此一地區小國的影響力。第二，德境統一所激起的民族主義，對於多元民族的奧國來說，會產生不良的示範作用，使奧國境內的離心力量更爲加大。因此，梅特涅堅持在維持德意志境內各國獨立的前提下，組成鬆懈的邦聯。由於德境內各個小國也不想放棄獨立地位，大力支持梅特涅的主張，所以維也納會議終於決定，讓德境三十八個國家組成邦聯。如此，哈登堡與史坦恩等人所推動的聯邦運動就胎死腹中。

義大利半島也是小國林立，由於各個國家立場出入甚大，所以連組成像德意志邦聯式的鬆懈組織都無可能。半島西北方的皮德蒙

（Piedmont），或稱薩丁尼亞（Sardinia）王國，希望組成半島上的聯盟來反抗奧國的勢力，但半島中部的教皇國與南部的那不勒斯（Naples），或稱雙西西里王國（Two siciles），與奧國關係比較好，並不支持。維也納會議中，奧國不僅取得半島北部的威尼西亞（Venetia）、倫巴底（Lombardy）等地，以彌補在比利時的損失，半島中北部的帕爾瑪大公國（Duchy of Parma）由拿破崙之妻，奧國公主瑪麗露易絲入主，摩德那（Modena）及托斯卡那（Toscana）等國也由奧國貴族統治，使奧國對半島的影響力大增。梅特涅在此地利用各國矛盾，分而治之，對半島的控制甚強。於此值得一提的是那不勒斯的王位問題，根據塔列杭所提的正統原則，此地應由波旁王室的費迪南一世（Ferdinand I）復辟，但是由於拿破崙的妹夫繆拉（Murat）曾與列強合作，共同對抗拿破崙，列強對其承諾，支持其成為那不勒斯國王。因此法奧兩國在那不勒斯的王位歸屬上一度相持不下。其後繆拉自己解決了此一難題：由於他在百日復辟中不智的支持拿破崙，使得列強得以解除對他的承諾，同意費迪南復辟。

　　在1815年2月中旬，會議大部分的工作都已完成。論外交成就，首推奧國的梅特涅與英國的卡索雷，在他們的運作下，歐洲大陸的權力平衡大體得以重建，俄普兩國的野心受到若干抑制，來自法國的可能威脅得以解除。會議的一切安排都唯奧英兩國意見是從，兩國的利益也獲得維護。雖然如此，比較起來，梅特涅個人的成就又高於卡索雷，因為以當時奧國的實力與處境來說，並不有利，雖然奧國最後對俄國及普魯士做了相當讓步，但在德意志與義大利兩地區安排上，卻獲得對奧國極為有利的結果。就卡索雷而言，他在會議中所採取的態度，相當程度反應了英國的立場，那就是，除非與英國利益密切相關，像是波蘭、薩克森及荷蘭等問題，否則都採取較為消極的中立態度。而即便在前二地的處理上，卡索雷的態度也表現的虎頭蛇尾，這當然與受到國內制肘有關。所以就卡索雷的外交成就而論，可以說並非是由於其才具不足，而是國情使然。

　　法國的代表塔列杭，雖然利用列強的矛盾，取得了會議中形式上的

平等，甚至一度參與對抗俄普的同盟，表現亮麗。但基本上，他只是英奧的棋子。危機一但解除，法國的利用價值就不存在了。雖然如此，以戰敗國的身份，塔列杭能審時度勢，一方面利用列強矛盾，爭取法國的平等參與；一方面迎合保守陣營的意識型態，提出正統原則、恢復原狀原則、補償原則，以保障法王路易十八的地位及回復歐洲舊觀：另一方面又以歐洲弱小國家的代言人姿態出現，雖然未必能為歐洲小國爭取到甚麼利益，但法國正義的形象因此得以突出，塔列杭的外交成就還是值得稱道的[26]。總之，在拿破崙百日復辟以前，法國以戰敗國的地位，還能獲得這樣的待遇，可稱難得。可惜的是，1815年2月26日，拿破崙由厄爾巴島逃出，回到法國，重啟戰端之後，塔列杭在維也納會議中為法國所爭取到的有限優勢就全部煙消雲散。雖然會議在1815年6月結束，但列強與法國在1815年11月簽訂第二次巴黎約，其條件就較第一次巴黎條約苛刻多了。

　　至於亞歷山大一世，雖然在維也納會議召開前風雲叱吒，權傾一時，頗有取拿破崙而代之之勢，但也因此成為英奧等國鎖定反制的對象，在維也納會議中施展不開，最後只能安協。從英奧法三國聯盟的組成速度看來，俄國如果一意孤行，反法聯盟轉化成為反俄聯盟輕而易舉。但是反向來看，亞歷山大一世手中握有60萬大軍，其他各國軍力與其相較，相差甚遠。更有進者，波蘭事實上在俄軍佔領之下，俄國真的不願外交安協，對手只有用兵才能迫其退出。但各國真能重啟戰端嗎？英國內閣對卡索雷的作法本來就有所保留，並不認為波蘭的歸屬真會影響到歐洲權力平衡，奧國其實外強中乾，法國情勢並不穩定，難以信賴，沙皇如果堅持不妥協，英奧法對俄聯盟未必真能奈何俄國。最後沙皇以小幅讓步收場，只能說明沙皇也不想再有軍事衝突，但對手國家的有台階就下，也證明了俄國的實力。

　　普魯士是五強中最弱的一個，但是以所斬獲的領土幅員來看，普魯士的外交十分成功。腓特烈威廉三世與哈登堡的政策無他，就是堅定不移的追隨俄國，絲毫不為英奧兩國的提議所動。以普魯士所追求的國家利益而言，此一選擇堪稱正確。因為地緣政治注定了此時的普魯士只能

往德意志地區發展，而無論是在德境內擴充領土或影響力，奧國都將是無可避免的敵對者。即便英國有以普魯士爲雙重藩籬的政策，可能支持普魯士的擴張，但是由於英奧在反俄政策上的共同利益，難保不受奧國影響，與奧妥協。而俄國此時與普魯士並無利益衝突，實力又強，自然是最佳盟友。

四、會議的結果與評價

(一) 領土的分配與調整

　　幾經協調，維也納會議之最後議定書於1815年6月9日簽署，會議的主要目的即在重新調整戰後歐洲的政治疆域，因爲牽扯到各方利益甚大，上文已經介紹了艱鉅的折衷協調過程。最後的協議仍是著重在三個大陸強國的利益上。現在我們來看一下詳細的內容。

　　就俄國言，雖沒有獨併波蘭，但也取得波蘭的三分之二，另外它還自瑞典的手中取得芬蘭，自土耳其手中取得比薩拉比亞。

　　普魯士在戰後版圖增加了一倍：自波蘭手中取得波茲南、托恩、但澤（Dantzig）等波蘭西部土地，但面積不大；另外還取得瑞典在波蘭境內的波美拉尼亞（Pomerania），薩克森的五分之二，西發利亞，以及萊茵河左岸。後二地的取得，雖然使普魯士領土分爲東西兩部分，不能連接，但卻使它與德意志其他地區增加了聯繫。普魯士取得萊茵河左岸之後，自然肩負起監督法國的義務，對法國而言是一大威脅。

　　奧地利取得了波蘭境內的加里西亞，在南方，則取得了達爾馬西亞（Dalmatia）、提洛（Tyrol），以及義大利境內之威尼西亞、倫巴底。非僅如此，由於瑪麗露易絲女大公入主巴爾瑪，奧國公爵入主托斯卡那及摩德那，整個義大利半島可說籠罩在奧國的霸權之下。奧國的奧屬荷蘭（比利時）則讓與荷蘭，由荷蘭的奧蘭治（Orange）王室建立荷比聯合王國，這是英國極力贊成的，但這建議並不聰明，因爲比利時親法反荷。

　　義大利的薩丁尼亞王國則兼併了薩伏依（Savoy）、尼斯（Nice）[27]

及熱內亞（Genoa），以加強薩丁尼亞之力量，抗拒法國勢力南下，那不勒斯恢復了波旁王室在西西里的世襲統治權，改名為雙西西里。教皇則收回了教皇國。

在北歐，挪威自丹麥分出，以懲罰後者之長期支持拿破崙，挪威後合併於瑞典，以補償瑞典之失去芬蘭。丹麥取得什勒斯維格（Schleswig）及霍爾斯坦（Holstein）。在西南歐，西班牙、葡萄牙回復了原有疆界。在中歐，瑞士被建立為緩衝國，增加了日內瓦（Geneva）、伐萊（Valais）及勒夏特（Neuchatel）等地，由各國保障其永久中立。

英國在歐洲取得的領土並不多，只有地中海的馬爾他（Malta），以及希臘海岸外的愛俄尼亞群島（Ionian Islands），但在海外殖民地上則收穫頗豐：自荷蘭手中取得錫蘭、南非開普敦；自法國手中取得模里西斯（Mauritius）、托貝哥（Tobago）、聖露西亞（St. Lucia）、塞西爾（Seyselles）、羅德里哥（Rodeligo），皆具有商業價值及戰略地位。

德意志境內原有的三十八個邦組成了德意志邦聯，以奧皇為當然之首領，而奧普兩國在此邦聯內的角逐仍然持續。普魯士取得萊茵河左岸之地使日後普魯士成為法國的心腹之患，也使得普魯士取得未來得以領導德境各邦抗法的地位，在德意志邦聯中脫穎而出，統一了德國。

大致說來，歐洲的疆界經這樣的重新調整之後（參閱附圖一），已與戰前的狀態相去不遠。透過領土安排及恢復各國舊有王權，歐洲大體上已重返舊時秩序。

（二）會議的評價

對於維也納會議的成果，評價往往兩極，十九世紀的歷史學者往往又比二十世紀的學者更為嚴苛。之所以如此，可能是時間差距所產生的效果。十九世紀的學者比較喜歡從自由主義、民族主義的浪漫情懷來求全責備，而二十世紀的學者，因為經歷了兩次世界大戰，比較從理性現實的角度來看問題[28]。

從否定的角度看，維也納會議的結論被批評為是一個相當昧於世局發展的外交協議，由於會議中的核心人物，如梅特涅、亞歷山大一世、

插圖一　1815年維也納會議的歐洲疆界

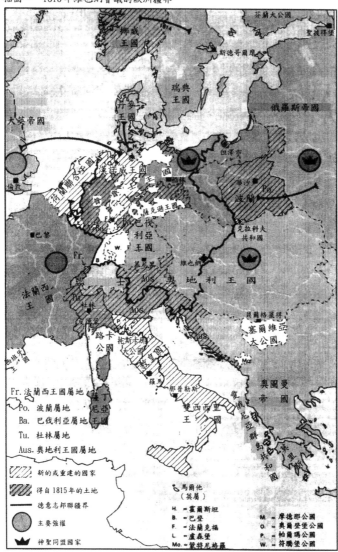

轉引、翻譯並修改自 Kinder and Hilgemann, The Anchor Atlas of World History, vol II, p. 38.

塔列杭、哈登堡等人皆爲保守主義的中堅份子，所以皆企圖重返舊秩序，將歐洲維持在一個以十八世紀政治理論爲基礎的架構上。他們完全排斥當時的潮流，即自由主義、民族主義，認爲這些思潮都是洪水猛獸，會把井然有序的歐洲弄得天翻地覆。拿破崙的法國，就是鼓吹這些思潮，把歐洲捲入戰亂達四分之一世紀。對若干國家，特別是奧國而言，因爲它既是多元民族國家，又屬專制體制，民族主義與自由主義當然對其造成生死存亡的威脅。但防堵是否爲最佳的因應之道？是否需要一些新的思維或作法來化解呢？會議在此一部分顯然交了白卷。

其次，維也納會議在作戰後秩序重建時僅僅顧及各王室之利益，過分重視權力平衡及補償原則，將領土與人民做隨意的劃分或兼併，根本未顧及當地人民之意願，如瑞典之兼併挪威、荷蘭之併吞比利時，都是有違民族主義的。在維也納會議中雖然塔列杭以弱小民族發言人自居，竭力爭取它們的利益，但因其戰敗國身份，外交地位不夠，這方面的意見完全沒有被重視。就是因爲這些被恢復的王室得不到人民的擁戴，被任意切割劃進此國或彼國的土地，人民並不認同，因此會議結束不久，革命的烽煙即四起，1820年代、1830年代，以及1848年的革命就是在這樣的氣氛中發生。

肯定者以爲，如果我們將其與結束一次世界大戰的巴黎和會相比，維也納會議的成就無寧值得誇道。第一，維也納會議中的戰勝國雖然對於法國仍不甚放心，一方面簽定長期的防衛同盟條約加以防範，另方面強化其周遭國家，如荷蘭、薩丁尼亞、普魯士的實力，予以牽制，但並不堅持嚴懲法國，法國在第一次巴黎條約中幾乎保存了革命期間所獲得的領土，在維也納會議中也爭取到平等參與之權，因而減輕了法人仇恨之心。其後由於拿破崙的攪局，法國在第二次巴黎條約中象徵性的被懲罰，但若與一次大戰後凡爾賽和約對德國的懲罰相比，仍屬十分寬大，法國人民雖有所不滿，但並非絕對不能接受。

第二，維也納會議雖然因爲排斥自由主義與民族主義，而大受批評，但是如果當時與會的政治家們接受了這些思潮，那麼許多國家馬上會陷入混亂，和平的架構將無以建立。當代歷史學者以爲，十九世紀初

年的這些新思潮不過是中產階級熱中的事物，廣大群眾對這些思潮的認知，不過停留在藉此反對外國人的統治，只要外國人（如法國人）被逐出，這些思潮在群眾中就失去魅力[29]。

第三，維也納會議在正統原則、恢復原狀、及補償原則的運作下，將歐洲導引上了昔日的道路。在反對霸權、致力維持歐洲權力平衡的外交運作下，爲歐洲建立了一個相當長時期的穩固和平。如果我們略去一些地區性的衝突不論，此一和平在東歐幾乎維持了一個世紀，使俄普奧之間的疆界得以穩定；在中歐也維持了半個世紀，將普奧之間的衝突延後了五十年；大國之間的衝突（如英法與俄克里米亞之衝突）也延後了四十年，俄國稱霸歐陸及染指鄂圖曼帝國的野心因而被迫收斂[30]。

第四，此一會議在國際法的發展與國際正義的伸張上也不無貢獻。因爲維也納會議確立了外交代表的等級制度、國際河川自由航行原則、以及禁止販賣奴隸。非僅如此，維也納會議建立了以條約爲核心的國際法尊嚴。任何國家如果想改變現狀，必須考慮與其所承擔的條約義務有無衝突。違約在當時是一件嚴重的事情，應予避免。維也納協議本身，與以後國際社會所締定的條約，都有一定的法的約束力。就是這種對條約信守的共識，使維也納會議之後的三十年，國際社會雖有紛爭，尚不至於脫序。但是在法薩與奧的戰爭之後，維也納協議所建構的體制逐漸崩解，對條約的尊重逐漸淡薄，歐洲的權力逐漸失衡，動亂才逐漸擴散開來。

第三節 協調制度之成立

所謂歐洲協調制度，或會議制度，其內涵是：建立一套機制，在歐洲地區如果出現動亂時，應由參與此一機制的國家，以會議的方式，集思廣益，採取共同的措施因應。促成此一機制出現的主要原因是法國。因爲法國雖然戰敗，聯盟對他仍不放心，所以索蒙條約中，四個盟國同意繼續同盟二十年，防止法國野心再起。因此，從根源上看，從索蒙條約開始，加上其後幾個條約，所發展出來的歐洲協調制度，其原始的意

義大約就在防範法國再對歐洲構成威脅。

但有的國家，如奧俄等，認為協調制度的作用不應僅止於此；他們以為協調制度應該擴大適用到處理歐洲國家間的糾紛，甚或各國內部動亂。但這樣擴大適用範圍，英國政府不可能承擔，因為違反其外交傳統。尤其是介入各國內部事務，明顯違反國際法「不干涉他國內政」的基本原則，英國絕對不會接受。但俄奧等國認為：由於自由主義、民族主義已經四散流竄，許多國家內部都存有不安的種子，隨時可能爆發革命、政變，然後這種動亂就可能像瘟疫一樣，席捲歐洲，危及正統王室的統治權，對此一情況，各國當然應採取措施因應。因此如何化解這兩種不同的立場，透過集體安全的作法，維持穩固平衡，確保歐洲和平，就是歐洲國家在當時亟需努力以赴的目標。

在上述考量下，透過幾個條約，建立了歐洲協調機制。

一、第二次巴黎條約

如前所述，在拿破崙從厄爾巴島脫逃之前，實際上維也納會議中有關領土問題的爭議已經解決，這之後，會議雖然還進行了三個多月，到1815年6月9日才簽訂正式條約，但其間主要的工作已經在於如何將協議落實為文字。另方面，由於拿破崙的復出，造成新的不確定情勢，所以會議的注意力也轉移到如何處理法國新情勢這一問題上。

以拿破崙東山再起為分水嶺，法國在這之前與這之後的地位完全不同。這之前塔列杭成功的以正統主義恢復了波旁王室的統治權，讓路易十八重返巴黎；又在外交上將拿破崙與法國予以區隔，強調法國與列強一樣，都是拿破崙的受害者，各國理應平等對待法國。他的外交策略與長才確實使法國一度得以受到列強較友好的對待。但由於拿破崙東山再起，法國人給予他的歡迎與支持，路易十八的不事抵抗即出亡，讓英國等聯盟國家十分不滿，聯盟認為這證明了兩件事。

第一，路易十八不事抵抗，即倉皇出亡，證明了這是一個扶不起的阿斗，不值得聯盟再予支持。故4月下旬英國即表示，英國將繼續抗

法，推翻拿破崙，但並無義務支持法國特定政府，奧國態度亦相同。至此，法國地位一落千丈，1月份所簽的英法奧三國秘密同盟已成廢紙。沙皇本來也不喜歡路易十八，但覺得可以趁此機會再將法國拉入俄國陣營，所以不計前嫌[31]，透過俄國駐法大使波措迪波爾哥（Pozzo di Borgo）向路易十八表達，俄國願意支持其重返法國，但路易十八應採取立憲制度，爭取法國人民支持。俄國之所以有此要求，是因爲前此路易十八復位後，堅持完整王權，作風保守，非常不得法國民心。一個人民不支持的政府，政權難以穩固，對法國或歐洲來說都不是好事。由於俄國對路易十八的支持，英國只得再回頭支持路易十八。拿破崙於滑鐵盧戰敗，宣布退位之後，威靈頓（Wellington, 1769-1852）[32]搶在俄國前面，幫助路易十八重登王位。路易十八重返法國後，重新起用了塔列杭爲外相，法國因而爲英、俄競相爭取[33]。

　　第二，法國人在拿破崙復出時的表現，使聯盟認爲法國人民與拿破崙一樣，都是好戰的。所以以前寬容的對法態度，一夕之間轉變爲極其嚴厲，在議定第二次巴黎條約之時，英俄兩國因爲要爭取法國，態度還較理性，以普魯士爲首的德境國家，對法國的態度則極爲嚴厲，奧國也頗附合，都主張大幅削減法國領土，哈登堡甚至要求剝奪法國佛朗特（Flandre）、亞爾薩斯（Alsace）、洛林（Lorraine）、薩伏依等地。在眾人都持嚴懲態度之時，卡索雷別具遠見，堅持不應對法國過於苛刻，以免危及歐洲日後的和平。就是由於卡索雷的力阻，法國所受的懲罰方適可而止[34]。雖然如此，聯盟對法國的那一股怨氣還是需要疏導，所以9月17日所提出的二次巴黎條約草約，重點有二。其一，法國只能保持1790年前，即革命前的疆界，而非第一次巴黎條約中1792年的疆界，法國因此失去了薩伏依及東北地區若干土地。第二，法國需賠償八億法郎，法國邊境要塞與陣地由盟軍佔領三至七年。

　　草約提出後，法國自然不滿，知道只有求助於俄才能扳回頹勢，故塔列杭向列強提出抗議後即辭職，由親俄的黎希留（Richelieu, Armond Emmanual, 1766-1822）[35]出任外相，由其向俄國交涉。在俄國支持下，條約作了若干修正，賠償減爲七億法朗，盟軍佔領期縮短爲最長五年[36]。

第二次巴黎條約雖然使法國付出了較大的代價，法國人民因此覺得不滿，但大體上說，對於法國還算寬大。

二、神聖同盟

維也納會議閉幕時，歐洲的局勢仍然動盪，一方面是由於拿破崙的東山再起，另方面是由於列強間的關係，經過會議期間的對立、衝撞、妥協，敵意與猜忌更深。以俄奧關係爲例，從拿破崙所提供的英奧法三國秘密同盟條約來看，亞歷山大一世認爲梅特涅根本就是個說謊者及背叛者，隨時準備算計俄國。而在梅特涅眼中，亞歷山大一世的捉摸不定，抱怨連連，對聯盟的忠誠不足，行事毫無原則，本來就不好相與，再加上擁有這麼大的資源與軍力，要與俄國維持友誼實在不易[37]。亞歷山大一世不僅與梅特涅之間有猜忌怨尤，他與卡索雷之間的矛盾衝突，在維也納會後也持續發展。

列強之間的嫌隙至少在三方面發生影響，其一是使法國利用各國間的矛盾，在夾縫中爭取到了若干好處。其二是促成神聖同盟（Holy Alliance）以及四國同盟（Guadruple Alliance）的相繼出現，使國際關係更形複雜。其三是促使英國支持奧國在歐陸的領導地位，以對抗俄國。

不過，縱使各國領導人之間嫌隙頗深，但當時的環境卻迫使他們，不論願意於否，非合作建構一個制度，維持歐洲的和平不可。因此，他們只好努力隱藏眞實的感情，假意周旋，甚至刻意塑造和諧友好的假象。

在建構戰後歐洲新秩序上，1815年有兩個條約問世，一個是由俄皇亞歷山大所發起的神聖同盟，一個是由梅特涅與卡索雷等人所推動的四國同盟。前者是從宗教、道德的角度出發，後者是從現實政治的角度出發，但二者的目的都在維持歐洲的和平與秩序。

1815年9月，亞歷山大一世二度率軍來到巴黎，發起組成神聖同盟，這個條約是一個令人迷糊的文件，它與一般條約用語講究精確大不

相同。據說促成神聖同盟出現的動力，來自一個神秘的俄國女人，即克魯德勒（Krudener, 1764-1824）男爵夫人的鼓吹，後者將亞歷山大一世捧爲救世主，深獲其心[38]。這個條約的措辭帶有非常濃厚的宗教意味，如「非常神聖」，「不可分的三位一體」等。亞歷山大一世希望透過這個條約把所有的君主集合起來，組織一個慈善、和平、充滿基督愛心的聯合體，共同來維護世界和平。深入分析，這個條約建立在兩個支柱之上，一個是宗教性的基督信仰，另一個則是反革命的訴求，宗旨在透過集體干涉、鎮壓革命，消除威脅王權的政治與宗教思想。俄、普、奧三國首先簽署了此一條約，歐洲其他各國家也隨之加入。英國方面，一則認爲這個充滿宗教道德意味的條約，不知所云；另方面也絕對不能背書這個標榜「集體干預」，有違英國外交傳統的條約。但爲了不讓亞歷山大一世覺得有失面子，英國雖然沒有參加，卻由攝政王，即後來的喬治四世（George IV），致函俄皇，表示支持。

　　神聖同盟的成員雖然都是保守國家，意識型態相同，但內部充滿矛盾，並不是一個穩固的同盟。主要的成員，即俄、普、奧間猜忌重重：奧普之間固然各懷鬼胎，奧普又都對俄國的擴張野心戒愼恐懼，而俄國對於奧國先前領銜組成奧英法反俄秘密同盟的舊事更耿耿於懷。

　　這樣一個具有普遍性，而又爲亞歷山大所極力鼓吹的條約，理應有一個鮮明的目的才對，但遍讀整個約文，並無這樣的規定。因此，推論亞歷山大一世想藉此組織的普遍性插足於歐洲以外的世界，聯絡法、荷、西、美等國以與英國抗衡，似乎也可以成立。因爲只有如此，才足以說明何以條約雖然帶有濃厚的宗教色彩，亦未允許土耳其加入，但卻並不是反蘇丹的[39]。

　　然而這個條約除了亞歷山大一世之外，並未得到它國應有的重視，不僅英國對之嗤之以鼻，卡索雷稱其爲「一紙崇高的神秘主義的胡說」（a piece of sublime mysticism and nonsense），梅特涅也認爲其「空泛浮誇」（vide et pompeux），毫無影響力。證諸史實，這個同盟的活力並不強，它最爲活躍的時期只持續到1823年，其後由於英國外相的換人以及強力杯葛，同盟到1830年就名存實亡，形同解體了。

三、四國同盟

神聖同盟的成立給予英國相當刺激，於是卡索雷乘議定第二次巴黎條約之便，致力於強化索蒙條約，因而誕生了四國同盟。根據此約，英、奧、俄、普四國同意長期監督法國，以防拿破崙及其家族死灰復燃。但對卡索雷來說，英國參加四國同盟的目的可能不僅於此。卡索雷其實還想藉奧、普牽制俄國，使俄國不能插手海外事務，如此英國就可繼續獨霸海權。因為在此一同盟中，除英國外並無任何海權國家，奧、普兩國在歐洲之外亦無任何利益，英國對奧、普兩國可以完全放心[40]。

對梅特涅來說亦是如此，梅特涅既然對亞歷山大一世充滿戒心，所以四國同盟未始不是梅特涅藉以聯合英國，對抗俄國的工具。

英國參與四國同盟基本上只是卡索雷個人的政策，英國內閣與人民其實並不十分支持。對英國而言，英倫海峽就是最好的屏障，歐洲大陸各國內部的紛擾，在「不干涉他國內政」的原則下，英國固然不應插手；即便是各國彼此間的紛擾，只要不影響歐洲整體的權力平衡，英國也大可不必過問。英國外交的慣例是：在承平時期不必參與任何普遍性的同盟條約。

不過，卡索雷的看法並非如此。由於他的大陸經驗，卡索雷一直認為歐洲國家應保持密切接觸，不只是為了控制法國，而且是為了考量到歐洲的一般問題：歐洲的穩定有賴履踐（commitment），而非僅憑機制的平衡（mechanical balance）；有賴預防（precaution），而非僅憑防衛（defense）[41]。換言之，卡索雷認為，歐洲領導人應定期集會，交換意見，防患未然，才能確保歐洲和平，而不是聽任危機醞釀，待其爆發後再來善後。因此，追本溯源，卡索雷應該是協調制度的創始者。不過，卡索雷自然也不認為協調制度，或稱會議制度，是集體干涉制度。身為英國政治家，無論從傳統或民意的角度看，卡索雷當然都不會支持「干涉」政策。

為說服英國內閣支持，參加歐陸同盟體系，卡索雷將四國同盟定位在只是針對法國拿破崙及其家族威脅需要上，因為這是英國在上述原則

下，唯一可接受的例外。

因為有這樣的認知，所以四國同盟的第六條規定：

「為促進和保證本約之履行，亦為加強目前四國君主既有之聯繫，
以謀舉世康樂，締約國業已同意定期舉行會議。該會議或由四國
君主親自主持，或由各國大臣出席，以便磋商共同利益，並考慮
各個特定時期可被認為最為有益的措施，以利各國安寧和繁榮，
以及歐洲和平之維護」[42]。

歐洲協調制度雖然是源出於卡索雷的概念，但是英國內閣與人民顯
然很難認同此一主張。而歐洲各國領導人對此一制度精神的瞭解，可能
也有所不同。

簡言之，對歐洲大陸問題的看法，英國與普、奧、俄三國仍頗有距
離。英國將四國同盟的目的定位在：只限於防止拿破崙復出及維持歐洲
現有疆界，對於其他的歐洲問題英國沒有介入的興趣，同時也不希望其
他國家進行干涉。至於聯手牽制俄國擴張，則是英奧密而不宜的默契。
相反的，奧、普、俄可能認為這種定期集會，當然不限於討論法國問
題。他們以為歐洲任何地區，任何改變現狀的情勢，即便是一國的內
政，都可能影響歐洲整體局勢，需要討論應對之策。正所謂星星之火可
以燎原，不能等閒視之。這種政策上的不同源出於雙方思想的差距，以
及政治情況的不同，而這種差距也預言了四國同盟難以順利運作。

總結來看，神聖同盟與四國同盟，是兩個既矛盾又互補的條約。他
們反映出那個時代國家間的利益矛盾，意識型態衝突，以及各國領導人
的外交策略與作法。

亞歷山大一世想藉助基督的普世價值，君主間的兄弟情誼，以神聖
同盟為機制，以集體干預為手段，一方面維持歐洲現狀，一方面擴充俄
國的影響力於歐陸及海外。卡索雷則想以四國同盟為機制，定期集會，
一方面防止法國出軌，另方面以奧、普兩國牽制俄國於歐陸，英國則可
放手海外發展。

在俄英之間，梅特涅既左右逢源，又左右爲難。亞歷山大一世主張維持歐洲政治與社會的現狀，反對自由與民族主義，這些立場符合奧國利益。但亞歷山大對歐洲各地的野心，又讓梅特涅不得不時時提防。因此，奧國與俄國在神聖同盟中的合作，需要有其他力量來平衡，此一力量非英國莫屬。雖然在戰略上，英奧兩國合作對抗俄國符合雙方利益，但是英國與奧國意識型態迴異，卡索雷對自由主義及民族主義的看法倒是與法國相近。更有進者，卡索雷也不贊同以赤裸裸的「干涉」手段，插手各國內政。在這樣的外交矛盾中，梅特涅就必須小心應付，時而左傾，時而右靠，尋找出能保全奧國利益的途徑。

爲阻止奧國倒向俄國懷抱，卡索雷常需搜索枯腸，既爲自己解套，也爲符合奧國需要。在卡索雷容忍下，梅特涅在歐洲扮演了消防隊長的角色，奔馳各地，致力撲滅自由與民族主義的火燭，此一角色持續三十年。就這點看來，卡索雷的政策結果可能與其初衷背道而馳，使得自由與民族主義受到很大的戕害，這也可能正是卡索雷午夜捫心，難以入眠的原因之一。

梅特涅被定位爲保守主義的中堅，就維護奧國的利益來說，他是奧國最稱職的外相。奧國不能不反對自由主義，因爲奧國境內的農民境遇至差，中產階級的勢力亦未抬頭，大權仍操在王室及少數貴族手中，如果讓自由主義在帝國內暢行，這些農民終將揭竿而起，王權與貴族利益都將不保。奧國亦不能不反對民族主義，因爲奧國是多元民族國家，在民族主義的啓發下，奧國轄下佔人口多數的斯拉夫人、波蘭人、馬札兒人等都蠢蠢欲動，終必將帝國撕裂。梅特涅所致力追求的均勢與平衡，不僅是歐洲的均衡，也是帝國內部的均衡。

因此，就梅特涅看來，拿破崙之擴張野心固然可怕，但自由民族等思想更爲可怕，因爲它可自內部瓦解奧國。思想不受國界侷限，革命的傳染性也很強，今天發生在義大利、西班牙、法國的事，明天可能就會在奧國重演。因此奧國怎能坐視不干涉？梅特涅更希望在這些威脅前，歐洲的王室能攜手協商，對鄰國的動亂採取有效的因應，扮演國際警察的角色。於此，俄國自然是可以合作的夥伴。此後三十年，梅特涅以領

導的姿態出現於歐洲，呼籲反革命、反自由。只是奧國的實力，無論在經濟上或是軍事上都不足，難堪大任[43]。所以，梅特涅雖然在二十年代的革命中，扮演了煞車的角色，但對三十年代與1848年的革命卻力不從心，無力阻擋。

第四節 協調制度之運用

　　協調制度在1818～1823年間發揮了相當的功效，雖然參與協調機制的各國不無意見相左，或利益衝突，但在相互妥協下，地區性的問題，得以透過協議解決。這是協調制度運作的黃金時期。這期間一共舉行了四次會議，下面分別加以介紹。

一、愛克斯拉夏貝勒會議

　　愛克斯拉夏貝勒會議（The Congress of Aix-la-Chapelle, 1818 ）由法國催生，目的是解決盟國軍隊的撤出問題及恢復法國的國際地位。1815到1818年間，路易十八表現不錯，黎希留致力償付盟國賠款，其間並與各國交涉，希望盟軍早日撤出。1817年終於獲得盟國首肯：一旦賠款付清，立刻撤兵，結束對法國的佔領。1818年初，法國在第二次巴黎條約所承擔的義務皆已履行，黎希留遂向盟國提出結束佔領之要求。5月，法國舉行選舉，路易十八地位穩固，盟國因之決定集會商討撤兵，及以何種方式取代監督法國的問題。

　　上文已經提到英俄間的矛盾，此一矛盾在維也納會議後並未稍減。俄國企圖利用每一個機會，以實現它世界平衡體系（Système d'équilibre mondial）的理論，插足海權問題，英國則極力阻擋。俄國之所以在會後仍不氣不餒的持續爭取海權國家，如西班牙及美國，是由於當時西屬拉丁美洲的獨立運動已風起雲湧，俄國極思以神聖同盟之名進行干預，甚至不惜出兵援助西班牙的費迪南七世。俄國當時駐西大使塔蒂斯契夫（Tastistchef）極為幹練，1817年3月歐洲流傳俄國已出售一支艦隊與西

班牙，助其恢復在南美的統治權，而西班牙則將割讓位於地中海的瑪洪港（Port-Mahon）以爲回報。同一時間俄國亦極力攏絡美國。不過上述努力最後都失敗了。俄國的西班牙政策明顯的與美國利益不符。美國支持西屬美洲獨立，如此美國方可與其從事自由貿易，所以，美國最後終被英國所爭取。1818年10月20日卡索雷及美國駐英大使魯斯（Rush）締約，解決兩國有關漁業糾紛，在此約中英國曾作大幅讓步。而俄國想將西屬美洲獨立問題帶到歐陸會議中解決的努力，亦因受到英國的強力阻擋而未成。[44]

在上述情況下，1818年9月到11月在愛克斯拉夏貝勒舉行的會議，就成了英俄外交的新戰場。黎希留對英、俄間的矛盾瞭如指掌，爲了法國的利益，決心善加利用。

在愛克斯拉夏貝勒會議舉行前，即1818年1月，俄國應西班牙國王費迪南七世之請，要求盟國對西屬美洲之叛亂進行集體干預，爲英國反對。1818年9月，會議舉行後，西班牙復敦請盟國斡旋其與殖民地間之爭執，亦不果。最後，會議的中心問題只侷限於法國。

盟國很快的決定自法撤軍，但對於與法國今後關係之定位，英俄之間又出現對立。英國擬繼續索蒙條約及四國同盟的約定，換言之，仍然以法國爲假想敵，不同意法國參與國際事務；但俄國在建立世界平衡體系的考量下，建議將四國同盟開放給所有想參加的國家，成立全球聯盟（Universal Union），如此法國自然獲得參與機會。其實俄國想聯合法國對抗英奧，法國也想與俄靠攏，藉以提昇其國際地位。相持不下之餘，俄國表示退讓，主張將四國同盟擴大爲五國同盟，允許法國加入。爲了化解僵局，梅特涅遂建議折衷，一方面接受俄國提議，將四國同盟擴大爲五國，容許法國加入，成爲五國聯盟（Quintuple Alliance）；另方面同盟國應再度重申索蒙條約中針對法國所承擔的義務[45]。在鷸蚌相爭之下，法國乃得以平等的地位加入歐洲協調制度，而奧國則以仲裁的身分取得歐洲之領導權。

從愛克斯拉夏貝勒會議到特羅寶會議（Congress of Troppau）兩年多的時間中，亞歷山大一世的外交政策似乎舉棋不定，這一現象是受到

他身邊兩個外交策士的影響。這兩個人一個是他後來的外相涅謝爾羅迭（Nesselrode Karl Vasilyevich, 1780-1862）[46]，他是保守主義的中堅，出身職業外交官，對沙皇外交決策很有影響力，他曾力勸沙皇支持波旁王室復辟，獲其採納。他也是梅特涅的仰慕者，與後者一向合作無間，後者也透過他，對沙皇發揮了巨大的影響力。從1822年到1856年，涅謝爾羅迭長期擔任俄國外相，一直執行親奧政策。另一個則是希臘裔的顧問卡波蒂斯垂亞斯（Kapodistrias or Capo d'Istria, 1776-1831）[47]，他在拿破崙戰爭期間即在俄國外交界服務，也參與了維也納會議。1816年起與涅謝爾羅迭共同負責俄國之外交。二十年代前後，希臘也發生了反對土耳其蘇丹的動亂，因爲出身希臘後裔，卡波蒂斯垂亞斯自然同情希臘革命，他在某種程度上挑起了亞歷山大內心深處潛在的「自由主義」意識，使後者對希臘革命有所同情與支持[48]。就亞歷山大而言，支持希臘解放可以增加俄國在巴爾幹半島的影響力，何樂而不爲？受到這兩個意識型態截然不同的人的影響，亞歷山大的政策自然難免出現矛盾。

二、特羅寶及萊巴赫會議

維也納會議雖然極力抑制自由民族等思想，但此等思想在會後仍然四處流散，二十代開始的前後，各地都有相當程度的動亂。1819年德意志境內的騷動，由於奧普兩國領導人在卡爾斯貝德（Carlsbad）會談得以消弭，其他地區的動亂則沒有這麼容易解決。

1820年1月西班牙國王費迪南七世在自由份子的壓力下，被迫接受1812年的憲法。7月，雙西西里王國亦發生革命，費迪南一世亦被迫頒布了一個類似的憲法。

西班牙的革命源何而起？說來話長。西班牙在反拿破崙戰爭中，即1812年，由卡地茨（Cadiz）等地的代表制訂了一部憲法，規定普選、限制民權、廢除封建特權，內容與1791年法國的憲法相似。費迪南七世復位後廢除此一憲法，並解散國會，恢復宗教法庭及貴族特權，壓制新聞自由等，人民至爲不滿，但費迪南七世未予理會。同時，費迪南雄心

勃勃，欲剿平屬地拉丁美洲之叛亂。後者當歐洲母國捲入拿破崙戰爭，自顧不暇之際，推動獨立運動，想趁機脫離母國獨立。拿破崙戰爭結束之後，這些屬地的獨立運動都已經成氣候，頗難處理。費迪南七世一再呼籲歐洲各國協同干預，都因英國反對，不得要領，於是決定單獨採取行動。1819年底，西班牙二十萬大軍集結於卡地茨，準備前往新大陸弭平革命。不料，1820年元旦，軍隊譁變，馬德里、巴塞隆納之革命份子亦乘機發難，情況逐一發不能收拾。費迪南七世爲了保全王位，安撫民情，只好召集國會，恢復1812年憲法，但心中十分不甘。這是他要求列強干預的原因。

　　1812年的憲法何以讓費迪南不能接受？這是因爲1812年憲法本身亦有其苛刻之處。第一，該憲法對於王權限制極大，任何自尊自重的王室，在復辟後都很難容忍；第二，此一憲法只給予行政部門有限的權力，使得後者在國會制肘下，根本無法有效施政，政局更爲動盪不安[49]。在這種情況下，憲法被廢乃必然結果。持平而論，復辟王室一意孤行，廢除憲法，引起自由人士反彈，作法當然值得檢討，但自由份子堅持恢復這樣的憲法，又一點不肯妥協，其態度亦不無可議之處。自由主義者的堅持不妥協，不僅使各該國保守人士不以爲然，也使法英兩國政府對這些自由人士的支持開始鬆動。雖然如此，這兩國的立場並不相同。

　　俄皇亞歷山大一世在1820年3月即表示：西班牙情勢危急，應該以同盟國的名義介入。俄國之所以對西班牙情勢如此關切，一來固源出於其維持現狀的保守立場，二來這也是通往南美，達成其世界平衡體系的捷徑。英國與西班牙多年來關係密切，不容他國染指。爲了反制，所以卡索雷在5月5日表示：同盟的目的旨在抗法，而不涉及其他；再說，西班牙的革命既屬於西班牙內政，應由西班牙自行處理；充其量這不過是地區性的事件，對歐洲和平並不構成威脅。總之，英國以各種理由反對干涉[50]。

　　至於奧國，因爲距離遙遠，對西班牙的問題並不感興趣。梅特涅的兩難在於：他在想法上偏向亞歷山大一世，認爲這種革命性質的動亂，

是危害歐洲社會的根源，應予鎮壓；但又害怕俄國大軍橫跨歐陸，勢力深入中歐西歐。另方面，梅特涅雖不苟同卡索雷的說法，認為革命只是一國內政，不應干預；但又不能公然反對，因為奧國需要英國支持，對抗俄國。正在兩難之際，7月2日，爆發了那不勒斯的革命，讓卡索雷與梅特涅找到一個雙方都可以接受的說法。

那不勒斯7月2日所發生的軍人叛變，脅迫國王費迪南一世，頒布了一個類似1812年西班牙憲法的新憲。對梅特涅而言，此一情勢非同小可。由於那不勒斯是義大利半島上最大的王國，有其不容忽視的影響力，如果那不勒斯的革命成功，將波及半島上其他國家，甚至奧國。更有進者，根據奧國與雙西西里王國的雙邊條約，後者不得在未與奧國磋商前，逕自改變其制度。因此梅特涅表示，義大利半島局勢威脅到奧國安危，亟待處理；再者根據奧國與雙西西里之條約，將單獨介入義大利半島。卡索雷從這一新發展中，為英國找到了下台階。他聲稱：既然那不勒斯的情勢對奧國構成威脅，奧國與那不勒斯之間又有條約義務存在，奧國可據以行使自衛權，單獨予以處理，這並不是什麼「干涉」[51]。

不管英奧的說法為何，亞歷山大一世堅持兩個半島的事務應一起開會解決，梅特涅只得同意暫不介入那不勒斯，待協商後再作決定。其間法國要求召開五強會議，予以授權。其實法國對奧國干預義大利半島事務心存芥蒂，但又攔阻不了，只好做此表態，以彰顯其參與，因此才有1820年10月的特羅寶會議。

特羅寶會議真正的主角其實只有兩人，那就是亞歷山大一世與梅特涅。英國方面，由於主張不予干涉，所以只派了其駐奧大使史都亞特（Stuart），以觀察員的身份出席。法國也只派了其駐奧大使卡哈曼（Caraman），以觀察員身份出席。普魯士興趣不大，但還是由外相柏恩斯多夫（Bernstorff）出席。

在這個會議上，梅特涅首先強調義大利半島形勢緊迫，需先處理，因此，將西班牙問題暫時排除，使議題得以單純化。

其次，與會各國對如何處理那不勒斯革命其實已經有相當共識，對

奧國出兵，其實英俄都不反對。眞正的爭執不是奧國該不該出兵鎮壓那不勒斯的革命？而是奧國以何種名義出兵？這牽涉到意識型態，也牽涉到是否會形成先例的問題。英國的立場如前所述，認爲奧國可以以行使「自衛權」的名義出兵；但俄國則堅持，這是根據神聖同盟與五國同盟的條約，進行「干涉」而出兵。換言之，英國反對干涉，所以是在傳統國際法上尋求依據，以合法化奧國的介入；而俄國主張干涉，則是從現行條約規定上，彰顯「歐洲警察」的權利與義務。夾在這兩種主張之間，奧國左右爲難。梅特涅爲求折衷，強調：任何國家皆無權干涉他國內政；但是，如果國內事務會在外國發生影響，又或威脅到他國利益時，則任何國家都有權干涉。俄國仍不接受這種主張，梅特涅爲了奧國的利益，只好向亞歷山大傾斜。雙方在11月19日起草聲明，一方面強調干預主義之重要，一方面表示將召費迪南一世及義大利半島各有關王室會商，如不能和平解決，將以武力恢復秩序。1820年11月20日由俄、奧、普所簽訂的「特羅寶議定書」（Troppau Protocol），非常具有指標性，其內容爲：

> 「一國因革命導致政府更替，如其結果威脅到其他國家，將自動從歐洲同盟除名，直到回復法律秩序與安定爲止。如其情況直接威脅他國，同盟國家可以以和平的或武力的手段，將此犯錯國家帶回同盟懷抱」。[52]

此一議定書建立了俄、奧、普三國將近三十年的反革命聯合陣線。承認了奧國根據同盟條約，進行干涉的權力。面對此以反革命爲主要訴求，視干涉他國內政爲理所當然的文件，英、法兩國都拒絕簽署。

東歐三國視英法反應莫名其妙，因爲在他們的理解中，這本來就是各個同盟條約的目的。爲了爭取英法的支持，此一文件沒有馬上公布。1821年1月，五國在萊巴赫（Laibach）重行集會。

萊巴赫會議中，列強曾嘗試斡旋費迪南一世與新政府間的爭端，但並不積極；那不勒斯新政府的態度也毫不妥協，拒絕了法國的建議，不

願以法國1814年的憲法爲藍本，修改其憲法；由於波蘭境內在會前也發生動亂，亞歷山大一世的立場也越來越強硬。相持不下之餘，奧國獲得會議授權，軍事介入那不勒斯，於1821年3月21日平定叛亂，恢復費迪南一世的正統王權。

也是在3月份，半島北部的薩丁尼亞也發生了革命，查理·阿爾伯特親王（Prince Charles Albert）迫使薩丁尼亞國王維克多·伊曼紐一世（Victor-Emmanuel I）讓位與查理·費力克斯（Charles-Felix），而查理-阿爾伯特又趁費力克斯不在之際，篡奪王位，並頒布了自由主義的憲法。奧國因此在回師北上時，在諾伐雷（Novare）大敗革命黨，平息了薩丁尼亞之革命。值得一提的是，在鎮壓薩丁尼亞革命時，沙皇曾提供奧國十萬大軍，以爲不時之需[53]。

此時整個義大利半島，包括教皇國、托斯卡那大公國都在奧國軍事監督之下，奧國想趁機在半島建立一個受奧國控制的義大利聯邦，但此一構想受到多重阻力，一則法國不願見到奧國勢力在此大幅擴充，二則薩王伊曼紐一世及教皇亦不支持，因此梅特涅此一願望終未實現。

與此同時，即1821年4月，希臘爆發反抗土耳其蘇丹的動亂，沙皇受其希裔顧問卡波蒂斯垂亞斯以及其軍中希裔軍官伊普希蘭蒂（Ypsilanti）等人的影響，對希臘革命頗爲同情。按希臘革命在性質上與義大利半島或西班牙半島的革命不同，它主要是民族性、宗教性的，反抗非基督文明的土耳其的統治。換言之，這不完全是歐洲幾個同盟條約所指的革命，也不包含在這些同盟條約所適用的範圍內[54]。但是，鄂圖曼帝國與奧帝國同病相憐，都有許多內部問題，今日如果以此理由支持希臘反抗鄂圖曼，他日也可以以同樣的理由支持奧國內部的民族訴求。因此，梅特涅極力遊說沙皇，勸其放棄對希臘革命者的支持。梅特涅指出，希臘動亂與其他各地反對正統統治者的動亂，在性質上並無不同。梅特涅更以怪罪手法反將沙皇一軍，直陳要不是沙皇在維也納會議後，對自由主義採取了曖昧的態度，顯露了其對希臘叛亂者的同情，就不會有1820年各地的動亂。另方面又利用剛發生在波蘭地區的騷動，不僅趕在俄國信使之前，提供沙皇全盤情報，而且讓其產生這是西班牙、雙西

西里動亂事件在俄國境內的翻版，如此終於使亞歷山大一世在5月會議終結前，暫時未提希臘問題[55]。

　　整體說來，梅特涅的外交相當成功：卡索雷為解其圍，以「自衛權」為由，全力配合；亞歷山大一世也完全被其三吋不爛之舌說服。透過他的高明運作，不僅義大利半島的革命完全被奧國所摧毀，半島完全納入奧國掌控之下，希臘問題也被排除在會議討論之外，若說梅特涅是沙皇的首相，替其處理了一切，實際上也不為過。

三、維戎那會議

　　特羅寶及萊巴赫會議實際上只解決了義大利半島的問題，而西班牙問題以及日趨嚴重的希臘叛亂問題都尚待研商。於是同盟國決定於1822年10月在維戎那（Verona）集會。希臘問題，由於梅特涅外交運作成功，沒有列入議程，西班牙問題，則由於其特殊的重要性，成為此一會議之重要主題。

　　話說1821年夏天，當希臘問題擾攘不休之時，沙皇對於土耳其與希臘之態度反反覆覆，令梅特涅十分不安。因此，是年10月，當英王喬治四世偕卡索雷赴漢諾威之時，梅特涅特地趕往會見，目的之一是爭取英國支持，在未來的維戎那會議中，英奧兩國應聯手反對沙皇討論希臘問題，其二是在西班牙問題上，要求英國同意，即便英國不便介入，但應默許其他國家介入平息西班牙革命。這兩點梅特涅都如願以償。1822年6月，梅特涅還致函卡索雷，要求其務必親自出席維戎那會議的會前會，即預定9月在維也納舉行的籌備會議[56]。但是同年8月12日突如其來的卡索雷的自殺，使英國的外交政策全面改觀，也讓梅特涅措手不及。

　　在維也納集會協商時，亞歷山大一世的立場是：為維持同盟國在希臘問題上的一致立場，如果要俄國讓步，則在西班牙問題上，盟國就必須尊重各個同盟條約及特羅寶議定書。希臘問題在此情況下被排除，但在西班牙問題上，英國與俄、西雙方的立場仍然尖銳對立。英國主張不干涉，俄、西兩國主張介入。此時法國由於傾向自由主義的黎希留已由

保守的韋列樂（Villèle, Joseph, 1773-1854）[57]取代，政策已有相當轉變。不過韋列樂雖屬於保皇派，但和路易十八一樣態度溫和、重視穩定和平。但此時法國外相蒙莫杭西（Montmorency）公爵卻為狂熱的保皇派，在維也納與俄皇會談時，他表示法國在必要時可以神聖同盟的名義軍事介入西班牙，完全不顧及國內給他的訓令[58]。

1822年10月中旬召開的維戎那會議中，亞歷山大一世堅持特羅寶議定書應該適用於西班牙，換言之，同盟國家的聯軍應該集體介入，但此議為奧、英、法三國所反對。沙皇退而求其次，主張不管以何種方式介入，同盟的目的在對抗革命，一定得軍事介入。英國代表威靈頓仍然反對，梅特涅與柏恩斯多夫的立場則是：只要不是由俄國介入，其他方案可以考慮。法國的代表蒙莫杭西及其駐英大使夏鐸布里昂（Chateaubriand, Francois A.-R., 1768-1848）[59]，二人皆同意干預，蒙莫杭西於是詢問：如果法國與西班牙自由政府斷交並介入，誰會支持法國？沙皇馬上表示全力支持，必要時亦可軍事支援。英國仍然強烈反對，但在力阻無效之後，提前離開了維戎那。奧、普二國後來勉強同意由法國介入，以避免俄國穿越歐陸介入西班牙。但是梅特涅的前提是，法國應與俄、奧、普同時向馬德里致送抗議照會，在其拒絕後，再進行同盟國的干預，以使干涉合法[60]。

1822年12月底，夏鐸布里昂出任法國外相，他是狂熱的保皇派，一心想增加法國皇室的威望，提昇法國的國際地位。他認為法國的外交重點應在俄國，必須爭取俄國，才能對抗英、奧。而法國首相韋列樂亦毫不諱言，法國的西班牙政策是以法國利益為依歸，與維戎那會議的決定毫不相關。因此，翌年1月28日法國宣布與西班牙自由政府斷交，4月揮軍入西，5月進入馬德里，完全不顧梅特涅的願望，導致後者不惜要求其他盟國共同阻止，但是並無人響應。費迪南七世終於於11月重獲完整王權。

英國的外交政策在1822年也發生了很大的轉變，該年8月肯寧（Canning, George, 1770-1827）[61]取代了卡索雷。卡索雷雖然在1820年5

月即表明了對法國以外歐洲事務的不干涉態度[62]，並對他自己推動的協調制度心灰意冷，但並未將不干涉政策推廣至歐洲大陸，強迫他國接受，自己雖不出席會議，但還是派員參加。事實上，由於卡索雷在拿破崙戰爭中與歐陸各國君主及政治領導人私交頗深，使他不能冒然與彼等決裂，而且因為他十分重視和平，所以不願以太刺激的言詞與歐陸國家針鋒相對，國內輿論因此對其極不諒解。由於反對派不斷的攻擊，國會內政治鬥爭此起彼落，他內心又自覺英國失去優勢地位，是他政策不當之過。在內外壓力匯集之下，卡索雷終於在1822年8月12日自殺身亡。

肯寧是和卡索雷截然不同的政治家，卡索雷雖然在1820年即已逐漸和歐陸國家疏遠，但並未公開反對協調制度。至於肯寧，則毫不諱言他對協調制度的厭惡，對不干涉原則的堅持。肯寧是一個觸覺敏銳，觀事入微的人。他不僅看到外交上的激烈競爭，可信者甚少，也看到英國內政上的危機，即是中產階級要求政治改革，擴大選舉權的呼聲日高，無產階級也支持此一訴求。但是英國國內從國王到內閣，從上院到下院似乎都沒有回應的意願。此股民意如果無法疏導，難免演變成革命。在這個認知下，肯寧覺得外交政策的徹底轉變可以提供一個有效的疏洪口。他認為如果英國可以提供其工商金融界一個海外發展、開拓、賺錢的機會，他們要求內部政治改革的動力自然會分散減弱[63]。因此肯寧一定要反對歐洲大陸保守國家對西屬美洲的干預，以確保英國在拉丁美洲的市場。

如果說卡索雷其實自1820年執行的也是「不干涉」政策，但那只是一種消極的不干涉政策，他並沒有積極阻止其他列強進行干涉。肯寧則不同，他所推行的是積極的不干涉政策（active non-intervention policy），即以英國的實力，阻止歐陸列強的干涉行動。肯寧與歐陸各國的領導人沒有交情，因此也沒有私人情誼的包袱，可以放手作為。肯寧的政策在西屬美洲殖民地及希臘問題上獲得相當成功的運用。

因為肯寧對厭惡多邊協調制度，所以他採取的主要是雙邊直接談判的各個擊破外交策略，例外的情況下才利用多邊方式。同時，由於對舊大陸的懷疑、猜忌，肯寧政策的另一重點是尋求新大陸，即美國的合

作，以平衡舊大陸，牽制舊大陸。肯寧意志堅強，不易妥協，破釜沈舟的對抗性格，可能也是其外交成功的原因。

第五節　協調制度之考驗

　　從愛克斯拉夏貝勒會議以來，我們就看到由於列強間的利益與觀念並不一致，協調制度的運用一開始就困難重重，其所以還能勉強操作，端賴各個領導人之間的私人情誼。論者有謂，協調制度如要成功，需要三項要素，一曰領導人間的友好關係，二曰會前有充分準備與溝通，三曰對於基本目標有共識[64]。協調制度運作的幾年間，三項基本要素只滿足了一項，即領導人之間的友好關係，當英國在1822年外交領導人更換後，連一項都沒有了，因此，這一制度的式微實在是無可如何之事。

一、西屬美洲的獨立問題

(一) 法、俄、英三國之態度

　　西屬拉丁美洲的獨立運動，在1810年代開始以後即蓬勃發展，是時捲入拿破崙戰爭的西班牙，對此一情勢鞭長莫及，無法控制。拿破崙戰爭結束之後，西班牙又困於本土的革命，仍無法全力處理，直到1823年得法國之助，王室地位穩定之後，才能專心應付，但革命之火早已一舉燎原，且已經過十多年的時間，要想撲滅十分困難。

　　對於西班牙殖民地的革命，較有興趣的歐陸國家主要是俄國與法國。俄國想插足海權，拓展商業的願望，由來已久。法國除想拓展商務外，還有更進一步的企圖：自1818年以來，法國政治家即想維持西班牙對拉丁美洲名義上的統治權，扶植拉丁美洲成立一系列的王國，由波旁王室的親王們出任這些國家的國君[65]。

　　對於法俄躍躍欲試的擬介入西屬美洲，英國強烈反對。肯寧上台後即想推動他積極的不干預政策，但在法國對西班牙本土的軍事干預中，肯寧除了發表一篇外強中乾的反對聲明外，並未採取行動。這是因為一

則俄國已給與法國全力的支持，二則英國的主要利益是在西屬美洲而非西班牙本土。對西屬美洲，英國的政策顯然不會一樣，因為這不僅影響到英國海權獨霸，嚴重威脅英國的商業利益，甚且影響到英國的內政穩定。

　　梅特涅與亞歷山大對於由法國出兵拉丁美洲，都樂觀其成，但梅特涅也知道，此事如無英國諒解不可能成功。爭取英國合作，就得去掉絆腳石肯寧。英王喬治四世與肯寧相處不佳，本來就想將之罷拙，梅特涅透過其駐英大使艾斯特哈齊（Esterhazy）與英王溝通，達成協議。可惜由於英王的誤算與毛躁，再加上肯寧的機警與防範未然，使此一計畫功敗垂成[66]。

（二）美國的立場

　　卡索雷自維也納會議以來一直致力於攏絡美國，以免後者為俄國所爭取，美、英兩國不僅在1814年12月締結了剛特條約，而且在其後仍保持密切聯繫。1817年門羅（Monroe, James, 1758-1831）[67]總統上台，有鑑於美國亦不願見到西班牙介入南美獨立運動，故決定進一步與英攜手。1818年10月20日英美二國在倫敦締結新約，加強兩國諒解。但在卡索雷領導下的英國，對於與美國合作並非毫無顧忌，英國恐懼獨立之後的南美會受到北美的控制，故一直支持西班牙在南美的主權，以抗衡美國。此時期英美合作事實上是各懷鬼胎。

　　到了肯寧主掌外交後，英國對美的政策起了決定性的變化，英國決定與新大陸進一步合作以對抗舊大陸，縱然這種決定會導致美國勢力南下拉丁美洲，亦在所不惜。造成這樣的轉變，法國出兵西班牙具有決定性的影響。肯寧雖然沒有在西班牙本土採取反制措施，但是他說：「我決定：如果法國有了西班牙，西班牙就不能再保有其美洲屬地。我會讓新世界出現，來恢復舊世界的平衡」[68]。肯寧透過美英兩國駐在對方的使節進行外交折衝。1823年8月肯寧與美國駐英大使魯斯展開談判，希望以一紙英美共同聲明，阻止神聖同盟中的西、法、俄等國對新大陸的可能干涉。另方面訓令其駐美大使拉齊（Rache）向美國轉達：英美兩

國宜承認西屬美洲屬地之獨立，英國對此一地區並無領土野心，英國也
不願見到其他歐洲強權插足此一地區，爲此，英美兩國應攜手合作。10
月，美國總統門羅得知英國此項提議時，頗有意接受，並諮詢兩位前任
總統，即傑弗遜（Jefferson）及梅迪遜（Madisson），後二者也建議接受
[69]，但國務卿昆西亞當斯（Adams, John Quincy, 1767-1848）[70]則另有考
慮，主張不予回應。

　　亞當斯所以獨持異議，是因爲一則他已風聞英法間的談判，但不認
爲法國有遠征西屬美洲的可能。二則他不願在外交政策上處處尾隨英
國。三則美國雖然也不願見到歐洲勢力插足美洲，但他確定英國對其他
歐陸強權介入南美絕不會袖手不管，美國即便不與英國聯手，也絕不會
落單。因此他建議美國對此問題採取單獨行動，不必與英國發表共同宣
言[71]。

　　門羅總統聽從了其國務卿的建議。1823年12月2日，在其給國會的
咨文中提出了有名的門羅宣言：反對殖民，反對歐洲列強介入美洲事
務，任何的介入皆被視爲不友善的行動；承認美洲既有各殖民地之獨
立；美國絕不介入歐陸事務[72]。門羅宣言顯示美國在外交上的獨立自
主，但也透露出美國對南美的野心。

（三）英國外交的勝利

　　門羅宣言似乎是把英國與其他歐陸國家視爲一體，即便不符肯寧的
願望，但至少在阻止舊大陸的勢力向南美擴充這一點上，還是符合英國
的利益[73]。

　　肯寧在大力連美之際，對法國亦進行積極的壓力性遊說，1823年10
月肯寧向法國駐英大使波利涅亞克（Polignac）親王表示：如果法國干
預西屬美洲革命，英國會就其本身利益，考慮採取行動；英國堅決反對
歐洲國家以會議方式討論此一問題。波利涅亞克在英國壓力下被迫簽署
了一個備忘錄，承諾法國政府無意幫助西班牙恢復其殖民地，或爲其本
身尋求獨佔的利益。雖然如此，法國外長夏鐸布里昂仍未忘懷由法國波
旁王朝親王，出任西屬美洲各國國君之美夢；仍致力說服西班牙給予各

殖民地自由貿易之權，以滿足英美兩國之商業利益；復圖召開國際會議以解決新獨立各國的地位問題。但由於法國首相韋列樂之力阻，夏鐸布里昂之努力白費。在韋列樂的現實考慮中，認爲夏鐸布里昂之計畫難以實現，因而不如與英國合作，反而可與其共享新大陸的商業利益。1824年6月6日夏鐸布里昂因政策不獲接納，憤而辭職。7月，法國向英國表示將自西班牙撤退。

歐洲其他國家的態度如何？雖然梅特涅在1824年時仍然致力於召開國際會議，解決南美問題，但一直受阻於肯寧。1825年初，英國承認了墨西哥、哥倫比亞、阿根廷等國，亞歷山大一世知道干預西屬美洲已無可能，不想淪爲梅特涅第二，態度因而趨於消極，不久去世，使協調制度又少了一個支持力量。肯寧雖然沒有爭取到美國，但他的積極不干涉政策，與透過雙邊談判，各個破擊的策略，以及強硬不妥協的態度，終於獲得外交上的勝利。

肯寧的政策在英國國內其實有相當雜音，一則與其不睦的英王喬治四世認爲，肯寧的作法有違歐洲協調的精神，並且目無尊長，毫不尊重英王意見；二則內閣中有人，如利物普、威靈頓以爲英國應先與南美各國簽訂商約，以防其落入美國之手，因此都對肯寧有所批評。但英國企業界、商界、金融界對肯寧的外交作爲卻十分肯定[74]。爲了彌補前此外交上的漏洞，肯寧後來對南美諸國籌組泛美組織極力阻攔，就是深恐此一組織會爲美國所控制，所以由玻利法（Bolivar, Simon, 1783-1830）[75]發起的巴拿馬會議終於失敗。

同一時期（1822年）葡屬南美，即巴西，亦在彼得親王（Dom Pedro）領導下獨立，由於彼得爲葡王約翰四世（John IV）之子，爲葡萄牙國王避難（拿破崙戰爭）巴西，戰後返回本土時所留下，所以巴西的獨立很快即獲得葡萄牙本土的承認，國際上亦未因此引起不安。英國隨即承認巴西，此時英國在新大陸的影響力，沒有哪個國家能與之相比。

由於肯寧的力阻，歐洲大陸的正統主義、干涉主義、維持現狀等原則無法在美洲實施，對此一情況，利害牽涉較深的西、法、俄等國固然

所受影響甚大，即使對在美洲並無特殊利益的奧國也產生了心理衝擊。梅特涅所力主的歐洲警察體系於焉開始鬆動。難怪梅氏自嘆：「沒有一個人肯聽聽我的意見，我好像身處洪水四湧的孤島，內心充滿惶惑」[76]。

二、希臘獨立問題

　　希臘獨立運動可以說是十九世紀「東方問題」的一環，所謂東方問題，簡單的說，就是鄂圖曼帝國日趨衰弱所帶來的問題。鄂圖曼帝國在十九世紀像是一個體力日衰的老人，一群歐洲大國，有的急切的等著瓜分遺產，其中俄國最是突出；有的害怕自己也步上同樣的道路，如奧國；有的怕自己實力不夠，搶不到大份，如英國，所以後二者都希望鄂圖曼能多拖些時日。

（一）俄英奧之立場

　　俄國對鄂圖曼的領土覬覦由來已久，十八世紀後半葉凱薩琳大帝在對土耳其的戰爭中獲勝，在庫恰克凱納吉（Kuchuk Kainarji）條約中斬獲甚豐，取得鄂圖曼帝國在黑海北部所有的土地[77]。其後又陸續從鄂圖曼帝國取得若干土地，如克里米亞。亞歷山大一世自幼承祖母庭訓，對向土耳其海峽及巴爾幹半島一帶擴充，時在念中。再加上亞歷山大一世個性中浪漫的自由主義傾向，對東正教的維護，身邊希臘策士，如卡波蒂斯垂亞斯及伊普希蘭蒂的影響，所以對希臘反抗土耳其的革命自然無比同情。早在拿破崙戰爭結束時，亞歷山大一世即支持希臘的革命者，在俄國臨黑海的奧德薩（Odessa）港，創設希臘的秘密組織黑泰理（Hetairie Philike）。在1820年時，該組織的成員高達二十萬人，其首領就是伊普希蘭蒂[78]。

　　在義大利及西班牙二個半島的革命運動風起雲湧的同時，希臘的動亂亦日趨嚴重。亞歷山大一世對希臘革命運動的同情，以及對土耳其的領土覬覦，本使他想對希臘革命者假以援手，但保守的正統主義，神聖同盟的承諾又使他有所矛盾與顧忌。因此，在1821年1月的萊巴赫會議

中，沙皇爲梅特涅所說服，接受梅氏觀念，認爲希臘之動亂本質上與義大利、西班牙的動亂並無不同，都是想推翻正統王室之統治，所以不應給予支持及同情。因此1821年3月，當希裔人民在摩達維亞（Moldavia）及摩瑞亞（Morea）同時舉事之後，他們所盼望的沙皇援助並未出現，摩達維亞的叛亂隨即被控制，土皇下令對居住於君士坦丁堡的希裔人民大開殺戒，以爲懲罰。

但當亞歷山大一世自萊巴赫返回聖彼得堡後，他的政策又發生變化，一方面受到卡波蒂斯垂亞斯的影響，另方面不滿土皇對希裔的殘暴措施，沙皇又擬支持希臘人革命。根據庫恰克凱納吉條約，土耳其有保護基督徒的義務，爲了避免啓列強疑竇，懷疑沙皇圖謀奪取東歐多瑙河各公國，所以亞歷山大一世將關切集中於宗教問題上，透過俄使，要求土耳其重建被摧毀的希臘教堂，並保證宗教自由。沙皇甚至與法國密商在地中海採取共同行動之可能。

英、奧兩國對俄國可能藉希臘革命而進入巴爾幹半島之情勢極爲憂慮。梅特涅洞察世情，知道奧土兩國其實同病相憐，扶持鄂圖曼，其實也是確保奧國的生存與安全。因爲瓦解鄂圖曼的兩股力量，民族主義與俄國野心，若在土耳其得手，下一步就會瞄準奧國。奧國無法用軍事力量阻擋俄國勢力南下，唯有用外交手段予以化解。因此，梅特涅的外交策略有二，一是利用亞歷山大一世的性格矛盾，立場搖擺，以及他個人與沙皇的私交，遊說沙皇放棄支持希臘革命。另外就是聯合英國，在外交上分進合擊，一軟一硬，分別向俄國施壓。

至於英國，小皮特（Pitt, William, The younger, 1759-1806）[79]早在十八世紀九十年代前後就警覺到俄國對鄂圖曼帝國的領土野心，反對俄國的近東政策。其後，英國的近東政策就一直是親土反俄[80]，防止俄國繼續向海峽一帶擴充。從卡索雷到格蘭斯頓（Gladstone William E., 1809-1898），此一政策延續近一個世紀。

梅特涅與卡索雷爲了化解由希臘問題引起的可能的俄、土之戰，以及維持東歐近東均勢，前文已經提及，1821年10月卡索雷伴隨英王喬治四世在漢諾威與梅特涅會商，雙方同意向俄國施壓，並發表共同聲明，

強調維持近東現狀。亞歷山大一世有鑑於英、奧的強硬態度，所以在維戎那會議中，同意不討論希臘問題。雖然如此，沙皇對希臘及巴爾幹問題仍然十分同情與關注。

希臘不顧土耳其的報復，在摩達維亞革命被摧毀之後，於1822年1月13日在摩瑞亞宣布獨立，是時一般歐洲輿論對希臘獨立運動都極爲同情支持。在巴黎夏鐸布里昂所主持的希臘之友委員會，接受來自日內瓦銀行家的財政支持，安排自願人員前往希臘參戰。日內瓦則提供卡波蒂斯垂亞斯流亡居住，慕尼黑的哲人蒂爾斯赫（Thiersch）大力爲希人遊說，美國波士頓的郝威醫生（Dr. Howe）則親往摩瑞亞，爲參戰人員提供醫療服務。若干政治領導人物如巴伐利亞的路易一世（Louis I）、美國總統門羅亦對希臘爭取獨立表示支持，但英國政府仍未下定決心[81]。對卡索雷來說，英國一直主張「不干涉」政策，積極介入支持希臘，有其立場前後不一致的矛盾。

但是肯寧上台之後，外交作法比較不受成規約束。前文已經指出，肯寧以積極手法，力阻西、法、俄等國企圖對南美之干預。1823年3月25日，肯寧又以突破傳統的手法，突然宣布承認希臘叛軍爲交戰團體，這是以外交手法進行干預，支持希臘革命。就其所標榜的不干涉政策來看，這顯然是前後不一。此一動作的用意是在離間奧、俄，因爲後二者對於土耳其的政策顯然充滿矛盾。而離間奧俄，也就是破壞肯寧所必欲去之而後快的神聖同盟[82]。

希臘人因此以爲：英國的態度對他們的立國運動有決定性的影響。1823年6月，希臘叛軍派遣了代表團前往英國遊說。他們向英國表示：鄂圖曼帝國已太老大，應該由一個強有力而年輕的國家——希臘所取代。他們並向英國要求貸款，英國雖在1824年貸款與希，但條件卻苛刻得嚇人。

肯寧的態度使沙皇軟化。在與涅謝爾羅迭商量之後，1824年1月俄皇提出新的構想，建議仿造摩達維亞及瓦拉齊亞（Valachia）的方式，在希臘建立三個侯國，讓其自治，蘇丹仍爲名義上的統治者，但實際則由歐洲強權操控。其實俄國顯然是想將巴爾幹南部置於「土耳其自治區」

的名義下，實際上卻據爲己有，但又怕一個獨立的希臘會對俄會形成尾大不掉，所以建議將其分而治之。但俄皇的計畫受到希臘及其他歐洲國家的反對，沒有結果[83]。

（二）英俄諒解

1825年夏希臘一個新的代表團再度赴英，希望能說服肯寧接納希臘爲英國之被保護國，因爲土耳其蘇丹得到其轄下埃及總督之援助，1825年5月，埃及軍隊已取得通往摩瑞亞之納法林（Navarin），希臘情勢危急。鑑於其他歐洲國家的強力反對，英國並未允其所請。

截至1825年爲止，儘管歐洲輿論對希臘表示一致同情，但英、法等國除了外交聲援，仍不願採取行動。英國詩人拜倫（Lord Byron）爲希臘獨立，在1824年於米索朗吉（Missolonghi）捐軀，而土耳其對希臘人的屠殺暴行並未收斂，種種事實皆激起歐洲人的義憤。由於英俄對立，情勢棘手，雙方也有意妥協。1825年夏秋之間，肯寧與沙皇透過俄國駐英大使夫人李也芳公主（Princess Lieven）的傳話，雙方皆有意在希土問題上尋求和解。

不幸的是，亞歷山大一世於1825年12月中旬在克里米亞染病去世，他的弟弟，新沙皇尼古拉一世（Nicholas I, 1796-1855）[84]在1825年12月登基。尼古拉一世個性直爽、務實而不浪漫，沒有其兄自由主義的傾向，他行事獨裁，有工作狂，厭惡憲政，實行軍國與官僚主義，強調紀律，討厭冗長的程序。他的歐洲政策當然不如其兄具有彈性，他的興趣集中在多瑙河流域的侯國，對巴爾幹問題態度堅定不妥協。至於希臘獨立，他以爲那確實是對正統王室的背叛，並不同情支持。尼古拉一世在外交認知上有許多盲點。他輕視伊斯蘭教，認爲土耳其正在解體之中，俄國有其應取份；他自信滿滿，不知道俄國實力有限；他認爲革命無可寬恕，應予鎮壓[85]。總之，他的思想與神聖同盟中保守的政治家並無不同。

1826年春，英國派威靈頓爲特使，向新沙皇致賀，英國政府給他的訓令是：與俄國取得共同斡旋巴爾幹半島糾紛的諒解。肯寧的外交策略

極具謀略性，因為太過謀略，有時連其特使威靈頓都搞不清楚。肯寧想拖俄國下水，由俄國對土開戰，一併解決希臘問題，但尼古拉一世也不是省油的燈。1826年3月，尼古拉一世未經照會英國，向土耳其發出最後通牒，要求恢復由馬哈茂德二世（Mahmoud II, 1785-1839）[86]所廢棄的，多瑙河各公國在1821年自治的原狀；另外也要求恢復塞爾維亞根據1812年俄土條約取得的特權。俄國的強硬態度，加以又根本不提希臘問題，迫使英國不得不有所調整，再說，肯寧也知道奧國不會支持希臘獨立，因此英國決定與俄國妥協，以阻止俄國勢力過分擴張。

　　1826年4月4日，英俄雙方達成諒解，是即聖彼得堡協議（the Protocol of St. Petersburg），由俄國單獨處理多瑙河各公國問題，英國處理希臘問題，兩國都表示在此地區並無領土要求或野心。雙方贊成維持鄂圖曼帝國對希臘的宗主權，希臘可以組成自治政府，並需對土耳其進貢。如果土耳其不答應這些要求，停止與希臘間的戰鬥，兩國將一致對土採取行動[87]。此一協議對俄國更為有利。因為對土耳其來說，他寧可答應俄國的要求，因為那原本就是土耳其已承諾的條約義務；至於希臘地位的改變，除非戰敗，土耳其是不會答應的。看來，倒是尼古拉把英國拖下水了。

（三）奧法反應與法國加入倫敦條約

　　梅特涅對於英俄協議顯然十分不悅，一則這顯示希臘獨立問題可能因此難以阻擋，另則顯示神聖同盟已難以為繼，因為此一同盟的發起國俄國居然背叛同盟，與英國站在一條陣線。但面對此一情勢，梅特涅也無能為力。

　　倒是達成此一諒解的威靈頓，事後發現被肯寧與尼古拉雙雙戲耍。威靈頓也是保守主義者，他既不喜歡希臘革命，認為其有違正統統治；也不喜歡俄國，因為認為俄國其實另有陰謀。所以當肯寧在1827年春組閣，邀請威靈頓入閣時，為其所拒。後者坦言以對：既不想助俄抗土，也不想助希抗土[88]。

　　法國對近東情勢的立場為何？在此應做一說明。對希臘叛亂，法國

民間雖然十分同情，但政府方面始終冷漠以對。在土希之爭一事上，法國政府原本支持土耳其，視希臘革命爲叛亂。當時法國的地中海政策重點在埃及，法國的專家正協助埃及總督穆罕默德阿里（Mehemet Ali Pasha, 1769-1849）[89]重整其內部組織，而埃及又正協助土耳其撲滅希臘的叛亂。法國立場因此來看合乎邏輯，更何況法國以爲阿里是蘇丹最可能的繼承人，正大力籠絡。但1825年後的發展卻迫使法國的韋列樂，不得不重新修正他的政策，因爲一則國內輿論一面倒的偏向希臘，另則駐君士坦丁堡的法國外交人員也建議修正前此之政策，認爲土耳其已太老大，法國應該加入新達成的英俄諒解。

在這樣的政策轉折下，法國透過其對土耳其的外交影響力，說服土耳其在多瑙河公國的問題上對俄讓步，在法國極力敦促下，土俄在1826年10月簽訂阿克曼（Ackermann）條約，約中土耳其同意自多瑙河兩公國撤軍，承諾若非得俄之同意，土耳其不得免除由各該公國貴族選出之大公（Hospoder），土耳其允許俄國在黑海及其海峽從事貿易，並給予塞爾維亞（Servia）自治[90]。

解決多瑙河公國的問題後，法國向英俄兩國抗議，要求以多邊方式解決希臘問題，英國因不願在此問題上單獨直接的與俄國談判，倒也歡迎法國的介入，三邊談判因而展開。1827年7月6日，英法俄在倫敦簽訂條約，約中一致同意土耳其爲希臘之宗主國，對希臘政府之高級官員任命有權過問，土耳其在希臘之財產應予補償，希臘的疆界問題容後再議。三強希望土希雙方能在一個月之內接受斡旋，土耳其如拒絕，三強將與希臘建立領事及商務關係，如果停火無法達成，三強或將軍事介入。

三強倫敦條約對土耳其並非完全不利，但被土耳其毫不領情的拒絕了，三強只好派艦隊進入地中海，但這只是以戰迫和的姿態，英法二國並不想涉入戰爭，也無意瓜分土耳其。不過當時英法二國的海軍將領柯俊東（Codrington）及李尼（de Rigny）卻十分親希，1827年9月，兩位將領在納法林與阿里之子易布拉欣（Ibrahim, 1789-1848）[91]會談，希望土耳其能同意一項海、陸兩方面之停火，但沒有結果。其後易布拉欣的

軍事行動並未收斂，屠殺行動又日益高昇，英法二位將領都大爲氣憤，決心還以顏色。1827年10月20日，兩軍相遇於納法林灣，土埃聯軍爲英法一舉摧毀[92]。

納法林之役的結果頗出英法意外，因爲兩國的保守政府原無意過分屈辱土耳其，也不願給予俄國瓜分藉口。在英國，肯寧已經在1827年8月去世，後來由立場溫和的威靈頓組閣，外相爲亞伯丁（Aberdeen, George H.-G., 1784-1860）[93]，他對土耳其表示：此乃一非常「遺憾的事件」。

（四）土耳其對歐宣戰

納法林事件確實遺憾，因爲土耳其對英法此一意外行動極爲不諒解，對彼等斡旋希土之爭的誠意尤其懷疑，是年12月英、法、俄等國駐君士坦丁堡之大使被迫下旗歸國，土耳其隨即向基督文明國家宣戰。

英、俄二國對土的宣戰有截然不同的反應，英國無意與土交戰，只想維持現狀及土耳其帝國之領土完整，尼古拉一世則主張採取積極行動對抗土耳其。1828年2月尼古拉一世公開表示，他將採取行動解決多瑙河各公國問題，4月下旬俄國正式向土宣戰。英國不願步俄國後塵，也不願見到俄國勢力長驅南下，只好增援地中海艦隊，靜觀待變。

法國在英俄的歧見中再度以調人姿態出現，法國前任駐俄大使費洪芮（Ferronays）現在擔任法國外相，他與俄國折衝的結果獲俄方應允，俄國的行動只限於多瑙河各公國，在任何情況下俄國皆不會出兵地中海。摩瑞亞的殘局則留給法軍解決，法國可派軍入摩維亞，必要時可調用英國艦隊。由於勢力範圍的劃分，三國聯盟得以勉強維持。

1828年8月，法將李尼終於與埃及之阿里取得協議，埃及軍隊自摩瑞亞撤出，由法國遠征軍接防。列強隨即與希臘政府之代表卡波蒂斯垂亞斯在波羅斯（Poros）集會討論希臘問題，決定希臘與土耳其仍應維持宗主關係，希臘之疆界以阿爾塔・沃洛（Arta-Volo）爲限。後來英、法、俄三強再於倫敦舉行會議，英國對希臘擴大領土的要求不甚支持，因愛俄尼亞群島爲英國所有，英國怕希臘索討，法俄較寬大。最後的協

議於1829年3月22日達成，大體上仍為波羅斯會議的決定。但土耳其對三強倫敦協議完全拒絕，當時土耳其又在西利斯垂亞（Silistria）大敗俄軍，態度自然較為強硬。然不久，土耳其在戰場上連連失利，俄軍深入巴爾幹，並佔領亞德里亞堡，君士坦丁堡危在旦夕，土耳其只好讓步。1829年9月，俄土再簽亞德里亞堡條約，將多瑙河南方出口讓與俄國，並允許俄國取得在黑海及海峽自由貿易權，俄國佔領多瑙河各公國直到土耳其付清賠款，各該國的君主由俄國任命，為終身職，土耳其並接受1829年3月22日倫敦議定書[94]。

由於上面這段插曲，英、法、俄三國在1830年2月再度於倫敦召開會議，調整彼等對希政策，這次英國同意，在削減希臘版圖的條件下，允許希臘完全獨立，英國希望如此可迫使希臘不敢提出愛俄尼亞群島之主權要求。三強並決定希臘王位由英法俄以外的王室選任，最先他們屬意由薩克森·科堡·哥達（Saxe-Cobourg-Gotha）的雷奧保德（Leopold）出任，但未被接受，最後王位乃贈予巴伐利亞國王的次子奧托（Otto）大公。

（五）希臘獨立的國際意義

在希臘問題上，由於法國不願被摒除在英、俄諒解之外，終於適時改變態度積極介入，法國的出現使英俄二國在若干利益衝突時期關係得以緩和。法國對土希問題曾有很大的野心，1829年8月波利涅亞克出任法國外相，為了擴大法國版面、提昇法國之國際聲望，波氏曾想裂解土耳其。他的計畫是這樣的：希臘取得君士坦丁堡，希臘王位由荷蘭王室來接掌，俄國取得多瑙河流域公國，南下到海峽，奧國取得波士尼亞及塞爾維亞，荷蘭比利時聯合王國解體，法國取比利時，普魯士取荷蘭以及薩克森，薩克森則取回萊茵河左岸。波利涅亞克的計畫空前龐大，如其成功，歐陸疆界將面目全非。由於這個計畫過分龐大，且重點放在歐陸國家的利益上，完全忽略了英國，其不切實際之處不言自明，自然也難獲得各國之支持[95]。

希臘獨立事件的處理，在外交上的意義十分深遠，它顯示原有的歐

洲強權組合有了嶄新的面貌。原有的四國同盟因爲卡索雷去世，肯寧上台推行強勢的不干涉政策，而全盤崩解。在西屬拉丁美洲的獨立事件中，我們看到肯寧如何拉攏新世界，對抗舊世界，與歐陸國家分道揚鑣。現在，在希臘事件中，我們看到神聖同盟似乎也奄奄一息。梅特涅曾經想力挽狂瀾，但是他勸得住亞歷山大一世，卻勸不了尼古拉一世。他可以爭取卡索雷的諒解，卻不可能取得肯寧的合作。在國家利益掛帥下，鎮壓或支持，「干涉」或「不干涉」，不過端視何者有利於己而定。主張鎮壓革命的俄國，與反對干涉革命的英國，都可以將意識型態束諸高閣，並肩合作。屬於神聖同盟中堅的俄國，背離了其同盟的奧國；標榜「不干涉」的英國，拋棄了其傳統外交準則；擺盪在保守與自由間的法國，服膺實利爲先。英、法、俄這個嶄新的組合，確實讓人跌破眼鏡。

　　外交反應的是人的想法、作法。其實，在卡索雷自殺，亞歷山大一世辭世之後，就可以預言梅特涅的外交政策難以爲繼。少了卡索雷這樣的知音，缺了亞歷山大一世這樣具有可塑性的搭擋，梅特涅注定了無法繼續他的獨腳戲。難怪梅特涅自比爲處身孤島，自比爲洪流中的岩石。

　　由於梅特涅無力阻止英美兩國支持西屬美洲之獨立，也無力反對英法俄支持希臘的獨立，梅特涅所極力標榜的正統主義、維持現狀等原則已日趨不穩，原先的四國同盟、神聖同盟等協調制度也難以繼續。

註釋

1. 對梅特涅持批判態度的學者如： P. W. Schroeder, (1962). *Metternich's Diplomacy at its Zenith, 1820-23*. Texas; A. J. P. Taylor, (1967). *Europe:Grandeur and Decline*. Harmondsworth; 對梅特涅持肯定態度的學者如：Alan Sked, (1989). *The Decline & Fall of the Habsburg Empire, 1815-1918*. London: Longman; Alan Sked, (1979). The Metternich System, 1815-48. In Alan Sked (Ed), *Europe's Balance of Power, 1815-1848*. London; Henry A. Kissinger, (1973). *A World Restored: Metternich, Castlereagh and the Problems of Peace, 1812-1822*. Boston: Houghton Mifflin Company.

2. 巴巴拉杰拉維奇著、福建師範大學外語系編譯室（譯）（1978）。俄國外交政策的一世記，1814-1914。北京商務印書館，頁24-25。

3. Henry A. Kissinger, *A World Restored: Metternich, Castlereagh and the Problems of Peace, 1812-1822*. op. cit. p. 30.

4. Gordon A. Craig, (1974). *Europe Since 1815*. Alternate Edition. New York, Holt: Rinehart and Winston. p. 13.

5. Ibid.

6. Félix Ponteil, (1973). *Histoire Général Contemporaine, du milieu du XVIIIe siècle à nos jours*. Paris, Dalloz, 4ème ed., p. 191.; Jacques Droz, (1959). *Histoire diplomatique, de 1648-1919*. Paris, Dalloz, deuxième édition.

7. 亞歷山大一世基本上瞧不起路易十八，而且其顧問，來自於科西嘉島的波措迪波爾哥向其進言，如果讓路易十八復辟，一定要其立憲，否則，法國很快又有革命。由於亞歷山大一世無可比擬的影響力，路易十八及其他波旁王室之人都對其極盡討好，但反而更添亞歷山大一世之嫌惡。

8. 針對塔列杭對拿氏家族不友好的作為，拿破崙事後曾後悔的說，他兩

度錯估了塔列杭，一是沒有聽從他的勸告，一是當塔列杭未遵從他旨意行事時，沒有將之處死。

9. 條約內容參閱王祖繩、何春超、吳世民編選（1996）。國際關係史資料選編（17世紀中葉至1945）修訂本。北京：法律出版社。第四版，頁67-68。

10. 第一次巴黎條約中塔列杭爭取所得之條件如下：

（1）恢復法國1792年之疆界

（2）法國保留亞爾薩斯（Alsace）及薩爾（Säar）（大革命所得）

（3）英國保留取自法國之托貝哥（Tobago）、模里西斯（Mauritius）、法屬聖露西亞（St.Lucia France）、塞西爾（Seyselles）、羅德里哥（Rodeligo），及其他法國殖民地區。

（4）西班牙取得部分之聖多明哥（San Domingo）。

（5）其他未解決之問題，在2個月後召開維也納會議解決。

參閱A. J. Grant & Harold Temperley, (1953). *Europe in the Nineteenth and Twentieth Centuries (1789-1950)*. 6ed, London: Longmans, Green and Co. Ltd. p. 135.

11. J. A. R. Marriott, (1960). *A History of Europe: from 1815-1939*. London: Methuen & Co. Ltd. pp. 24-25

12. J. Droz, op. cit., pp. 280-281. 關於此一時期英國與俄國的海權之爭，其他外交史的著作中甚少或完全沒有提及。

13. 有關根茨的談話，請參閱王祖繩、何春超、吳世民，前引書，頁75。

14. J. A. R. Marriott, op. cit., p. 17.

15. H. Kissinger, op. cit., p. 156.

16. 由於梅特涅希望從容進行外交部署，以對抗俄普，所以將會期一延再延，亞歷山大一世雖然知道，但並未說破。到了維也納後，由於大國間的歧見難以解決，揭幕又推遲到11月1日。

17. H. Kissinger, op. cit., p. 160.

18. Ibid. p. 159.

19. J. Droz, op. cit., p. 284.

20.Ibid. p. 285.

21.H. Kissinger, op. cit., pp. 156-162.

22.此一看法的邏輯是：波蘭如果被強迫併入俄國，民意絕對不會接受，反抗俄國的動亂一定不會止息，對俄國而言，當然是搬石頭砸自己的腳。Ibid. p. 164.

23.A. J. R. Marriott, op. cit., pp. 20-21.

24.J. Droz, op. cit., p. 285.

25.Félix Ponteil, op. cit. p. 193.

26.許多論及此一時代外交關係的著作，都十分推崇塔列杭的外交手腕，諸如：Gugliemo Ferrero, (1941). *The Reconstruction of Europe*. New York; Harold Nicolson, (1945). *The Congress of Vienne*. London; Vladimir Potiemkine, (1953). *Histoire de la Diplomatie*. Paris.等皆是。

27.因為百日復辟，列強有心進一步懲罰法國，將其疆界縮小至1790年的規模，所以將此二地劃予薩丁尼亞，此一決定在1815年11月第二次巴黎條約中迫法接受，予以追認。

28.John Lowe, (1991). *The Concert of Europe:International Relations, 1814-1870*. London: Hodder & Stoughton, pp. 28-32.

29.Ibid. p. 30.

30.R. R. Palmer & J. Colton, (1966). *A Histroy of The Modern World*. 3rd Edition. New York, p. 420.

31.拿破崙抵達巴黎時，發現路易十八走得匆忙，將一月份所簽英奧法三國密約遺留在宮中，拿破崙於是派專人將約本送往沙皇，希望藉此爭取後者之支持。亞歷山大一世對於路易十八及塔列杭當然不能沒有怨尤，但他仍然以大局為重，選擇支持路易十八。

32.威靈頓出生於愛爾蘭，是英國名將。曾在法國軍事學院學習。十八歲從軍，在對抗拿破崙的戰爭中屢建軍功，1814年被封為公爵並任陸軍元帥。其後被任命為駐法大使，1815年2月卡索雷被召回英倫時，取代卡索雷參與維也納會議。拿破崙復出後，威靈頓率領英國軍隊在滑鐵盧將拿破崙擊敗。他與卡索雷一樣，反對對法國施以懲罰，兩人合

作無間。其後威靈頓曾任首相、外相等職。

33. H. Kissinger, op. cit, pp. 178-179; J. Droz, op. cit., p. 291.

34. 當時不僅歐洲各國主張嚴懲法國，英國內閣立場也一樣。卡索雷獨排眾議，主張為了維持歐洲持久的安全與均勢，不能對法國有報復的想法。報復固然可能獲一時之快，但後患無窮。因為一個自覺被多國打壓的國家，不會沒有反抗與推翻現狀之心，如此，歐洲各國想藉由削弱法國而保障歐洲「絕對安全」之意圖必然落空。由一次世界大戰後德國的例子來看，卡索雷的看法實在頗具遠見，但先知先覺的人總是寂寞的，卡索雷不被他同時代的政治家所認同，實在是宿命。對這段史實的評述請參閱H. Kissinger, op. cit., pp. 175-186.

35. 黎希留在法國大革命前為法皇寢宮第一侍從，效忠皇室。革命後出亡，後加入俄軍，1795年任騎兵中校，1803年為沙皇任命為奧德薩總督，1805年為俄羅斯總督。1814年返法。百日復辟時又加入俄軍反拿破崙，與沙皇之友誼非淺。

36. 王繩祖、何春超、吳世民，前引書，頁78-79。

37. E. Tarlé, (1953). Le Congrès de Vienne. In Potiemkine (Ed.), *Histoire de la Diplomatie*. Tome I. Paris: Librairie de Medicis. pp. 378-379. 本書是在俄國科學院Vladimir Potiemkine的指導下出版，由多位教授，如 S. Bakhrouchine, A. Ephimov, E. Kosminski, A. Narotchnitski, V. Serguiev, S. Skazkine, V. Khvostov amd E. Tarlé等人分別撰寫，由X Pamphilova & M. Eristov 翻成法文。本冊內容涵蓋上古、中古，直到1871年。本書所引用之第五章到第十三章為E. Tarlé教授所撰，第十四章為V. Khvostov教授所撰。

38. 克魯德勒夫人為俄國神祕主義者，生於拉脫維亞，1782年與外交官克魯德勒結婚，風流成性，最後離婚。1804年在巴黎出版匿名自傳。1808～1818年在德國及瑞士主持讀經班講道，沙皇為信友。1812年沙皇曾一度消沉，聽其講道後方重新振作。

39. J. Droz, op. cit., pp. 293-294.

40. Ibid. pp. 294-295.

41.H. Kissinger, op. cit., p. 186.

42.王繩祖、何春超、吳世民，前引書，頁82。

43.奧國當時的人口與法國相當，都在二千八百萬左右，但陸軍只有二十
五萬人，是俄國的一半，法國的三分之一強。請參閱，Paul Kennedy,
(1987). *The Rise and Fall of the Great Powers*. New York: Vintage
Books, P. 99.

44.J. Droz, op. cit., pp. 295-296.

45.J. Lowe, op. cit., p. 41.

46.涅謝爾羅迭為職業外交官，1801～1806年任職俄國駐普及駐荷大使
館，1807任職駐法大使館，出席維也納會議。1814年他曾力勸沙皇支
持波旁王室復辟，1848年也力勸沙皇幫助奧國平息匈牙利革命，都獲
採納。

47.卡波蒂斯垂亞斯在1809年進入俄國外交界服務，為巴爾幹問題專家，
後參與對抗拿破崙戰爭，1814年沙皇曾派其往瑞士執行特殊任務。他
一向支持希臘獨立，對沙皇影響頗大。當沙皇放棄支持希臘獨立運動
後，他離俄國赴瑞士，繼續其支持希臘獨立的志業。1827年當選為希
臘臨時總統。1831年遭暗殺。

48.A. Ephimov & E. Tarlé, (1953). De la formation de la Sainte-Alliance à
la révolution de 1830. In V. Potiemkine (Ed.), *Histoire de la diplomatie*
Tome I. pp.382-383.

49.J. Lowe, op. cit., p. 42.

50.J. Droz, op. cit., p. 360.

51.H. Kissinger, op. cit. pp.251-252; Palmer, op. cit, pp. 191-192.

52.J. Lowe, op. cit., pp. 44-45.

53.Ibid. p. 45; J. Droz, op. cit., p. 301.

54.H. Kissinger, op. cit., p. 287; John Lowe, op. cit., p.46.

55.A. Ephimov & E. Tarlé, op. cit. p.383. 亞歷山大一世是由其希裔顧問卡
波蒂斯垂亞斯陪同赴會，梅特涅深知此人之想法政策，所以對亞歷山
大一世做了許多預防工作，抵銷了卡波蒂斯垂亞斯之影響。

56. Alan Palmer, (1972). *Metternich*. New York: Harper & Publishers, pp. 206-210.

57. 韋列樂為法國保守派政治家，曾任土魯斯市長、國會議員，1820年入閣，1822年起擔任路易十八之首相，查理十世時亦用其為相，直到1827年。在任時箝制新聞，打擊反對派不遺餘力。

58. J. Droz, op. cit, p. 302.

59. 夏鐸布里昂，法國浪漫主義作家及外交家，所著回憶錄為傳世之作。為狂熱之保皇派，大革命期間流亡英國，以翻譯及教學維生。1811年獲選為法蘭西學院院士，1815年完成墓畔回憶錄，1821年初任駐普大使，1822年為駐英大使，同年出席維戎那會議。

60. J. Lowe, op. cit, pp. 46-47; Grant & Temperley, op. cit, pp. 142-143; A. Ephimov & E. Tarlé, op. cit., pp. 386-387.

61. 肯寧畢業於牛津基督書院，1792年進入議會，1796年任副外交大臣，時年二十六。1807年主掌外交。1809年因不滿當時之國防大臣卡索雷在西荷兩地戰敗，要求將之罷免，與其決鬥，負傷。後二人皆因而去職。1814～1816年任駐葡大使，卡索雷於1822年8月自殺後，肯寧於9月出任外相，兼下院議長。

62. 1820年5月，卡索雷在他的國務報告中曾說明：（1）無論是四國同盟或五國同盟，其目的都不是創設一個「世界政府」，及干預他國內部事務；（2）同盟的目的是在防範法國曾經出現過的「革命政權」的那種「軍事特性」，而不是反對其「民主性」。（3）以武力介入一國內政，恢復其統治權，在道德及政治上都極其脆弱，想要豎立這樣一個原則，在目前是極不可行而令人討厭的，任何代議政府都不可能採行，越早將其自同盟的內容中排除越好。原文請參閱J. Lowe, op. cit, pp. 49-50.

63. A. Ephimov & E. Tarlé, op. cit, pp. 384-385.

64. J. Lowe, op. cit, p. 52.

65. J. Droz, op.cit., pp. 304-305.

66. A. Ephimov & E. Tarlé, op.cit., pp. 387-388.

67.門羅年僅十八即輟學參加獨立戰爭，1782年當選為維吉利亞州議員，1790年為美國會參議員。曾任美國駐英、法公使，以恰購為手段，為美自法國購得密西西比河口、路易斯安那，自西班牙購得佛羅里達等地。1811年為麥迪遜任命為國務卿。1816年底獲選為美國總統，1820年連任。

68.Robert H. Ferrell, (1969). *American Diplomacy, A History*. Revised Edition, New York: W. W. Norton & Company Inc, p. 187.

69.A. Ephimov & E. Tarlé, op. cit., pp. 388-389.

70.昆西亞當斯是美國第六任總統，其父約翰亞當斯為美國第二任總統。天資聰敏，十三歲（1780）入萊頓大學，精通法語。後入哈佛，1787年畢業，1790年獲律師資格。受知於華盛頓，先後出使荷葡。回國競選，曾任麻州參議員、美國會參議員。1809年使俄，1815年使英，1817年夏回國任國務卿。1825～1828年任總統，1830年獲選眾議院議員，反對擴充奴隸。

71.R. H. Ferrell, op. cit., pp. 187-189; J. Droz, op. cit, 305-306;

72.A. Ephimov & E. Tarlé, op. cit., p. 390; Samuel Flagg Bemis, (1953). *A Diplomatic History of the United States*, 3rd ed., New York: Henry Holt and Co., p. 208.不過門羅主義提出來的當時，並未得到歐洲國家重視，即便美國自身，第一次提到門羅宣言，也要等到1845年波克總統在他的國情諮文中。參見，Robert Ferrell, op. cit., p. 183.

73.Brison D. Gooch, (1970). *Europe in the Nineteenth Century*. London: the Macmillan Company, p. 88

74.A. Ephimov & E. Tarlé, op. cit, p. 391.

75.玻利法於1783生於委內瑞拉，具有西班牙血統之土著貴族，拉丁美洲軍事家及政治家。幼年父母雙亡，十六歲赴歐留學三年。熱衷於西屬美洲之獨立，拿破崙入侵西班牙後，西屬美洲獨立運動風起雲湧，參加起義，將西總督逐出委內瑞拉。1811年7月5日委內瑞拉獨立，後又敗於西人，苦戰多次，於1813年8月再度進軍卡拉卡斯（Caracas）。1814年又失敗，出走牙買加，寫下著名的「牙買加來信」，深信自由

革命必將成功，勾劃出建立從智利、阿根廷到墨西哥的聯盟藍圖。1819年8月波利法突擊波哥大（Bogota）成功，統一了南美北部，實現了新格瑞那達（New Grenada 即現在的哥倫比亞）及委內瑞拉之聯合，成立了大哥倫比亞共和國，當選爲總統。1821年6月解放委內瑞拉，1822年5月解放厄瓜多爾，1824年12月解放秘魯，1825年4月解放上秘魯，即現今波利維亞，結束了西班牙在南美300年之統治。1826年在巴拿馬舉行泛美大會，亟思整合南北美，成立泛美組織，但內既受阻於民族主義者（想割地自雄），外則受限於列強，未幾新格瑞那達與哥倫比亞發生內戰，1829年秋終於分裂。波利法於1830年5月自行引退，同年底死於肺炎。

76.J. Droz, op. cit., p. 307.

77.此約締於1774年，俄國自約中取得黑海北部土地，獲得在黑海航行的權力，並取得君士坦丁堡某些教會的保護權力。鄂圖曼只獲得俄國承認保留瓦拉齊亞、摩達維亞及希臘，並承諾改革。進一步的內容，請參閱王祖繩、何春超、吳世民，前引書，頁32-34。

78.René Albrecht-Carrié, (1973). *A Diplomatic History of Europe Since The Congress of Vienna*. New York: Harper & Row Publishers, p. 44.

79.小彼特爲英國十八世紀著名政治家老皮特之子。二十一歲入國會，二十四歲任首相，歷時甚久（1783～1801年，1804～1806年）。獻身政治，終身未婚。他對解決美國獨立戰爭後窘困的英國財政，以及英帝國版圖的擴大，都著有功勞。

80.A. J. P. Grant & H. Temperley, op. cit., p. 202.

81.J. Droz, op. cit., p. 311.

82.A. Ephimov & E. Tarlé, op. cit., p. 392.

83.J. Droz, op. cit., p. 309.

84.尼古拉一世爲亞歷山大一世之弟，另一兄爲康士坦丁（Constantin），一姐即爲安娜（Anna）。亞歷山大無嗣，死後王位論理應由康士坦丁繼位，但因康士坦丁取下層女子爲妻，其子未來不得繼承王位，所以亞歷山大決定直接傳位與尼古拉，康士坦丁也同意。尼古拉一世喜愛

軍事科學，1817年娶普魯士公主夏綠蒂爲妻。1812～1815年曾遊歷西歐、中歐各國。

85.A. Ephimov & E. Tarlé, op. cit., p. 395.

86.馬哈茂德二世爲1808～1839年間鄂圖曼帝國之統治者。即位之初，帝國正與俄國戰爭，戰敗，1812年與俄簽訂布加勒斯特條約，割讓比薩拉比亞。維也納會議後，塞爾維亞實際上已經自治，希臘動亂已起。執政期間頗不順利，歷經希臘獨立、第一次土埃戰爭、第二次土埃戰爭，皆戰敗。歿於1839年二次土埃戰爭戰敗後。

87.A. J. Grant & H. Temperley, op. cit., p. 204.

88.A. Ephimov & E. Tarlé, op. cit., p.399.

89.穆罕默德阿里生於愛琴海畔馬其頓的卡瓦拉港，可能爲阿爾巴利亞人。早年喪父，由卡瓦拉總督扶養成人，經營煙草生意。1798年埃及爲法軍佔領，阿里參加鄂圖曼帝國遠征軍，往埃及對抗法軍。此人長袖善舞，於1805年爲蘇丹任命爲埃及總督，在埃及銳意改革，清除原統治勢力，將土地收歸國有、限制工商活動、鎮壓農民反抗。他派遣留學生赴歐，引進歐洲技術及管理制度，並改進灌漑系統、植棉，設立歐式學校、培植醫生、工兵等專業人才。埃及軍人由農民中徵召，但由土耳其人或非埃及人指揮。二十年代曾協助土耳其蘇丹鎮壓希臘叛亂，他對埃及的改革，由於行政系統貪污腐敗、缺乏管理人才、技術工人，農業方面稅捐太重，並不很成功。曾於1831～1833年、1838～1841年兩度對土作戰，前勝後遭列強抵制。

90.J. Droz, op. cit., p. 312.

91.易布拉欣有將才。1805年赴埃及，任開羅行政官，1816～1818年率兵鎮壓阿拉伯的瓦哈比人叛亂。1824年率軍登陸希臘，征服摩瑞亞。1827年於納法林灣爲英法聯軍所敗，1831～1832年率軍攻佔敘利亞、阿達納，成爲該二省首長。1848年接任埃及總督，但執政僅40天即亡故。

92.R. Albretch-Carrié, op. cit., pp. 45-46.

93.亞伯丁在威靈頓內閣中任外交大臣（1828～1830年），締奧瑞岡

（Oregan）條約，解決英美兩國之邊界問題。後來在皮耳內閣中又二度擔任外交大臣（1841～1846年）。1852年12月28日組閣，參與克里米亞戰爭，1855年1月29日引咎辭職。亞伯丁及皮耳（Peel）在對法關係上都持較友好之態度。

94.J. Droz, op. cit., pp. 314-315.

95.R. Albretch-Carrié, op. cit., p. 47.

第二章

革命騷動與列強關係變化

　　從1830到1848年這些年間，民族主義與自由主義帶來的騷動，仍然瀰漫歐洲各處。這期間，1830與1848年的革命波及的範圍都不小，但除了1830年法國與比利時的革命成功以外，其他都是雷聲大，雨點小。

　　1830年的革命平息之後，普、奧兩國有一段時間在外交上較為沉寂，這是因為一則普奧都專注在處理各自內部的事務，二則此時歐洲國際關係的焦點轉移到地中海的東西兩端，由於地理位置的隔離，普、奧兩國對此一地區並無直接利益，所以也較少涉入。因之，圍繞在東地中海的紛爭上，主要涉入者是英、法、俄三國；在西地中海，即伊比利亞（Iberia）半島的紛爭上，主要牽涉的國家則為英、法兩國。至於1830年查理十世之取得阿爾及利亞，則似乎沒有引起任何列強注意與抗議[1]。

　　希臘獨立過程中所出現的英、法、俄三國陣營，不過曇花一現。事件結束，這個組合就煙消雲散了。此時國際關係，根據意識型態劃分，還是那兩個陣營，一個是東歐保守集團的俄、普、奧三國，一個是自由集團的英、法兩國。可是我們深入探究就會發現，儘管意識型態相近，兩個集團內部都各懷鬼胎，有時甚至相互抗衡，劍拔弩張。

　　此一時期，原始意義的協調制度，在四國同盟（或說五國同盟）崩解，神聖同盟鬆弛的情況下，已難以運作。雖然舉行會議討論，並尋求國際關切問題解決之方式仍然盛行，但已經不是卡索雷與梅特涅的原始設計了。

第一節　1830年的革命

一、法國革命

（一）查理十世的保守政策

　　1830年的革命發軔於法國。起因則是由於查理十世走向專橫，撕毀憲法，導致民怨沸騰。

　　話說路易十八為人平易中庸，即位後雖同意改革，但仍想保留相當

王權。他的內閣成員十分保守，資質尚不及他。若路易十八能勤於政事，尚可有所節制，無奈他又太過怠惰，由著內閣去做，所以他的統治其實不得人心。他的專制內閣，所採取的種種措施，諸如：裁減軍隊、箝制輿論、廢除三色旗、大肆殺擄拿破崙追隨者、恢復貴族及教會財產等，都惹人反感。

1824年路易十八去世，王位隨即由其弟阿荷杜瓦侯爵（Comte d'Artois）繼承，是即查理十世。阿荷杜瓦在野時即主張絕對王權，曾不斷向路易十八施壓，促其撤銷君主立憲的憲章。現在自己登上王位，自然不顧一切，領導法國恢復舊制。為恢復貴族權益，他同意發行低利公債，以貸得之款項補償貴族失地的損失，又恢復教會對教育的控制權。更有進者，他還箝制輿論、實行出版檢查，因此引起農民、工商業者以及自由派的強烈不滿。1827年馬蒂涅亞克（Martignac）接替韋列樂，控制稍為放寬，但1829年死硬派的波利涅亞克上台，和下議院間爆發尖銳摩擦。自由派人士策劃推翻王室，反政府的宣傳滲透到地方與軍中[2]。1830年3月下院通過不信任案，要求波利涅亞克下台，但查理十世反而解散國會。七月新國會產生，但仍然反對王室及內閣，查理乃一不做二不休，頒布7月法令，在同月25日再度解散新國會。此舉被自由派視為違憲，乃爆發了不流血的七月革命[3]。

革命爆發後，查理十世見勢不可為，先是下詔讓位其孫波爾多公爵（Duke of Bordeaux），後又攜孫流亡於英。蒂耶（Thiers, Adolphe, 1797-1877）[4]、塔列杭、拉菲德（Lafitte）等人遂支持奧爾良公爵路易菲力普（Louis-Philippe, 1773-1850）[5]出掌大統，成為新的國王，這是一個中產階級擁戴的政權。

法國新君是屬於自由派的中產階級所推出，照說這是一個具有自由色彩的政府，但是實質上路易菲力普仍屬於十八世紀的政治人物，在思想上極為保守。在外交方面，他服膺權力平衡的理論，追求歐洲正統王室的承認，滿足於法國現有的政治疆界。內政上，在擁護君主立憲的外衣下，他其實不斷想擴充王權[6]。在民意壓力下，路易菲力普執政後，也嘗試著走自由主義的路線，但在內、外政策都受挫之後，這個骨子裡本

來就傾向保守主義的政府，自然就有向保守主義靠攏的作法。

（二）列強反應與法國新王室的外交政策

　　歐陸列強對法國革命相當警覺，對法國新政府相當敵視，認為根據1815年條約，以及1818年愛克斯拉夏貝勒會議的決定，他們有義務維持法國政府之穩定。尼古拉一世明白表示了此一立場，梅特涅也積極與普魯士商討，應付可能來自於法國的威脅，普魯士甚至提議召開四國會議。但這其中以尼古拉最為積極，他曾派遣特使分赴奧普兩國，商討以神聖同盟名義共同出兵，恢復波旁王朝正統統治，但梅特涅與普王皆以為茲事體大，未肯允諾。更有進者，奧國軍隊根本沒有實力與法國作戰，所以結果是不了了之[7]。

　　唯一對法國新王持同情態度的為英國。英國由於本身國情，對波利涅亞克的專制作為極為不滿，樂於見到查理十世及波利涅亞克垮台，對屬於中產階級的路易菲力普較有好感。而且1830年11月，英國立場保守的托利黨（Tory）威靈頓內閣下台，換上了自由色彩的輝格黨（Whig），新外相帕瑪斯頓（Palmerston, 1784-1865）熱中於促成英法「自由聯盟」，以對抗保守的神聖同盟，所以對自由色彩明顯的法國新政府十分支持。

　　路易菲力普剛剛上台時處境頗為困難。對外方面，為了化解歐陸強國以及英國對法國的猜疑，並鞏固自己的地位，爭取國際承認，他不得不採取較妥協的態度，表示愛好和平，贊成維持歐洲均勢，尊重維也納會議的領土安排等。可是這些主張顯然並未顧及國內擁護他上台的人民的期望。國內自由派人士及愛國人民以為，法國應居於傳播自由主義及民族主義的地位，鼓勵各地革命，並修改1815年列強對法國條約，擴充法國領土於萊茵河左岸及比利時。

　　以後一連串國際事件中，可以看出路易菲力普上台後即將法國人民的要求置諸腦後。由於東歐三國對法國新政權的敵視，法國在其後的外交政策上，將重點放在聯合英國，並於該年9月派元老重臣塔列杭出使英倫。為了聯英，法國曾犧牲許多利益，但聯英政策的成功卻極為短

暫。英國對於法國的擴張企圖始終亦存有疑慮，且雙方利害衝突亦甚尖
銳，儘管兩國在意識形態上相近，但仍無法將兩國緊密的結合在一起。
法國的外交困境既源於各國對法國的不信任，也源出於路易菲力普的非
正統性，要打破這雙重藩籬，其實十分不容易。

二、比利時的獨立

比利時的獨立在三十年代是一件值得大書特書的事，雖然史學家
中，不乏人認為這是歐洲協調制度一次成功的運用[8]，但事實上這卻是梅
特涅所建構的歐洲權力平衡制度，及1815年維也納會議所確立的歐洲疆
界動搖的肇始。英法兩國在此事件中有衝突、有協調，東歐大陸三強則
因波蘭革命而顧此失彼，在比利時獨立事件中並不具決定性的影響力。

（一）比利時宣布獨立與列強反應

荷、比聯合王國原是一個勉強的結合，信奉天主教的比利時對信奉
新教的荷蘭統治一向不滿，這種不滿不僅源出於宗教信仰的差異，還源
出租稅、語言及荷蘭官員的統治[9]。1830年8月25日，終於在布魯塞爾爆
發了反荷的革命，此一最先由學生領導的反荷運動，旨在尋求荷蘭遵守
基本的法律，原本應該可以控制，但是由於荷蘭反應過激，大軍南下進
入布魯塞爾，反而使此一運動演變為全面動亂，進而要求分治，終而使
得比利時在1830年10月4日宣布獨立。

法國革命已經使得歐洲保守國家高度警覺，緊接著的比利時革命更
讓這些國家覺得茲事體大。一則是革命的傳染性令人擔心，另則是此一
事態發展直接衝擊了維也納條約的設計：強化荷蘭，牽制法國。因此，
在荷蘭國王威廉向東歐保守國家提出協助鎮壓叛亂的要求後，它們當然
不能無動於衷。俄、奧、普三國認為這是公然撕毀維也納協議，神聖同
盟應予以反制。沙皇調集了他在波蘭的駐軍約五萬，並與梅特涅商量進
一步的行動，普魯士則在萊茵河岸聚集了八萬大軍[10]。

法國對比利時宣布獨立非常同情，撇開其素來對比利時的領土野心
不說，法國更希望由此開始，重新調整1815年維也納會議有關領土的決

議。比利時境內只有極少數的人希望與法合併，大部分的人都不贊成，但不可否認，法國可能是唯一能對比提供實質援助的國家。因之儘管對法國有戒心，比利時臨時政府還是於9月28日派讓德比昂（Gendebien）赴法求援。

英國的反應較爲複雜，本質上它對自由色彩的比利時革命十分同情，對荷蘭，英國並無絲毫關切。但英國干不干預要視法國的態度而定。換言之，法國如果介入，英國就不會袖手。就英國而言，絕不容忍法國以任何藉口染指比利時。

法國在比利時獨立事件的立場可想而知非常尷尬。爲了安撫列強，法國在事件一開始，即1830年8月31日就向普魯士表示，法國自己不會干預此事，但亦不會容忍他國干涉。這個態度倒是與英國有某種程度的不謀而合，因爲英國一向表示，只要法國對荷、比無領土野心，不介入，英國亦將遵守其不干預立場。法國在列強虎視眈眈的壓力下，拒絕給予讓德比昂任何援助，並重申其對比利時無領土野心之立場。在此基礎上，英法合作變爲十分可能。

在法英一致反對介入的情況下，東歐三國的立場開始軟化，一方面它們在比利時利益不深，二方面解決比利時革命，除了普魯士，英法的地緣優勢顯然比俄奧強。10月，塔列杭向英國首相威靈頓建議，召開五強會議，共同解決，此議後爲俄、奧、普共同接受。

（二）倫敦會議上之難題

1830年11月4日，五強大使級會議在倫敦召開。此時英國內閣更替，新任外相爲帕瑪斯頓，鑑於其對英國外交影響之深遠，值得略加介紹。帕瑪斯頓畢業於劍橋大學聖約翰學院，曾習法、義、德文。隸屬輝格黨，也就是以後的自由黨。個性強悍堅毅。1807年任海軍副大臣，1809年任陸軍大臣，1811到1831年間爲劍橋大學選區選出之國會議員。1830年擔任外相，以後並多次擔任首相（1855～1858年，1859～1865年），對英國在1830到1865年代中的外交、內政影響深遠。他頗以英國的責任內閣制爲傲，執著於民族主義及殖民主義，爲典型的帝國主義

者。他的名言「外交沒有永恆的盟友，只有永恆的利益」流傳千古。他的外交政策是既反法又反俄，顯然與意識型態無關，而是因爲他認爲這兩個國家與英國的利益尖銳衝突。雖然在三十年代初的比利時問題上曾與法國合作，那只是權宜之計，而且也是建立在法國的孤立與退讓下，並非眞心合作。在他的影響下，在三十年代末、四十年代中曾經爲了埃及孤立法國，爲了西班牙婚姻與法國反目成仇。在近東，他支持鄂圖曼帝國，無視於土耳其蘇丹的昏昧，爲此他曾大力支持與俄國進行克里米亞戰爭。在遠東，他爲強行推銷鴉片，不惜與中國開戰。他強悍的殖民帝國主義者作風，令人印象深刻，對十九世紀三十年代到六十年代的國際關係影響深遠。

比利時事件爆發不久後帕瑪斯頓上台，他與親英的法國大使塔列杭合作無間，曾一再遊說東歐三國駐英大使，不能輕言介入，終使五強在會中要求荷、比休戰，明白向威廉一世表示不予援助。此時比利時已被給與事實承認，但對是否應允其完全獨立，則有兩派立場。英法贊成，東歐三國一致反對。但11月29日波蘭革命爆發，俄國自顧不暇，奧國的介入是以與俄國聯手爲前提，普魯士雖然先前表現得很熱中，但又不願與英國對抗，所以最後一致同意尋求談判解決。11月30日，倫敦會議同意先要求兩造停火。

英法原則上支持比利時獨立，但有幾個棘手的問題，兩國需要進一步協商。

第一個難題涉及到比利時的國際地位。法國對比利時的野心世人皆知，當倫敦會議進行時，法國政府一再訓令塔列杭維護法國利益，塔列杭原擬提議由荷、法、普、英共同瓜分比利時，但爲各方強烈反對，只好接受帕瑪斯頓之建議，定比利時爲中立國，這對法國至少有一項好處，即獲得了東北疆界的安全，同時對比利時未來的歸屬仍保留了一線微弱希望。就英國而言，比利時的中立可抑制法國的擴張野心。因之1831年1月20日會議達成一項協議，允許比利時獨立，由列強保證其中立。1月27日另一項決定，使比利時在戰債的分攤上極爲不利，負擔了三十一分之十六，是項決議之所以能得到塔列杭的支持，據說是荷蘭對

塔列杭的金元攻勢收到了效用[11]。

第二個問題涉及比利時疆界，1831年1月20日協議將比利時的領土局限於1790年時的規模，可是比國希望能擴充，將盧森堡（Luxembourg）及林堡（Limbourg）保留在內。法國外相為塞巴斯提亞尼（Sébastiani）在事後轉變為支持比利時之要求，因之在2月1日表示異議。塔列杭並不同意此一政策轉變，但法國的態度在1831年6月26日的十八條條約中獲得尊重。

第三個棘手的問題為王位問題。顯然路易菲力普在此問題上頗有興趣，希望他的兒子能獲此王冠，但英國卻不會容忍王冠落於法人之手。當時布魯塞爾屬意的人選有二，一為勒赫騰堡（Leuchtenberg）公爵，一為路易菲力普之子訥穆赫（Nemours）公爵。法國對英國之立場瞭如指掌，但因為反對勒赫騰堡公爵出線，路易聽任比利時將其子列為候選人。1831年2月3日，訥穆赫公爵獲比利時國會選為比利時之新王，英國大為不快，雙方關係空前緊張。在英國的龐大壓力下，法國只好讓步。2月17日，法王拒絕了比利時人呈獻給其兒子的王冠，使比國國會大嘩，法方則忍辱勸比利時接受歐洲的多邊安排[12]。3月，法國更換內閣，貝奚耶（Casimir Périer）力主與英修好，4月中簽署了1月20日及27日之協議，隨即接受英國所屬意的人選，即薩克森・科堡之親王雷奧保德[13]為比王。雷奧保德曾娶英國公主夏綠蒂（Chalotte）為妻，雖然後者婚後不久就去世，但雷奧保德仍常居英國，與英國王室關係密切。為安撫法國，雷奧保德續娶了路易菲力普的長女瑪麗・路易莎（Marie-Louise）為妻。

在上述王位問題解決後，列強與雷奧保德在1831年6月26日達成了十八條條約，對1831年1月20日之約有若干修正：維持盧森堡併入比國之現狀，林堡可在將來以其他條件與荷蘭交換。雷奧保德於是在7月21日抵達布魯塞爾即位，宣誓效忠比利時之憲法。

（三）荷蘭反對與戰事再起

荷蘭對上述歐洲安排極為不滿，1831年8月3日揮軍入比，奪佔安特

衛普，比利時不敵。法國在聲明無領土野心下出兵援比，及時阻住南下之荷軍。雖然如此，法國此舉仍然引起軒然大波，不僅英國力促法國儘速撤軍，俄普兩國因此時波蘭事件已經結束，所以也都提議，必要時可以派軍赴荷將法軍逐出。因此，9月法軍在任務完成後就自比撤軍[14]。

因爲這個插曲，所以五強決定另議對比條約。1831年10月15日提出的二十四條條約，比國在領土問題上吃了虧：盧森堡的五分之三重歸荷蘭，林堡亦一分爲二。形勢逼人，比人亦只得接受。

爲了迫使荷蘭接受此一安排，英法協議在11月15日宣布封鎖荷蘭海岸。由於荷蘭始終抗拒，在五強的同意下，英法在1832年12月再度介入，並由法軍奪回安特衛普。1832年荷蘭被迫簽約，承諾不攻擊比利時及尊重愛斯高河（Escaut）的航行自由，但堅持不接受二十四條條約，比利時問題暫告平息，但正式落幕得到1839年荷蘭及東歐三國接受此一條約[15]。

（四）比利時獨立的國際意義

上面已經說過，比利時獨立是1815年協議下歐洲疆界之重新調整，以及現狀（status quo）之破壞。俄、奧、普三國對此一發展雖不願接受，但由於波蘭革命，以及英法立場堅定，三國亦不願以實力支持荷蘭。事實上，俄普奧與英法之間似乎存在著某種默契，即：俄普奧雖不簽署二十四條條約，但並不對比採取行動。英法雖然同情波蘭革命，但不干預俄普奧在波蘭所採措施。因此，若說比利時獨立間接得助於波蘭革命的犧牲，實不爲過。

另方面，比利時革命促成了英法之間進一步合作。英法之間的利益有相同亦有相反者。自相同方面言，這兩國都實施君主立憲制度，對自由主義及民族運動都相當同情。但這種意識型態上的一致，並不能令兩國開誠佈公，緊密合作。這是由於兩國在西歐海洋國家（比、西、葡等國）方面，以及地中海區域的利益常常互爲損益。因此在比利時革命前後，兩國的合作都是暫時的，根基並不穩固。兩國在比利時獨立事件上的合作完全是由於法國大幅讓步。就法國而言，當時在歐洲並無眞正的

朋友，各國對其都戒心重重，它在比利時問題上如不讓步，也絕不可能佔到便宜。既如此，對英讓步至少可以爭取英國友誼，離間英國與俄普奧三國之感情，使1815年成立的反法體系解體。但英國對法亦非毫無戒心，故兩國在特定共同利益事件上的合作固然可行，進一步的結為盟友則不在考慮之列。因此1830年後的兩國協商純粹是建立在非正式的基礎上，並無任何條約義務。

三、革命的擴散

確如梅特涅所擔心的那樣，革命有傳染性，1830年的騷動不僅在法國與比利時出現，也感染到了波蘭、義大利、德意志等地。現在來看看這些地方的情形。

（一）波蘭革命

1815年後，波蘭所受的俄國統治事實上並不嚴苛，有著自由主義色彩的沙皇亞歷山大一世，曾為波蘭頒布了一個相當自由的憲法，波蘭的政府、國會、軍隊（除了統帥）概皆由波蘭人自己組成，波蘭人也享受宗教自由[16]。然而波蘭人的民族主義及愛國思想一直排斥著俄國的統治，特別是一些軍官與知識份子，更嚮往法國式的自由。

比利時革命後，沙皇為部署可能的干預，動員了波蘭人的軍隊，這卻給波蘭人的革命製造了機會。當時波蘭有五萬軍隊，俄皇在波蘭卻什麼都沒有，尤其是沒有波蘭會發生動亂的心理準備[17]。1830年11月29日，波蘭發生暴動，情勢最初對波蘭並非完全不利，但波蘭人犯了許多外交上的錯誤。其一是浪費了太多時間在與俄國談判上。其二是對俄國以及其他國家提出了太多不合理的領土要求，如主張波蘭領土應北到波羅的海，南到黑海及喀爾巴阡山（Carpathian Mountains），東到聶伯河（Dnepr River），並向俄國索取立陶宛、白俄及烏克蘭。這種要求不僅俄國絕不能接受，奧國與普魯士也受到波及，自然一面倒的支持俄國立場。其三是波蘭國會在1831年1月25日正式宣布免去沙皇的職位，與俄國正式決裂，並宣布獨立。這種作法是公然撕毀1815年維也納協議，及

該協議給予波蘭的憲法，其他國家自然不方便再公然給予支持[18]。

西歐國家如英、法等國的人民對波蘭革命十分同情，可是他們政府的立場卻口是心非，口頭上雖表示支持，卻沒有行動。英國是時全神貫注在比利時問題上，再說英國在波蘭利益不大，不會冒孤軍深入的危險。因此波蘭的倫敦遊說團，在1月下旬由瓦雷夫斯基（Walewski, Alexamehe F.-J., 1810-1868）[19]、韋洛波斯基（Wielopolski）帶領，向帕瑪斯頓要求支援時，遭後者冷淡以對。法國方面，情況更複雜，新皇路易菲力普不敢輕舉妄動。波蘭的巴黎遊說團雖然得到同情波蘭革命的法國首相拉菲德一些言詞上的鼓勵，但後者在1831年2月下台，由貝奚耶取代。新首相與法皇雖都十分謹慎，但民間大力支持波蘭，卻使法國政府不能不有所回應，拖到6月，方提議由列強共同斡旋，但英奧皆拒絕加入，法國最後只得找個下台階，唱唱「道德介入」（intervention morale）的高調。

俄軍於1831年2月大舉進入波蘭，同年9月陷華沙，尼古拉一世在憤怒驅使下，強力鎮壓，波蘭革命因此無疾而終，革命後的命運遠較革命前更爲悲慘。

（二）義大利半島革命與奧軍干預

受到法、比等國革命的影響，義大利半島若干小國如摩德那，巴勒瑪以及教皇轄下的柔瑪涅亞（Romagna）等地亦爆發了革命，要求內政改革。奧國反應迅速，奧軍在1831年3月進入義大利。法國對奧國在義大利半島的勢力擴充十分敏感，對奧軍入義自然極爲關注，因此在外交上雙管齊下，一方面要求教皇進行改革，減少內部動亂；一方面向奧國施壓，威脅奧國若不撤軍，法國將介入。奧軍在法國的壓力下，於革命平息後隨即撤出，時爲1831年夏天[20]。

1831年冬，教皇國又發生新的暴動。奧軍在1832年1月28日再度出兵波洛尼亞（Bologna），爲了反制，法國亦下令遠征軍進入教皇國之安哥納（Ancona）港。法國此舉使得國內輿情振奮，義大利人也深感鼓舞，歐洲國家則爲之大譁。義大利半島的王室對奧軍幫助他們恢復政治

穩定自然歡迎，對法軍則抱有高度疑懼。但對一向反抗奧國的義大利人
與自由主義者而言，則對法國的介入感到興奮。法軍與奧軍在義大利半
島僵持為時甚長，直到1838年才互相撤退[21]。

(三) 德意志情勢：關稅聯盟

由於1819年的全德會議（the Congress of German Powers）在卡爾斯
巴德召開時，各國全體一致接受了梅特涅所建議的一系列保守法令，諸
如管制新聞、掌控大學與言論自由，所以1820年代的革命對德意志地區
沒有什麼影響[22]。卡爾斯巴德之後的十年，被稱為「寂靜的年代」（quiet
years），也是梅特涅的極盛時代，在此時期自由主義的革命要想在德意
志地區發芽很不容易[23]。1830年的革命在德意志地區雖然激起了一些漣
漪，但波幅很小。德意志地區的自由主義者為數不多，組織散漫，除了
高調的集會討論以外，難以化為具體行動。在如何應對1830年自由主義
革命的問題上，普王腓特列威廉三世與梅特涅的看法頗為一致，所以二
人重申了1819年針對革命所發表的卡爾斯巴德決定（Carlsbad
Decision）。由於普奧同心阻攔，革命很難在此一地區有所發展。

不過，在這被形容為「寂靜的年代」裡，自由主義的革命還是在德
意志地區產生了一些其他的影響，其中非常重要的一點就是關稅聯盟
（Zollverein）。關稅聯盟是一個創新的構想，普魯士由於其在1815年取得
了由亞琛（Aachen，此城的法文名字即Aix-la-Chapella）到柯尼格斯堡
（Königsberg）之間的許多領土，地理上既不銜接，歷史上也沒有共同記
憶，這些邦國原本各有其關稅及禁令，普魯士要如何把這些領土揉和成
為一個有內聚力的國家？這就是普魯士創設普魯士關稅聯盟的原因。它
原始的動機不是著眼於整個德意志，只是基於普魯士的切身需要。普魯
士想藉助於共同關稅，以經濟手段壓迫周遭小國，特別是那些在地理上
被普魯士包圍的小國，陸續加入此一關稅聯盟，但是成效有限。其所以
如此，是因為小國的君主們認為此舉有損他們的主權[24]。

不過，1828年以後，因為中產階級的興起，關稅壁壘妨礙貿易，激
起反彈，小國君主又害怕這些中產階級因為著眼於徹底掃除關稅障礙，

起而要求全德統一，將更不利於維持他們的主權。所以，恰恰是基於反對德意志整合統一，避免完全失去主權的目的，這些小國的君主才又紛紛加入了普魯士的關稅聯盟[25]。在1830年時，德意志地區其實已經有普魯士、符騰堡（Württemberg）、巴伐利亞等三個關稅聯盟，這三個聯盟在1834年初在普魯士的領導下合而為一，而這個統一的德意志關稅聯盟（Deutscher Zollverein or German Customs Union），涵蓋了德意志地區十八個國家，二千三百萬人口，十一萬二千二百平方英里的土地[26]。重要國家中只有奧國、漢諾威、漢堡等國沒有參加[27]。後二國是因為在經濟上依賴英國，奧國沒有參加，不是因為梅特涅看不出經濟的重要性，而是一來奧國的經濟條件有所欠缺，二來梅特涅要以經濟來交換普魯士在政治上的合作：共同維護1815年的維也納體制。只是這樣的佈局，對於奧國未來在德意志地區與普魯士的領導權之爭，注定是失了先機。從歷史發展看來，此一全德關稅聯盟的出現，雖然最初完全不是著眼於推動德意志統一，但日後卻對德意志的整合發生了巨大的影響，這可真應了「無心差柳柳成蔭」這句古詩了。

第二節 地中海情勢與列強新關係

自比利時革命以後，英法的關係確實有頗多改進，一方面二者意識形態接近，1830年法國之憲章修改及1832年英國之改革法案（Reform Act）意義相似；二方面路易菲力普透過新婿雷奧保德與維多利亞女王攀上了關係；三方面英國在法國有相當的經濟利益，如工業投資。所以在布羅格利（Broglie）於1832年10月取代塞巴斯提亞尼出任外相後，進一步謀求以減低關稅加強經濟關係，來促進兩國的政治結合，可惜布羅格利的想法只獲得商界的支持，未獲工業界的垂青，所以未能全部實現。

英法之間雖有芥蒂，但面對保守極權的俄、奧、普集團，實有加強合作，以便在共同利害上形成一個團結陣線之必要。英法兩國都有意擴充在地中海的勢力，因之對抗俄國南下就成為共同目標。就東歐三個保

守國家而言，奧國雖然對俄國擴張亦十分警覺，無奈梅特涅仍寄望俄國援助，以鎮壓奧國境內之叛亂，所以只得追隨俄國；而且當時俄國擴張的焦點在土耳其的海峽地區，對奧國影響較小，所以兩國間的矛盾還不大。至於普魯士，在地中海並無利益可言，政策又受奧國之影響，所以俄、普、奧這三個意識型態頗為一致的國家，自然形成一個穩固的集團。

雖然三十年代後，英法與俄奧普對立態勢逐漸形成，但這兩個集團內部也都充滿矛盾。就英法合作而言，雖然兩者都有封鎖俄國出黑海的共識，在此問題上可以攜手，但兩者對於鄂圖曼帝國的政策則顯然不同。對法國而言，其政策在扶植埃及的阿里取代土耳其無能的蘇丹，成為帝國未來的繼承人。但英國的政策則為打壓野心勃勃的阿里，維護土耳其蘇丹的正統統治，並以此從蘇丹那兒搾取利益。此一政策分歧當然在日後會導致兩國反目。另方面，在西地中海的伊比利亞半島上，英國與法國對西班牙與葡萄牙競相爭取，提供兩國自由派政府支持，利益衝突也不小。縱有短暫合作，最後仍不免以衝突收場。在這十幾年中，英法關係起起落落，基本上固然與兩國利益有關，也與人的因素有關。由於這段時期中英國的帕瑪斯頓幾度出掌外交，他個人敵視法國的態度，對兩國關係發展產生很大影響。

至於東歐集團，只有俄國對東地中海情勢關切有加，奧普兩國頂多敲敲邊鼓。在三十年代的第一次土埃戰爭中，俄國積極參與，外交斬獲頗豐。可惜的是，勝利的果實雖已到手，但卻無緣得嚐。現在我們就來看看列強在地中海地區的外交過招。

一、三十年代初的地中海情勢

（一） 第一次土埃戰爭與英、法、俄外交過招

鄂圖曼帝國在十九世紀開始時已相當老大，雖然其統治權名義上可以涵蓋整個東歐、中東及北非，但事實上轄下不少地方都相當獨立。甚至在若干內部叛亂問題的處理上，如1816到1818年阿拉伯半島的瓦哈比

人（Wabhabists）叛亂、二十年代希臘革命，土耳其蘇丹都須求助於其內部成員，如埃及的大力支援，才能解決。

　　希臘事件在1830年解決之後，留下了一個尾巴，那就是埃及的阿里向蘇丹要求給予敘利亞，以酬謝埃及出兵相助。對阿里來說，這並非過份的要求，再說埃及的艦隊在納法林灣全軍覆沒，需要敘利亞南部黎巴嫩的木材來造艦。但土耳其蘇丹認爲阿里雖然出兵，但未能成功阻止希臘獨立，且阿里所索顯然太過，只答應給予克里特（Crete）島。爲表示絕不妥協，蘇丹任命阿里之政敵阿克里帕夏（Pacha d'Acre）出掌敘利亞，阿克里又拒絕出售木材給埃及，阿里因之大怒，命令其子易布拉欣進軍敘利亞。易布拉欣大軍長驅直入，1832年12月在孔亞（Konya）大敗土軍，土軍無力再戰，眼見易布拉欣即將揮軍直指君士坦丁堡[28]。

　　在此情況下，土耳其只得向歐洲各國求援。由於土耳其對俄國的戒心，所以求援的對象首先指向法英。法國因爲一向親埃，視阿里爲蘇丹之繼承人，同時想爲土埃雙方排解，自然予以拒絕。英國方面，帕瑪斯頓雖很想介入，但內閣反對，因爲選舉在即，援助腐敗的蘇丹恐不得人心。再說，當時英國艦隊被牽制在荷蘭與葡萄牙，沒有餘力東去土耳其[29]。不過帕瑪斯頓爲避免俄國介入，建議土耳其向奧國求援。只是梅特涅怎麼可能接下這樣的外交任務？第一奧國沒有足夠的兵力在小亞細亞作戰；第二，這不是奧國主要利益所在之地，奧國不會傻到去爲英國賣命；第三，即便奧國不樂見俄國勢力南下，但也不願得罪俄國這個反革命盟友[30]。因此，土耳其最後只得轉向俄國。

　　俄國基於雙重考慮，對於支持土耳其表現得很積極。其一當然是因爲俄國對於海峽及君士坦丁堡的興趣，不能任其落入其他國家，甚或是埃及阿里之手，阿里在俄國看來，不過是法國傀儡，更有進者，阿里反叛蘇丹就是對正統王室的革命。其二則是尼古拉經過政策評估，認爲維持一個衰弱的土耳其，比由列強將之瓜分對俄國更爲有利；瓜分土耳其，俄國頂多只能分得一杯羹，維持一個衰弱的土耳其，俄國反而容易整個操控[31]。

　　在上述考慮下，俄國決定出兵助土。1833年2月，俄國艦隊與數千

名士兵抵達博斯普魯斯（Bosphorus）海峽一帶。此一行動大大刺激了法
英兩國，使兩國不得不採取外交因應。法國駐土大使胡笙（Roussin）將
軍要求蘇丹下令俄國艦隊遠離海峽，英國大使彭森比爵士（Lord
Ponsonby）也跟進。土耳其因為對俄國亦有戒心，對法英此舉倒也十分
歡迎。

　　土耳其雖然戰敗，但因得俄法英介入之助，只答應給予阿里南部敘
利亞。阿里對外交頗有心得，瞭解法英之所以介入，旨在要求俄國退
出，其中尤其是法國，對埃及之支持勿庸置疑。所以埃及在未獲承諾取
得全部敘利亞之情況下，堅不撤退。俄軍為聲援土耳其，於4月登陸海
峽亞洲沿岸。法英此時十分震驚，兩國駐土大使遂要求本國政府派艦前
往亞歷山大港，迫埃讓步。其實為了反制俄國，英國對埃及的要求並未
大力反對，1833年5月，埃土簽訂庫塔亞（Kütahya）條約，埃及終於獲
得敘利亞全部[32]。

　　由於英法的及時介入，土埃休兵，俄軍自無藉口在海峽逗留，但是
俄國也自土耳其取得了報酬。1833年7月8日俄軍撤除前夕，俄土締結了
恩機亞・史開來西（Unkiar-Skelessi）條約，約中指出兩國在戰時互相
援助，土耳其並對他國船隻封鎖達達尼爾（Dardanelles）海峽，俄艦在
戰時可自由出入或登陸海峽，在黑海中有完全的自由，簽約後俄國技術
人員可加強達達尼爾的軍事設施。此約有效期間八年，一般都認為這是
俄國外交的一大傑作[33]。在條約中土耳其幾乎已淪為俄國之被保護國，
英法兩國對此約都十分不滿，但也只能提提毫無效力的抗議而已。

　　雖然俄國在這一次土埃衝突中大有斬獲，俄國外相涅謝爾羅迭甚至
說，在恩機亞・史開來西條約締結後，俄國已經取得未來干預土耳其事
務的合法藉口。但在這次埃土糾紛中，俄國對英法兩國的不友好態度，
仍然耿耿於懷，亟思有所反制。在沙皇的推動下，1833年9月，俄、
普、奧三個保守國家集會於孟青葛雷茲（Münchengraetz），會中重申維
持正統王室的統治權，包括土耳其在內，必要時不惜武裝干預。一時神
聖同盟似又復活，奧國趁機提出，希望締結三邊協定，普魯士一則因無
必要，二則不願介入過深，僅單獨發表聲明。因此只剩下俄、奧雙邊協

定[34]。

　　對俄普奧的孟青葛雷茲會談中所強調的干涉政策，英法一致反對。帕瑪斯頓及布羅格利齊聲抗議，法國並聲言絕不容忍對比利時、瑞士、薩丁尼亞的可能干預。

　　面對東歐三國的壓力，法國曾企圖拉攏英國。1833年12月法國曾向英國提出聯盟草約，以抗阻俄國在土耳其、奧國在義大利、普魯士在德意志的擴張，但因英國對法國有所疑慮，同時不願承諾如此廣泛的負擔，拒絕了法國的提議。

（二）伊比利亞半島的問題與新四國同盟

　　這是另一個英法既合作又競爭的地區。爲了排斥類似東歐保守國家的極權政權出現於伊比利亞半島，英法之間自然有一些共同利益，但英法都想取得在該半島的影響力，競爭顯然又難免。半島上葡、西兩國在三十年代初都發生內政上的危機，先是葡王約翰於1826年去世，讓位與其子，即巴西國王彼德，但彼德不願返回葡萄牙，將王位讓於其稚女瑪麗亞（Doña Maria），由其弟米蓋爾（Don Miguel）攝政，並給葡萄牙一部立憲憲法。但米蓋爾野心勃勃，與保守派聯合自立爲王。英法不滿，法國於1832年藉口葡萄牙對法人待遇不公，要求補償，出兵葡萄牙。次年英亦派艦登陸，終於恢復了瑪麗亞自由主義取向之正統統治，但米蓋爾仍然頑抗，不肯投降。

　　西班牙也發生了同樣的問題，1833年費迪南七世去世，因無男嗣，理應讓位於其弟卡羅斯（Don Carlos），但費迪南七世於去世前，採納了皇后瑪麗亞·克里斯丁娜（Maria-Christina）之意，讓其三歲的稚女伊莎貝拉（Isabella, 1830-1904）[35]繼承王位，由瑪麗亞·克里斯丁娜攝政，後者得到自由派的合作與支持。卡羅斯屬於保守派，他積極尋求國內保守人士以及歐陸保守國家之援助。英國一則支持西班牙之自由派，二則欲搶在法國之先奠定影響力，遂於1834年4月15日與西、葡兩國政府簽約，擬與西班牙共同派艦前往葡萄牙，肅清米蓋爾之勢力。塔列杭知道後向英國提出強烈抗議，指其不應將法排出在外，因之，一個星期

之後，即4月22日，英、法、西、葡再簽四國同盟之約。這個「新四國同盟」，行動範圍只限於伊比利亞半島，但由於其爲四個自由政府所組成，頗受東歐三國之矚目，被視爲是爲了對抗孟青葛雷茲協定而組成[36]。此一時期英法間的合作，形成所謂英法親善協商（Anglo-French Cordial Entente）。

二、英法諒解的式微

上文一再強調，英法之間的合作十分勉強，處處充滿矛盾。從比利時獨立事件、第一次埃及危機、伊比利亞半島事件，都可看出二國間的貌合神離，乃至針鋒相對。1834年後兩國間的不合似乎日趨明顯。何以如此？分析起來，大約有如下幾項原因。

第一是人的因素。1834年後英法雙方的執政者都對對方無甚好感。在法國方面親英的指標人物塔列杭，雖然積極的推動了兩國間這幾年的合作，但英國的態度令其不無處處委屈配合的感覺，失望之餘，終於在1834年11月辭職，離開倫敦任所。至於路易菲力普，在與英國交往幾年中也深感失望。由於其並非正統王室出身，自卑感作祟，一直想強化自己的正當性[37]。他對奧國抱有好感，希望爲其子取一房奧國皇室的媳婦，也藉此鞏固自己的王位，1835年時他與奧國已建立了不錯的私人關係[38]。1836年，史學家蒂耶出任法政府首相，他以史學家的眼光看英國，不能忘懷拿破崙戰爭中，英國領導對抗法國的歷史，對英國並無好感。另方面蒂耶爲保守派政治家，對歐陸保守國家較覺親切，主張應與彼等交好。

在英國方面，外相帕瑪斯頓精力充沛、自信滿滿、鬥智昂揚。他出身輝格黨，自認爲是自由主義、立憲政府與正義的捍衛者，他曾說：「英國的制度應該在維持所有國家的自由與獨立；置身所有國家的利益衝突之外，保障其自身的獨立；應以其道德力量支持所有自發地追求自由、也就是理性政府的人民，並將其文明盡快盡廣的推行到全世界。我認爲這就是我們的利益，確信這會增加我們的榮耀，更深信只要我們有

意願，我們自有力量去追求此一過程；在您謙卑的僕人心中，此一意願強烈而持續」[39]，但實際上他真正捍衛的只有英國利益。他在歐洲所支持的自由政府，像是比利時、西班牙、葡萄牙、希臘、薩丁尼亞，都是英國利益所在，也是英國實力所及的海洋國家。他對波蘭革命的冷漠，反映出他濃厚的現實主義、保守主義的色彩。他的意識型態其實只是晃子，國家利益才是核心。

　　當然，以維護英國的國家利益而言，帕瑪斯頓對英國的貢獻無庸置疑。但是即使如此，即使有的英國學者及政界人士對他推崇備至[40]，有的也不盡然[41]。因為其反法、反俄的政策，法國與俄國學者對他自然沒有好評[42]。他在比利時獨立與第一次土埃戰爭中與法國的合作，不過是權宜之計，不久就會翻臉。他對俄國的戒心，在1832～33年的土埃糾紛中也已經顯露無遺，以後持續增強。若就意識型態而言，他應該強化與法國的關係，可是事實上他對法國並不友好，在他領導下的英國外交，與法國合作少，衝突多。他甚至以為，在若干地方，如東地中海，英國的主要威脅不是來自俄國，而是來自法國。他之所以有時與法國合作，主要在牽制法國，使其不致加入大陸集團以反英。法國史學家皆認為帕瑪斯頓是反法外交政策的領導者，事實上也如此。

　　經濟因素在英法關係由熱趨冷上也扮演了一定的角色。經濟在國際關係中所佔的份量一向很重，布羅格利當政的時候，曾希望加強英法間的經貿關係，以強化兩國在政治外交上的合作。但是法國的工業革命起步較英國為晚，產品競爭力較為薄弱，因此法國工業界一致主張保護法國自己的工業，由於他們在國會的影響力量十分大，因此使布羅格利強化法英兩國經濟關係的政策難以落實。三十年代中期，英法經濟關係趨於低潮：法國在興建自身的鐵路網時，曾拒絕英國的資金及技術；1836年雙方甚至爆發經濟戰，法國拒買英國的棉紗，英國則拒買法國的酒，這一場棉紗與酒的戰爭一直持續到1838年。另方面，1837年後法國自己已能開採在卡赫（Gard）的煤礦，對英國資金與技術的依賴更形降低，也就更不在乎英國的態度[43]。

　　除了經濟上相互依存關係降低之外，英法兩國在勢力範圍之爭上又

趨向白熱化。此時英法利益摩擦之重點區域，一在伊比利亞半島，一在北非。在伊比利亞半島，英、法、西、葡所成立的新四國同盟，其實結構鬆散，同床異夢。法國國民雖然崇尚自由主義，但也重視國家利益，在維護本國利益的前提下，原則有時可以束諸高閣；英國雖爲同盟，但也不排除爲本身利益單獨行動。1835年西班牙的卡羅斯及其黨人捲土重來，西政府在五月要求各國根據盟約給與援助，法國恐引起麻煩，建議不予干預。帕瑪斯頓在馬蒂內茲（Martinez de la Rosa）內閣垮台後，於1835年9月扶植激進派的曼地薩貝爾（Mendizabal）上台，對抗法國支持之溫和派，並指控法國暗中以武器支援卡羅斯黨人。英西並打算進一步簽訂雙邊商約。法國對此發展極爲不滿，向雙方施壓，條約因而胎死腹中。自是蒂耶對英國更加疑慮，1836年後即思與奧國聯合，斡旋西班牙王室伊莎貝拉與卡羅斯之間的對立。

在北非地區，1830年查理十世下台前，曾派軍前往阿爾及利亞，以保衛法國在該地的商業利益，其後法國一直未將軍隊撤出。其他列強因在北非並無利益，對此一發展並不注意，只有英國，在拿破崙戰後已日益重視地中海域，對此情形十分敏感，但當時也未及時採取反制行動。1837年帕瑪斯頓公開指責，謂法軍留駐阿爾及利亞是一種入侵。但英國對生米已煮成熟飯的事實也無可奈何，只能聲明不容法國染指突尼西亞及摩洛哥，以示警告。在幾內亞海岸，英法亦有衝突，英國對法軍登陸該處之波丹蒂克（Portendic）曾經強烈抗議[44]。

在上述情況下，英法協商日趨式微乃無可奈何之事。三十年代中期後，法國在國際事務上拋棄原有立場，致力推動東向政策，力求與東歐保守國家取得妥協，當梅特涅大力鎮壓克拉科夫的波蘭民族主義時，蒂耶視而不見；在瑞士，法國甚至支持奧國，要求瑞士對政治難民採取嚴厲措施。

雖然如此，法國的東向政策收效甚微，甚至無法爭取到奧國同意聯姻，最後路易菲力普只娶到一個與普王家族有關的，梅克蘭堡・史維林（Mecklembourg-Schwerin）王室之女爲媳。與奧國達成唯一有意義之協議，爲雙方在1838年同時自義大利之安哥納及波洛尼亞撤軍。蒂耶的東

向政策之所以成效不彰，是由於東歐三國對法國從革命中誕生的七月王朝並不信任。因此到三十年代末期，法英關係越來越淡之時，法國並不能在東歐覓得新的盟友替代，法國之日趨孤立，基本上乃歷史包袱、國際環境與時代趨勢所然，非外交之罪。

第三節 英法破裂與歐洲情勢

在上述諸種因素的激盪下，到三十年代後期，英法關係日益緊張，不言自喻。這種緊繃的關係在新的土埃危機與西班牙婚姻事件中終於爆發。其後雖因帕瑪斯頓一度下台而好轉，但也只是曇花一現。英法關係的破裂，對於東歐國家而言，少了一股外交壓力，在內政的作為上可以獲得更多的自由；對於英國而言，陷入孤立的法國讓其免去後顧之憂，可以傾全力向海外拓殖。雙方皆有所獲。只有法國，兩頭落空，國內政局日趨動盪。

一、英法摩擦之加深

(一) 第二次土埃戰爭

三十年代末爆發的第二次土埃戰爭，與第一次土埃戰爭完全不同。就原因而論，這次戰爭是由土耳其主動發起，旨在湔雪前恥。就列強關係而論，這一次是英俄兩國聯手幫助土耳其，壓制法國及其所支持的埃及。在這次糾紛中帕瑪斯頓與尼古拉一世之間的關係頗可玩味，而帕瑪斯頓對法國蒂耶的態度堪稱粗暴與盛氣凌人。

在討論第二次土埃戰爭之前，我們需要回顧一下英國在第一次土埃戰後，在東地中海做了那些補救措施。英國對於東地中海的接觸與經營落後法國甚多，尤其是對於埃及的注意與興趣，大概都是由於拿破崙征埃及所引起。為了急起直追，1834年後英國加緊了對東地中海的經營，先是考慮到在蘇伊士（Suez）地峽興建通路，1838年派遣波林（Bowring）赴埃及，加強雙邊貿易關係，1839年自土耳其蘇丹那兒取得

紅海海口的亞丁（Aden）。英國希望經由美索不達米亞通往印度，擴展貿易關係，而埃及在這些地區獨佔的經貿利益使英國垂涎三尺。因之透過外交手段，由彭森比公爵與土談判，1838年8月成功的與土耳其簽訂商約，約中土耳其承諾，取消在其轄下一切外人的商業壟斷，這自然是針對埃及而爲，該約對英國之有利自不在話下[45]。

雖然做了這麼多的安排，英國對埃及仍然放心不下，擔心野心勃勃的阿里如果眞的成爲了土耳其未來的繼承人，英國通往印度的陸上交通將因而切斷。因此我們可以瞭解，英國的反埃情緒是爲了保護英國的經濟利益。也因此，在1838年1月，當埃及向英法駐埃總領事試探，詢問後者是否支持埃及獨立時，帕瑪斯頓訓令其總領事告知：埃及任何有關獨立的行動，將被英國視爲敵對行爲。埃及因此知難而退，不敢輕舉妄動。

至於俄國，上文已概略談到，在第一次土埃糾紛中，俄國人雖然因法英的及時介入未能長驅南下，但俄國在俄土恩機亞・史開來西條約中斬獲豐富。當時英國許多人都對俄國心懷恐懼，若干患上恐俄病的人，如英國駐土耳其外交官烏古哈德（Urquhart），皆主張對俄國採取強硬措施。烏古哈德曾在君士坦丁堡大公那兒取得一份有關俄國的機密文件，打算發表以打擊尼古拉一世，並狂熱的支持高加索地區人民對俄舉事，帕瑪斯頓怕後果不易收拾，將其自土耳其召回。

其實帕瑪斯頓對俄國亦深具戒心，對於俄國在土耳其、波斯、阿富汗的野心瞭如指掌，但當時他並不那麼懼怕俄國，他的態度多少受到當時英國駐俄大使杜翰爵士（Lord Durham）的影響，後者一直強調對英國在東地中海的利益威脅最大的國家不是俄國，而是法國。

如果土耳其與埃及相安無事，東地中海還可以維持一段平靜日子。但土耳其蘇丹馬哈茂德二世，在第一次土埃糾紛中屈辱敗北之後，矢志復仇。戰後他啓用英、普軍人，由英國人助其改組艦隊，普魯士人則助其訓練軍隊。一但他認爲時機成熟，即不顧英國人的忠告，輕率地於1839年4月進軍埃及轄下的敘利亞。結果他的大軍在6月即被易布拉欣率領的埃軍大敗於奈及布（Nézib），不旋踵，又眼睜睜的看著其苦心建造

的艦隊在亞歷山大港對埃投降。馬哈茂德二世面對此情勢，椎心涕血，悲憤而歿[46]。

　　土埃戰爭爆發之後，法國毫無疑問的站在埃及這邊，英國則支持土耳其，但兩國都恐懼俄國會乘機適用恩機亞・史開來西條約，這個情況使得情勢變得更爲複雜。英國希望透過國際多邊的方式解決問題，以免俄國適用條約，這就必須得到法國的支持，於是帕瑪斯頓慫恿梅特涅提議召開國際會議解決。對法國而言，由於其對埃及的影響力，本可支持埃土私下解決，如此法國可以發揮極大的影響力。但當時法國首相蘇（Soult）出身軍旅，完全不懂外交，居然接受了此一建議。這一草率的決定，註定了法國在第二次埃及危機中落於下風。帕瑪斯頓原不曾想到法國會這麼輕易的接受英國的立場，因此在1839年6月19日給英國駐法大使的信中大讚：「蘇眞是無價之寶」（Soult est un bijou）[47]。

　　上述情形下，五強在1839年7月27日照會土耳其之蘇丹，要求其接受歐洲的斡旋。俄國雖然也參與了此一外交行動，但是在萬分不得已的情況下而接受的。歐洲的多邊壓力，使得恩機亞・史開來西條約形同具文，俄國在該約中所取得的利益，完全不敢動用。

　　但英法之間對如何解決埃土之爭，其實有根本的歧見。在維也納舉行的大使級會議上，英國因爲想削弱埃及，所以提議懲罰埃及，讓土耳其收回敘利亞及戰敗投降的艦隊。俄國因爲想要討好土耳其蘇丹，也附合此議。法國則堅決反對任何不利於埃及之決定。法國的立場很合邏輯：第二次埃土戰爭並非埃及所挑起，埃及又未戰敗，何以要懲罰埃及？在英法意見南轅北轍的情形下，尼古拉一世倒對多邊解決方式產生了新的想法，不再那麼排斥：俄國也許可以趁此機會，一方面伺機破壞英法自由陣營的關係；另方面嘗試改善與英國的關係，未來或許可以直接與英國討論瓜分土耳其之事[48]。於是英俄靠攏，對抗法國。1839年9月15日，由布朗諾夫（Brunnov）率領之俄國代表團抵達英倫，俄國提出新的建議是：俄國放棄恩機亞・史開來西條約，但爲了保護土耳其，博士普魯斯海峽一帶由俄國監督，英法艦隊則負責監督埃及。這個構想不僅難爲法國接受，英國政府也覺得不能容忍俄人在海峽盤據，雖然帕瑪

斯頓個人當時倒是對俄國頗有好感，曾想予以接受[49]。為了牽制俄國，使其打消此一提議，英國因此覺得只有對法國略示讓步，以爭取其合作，所以向法提議：允許埃及保留敘利亞之南。但法國還是不能接受，僵持之勢因而造成。

協商陷入僵局之後，蘇受到法國內部各方批評，1840年3月2日蘇下台，由蒂耶接任[50]。蒂耶上台後，既不把1839年7月27日五強共同照會放在眼裡，對於法國駐英大使季佐（Guizot, François, 1787-1874）[51]，一再建議法國應與英國妥協的報告，也完全置之不顧。蒂耶向埃土雙方不斷建議直接接觸。他的想法是：法國如果造成既成事實，則不怕列強不接受。

帕瑪斯頓知道了蒂耶的計畫之後，決心搶在前頭，也對法國造成一個既成事實。1840年7月15日，他將法國排除在外，與俄奧普三國駐倫敦大使締結了四國倫敦條約，幾乎將土耳其納為四國之共同被保護國：四國保證維護土耳其領土之完整，阿里可以保留埃及之世襲權，並統治敘利亞的南部，但必須放棄敘利亞之北，土國之艦隊也應交還。四國同時向埃及施壓：十天之內埃及如不接受，則埃及將失去敘利亞南部；再十天仍不接受，則土皇即將收回阿里在埃及的世襲權。

法國對四強此一協議事先完全被蒙蔽，事後才被告知。毫無疑問，英奧俄皆想透過此一條約來屈辱法國，給予法國一個「有用的教訓」（leçon utile）。蒂耶的強硬不妥協政策，似乎已把法國帶往一個完全孤立的外交處境。

倫敦條約對法國是一個很大的刺激，他似乎是索蒙條約反法陣線的復活，但列強的壓力卻激起法國內部同仇敵愾的氣氛，蒂耶這時雙管齊下，一方面在法國展示武力，如武裝巴黎，召集青年學生集合示威，增加海軍人數等，另方面在外交上則積極尋求打擊帕瑪斯頓，是時帕瑪斯頓在英國國內也受到部分來自激進與保守兩方面人士的強烈反對。東歐的俄普奧對情勢的發展也深感不安，因彼等並無意於戰爭。因此蒂耶以為，法國如果堅持，則問題就可能照法國的意思解決。

但帕瑪斯頓並不是一個容易屈服的人，他決心履踐1840年7月15日

四強倫敦條約，9月11日英艦駛往黎巴嫩，炮轟貝魯特，9月26日四強領事離開亞歷山大，蘇丹並宣稱收回阿里統治下的埃及。蒂耶不爲所動，10月8日致函列強，強調任何削弱阿里的實際行動，將被視爲戰爭的原因。

法國與列強的關係，因而空前緊張，德意志境內的一系列反法活動，令法國深感不安，路易菲力普尤其心懷恐懼，他公開表示：將不會讓一個「小小的部長」（petit ministre）把法國帶向戰爭。10月25日，路易斯菲力普拒絕接受蒂耶的政策，迫其辭職，再度由蘇組閣，並將駐英大使季佐召回，出任外相。法國尋求緩和的意向不言可喩。

但帕瑪斯頓並無意改變他強硬粗暴的外交態度，對法國的求和姿態視若無睹。在英國艦隊的砲火壓力下，聖珍達克（St-Jean-d'Acre）的埃軍投降，11月7日英將領與埃及在亞歷山大港簽約，阿里同意交出敘利亞及土耳其艦隊，僅保留在埃及的世襲權。但爲了進一步的屈辱阿里以及法國，帕瑪斯頓拒絕批准該約。英艦再度駛往亞歷山大港，阿里被迫只得無條件投降（1840年12月11日），阿里雖然保存了在埃及的世襲統治權，但帕瑪斯頓要其絕對臣服於土耳其[52]。

不過帕瑪斯頓也知道，在解決若干歐洲問題上，如將俄國阻擋於海峽之內，以及廢除恩機亞·史開來西條約，法國仍是一顆有用的棋子，所以事後仍容許法國重返歐洲協商。1841年7月13日五國簽署兩項外交文件，結束了第二次土埃之戰。其中之一涉及完全排除埃及的領土要求，保證土耳其的領土完整。對一直想維持鄂圖曼帝國現狀，以及蘇丹統治權的帕瑪斯頓來說，這是英國外交上的一大勝利，因爲他同時封殺了俄國與埃及對土耳其的野心[53]。另一則是有關海峽的公約，它規定：在和平時期禁止所有戰艦出入海峽，但土爲交戰國時，同盟國之軍隊則可進入海峽。俄國會同意在和平時期關閉海峽，其實是帕瑪斯頓最爲興奮之事。因爲，這樣俄國戰艦即沒有可能進入地中海，威脅英國在東地中海的利益。而在土耳其爲交戰國時，英法如爲其盟國，其軍艦仍可進入海峽到黑海，直接對俄國採取行動，後來克里米亞戰爭時就是如此。尼古拉一世何以會同意此一看來對其不利的條約？顯然他是從另一角度

考量：俄國一直擔心其黑海沿岸領土可能受到英法攻擊，如果平時關閉
海峽，則即便英俄兩國為其他地區，如印度、阿富汗發生衝突，只要土
耳其沒捲入戰爭，英國就不可能從海峽與黑海報復俄國[54]。

第二次埃及危機對英法俄皆有不同尋常的意義。

在這次事件中，法國可以看出她在歐洲的外交十分孤立，儘管拿破
崙戰爭結束已經四分之一世紀，但其餘悸，仍使得歐洲國家對法國長存
戒心，反法同盟隨時可以組成。而俄國也可以體會，像恩機亞‧史開來
西條約這樣的外交勝利，如果沒有實力及膽識將條約付諸實施，則也不
過是空歡喜一場。梅特涅成功的推動了一次多邊外交，再一次彰顯了正
統主義。但英國才是真正的勝利者，帕瑪斯頓成功的將俄國排出於海峽
之外，將法國排出於尼羅河之外，使英國在東地中海的優勢所向無敵。

這次事件另外也證明了幾件事：其一，意識型態並非外交關係無可
或缺的基石。英法意識型態的一致，並不能阻止兩國在利害衝突的問題
上尖銳對立，甚至相互火拼，畢竟國家利益高於一切。其二，解決問題
真正的後盾不在條約或諒解，而在實力。英國如果不是船堅砲利，實力
雄厚，而且有魄力付諸於實際行動，何能嚇阻法俄？其三，政策並非一
成不變。英國的所謂不干涉政策，雖然冠冕堂皇，其實因時因地制宜，
並非不可改變的原則。英國無視於土耳其蘇丹的昏庸、專制，為了維護
英國的利益，對抗法俄，不干涉政策可以束諸高閣。帕瑪斯頓的名言
「外交沒有永遠的朋友，只有永遠的利益」，可以將其一切行動合理化，
不須有其他藉口。

（二）西班牙婚姻問題

在第二次埃土危機過去後，英法間的所謂「親善協商」實已蕩然無
存。不過政府更替是常態，政策又因人而異，1841年8月英國大選後，
保守黨贏得選舉，由皮耳（Peel, Robert, 1788-1850）[55]出面組閣，亞伯
丁[56]取代帕瑪斯頓出掌外交。此時英國正在中國與阿富汗進行戰爭，與
美法兩國關係亦很緊張，皮耳與亞伯丁遂採取軟硬兩手策略，與法美兩
國修好。當時亞伯丁和季佐都較溫和，態度和帕瑪斯頓及蒂耶截然不

同。因之1841年9月以後，英法兩國關係逐漸和緩。亞伯丁希望聯法以抗阻俄國在東方擴充，季佐則一向對英國憲政抱有好感，並認爲聯英對法國的經濟，特別是鐵路網的建立大有好處。因此在1841到1846年間，英法兩國的友好關係就建立在這兩個人的一致看法上。這段時間中，英國女王維多利亞曾在1843年、1845年，兩度到厄（Eu）訪問路易菲力普，路易也在1844年赴溫莎（Windsor）回訪英國女王[57]。但這種看似親密的關係，一遇到實際利害，如西班牙婚姻問題，似乎就完全經不起考驗。

上文提到自三十年代以來，英法即對西、葡兩國深感興趣，相互競爭。這是因爲兩國在此除有商業利益外，西班牙也是兩國擴充其在地中海權力的必爭之地。季佐甚至把西班牙列爲「波旁王室同盟」之一員，以對抗英、奧。1843年，西班牙的女王伊莎貝拉年僅十三，卻被宣布成年，於是女王的婚姻大事乃成爲各方矚目之事，希望雀屏中選的大有人在。英國提出了薩克森·科堡的親王，因爲這是英國女王王夫之堂兄。法國則提出了路易菲力普的另一子蒙邦西耶（Montpensier）公爵。爲了避免兩國發生衝突，季佐和亞伯丁乃同意，在英法之外另覓適當人選，因此兩人乃同意，選那不勒斯波旁王室的卡地斯（Cadix）公爵爲伊莎貝拉的乘龍快婿。但另方面，瑪麗亞·克里斯丁娜則向路易菲力普提議，以其次女露易莎（Luisa）嫁與蒙邦西耶公爵，路易菲力普當然欣然接受，英國則頗不悅，但後來季佐和亞伯丁在1845年達成協議，法國承諾在伊莎貝拉結婚生子之前，露易莎及蒙邦西耶公爵不得結婚。西班牙王室的婚姻問題到此似乎可告一段落[58]。

但1846年6月溫和的亞伯丁下台，帕瑪斯頓重掌外交，英國的態度又有了一百八十度的轉變。帕瑪斯頓爲了打擊季佐，一方面與法國的反對派，甚至和他的死敵蒂耶聯繫，另方面則將外交人員做了大幅調整，訓令其駐西大使伯爾佛（Bulwer），以一切的手段打擊法國，務必達到破壞法西兩國聯姻的目的。1846年7月帕瑪斯頓不顧以前的英法協議，重提薩克森·科堡的親王爲伊莎貝拉的王夫。此舉令季佐十分不滿，並認爲既然是帕瑪斯頓首先不遵守1843及1845年的兩次協議，法國自然也

就解除了該兩項條約的義務。法國駐西大使布黑松（Bresson）和瑪麗亞‧克里斯丁娜取得協議，將兩位公主的婚姻同時舉行。大典佳期定於1846年9月4日，並如期舉行。這一次，法國眞的取得先機，造成既成事實，令英國莫可奈何。事後，雖然帕瑪斯頓發動英國輿論，攻擊法國的「陰謀」，甚至於向梅特涅及尼古拉一世求助，引用烏特里支（Utrecht）條約，指責法國違約，但俄、奧反應冷淡，一幕鬧劇終於在英國抗議聲中落幕[59]。

　　法國在西班牙婚姻問題上雖有所獲，但所付代價亦十分可觀，剛有起色的「英法協商」現在眞的完全被埋葬。但話說回來，以帕瑪斯頓的霸道，對法國的敵視，即使法國全面退讓，恐怕未必能委曲求全。英法關係在帕瑪斯頓重掌外交之後，逆轉是無可如何之事。法國在歐洲處境艱難，外交上的選擇不多。

二、英法破裂後的歐洲情勢

（一）季佐的東向政策及其結果

　　英法協商的解體，迫使法國向東尋覓盟友。另方面四十年代以後，德意志境內高漲的民族主義使得普魯士在德境內的聲勢日漸上昇，法奧兩國都感到相當威脅，也覺得有合作的必要。季佐當時有一個天眞的想法：由法國扮演橋樑，使梅特涅所鼓吹、實行的專制體制，和四起的革命思想與運動之間能有所溝通。透過憲政改革，使革命者獲得相當滿足，也使既有秩序不遭破壞。但季佐的政策說起來容易，實施起來很困難。

　　就他與奧國合作一事看來，不僅法奧雙方都無充分信心，英國也伺機破壞。這裡最佳的例證就是瑞士桑德邦（Sonderbund）戰事。瑞士的激進派在四十年代後期，擬將瑞士由一個鬆懈的邦聯，改造成爲一個緊密的聯邦，甚或單一國。但是這種想法並不爲保守派所認同，因之瑞士境內七個保守的、信奉天主教的邦，乃在1846年組成桑德邦同盟，想與瑞士激進派分道揚鑣[60]。從國際法上的條約義務來看，兩方面的主張都

違背1815年維也納協議。因此梅特涅於1847年6月向列強發出邀請，呼籲採取共同行動，以維護1815年維也納協議所規定之瑞士法律地位，即邦聯體制，以及保障瑞士境內天主教友應享之宗教自由。對於此一呼籲，季佐害怕會導致軍事行動，所以拒絕了，相反的，季佐提議：希望各國採取協調的外交行動來應付此一局面。這就給了帕瑪斯頓分化之機。帕瑪斯頓運用外交手腕，很巧妙的在表面上接受了此一提議，而實際上則拖延時間，反對杯葛，以致於列強對瑞士兩造的多邊共同照會遲遲無法出爐。其間瑞士柏恩政府下令採取軍事行動，迫使信奉天主教的桑德邦加入新的瑞士聯邦。因此當列強的共同照會到達柏恩時，軍事行動早已完成，生米既已煮成熟飯，柏恩政府當然拒絕了列強的要求。因此雖然列強（英國除外）在1848年元月再提抗議，已於事無補[61]。桑德邦事件證明帕瑪斯頓外交運作高明，以及法奧之間的互信不足。

就季佐想協調革命及反革命的兩種思潮而言，事情也沒有那麼容易。1847年季佐曾想將此一政策運用到義大利半島，是時義大利半島革命的動亂已起，梅特涅已出兵費拉雷（Ferrare）進行干預。季佐透過其駐羅馬的大使羅西（P. Rossi）要求皮德蒙、托斯卡那、教皇國等進行改革，以免於革命及被干預的命運。但此一政策遭受到來自兩方面的質疑：一方面奧俄懷疑其動機；另方面，法國本身以及其他地區的自由派人士，則認為季佐已淪為梅特涅之工具。

因此英法關係的破裂，對法國來說損失很大，法國不容易在東歐覓得朋友，因為東歐國家對於革命的法國很難沒有戒心，推誠交往。法國的孤立對於東歐國家及英國而言，則不僅無害，反而有利。

就東歐國家而言，英法的分裂使他們的鎮壓行動更趨自由，如1846年普魯士轄下的波蘭，在米也柔羅斯基（Miérolawski）舉事，但旋即被鎮壓，由於普轄波蘭之叛亂曾得奧轄波蘭之助，因此奧國為有所因應，於1846年2月出兵克拉科夫，但並未採取進一步行動，然而在英法於1846年9月決裂之後，奧國即無所顧忌，藉口克拉科夫共和國內一直有陰謀叛亂之情勢，於1846年11月6日將其完全兼併。

就英國而言，法國向東歐國家示好的政策，使自由人士對法國產生

懷疑，英國就成了歐洲自由人士的唯一寄託及領導。英國的聲望因而上升。另方面帕瑪斯頓在迫使路易菲力普及季佐向東轉向之後，曾透過直接間接的手段：如將若干英國所獲不利於季佐之祕密文件，寄交季佐之政敵蒂耶，煽動法國自由派人士對路易菲力普之不滿。這些作為對1848年2月的法國革命產生催化作用。再者，歐洲大陸的國家各有其問題，相互牽制，也就使得英國有更多的自由，四處去拓展他的勢力。

（二）帝國主義的海外擴張與衝突

在十九世紀上半葉，世界政治的中心仍在歐洲，但歐洲人對歐洲以外的世界認識日增，興趣日濃，當然商業利益是主要動力，愛國心及民族主義的擴張也非毫無影響。在此一時期的拓殖中，英國人扮演了最重要的領導角色，但英國的積極態度亦引起了它與俄、中、美、法之間難以避免的衝突。

英國在1819年即佔領了馬來亞半島南部，1824～1826年的緬甸戰爭，又取得了緬甸的控制權。在這幾處沒有遇到衝突。但在中亞，英國的擴張與俄國摩擦難免，1837年俄國支持伊朗向阿富汗擴充，為了對抗，英國派使與阿富汗談判，擬與阿建立對抗俄國與伊朗之同盟。談判未成，英國反利用其東印度公司展開對阿富汗之軍事行動，在喀布爾（Kaboul）建立了一個屬國，英國與阿富汗就此爆發了由1838年綿延到1842年間的第一次英阿戰爭，英軍被徹底擊潰，幾無倖存者。英國與俄國在阿富汗結下的樑子，就成了英俄之間久久無法癒合的傷口。

在遠東，英國人想拓展其與中國的商業關係，1824年曾派使東來，但中國政府不願與夷商正式往來，未有進展。1839年清廷的禁煙運動給英國抓住了一個藉口，終於爆發了鴉片戰爭，1842年8月29日所簽的南京條約，讓英國打開中國門戶，並從中國取得香港。繼英國之後，法國援例與清廷締中法黃埔條約，美國則締中美望廈條約（1844年），其他歐洲國家也紛紛跟進[62]。

在美洲，美國帝國主義已經抬頭，因此，英國與美國在此地區的領土與勢力範圍衝突，在所難免。事實上美國在獨立以後不久，就有一種

「上升中帝國」（the rising empire）的自我期許，同時對「海到海」，即從大西洋到太平洋間的陸地極為垂涎，所以墨西哥轄下的德克薩斯（Texas）早就是其目標[63]。1827年墨西哥脫離西班牙獨立之後，合併了德克薩斯。美國打算向墨西哥購買此地，但墨西哥不允，美國因而鼓勵其人民移植，待美人數量已足時，即於1836年促使德克薩斯宣布獨立，墨西哥因而對德州進行戰爭[64]。英國因在墨西哥有利益，無法支持德克薩斯，法國則因與墨西哥不和，因而承認德克薩斯，且於1839年11月與德克薩斯締結通商友好條約。英國此時被迫不得不改變態度，承認德克薩斯獨立，並予以貸款，條件則為德克薩斯需禁奴，這可是一石二鳥之計。蓋承認德克薩斯，可以與法對抗，不讓法國勢力在此獨大。而要求禁奴，不僅回應此時在歐洲正推行得如火如荼的禁奴運動，而且可以強迫使用黑奴的美國表態，迫使美國讓步，以解決英美西北邊界問題[65]。

英國此舉確實令美國大感不安，德克薩斯如果廢奴，勢必影響到美國南部各州的利益。1844年，美國總統泰勒（Tyler）即主張將德克薩斯予以兼併，但為參院所阻。1845年波克（Polk）總統上台，正式宣布兼併，墨西哥因而對美宣戰。這時英法兩國一度曾想介入，旋又打消。這可以說是1823年門羅主義宣布以來，首度遭到考驗。美墨之戰後來美國大勝，1848年2月雙方簽署瓜達路貝‧希達哥（Guadelape-Hidalgo）條約，美國不僅正式取得德克薩斯，又自墨西哥取得加利福尼亞[66]。

不過英國雖放棄介入，在美墨衝突中並非毫無所獲，因為它藉著這個衝突，迫使美國在1846年6月與其簽訂奧瑞岡條約，解決兩國在此一地區的領土糾紛，英國在北緯49度以北，即今英屬哥倫比亞的權利得到美國的承認[67]。

在殖民事業的拓殖中，英、法自然也少不了摩擦。在地中海方面，法國雖然在1830年進軍阿爾及利亞，但該地的阿拉伯首領阿布‧艾爾‧卡達艾米爾（Emir Abd-el Kadar）卻不服法國的統治，在1832～1847年間領導抗法。1843年戰敗後逃入摩洛哥。英國早在1837年即警告法國不得染指突尼西亞即摩洛哥，1844年5月更強硬表示，法國不得單獨介入摩洛哥，更不能佔領坦吉爾（Tanger）。法國並未因此怯步，1844年8月

14日，法軍大敗摩洛哥之蘇丹，但鑑於英國的壓力，只要求其將阿布‧艾爾‧卡達逐出，並未要求摩洛哥賠償及割地。

此時太平洋各小島的逐鹿戰也已展開，荷蘭在1828年取得了新幾內亞，英國在1840年取得紐西蘭（New Zealand），法國則在1842年取得社會群島（Iles de la Société），在這裡法國的軍隊與英國的傳教士發生衝突，後來法國將領杜貝蒂‧杜阿（Dupetit-Thouars）將英國領事普里恰（Pritchard）自大溪地（Tahiti）島逐出，引起英國強烈抗議，英國首相皮耳稱此為對英國之「重大污辱」，但季佐與亞伯丁兩人終於冷靜的在1844年10月3日達成妥協，法國政府給予普里恰若干金錢補償，允許英傳教士自由傳教，但相對的，英國也承認了法國在社會群島的統治權[68]。

當然，十九世紀上半葉列強的這些拓殖活動都很重要，但歐洲以外的衝突與開展，對列強間的關係影響並不大，因為在列強心目中，世界舞台的重心仍在歐洲。現在再來看看1848年後的歐洲情勢。

第四節 1848年的革命蔓延

一、革命的背景

十九世紀的四十年代，民族主義與自由主義在歐洲仍十分流行，並且已經在若干地方獲得相當的成功：如比利時、希臘、西班牙、葡萄牙、都是典型的由英、法兩國影響下成功的實例。在上述國家中，民族主義與君主立憲式的自由主義配合得十分諧和。但在其他的地方，二者並非齊頭並進，如在波蘭、義大利半島、德意志境內各國、匈牙利等地，人民對於民族主義的狂熱似遠勝於對自由主義、君主立憲的熱衷。

1848年的革命其實早就透露警訊，但歐洲各保守國家的領導人卻並未提高警覺，更別提做好事先疏導，或事後鎮壓的準備。尼古拉一世雖然對歐洲，特別是德意志與奧國兩地區的人民期望毫不瞭解，但卻對革

命的到來有高度警惕。尼古拉一世也確信，他的盟國對此巨變可能將無能為力，因為普奧兩國的政府懦弱無能，缺乏決斷。所以早在1846年，他就曾對丹麥的外交官說：「以前我們是三個國家（指俄奧普同盟），現在只剩一個半。我已不再把普魯士算在內，至於奧國，頂多只能算半個」[69]。果然，革命爆發以後，普奧兩國高層無不驚慌失措。

1848年的革命漫延甚廣，西從法國，東到匈牙利，北起普魯士，南迄雙西西里，無不捲入革命的狂飆中。人們一定要問：何以革命有如瘟疫，一夕之間席捲整個歐洲大陸？答案其實並不難找。從1815年戰爭結束，工業化不斷發展後，即出現了一批中產階級，如企業家、商人、教授、記者、律師、知識份子、大學生等，這些人衣食無慮，追求的是比較理想層次的東西，那就是更多的政治與公民權力，或民族主義。同一時期，一般大眾則深受經濟不規則發展的衝擊，這些衝擊或源自於新的生產型態，如機器取代手工業造成的失業，或源自於經濟規劃或發展的失衡，如生產過剩或過度投機，或源自於糧食欠收，如1845年的馬鈴薯欠收、1846年的馬鈴薯與穀物雙雙欠收等。這種情況普遍出現在所有的國家，如1846年的穀物欠收西從愛爾蘭，東到波蘭，莫不如此。穀物欠收造成糧價飆升，眾多人民掙扎在飢餓邊緣。稍後出現的紡織業蕭條，橫掃由比利時到西里西亞各地[70]。經濟困頓使社會犯罪增加，社會犯罪引起社會動盪，社會動盪使反政府的情緒上升，逐形成革命的溫床。

二、法國的二月革命

法國是一個具有強烈浪漫氣質的拉丁國家。對於民主有甚高的理想，所以才有1789年的大革命；對於國家光榮十分狂熱，對於英雄人物極端崇拜，所以才有拿破崙帝制的出現。換言之，法國人民有其矛盾：如果有一位像拿破崙式的英雄人物來統治法國，人民的法國光榮感能從軍事勝利，開疆闢土中獲得滿足，則人民可以容忍統治者的專橫作為；如果不能滿足其光榮感，法國人民則要求給予政治上的完全民主與平等，法國人民所不能忍受的就是平庸、妥協[71]。

　　路易菲力普如果和拿破崙一世相比，是一位十分平庸的君主，他在外交上沒有爲法國爭取到輝煌的勝利，在內政上的措施也乏善可陳。在財產資格的限制下，只有二十萬人有選舉權，這位資產階級擁戴的國王，很少注意到工農階級的福利。1840年以後，季佐爲了應付各層次的敵人，曾採取了不少有失人心的措施，諸如對新聞自由、集會自由的限制，操縱選舉，賄賂立法機構成員等，因之1847年以後，反政府的聲浪日益高漲。1848年2月22日巴黎終於爆發了示威運動，國民自衛軍亦加入工人及學生的行列，反對政府。至2月24日，巴黎已爲工人控制，路易菲力普逃往英國，第二共和臨時政府於同日產生。身兼詩人、史學家及演說家的拉馬丁（de Lamartine）被任命爲外長。

　　法國革命在東歐保守國家中激起普遍的恐懼，擔心因此帶來政治及社會的大變革。比利時的安危一時成爲各方關注的焦點。比利時不僅呼籲英國協助防衛愛斯高河流域，普魯士、巴伐利亞亦聲稱比國的完整不容侵犯，普國更揚言，如法軍入比，普將介入，俄國並建議與法相鄰的國家加強軍備，並向普、奧二國提議，由俄負起監督波蘭加里西亞之責，以便奧、普專心對付義大利及德意志境內之動亂。至於英國，王室對七月王朝的垮台頗感戚戚，但帕瑪斯頓卻拊掌稱快，訓令其駐法大使諾曼比（Normanby）繼續留駐巴黎，英國政府對法國此次革命雖未表支持，但也不反對。

　　法國新政府的外交動向爲何，最受各國重視。2月27日拉馬丁向各國駐法大使保證，法國極爲注重和平。3月5日拉馬丁進一步澄清其外交態度：不承認1815年的各個條約，但對這些條約所劃定的歐洲現存疆界仍予暫時尊重，法國保留透過談判加以修正的權利。法國對於在波蘭、義大利等地發生的革命絕不支援，但如果歐洲其他國家介入，則法國保留其各種因應的可能。法國絕不爲一己之利益或他國之利益而輕啓戰爭。拉馬丁的政策可以說安撫與恫嚇兼而有之。英國對法國的新外交，大致說來還算滿意，東歐各國因內部各有問題，對法國的變局也無可如何。

　　不過法國內部情勢並不穩定，2月成功的左派革命並不代表法國的

多數民意。4月國民議會選舉，溫和派取得優勢，又導致工人階層不滿，他們在路易白朗（Louis Blanc）的領導下，於6月再度舉事。但這一次卻爲資產階級所掌控，形成路線大逆轉，政權落入保守的卡維尼亞克（Cavaignac）手中[72]。

大致說來，法國新政府的外交路線，由拉馬丁到巴士蒂德（Bastide），與季佐時代並無實質的差異，他們都重視與英國的關係，對歐洲的動亂並不眞想插手介入。不過，深入分析，後兩人的外交政策間還是有很大的不同。拉馬丁在自由主義與擴張主義的民意壓力下，對義大利的革命顯然躍躍欲試，但巴士蒂德則顯然不像拉馬丁那麼浪漫，他是現實主義取向的外交家，對周遭的革命騷動要如何因應，完全取決於法國的利益，所以他對義大利境內的革命基本上無動於衷。

三、革命的蔓延

1848年的革命，其實是由義大利首先發難，而義大利的革命可以說是由教皇國的庇護九世（Pius IX, 1792-1878）[73]所推動。庇護九世在1846年6月當選，他是一位愛國主義者，也是一位自由主義者，他上台後即大赦政治犯，修正新聞檢查法，設立國務會議（Council of Ministers）。這個自由的教皇受到人民空前的擁戴，義大利的革命由他播下種子，不久自由主義在雙西西里、托斯卡那、帕爾瑪、威尼斯、杜林（Tonino）都開始生根發芽[74]。

1848年1月12日，革命首先爆發於雙西西里王國的巴勒馬（Palerma），由於聲勢浩大，使費迪南二世不得不也宣布特赦，頒布新憲法。影響所及，托斯卡那的大公亦仿照雙西西里的憲法，頒布了一個新憲。2月初，薩丁尼亞的杜林亦發生動亂，查理·阿爾伯特亦只好頒布憲法，這是效法英國式的君主立憲。

隨著2月下旬法國革命，路易菲力普下台，第二共和出現，自由主義及民族主義的影響又波及到德意志地區及奧國境內。1848年3月起，德境內的各國國王，迫於壓力，都只好頒布自由主義色彩的憲法，組成

自由政府。在民族主義者的大聲疾呼下，除少數國家如符騰堡外，德境大多數國家都支持改組德意志邦聯，代之以聯邦。自由主義與民族主義之所以在德意志地區的發展聲勢浩大，比較有根基，主要與此一地區在三十與四十年代的經濟發展，商業活動頻繁，中產階級大量興起，關稅聯盟進一步擴充有關[75]。不過在自由與民族兩個相伴發展的運動中，前者的根基薄弱，後者的實力顯然超出甚多。這些人士推動召開全德意志國民議會，討論重組邦聯的事。這個運動後由普魯士領導，三月下旬在法蘭克福召開預備會議，5月18日召開正式大會。

　　3月裡，奧國的局勢亦急轉直下，不過不同於其他地區的王室受到強大壓力，被要求進行憲政改革，在奧地利，哈布斯堡王室所受壓力並不大，壓力主要集中在梅特涅身上。由於梅特涅長期執掌奧國外交內政，所以民怨多集中指向他，認為幾十年來，梅特涅不斷將國家資源耗費在對外的軍事干預上，不僅對奧國經濟發展不利，對當時的貧窮百姓沒有照顧，而且導致國家財政瀕臨破產。當時的奧地利雖有民怨，群眾示威，軍隊譁變，卻並無爆發大規模革命的跡象。如果梅特涅能如以往般的堅持鎮壓，情勢也許不會演變到不可收拾。可是在上述混亂情勢發生後，梅特涅與皇室成員如國務會議主席路易大公（Louis）、奧皇長兄法蘭西斯查理士（Francis Charles）、約翰大公（John）以及內閣成員科羅來特（Kolowrat）討論因應辦法時，梅特涅雖力主應予強力制止，但其他人士非僅不支持，並有與示威群眾妥協之意。是時梅特涅已屆七十五歲高齡，鬥志不復往日昂揚，鑑於3月12日的群眾示威，以及皇室與內閣的妥協反應，判斷奧國皇室氣數已盡，連夜向奧皇費迪南一世提出辭呈，遠走英國[76]。

　　梅特涅此一決定頗有探討餘地。有的史學者以為，如果梅特涅能維持以往的堅毅，力排眾議，大力鎮壓，奧國或許可以免於境內革命的流竄與蔓延[77]。此一說法當然很難驗證，這種說法既是肯定梅特涅以往的鎮壓政策，也是惋惜他在緊要關頭沒能堅持到底。不過不管喜不喜歡梅特涅作為，他對對奧國的貢獻還是不能否定的。雖然有人求全責備，批評他昧於時勢，執著於保守主義，執政期間對奧國沒有進行大刀闊斧的

改革，但事實上他確實曾經努力嘗試過。

在內政上梅特涅頗想強化奧國行政，推動中央集權，使奧國行政更有效率，更一致化，但卻受到先是法蘭西斯一世，後是奧國皇室的反對，因為他們並不想要一個有效的政府來分享奧皇或皇室的權力。雖然如此，梅特涅維還是持了奧國三十年以上的穩定，使後者免於二十年代及三十年代革命的波及，相對而言，政績並不差。至於在外交上，梅特涅所架構的歐洲體系，建立在維持現狀、信守條約、多邊諮商等原則上。維持現狀原則的普被接受，使他對各地區的武力干預得以合法化，也得以保障奧國的地位[78]。雖然英國反對他的干預行動，但他卻能讓英國的反對停留在言詞層級，因為梅特涅的干預都經過精確的算計：干預的地區必是奧國勢力所能及，鎮壓的反革命必是無力對抗奧國的軍隊。雖然俄國的利益、想法未見得與奧國契合，但梅特涅可以以其三时不爛之舌，說服俄皇亞歷山大一世配合其主張或行動。因此，有學者以為，與二次大戰時的羅斯福、邱吉爾等人相較，由於後二者始終無法說服史大林與美英同心協力維持戰後的國際秩序，反而相互抗衡，梅特涅的外交長才當然更為突出[79]。

梅特涅的辭官遠走，意味著一個時代的結束，一個以追求維持現狀、捍衛維也納體制為職志的時代的結束。雖然後繼者有意接棒，可惜時間不夠他打穩基礎。其後在歐洲舞台活躍的政治人物，無論尼古拉一世、拿破崙三世、加富爾或俾斯麥，無不是以打破維也納體制，尋求各個國家的利益為目的，這意味一個新的時代，一個新的國際體系開始醞釀形成。

回到奧國革命問題。按奧皇法蘭西斯一世早於1835年去世，由其子費迪南一世繼位。費迪南天生遲鈍無能，即位後由法蘭西斯查理士與梅特涅等人聯合攝政，在1848年3月革命爆發後，費迪南手足無措。辭掉梅特涅之後，既未即時採取警察行動制止，皇室本身又自亂陣腳，遂給革命者提供機會，使革命勢力一夕之間蓄積能量，四處流竄。3月14日，革命者已經在匈牙利取得勝利，因之奧皇同意匈牙利人自治、給予新聞自由、適用其已有之憲法、成立責任內閣。費迪南更被迫於3月15

日頒布一部自由憲法，給予全國新聞自由。動亂擴大後，費迪南於1848年5月17日逃往茵斯布魯克（lnnsbruck）避難（參閱插圖二）。

另外，在德意志境內，當自由與民族主義大行其道時，波蘭問題也成為關注的一個焦點，之所以如此，倒不見得是由於德意志人推己及人，而是德境許多自由份子既討厭保守的俄國，又認為德意志整合必須藉助於對外的戰爭才能達成，而幫助波蘭重新建國，對抗俄國，就是落實德意志統一運動的最好方法[80]。當時擔任普魯士外相的阿寧（Arnim-Suckow），也認為可以爭取法國支持，對抗俄國[81]，來完成德意志的統一。不過革命後的法國政府並不想與俄國對抗，普王也不贊成經由此一途徑來推動統一，所以波蘭獨立之說無疾而終。

既然歐洲大陸革命野火狂燒，鄂圖曼轄下的歐洲領土也很難倖免，多瑙河沿岸的摩達維亞及瓦拉齊亞等地也發生反抗蘇丹的動亂，塞爾維亞的局勢也不安寧，在這裡，俄國由於地緣關係，扮演了重要角色。

四、決定革命成敗的關鍵人物

在1848年的革命中，有幾個關鍵人物十分重要，他們的作為不僅影響到革命的成敗，也影響各國在革命後的國際地位。這些人物中最為重要的，首推俄國沙皇尼古拉一世。上文曾指出，尼古拉一世是保守派的中堅，無論是1830年的比利時、波蘭等地的革命，甚或稍早的希臘革命、稍後埃及對鄂圖曼帝國的叛逆，尼古拉一世的立場都十分一致：支持正統王室，打壓革命。對1848年革命的處理自然也不例外。

1848年革命使歐洲保守國家都受到撼動。俄國雖然沒有遭到波及，但難免心有戚戚。尼古拉一世在革命初起時即有心介入，但卻不敢輕舉妄動。尼古拉對於政治制度的看法很獨特，他以為保守專制最佳，如果不能維持，共和制度也比君主立憲好，因為他以為立憲制度不過為少數人利益服務[82]。因此當自由主義推動的君主立憲制度，在德意志、奧地利、義大利等地像雨後春筍般冒出來時，他一度真是心急如焚，情緒低落。當時歐洲保守國家的王室間不僅政治理念相同，私人情誼也頗綿

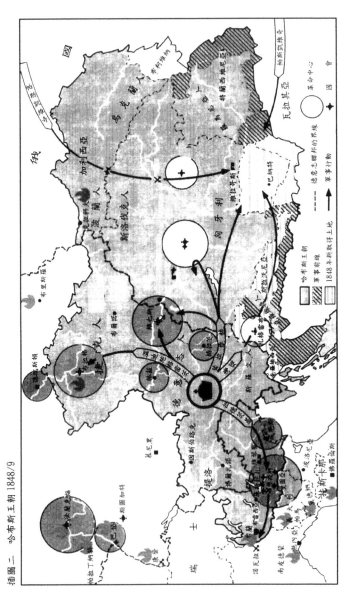

插圖二　哈布斯王朝 1848/9

轉引，翻譯並修改自 Kinder and Hilgemann, The Anchor Atlas of World History, vol Ⅱ, p.38.

密，尼古拉一世是普王腓特烈威廉四世之妹夫，關係非淺，所以力勸後
者不應對其轄下的自由主義份子假以辭色，應該拒絕接受自由主義的憲
法。尼古拉一世與奧皇法蘭西斯約塞夫友誼甚篤，所以當奧皇向其表
白，其子費迪南愚鈍難當大任，需要尼古拉一世多予照顧時，尼古拉一
世也慨然應允。因此，在革命爆發，年輕的奧皇費迪南陷於困境時，尼
古拉一世信守承諾，提供後者軍事支援，鎮壓叛亂[83]。因之，深入分
析，當知尼古拉一世才是1848年革命在德、奧失敗的關鍵因素。其後在
普、奧競爭德意志地區領導權，鬧得難分難解之際，尼古拉也儼然以仲
裁者自居，他的支持也是決定勝負的最後依歸。

　　除尼古拉一世之外，奧國的幾位將軍，如拉德茲基（Radetzky,
Joseph, 1766-1858）[84]、溫蒂士格拉茲（Windischgratz, Alfred, 1787-
1863）[85]，以及外交官出身的新首相史瓦甄堡（Schwarsenberg, Felix,
1800-1852），他們堅定維護王權，鎮壓義大利屬地叛亂，弭平內部革命
勢力，並在外交上與普魯士周旋，確保奧國在德意志境內的領導權，使
搖搖欲墜的奧帝國不僅能免於支解，而且還能浴火重生，當然也值得重
視。其中史瓦甄堡的角色特別值得一提。史瓦甄堡出身貴族，政治立場
保守，十八歲時加入陸軍，二十四歲轉入外交界，先後任職於葡、俄、
法、英、薩等使館。由於關係良好，英俊出眾，富於魅力，事業上頗能
逢凶化吉，一帆風順。1848年革命後，離開外交工作，經由選舉進入國
會，力主鎮壓革命。在其姊夫溫蒂士格拉茲扶持下，於1848年11月出任
首相及外相，12月二人更扶植年方十八的法蘭西斯約塞夫（Francis
Jeseph, 1830-1916）[86]登上皇座，取代無能的費迪南一世。他在任上的時
間並不常，前後不到四年，但對奧國的影響則十分深遠。法蘭西斯約塞
夫後來宣稱：「他是我身邊最偉大的部長」，梅特涅也說：「他是我外
交學院的學生，個性堅毅，勇氣十足，眼光清晰」。但後來梅特涅不滿
其行事作為，也曾批評他為：「被錯誤導引的學生」、「搖擺不定」[87]。
持平而論，在他任職首相兼外相的幾年間，也是奧國面臨生死存亡的關
頭，如無他堅毅任事，對內努力弭平義大利、匈牙利等地革命，對外交
好俄國，對抗普魯士，使本來內外交困的奧國浴火重生，奧國的前途堪

慮，就此而論，其功勞不容否認。

　　另外，法國的角色也值得一提。1848年的革命之所以沒有進一步擴大，與法國政府的理性自制也有很大關係。法國二月革命之後，主政者並沒有被自由與民族主義的氣氛沖昏頭，他們對歐洲局勢有一定程度瞭解：有的地區不能插手，有的也許有些空間。像是波蘭、德意志，最好不碰；像是義大利則可看情勢。拉馬丁擔任外長時間很短，在革命後的激情中，爲滿足人民對新政府的期待，他對義大利的革命一度表現得頗有支援的意思，但對波蘭則拒絕引誘[88]。巴士蒂德接任外長後，表現得更爲務實理性。他曾對法國駐普大使阿哈哥（Arago）表示：「德國如果統一，將形成一個三千五百萬人口的大國，對其周遭鄰國而言將較今日情況更爲不安，我不認爲我們有任何理由期待此一情況出現，更無理由幫其實現」[89]。但是路易拿破崙（Louis Napoleon, 1808-1873）[90]上台之後，卻對義局的發展顯現高度關切，後來甚至在薩丁尼亞及教皇國都採取了具體行動。法國何以態度有此轉變？事實上這也不難瞭解：一個原因是路易拿破崙對義大利及天主教的特殊情結；一個就是地緣政治的關係：一如英國不能容忍法國染指比利時，法國也不能坐視奧國勢力在義大利半島擴充。

　　在英國方面，這時的首相爲羅素，外相仍爲帕瑪斯頓，雖然說英國是自由主義的君主立憲國家，他們對歐洲各地的革命卻因爲與英國國家利益的不同，而有不同的反應。基本上，英國對這些革命都是透過外交手段，以英國利益爲準則，或反對（如對丹麥及德意志的自由及民族主義者），或間接支持（如對義大利半島的革命運動）。

　　對這些關鍵人物有了一些大略的瞭解之後，我們再來看看他們如何處理1848年的革命。

第五節 革命的潰散

一、義大利及匈牙利問題之處理

（一）奧薩戰爭

　　奧國在義大利省分的統治堪稱開明，它在倫巴底及威尼西亞的行政管理不僅有效，而且是基於民意，它在當地的司法與教育制度也是半島上最進步的，該地的經濟生活水準與半島上其他地區比較也最高。梅特涅更曾鼓勵其他的義大利國家進行改革。這麼開明的統治為什麼還避免不了革命？答案只有一個，那就是義大利人對奧國的不信任，對奧國的排外情緒使然。換言之，民族主義作祟[91]。民族主義鼓動了義大利各地的獨立運動，義大利各邦皆寄望於薩丁尼亞，希望後者能率領義人將奧國勢力驅逐出境。在1848年3月梅特涅出亡後，奧國人不僅在倫巴底的米蘭被逐，義人馬寧（Manin）自獄中被釋，領導威尼斯宣布建立共和國。奧國駐義的軍事首領拉德茲基因考慮可能需要支援平定奧國本身之內亂，不敢輕舉妄動，只得退守義北。此時查理‧阿爾伯特在義大利各方慫恿下，於3月22日對奧宣戰。初期薩丁尼亞在軍事上頗有收穫。

　　法國對義大利局勢發展十分關注，3月10日拉馬丁即派比克西俄（Bixio）以專使身分前往杜林，表示願意提供援助，以削弱奧國在義大利之影響力。但是由於義大利人對法國素懷戒心，查理‧阿爾伯特又恐懼法國乘機在薩丁尼亞散播共和思想，影響其王權，故予以拒絕。

　　對薩丁尼亞支持倫巴底抗奧，英國頗表嘉許，對查理‧阿爾伯特拒絕法國幫助，英國更感安慰。英國頗為期待義大利半島北部出現一個統一的國家，如此既可北拒法國，亦可拓展英國之商業利益，但英國並不想實際介入[92]。雖然英國傳統上與奧國關係不錯，認為奧國是阻擋俄國南下海峽的有用棋子，但卻認為奧國即便失去義大利北部的屬地，也無礙奧國保持大國身份，奧國應該忍受此一損失。

　　義大利人的民族主義熱情雖然可觀，軍事上卻非精練的奧軍對手，

一旦奧國軍隊反擊，就無能招架。1848年6月10日，拉德茲基率領奧軍開始反攻，拉氏當時已高齡八十二歲，猶勇猛過人，7月25日大敗義軍於庫斯多薩（Custozza）。現在輪到薩丁尼亞主動求助於法國。法國在6月的動亂中，資產階級擊潰社會主義的白朗取得政權，拉馬丁也早在5月就將外長一職交由巴士蒂德主掌，巴士蒂德拒絕援助薩丁尼亞，因為不願見到統一的義大利威脅到法國，因而建議與帕瑪斯頓共同斡旋，英國也願意共同行動。在其間，奧國與薩丁尼亞於8月9日簽訂了莎拉斯科（Salasco）停火協議。

英法共同斡旋，向奧國所提之建議是：奧國放棄倫巴底，威尼西亞則另行治理[93]。奧國由於軍事勝利，當然不允如此大幅讓步。法國一方面再向奧國施壓，另方面亦勸阻薩丁尼亞，不要再啓戰端。英國則從旁勸告奧國：宜於接受斡旋，以免情緒激動之法國介入，蓋是時法軍已將船隻遣往威尼斯，以牽制奧國[94]。但是奧國既然在戰場上打敗了薩丁尼亞，自然不肯輕易讓步。尤有進者，上文指出是年11月溫蒂士格拉茲於擊敗佔據維也納的匈牙利叛軍後，整頓政府，推其內弟史瓦甄堡出任奧國之首相兼外相，史瓦甄堡頭腦冷靜，務實決斷，一切作為皆以維護奧國利益為前提，當然拒絕英法對奧薩戰爭的斡旋，此舉引起法國強烈反應，造成法奧兩國在義大利的正面衝突。

另方面，1848年11月羅馬也發生叛亂，教皇庇護九世在法國及巴伐利亞大使的協助下，倉皇逃至雙西西里之蓋也達（Gaeta）避難。1849年2月，羅馬議會宣布建立共和國。當時薩丁尼亞的查理‧阿爾伯特因怕薩丁尼亞境內之共和派得到鼓舞，採取行動威脅其王位，不聽法國勸告，逕自廢棄莎拉斯科停火協議，再度對奧作戰，結果於1849年3月24日在諾伐雷被奧軍大敗[95]。

此時法國新總統路易拿破崙出面，向奧國施壓，迫使薩奧雙方於3月26日停火。薩丁尼亞並於4月26日要求英法兩國調停。當時奧國立場強硬，非唯不接受英法前此之提議，因為戰勝，反要求薩丁尼亞割地賠款。法國因此向薩提議由法軍佔領熱內亞，以迫和奧國，但薩丁尼亞對法國也不放心，並未接受。和平談判一直拖延不決，直到1849年8月奧

國因匈牙利有事，方始讓步。1849年8月6日奧國與薩丁尼亞締約，放棄割地要求，減少賠款數額。薩丁尼亞在英法支助下，才保全其領土完整及一部自由主義的憲法。

（二）教皇國與羅馬問題

羅馬的教皇國亦是一個棘手的問題。

教皇庇護九世在1848年11月出亡後，各國對其遭遇都很同情，願意助其回國重掌政權。如何重掌倒是一個問題，教皇與奧國皆反對以國際會議方式解決，在教皇方面，主要是不願見到新教國家介入。此時史瓦甄堡親王建議由天主教國家如法國、薩丁尼亞、那不勒斯等國支援，庇護九世亦拒絕，因不願薩丁尼亞介入。1849年2月，教皇提議由奧、西、法、那等四國佔領教皇國，因此在3月30日，有關各國大使集會於蓋也達討論。但在問題還沒解決前，奧薩戰爭中獲勝之奧軍乘勝進軍摩德那、帕爾瑪以及托斯卡那，並有意支持庇護九世回羅馬。

法國自然不願見到奧國勢力進入羅馬，4月中，法國派烏蒂諾（Oudinot）率遠征軍赴教皇國，另方面則透過法駐雙西西里之大使黑奈伐（Rayneval）與教皇討價還價，願以軍事力量支持教皇重掌政權，但要求後者宣布自由性的改革。此時法國希望能在羅馬共和國及教皇國之間作一成功的調人，維持一個自由的教皇國，則奧國介入此地的機會即被完全根除。但法軍進入羅馬外港奇維達偉加（Civitavecchia）後，遭到羅馬共和軍之頑抗，法軍退出，與羅馬共和軍談判，但談判達成時，法國國內的保守派在國會選舉中獲勝，5月30日下令法軍攻打羅馬，羅馬共和軍不支，終於在1849年6月30日投降，法國的調停結果變成了軍事懲罰[96]。

法國的用兵檢討起來收穫有限，教皇不願在政治自由上有所讓步，雙方各有堅持之下，庇護九世後來拖到1850年4月方返回羅馬。經過過激的自由主義教訓之後，教皇已決定「痛改前非」，向奧、俄等國靠攏，由於後者的支持，法國要求其自由化的主張當然落空。不過由於教皇須靠法國軍隊支持其政權，使法國在義大利半島取代了原先奧國的地

位。

（三）匈牙利革命之平息

　　1848年3月14日匈牙利的革命成功，取得自治後，同年5月17日，費迪南一世逃往茵斯布魯克，奧國群龍無首。6月13日，捷克人在布拉格（Prague）舉事，但僅四天，即被溫蒂士格拉茲將軍所撲滅，奧帝國的命運從此整個扭轉[97]。7月25日拉德茲基又在義大利獲勝。8月12日費迪南一世回到維也納，但同時匈牙利的問題卻開始困擾維也納。

　　匈牙利在柯蘇斯（Kossuth）領導下獲得自治之後，繼續為獨立奮鬥。但匈牙利的統治者馬札兒人（Magyars）對其境內的克羅特人（Croats）及塞爾維亞人（Serbs）同樣的要求，卻毫不諒解及考慮，因此給予奧國分化之機。1848年9月奧國鼓勵克羅埃西亞（Croatia）軍事總督葉拉齊赫（Ban Jellachich）率軍進攻匈牙利。匈牙利人最初在戰事上頗有斬獲，甚至乘勝攻入奧國維也納，但後來卻為葉拉齊赫及溫蒂士格拉茲所敗，後者重回維也納後奧國政局才得以穩定[98]。溫氏復於1849年1月進軍布達佩斯，雖然擊敗匈牙利，但匈牙利的革命志士不肯就此罷手，在柯蘇斯領導下重組軍隊，於1849年4月14日奪回布達佩斯，並宣布建立共和國。

　　面對此一情勢，奧國只好求救於俄，尼古拉一世決定介入。除了後者曾經承諾法蘭西斯一世要幫助其子費迪南之外（雖然此時費迪南已經遜位），俄國此一決定還基於下述幾點考慮：第一，鎮壓匈牙利的革命，才能阻止革命思想擴散，波及俄國。第二，基於維持波蘭秩序之需要，因為此時波蘭境內已有部分移民開始支助匈牙利革命份子[99]。第三，拯救奧國，阻止德意志在普魯士領導下獨立，改變1815年的維也納體制[100]。第四，哈布斯堡王朝存在有其必要，不能聽任其崩潰，誠如涅謝爾羅迭所說：「它消失後留下的真空如此巨大，填補它的困難非比尋常，由於找不到填補它位置的東西，它應該持續長時間存在」[101]。因此，俄軍於1849年6月間進入特蘭西凡尼亞（Transylvania），8月13日，匈牙利終被俄奧聯軍夾擊於維拉果斯（Villagos），失敗投降。（參閱插

圖二）

匈牙利在維拉果斯戰役前曾向英、法乞援，並向英國提議：與英簽署貿易條約，給與英國在多瑙河及亞得里亞海的基地，匈牙利國王由英國派遣。條件雖然動人，但因英國不願削弱奧國，撤走阻止俄國勢力南下的政治屏障，所以未予考慮。至於法國，則因當時注意力完全集中在義大利，也未對此予以應有關注。

二、德意志統一努力之失敗

在德意志，1848年革命所啓動的是一個長期的鬥爭，複雜的故事。由於民族主義高漲，爲了研究重組邦聯，德意志境內各國代表在1848年5月18日於法蘭克福召開了國民議會（National Assembly or National Parliament），並選出前奧皇法蘭西斯一世之弟，約翰大公爲臨時攝政。這個會議主要由中產階級、愛國人士、地主及大商人所組成。會中對於新的德意志應不應包括奧地利，及如何包含奧地利，有相當的爭執，約翰大公的被推出，顯示奧國在擬議中新的德意志聯邦中的地位不容忽視。從這時候開始，奧、普兩國在德意志整合過程中的領導權之爭，不僅正式浮上台面，而且衝突激烈。

（一）丹麥問題

國民議會在統一德意志問題上跨出的第一步即遭到挫折，這就是有關丹麥兩個公國的歸屬問題。國民議會曾企圖使霍爾斯坦及什勒斯維格兩地自丹麥分出，歸併德意志，結果失敗。按霍爾斯坦一地居民全爲德人，參加了德意志邦聯，什勒斯維格則因北部爲丹麥人，南部爲德人，故未參加。該兩地皆受丹麥國王統治，與丹麥爲君合國[102]。早在1839年克利斯蒂安八世（Christian VIII）繼位之時，一方面因爲兩個公國的分離主義甚囂塵上，另方面擔憂男嗣無以爲繼，將使此一君合國的關係自然消滅，所以先是勸說奧古斯坦堡（Augustenburg）王室放棄其在此二公國的繼承權，受挫之後，就想讓這兩個公國接受丹麥王位繼承法，讓女嗣亦得繼承王位，並擬至少將什勒斯維格併入。1846年當克利斯蒂安

八世披露此一意向時，馬上在德意志地區引起巨大的反彈，在正統主義及德意志的民族主義壓力下，連梅特涅也不支持丹麥國王此一政策[103]。

但克利斯蒂安八世過世，其子腓特烈七世（Frederick VII, 1808-1863）[104]於1848年1月繼承丹麥王位後，頒布新憲，以快刀斬亂麻的手法，宣布將兩個公國與丹麥合併，因其認爲這不失爲同時解決此二地分離主義一個一勞永逸之做法。但此舉引起二個公國的強烈抗議，丹麥遂出兵佔領什勒斯維格。此事又引起普魯士及新成立之德意志國民議會的雙重干預，後者並授權普魯士軍隊進佔上述兩公國。

歐洲列強對德意志此舉反應相當強烈[105]，俄國不願普魯士佔領這兩個公國，因爲俄國反對並恐懼普魯士在此開鑿溝通波羅的海及北海的運河；帕瑪斯頓則不願桑德（Sund）海峽（或稱丹麥海峽）落入一個強大的軍事國家之手；法國則恐懼德境內高漲的民族主義會導致其四出擴張，因此紛紛向柏林抗議施壓。普魯士在各方壓力之下，終於和丹麥在1848年7月2日簽署了瑪爾摩（Malmö）停火協議。約定二個公國暫時交給丹麥治理，其地位留待以後由國際解決。這個協議遭到德境內輿論一致譴責，法蘭克福議會亦予拒絕，幾經疏通，直到9月16日方始接受[106]。

法蘭克福議會對這兩個公國的態度，反應出當時德意志境內狂熱的民族擴張主義，在此原則下，他們希望所有講德語的地方，諸如波士南尼亞（Posnania）、林堡、提洛等地都併入統一的德意志。法國外長巴斯蒂德稱這種情緒爲「侵略心態」（l'esprit d'envahissement）[107]。其實當時德意志地區訴求的民族主義，並不是眞的民族主義，而是一種回歸德意志「歷史疆界」的訴求，法蘭克福議會成員所追求的，不僅是將所有說德語，德人居住的地方予以統一，也是將所有「德意志邦聯」下的領土予以統一，這其中包含有非日耳曼人的丹麥人、波蘭人、波西米亞人、馬札兒人等，這種主張自然引起反對[108]。

（二）「小德意志」計畫之失敗

解決丹麥問題雖然受挫，但無礙於德意志重組問題之討論。於此，

首先面臨的抉擇是：統一的德意志究竟要不要包括奧國在內？於是產生了包括奧國在內的「大德意志計畫」，及不包括奧國在內的「小德意志計畫」。而在「大德意志計畫」中又分包含全部奧國在內的，及僅包括奧國日耳曼部分在內的兩種不同方案。

面對此一問題維也納當局深感棘手，一方面奧國內部正烽煙處處，自顧尚且不及，何來餘力討論德意志重組問題？另方面就奧國利益而言，最好維持德意志邦聯的現狀，封殺普魯士對奧國領導地位挑戰的機會。普魯士在領導德意志地區進行關稅整合之後，在此區經濟上的影響力早已駕臨於奧國之上，以經濟實力為後盾的軍力發展，也對奧國構成威脅，如果再在政治上佔得先機，奧國在德意志地區的地位恐怕會被全盤清算。更有進者，奧國轄下的匈牙利也強烈反對大德意志方案，不希望在一個更大的「中歐國家」中將自己進一步稀釋，如果不能獨立，他們希望維持奧帝國，在帝國中提昇匈牙利的利益。其他的非日耳曼人，如捷克人、斯拉夫人態度亦復如此。至於帝國內的日耳曼人，則反對折衷式的大德意志方案（僅包含奧國的日耳曼部分），因為這等於支解奧帝國[109]。

當時德意志境內的自由派與民族主義者，對普魯士期待頗高，希望普魯士能出來領導德意志的自由化與統一運動，但穩重者仍以為不能不考慮奧國態度。1848年10月17日，法蘭克福議會決定對奧國應否參加新的聯邦採取折衷的看法，即奧帝國的日耳曼部分應參加，非日耳曼的部分則不允加入。但是在12月中旬以後，大會主席戈根（Von Gagern）態度轉趨激進，希望採取「小德意志計畫」，將奧國排除於外，但與之締結聯盟。因之，1849年1月13日法蘭克福議會通過決議，決定與奧國建立外交關係，此舉等於把奧國視為外國[110]。3月28日議會以二百九十票贊成，二百四十八票棄權，正式通過「小德意志」方案，並將聯邦之王冠贈予普王腓特烈‧威廉四世（Frederick William IV）[111]。

奧國對此一發展的反對不問可知，即使南德諸邦也不贊成。巴伐利亞及符騰堡等南部國家，對於由普魯士領導未來的聯邦本來就不支持[112]，希望由奧國來擔任此一角色，或至少由普奧共同擔任此一角色。其

中巴伐利亞態度最爲積極，早在1848年11月，其國王麥西米倫
（Maximilien）即遣使往奧，以確定奧國的態度，復爭取英、法支持，
1849年1月更直接向柏林施壓，要求其接受奧國之領導[113]。

　　由於奧國及南德諸邦的反對，普王對於法蘭克福議會所作的決定究
竟應如何反應，頗費周章。普魯士內部對如何因應此一問題有兩派意
見：以首相布蘭登堡（Brandenburg）、普魯士出席法蘭克福議會代表康
佛森（Camphausen）、普王顧問拉多維茲（Radowitz）爲首的一派，認
爲機不可失，極力慫恿普王接受此一王冠。但審愼者如外相阿寧則以
爲，德意志問題從來就不是單純的德意志問題，1815年如此，1848～
1849年也是如此，除非能保證獲得國際支持，否則不應輕言接受。而在
國際上，放眼望去，奧國及南德諸邦之反對固不在話下，俄國的尼古拉
一世與涅謝爾羅迭也都不樂見德意志的統一，形成對俄國的威脅，爲
此，保守的俄國甚至考慮與共和的法國攜手，以防止惡夢成眞。在英國
方面，原來因爲同情德境內的自由主義運動而態度猶豫的帕瑪斯頓，也
因爲法蘭克福議會太過野心勃勃，致力於建立海軍，以及普魯士的軍事
介入丹麥，引起疑懼，改變態度，不再支持普魯士。至於法國，其外長
巴士蒂德既然對德意志的侵略及擴張心態瞭解透徹，當然也不可能支持
[114]。此一國際情勢不容輕估。

　　除了這些考量之外，普王自己也有他的看法。腓特烈・威廉四世雖
然對取得全德王冠興趣頗高，但爲人保守又浪漫，堅信君權神授，權力
應來自上層統治階級，而非下層被統治者，所以不屑於自人民（議會爲
人民的代表組成）手中取得王冠。另方面，普王對小德意志方案也有所
保留，他曾說：「沒有提洛、的里亞斯特、奧地利在內的德意志，就像
沒有臉的鼻子」[115]，換言之，他覺得將奧國完全排除在德意志之外，對
德意志的完整有所缺陷，對奧地利來說也不近情理。實力上，腓特烈・
威廉四世威懼與奧斷然決裂，因爲史瓦甄堡不僅作風強悍，而且對法蘭
克福議會的決定堅決反對。在上述諸多考慮下，普王傾向妥協：以放棄
王冠，交換取得德境軍事最高統帥之身分。因此，普王於4月底正式拒
絕此一王冠，奧國的困境因之解除。現在輪到法蘭克福議會陷於困境，

6月被普軍所迫,遷往史都加特（Stuttgart）,9月就解散了。

說到奧國,自史瓦甄堡上台以後,對內對外都作風強硬。早在1848年10月下旬奧國即表示,不容將奧國排除於德意志之外,並否認其對德意志之統一毫無興趣。史瓦甄堡初期反應之所以還算溫和,主要是因為受到內部叛亂牽制,希望儘量拖延,爭取時間,先解決內部問題,然後再全力處理德意志問題。外交上,奧國積極爭取南德諸邦支持,與彼等密切聯繫,商討解決辦法,反制普魯士。1849年3月9日,奧國曾正式向法蘭克福議會表示,奧國支持以其全部領土參與之「大德意志」計畫。3月28日法蘭克福議會的決定作成時,奧正陷於對匈牙利的苦戰中,處境相當不利。但是上述普王的決定拯救了奧國。

（三）俄爾米茲之屈辱

腓特烈·威廉四世雖然拒絕自人民手中取得王冠,但並未放棄統一德國的構想,不過他主張應自上層架構來實現。他找來了他的好友拉多維茲擔任外相[116],後者以為在奧國尚忙於鎮壓內部革命時,戈根的舊案,即「小德意志計畫」可以重推,但這一次應由各個君主參與。在拉多維茲的建議下,普王在1849年5月於柏林召開德境各邦君主會議[117]。同時,普王又向奧國的史瓦甄堡提議:普魯士願意幫助奧國平息匈牙利之亂,以換取奧國支持「小德意志計畫」。此一提議結果為史瓦甄堡所峻拒。拉多維茲並未因此氣餒,反而於5月28日施壓於薩克森及漢諾威的國王,迫使後者簽署三王同盟,並起草了一個類似法蘭克福國民議會所擬的聯邦憲法。德境小邦在普魯士的壓力下只得陸續加入[118],到8月份時,已有二十八邦加入此一聯盟,並預定於1850年選出一個新的議會。只有巴伐利亞及符騰堡等國未加入。

由於奧國此時尚為內爭所困,因之只好透過巴伐利亞國王拖延時間。奧巴雙方合作的對策主軸有二,其一是不斷提出各式各樣的邦聯改革憲政藍圖,拖延時間。其二是不管什麼改革方案,奧國在德意志的地位都不容削弱。受到國內問題的牽制,奧國被迫於1849年9月與普魯士簽署德意志臨時協定（German Interim）,相互承諾在達成可以接受的長

久方案之前，共同監督德意志事務[119]。由於問題久拖不決，本來就對參加普魯士所領導之聯盟興趣缺缺的國家，開始尋找藉口退出。10月以後，薩克森及漢諾威以巴伐利亞及奧國不加入此一聯盟爲由，退出了聯盟。情勢顯示普魯士的優勢已經動搖，但腓特烈·威廉四世在拉多維茲的鼓勵下，仍然於1850年3月在艾爾福特召開大會，通過了新憲[120]。

1849年底，匈牙利問題已經在俄國人的幫助下解決，奧國因而取得行動自由。12月奧國邀請薩克森、漢諾威、符騰堡以及巴伐利亞召開會議，並起草改革德意志邦聯的新憲，於1850年2月27日在慕尼黑簽約。隨即奧國在4月27日邀請全德舊邦聯的各邦往法蘭克福開會，以討論邦聯改革草案。艾爾福特與法蘭克福的會議大打擂台，使德意志分爲兩部，奧普雙方的正面衝突於爲形成。

列強對奧普衝突究竟採何態度呢？俄國的支持最爲重要，普奧雙方皆向其求助，普魯士爲了示好於俄，甚至在1850年7月與丹麥簽署和約[121]，將霍爾斯坦及什勒斯維格兩公國歸還丹麥。但由於俄國偏向維持德意志地區現狀，對普所爲無動於衷。法國此時拿破崙三世已貴爲總統，性好投機，對普奧衝突甚有興味，頗想乘機獲取一杯羹，因此派專使裴西格（Persiguy）赴德，向普表示願意相助，但以取得萊茵河左岸爲條件，結果爲腓特烈·威廉四世所拒。

不久爆發了黑思·卡塞爾（Hesse Cassel）的危機，黑思親王向德意志邦聯議會求助，在史瓦甄堡的運作下，後者決定請巴伐利亞派軍往助，奧國的軍隊也緊接在後。但由於黑思居於普魯士本土及其萊茵河左岸領土之間，普魯士在黑思本來即有軍事通行權，因此決定不讓他邦干預，拉多維茲更下令佔領卡塞爾。但史瓦甄堡亦決定絕不妥協，於是普奧軍事衝突一觸即發[122]。奧普雙方展開爭取俄國的外交戰。9月22日，史瓦甄堡親赴華沙，與尼古拉一世會面，稍後，普王也派首相布蘭登堡赴華沙，試圖說服沙皇採取中立立場。尼古拉一世基於俄國本身的利益考量，並不樂見普奧任何一方領導德意志統一，取得在中歐絕對性的優勢。俄皇最後之所以選擇支持奧國，乃是因爲俄皇深爲瞭解，奧國與普魯士不同，後者一心想一統德意志，而奧國雖然不願被排斥於德意志之

外,但卻無意促成德意志的統一,因為德意志的統一對多元民族的奧國來說並無好處。在此問題上,奧國之所以一再表態,都是出於被動,為奧國利益計,最好維持原狀。而維持原狀正好符合俄國利益。

普魯士在外交失敗之後,腓特烈‧威廉四世迫使拉多維茲去職,將其派往倫敦為使,顯示態度軟化,雖然他於11月6日下令總動員,但其實已有意解散其締造的小聯盟,接受奧國建議。對黑思問題也已讓步:由巴伐利亞軍隊佔領,但保障普魯士在該地的權益。所以總動員令其實是欲弛故張的做法。在1850年11月25日,史瓦甄堡以最後通牒告知柏林,限其在48小時內撤出黑思,普王只得屈服。11月29日,新換上的保守派首相曼德弗(Manteuffel)與史瓦甄堡在俄爾米茲(Olmütz)展開談判。史瓦甄堡堅持普魯士全面解除動員令,但奧國則解除部分動員令。此一要求顯然是要屈辱普魯士,所以被史家稱為俄爾米茲之屈辱[123]。在德意志邦聯改組一事上,普魯士同意與奧國在德勒斯登(Dresden)召開自由會議共同商議。

不容諱言,普魯士的失敗是由於普王猶豫、軟弱、不會把握時機,俄爾米茲的協定,使德意志境內的自由及民族主義人士大失所望,也使德意志的統一延後了二十年。相對的,由於史瓦甄堡的果斷堅定,南德諸邦的協助,俄國的外交支持,也使奧帝國在德境內的領導地位延長了二十年。

1850年12月到1851年5月,全德自由會議在德勒斯登召開,會中奧普雙方的領導權爭執又起。雖然史瓦甄堡對舊的德意志邦聯仍然情有獨鍾,對德境的雙元領導也非不能接受,但如果邦聯改革無法避免,普魯士搶奪領導權的可能不能排除,那就不如由奧國發動,掌握機先,因此,史瓦甄堡在會中強力推銷他的「中歐計畫」(Middle Europe Scheme)[124]。但是前文已經提及,德境小邦支持奧國,是因為不樂見普魯士奪去他們的王權;同理,他們也不樂見奧國獨霸德意志,奪去他們的王權。所以這一次,風向倒轉,德境小邦,特別是巴伐利亞,轉而支持普魯士。不過關鍵因素還是外力:英法俄三國都不希望在中歐出現一個強權,危及它們的利益,所以紛紛以此議違反1815年維也納協議為由,向

奧國施壓，史瓦甄堡終於讓步放棄。各方妥協的結果，德意志邦聯改革之爭，解決之道似乎只有恢復1815年德意志邦聯的舊觀[125]。而這也符合奧國的利益。在這麼多紛擾之後，唯一的結果是普奧雙方在1851年5月16日締結了一個為期三年的防衛聯盟，彰顯普奧兩國反對革命的立場一致。

（四）奧國與德境關稅聯盟

上文曾經談到，普魯士自1834年來，領導德境各邦成立德意志關稅聯盟，奧國雖然因為侷於本身條件未參加，但對此情勢已十分重視，因為發現普魯士已經在經濟上取得德境領導地位。史瓦甄堡上台之後，任命來自萊茵地區的商人布魯克（Bruck）擔任奧國之商業部長，此人對商品自由流通十分重視，上任後不僅對內破除了奧地利與匈牙利之間的關稅障礙，而且致力於與德意志關稅聯盟締結聯盟。他和史瓦甄堡雙雙致力於推動「中歐計畫」，史瓦甄堡是從政治上著手，布魯克則是從經濟上著手，以期在奧國領導下，落實「中歐計畫」[126]。這樣的一個「中歐」大帝國，人口七千萬人，疆界北臨斯堪的那維亞，南接瑞士、義大利北部，西到荷、比邊界，東到巴爾幹，可以想像其影響力。

史瓦甄堡政治上的「中歐計畫」，受困於內外因素，未能實現。布魯克以圓滑的手腕推動他的「經濟中歐」，先從內部著手，1851年消除奧境內的關稅壁壘後，就伺機要求加入德意志關稅聯盟。1851年9月，德意志關稅聯盟討論漢諾威及奧爾登堡（oldenburg）的加入問題時，奧國亦邀請德境各邦至維也納開會，討論在奧國及德意志關稅聯盟之間組織商業聯盟的可能性。普魯士的商業大臣德爾布魯克（Delbruck）極力反對上述構想，深恐奧國加入德意志關稅聯盟，終將損及普魯士在其中的領導地位。南德諸邦本來承諾，如奧國未被允加入，彼等則將退出德意志關稅聯盟。面對此一情勢，普魯士亦不甘示弱，威脅要解散關稅聯盟，由於南德各邦在此一聯盟中受惠頗多，在工業界的壓力下，不得不屈服於普魯士，所以1953年此一關稅條約續約時，仍然選擇留在此一聯盟中[127]。普魯士在確保其經濟上的領導地位後，也稍做了些退讓，於

1853年2月與奧簽訂商約，給予奧國關稅優惠，但奧仍被排出於德意志關稅聯盟。

　　檢討起來，奧國試圖打入德意志關稅聯盟的作法應屬正確，否則將很難在此一區域與普魯士分庭抗禮，但可惜的是，奧國在經濟實力上顯然落後普魯士甚多，所以一旦拔河，必然落居下風。至於史瓦甄堡想建立政治上的「中歐」，強化奧國在中歐的地位，雖然動機也許是著眼於反制普魯士，但顯然昧於時勢，所以才會被梅特涅批評爲「被錯誤導引的學生」、「搖擺不定」。因爲以奧國的國力與國際處境來看，確實是以不變應萬變爲上策。維持維也納體制，就是對奧國利益的最佳保障。任何新的嘗試，對奧國來說，可能都是未見其利，先蒙其害。

三、革命失敗後的國際新形勢

（一）保守勢力恢復舊觀

　　如上所述，1848年的民族統一運動，在義大利、奧國、德意志都遭到失敗的命運。自由主義及立憲政治的命運亦未成功：法國在二月革命後，民主共和派及社會主義派產生對立，乃有六月革命的爆發，資產階級的人士在此革命中佔了上風。1848年11月第二共和憲法正式誕生，路易拿破崙脫穎而出當選總統，這是一個傾向保守的政府，最後終於走向專制。普魯士的三月革命產生了五月新憲，但半年後，即在1848年11月、12月間，這個運動亦開始老死，議會終被解散，普王並於1850年另頒憲法，重建王權。至於奧國在1848年5月頒布的憲法，在史瓦甄堡上台後也壽終正寢。在羅馬，自由的教皇已轉入保守陣營。1848年革命中，自由主義碩果僅存的只有薩丁尼亞。

　　1848年的革命何以來得急，去得快，事後蹤跡難覓？追究起來主要原因應該是革命環境並未完全成熟：有的是革命者本身並不完全瞭解革命的眞諦，不能推己及人，如馬札兒人統轄下的匈牙利，因爲不能以同理心對待其境內的克羅特、塞爾維亞等民族，所以讓維也納政府可以運用以夷制夷的策略。有的則是因爲受到外來的干預，如俄國之干預奧

國，擊敗匈牙利革命。有的則是未能爭取到大國的支持，如義大利半島諸國，得不到英、法等國的支持。當時相當同情革命的英法兩國，都因爲本國利益之考慮，未對革命者假以援手。英國所以不支持奧國境內的革命，是由於英國希望維持一個強大的奧國，以阻止俄國勢力南下，所以樂於見到俄國援助奧國，搬石頭砸自己的腳。法國之所以未給義大利半島的革命者強力支援，是因爲法國的外交部門覺得：法國只有與一群小國爲鄰才對法國較爲安全。至於英、法、俄皆不援助普魯士的革命，則是因爲不願見到一個強大的普魯士誕生，威脅到他們的利益。拋開高調的意識型態，就這些大國自身的利益來看，他們的外交政策算得上務實正確。

革命失敗後，歐洲大致又恢復了舊觀，奧國雖未能動搖普魯士在德境內的經濟優勢，但她自己則從革命的煉火中復出，地位反較革命前更爲穩固。可惜的是，史瓦甄堡天不假年，他在1852年4月過世。其後，奧皇法蘭西斯約塞夫自己接管了大部分的政務，不再任命首相，親自處理外交國防事務，但對內政則較無興趣，對國內日趨嚴重的多元民族問題、經濟問題視若無睹。他雖然對外交較有興趣，但並不專精，在決策上曾發生許多錯誤，無論是日後處理俄土的克里米亞戰爭，與法國薩丁尼亞的戰爭，與普魯士的德境領導權戰爭等，都失利。在其手中，奧帝國失去義大利屬地，德意志領導地位，奧帝國改制爲二元帝國，最終甚至爆發一次世界大戰，帝國由沒落而崩解。不過這是後話，回頭先來看他在史瓦甄堡過世之後的作爲。

史瓦甄堡過世之後，法蘭西斯約塞夫啓用了彪爾（Buol, Karl F., 1797-1865）爲外相，並兼任帝國大臣會議主席。彪爾原任奧國駐英大使，雖然出身外交界，有長時間的駐外經驗，但卻昧於時勢，驕傲自大[128]。他既未察覺普魯士在德境內對奧帝國的威脅，努力加以預防化解；也未能對俄國在革命時期大力援奧的友誼，多所珍惜。他當然仍想維持維也納體制，確保奧國的利益，但卻想透過重建同盟架構來達成。也許是受駐節英國的影響，也許是受奧國財政日蹙的影響，總之，他想重起爐灶，斷絕與普俄「不自然的」神聖同盟關係，試圖交好英法，這顯然

並不明智[129]。梅特涅批評他的政策「尖而不深、不寬」，實在是一語道盡。就是由於他對局勢的評斷偏差，政策搖擺，奧國的處境日益困難。隨著王權的恢復，奧帝國又回復舊觀，代表中產階級利益，自由色彩濃厚的內閣大臣們也紛紛下崗，如商業大臣布魯克就引退下台。1848年的革命平息之後，在奧國似乎已尋覓不到半點自由主義與民族主義的痕跡，普奧在德意志的衝突似乎也成了一場鬧劇。1850年奧國在德意志的勝利沒給奧國帶來什麼具體收穫，也沒給德意志留下什麼影響。

（二）俄國勢力抬頭

在1848年的革命中以仲裁人自居，大收漁利的是尼古拉一世。當時他的外交在各方面都顯得成就過人：在丹麥與普魯士有關霍爾斯坦及什勒斯維格的衝突中，在奧國對匈牙利的軍事鎮壓中，在奧普俄爾米茲的衝突中，尼古拉一世的決定影響了整個事件的結果。非僅如此，他還獲得土耳其的允許，於1848年7月進軍摩達維亞及瓦拉齊亞，強力的阻止了這兩個公國內部的革命運動，因此，於1849年7月1日與土耳其蘇丹締結了巴爾塔・利曼（Balta-Liman）公約，與土耳其共同任命二公國之首長。奧國由於極須俄國之支援，承認了俄國向巴爾幹半島擴張的事實。

尼古拉一世在1848年革命爆發後的外交作為，確實使他在1848年到1850年中儼然成為歐洲新的霸主。英國外相克拉瑞頓（Clarendon, Georze, W. F., 1800-1870）[130]曾對英國國會說，俄國不僅軍力強大[131]，而且外交靈活，臻於化境。當時還有人寫道：「我年輕時，拿破崙雄霸歐洲，現在俄皇似乎取而代之，至少在未來幾年，在不同的動機與方式下，他還會對歐洲發號施令」[132]。從動機上看，尼古拉一世之所以一再介入支持奧國，平定匈牙利革命，助其對抗普魯士挑釁，固然是出於他保守思想作祟，也是預見到德意志統一對俄國的威脅，力求防堵，這方面確實顯現了尼古拉一世的洞察力。不過，他也有失算的地方，那就是錯估了奧國對俄的友誼與依附，甚至於期待奧國會感恩圖報。換言之，幫助奧國免於分崩離析，固然可以制衡普魯士，但留下一個競爭對手，對俄國也未見得全然有利。

在1848年革命中，英國的帕瑪斯頓一度曾憂慮法國會再惹事端，也擔心奧國因此土崩瓦解，但尼古拉一世的政策化解了英國的擔心。尼古拉一世既反對法國革命擴張，也不允奧國崩解。他的反應與作為正好符合英國的利益，但卻未見得有利於俄國。直到1854年克里米亞之戰外交折衝受挫後，尼古拉一世才真正瞭解其政策的利弊，他在當時曾對其波蘭籍助理日茲沃斯基（Rzewouski）說：「你看誰是波蘭最笨的國王？我可以告訴你，那就是約翰索比斯基（Jean Sobieski），因為他防禦維也納阻止土耳其人侵。至於俄國最笨的統治者，則非我莫屬，因為我幫助奧地利人平息匈牙利叛亂[133]。」但他知道的實在太晚！

英、法兩國對俄國勢力的日益上昇，都不無恐懼，但這並未造成英法兩國攜手合作，由於帕瑪斯頓對法國的極端猜忌，在他主持英國外交的時期，兩國實難有進一步的合作，帕瑪斯頓雖然在1851年底下台，但不幾年，隨著輝格黨選舉獲勝，他又捲土重來。

英、法兩國雖然都以自由主義的領導者自居，同情民族運動，但除了對切身利害關係的地方有所表示之外，在這段時期對中歐地區的上述運動都抱著相當冷漠的態度。

第六節　克里米亞戰爭

克里米亞戰爭在近代史上相當重要，這是自維也納會議以來，四十年相對和平之後，歐洲列強間的一次國際戰爭。這雖然是一場使用現代化武器的戰爭，但戰爭之所以傷亡慘重[134]，與其說是因為武器的殺傷力太大所造成，不如說是由於酷寒的天候與惡疾的傳染所造成。戰爭的起因不少史學家以為是由於「僧侶的爭吵」，但其實有更深層的原因。戰爭爆發前後，乃至於戰爭進行中，外交折衝都十分積極，而戰爭結果相當大的部分取決於外交成敗。

一、尼古拉一世的近東政策與英法態度

在1848年革命的硝煙塵埃落定時，克里米亞戰爭的陰影也悄然掩至。這個戰爭之所以爆發，尼古拉一世的態度應為關鍵。尼古拉一世早就覬覦土耳其海峽，在三十年代兩次土埃戰爭時就躍躍欲試，但苦於沒有機會。1833年俄國在恩機亞‧史開來西條約中得自土耳其的好處，在第二次土埃戰爭中，還來不及享用，就在帕瑪斯頓的外交策略運用之下，化為烏有，尼古拉內心的怨懟當然可想而知。不過話說回來，聊可自慰的是，當時尼古拉忌諱法國，擔心法國在鄂圖曼帝國的影響力，尤勝於英國，而經過二次土埃戰爭，法國在土耳其的銳氣總算狠狠的被挫了一下。兩個強敵，去了一個，要應付的就剩英國了。

1841年9月，帕瑪斯頓隨首相梅爾本（Melbourne）下台，皮耳組閣，由亞伯丁出掌外交，這兩個人不僅在外交態度上較為溫和，而且皮耳又是有名的親俄派，尼古拉因此覺得，也許可以和英國開誠布公的談一談土耳其的「繼承」問題。長久以來尼古拉就相信，鄂圖曼帝國這個「東方病夫」已經病入膏肓，即將解體，他的後事總得先有個諒解。

1844年5月，尼古拉赴英訪問，真的和英國首相與外交大臣談到了上述問題，尼古拉聲明俄國對土耳其並無絲毫領土野心，但也不允許他國取得其尺土吋地。皮耳倒是答得婉轉，說明其立場與俄國一樣，只有一地例外，就是埃及，因為擔心後者太強大，會切斷英國的貿易通道。尼古拉對此未置可否，而皮耳也心知肚明：如果英國取埃及，俄國自然要拿海峽、君士坦丁堡、多瑙河二公國等地，但二人皆未說破。而尼古拉卻以為兩國之間已有默契[135]。1846年6月，皮耳內閣下台，帕瑪斯頓隨羅素（Russel, John, 1792-1878）[136]爵士組閣上台，再度掌管外交，俄英間要再續前議當然困難。不過，一則由於對上述土耳其領土的高度興趣，二則由於對外交情勢的誤判，鍥而不捨的尼古拉一世似乎無意就此罷手。

外交誤判上，絕大部分出於尼古拉個人的一廂情願，但也有部分是俄國駐各國的使節在深知尼古拉的願望下，不想掃他的興，所以所提駐

在國的國情報告中，常常是報喜不報憂。而尼古拉對法、奧兩國的立場認知，顯然脫離事實。對於奧國，尼古拉以爲，他在1848到1850年間，對奧國的慷慨支援，應該贏得奧國的友誼，在俄國需要時，會對俄投桃報李。那裡知道法蘭西斯約塞夫與彪爾都對俄國存有戒心，結果很可能是恩將仇報。

近東衝突的另一要角法國，在1848年政治上發生劇變，該年底上台的第二共和總統路易拿破崙，是一個奇特的政治人物，尼古拉對他顯然更欠瞭解。路易挾其伯父拿破崙一世的威名，崛起於法國政壇，1851年底以政變方式修改總統任期，將四年任期改爲十年，1852年11月又經公民投票，改共和爲帝制。他深知如果要獲得人民支持，穩居其位，一定得在外交上有所建樹。析言之，路易拿破崙在外交上約有三個目標：其一是重組歐洲，更改1815年的國界，恢復法國至少在1792年以前的版圖；其二是以天主教保護國自居，弘揚法國國威；其三是打破半個世紀以來歐洲同盟對法國的聯合陣線與抵制，爭取外交空間。

由於成長於國外的背景，路易拿破崙對國際問題有相當的認識，興趣亦濃。他的外交首要目標雖然在重組歐洲，恢復法國的光榮，但他也知道，重組歐洲，和平將不可期，除非是根據民族主義原則，透過國際方式，以靈活的外交技巧來解決。

路易拿破崙確實對民族主義相當偏好，不過雖然支持民族主義，他對民族主義的看法頗爲曖昧，有時主張透過公民投票，瞭解民族的自由意向以達成，有時又主張應基於種族的考慮。對民族主義的熱情也常常蒙蔽他的理智，在外交上做出不利於法國的決定。

路易拿破崙亦熱中於成爲天主教的保護者，上文中我們已經看到他對羅馬教皇國的支持，其後他與俄國在近東問題上的爭執，對中美洲的插足，也是基於同一原因。

爲了破壞歐洲的對法同盟，路易拿破崙在外交上主要爭取的對象落在英國，所以也常被英國利用，若干與英國配合的行動，未見得完全符合法國的利益。路易拿破崙也熱中開採世界資源，發展殖民事業。他有時過度的好大喜功，有時幻想超過現實，政策有時亦前後矛盾，更多時

候對自己充滿信心，認為可以掌控國際情勢發展，收放自如。他是一個
民族主義者、國際主義者、虔誠的天主教徒。

路易拿破崙在史學家的眼中，並非如其伯父一樣雄才大略，他一身
的功業毀譽參半[137]，他的個性也被人視為充滿矛盾[138]。他本身的才能並
非超群拔類，但無庸置疑的是他對歐洲民族主義的成功有非常大的貢
獻，縱使事情發展的結果並非他初衷所望。無論如何，他是這一時代國
際關係的一個主要關鍵。

回到近東問題上，我們可以知道，路易拿破崙對天主教教士的支
持，在土耳其所採取的一些炫耀的措施，為的只是虛幻的國際威望，他
對鄂圖曼並無實際的領土野心，尼古拉一世其實無須誇大其競爭威脅。
教士之爭充其量，只是把近東問題搬上國際舞台的一個便宜藉口，真實
的原因還是英俄兩國在此地區傳統的抗衡所造成[139]。

二、教士之爭與戰爭爆發

(一) 教士之爭

克里米亞戰爭的導火線表面上是由聖地，即巴勒斯坦的教士之爭所
引起。回顧歷史，天主教及東方正教的教士在十九世紀起即在該地有不
少的衝突，早先東方正教的勢力駕凌於天主教，七月王朝的末年，該地
的天主教士開始發動反擊。拿破崙三世上台後，為了爭取國內天主教人
士的好感，向土耳其方面施壓，要求恢復並保障天主教士在該地的權益
與地位。當時法俄兩國駐君士坦丁堡的大使拉伐雷德（La Vallette）及
提托夫（Titov）之間競爭頗烈，敵意日深。法國大使後來終佔上風，土
耳其蘇丹阿卜杜勒梅吉德一世（Abdülmecid I, 1823-1861）[140]於1852年2
月8日發表公開敕令，將若干教堂的鑰匙交於天主教士，並給於一種御
賜護照，以滿足法國的要求。另方面，為了安撫俄國，蘇丹在幾天後又
發表一道祕密敕令，否認2月8日的敕令，並給予東正教士一種不公開之
御賜護照。俄國不滿，要求土耳其公開後一敕令，土耳其並未允所請。
法俄兩國雖然為此發生摩擦，但雙方並無意為此事發生正面衝突。就法

國而言，誠如當時法國之外長涂昂德呂（Droujn de Lhuys, Edmond, 1805-1881）[141]所說：「就我所知，聖城之爭對法國毫不重要，對帝國政府而言，鬧的滿城風雨的東方問題旨在肢解已癱瘓法國達半世紀之久的大陸同盟，只要有機會挑起此一聯盟的內在矛盾，拿破崙皇帝自然絕不放過」[142]。

（二）俄國的強硬外交

　　至於俄國之所以重視聖地之爭，當然是在為其擴充東方利益尋求藉口。由於自二次土埃戰爭以來，土耳其的財經行政改革並無成就，俄國以為土耳其的瓦解只是時間問題。為了解決土耳其問題不至招來與列強間的糾紛，沙皇曾於1853年1月9日、14日及20日，一再與英國駐俄大使西摩爵士（Lord Seymour）會商，討論瓜分「歐洲病夫」的可能性，並於2月21日的一項照會中，公開表示其意圖。當時尼古拉一世曾向英國大使西摩表示：俄國知道英國不會允許俄國將海峽據為己有，但盼獲得海峽之監管權，俄、英、法、希皆不得染指君士坦丁堡。俄國可取得摩達維亞、瓦拉齊亞、塞爾維亞、保加利亞等地為被保護地，英國亦可將埃及收歸保護。土帝國一旦崩解，俄國不反對英國取埃及、克里特島[143]。尼古拉並將1844年訪問溫莎，會見英女王維多利亞、首相皮耳、外相亞伯丁時，雙方對此曾有默契一事相告。尼古拉一世以為關於土帝國之瓜分，只要英國不反對，法、奧皆不至於有異議。就法國而言，路易拿破崙新近稱帝，爭取國際承認，鞏固內政還來不及，那裡得閒管近東[144]？至於奧國，俄國才在1848年的革命中大力支持其安內攘外，對俄應該知恩圖報。再說奧國還得應付德意志問題，對近東問題料亦不至於插手。所以只要擺平英國，南向發展應無障礙。這種推論顯然太過一廂情願。英國對俄的擴張政策一向深懷戒心，對尼古拉一世的提議，自然不會貿然接受，更何況英國在近東的一貫政策，就是要維持土耳其帝國的完整，無意削弱其實力，更遑論將之瓜分？所以英國外相羅素[145]回函表示：英國看不出土帝國有崩解之兆，亦無意締約，啟法奧疑竇[146]。

　　由於英國拒絕，沙皇決定直接向蘇丹施壓（1853年1月），一方面派

軍集結於摩達維亞及瓦拉齊亞，另方面在2月份派遣曼希可夫
（Menschikov）親王爲特使，向土耳其交涉：其一，要求對聖地問題給
予滿意答覆；其二，要求土耳其承認俄國爲巴爾幹半島上東正教基督徒
的保護者。在曼希可夫的壓力下，土耳其憎俄親法之外長福阿德艾芳地
（Fouad-effendi）因此下台，換上親俄的里發德帕夏（Rifaat Pacha）
[147]。曼希可夫對土耳其新外長的頤氣指使，當時就有外交官形容：尼古
拉好像成了土耳其的第二個蘇丹[148]。

聖地問題由於法國無意爲此而與俄衝突，很順利的解決了。1853年
5月4日土皇以新的敕令，重新分配教堂的掌管權，新的敕令顯然對希臘
正教較爲有利。但不易解決的問題是，俄國要求取得土耳其國內東正教
社會的宗教及行政控制權，企圖由此而取得對土的優勢影響力。5月5日
曼希可夫給予蘇丹最後通牒，蘇丹對此十分猶豫，因爲如果接受，俄國
對土境內一千二百萬的人民就有控制權，隨時可借故干預土耳其之內
政。英法兩國駐土大使拉孤赫（La Cour）及史特福德爵士（Lord
Stratford de Redcliffe）[149]從中斡旋，一方面向曼希可夫加以疏通，另方
面亦勸告蘇丹作若干讓步。

於此特別值得一提的是俄英兩國的使節，因爲他們的作爲對事件後
續發展影響甚鉅。俄國特使曼希可夫親王由於知道尼古拉一世在此一問
體上立場堅定，不達目的絕不罷手，即便戰爭也不以爲懼，所以姿態極
高，不肯讓步。英國大使史特福德爵士一向主張維護土耳其獨立，對抗
俄國，爲此目的可以不惜一戰，所以在處理土俄有關東正教徒的管轄權
一事上，他使用了許多伎倆，甚至詐欺手段，不但欺騙曼希可夫，甚至
欺騙倫敦外交部門。他誘騙曼希可夫向土施壓，將親俄的外相罷黜，換
上親英的外相；他還數度竄改外交文件，誤導倫敦與聖彼得堡的決策，
使英國當時的首相亞伯丁及外相克拉瑞頓都十分不滿[150]。

因爲威懼曼希可夫的強橫，蘇丹決定稍做讓步，答應給予俄國對東
正教會教徒的宗教特權，但行政特權不包括在內。此一決定顯然不能滿
足俄國要求，5月21日曼希可夫拂袖離土而去，造成俄土外交關係中
斷。

　　曼希可夫的躁進作法，不僅引起土耳其回教徒不滿，且造成英法兩國強烈疑懼。1853年5月31日俄皇再度以最後通牒表示，土耳其如不接受俄國要求，俄軍將開入多瑙河二公國。蘇丹由於獲史特福德大力支持，覺得戰事如起，英法絕對不會袖手旁觀，決定拒絕俄國無理要求。果如蘇丹所料，爲了反制，6月21日，英法兩國決定派艦前往達達尼爾。而俄軍也於7月6日進入布加里斯特（Bucarest）。

　　俄國與英法之間劍拔弩張之勢因而形成，顯然此一情況頗出尼古拉一世之預料，他並無一舉摧毀土耳其帝國之意，至多只想恢復1833年恩機亞‧史開來西條約時俄國在土耳其的優勢。再說他一心聯英，也決不願見到英法兩國攜手與之對抗。但事已至此，他只得向歐陸「保守聯盟」的普奧兩國求助[151]。

（三）戰爭之爆發

　　情勢雖然十分緊張，但事實上各方並不希望爆發戰爭，因此在7月到9月間外交活動十分頻繁，各方力圖化解衝突。沙皇在6月4日曾請拿破崙三世以私人身分介入調解，拿破崙卻主張以國際會議的方式來解決土耳其問題[152]，但他仍在7月8日給予沙皇一份私人的調解計畫。不過由於俄國內部如外長涅謝爾羅送十分反土，法國之計畫被擱置。

　　另方面，奧國對巴爾幹的情勢發展亦極關心，奧國不願俄國停留在摩達維亞及瓦拉齊亞二公國中，影響奧國出黑海之便利，因之奧相彪爾根據法國之構想提出維也納照會（Vienna Note），此一解決方案之根據爲1774年俄土庫恰克‧凱納吉（Kutchuk-Kainardji）條約，及1829年亞德里亞堡條約。此一照會先送給俄皇過目，由於文字奧妙，已爲俄皇接受[153]。後送給蘇丹，在土耳其方面，由於回教狂熱以及英國大使史特福德的刻意從中作梗，雖然表示原則上可以接受，但又聽任英國大使將辭句修正竄改到令俄方難以同意的程度[154]。俄國終於在9月9日正式通知各方拒絕接受此一方案，並堅持土耳其接受曼希可夫原始照會中的條件，協調破裂已然可見。

　　戰爭此時似已不能免，9月22日英法同意派遣艦隊由達達尼爾進入

海峽，但沙皇仍然作最後的努力，與奧、普兩國君主集會於俄爾米茲，沙皇提出巴爾幹瓜分計畫，想藉此爭取後者支持，未獲接受，亦無法爭取到彼等承諾於戰爭爆發時採取中立之承諾，只好讓步，於9月24日接受彪爾新提的調解計畫，定名為俄爾米茲計畫（Olmütz Plan）。拿破崙三世並無意於戰爭，有意接受此一計畫，但英國懷疑奧俄已經達成瓜分土耳其諒解，所以帕瑪斯頓決定予以粉碎，10月8日英國內閣會議作成決定，拒絕了此一調解提議[155]。另方面，土皇由於得到英國支持，於1853年10月4日向俄宣戰，10月23日土俄軍隊在多瑙河開始作戰。

俄國雖然已與土耳其交戰，但並不希望與英法發生衝突，英法艦隊雖然也於10月抵達海峽，但並未擬介入。此時發生了一件重大事故，即俄土兩國戰艦於11月30日，在辛諾普（Sinope）遭遇，爆發戰鬥，土艦被毀，英法遂下令其艦隊駛入黑海。俄國詢問英法此舉之意義。由於路易拿破崙並無意於戰爭，曾以私人名義致函俄皇，勸其自多瑙河撤軍，英法艦隊則自黑海退出。但英國方面由於內政大臣帕瑪斯頓反俄的態度強硬，他在12月15日辭職，抗議亞伯丁對俄態度軟弱，但25日又重回內閣。經過此一插曲，英國對俄政策轉趨強硬。外相克拉瑞頓力勸拿破崙三世與英共同對抗俄國，1854年2月，英法與俄國關係持續惡化，3月27日英法正式向俄宣戰[156]。

由上述演變可以看出，英俄兩國的主要執政者，英國之亞伯丁及俄國沙皇都不想作戰，但英國輿論、帕瑪斯頓等內閣強硬派與英國駐土大使史特福德等極力主戰，俄國內閣及外相亦強硬而不妥協。拿破崙三世也力主和平，並一再致力謀求和平，但終於因其親英立場，而被英國強拉下水。

三、戰爭進行及外交活動

克里米亞戰爭是工業化國家在近代史上第一個現代化的戰爭，由於戰爭的爆發十分勉強，所以這個戰爭與十八世紀時的戰爭一個很大的不同點，即談的時候比打的時候多，在戰爭進行期間，外交的大門一直未

關，並且活動頻繁。由於英法兩國都是海權國家，所以戰爭是在黑海及俄國接近黑海的本土和兩個多瑙河公國上進行。

對參戰的雙方而言，大陸上的奧普兩國都勢在必爭，因爲該兩國直接可以對俄國構成威脅。於此，尼古拉一世的外交政策犯了可怕的錯誤。他在事件初起時的判斷，認爲普、奧兩國對近東問題並無興趣，可以不予理會。至於英國，尼古拉一世認爲，如無盟友，當不敢與俄在近東開戰，但結果完全與其判斷相左。尼古拉一世何以會犯下此一錯誤？誤判國際情勢，將俄國之優勢轉爲劣勢？主要是因爲他被本身期待所誤導。他對國際情勢的分析研判完全是期待投射的結果。而當時俄國駐各國的使節，如駐巴黎之基塞列夫（Kisselev），駐倫敦之布朗諾夫（Brounnow），駐維也納之梅言多夫（Meyendorf），駐柏林之布德柏格（Budberg），乃至於外相涅謝爾羅迭，都只向尼古拉一世報導他想聽的訊息，而不敢報導各地的眞實情況。何辛（Rosin）曾主張將眞相秉告尼古拉一世，但李也芳公主回答說：「要我向皇帝呈告眞相？我又不是傻瓜。如果我眞的將眞相秉告，他不過將我扔出去而已。」[157]

就尼古拉一世對奧國的判斷而言，常情上或許並不離譜，但現實國家利益的考量常常不同於私人關係。俄國在四十年代末的革命浪潮中曾經拯救奧國，但奧國在克里米亞戰爭中對俄的表現卻十足忘恩負義。奧國皇帝法蘭西斯約塞夫以及外相彪爾，這二人在這個衝突中有幾項自私的考慮：其一，認爲多瑙河爲奧國唯一出黑海通道，所以不能聽任俄國勢力留駐於多瑙河二公國，並希望保障多瑙河的航行自由；其二，由於法國在外交上以剝奪奧國在義大利屬地相要挾，考量維護奧國本身利益，不得不向法國靠攏；其三，在財經利益上對英法有所期待。因此，他們不聽軍方的意見，自作主張向英法靠攏。

不過，奧國的外交並非可以完全自主，它必須考慮到普魯士及德意志邦聯的反應。如果沒有後者的支持，或至少是諒解的話，奧國其實不敢爲所欲爲。也因此，直到戰爭終止，奧國除了提供外交折衝的方便外，並無軍事上的直接參與，至多止於動員而已，英法對奧國的爭取稱不上成功。奧國對俄國的牽制也並無實效。

奧國外交上的牽制主要來自普魯士。當時的普魯士有親英與親俄兩派，親英的以駐英大使為首，多是一些自由派的資產階級；親俄的則多為貴族，其中包括日後成為普魯士首相的俾斯麥（Bismarch, Otto, 1815-1898）伯爵。不過，不同於一般貴族指望俄國助普維護王權與專制，對抗英國的自由思想，俾斯麥則期待俄國助普抗奧，取下德意志境內之領導權。不過，在克里米亞戰爭中俾斯麥的影響力還相當有限。俾斯麥於1851年出任普駐德意志邦聯會議（Diete）的代表以來，就在邦聯內部執行反奧政策，任何奧國的提議都遭其杯葛。在東方土耳其的問題上，俾斯麥建議普王將賭注押於俄國，嚴守中立，但腓特烈・威廉四世並未接受其建議，因其不願被英、法、奧等國所摒棄。但普王的政策也並非完全不受俾斯麥的影響[158]。所以在整個外交折衝過程中，普魯士大致上採取了中立立場。

在上述情勢下，1853年9月下旬尼古拉一世與奧皇會於俄爾米茲。尼古拉必須確定奧普兩國的軍隊對俄國西部不會構成威脅，俄國才能在巴爾幹放手作為。如果駐紮在特蘭西維尼亞的奧軍阻擋俄軍進入多瑙河兩公國，那麼俄國的巴爾幹行動就會成為泡影，而俄國的海軍根本不是英法兩國的對手，如此，俄國何能擊敗土耳其[159]？因此，在俄爾米茲，尼古拉期待以給與奧國西部巴爾幹，兩國共同擔任多瑙河二公國的保護國，交換奧國的合作。以向普王承諾，幫助普魯士對抗來自法國的可能入侵，換取普魯士的支持。這顯然太昧於時勢。其實，神聖同盟若要重新運作，前提是保持巴爾幹現狀，換言之，俄國絕不能試圖染指此一地區。奧皇怎能容忍俄軍長留多瑙河二公國？怎能聽任俄國喚醒半島上斯拉夫人的民族情緒，而不憂慮波及奧國管轄下的斯拉夫人？普魯士一心只在德意志，擔心的是奧俄兩國阻攔，又那裡擔心法國入侵？因為各懷鬼胎，奧普兩國此時都不願坦白告知尼古拉，合作的前提是俄國應該先從多瑙河公國撤軍。但俄皇不正是因為不願撤軍，才有求於他們嗎[160]？俄皇的外交誤判，使俄國陷入困境。

英法對俄宣戰之後，各國使節齊集維也納，外交上的合縱連橫仍在進行。尼古拉對奧仍不死心，派了奧爾洛夫（Orlov, Nikolay, 1827-1885）

161去爭取奧國，無功而返之餘，奧爾洛夫反勸尼古拉大幅調整政策，聯合法國，放棄神聖同盟，可惜未能爲尼古拉所接受162。至於英法，則向普奧施壓，普魯士雖極端不願，但也不能完全不理會。1854年4月9日，英法奧普四國得到一項協議，即：贊成維持土耳其帝國的領土完整，要求俄軍撤除摩達維亞及瓦拉齊亞。奧普兩國並於4月20日簽約，約中聲稱，如俄軍拒不撤除上述兩公國，奧普即將對俄干預。普魯士簽此約，一方面是迫於壓力，另方面是旨在將奧國對俄的行動局限於上述兩公國，並非眞心聯奧。事實上普魯士既不想反俄，也希望奧國維持中立。普魯士並已遊說薩克森及巴伐利亞，建議將此一問題提出於邦聯議會來討論，後來邦聯議會的決議，以及以後對俄土爭端所持立場的底線大約就是如此。所以表面上來看，奧普條約及德意志邦聯的決議，支持奧國在多瑙河公國的立場，是奧國外交上的勝利，其實協議下面潛藏的是奧普間根深蒂固的矛盾，與其對奧國的外交制肘。

奧國對普的用心毫無所察，彪爾爲了維持在義大利屬地的安全，與奧國的財經利益，向英法靠攏，6月29日以措詞嚴厲的「建議」，要求俄國自多瑙河公國撤軍。實則尼古拉早在6月13日已經得到可靠消息，知道奧國會有此表態，所以搶在其「建議」前，已下令其軍隊自多瑙河二公國撤出，問題至此已經可以劃下句點。但是由於奧國對此二公國的濃厚興趣，所以在俄軍撤出之後，奧國軍隊隨之進入。其後，在路易拿破崙幕後導演，彪爾台前穿梭之下，1854年8月8日奧與英法簽署維也納四點協議，內容是：（一）保障多瑙河的航行自由。（二）以列強集體的保護取代俄國對多瑙河二公國單獨的保護，此地暫由奧軍佔領。（三）1841年的海峽公約應在「歐洲權力平衡的利益考量下」予以修正，將黑海中立化。（四）俄國放棄對土耳其東正教徒之保護特權，改由英法奧普俄五國向土耳其取得此一特權163。彪爾所簽之此一協議，顯然超出其與普在4月20日的協議範圍甚多。普魯士早在協議階段即表明拒絕加入。奧國對情勢顯然不夠警覺。

在四點協議簽署的同日，俄國正式撤出多瑙河二公國的通知也送抵維也納。但是對四點協議中的第三點，就是修正海峽公約，將黑海中立

化，俄國實在難以接受。由於俄國對此點不妥協，英法決定將戰爭帶到
俄國本土，英法聯軍遂於9月直接對克里米亞半島上的塞巴斯托堡
（Sebastopol）進攻，但戰事進行並不順利，嚴冬已臨，傷亡慘重，而以
為只消數日即可攻下的塞巴斯托堡，看來攻克遙遙無期。於是英法又將
解決之道由戰場拉回外交談判桌。

所謂外交還是指傾全力爭取奧國，由於英法利誘與威脅雙管齊下，
奧國在1854年10月22日下令動員。在普魯士方面，由於在此次近東衝突
中極力想維持中立，既沒有參加維也納四點協議，當然更拒絕參加英法
奧的同盟。普魯士一心想促使奧國也在衝突中採取中立立場，使普不至
於左右為難。但當攔阻無效，奧國開始動員時，腓特烈‧威廉四世倒過
來在1854年10月24日致書尼古拉一世，勸其接受維也納四點協議，說
「談判室內的綠色桌子是世界的最後依靠」[164]。尼古拉幾經考慮，也接
受了他善意的勸告，在11月29日原則上決定接受以四點協議為談判基
礎。

沙皇雖有意妥協，但英法無意息爭。英法所要求於奧者，在參加英
法陣營，軍事對抗俄國，彪爾因為義大利屬地的小辮子握在英法手裡，
只好於12月2日應允英法簽訂同盟條約：奧承諾再向俄施壓，以介入為
要脅，迫俄接受維也納四點協議；英法則保證在戰爭期中奧國在義大利
領土之安全。因此12月28日奧國再度向俄提出調停。但奧國勢將無法與
英法從事更密切的軍事合作，因為普魯士反對奧國的外交政策：普國大
使退出了維也納的大使會議，並表示絕不參加12月2日的同盟條約。
1855年1月26日當奧國要求邦聯議會提供各邦的部隊，支援其參戰之用
時，俾斯麥代表普魯士正式予以拒絕。奧國因此必須作一抉擇：不管邦
聯議會及普魯士的反對單獨介入，或將12月2日與英法的協議擱置？奧
國在衡量輕重之後，顯然選擇了後者。

對於英法大力拉攏奧國的外交活動，薩丁尼亞的首相加富爾
（Cavour, 1810-1861）[165]一直以焦慮的目光注視，對薩國來說，奧國是
其大敵，如果奧國與英法關係深化，對薩國爭取英法支持必然不利。因
之對奧國受到牽制，終於無法行動深以為慰。事實上，加富爾早就向英

法表示願意加盟，但是英法爲了爭取奧國，一直未予回應。此時聯奧政策既然失敗，爲了彌補，決定接受薩國同盟，1855年1月26日英法與薩締盟，後者同意派出一萬五千名士兵赴克里米亞參戰，這幾乎是其全國軍力的三分之一。

俄國由於在外交上甚爲孤立，軍事上亦受到沉重壓力，所以尼古拉一世於1855年1月7日正式接受以維也納四點協議爲談判基礎。但不久，即3月2日，尼古拉一世去世，其子繼位，是爲亞歷山大二世（Alexandre II, 1818-1881），會談於3月15日展開。

會談在黑海中立的問題上觸礁，英法因認爲這乃是保障土耳其領土完整不可或缺的條件，堅持要俄接受，俄方則堅拒。英法希望奧國向俄施壓，但奧國則提出另一對策：劃分俄土兩國在黑海艦隊數量之比，讓俄國保留其在黑海之艦隊規模，但開放英法艦隊進入海峽以爲平衡。法國外長涂昂德呂有意接受。但英國方面，由於態度強硬的帕瑪斯頓於4月出任首相，堅不妥協，法皇爲了維持與英國的同盟關係，不便反對。英國遂在1855年5月3日拒絕了彪爾的建議[166]。奧國因此退出與英法的合作，宣布解除動員令，但外交折衝並未停止。

在克里米亞戰爭的整個過程中，路易拿破崙對俄國的政策始終搖搖擺擺，敵意善意兼具。在亞歷山大二世繼位後，路易拿破崙一度曾與其有間接接觸，加以俄國死守塞巴斯托堡的英勇表現，讓路易拿破崙頗爲佩服，有意推動和平。但法俄接近引起英奧普共同的擔心，對英國來說，法俄締和或法俄聯手，則英國不僅無法繼續對俄作戰，對付俄國就多了一重阻力；對奧普來說，這更是領土及專制體制同時受到威脅。

英國對俄國的敵意最深，所以當法奧爲結盟而探討戰爭目的時，英國一直不願明言其戰爭目的，其動機就是伺機而行，傾全力對俄國軟土深掘。當時，帕瑪斯頓曾有大幅削減俄國領土的構想[167]，但此議並不爲法國所支持。

俄國在四點協議上的不肯妥協，給擔心和平的奧國可乘之機，八月中，奧國再度向俄致送最後通牒，在原來的四點之外，再加上第五點，要求俄國割讓部分比薩拉比亞給摩達維亞，奧國的落井下石，確實讓俄

國點滴在心頭。外交折衝難成，軍事行動才能持續，這也合了英國的心意。

　　英法再度向俄施以軍事壓力，在英法聯軍的砲火下，塞巴斯托堡於1855年9月被攻陷，拿破崙三世一方面宣稱希望獲致持久和平，另方面威脅必要時不惜擴大戰爭，以解放波蘭，支持民族主義活動，並打算為此與瑞典簽約。不過與瑞典的條約談判，由於後者索價甚高，法國終於放棄。英國方面決心將在克里米亞及高加索的戰事進行到底，對其它則無興趣。在此情況下，對拿破崙三世來說，繼續戰爭有何目的？幫助英國摧毀俄國，去除通往印度的障礙？以俄國領土為代價，重劃普奧義的疆界並壯大之？法國的利益何在？如此，何不尋求和平？

　　1855年底，俄國的不利處境非常明顯，德境內小國為求在勝利時有一席發言權，如巴伐利亞、薩克森紛紛表示願意為交戰雙方斡旋，奧國為了不落人後，亦於1856年1月再度向俄致送最後通牒，要求俄國接受前此所提五點協議，俄國雖然對奧極度反感，但在普王介入勸說之後，1月16日亞歷山大二世終於妥協接受。1856年2月4日，列強以維也納四點協議為基礎，簽下了和平草約。

四、巴黎會議

（一）巴黎會議的進行與結果

　　因為戰爭期間，拿破崙三世曾對俄表示善意，俄國也覺得在和會中需要爭取法皇對俄的支持，所以派出奧爾洛夫以及前駐英大使布朗諾夫前去巴黎。奧爾洛夫在會議期間與拿破崙三世接觸頻繁，並展其如簧之舌遊說後者：法俄間並無不可化解的利益衝突，兩國可以改善關係。法國雖未置可否，但法國想獲得的都已獲得：土耳其不再受俄威脅，歐洲反法同盟已被瓦解，法國在戰爭中重建其失去的光榮，路易拿破崙本人在國內地位穩固，在國際影響力上升，法國還需要向俄國需索什麼？有什麼必要軟土深掘？因此，會議期間拿破崙暗助俄國，與會者也了然於心。

　　和平會談旋即於2月25日在巴黎召開，由法國外長瓦雷夫斯基任主席，與會的國家有英、法、俄、普、薩、土等國，其中普魯士的參與一度引起爭議。因為奧國與普魯士在戰爭期間外交立場不合，彪爾曾試圖排除普魯士參加，並主張由奧國以德意志代表的身分出席會議，但法國未予支持。法國以為，普魯士雖未加入交戰的雙方，但卻為1841年7月13日海峽公約締約國，因為和議涉及黑海中立化問題，可以此一身分邀請普魯士與會。

　　除了比薩拉比亞的問題有點棘手，幾經周折，俄國還是同意割給了摩達維亞之外，其他問題的解決都還稱順利，3月30日列強已擬定一個包含三十四條條款之條約，對下述問題達成協議：第一，土耳其保證給予基督徒平等權利。第二，保證土耳其領土完整。第三，多瑙河公國地位確定，列強保證其在土耳其宗主權下享有之權利，不再受俄國控制。第四，多瑙河之航行問題由沿岸國家組成之委員會處理。第五，黑海中立化。

　　這其中有幾點值得一提。其一是，黑海中立化，禁止俄國及土耳其在黑海保有戰艦、兵工廠（但俄國原在黑海沿岸之軍事設施可以保留），海峽禁止任何國家的戰艦通行，但商船可以自由出入。此一解除俄國黑海武力的條款直接損害到俄國的領土完整與民族尊嚴，引起俄國長久的屈辱與不滿可以理解，此一條款的廢除因此成為俄國日後的外交重點之一。其二，俄國雖然退出多瑙河二公國，但奧國也未撿到便宜，和會最後也要求奧軍撤出，奧國在衝突中白忙了一場。

　　除了上述條約之外，英、法、奧另簽了一祕密條約，保證維持歐洲新的現狀，不過由於拿破崙三世想聯俄，不久即將條約內容透露給俄國亞歷山大二世知道。

　　巴黎會議另方面還討論到若干海洋法及爭端和平處理（透過仲裁）的問題，其中關於海洋法方面的若干規則特別重要，簽訂於4月16日。這部分問題是法國所提出，英國雖一直抗拒，最後還是達成協議。據此：關於商船的私掠制度被取消；戰時，中立國船旗下的敵國貨物，或敵國船旗下的中立國貨物，除非是違禁品，一律不得捕獲；同時並確定

有效封鎖的意義[168]。

波蘭問題由於俄國的強烈反對，沒有列上議程，義大利問題的提出，奧國亦十分反對，但是由於加富爾的才具，這個問題仍然於1856年4月8日在會中討論，英外相克拉瑞頓及法外相瓦雷夫斯基亦發表演講，予以論述，但並未做成任何決議。對於參戰的薩丁尼亞來說，付出參戰的代價換回幾句無關痛癢的關切，似乎頗為不值。但加富爾有耐心，懂得放長線釣大魚，他的付出不會沒有回報。

俄國除了將比薩拉比亞南部交還給摩達維亞之外，還放棄了對塞爾維亞與多瑙河兩公國的宗教保護權。塞爾維亞的自治再度得到確認，但土耳其的軍隊仍可在此駐防。摩達維亞與瓦拉齊亞的政治組織引起爭執，最後決定還是讓它們分別自治。這兩地的統治階級大多曾到法國留學，在文化與政治上對法國相當認同，巴黎會議時雖然未能達成兩地合併的願望，但法國在此地的影響力，有助於日後此一願望的實現。另外俄國被迫接受將芬蘭西南的阿蘭島非軍事化，這對瑞典相當有利。

（二）克里米亞戰爭結果之檢討

英國史學家泰勒分析，克里米亞戰爭眞正的目的不是爲了保障土耳其的獨立與安全，而是爲了對抗，甚或擊敗在1848年革命後崛起的俄國。英法兩國目標雖同，動機卻各異。英國旨在挫敗俄國，恢復歐洲的權力平衡；法國則企圖以法國的歐洲霸權，取代俄國的霸權，並支持俄國所鎮壓的民族主義的革命。泰勒還以爲克里米亞戰爭眞正的賭注在中歐的德義，不在土耳其，只是因爲奧普介入有限，所以沒有將問題彰顯出來。這些分析都相當有見地[169]。但其認爲戰爭是拿破崙三世所一手挑起，卻未見得正確。挑起這個戰爭俄國當然要負絕大部分的責任，但英國的責任也不小，史學家施諾德（P. Schroeder）認爲，英國的帕瑪斯頓希望打倒歐洲大陸上反動的專制體制與激進的革命勢力，代之以進步有序的自由主義；打倒歐陸式的國際鎮壓體制，代之以英國式自由憲政的國際體制。英國渴望戰爭，所以並不積極支持以外交方式解決衝突。英國希望在戰爭中建立英國的榮譽與權威。英國的態度不僅不利於以協調

方式維持歐洲和平，也極端有損於奧國的利益[170]。與施諾德持相同見解者頗不乏其人，斯克德（A. Sked）教授也認爲，自1822年以來，英國經常反對所謂梅特涅體制，到克里米亞戰爭時則想將之徹底摧毀[171]。持平而論，英國挑起戰爭的責任不容掩蓋。至於法國，是被英國拉下水的，雖然其自身也有投機的想法，但相對而言，責任應該比較小。

綜觀整個過程，英法同盟其實在相當程度上是同床異夢。英國想藉此次戰爭，一舉將俄國勢力徹底弱化；法國雖然親英，但對俄的關係並非完全敵對，法國只不過想藉此次戰爭，將1815年來的歐洲對法聯盟瓦解，對俄國並無絕對惡意。所以過程中，透過各種外交方式，法國傳達了對俄國的善意，俄國亦復如此，所以才會有奧爾洛夫聯法的提議。因此戰後法俄關係恢復甚快，在會議過程中，法俄關係十分友好，這有助於法國未來解決義大利問題。

英法兩國當然都是克里米亞戰爭的大贏家。英國雖然沒有如願徹底弱化俄國，但至少阻擋了俄國南下，保全了土耳其的獨立與領土完整，摧毀了俄國的霸權夢，重建歐洲權力平衡。法國雖然沒有如願掀起民族主義的革命浪潮，從中圖利，但至少打破了歐洲的反法聯盟，瓦解了神聖同盟，提昇了其天主教保護者的形象，恢復了法國的光榮，鞏固了路易拿破崙在國內外的地位與聲望，這些由戰後和平會議地點選擇了巴黎即可印證。

衰弱的土耳其經過這次戰爭，獲得歐洲列強的共同保護，地位得以增強。黑海被中立化後，俄國南下的想法受到實質的遏止。不過，式微中的土耳其帝國終究是相關國家覬覦的對象，一旦情勢轉變，波瀾難免再起。

俄國當然是戰爭最大的輸家。檢討起來，1848年革命中所塑造的俄國地位，有相當部分虛幻不實。它在當時之所以能夠左右革命的成敗，是由幾項因素所造成。一則是地緣因素，方便俄國的介入；二則是法國革命讓其他國家嚴陣以待，使法國不敢輕舉妄動；三則是英國的態度：對發生在非其關鍵利益所在地區的動亂一向不干預。換言之，俄國即便在當時軍力強大，但與西歐的英法抗衡，仍無必勝的把握，更何況尼古

拉一世與其外相涅謝爾羅迭又有那麼多的外交誤判？

俄國在克里米亞戰爭中的窘境，讓在戰火中繼位的亞歷山大二世感觸良多，認爲俄國的失敗固然是外交決策錯誤，也是由於制度弱點所造成的實力不足，所以決心整頓內政。亞歷山大二世受過良好完整的皇儲教育，他父親也給了他許多學習磨練的機會，這是因爲尼古拉一世有鑑於本身即位匆促，既未受充分的皇儲教育，也沒有實際的政務經驗，所以在兒子身上致力彌補。亞歷山大二世登大位時正值三十七歲的壯年，當然有許多雄心壯志。克里米亞戰爭結束後，他在內政上進行了一系列的改革，如廣建鐵路、增加運輸力，在位期間使原來僅長九百六十五公里之鐵路，上升爲二萬二千五百二十五公里。1861年他正式頒布命令，廢除農奴制度，使數千萬農奴重獲自由，並取得小塊土地。他改組地方政府，建立地方自治會，頒布司法條例，採行徵兵制。他一即位就開始政治解凍，釋放政治犯，准許流放西伯利亞的政治犯返回內地。他廢除中世紀野蠻刑法，放寬出國旅行限制，放鬆對波蘭的殘酷統治。這些致力於現代化的努力，使他被史學家譽爲是法國大革命後最偉大的變革者。但在政治上亞歷山大二世仍然主張獨裁，排斥立憲或代議制度，也不允許波蘭獨立，並認爲俄境流行的虛無主義危害甚大[172]。1866年他曾被謀刺，未遂。1879年革命的恐怖主義活動再起，以刺殺沙皇爲目的，亞歷山大二世雖下令鎮壓，但仍在1881年被炸死。

就外交而言，巴黎和會之後，1856年5月，葛恰可夫（Gortchakov, Aleksomdr M., 1798-1883）取代了涅謝爾羅迭的外相職務，人的更換，透露出政策改向的訊息。葛恰可夫爲職業外交官，1817年入外交界，1820到1822年出席了一系列解決義大利半島與西班牙革命的國際會議，其後服務於俄國駐西歐各使館，克里米亞戰爭期間爲駐奧大使，在克里米亞戰爭中與奧國外相彪爾有極不愉快的交手，認爲奧國恩將仇報，十分憤慨，這段經驗當然深深影響到日後俄國的對奧政策。1856年4月任外交大臣後，葛恰可夫即主張俄國應交好法國與普魯士。1866年起擔任首相，他對克里米亞戰後二十多年的俄國外交影響深遠。

葛恰可夫比較其前任在外交上有較多的自主性，他上任後就指出：

俄國今後將不再對歐洲事務進行積極干預；俄國再也不會爲維持神聖同盟的原則，犧牲自己的利益；俄國在未來朋友的選擇上有完全的自由[173]。從這裡我們可以看到俄國已經將自己從意識型態的框架中釋放出來，過去幾十年中俄國所執著的兩項政策，即維護維也納協議的領土安排，保護正統王室對抗革命，都將受到修正。更精確的說，克里米亞戰爭後俄國已經放棄捍衛維也納體制，非僅如此，如果對俄國有利，俄國甚至不惜挑戰、破壞此一體制。俄國終於瞭解到，外交的眞諦是以維護國家本身利益爲第一目標，交往國的體制爲何，是否富有革命精神，都不再重要，只要與其交往對俄國有利，就可以論交，這一態度使俄國在改善與法國關係上去除了障礙[174]。因此，自1856年到1863年波蘭事件發生前，俄國與法國建立了不錯的協商關係。另方面，戰敗之後俄國在黑海與巴爾幹發展受阻，因此改弦易轍，往東方發展。

　　從和會結果來看，奧國顯然是個大輸家。戰爭爆發前與進行中，維也納都是外交折衝的重心，奧國外相彪爾雖然活躍風光，法蘭西斯約塞夫也一言九鼎，但奧國的外交目標、戰略、戰術，都有值得檢討的地方。奧國首先需要確定的是其外交目標的優先順序爲何：是鞏固德意志地區的領導地位，對抗普魯士的挑戰？是確保義大利屬地的安全，不受革命的威脅？還是保障多瑙河航行自由與出口不被俄國所佔？上上策自然是全面照顧，但這恐怕不容易，那麼就必須有所取捨。彪爾當然想效法梅特涅，維護對奧國利益保障最完善的維也納體制，但是他的操作手法顯然比梅特涅遜色，那就是他的外交行動不像梅特涅，經過精算。梅特涅認爲，奧國在這個近東衝突中應採取中立政策，兩邊都不得罪；但是彪爾卻在確保奧國在義大利利益與尋求財政支援的考量下，選擇加入英法[175]。他在1854年6月3日及1855年12月28日兩度向俄國致送最後通牒，實在過於魯莽，大傷俄國人的心，終於造成對奧國無可彌補的損害。1848年的革命動亂中，俄國曾慷慨的伸出援手，未來，在德意志與義大利的可能危機中，除了俄國，也看不出還有誰會伸出援手。但奧國領導人在克里米亞衝突中，將德義問題都被拋諸腦後，一心只惦記多瑙河公國，顯然是以輕爲重。

在外交情勢上，彪爾完全不瞭解普魯士與奧國並不同心，正伺機弱化奧國。正因為有普魯士的牽制，使奧國無法得到德意志邦聯的背書，這也就注定了奧國聯合英法的政策無法貫徹到底。奧國外交投機最後的結果是既得罪了英法，又觸怒了俄國。兩頭落空不說，而且埋下後患，在未來處理義大利革命及德意志整合的問題上嘗盡苦頭。

普魯士與薩丁尼亞在巴黎會議中都沒有甚麼突出的表現。就普魯士來說，由於原則上採取中立政策，在戰時的外交活動中參與並不積極，要不是法國幫忙，本來連參與巴黎會議的機會都沒有，但事實上他卻是此次戰爭的贏家。英法爭取普魯士結盟雖然無功，但因其採取中立也未被遷怒；另方面，普雖然採取中立，並要求俄國撤出多瑙河二公國，但過程中卻對俄國提過許多善意客觀的建言，因此贏得俄國信任與感激，在後來的普奧紛爭上能獲得俄國的支持。對普魯士來說，可算做了前瞻而正確的外交決策。

薩丁尼亞看來好像也是白忙一場：與英法結盟，派出了全國三分之一的軍隊參戰，戰爭勝利，薩丁尼亞卻空手而歸，對其所關切的義大利半島情勢，英國外相克拉瑞頓與法國外相瓦雷夫斯基只在會議上略為提到，難怪給人感覺，英法只以一個銅板酬謝薩丁尼亞的積極付出[176]。薩丁尼亞的內閣對此結果深為不滿，但加富爾很有耐性，認為他日終會有所回報。他的看法不錯，因為拿破崙三世對義大利半島民族主義的同情，以及為法蘭西帝國增添光榮的想法，早晚會給薩丁尼亞帶來機會。

總之，檢討克里米亞戰爭的結束及巴黎會議的結果顯示：

1. 俄國在巴爾幹半島的影響力消退，在黑海方面的權益亦受到空前的損失，土耳其地位相對的增強，獲得其他列強的保護，俄國於此時只好轉向遠東謀求發展。
2. 英國阻止俄國勢力南下的政策成功，戰爭目的實現。
3. 法國在歐洲國際地位上升，法國未因克里米亞戰爭而受影響，法俄關係仍相當友好，這有助於法國未來解決義大利問題。
4. 奧國空忙一場，俄國對奧的負義忘恩深為痛心。奧國聯法的政

策，因法國對義甚感興趣，亦不可能成功。奧國孤立之勢因而形成，在其後義、德的統一問題上將看到可悲的後果。

5.義、普兩國外交成功，普魯士贏得俄之好感，義大利獲得法之同情。

註釋

1. 查理十世被推翻前三個星期取得阿爾及利亞，當時沿地中海的整個北非，名義上仍屬於鄂圖曼帝國，但實際上各個地方政府都已經形同獨立。參閱R. Albretch-Carrié, op. cit., p. 49.

2. Ponteil, op. cit. p. 233.

3. A. J. Grant & H. Temperley, op. cit., pp. 150-152; R. Albretch-Carrié, op cit., p. 32；王增才（1973）。西洋近代史。台北：正中書局。頁92-94.

4. 為法國保守派政治家、新聞記者、史學家、第三共和創建人及總統。1821～1830年間從事新聞工作，1830年參加創辦國民報，反對政府限制民眾自由。7月革命發生後，支持路易菲力普上台，並在其任內歷任財政部副國務秘書（1830年）、內政大臣（1832年、1834年、1836年）、商業與公共工程大臣（1833～1836年）。1836～1840年任首相兼外相，在埃及事件上支持埃及。後因而去職。1848年2月革命後重返國會，並支持路易拿破崙當選為總統（第二共和），1871年普法戰爭後任法國總統，1873年辭職。著有《法國革命史》十卷（1823～1827年）、《執政府及帝國時代的歷史》20卷（1845～1862年）。

5. 路易菲力普曾參加雅各賓黨，1793年投奔奧國，先後避難瑞士與奧國，其父同年遭雅各賓人處決，襲父爵位為奧爾良公爵。後赴美兩年，1800～1814年避居英倫，1830年革命後被擁立為王，1846年2月革命為無產及中產階級推翻，老死英國。

6. J. Droz, op, cit., p. 319.

7. E. Tarlé, De la révolution de Juillet en France aux crises révolutionnaires de 1848. In V. Potiemkine (Ed.), *Histoire de la diplomatie*. op. cit., p. 405.

8. R. Albrecht-Carrié, op. cit., P. 35.

9. J. Lowe, op. cit., pp. 60-61.

10. J. Droz, op. cit., pp. 320-321.

11. Ibid. p.322.

12.Ibid. p. 323; A. J. Grant & H. Temperley, op. cit., p. 153.

13.雷奧保德在1816年與英王喬治四世之獨生女夏綠蒂結婚，但1817年公主即過世。1831年出任比國國王，比國獲條約保證中立。1831～1865年在位，他最善於以聯婚方式鞏固個人及比國地位，他於1832年娶法皇路易菲力普之女兒瑪麗露易莎為妻，與英法兩大王室皆攀上了關係。1840年撮合其外甥女英女王維多利亞與其侄子，即薩克森·科堡·哥達親王阿爾伯特之婚姻，1853年為其子阿爾伯特娶奧國大公約瑟夫之女瑪麗亞亨麗塔為妻，復於1857年將其女嫁與奧皇之弟麥西米倫大公為妻，與歐陸各個皇室皆有密切關係。

14.A. Grant & H. Temperley, op. cit., p. 154.

15.J. Lowe, op. cit., p. 62; R. Albretch-Carrié, op. cit., p. 35.

16.R. Albretch-Carrié, op. cit., p. 36.

17.A. J. Grant & H. Temperley, op. cit., p. 158.

18.E. Tarlé, De la révolution de Juillet en France aux crises révolutionnaires de 1848. op. cit., pp. 406-407.

19.瓦雷夫斯基為拿破崙一世與波蘭伯爵瓦雷夫斯基卡人（Maria Walewska）之私生子，十四歲時拒絕參加俄軍，逃往英倫，後赴巴黎，法國政府拒絕將其引渡回俄。1830年7月路易菲力普上台後遣送其回波，波蘭革命時被派往倫敦遊說。革命失敗後歸化為法人，加入法軍，赴阿爾及爾。1837年辭軍職從事寫作，並曾辦報。蒂耶曾派其出使埃及，季佐內閣中亦曾出使阿根庭。路易拿破崙上台後，先後出使托斯卡那、那不勒斯、英倫。1855年任外相，1860年離開外交部，改任國務大臣，直到1863年，因其親教皇之立場不符合當時拿破崙三世之政策而下台。1855～65年間任參議員，1865～67年任眾院議長，1866年被封公爵。

20.R. Albretch-Carrié, op. cit., p.38.

21.J. Droz, op. cit., p. 327; Félix Ponteil, op. cit. p.234.

22.A. J. Grant & H. Temperley, op. cit., p. 145.

23.William Carr, (1991). *A History of Germany, 1815-1990*. London:

Edward Arnold.

24. A. J. P. Taylor, (1993). *The Course of German History, A Survey of the Development of German History since 1815*. London: Routledge, pp. 60-61.

25. Ibid.

26. W. Carr, op. cit., p. 23.

27. Ibid. p. 31; R. Albretch-Carrié, op. cit., p. 39.

28. J. Droz, op. cit., pp. 328-329; R. Albretch-Carrié, op. cit, pp. 50-51; J. Lowe, op. cit., pp. 86-87.

29. J. Lowe, op. cit., p. 88.

30. E. Tarlé, De la révolution de Juillet en France aux crises révolutionnaires de 1848. op. cit., p.413.

31. 尼古拉一世在1829年成立了一個研究俄土關係的委員會，名叫柯叔貝委員會（Kochubei Committee），柯叔貝為主持人，此委員會所提的報告中強調：衰弱的土耳其是俄國一個無害的鄰居，如果摧毀土耳其，必有部分土地落入俄國其他歐洲對手手中，與俄反而不利。J. Lowe認為此一外交研究報告影響俄國對土政策達二十年之久。參見J. Lowe, op. cit., p. 87.事實上此一報告或許有一些煞車功用，使尼古拉暫時擱置瓜分念頭，但絕對沒有這麼長的功效，從第二次土埃戰爭及戰後尼古拉一世與英國的交涉看來，尼古拉一世瓜分土耳其，取得海峽一帶與多瑙河地區的心是非常迫切的。

32. J. Droz, op. cit., pp. 329-330; E. Tarlé, De la révolution de Juillet en France aux crises révolutionnaires de 1848. op. cit., pp. 412-413.

33. Ibid. p. 413.

34. J. Droz, op. cit., p. 330.

35. 伊沙貝拉生性專橫，1833～1868年在位期間私生活糜爛、政局混亂、軍人當政。1846年曾引起西班牙婚姻問題之爭。1868年西班牙革命，將其推翻，後流亡國外，定居巴黎。1870年退位，又引起西班牙王位繼承問題，導致普法戰爭。

36.R. Albretch-Carrié, op. cit., pp. 56-57.

37.當時東歐三個保守國家對路易菲利普都相當敵視與不信任。尼古拉一世甚至戲謔的稱七月王朝為「革命王室」（la monarchie révolutionaire），稱路易菲力普為「路障國王」（roi des barricades）。

38.J. Droz, op. cit., p. 332.

39.帕瑪斯頓在1838年3月21日發表此一談話，其原文為：「The system of England ought to be to maintain the liberties and independence of all other nations; out of the conflicting interests of all other countries to secure her own indepedence ; to throw her moral weight into the scale of any people who are spontaneourly striving for freedom, by which I mean rational government, and to extend as far and as fast as possible civilization all over the world. I am sure this is our interest, I am certain it must redound to our honour; I am convinced we have within ourselves the strewngth to pursue this course, if we have only the will to do so; and in your humble servant that will is strong and persevering」.帕瑪斯頓這種自我期許，與二次戰後美國各個政治人物的「使命感」如出一轍。

40.如Charles Webster, (1951). *The Foreign Policy of Palmerston, 1830-1841*. London: G. Bell & Sons, Ltd. pp. 779-795; E. D. Steele, (1991). *Palmerston and Liberalism, 1855-1865*. Cambridge: Cambridge University Press. pp. 245-254, 275-316.

41.像英國當時駐土耳其的大使烏古哈德，以及做過內務大臣（1830～1834年）及首相（1834, 1835～1841年）也是帕瑪斯頓的兄弟的墨爾本子爵（2nd Viscount William Lamb Melbourne）都對他有許多不留情的批評。

42.J. Droz, op. cit., p. 332; E. Tarlé, De la révolution de Juillet en France aux crises révolutionnaires de 1848. op. cit., pp. 413-414.

43.J. Droz, op. cit., p.333.

44.Ibid. pp. 333-334.

45.Ibid. p. 335.

46.R. Albretch-Carrié, op. cit., pp. 52-53.

47.J. Droz, op. cit., p. 336.

48.E. Tarlé, De la révolution de Juillet en France aux crises révolutionnaires de 1848, op. cit., p. 418.

49.J. Droz, op. cit., p. 337.

50.蒂耶早在上台之前，即1840年1月就指出，蘇在第二次土埃戰爭中犯下嚴重外交錯誤，不應該接受以多邊協商方式解決問題，應促使土埃直接談判，現在也只能朝這個方向走，才對法國有利。

51.季佐為法國歷史學家及政治家，七月王朝期間主張君主立憲之領袖，父親死於大革命後，隨母親流亡海外。1805年回國讀法律，1812年任巴黎大學歷史教授，1820到1830年間著有「法國文明史」。1832～37年任教育大臣，後出使英國，與蒂耶在外交政策上有歧見。1840年出任外交大臣，先親英，後推出東向政策。1846～47年因經濟危機，群眾舉行反政府示威，於1848年2月辭職，次日路易菲力普被推翻，從此脫離政治圈。

52.J. Droz, op. cit., pp. 339-340.

53.C. Webster, op. cit., p. 789.

54.J. Lowe, op. cit., p. 90.

55.皮耳為保守黨創始人，1817年獲選為牛津大學選區之國會議員，此後一直參與政治，後成為保守黨領袖。1841年組閣，在亞洲政策強硬，對法美則傾向妥協，與法修好，並於1842年與美國訂定奧瑞岡條約，解決了與美國的邊界糾紛。1846年因穀物法而被迫辭職下台。

56.亞伯丁曾在威靈頓內閣中任外交大臣（1828年6月～1830年11月），後又在皮耳的內閣中再次出任外交大臣（1841年9月～1846年7月）。1852年12月28日組閣，參與克里米亞戰爭，1855年1月29日引咎辭職。亞伯丁在對法關係上較友好。

57.J. Droz, op. cit, pp. 343-344.

58.Ibid. p.346.

59.Ibid. p. 347.

60. R. Albretch-Carrié, op. cit., pp. 67-68.

61. J. Droz, op. cit., p. 348.

62. 相關史實請參閱，傅啓學（1966）。中國外交史。台北：三民。3版，頁41-60。

63. R. H. Ferrell, op. cit., pp. 204-205.

64. Ibid. pp. 198-202.

65. R. Albretch-Carrié, op. cit., p. 60; J. Droz, op. cit., p. 343.

66. R. H. Ferrell, op. cit., pp. 209-217.

67. J. Droz, op. cit., p.343.

68. Ibid. pp. 344-345.

69. E. Tarlé, De la révolution de Juillet en France aux crises révolutionnaires de 1848. op. cit., p. 422.

70. Gordon A. Craig, (1974) *Europe Since 1815*. Alternate Edition. New York: Holt, Rinehart and Winston. pp. 84.

71. A. J. Grant & H. Temperley, op. cit., pp. 162-163.

72. R. Albretch-Carrié, op. cit., p. 69.

73. 庇護九世為義大利籍在位最久之教皇（1846～1878年）。見解開明，原本支持自由主義之革命，但為過激的自由與民族主義革命份子所驚嚇。1848年11月往雙西里里之蓋也達避難，經法奧兩國外交與軍事之助結束革命。1849年7月法國宣布恢復教皇統治權，1850年4月返回羅馬，但此後即轉入保守陣營，反對自由與民族主義，與薩丁尼亞之加富爾不和。

74. A. J. Grant & H. Temperley, op. cit., pp. 161-162.

75. W. Carr, op. cit., pp. 25-31. 在三十與四十年代中陸續加入的德意志關稅聯盟的國家有：巴登（Baden）、那騷（Nassau）、法蘭克福、布朗斯維克（Brunswick）、盧森堡，五十年代初還有漢諾威、奧爾登堡等國。

76. Alan Sked, (1989). *The Decline & Fall of the Habsburg Empire, 1815-1918*. London: Longman. pp.80-83.

77.Ibid. p. 83.

78.Ibid. p. 37-40.

79.Ibid. p. 24-25.

80.A. J. P. Taylor, (1982). *The Struggle for Mastery in Europe,1848-1918*, Oxford: Taipei. p.8.

81.阿寧於1848年3月21日就任普魯士外相，之前爲普魯士駐法國大使，自認爲對法國十分瞭解。阿寧是自由主義者，支持波蘭建國是其主要政策之一。他的外交政策有時過於大膽，有時又十分謹愼，態度並不一致。

82.A. J. P. Taylor, *The Struggle for Mastery in Europe, 1848-1918.* op. cit., p.9.

83.A. Sked, op. cit. p. 18.

84.拉德茲基爲奧國之軍事改革家及民族英雄。1784年入陸軍，參與1787～1792年對土戰爭，1796年後參與對拿破崙戰爭，1809年任參謀總長，致力於軍隊現代化，可惜因經費不足而停頓。參與維也納會議，1829年退休（六十三歲）。1831年徵召往義大利服役，1836年任陸軍元帥，1848年革命時對義作戰，時年已八十二歲。1849年3月23日大敗薩軍於諾伐雷。1850～1857年任倫巴底‧威尼西亞統帥，極受軍人愛戴。

85.溫蒂士格拉茲出身貴族，任職陸軍，在對抗拿破崙戰爭中戰績輝煌，1833年升副元帥，屬保守派。1848年3月維也納革命爆發後一度獨攬軍政大權，6月平息布拉格革命，10月成爲陸軍元帥，並於11月委任其內弟史瓦甄堡任首相兼外相，擁立法蘭西斯約塞夫，1849年1月攻佔布達佩斯，1849年4月被召還，退隱波西米亞。

86.法蘭西斯約塞夫爲費迪南一世侄子，1848年12月登基。在位時間長達六十八年，是奧國命運由盛而衰的見證者。

87.A. Alan, op. cit. pp. 137-138.

88.其實我們可以從拉馬丁對波蘭革命的態度看出其眞正的立場，他曾說：「我們愛波蘭，我們愛義大利，我們愛一切受壓迫的人民，但首

先我們愛法國」。拉馬丁非常清楚，革命後的法國內部穩定有待努力，外部必須維持和平。

89.A. J. P. Taylor, *The Struggle for Mastery in Europe, 1848-1918*, op. cit., p.16.

90.路易拿破崙出生於1808年，其父爲拿破崙之四弟，受封於荷蘭，拿破崙敗北後，其家族被逐，路易居留國外，足跡遍及瑞士、義、美、英等地。三十年代中期即謀攫取法政權，事敗，囚於阿姆（Ham），1846年越獄逃亡英國，1848年革命後回法，在是年底，挾其父祖餘蔭，崛起政壇，被選爲第二共和國之總統，一任四年。爲求連任，於1851年底解散議會，並逮捕反對人士。1852年1月頒布新憲（經法國公民投票授權），將總統任期改爲十年。但不滿一年，1852年11月，他又經公民投票，改共和爲帝制，自稱拿破崙三世。致力於興建鐵路、促進農工業、興辦公共事業。外交上並不成功。

91.A. Sked, op. cit. pp. 19-20.

92.J. Droz, op. cit., p. 354.

93.雖然如此，英法兩國對倫巴底的歸屬有不同的看法。英國希望將倫巴底併入薩丁尼亞，法國則希望倫巴底自治。巴士蒂德在當時並不贊成按照民族分佈界線來落實民族主義，而主張維持現有歐洲疆界，但應允許政治疆界內各不同民族自治。

94.R. Albretch-Carrié, op. cit., p.71; J. Droz, op. cit., p. 355.

95.R. Albretch-Carrié, op cit., p. 73, J. Droz, op cit., p. 359.

96.Ibid, pp. 358-361; A. J. Grant & H. Temperley, op. cit., pp. 200-201.

97.Ibid. p. 181.

98.Ibid. p. 182.

99.這應該是尼古拉一世介入最主要的原因，因爲當時已經有不少的波蘭人參加了匈牙利軍隊。

100.J. Droz, op. cit., pp. 361-362.

101.A. Sked, op. cit. p. 18.

102.所謂君合國，是指因爲兩個國家的王位繼承法的偶然重合，導致同

一人同時爲兩國國王。但此兩國並不因此合併爲一個國家，在國際社會上，他們仍是不同的兩個國際法主體。

103. W. Carr, op. cit., pp. 26-27.

104. 腓特烈七世在位最大的問題即爲如何處理丹南兩個公國的民族主義，及與此二公國的君合國關係延續問題。1854年起，與內閣中民族主義的自由派閣員衝突頻起，加以無嗣，繼承問題更不易解決。因爲兩公國問題，1848年與1864年兩度與德意志國家發生戰爭。

105. Otto Pflanze, (1990). *Bismarck and the Development of Germany, vol 1, The period of Unification, 1815-1871*. Princeton: Princeton University Press. pp. 237.

106. J. Droz, op. cit., pp. 356-357.

107. Ibid., p.357.

108. W. Carr, op. cit., pp. 45-46.

109. Ibid. pp. 46-50.

110. 按以奧國當時人口三千六百萬，日耳曼人只佔六百萬，普魯士人口一千六百萬，但日耳曼人卻佔一千四百萬來看，要把奧國全部都包含在新的聯邦中，確實不盡合理；但忽視奧國內部六百萬日耳曼人的存在，以及奧國在德意志地區長久的歷史存在，似乎也不近情理。

111. W. Carr, op. cit., p. 50.

112. 南德各邦在宗教上與普魯士等北部各邦不同。前者信仰舊教，後者信仰新教；前者與奧國關係較親密，後者則與奧國相抗衡。

113. J. Droz, op. cit. p. 363.

114. Ibid. pp. 364-365; W. Carr, op. cit., p. 52.

115. Ibid.

116. 此時普魯士的內閣及軍事將領都是保守主義者，他們對民族主義、自由主義都極爲厭惡，一心想趕快撲滅這些革命，恢復社會秩序，提昇普魯士的軍力，對於腓特烈‧威廉四世的浪漫想法都沒有共鳴，所以普王只好求助其好友。

117.1849年春德境各小國的自由主義動亂又起，由於奧國自顧不暇，德境內各小國的騷動都只能求助於普解決，使得普魯士在德意志境內的領導地位不容撼動。各個小國國君其實對自由的立憲主義也好，對整合的民族主義也好，其實都十分反感，因爲任一種都損及他們的王權，所以對德境君主大會都興趣缺缺，但既然普魯士對這些君主有恩惠，又有壓力，只好乖乖赴會。

118.W. Carr, op. cit., p. 61.

119.A. Sked, op. cit. p. 151.

120.W. Carr, op. cit. p. 62; J. Droz, op. cit., p. 366.

121.普魯士與丹麥所簽之瑪爾摩停火協議，於1849年爲丹麥撕毀，普丹戰事再起。

122.W. Carr, op. cit., p.63.

123.A.Sked, op. cit. p. 152; J. Droz, op. cit., pp. 367-369; A. J. P. Taylor, *The Course of German History*. op. cit., pp. 96-97.

124.按照史瓦甄堡的構想，奧帝國全部都將參加此一改革後的邦聯，此一邦聯的議會由地方議會（即邦聯內各國議會）選出，處理日常事務的政府由奧國人擔任主席，扮演重要角色。

125.A. Sked, op. cit. pp. 152-153; J. Droz, op. cit., pp. 368-369; W. Carr, op. cit., p. 64.

126.Ibid., p. 68; A. J. P. Taylor, *The Course of German History*. op. cit., p. 96.

127.Ibid.

128.A. J. P. Taylor, *The Course of German History*. op. cit., p. 98.

129.A. Sked, op. cit., p. 170.

130.克拉瑞頓在1833年任駐西大使，1838年襲伯爵位，1839年回英國出任掌璽大臣（1839～41年）、貿易大臣（1846～47年）、愛爾蘭總督（1847～1852年），1853年2月任亞伯丁內閣之外相，1855年帕瑪斯頓繼亞伯丁爲首相，仍留用克拉瑞頓。事實上，克拉瑞頓是帕瑪斯頓政策的忠實的擁護者。曾出席巴黎會議，1858年隨帕瑪斯頓去

職，1865～1866年、1868～1870年又再度出任外相。

131.在1830～1860年這段時間，俄國始終維持八十萬以上的兵力，居其次的法國也有二十五萬～六十萬，而英國只有十四萬～三十五萬的兵力。這說明了英國的外交立場：除非是在重大利益所在之地，如比利時、伊比利亞半島、土耳其海峽，非得干預不可知外，英國對其他地區的革命都袖手旁觀。其原因就是自知實力不足。詳細數字參閱：Paul Kennedy, op. cit. pp. 153-154.。

132.此段文字出於史多克曼（Stockman）男爵，詳見E. Tarlé, (1953). De la révolution de 1848 à la guerre de Crimée. In Potiemkine (Ed.), *Histoire de la diplomatie*, Tome I. op. cit., p. 426.

133.Ibid. p. 425.

134.戰爭中法國陣亡者達十萬，英國六萬，俄國三十萬。見A. J. P. Taylor, *The Struggle for Mastery in Europe, 1848-1918.* op. cit., p.81.

135.E.Tarlé, De la révolution de Juillet en France aux crises révolutionnaires de 1848 en Europe. In V. Potiemkine, Tome I. op. cit., pp. 420-422.

136.羅素在1813年成為國會議員，三十與四十年代他是輝格黨自由改革派的主要人物。在1846～1852年，1865～1866年兩度組閣。主張自由貿易，熱愛寫作。

137.有關對拿破崙三世的正反評論，請參閱Brison D. Gooch (Ed), (1963). *Napoleon III, Man of Destiny, Enlightened Statesman or Proto-Fascist?*. New York: Holtm Rinehart and Winston; Samuel M. Osgood (Eds.), (1963) *Napoleon III, Buffoon, Modern Dictator, or Sphinx?*. Boston: D.C. Heath and Company.

138.Pierre Renouvin, Napoleon III, Bismarck, and Cavour. In Samuel M. Osgood (Ed.), *Napoleon III, Buffoon, Modern Dictator, or Sphinx?* op. cit. pp. 54-55.

139.泰勒教授認為克里米亞戰爭完全是拿破崙三世所刻意挑起，尼古拉一世與帕瑪斯頓都無意於戰爭，因為後二者都沒有非戰不可的理由，只有對拿破崙三世來說，戰爭才是必要的，因為沒有戰爭，他

就很難推翻1815年的維也納體系，改變歐洲的政治版圖，見A. P. J. Taylor, (1967). Crimea: The War That Would Be Boil. In Eugene C. Black (Ed.), *European Political History, 1815-1870: Aspects of Liberalism*. New York: Harper & Row. pp. 160-162.但是J. Droz 以爲克里米亞戰爭是由於英俄兩國傳統上在此一區域長期的對立所引起，法國卻背了黑鍋。證諸在法俄「僧侶之爭」中法國最後的妥協， J. Droz的立論較爲可取。見J. Droz, op. cit. p. 375. 另外A. J. Grant 及H. Temperley 兩位教授亦與Droz的看法相同，他們尤其以爲此一戰爭與英俄兩國的兩位外交官脫不了干係，那就是英國駐土大使史特福德及俄國特使曼希可夫，見A. J. Grant & H. Temperley, op. cit. pp. 213-214. 另外，J. Lowe及J. A. R. Marriott等人的看法也是如此，見J. Lowe, op. cit. p. 102; J. A. P. Marriot, op. cit., p. 174.

140.阿布杜爾梅西德一世在1839年二次土埃戰爭期間繼位，在位期間在法律、教育方面多所興革。外交上努力與歐洲列強保持友好關係，以維護帝國領土完整。克里米亞戰爭中，得英法薩等國之助，參加巴黎會議，獲得歐洲國家承認爲國際社會成員。

141.涂昂德呂於1833～1842年服務於外交界。1842年當選爲議員，數度連任，1848年爲路易拿破崙任命爲外長，1849年奉派爲駐英大使，1851年復任外相，在1854～1855年商討解決克里米亞戰爭的維也納會議中頗有影響力，1855年辭職，1862年4度擔任外相，普法戰後退隱。

142.E. Tarlé, De la révolution de 1848 à la guerre de Crimée, op. cit., p. 434.

143.Ibid. pp. 431-432; A. J. P. Taylor, *The Struggle for Mastery in Europe, 1848-1918*. pp.50-51; A. J. Grant & H. Temperley, op. cit., p. 212.

144.拿破崙稱帝前後，歐洲國家就對其外交企圖感到憂慮，稱帝後，歐洲皇室對其稱帝來自「上帝恩典」的說法頗不以爲然，對是否應照皇室間慣例稱呼其「親愛的兄弟」，猶豫不已，因爲考慮到路易並非正統皇室出身，又自稱拿破崙三世，如沿用慣例稱呼，既有違皇室原則，也有違維也納會議不承認拿破崙家族之原則，最後決定稱其

爲「親愛的朋友」。路易拿破崙無可奈何，只得自我解嘲，稱「人們得忍受其兄弟，但朋友則是自選的」，自尋台階下。

145. 1852年12月，英國內閣改組，新組成的聯合內閣由亞伯丁出任首相，前任首相羅素則轉任外交大臣。1853年3月由克拉瑞頓取代，羅素轉任下院議長。

146. E. Tarlé, De la révolution de 1848 à la guerre de Crimée. op. cit., pp. 431-432.

147. 巴巴拉杰拉維奇著，福建師範大學外語系編譯室譯（1978）。俄國外交政策的一世紀，1814-1914。北京：商務，頁102.

148. E. Tarlé, (1953). La diplomatie pendant la guerre de Crimée et le Congrès de Paris. In V. Potiemkine (Ed), *Histoire de la diplomatie*. Tome I op. cit., p.436.

149. 史特福德又稱史特福德肯寧（註139），爲肯寧兄弟。克里米亞戰爭可以說是他一手導演。他在1853年4月5日從倫敦返回君士坦丁堡時，受命在較爲偏俄的立場上，幫助解決法俄聖地之爭，這一點他是做到了。但其後就轉爲支持土耳其與俄國對抗。

150. A. J. Grant & H. Temperley, op. cit., pp. 213-214; A. J. P. Taylor, *The Struggle for Mastery in Europe, 1848-1918*. op. cit., pp. 53-54.

151. 巴巴拉杰拉維奇著，福建師範大學外語系編譯室譯，前引書，頁103.

152. 此一回應充分反應了拿破崙三世的外交戰略，即國際主義：偏好以國際會議的多邊方式解決問題。

153. J. Droz, op. cit., p. 378.

154. 關於其中的差別參閱A. J. P. Taylor, *The Struggle for Mastery in Europe, 1848-1918*. op. cit., pp. 55-56; J. Lowe, op. cit., p.99; R. Albretch-Carrié, op. cit., pp. 88-89.

155. A. J. P. Taylor, T*he Struggle for Mastery in Europe, 1848-1918*. op. cit., pp. 57-58.

156. J. Droz, op. cit., p. 380.

157.E. Tarlé, De la révolution de 1848 à la guerre de Crimée. op. cit., p. 433.

158.O. Pflanze, *Bismarck and the Development of Germany, Vol. I, The Period of Unification, 1815-1871*. Princeton, op. cit., pp.88-90.

159.巴巴拉杰拉維奇著，福建師範大學外語系編譯室譯，前引書，頁 104。

160.A. J. P. Taylor, T*he Struggle for Mastery in Europe, 1848-1918*. op. cit., pp. 57-59.

161.奧爾洛夫早年在軍中服務，1849年曾參與對匈牙利作戰，1854年在克里米亞戰爭中失去一眼，後服務於外交界。在外交上觀察深入，談判技巧精湛。1856年巴黎會議中曾爲俄國減少不少傷害。後相繼出任俄國駐比利時及法國大使。

162.E. Tarlé, La diplomatie pendant la guerre de Crimée et le Congres de Paris, op. cit., p.445.

163.R. Albretch-Carrié, op. cit. p. 90; Grant & Temperley, op cit. p. 215.

164.A. P. J. Taylor, *The Struggle for Mastery in Europe, 1848-1918*. op. cit. p. 69.

165.加富爾十歲時入杜林軍事學校，1826年畢業任工兵中尉，到各地構築工事，頗不得志。1830年到熱內亞，與安娜史基亞菲諾相遇，後者崇尚共和思想，其沙龍爲馬志尼等燒炭黨人之活動中心，啓發了其革命熱情，並吸收共和概念。1831年退伍，其後遊歷法英兩國，增長見聞，1835年回國，成爲成功的企業家。熱心政治，創辦了「復興運動」報。1848年支持對奧和約，1850年10月任薩丁尼亞財政大臣，加強與法、比、英貿易關係。1852年11月出任薩首相，在他的領導下，薩國在政治、經濟、軍事、財政等各方面突飛猛進。1855年加入克里米亞戰爭，於1858年7月後致力統一。

166.J. Droz, op. cit., pp. 383-384; A. J. P. Taylor, *The Struggle for Mastery in Europe, 1848-1918*. op. cit., p. 76.

167.帕瑪斯頓曾一再向羅素說明其解構俄國及重組歐洲疆界的構想：將阿蘭島（Aaland）及芬蘭劃歸瑞典，波蘭王國獨立，做爲俄德緩

衝，多瑙河二公國劃歸奧國，奧屬義大利劃歸薩丁尼亞，克里米亞及高加索則劃歸土耳其，高加索的一部份獨立為切克西（Tcherkessie），奉土耳其為宗主國。

168.關於巴黎條約的內容，請參閱Herman N. Weill, *European Diplomatic History, 1815-1914, Documents and Interpretation.* New York: Exposition Press, pp. 93-94.

169.A. P. J. Taylor, *The Struggle for Mastery in Europe, 1848-1918.* op. cit., p. 61.

170.Paul W. Schroeder, (1972). *Austria, Great Britain and the Crimean War, The Destruction of the European Concert.* London. p. 413.

171.A. Sked, op. cit., p. 168.

172.巴巴拉杰拉維奇著，福建師範大學外語系編譯室譯，前引書，頁109-111.

173.E. Tarlé, (1953). Napoléon III et l'Europe de la paix de Paris au debut du Ministere de Bismarck en Prusse (1856-1862). In V. Potiemkine, *Histoire de la diplomatie*, Tome I. op. cit., p. 470.

174.巴巴拉杰拉維奇著，福建師範大學外語系編譯室譯，前引書，頁116-118.

175.事實證明法國對奧國在義大利省分的安全保證根本不值得相信，而奧國若不是要武裝因應克里米亞戰爭，也就沒有那麼大的財政缺口，最後甚至被迫以低廉價格將奧國全部鐵路系統出售給法國銀行家。

176.R. Albretch-Carrié, op.cit., p. 94.

民族統一運動之成功

第二章

第一節　義大利的統一

第二節　路易拿破崙的外交政策及其檢討

第三節　德意志的統一

註釋

　　自1815年以來，民族主義就一直是歐洲當時的主流思想，反映在時勢上，就是各地不絕如縷的革命。這些革命之所以都以失敗收場，先是由於梅特涅帶頭的大力鎮壓，後是由於尼古拉一世的力挽狂瀾。但正所謂「野火燒不盡，春風吹又生」，民族主義的火種一經播下，就很難徹底撲滅。

　　1850年代後期到1870年代開始，見證了歐洲整合型民族主義的成功。六十年代義大利的統一，七十年代德意志的誕生，都是歐洲外交史上劃時代的大事。而民族主義之所以得以開花結果，不僅是由於上述兩地政治家及人民的努力，由於國際環境的成熟，更是由於法國的推波助瀾。法國在上述兩地的整合過程中，扮演了關鍵性的角色。而法國之所以舉足輕重，主要是由於拿破崙三世的緣故。不論對拿破崙三世的外交作為是褒是貶，我們都不能否認，他是這個時代國際關係的關鍵人物。

　　民族主義運動要能成功，除了需要客觀條件的配合外，還需要有懂謀略的政治家策劃領導。在此一時代裡，義大利之所以成功，是因為在統一過程中，有幾位政治人物十分傑出，沒有他們的精心策劃，身體力行，義大利的統一不會如此快速完成。這些政治人物中，除了前述的薩丁尼亞首相加富爾之外，最重要的當推實踐家加里波底（Garibaldi, Giuseppe, 1807-1882）。至於德意志統一的大功臣自然非俾斯麥莫屬。這些人物的外交做為我們將在後面一一交代。

第一節 義大利的統一

一、義大利民族主義的發展

　　義大利半島上分崩離析及群雄割據的局面，自中世紀以來一直無法改善，拿破崙戰爭打破了這一情勢，推翻了半島上的割據力量，他為半島頒布了一部法律，並將之納入統一的行政體系中，可惜的是拿破崙戰後，義大利又恢復了分崩離析的局面。

　　可是經過拿破崙一世的刺激，民族主義及自由思想已經在此撒下種子，在二十年代、三十年代以及1848年，義大利半島上各處前仆後繼的革命可以印證這種說法，燒炭黨（Carbonari）[1]在二十及三十年代裡在半島上的活躍行動，更助長這個趨勢。

　　對於如何進行義大利的統一工作，在義大利有三派不同的構想。其一是由馬志尼（Mazzini, Giuseppe, 1805-1872）所領導鼓吹的共和派，希望將半島上現存的一切政治體制完全推翻，使其成爲一張白紙，再在半島上建立一個統一的義大利，實行共和。馬志尼生於熱內亞的醫生家庭，後成爲窮人的律師，一生獻身於締造一個統一的、共和的義大利。他相信在「帝國的羅馬」、「教皇的羅馬」之後，必定是「人民的羅馬」。他曾參與1820與1830年的革命，失敗後，流亡法國、瑞士，後長期居留倫敦，創立「青年義大利」，並鼓動德意志及瑞士等地的革命。1849年被選爲羅馬共和國執政，共和國失敗後再度返回倫敦。

　　馬志尼的信徒中，最有名的即爲加里波底。加里波底出身漁民家庭，做過水手與船長，爲馬志尼最忠實的信徒，不過比較通權達變。1834年他在薩丁尼亞起義失敗後，流亡南美。1848年的革命中，積極爲締造羅馬共和國而奮鬥，但不敵法國軍隊，失敗。

　　他們這些人不僅是理論家，也是積極的行動家。這種激進的想法，雖然不切實際，但在義大利的整合過程中卻也發生了不可忽視的影響力，尤其是加里波底，滿腔熱情，劍及履及，獻身革命，毫無私心[2]。如果沒有他們的行動爲現實而溫和的加富爾作先鋒，披荆斬棘，怎能掃除路障？又怎能凸顯加富爾的溫和務實？

　　另一派是由喬貝蒂（Gioberti, Vincenzo, 1801-1852）所鼓吹的義大利聯邦。喬貝蒂是杜林人，曾任薩丁尼亞王宮司鐸，因涉及共和派政治陰謀去職。他反對用武力統一義大利，主張君主立憲，以教皇爲首，成立義大利聯邦。他的立場溫和，爲協調統一的義大利及教皇的利益，他主張義大利各邦應在教皇的領導下成立一個聯邦，由教皇擔任國家元首，是爲喬貝蒂計畫。此一構想在1846到1848年間似有成功的可能，但由於自由份子過激的作爲使教皇成了驚弓之鳥，革命失敗後，自由的教

皇倒向了保守陣營，自然也失去了領導義大利統一的人望。

第三種方案則比較現實，以加富爾爲代表，希望由薩丁尼亞王國負起領導的責任，將義大利帶上統一之路，結果此派終於獲勝。加富爾出身企業界，早年雖然也吸收了一些馬志尼與加里波底的共和思想，但他顯然不是革命家，而和梅特涅一樣，是一個不折不扣務實的保守派，但因其曾經遊學英國，對於君主立憲制度相當欣賞。他對外交的瞭解，使他對義大利的統一並不熱中，因爲覺得要達成此一目標其間的困難度太高了[3]。1848年革命後，他進入內閣，初任財政部長，1852年開始擔任薩丁尼亞首相。他除了在國內施政上精勵圖治外，就是致力於推動薩丁尼亞在北義大利建立一個王國，至於後來側身統一運動，其實並不在他原先的構想中，完全是時勢造英雄。他對國際局勢非常關切，尋求各種機會拉近與英法兩國的關係，因爲他知道，薩丁尼亞要建立北義王國，這兩個國家的支持不可或缺。其中英國的支持可能較爲消極，只侷限於外交層次，但法國方面，由於法皇拿破崙三世過去與義大利半島的淵源，以及他個人對民族主義的偏好，只要施以小惠，則他對義大利半島統一運動的支持，將可能從外交層面提昇爲軍事層面。這是爲什麼在克里米亞戰爭期間，加富爾那麼想加入英法陣營，對俄作戰的原因。薩丁尼亞參加克里米亞戰爭，其出發點不在爭取近東利益，或擠身國際行列，而是在爭取薩丁尼亞的擴張機會。

二、法國的立場

義大利半島的統一運動直接涉及奧國及法國的利益，間接的，俄、普、英等國也受到影響。奧國對於半島上革命勢力的反對，立場非常清楚，這可自其在1821、1830、1848年三度加以干預摧毀一事上看出，過去如此，五十年代以後也不可能改變態度。就奧國而言，義大利半島群雄割據的局面有助於奧國對該地的分而治之，半島的統一則直接威脅到奧國在此地的利益存續。俄普兩國在義大利沒有直接的利益，但是如果奧國受義大利半島情勢所牽制，俄普兩國在外交上活動的空間（俄國在

近東，普魯士在德意志）自然就大了。尤其是對俄國來說，亞歷山大二
世壓根兒就不喜歡革命。至於英國，雖然對半島上的革命十分同情，但
不會直接介入，一來這事自有人（法國）代勞，用不著親自出面，二
來，英國必須維持與奧國的友好關係，不方便正面對抗。所以英國雖會
對革命給予道義上支持，但不會有實質的援助。

　　檢討之後不難看出，在義大利統一運動中具有決定性影響力的，只
有法國。法國一向鼓吹自由主義及民族主義，對義大利半島的統一及憲
政運動深表同情，但在拿破崙三世以前，不論誰執政，法國真正關心的
還是如何能從半島的情勢變遷中，為法國獲取若干實益，對於義大利的
民族運動並未假以實際的援手，這在1848年的革命尤其明顯[4]。1850～
1860年中，拿破崙三世對義大利的同情升高，介入加深，但徘徊在實利
與理念之間，拿氏的行動亦充滿了猶豫和矛盾。

　　拿破崙三世所以會支持半島上的統一運動，原因甚多。其一是拿破
崙三世早年曾參與義大利南部燒炭黨人的活動，對於義大利民族統一運
動相當同情；其二是拿破崙三世希望在以民族主義原則重組義大利的同
時，重新調整1815年維也納會議所定的疆界，擴大法國的版圖；其三是
拿破崙家族的傳統一向支持民族運動，拿破崙三世又受到親朋如拿破崙
親王（Prince Jérome）及柯諾醫生（Dr. Conneau）等人的影響[5]。雖然如
此，直到五十年代中期路易拿破崙尚無明確的想法，他一心想為半島做
點什麼，但是什麼尚不確定。

　　拿破崙三世態度此時之所以猶豫，是因為國內的天主教徒及皇后都
不同情義大利之民族運動，而拿破崙三世之外相瓦雷夫斯基為保守主義
者，對義大利半島局勢並不熱心。巴黎會議中還是由於拿破崙三世之堅
持，瓦雷夫斯基方與克拉瑞頓聯合將義大利問題列入大會議程。不過，
在巴黎會議時，薩丁尼亞首相加富爾曾透過拿破崙向法國政府提出兩個
備忘錄，第一，要求奧軍撤出及由薩丁尼亞兼併帕爾瑪及摩德那等公
國，第二，支持義境各邦之政治改革。由於加富爾對義大利各版本的統
一運動並不是那麼有興趣，所以在其備忘錄中並未提出。當時拿破崙曾
告知薩丁尼亞外相拉馬莫拉（La Marmora），提到將來如有可能，將舉

行國際會議商討義大利問題之解決。

　　拿破崙三世態度之轉趨積極是在1858年1月14日奧西尼（Orsini）[6]謀刺案發生之後。奧西尼是馬志尼之黨徒，他在拿破崙偕同皇后於歌劇院觀劇時，投彈謀刺拿破崙，指責其背叛了義大利之利益。事敗被捕，在獄中一再上書拿破崙，並在報上發表遺言，呼籲協助義大利統一，甚至臨刑時尚高呼「義大利萬歲」。奧西尼似乎觸動了拿破崙三世敏感的心弦，所以非僅不以其行為為忤，反而深受感動。不過表面上拿破崙三世在謀刺案發生後，還是一面責怪英國姑息，允許奧西尼在英國進行暗殺的策劃；另方面要求薩丁尼亞嚴格管制有關民族主義的新聞，否則將與奧國聯手干預[7]。

　　加富爾相當瞭解法國，特別是拿破崙三世在薩丁尼亞擴充，乃至於義大利統一問題上的重要性。為爭取拿破崙，謀刺案發生後，他向後者提出兩個建議：一是聯姻，將薩王的女兒嫁給拿破崙親王；一是以法國協助薩丁尼亞建立從阿爾卑斯（Alps）山到亞得里亞海的北義王國為代價，薩國將割讓薩伏依給法國，回復法國天然疆界以為回報。這兩個條件確實擊中拿破崙的弱點。因此，1858年夏天，後者瞞著其外相瓦雷夫斯基致函加富爾，約其於7月21～22日至法國境內之普隆比耶（Plombières）與其相會。在此，二人達成一項協議草約，重點有四：（一）法薩對奧締結盟約；（二）未來義大利分為四邦：即北義大利王國、中義大利王國、縮小之教皇國、以及雙西西里王國，由教皇領導組成邦聯；（三）薩王之長女克羅蒂德（Clotide）與拿破崙三世之堂弟拿破崙親王締姻；（四）薩丁尼亞將尼斯及薩伏依割予法國。針對落實法薩同盟，法國表示應由薩丁尼亞製造一個「正當藉口」（Une cause respectable）[8]，方便法國介入。

　　其後雙方透過薩丁尼亞駐法大使尼格拉（Nigra）從中奔走、進行談判。上述草約中的後兩項，在薩丁尼亞曾引起困難，但最後都獲薩國政府同意，因此法薩於1859年1月26日正式簽約，內容大體上與草約無甚差異，只在盟約方面，清楚的表明了係一攻守同盟。而拿破崙親王與克羅蒂德公主的婚禮，亦在1月30日於杜林舉行。

　　事實上，1858年秋天，歐洲外交圈就覺得義大利半島情勢詭譎，各種合縱連橫的外交活動也在悄悄進行。就奧國來說，要穩固其在義大利半島的影響力，防止半島上革命勢力蠢動，應該爭取盟友，但可能爭取誰呢？法國拿破崙三世親薩丁尼亞的態度很明顯，不可能爭取得到。普魯士是可能的盟友，但索價不貲，要求以德意志境內軍事統領權做交換。奧國豈能為了維護在義大利半島的利益，而拱手讓出在德意志地區的利益？俄國呢？奧國在克里米亞戰爭中的作為已經徹底激怒了亞歷山大二世，無可挽回。至於英國，雖然支持奧國，但並不反對半島上的民族運動，它在乎的只是法國的野心，如果統一的義大利未來更有利於反制法國，它寧可迫使奧國接受半島情勢的自然發展。

　　擔心法國威脅的還有普魯士。如果英國或俄國中，有一個國家肯與普魯士合作，普魯士可能會出面牽制法國。但英國太不想淌渾水了。如果英國肯向奧國或薩丁尼亞表態：那個國家挑起衝突，英國就會加入對方陣營予以反擊，就可以防止戰爭[9]，但英國政府偏偏態度曖昧，先是保守的德比（Derby, Edword G., 1799-1869）[10]政府雖然同情奧國的遭遇，甚至私心想與普魯士結盟，幫助奧國，牽制法國，但懾於國內自由傾向濃厚的民意，只得宣布中立。後來換上的自由色彩的首相帕瑪斯頓與外相羅素，但又受制於佔多數的保守傾向的內閣同僚，也只能採取中立政策。

　　普魯士方面，有鑑於法國擴張政策的威脅，雖然有聯合英國及交好俄奧兩種不同的外交主張[11]，但英國已經表明中立的立場，俄國又表示聯俄之路需繞經巴黎[12]，奧國又不肯在德意志問題上讓步，也只有暫時觀望。

　　於此值得一提的是法國的對俄外交。由於巴黎會議中法國對俄的高度友好及親善的表示，俄國頗為感激，而且是時俄國外相葛恰可夫亦十分親法，後者在就任外相後就曾聲稱，他要找尋一個人，可以幫助俄國廢除巴黎條約中有關黑海中立化及比薩拉比亞移轉等條款。而這個人顯然就指向拿破崙三世。另方面，除法皇自己對俄國的爭取之外，其駐俄大使莫理（Morny）也極力主張強化法俄關係。莫理是財經帝國主義

（finance-imperialist）的先驅，由於他在1851年曾取得鐵路特許權的經驗，他認爲法國應該取代英國，成爲俄國最大的資金供應者[13]。莫理取了一位俄國公主爲妻，外交姿態極低，極力鼓吹法俄聯盟，雖然因爲各種實質上的困難沒有成功，但他在俄國貴族中極受歡迎，被視同俄國人，確實對法俄兩國關係的增進大有助益[14]。

在法俄都有心強化雙邊關係的情況下，1857年9月拿破崙三世曾與亞歷山大二世會晤於符騰堡，商討所有的歐洲問題，甚至連波蘭問題都討論到了，可見兩國關係之坦誠。此次會晤雖無結論，但有助於兩國之瞭解。

在拿破崙三世決定插手義大利問題之後，曾於1858年9月派拿破崙親王往華沙謁見亞歷山大二世，展開與俄國之間的外交談判，但因爲雙方條件始終談不攏，外交折衝進行了數月都無成效。1859年1月此事爲始終蒙在鼓裡的法國外相瓦雷夫斯基知悉後[15]，遂由其接手談判。亞歷山大二世極不喜歡具有「革命」色彩的義大利民族主義活動，也不認同薩丁尼亞的領土擴充訴求，但一則爲了報復奧國人在克里米亞戰爭中忘恩負義的行爲，二則爲了維持與拿破崙三世的友誼，三則期望法國助其修正巴黎條約中黑海中立化的條款，終於鬆口，雙方在1859年3月3日達成協議：法國承諾在未來支持俄國修改巴黎條約，並承諾將其軍事行動侷限於北義大利，換取俄國承諾在未來的法奧戰爭中採取善意中立，並駐軍加里西亞邊境，牽制奧國。不過亞歷山大二世拒絕牽制普魯士，並要求法國速戰速決。

雖然做了外交安排，但路易拿破崙對支持薩丁尼亞與奧國作戰，還是頗爲猶豫。爲什麼有此猶豫？除了與俄國的交涉結果令拿破崙不能完全安心外，還有其他考量。首先，拿破崙對他的義大利政策不太有信心，因爲當時他正困於內外輿論夾攻。對內而言，拿破崙曾言：「帝國的意義就是和平」，既然如此，怎可一再參戰（克里米亞戰爭才結束不久）？法國當時的輿論並不有利於再啓戰端。國際上，歐洲社會對拿破崙三世也疑心重重。1859年元旦在各國使節覲見法皇時，拿破崙曾對奧國大使說「朕很遺憾，法奧兩國的關係已不如以往友好」，此話引起各

方猜疑。同時，《拿破崙三世與義大利》一書的發行，更助長這種猜忌的擴散與升高，拿破崙三世深恐奧國會利用此一情勢在歐洲渲染反法情緒。

其次，在可能的薩奧衝突中，奧國的立場十分穩固：奧國在義大利的領土是根據條約所取得，而向奧國索討這些領土，不僅要撕毀條約，而且是破壞現狀的革命行為。從國際法或國際政治任何一個角度來看，都站不住腳。這是為什麼拿破崙三世在條約中特別寫明，要求薩丁尼亞提供一個「正當藉口」的原因。

再次，拿破崙三世牽掛如何才能將戰爭侷限於法、薩與奧國之間，避免他國，特別是普魯士及德意志地區其他國家的介入。如此，就一定要由奧國挑起戰爭才行。因為如果是由薩丁尼亞或法國挑起戰爭，則引用德意志邦聯條約，其他德意志邦聯國家就有對被侵略的邦聯成員國提供軍事援助的義務。而奧國只要維持現狀就好，為什麼要主動挑起戰爭呢？

最後，拿破崙三世並不願意法國在義大利統一問題中走得太遠，特別在外交上還有許多情勢有待釐清或確定之時。但義大利方面的情勢卻如脫韁之馬，無法約束。法薩條約簽訂後，薩丁尼亞就運用一切手段，企圖挑起衝突，以便拉法國下水，如加富爾大力擴充軍備，製造革命暴動，與匈牙利的反奧人士接觸，鼓勵加里波底的軍事冒險行動，薩王伊曼紐二世（Victor-Emmanuel II）[16]所發表的具有強烈煽惑性的演說等等，在在都在製造事端，觸發戰爭。而法國對是否參戰仍未下定決心，因此對事態發展不無憂心。

在上述憂慮下，拿破崙三世雖然於1859年1月與薩丁尼亞簽約，但旋即改變態度，3月5日宣布法薩同盟條約，純屬防衛性質。此一轉變顯然受俄國影響甚大。

由於俄國的態度保留，拿破崙三世對於軍事行動不免猶豫，決定還是透過外交途徑解決義大利問題，3月18日他示意俄國駐法大使，提議召開國際會議。因此，在1859年3月，義局的和平處理幾乎已成定局，薩丁尼亞的失望可想而知，但奧國卻於此時做了一個錯誤的決定，替加

富爾解決了困難。

　　彪爾並不認爲由俄國提議召開的國際會議，會對奧國給予支持，一則俄國對奧國在克里米亞戰爭時的表現餘怒未消，再則保守的俄國已經走上修正主義路線，向法國靠攏。另外，奧國的動員受限於經濟因素，不可能長期維持，義大利問題必須盡早解決[17]。至於奧皇，受到他的軍事將領們的慫惠[18]，一方面冀望軍事行動的勝利可以提高個人威望，解決內部問題；另方面錯誤的斷定戰爭爆發後，普魯士、德境各邦、甚至英國必爲其後盾。因此遂同意彪爾主張，草率的於1859年4月23日以一紙最後通牒交與杜林政府，限其在三日內解除武裝。加富爾正愁沒有戰爭的藉口，這一紙最後通牒無疑是喜從天降，助其脫困。三日後薩丁尼亞正式拒絕了奧國通牒，法國表示根據法薩1月26日之約，將履行同盟義務，戰爭因而無可避免。不過，法國在參戰時明言，其目的僅在解放奧國統治下的北義諸邦而已。

三、統一的過程

(一) 法薩與奧國之戰爭與結果

　　戰爭爆發後，奧國行動迂緩，使法軍得以從容抵達戰場。六月初及下旬，法薩聯軍有兩次大捷，一次是6月4日在瑪建達（Magenta），另一次爲6月24日，在蘇爾費里諾（Solferino），正在大家以爲法薩聯軍必然會乘勝追擊之際，拿破崙三世卻與法蘭西斯約塞夫在7月8日簽署了維拉法蘭卡（Villafranca）停火協議。不僅國際驚訝，薩丁尼亞亦有被出賣的感覺，加富爾爲表示抗議，於7月12日憤而辭職。

　　拿破崙三世何以在此時鳴金收兵？主要原因有二，一是義大利半島的局勢發展超出了法薩條約的規範之外，一是德意志諸邦的反應已經對法國構成威脅。

　　法國在介入戰爭時即確定了介入的程度，並以實現法薩條約的規定自限。可是加富爾在戰爭一起，即圖渾水摸魚，透過義境愛國組織「民族會社」（La Société Nationale），挑起義境各地的革命，以便於薩丁尼

亞能由蠶食而鯨吞，將義大利統一於薩丁尼亞旗幟之下。平心而論，加富爾與拿破崙三世在普隆比耶會談時，確實只想建立由阿爾卑斯山到亞得里亞海之北義王國而已，並無心存欺騙之意，而且加富爾也並不是狂熱的民族主義者，他的外交家色彩更甚於民族主義者色彩。但義大利境內的民族主義狂飆拖著他，使他身不由己，只能不斷調整自己。事實上，義大利局勢演變之快，也完全出乎他的預期[19]。當其時，托斯卡那大公國薩丁尼亞籍的首相彭崗巴尼（Boncampagni）迫使其大公對奧宣戰，並在大公離國出走之後，在翡冷翠成立臨時政府，要求薩王維克多伊曼紐出任其統治者，薩丁尼亞欲迎還拒，表示僅願為其保護國。不久，彭崗巴尼推出「民族會社」之成員里卡索利（Ricasoli）為政府首長，要求與薩丁尼亞合併。此一情勢讓拿破崙三世極為不滿，因為他原想安排其堂兄弟拿破崙親王出任托斯卡那大公[20]。不久帕爾瑪、摩德那以及教皇國之北部各省都受到波及[21]。拿破崙以為薩丁尼亞的做法走得太遠，如果薩丁尼亞推動將自身改造成為義大利王國，一定會衍生出法軍撤出羅馬，以及教皇國的存在問題，這將使他第一，很難面對法國的天主教勢力；第二，無法向亞歷山大二世有所交待，因為俄皇十分反對革命，拿破崙事先對他的承諾就是將行動侷限於義北。

在另方面，德境的情勢亦令拿破崙三世憂心，雖然俄國採取中立，並派軍到加里西亞邊境，但對普魯士只承諾施以外交壓力，不願施以軍事壓力。普魯士雖在5月22日由許勒尼茲（Schleinitz）向德意志議會各邦致意，聲言普魯士將不允被奧國拖累捲入戰爭，但拿破崙仍不能放心。因為德境內若干小邦已向德意志邦聯議會遊說給予奧國援助。另方面普魯士在6月份有了新的考慮與改變，認為法國的勝利會對普魯士構成威脅，因此在6月14日宣布動員。但普魯士向奧國提出的干預條件仍然是：須由普魯士擔任德境各邦軍隊的統帥，奧國當然拒絕。6月28日德意志邦聯議會亦下令各邦動員。這種轉變對法國構成強大壓力，法國的備戰準備並不充足，無力在兩個不同的戰場上同時作戰[22]。

1859年6月28日普魯士向俄英兩國建議，三國共同斡旋，為後二者所拒。但俄皇向拿破崙三世施壓，要求其儘速恢復和平，另方面，法國

國內工業界人士亦對拿破崙有同樣的要求。在內外壓力下，拿破崙三世遂決心縮短戰爭，他曾力邀英國擔任調人，但無結果，遂派佛勒里（Fleury）將軍直接與奧講和。由於法蘭西斯約塞夫既無法獲得普魯士無條件支助，亦害怕普魯士、俄國與英國提出不利於奧國的聯合斡旋，認為既然戰敗，不如與法國直接談判，還勝過到國際會議桌上去受辱，所以雙方一拍即合。

1859年7月8日維拉法蘭卡的草約中，雙方約定，薩丁尼亞取得倫巴底，但威尼西亞仍由奧國統轄，托斯卡那，帕爾瑪，摩德那及教皇國下之省份柔瑪涅亞，仍然恢復原狀，教皇將成為未來義大利邦聯的元首。這一協議顯然與法薩半年前的條約相去甚遠，拿破崙三世曾應允薩丁尼亞，要幫助其建立一個「由阿爾卑斯山至亞得里亞海」的北義大利王國，現在諾言只兌現了一半，他自然無法向薩要求報償。另方面，中部義大利各邦亦對拿破崙三世的決定極其不滿，仍要求併入薩丁尼亞。

1859年8月法薩奧三方全權代表在蘇黎士（Zurich）展開談判，11月10日終以維拉法蘭卡草約為基礎簽訂蘇黎世條約，恢復和平。

（二）杜林條約

不過革命的火花一經點燃，即很難將之澆熄，面對義大利人熱烈的民族統一要求，拿破崙三世又難以無動於衷。表現在外交上，即顯得笨拙失措、前後矛盾。從維拉法蘭卡回來後，路易拿破崙即表示（7月15日）法國將不會以武力協助被推翻的君主重回政壇[23]。1859年底，他被義大利的熱情感染，確信已經無法勉強教皇國北部的省份，重歸教皇統轄，要求庇護九世放棄大部分的領土，並表示教皇已無力統轄整個義大利。拿破崙三世躁進冒險的政策很難為其保守的外相瓦雷夫斯基所接受，1860年1月4日，親教庭的瓦雷夫斯基下台，換上親薩的杜弗奈（Thouvenel）擔任外相。教皇對此一轉變自然極端不滿。

在薩丁尼亞方面，辭職甫滿半年的加富爾，又於1860年1月20日重回政壇，事實上加富爾雖然離職，仍以在野之身鼓勵各地革命，現在他重返政壇，無疑將使得情勢發展更加快速。他上台後即表示，義大利中

北部各公國與薩丁尼亞的合併已勢在必行。拿破崙見事已如此，表示不反對薩丁尼亞之勢力擴及半島中部，但要求兌現尼斯及薩伏依的割讓，以爲報償。在分紅的前提下，加富爾及拿破崙三世於3月24日簽署杜林條約。以公民投票方式在帕爾瑪、摩德那、托斯卡那、柔瑪涅亞、尼斯以及薩伏依徵詢民意，以決定領土歸屬，結果一如預料，前四地歸併薩丁尼亞，後二地則劃歸法國。

法國取得薩伏依與尼斯兩地，對拿破崙三世及法國人民而言，自然相當鼓舞。但在國際上卻發生非常不良的影響。其一，分紅的行徑徹底破壞了法國及拿破崙三世民族主義鼓吹者、捍衛者的形象。其二，法國取得這兩小片土地，激化了英國對法國的疑慮：法國的好戰、領土野心、對1815年條約的背棄，證實了法國的威脅性。因此，對法國而言，得失很難算清。

（三）加里波底及加富爾在那不勒斯之會合

拿破崙三世想就此住手，自義大利的泥淖中抽身，但事情的發展不容其置身事外。當時半島上仍有三個國家，即北部的薩丁尼亞、中部的教皇國，以及南部的雙西西里。1860年5月5日，馬志尼派最偉大的實踐家加里波底，率領了一千多名的紅衫（Red Shirts）隊員，亦即有名的千人遠征隊，自熱內亞出發直指西西里而去。對主張共和且躁進的加里波底的行動，加富爾表面反對，卻暗中支持。其實，加富爾也沒有太多的選擇：這些激進的共和派人士，不僅對薩王的王位是個威脅，如果他們的目標鎖定羅馬與威尼西亞，也會給薩丁尼亞帶來難以預測的國際危機[24]。如此，不如禍水南引，聽任他們南下。

拿破崙此時遭遇到一個很尷尬的局面，即那不勒斯求國王法蘭西斯二世（Francis II），在1860年6月1日，請其出面斡旋。拿破崙三世原則上同意出面，但有二個條件，其一是要求法蘭西斯二世接受內部的改革，其二是須獲得英國之諒解，避免其誤會，因爲英國深恐法國之勢力擴及於半島南部，帕瑪斯頓爲此已經致意加富爾及拿破崙三世，要求彼等對南義不得有領土野心[25]。法蘭西斯二世接受法國之條件後，拿破崙

即向加富爾提出斡旋，並向其施壓，促其將千人遠征隊阻絕於麥西納（Messina）海峽，並建議英國與法國共同展示海艦，以阻止千人遠征隊自西西里登陸義大利半島，結果英國拒絕，法皇遂將調停失敗歸咎於英國。

8月間，紅衫隊跨海登陸。9月7日紅衫隊攻入那不勒斯，法蘭西斯二世逃亡蓋也達。

當加里波底登陸義大利半島之時，加富爾也決心採取行動以為反制，因為加富爾既擔心加里波底有進軍羅馬的企圖，引來外力干預；也擔心他自擁半壁江山，壞了義大利統一大計。加富爾為了薩丁尼亞的利益，決心與加里波底一較短長，他藉口教皇國內馬切斯（Marches）及溫布里亞（Umbria）二省有革命騷動，並發生阻止教皇軍隊的暴行，所以於此時出兵進入教皇國，繞過羅馬，擊敗教皇國軍隊之後，南下包圍蓋也達，與紅衫隊在那不勒斯會合。

當義大利半島情勢發展出乎各方預料，走向失控之時，法奧俄等國的反應引人關注。加富爾相當瞭解拿破崙三世對義大利統一運動的同情，所以在出兵南下時就先疏通法皇，希望法國能有所諒解，必要時並為其化解國際阻力。果然，1860年8月28日，加富爾的特使獲拿破崙同意，在此事上採取中立態度。所以當薩軍進入教皇國領土後，法國雖提抗議，並於9月11日將其使節自杜林召回，但這不過是演戲而已，雙方關係其實並未惡化。1860年10月25～27日，當奧皇法蘭西斯約塞夫與普魯士攝政王威廉赴華沙會晤亞歷山大二世，遊說後者對薩丁尼亞進行干預，並討論三皇同盟復甦等問題時，拿破崙三世更適時介入，以在近東問題上與俄合作的承諾，爭取到沙皇的支持，使後者拒絕了奧皇的提議[26]。

加富爾與加里波底在那不勒斯的會師並未引發衝突，這是由於加里波底的退讓。後者雖對共和體制極為熱中，以其實力也可以在南義實現理想，但其民族主義的傾向更為強烈，因此決定引退，將那不勒斯及西西里拱手讓與薩丁尼亞，完成義大利的統一大業。1861年2月，蓋也達失陷，3月1日維克多伊曼紐稱王於義大利。在此稍前，即1861年1月，

義大利選出代表全義之國會，此一國會於3月23日正式宣布建立義大利王國。雙西西里王國以及教皇國轄下之馬切斯、溫布里亞都已經由公民投票，以壓倒性的贊成票併入了薩丁尼亞[27]，但羅馬以及威尼斯仍不屬於薩，這兩地的併入還須等待機運與時間（參閱插圖三）。

四、義局發展的檢討

對西歐的英法兩國來說，英國之樂於見到義大利半島之統一，原因已如上述。他雖然沒有給予薩丁尼亞什麼實質的或外交上的援助，但他的中立仍發揮了相當鼓勵的作用。

至於法國，理智上說，維持一個多國並存的義大利半島，對法國比較有利。但是拿破崙三世是一個矛盾、好大喜功、欠缺遠見、受意識型態圈制的人，對於義大利的情勢發展，身不由己，常常讓情緒領導理智。拿破崙三世在薩丁尼亞帶領義大利半島走向統一的過程中，完全掉入自設的圈套而無法自拔。以「北義王國」的設計而論，拿破崙怎會看不出他「設計」的難以執行呢？他應該知道義大利人一向浪漫而又情緒化，當法薩與奧的戰爭一起，民族主義的熱情就會像瘟疫一樣四散，這種趨勢又那是拿破崙的「設計」可以阻擋的呢[28]？在整個過程中拿破崙唯一神智清明的時刻，是在維拉法蘭卡停火協議簽訂前後：他曾靈光乍現，看出這個危機，嘗試從自設的陷阱中跳出。但不旋踵，他又在杜林條約中再度沉陷下去。

拿破崙從杜林條約取得薩伏依與尼斯二地看似並不影響大局，但卻對他所重視的英法友好關係，投下巨大陰影：英國本來就不信任法國、反對法國，即便雙方聯盟在克里米亞戰爭中共同對俄作戰，也是如此。而法國兼併薩伏依與尼斯，更證實了英國對法的猜忌並非無的放矢。法國今天可以取薩伏依與尼斯，明天就可能染指比利時與盧森堡；今天是阿爾卑斯山，明天就可以是萊茵河[29]。從這以後，英國在國際事務上處處與法唱反調。

當然，拿破崙或許會覺得無辜，誠如他自己所說，他個人並無意於

插圖三　義大利半島的統一

自1860年的義大利

義大利統一戰爭

轉引、翻譯並修改自 Kinder and Hilgemann, The Anchor Atlas of World History, vol II , p. 72.

領土擴充，但拗不過民意。對他個人而言，他以歐洲公民自居，想的是歐洲各個民族的解放、自由，而不是法國的私利。因爲這些利他的想法與作爲，因爲他的理想主義，有學者認爲他是二十世紀威爾遜（Wilson）的先驅。也因爲在時間上他大幅超越了他同時代的人，所以無法爲人瞭解[30]。

不管人們如何解讀，拿破崙三世必然是其中之一：如果他不是自信、浪漫、矛盾、不切實際、瞻前不顧後的昏昧領導人，那就是太過高瞻遠矚、充滿理想、難以爲人瞭解的政治家。但實際上，拿破崙可能兼具了這兩種人格。他像是雙面夏娃，自己也弄不清哪一個才是眞我。做爲國家領航者，這樣的性格當然會將國家導入迷途。

顯然的，在義大利的統一過程中，法國扮演了一個非常重要的角色，拿破崙三世原始的動機僅在協助薩丁尼亞建立一個北義王國，在義大利建立一個由教皇領導的邦聯，並由此爲法國分得一杯羹，增加自身的聲望。但事情的發展，出乎他的估計，雖然他想中途罷手，但情勢已不允許，1859年秋天以後，他已被加富爾牽著鼻子走。

因此，促成義大利的統一縱非路易拿破崙的初衷，但義大利的統一路易拿破崙亦有其不容漠視的功勞。義境問題的發展，對法國實弊多於利，法國雖然在表面上獲得成功：如其對義大利之影響力增大，取得尼斯及薩伏依。但其實亦爲法國製造了後患：即一，尚待解決的羅馬教皇國與威尼西亞問題陰魂不散，使其後拿破崙三世的外交決策受其牽制，錯誤百出。其二，義大利革命成功鼓舞了德意志民族主義者，法國在義境嘗到的些許甜頭，無論如何無法彌補其在德境將食之苦果。

義局的發展，受損最大的自然是奧國，維拉法蘭卡的停火協議使奧國損失了倫巴底。但最令奧國難安的是他對於義大利局勢的演進完全失去了左右的力量。奧國在當時的歐洲找不到一個可共患難的朋友，英國與奧利害有部分相同，但其對義境問題只冷眼旁觀，並未介入。英國既不想支持奧國，與羅馬教皇亦談不上有何交情，而且爲了阻擋法國勢力在地中海坐大，英國樂於見到法國搬石頭砸自己的腳，協助義大利統一。所以英國認爲奧國最好能容忍其在義大利的損失。

另方面，奧國亦爭取不到保守陣營中俄國與普魯士的支持。其實在1860年夏天，神聖同盟可能復活的傳說甚囂塵上，如果奧普俄眞能推誠合作，未嘗不能阻止義大利的統一。事實上，1860年10月25日到27日，三國皇室偕同外相會晤於華沙，普奧兩國寄望於成立保守陣營聯軍，對抗義大利的革命，俄國則因與法國已有暗盤，努力推銷法國計畫：薩丁尼亞如侵犯威尼西亞，在普魯士與德境各國都採中立的條件下，法國也將採取中立；不論戰爭結果如何，薩丁尼亞都將保留倫巴底，法國都將保留薩伏依[31]。可想而知，這個計畫對普奧兩國來說，簡直不可思議，他們如果接受，回報又是甚麼？既然沒有回報，當然不能接受。他們也猜得到這個提議實際的受益者只有法俄，如此又何必爲人作嫁？華沙會議自然不歡而散。

實際上，在俄國與奧國間，克里米亞的舊傷尚未癒合，在華沙會談上，當亞歷山大與法蘭西斯約塞夫談及此事時，對昔日盟友竟忘恩負義，落井下石，仍覺悻悻然。再說，俄國志在解決近東問題，在此處，俄國不僅與英國之間有根深蒂固的權力衝突，與奧國的矛盾也至爲明顯。聯法、聯普對俄國最爲有利：法國可以牽制英國，普魯士可以牽制奧國，而普法又相互牽制。俄國曾數度示意普魯士：如想聯俄，一定得將法國拉入。只是普魯士攝政王威廉對法國戒心甚重，即便與拿破崙三世會晤，也是虛與委蛇[32]。

至於普魯士與奧國間在德意志地區的衝突更爲尖銳，如果奧國無意讓步，自然難以取得普魯士無條件的合作。奧國的災難於義大利揭開序幕，在60年代裡屢嘗苦果。

義大利民族運動的成功，是1815年領土安排上的一個巨大的變更，同時義大利的加入歐洲舞台，也使歐陸列強又增加了一個重要的對手。

第二節 路易拿破崙的外交政策及其檢討

姑且無論其成敗，十九世紀五十及六十年代的歐洲外交受拿破崙三世影響之大，有目共睹。由克里米亞戰爭到義大利的統一，由丹麥到巴

爾幹，甚至由歐洲到美洲，拿破崙都表現得非常積極。誠如上文中指出，拿破崙三世對民族主義的熱中，有時甚至於超過對法國領土的擴充[33]。除了義大利，他也在巴爾幹半島、波蘭、丹麥、德意志等地積極實現他的理想，但在這些地方政策的實踐拿破崙三世將付出可觀的代價：他在波蘭的政策，導至俄法兩國的疏遠，而他在丹麥的態度，也引起英國的不滿。

如果我們說俄國在1848年革命中的表現，造就了尼古拉一世的歐洲霸主地位，則從克里米亞戰爭後，拿破崙三世就取代尼古拉一世，成為新的歐洲霸主。但是拿破崙三世的風光時期並不長，從1863年開始，此一優勢即逐漸消失。其所以如此，追究起來原因自然很多。第一，拿破崙三世對民族主義的浪漫憧憬使他許多決策都受到扭曲，產生嚴重錯誤。第二，他對自己的解析與操控能力過度高估，以為情勢的發展可以由他操作，收放自如，其實他常身不由主被情勢帶著走。第三，從這個時候開始，他的健康已經一日不如一日，決策考慮因此有欠周詳；他有時甚至將朝政委由皇后及親信處理，又常常出爾反爾。第四，1862年俾斯麥[34]出任普魯士首相，在歐洲舞台上成為拿破崙三世強勁的外交對手。體力衰弱、頭腦不清的拿破崙，當然不是精力旺盛、謀略超人的俾斯麥的對手。

六十年代裡，歐洲各地的民族主義動亂不絕如縷，但歐洲一東一西兩個大國，即英國與俄國，參與的程度並不深。對英國而言，首先，在1861到1865年間，相當一部分注意力被美國的南北戰爭所吸引；再者，此一時期歐洲的動亂多在中歐，不是英國主要利益所在地區，雖然關切，但不會參與。而且，無論是義大利還是德意志的統一，對英國來說，對牽制英國的兩大對手，即法國與俄國，都有好處，英國樂觀其成。

對俄國而言，在克里米亞挫敗後，相當的注意力已轉向亞洲，對於歐洲中部的動亂，只有牽涉到俄國利益的波蘭與羅馬尼亞，俄國才真正關心。對於其他地區，如義大利、德意志的騷動，俄國因為著眼尋求機會，改變黑海中立化的限制，才有間接的參與。

　　拿破崙三世沉迷於民族主義，自詡為天主教的保護者，崇尚國際主
義，喜愛以國際會議的方式解決問題，自信具有靈活的外交手腕，可以
化解可能的衝突。他好大喜功，這可以從他不僅在近東巴爾幹地區十分
投入中看出，更可以從他在距離歐洲遙遠的亞洲及美洲地區廣泛插足中
得到印證。我們先從這些較為偏遠的地方談起，同時也探討一下這個時
期歐洲強權的殖民拓殖，再回頭來看拿破崙三世歐洲政策的失誤。

一、法國的巴爾幹及近東政策

（一）巴爾幹半島方面

　　巴爾幹半島上，土耳其的斯拉夫臣民與土耳其政府的關係，並不因
獲得巴黎條約的保障而舒緩。一方面固然是土耳其無心確實履行巴黎條
約的承諾，給予東正教徒公平的待遇，另方面巴爾幹地區的民族主義高
漲，也讓土耳其的統治者不能安心，放手讓其自治。按照巴黎條約規
定，摩達維亞及瓦拉齊亞仍應維持與土耳其間的宗主關係，但在內政上
可以自治。可是當時在這兩個公國內，民族主義情緒高漲，大多數人不
僅要求自治，還要求將兩個公國合併，雖然合併的要求與巴黎條約規定
並不相符[35]。而土耳其方面，既反對兩公國合併，對給予自治也心有未
甘。在這個問題上，土耳其的立場得到奧國及英國的支持。

　　奧國之所以支持土耳其，乃是不願意見到兩個公國內的民族運動，
影響到其轄下的特蘭西凡尼亞，因為此地也有不少的羅馬尼亞人。至於
英國，則一直主張維持土耳其之領土完整。因此土、奧、英三國在1857
年6月秘密商得協議，決定阻止多瑙河二公國統一。在三國的操縱下，
二個公國新選出的臨時議會，一致反對二個公國合併。這個選舉結果顯
然不符事實。

　　由於1856年巴黎條約將多瑙河二公國由俄國的保護轉變為國際保
護，所以使法國得以插手推動此地的民族運動。熱中民族主義的拿破崙
三世對上述發展極為不滿，強烈抗議該一選舉之公正性，並威脅如不重
新舉行選舉，將與土耳其斷交。拿破崙三世之主張獲得俄國、普魯士及

薩丁尼亞等國之支持，因之土耳其雖有英國做後盾，仍然軟化了態度
[36]。1857年9月28日，經由新選舉所產生的二公國國會，一致贊成合併。
拿破崙三世遂先後與英女王及俄國沙皇諮商，獲得二者同意，於1858年
8月在巴黎召開國際會議，討論此一問題。會中決定，二公國可以有共
同的議會，但仍須分立[37]。事情似乎就此告一段落，二公國的合併還差
一步。

　　不過法國另有辦法完成它的意願：拿破崙三世透過法國駐在二公國
的領事，向各該國議會建議：可以推選同一人出任二公國的國君。於
是，二公國之國會分別於1859年1月及2月選出同一人，即來自摩達維亞
的亞歷山大庫薩（Alexander Cuza, 1820-1873）[38]親王為其君主。後者由
摩達維亞入主羅馬尼亞後，成為亞歷山大一世。為了回應民意，他在
1861年徵得土耳其的同意，將兩公國的行政機構與議會合併，宣布羅馬
尼亞建國。對於此一既成事實，除了接受，歐洲其他國家亦無可奈何。

　　俄國原本支持法國政策，但是後來卻改變態度，這是因為二公國的
合併對俄國會產生負面影響，一是俄國想收回南部比薩拉比亞將更不容
易，二來此地民族主義的成功難免對波蘭有所影響，三來這個新國家的
自由主義色彩與親法的立場，對俄國本身也有威脅[39]。庫薩的上台自然
得歸功拿破崙三世的妙計支持，但由於法國並未公然違反巴黎協議，英
國等也無計可施。其後亞歷山大一世因為支持農民，進行政治經濟改
革，觸怒城市中的中產階級，為1866年2月發生的革命所推翻。拿破崙
三世又支持荷漢佐崙王室的旁支，即薩克森‧科堡的成員卡爾（Karl）
出任羅馬尼亞之新君。卡爾一世（1866-1914）在1866年的公民投票中
獲得支持，5月赴羅就任。不過這一次，拿破崙三世壓錯了寶，卡爾一
世出身普魯士地區的王室，因此政策上親普，在其後的普奧戰爭中立場
親普不說，他的弟弟雷奧保德也是引起普法戰爭的關鍵人物[40]。看來這
是一次錯誤的投資。

　　除了羅馬尼亞，巴爾幹半島上的塞爾維亞與蒙地尼格羅
（Montenegro）兩地民族主義色彩濃厚的反土活動也十分積極，塞爾維
亞在1856年巴黎條約中取得自治的地位，蒙地尼格羅則不管土耳其的反

應，堅持主張獨立。土耳其在這兩地都駐紮有衛戍部隊，雙方時有衝突。對於這兩地的民族主義運動，拿破崙三世都不吝支持。

塞爾維亞為一農業國家，自拿破崙戰爭以來，該地的領導權就一直在卡拉喬治維奇（Karageorgevitch）[41]與奧布里諾維奇（Obrenovitch）[42]兩大家族中輪替。1859年當親奧國的卡拉喬治維奇家族的亞歷山大（Alexender Karageorgevitch）被推翻，當地議會擁戴二十年前被推翻的奧布里諾維奇家族的米羅奇（Miloch Obrenovitch, 1780-1860）重登王位時，因為其親法俄的立場，法俄兩國登曾給予其堅定的支持。次年米羅奇逝世，法國復支持其子麥可（Michael）上台。1867年拿破崙三世支持塞爾維亞將該地執行衛戍的土耳其軍逐出，並贊助麥可的巴爾幹聯盟計畫[43]。

在蒙地尼格羅方面，拿破崙三世的態度亦復如此。1850年代中期，土耳其政府與蒙地尼格羅屢生衝突，法國不僅支持丹尼羅（Danilo）親王的獨立訴求，而且支持其向土耳其爭取出海口安地伐利（Antivari）港。在1858年二者的衝突中，拿破崙三世甚至派朱利安（Jurien de la Gravière）海軍上將去斡旋。1862年衝突再起時，法國亦支持蒙地尼格羅與土耳其簽定史庫塔里公約（Convention de Scutari），為其爭得安地伐利港[44]。

（二）近東及東地中海

拿破崙三世對巴爾幹半島各地的民族運動，支持不遺餘力，但對土耳其轄下近東其他地區的態度就不是那麼一致。他雖然仍支持民族主義訴求，但也希望土耳其能維持其政權，進行多方面改革，使其境內不同宗教信仰的人民和睦平等相處。在這個地區，法國與英俄兩國的關係比較微妙，合作與對抗似乎同時並存。法國雖然與俄國關係不惡，但不樂見俄國勢力南下，這點倒與英國的觀點一致。不過儘管如此，英國對拿破崙三世的許多作為仍充滿疑慮，常常制肘。事實上，拿破崙三世的巴爾幹與近東政策，常常是順了姑意，拂了嫂意。譬如說，他在巴爾幹半島所推行的政策，與俄國利益相符，俄國當然贊成，但卻令土耳其、英

國、奧國極爲不滿。另方面，在近東的政策可能又剛好相反：英奧尙感
滿意，俄國卻覺疑慮。特別是爲了解決義大利問題，拿破崙三世曾數度
承諾俄國，幫助其解除黑海中立化的約束，但實際上卻始終沒有行動，
久之，難免讓俄國由失望而生疑。

在促使土耳其進行改革的政策上，法國與英國有相當程度的合作。
它們的壓力，終於使得阿布杜爾阿濟茲（Abdul Aziz, 1830-1876）蘇丹
在1864年頒布維拉耶茲（Vilayets）法規，從事各項行政革新。在土耳
其從事各種改革的同時，外國勢力亦因之逐漸滲入、諸如財經、文化
等，法國在土耳其的影響因而日益擴大[45]。

在希臘及克里特島的問題上，拿破崙三世拋棄了他民族主義的立
場，與土耳其及英國站在一邊。希臘人自獨立以來，一直不滿他們的版
圖，希望自土耳其取得更多的領土。克里米亞戰爭爆發之後，希臘國王
奧圖即處心積慮的想參加對土戰爭，以便戰後能自土耳其取得若干領土
報償，但其參戰之議爲英法所拒。奧圖國王雖然也精勵圖治，但由於無
法取得外援，擴充疆土，不能滿足希臘人的願望，終於在1862年被推
翻。1863年7月列強在倫敦簽約，選擇丹麥國王克利斯蒂安的次子出任
希臘新王，是爲喬治一世（George I），英國不希望進一步削弱土耳其，
只得同意將英國轄下的愛俄尼亞群島給予希臘，以增加新王的聲望，法
與英俄成爲希臘新王室的共同保護者[46]。1866年克里特島上的希臘人民
發生叛變，要求脫離土耳其歸併希臘，法國在此問題上除要求蘇丹作一
些有利於克里特島的改革外，並未支持克里特人民的要求[47]。

但在其他地區，拿破崙三世的政策不僅引起英國的懷疑，甚至引起
兩國間的衝突。以黎巴嫩爲例，1860年8月黎巴嫩境內發生了回教涂魯
斯（Druse）教友，屠殺基督教馬隆尼茲（Maronites）派教友事件，法
國當時以宗教保護者以及歐洲委任者的身份，派遣艦隊前往貝魯特，迫
使土耳其蘇丹在1861年6月9日頒布法規，任命了一個基督徒的總督，並
接受在當地議會的組成上不同的宗教都應有其代表[48]。法國之介入黎
局，英國十分反感，有學者甚至誇張的說，英國反對的激烈，好像屠殺
罪行是法國人犯下的一樣[49]，所以法國在秩序恢復後即自黎巴嫩退出。

另外值得一提的是埃及。自從三十年代英法兩國在埃及展開鬥爭以來，兩國在此一地區之衝突綿延到二十世紀初年才劃下休止符。拿破崙三世秉承法國傳統，十分重視此地。1854年後塞伊德帕廈（Said Pacha）在埃及執政，法國與埃及的關係更為密切。自十九世紀以來，法國人即有意開鑿蘇伊士運河，先是阿里恐懼外國勢力滲入，予以拒絕。塞伊德上台後看法較開明，不久即同意法人戴勒色普（de Lesseps）的開鑿計畫。後者因此根據埃及法令，成立了蘇伊士運河公司，將股票在歐洲公開發行，大多數股份為法國人購得，少部分為英國人所購得。當時拿破崙三世因為不願意引起英國疑慮，並未賦予太多關注，但英國的帕瑪斯頓恐懼運河一旦為法國操控，對英國東方利益構成威脅，所以不斷向土耳其蘇丹施壓攔阻，後者在無法抗拒之下，終於下令埃及停止運河工程，塞伊德只得遵從，運河工程在1859年正式停工[50]。

由於運河股權大部分為法人所有，停工造成損失甚鉅，在民意壓力下，法皇派遣外相杜弗奈，前往君士坦丁堡對蘇丹遊說施壓，蘇丹不得不又改變態度，同意運河復工。1863年伊思邁爾（lsmail, 1830-1895）繼塞伊德之後擔任埃及總督，與運河公司因土地財產等問題發生爭執，拿破崙三世親自介入仲裁方得解決。後來英國知道攔阻無效，遂改變態度，尋求法國保證，不以運河為擴張政治利益的根據。1869年夏天，運河終於竣工，由拿破崙三世之皇后尤琴妮（Eugenie）揭幕啟用[51]。

拿破崙三世對東地中海的經營，同時使其在1868年與土耳其之另一屬地突尼西亞（Tunisia）締約，取得對突之財經監督之權。拿破崙曾有意掌控整個地中海，不過並無進一步之行動。

二、插足亞洲與美洲事物

在這段時期中，拿破崙三世對亞洲及美洲事務也很有興趣。法國與英國在亞洲的立場較一致，在美洲則不無利益衝突。此一時期的英國，大部分時間由帕瑪斯頓主政，對擴張英國的海外利益極為熱中。至於俄國，因為受阻於巴爾幹及黑海海峽，被迫轉向，對於向亞洲擴張興致極

高。在亞洲方面，參與逐鹿的後起之秀美國，也令人刮目相看。美國在亞洲的態度因地區而不同，在日本是咄咄逼人，帶頭叩關；在中國則追隨英法，利益均霑。但不論態度如何，美國的帝國主義心態與歐洲國家並無不同。

（一）亞洲地區

鴉片戰爭之後，英、法、美、俄諸國都積極拓展對華貿易，而中國閉關自守的積習尚不能除，因此和列強之間衝突頻起。1854年清廷與英、法、美諸國所簽通商章程業已到期，各國要求修約，清廷不允，1856年恰好發生廣州亞羅船事件，遂提供英法等國介入的藉口。1857年7月，帕瑪斯頓派厄爾金（Elgin）率艦東來，11月拿破崙三世亦派葛荷（Gros）率艦而至，與兩廣總督葉名琛交涉，不果，攻陷廣州。1858年4月，英、法、美、俄等國使節抵天津，要求與清廷直接交涉，清廷拒絕，聯軍遂陷大沽口，6月中國被迫與四國簽天津條約。但事後清廷認為該約對中國過於不利，拒絕批准，結果招致1860年英法聯軍佔領北京，火焚圓明園。清廷只好再簽北京條約，約中規定：開放十一個通商口埠，外人取得至漢口的長江內河航行權，並可以在中國內陸旅行，給予領事裁判權，允許在北京設使館，自由傳教，在外人監督下設海關，允許鴉片輸入。至此，中國門戶大開。美俄引英法為例，亦與清廷簽定內容相同之條約，俄國並藉機迫使清廷同意以黑龍江、烏蘇里江與俄為界，清庭因此損失了四十萬零九百一十三平方英里領土。其時清廷正困於太平天國之亂，其從條約中自西方各國獲得的唯一好處，大約就是後者終於承諾放棄支持太平軍，使清廷得以苟延五十年江山[52]。

在同一時期，英法亦向東南亞一帶發展，英國將其勢力由印度擴至緬甸，打開暹邏的大門。法國則向印度支那半島發展，於1862年進佔交趾支那，並於1863年取得對柬埔寨之保護權，展開了對印度支那的經營。

在東北亞方面，美俄兩國競相向日拓展，1854年美國以武力打開日本大門，訂定神奈川條約，法、英、俄亦援例與日訂約，日本的仇外情

緒導致1863年的驅逐外人，此舉又遭致英國砲轟鹿兒島，以及法美艦隊的介入，日本乃於1864年批准租借地，從此改變態度，門戶大開，展開明治維新。

（二）美洲地區：墨西哥戰爭

十九世紀六十年代開始時，北美洲發生兩件大事，引起歐洲國家關注。一件是1861年爆發，持續四年之久的美國內戰；另一件則是墨西哥的財政問題。歐洲國家對美國內戰所持的態度關乎戰爭結果，而美國內戰也影響了歐洲國家對墨西哥的態度。

對於美國勢力的擴張，事實上英國較法國更為留意，早在1845年的美墨之戰後，英美兩國即為開鑿巴拿馬運河發生衝突，不過兩國都儘量克制，1850年兩國簽定克萊頓·巴爾維（Clayton-Bulwer）[53]條約，達成妥協。

對於1861年的美國內戰，英法兩國都對南方政府有所同情[54]。南北戰爭爆發後不久，英國就在1861年5月13日承認南方政府為交戰團體，帕瑪斯頓甚至有意對北方政府宣戰，但未獲議會同意。至於法國方面，對南方政府也十分支持，1862年4月拿破崙三世甚至對南方政府代表斯立德（Slidell）暗示，只有英國才有強大的艦隊可以支持法國，言下之意，如果英國承認南方政府，法國也會跟進。拿破崙三世曾於1862年10月建議國際斡旋，由於英國的猶豫，俄國的拒絕[55]，當南軍攻佔北軍首都時，英法並未能把握機會，及時調停，法國後來在1863年1月單獨提出調停，結果為林肯（Lincoln）所拒，視其為一不友好之行動。

在墨西哥方面，自獨立以來，內政一直不穩，對外又有1845年的美墨之戰，戰敗失地對國家經濟也有很大影響。1860年服膺自由主義的朱亞瑞斯（Juarez）取得政權，由於財政困難，在1861年6月拒絕償還前任政府之外債，並沒收許多外國公司，因此引起英、法、西等國考慮以武力索債。墨西哥問題爆發時，美國正陷於內戰，無暇他顧，這使得歐洲國家的介入少了許多顧慮。1861年10月英法西三國簽訂倫敦條約，決定對墨西哥採取軍事示威。法西兩國除了經濟的原因外，其干預尚帶有濃

厚的政治色彩。西班牙方面希望重建對前殖民地的影響力，派王室子弟赴墨國為君。法國方面拿破崙三世本身對美洲事務頗有興趣，在墨西哥建立一個親法的政府也可以提高其在國內外的威望。剛好墨西哥流亡人士也四處尋求奧援，希望扶植墨國本身王室上台，其中如艾斯特拉達（Estrada）及希達哥（Hidalgo）曾向法后尤琴妮積極遊說與求援[56]。

英、法、西三國為索債派人前往墨西哥與朱亞瑞斯會商，但三國代表彼此間並不融洽。1862年2月19日，西籍將領普利姆（Prim）與朱亞瑞斯簽定拉索雷達（la Soledad）條約，給予墨西哥政府事實承認，並展開商業談判。英、西兩國接受了此一條約，但法國卻予拒絕，決心單獨行動。

拿破崙三世何以有此決定？原因甚多，其一是為了滿足國內天主教友的要求，補償拿破崙在義大利的損失；其二是期待使墨西哥成為法國的勢力範圍，並在此開鑿一條溝通兩洋的運河；其三則是遏阻美國勢力的發展，在其南方建立一個天主教的拉丁國家。這些構想早在1846年拿破崙還在阿姆獄中時即已浮現[57]。更有進者，如果法國能在墨西哥穩固立足，法國的工業家與銀行家還希望拿破崙三世推而廣之，擴張到其他南美國家，形成一個「拉丁帝國」[58]。

法國在英西兩國退縮之後，還敢單獨介入，當然是因為美國陷入內戰，無法反制，對法國而言是個大好機會。1863年6月法軍終於佔領墨西哥城，拿破崙三世決定將墨西哥的王冠贈予奧皇法蘭西斯約塞夫之弟麥西米倫（Maximilien）大公，以向奧示好，圖謀換取奧國放棄威尼西亞，滿足義大利的要求，了卻拿破崙的心願。1864年2月10日，麥西米倫與法簽約，後者保證提供麥西米倫財政及軍事援助，換取墨西哥若干經濟特惠。6月12日麥西米倫入主墨西哥。

分析起來，拿破崙三世介入墨西哥當然是個錯誤。第一，奧皇根本反對其弟接受此一王冠，當然不會因此放棄威尼西亞。第二，麥西米倫既不聰明、也不靈巧：他支持墨西哥的自由份子，但與任何一方都無真正的諒解；財政困難日深，游擊戰日熾；他需要靠法軍的支持維持權力，卻又與法軍將領巴塞芮（Bazaine）相處不佳。第三，法國介入墨西

哥可說是對門羅主義的公然挑釁，美國當然不滿，所以內戰一旦結束，美國即於1865年10月要求法國撤軍，並拒絕承認墨國政府[59]。

拿破崙三世自忖無力單獨對抗美國，決定退讓。1866年初，法國通知麥西米倫，法國即將撤軍，勸麥氏遜位，後者不從，其皇后夏綠蒂赴法力阻法國撤軍，但回天乏術。法軍在1867年3月撤出，麥西米倫在6月為墨西哥反對者所捕，處死。

持平而論，拿破崙三世對墨西哥的介入並非必要。對法國而言，墨西哥距離遙遠，法國鞭長莫及；其緊鄰美國雖然陷入內戰，但戰爭結束，無論哪一方勝利，基於地緣關係，美國絕不會聽任法國勢力在此延伸擴張；英、西兩國見好就收不是沒有理由。介入墨西哥的失敗給予拿破崙本人及法國的打擊十分嚴重。而麥西米倫之死，對拿破崙來說，終究是「我雖不殺伯仁，伯仁卻因我而死」，難免愧疚。

三、歐洲民族主義的考驗

在六十年代初期以前，拿破崙三世在歐洲方面的外交雖然不無缺失，大致上還稱順利。但其在若干歐洲熱點，諸如：羅馬、波蘭及丹麥等問題的處理上，因為政策偏差，遭遇到不少困擾，並且為法國留下嚴重後患。

(一) 羅馬問題

義大利雖然在1861年3月宣布建國，但統一的歷程並未完成，是時義大利的輿情一致要求兼併羅馬，以其為義大利的新都，拿破崙三世對此一情形並非無知，但他自覺對教皇庇護九世有相當義務，也不願公然拂逆法國天主教民意，而且法軍尚駐留羅馬，所以立場很困難[60]。加富爾在1861年10月去世前，曾直接與教皇談判，謀求解決，但沒有結果。拿破崙三世在1862年1月向教廷表示：應接受事實，順應義大利的愛國情緒；5月31日又以四點計畫照會教廷[61]，勸其順勢，但教廷並無意屈服，教皇並於6月9日重申其世俗統治權不容染指。

1862年8月，加里波底率紅衫隊企圖進攻羅馬，結果於8月29日為義

大利軍隊阻於阿斯波孟德（Aspromonte）。義大利以此爲據點，希望與
法國直接談判羅馬法軍的撤出問題。拿破崙三世此時對羅馬教皇尚未完
全絕望，無意馬上對義讓步，因此親義的外長杜弗奈下台，由保守而親
教廷的涂昂德呂接替，繼續與教皇溝通。其後，由於教皇對於拿破崙三
世要求其內部自由化的主張置之不理，又不願與義妥協，在失望之餘，
1863年5月法皇終於接受與義談判：法國同意自羅馬撤軍，交換條件爲
義大利同意放棄以羅馬爲首都，自偏遠的杜林遷都到翡冷翠。1864年9
月法義條約正式簽署，法國應允於兩年內自羅馬撤出[62]。

　　拿破崙三世以爲，此一條約可以暫時平息義大利人對羅馬的狂熱要
求；但義大利政府卻認爲這是邁向建都羅馬的一個階梯。更有進者，此
一條約使法國陷入兩面不討好的地位：教皇對法國此舉不滿不在話下，
因而於1864年12月發表反對現代自由主義的文獻，實即反法；而義大利
人對法國的政策亦極爲反感，認爲法國爲善不終。爲了彌補義大利沒有
取得羅馬之損失，拿破崙三世只得想方設法，幫助其自奧國取得威尼西
亞，這大大的影響了法國在中歐，甚至墨西哥的政策取向。

（二）波蘭動亂

　　波蘭在1830年革命失敗之後，受到個性嚴厲的尼古拉一世的專斷統
治，十分痛苦，1855年3月，尼古拉一世去世，新沙皇亞歷山大二世遠
較其父爲開明。1860年後波蘭動亂又起之時，亞歷山大二世尚與拿破崙
三世有相當坦誠的討論，後者並建議沙皇在此採取開明自由的政策。
1863年1月，由激進青年學生策動，訴求獨立的叛亂在華沙爆發。法國
國內的親波人士，如拿破崙親王，即強力主張聲援華沙叛亂份子，而拿
破崙三世則由於想維持與俄國的友誼，顯得十分猶豫[63]。但普魯士的行
動刺激了法國，使拿破崙的猶豫一掃而空。

　　事件爆發前不久，即在1862年9月23日，俾斯麥從駐法大使任上被
威廉一世（William I, 1797-1888）[64]召回，任命爲首相。威廉一世屬保
守派，1848年的革命中曾力主鎮壓。1858年10月因其兄心神喪失，擔任
攝政，1861年1月繼承王位。繼位後因推行保守主義與軍國主義的政

策，與國內自由派人士衝突，灰心之餘，打算退位。後經建議起用俾斯麥，終於得展抱負。

爲了爭取俄國在德意志問題上支持普魯士，俾斯麥決定在波蘭問題上先討好俄國。除此之外，還有其他原因促成此一外交出擊。其一，由於波蘭的革命者訴求重建以瓜分前疆界爲準的獨立波蘭，如果俄屬波蘭動亂擴大，普屬波蘭難免受到波及，俾斯麥更害怕葛恰可夫會支持自由波蘭政策，甚至自波撤軍。其二，與俄交好，可以弱化俄法關係，有利於普魯士[65]。因此，他派遣阿凡索班（Alvensleben）赴聖彼得堡，與俄國外相葛恰可夫會談，向俄表示：普魯士願意切斷波蘭軍隊退路，不讓其假道普魯士，假如必要，普魯士甚至可以軍事介入波蘭援助俄國，沙皇頗爲感激，與普在1863年2月8日訂約。但另方面，也有不少俄國人，如亞歷山大二世的哥哥，康士坦丁（也是波蘭的副國王），甚至外相葛恰可夫，都對於俾斯麥的「好意」相當不以爲然，認爲俾斯麥此舉實另有圖謀，而且此舉反而會引起國際關注。事實上也確實如此。蓋事件初起時，英國由於距離遙遠，波蘭非其核心利益所在之地，法國由於想維持與俄國的友誼，奧國由於奧屬波蘭的關係，對於俄國所採取的干預行動都佯作不見，俄國也視其爲國內事務處理，有相當的自由度。一旦普魯士表達關心，就會將問題國際化，引起國際關切，甚至干預。從後續的發展看來，此一考慮確實有其見地[66]。

俄普此一條約，使法國誤認爲波蘭事件已經國際化，遂不顧其駐俄大使蒙德貝勒公爵（duc de Montebelle）的勸告，決心尋求國際解決之道。2月17日法國外相涂昂德呂向普強烈抗議，並邀英奧共同向普抗議。俾斯麥雖然一心想爭取俄國，但並不想在法國樹敵，因此，在法國的強大壓力下，俾斯麥決定將阿凡索班所定條約中的軍事條款廢除。其後法國傾全力爭取奧國，圖藉波蘭事件更改1815年的疆界，法后尤琴妮亦參與活動，與奧國駐法大使梅特涅有過密談。法國向奧提議結盟，希望奧國支持波蘭統一，並允承由奧國皇室大公出任波蘭國王，奧國放棄威尼西亞以滿足義大利之統一要求，但可在巴爾幹半島另謀補償。因爲此一提議十分大膽，牽涉過廣，奧國不敢接受[67]。

另方面拿破崙三世雖向英國建議對普施壓，但英國覺得其搞錯方向，如果施壓，應指向聖彼得堡。不過英奧兩國各有想法與立場，有鑑於拿破崙三世兼併薩伏依與尼斯之事實，英國強烈懷疑法國之向普抗議，不過在為取得萊茵河左岸找藉口。奧國因為有奧屬波蘭可能被波及的考慮，對俄國所為實在不宜置評，當然更不會支持拿破崙三世所標榜的民族主義。由於英奧兩國與法國的政策並不同調，兩國並不願以共同照會方式向俄施壓。因此，1863年4月10日，法英奧分別照會俄國，法國的照會強調民族主義原則，建議以舉行歐洲會議方式解決波蘭問題；英國強調1815年條約基礎，要求給予波蘭自治；奧國則僅僅表示對人道主義的關切。訴求重點不同的三個照會，凸顯了英法奧立場的差異，當然對俄國起不了太大的警示作用，俄國因而未予理會。6月17日三強草擬了一個六點計畫，要求俄國在波蘭停火，允許波蘭成立自治國，但此一構想旋即為葛恰可夫所堅拒，因為是時俄國人已完全控制了波蘭的動亂。拿破崙三世向英奧表示，應繼續向沙皇施以強大壓力，但英奧皆無意再予呼應[68]。

這其間，俾斯麥曾嘗試拉攏奧俄，離間法俄，促成神聖同盟下俄普奧聯合陣線的復活。俄國與奧國亦覺得此議甚佳[69]，但此一構想的落實困難重重，三國共有的波蘭屬地問題雖不失為一個黏著劑，但黏性顯然尚不夠強。與奧國聯合的障礙在：第一涉及普奧兩國在德意志的領導權之爭，非常難以化解；第二涉及如果普魯士指望奧國協同在萊茵河左岸抗法，奧國自然要求普魯士承諾在威尼西亞抗法。對普魯士來說，除非俄國同意加入此一陣線，而且奧國同意將德意志地區的軍事領導權讓與普魯士，否則普魯士絕不會答應。至於俄國，參與此一聯合的前提是，普奧兩國能支持其在海峽與巴爾幹的利益。此一要求顯非在巴爾幹地區並無利益涉及的普魯士所願承擔，更非在此地區本來就與俄有利益競爭的奧國所能答應。如果要允承，就必須有所交換，那就是：俄國必須放棄與法國的友誼，承諾在萊茵河與威尼西亞兩地共同抗法。但這個代價又未免太高：俄國為了在上述地區抗英，非常需要法國的合作，豈能輕言放棄？於是，所有的外交活動又回到原點。

　　11月5日拿破崙三世再度呼籲召開國際會議，討論歐洲所有有爭議的問題，以相互裁軍，和平調整歐洲疆界為目的。拿破崙三世並在呼籲中宣稱，1815年的條約已經不再存在，歐洲需要在各國君主與人民的共同利益上，重新創立一個新的秩序。拿破崙三世的談話令各方都覺得「太過份」。不僅俄國不能接受，英奧也極力反對：奧國怕提威尼西亞的問題，英國則視1815年的條約為歐洲基本大法，不容更改[70]。拿破崙三世集體干預的計畫失敗，單獨干預又缺乏勇氣，波蘭的叛亂，在西歐的援助落空之後，遂為俄所撲滅。

　　拿破崙三世對波蘭叛亂所採取的立場，深深激怒了亞歷山大二世，沙皇認為波蘭為其內政問題，法國不應過問。因為波蘭事件，法俄自1856年來所維持的友好諒解就此式微，這可說是拿破崙三世在歐洲，繼義大利與羅馬問題之後，外交上的另一失策。與此同時，亞歷山大三世覺得普魯士一路走來，對俄國始終如一，無論是克里米亞，還是波蘭，普魯士都展現了它對俄國的善意，俄國應該加強與普魯士的關係，對俄國來說，普魯士應該是俄國西疆最好的屏障。

（三）丹麥問題

　　丹麥為了其南方兩個公國，即什勒斯維格及霍爾斯坦，與德意志邦聯之間的戰爭，雖然已在1850年7月與普魯士停戰，但直到1852年5月倫敦會議中方全盤解決。倫敦條約中各方都同意兩公國仍歸丹麥管轄（但並非兼併），在腓特烈七世去世後，由其表妹夫，即葛魯克斯堡的克利斯蒂安（Christian of Glücksburg）繼承。此約對丹麥較為有利，因為根據霍爾斯坦的王位繼承法，該公國應由奧古斯坦堡的腓特烈公爵（duc Frederick of Augustenburg）繼承。這一條約普奧兩國亦都已接受，但德意志邦聯卻拒絕承認，因而成為紛爭的來源。

　　1863年3月30日丹麥頒布新的法令，允許霍爾斯坦自治，什勒斯維格則併入丹麥，此一作法與1852年倫敦條約的精神不符，德意志邦聯民意十分反對，因此邦聯議會在10月1日通過決議，與該二邦成立邦聯。1863年11月15日腓特烈七世去世，邦聯議會隨即承認奧古斯坦堡的腓特

烈公爵爲該二公國之正統君主。

　　值得注意的是普魯士並未支持此一決議，俾斯麥僅宣稱關切少數德
人的權益，不容其被抹殺；並強調條約義務，指出丹麥不得違背其在倫
敦條約的承諾。奧國亦採取了同樣的態度。俾斯麥爲何與德意志邦聯議
會不同調？探究起來意味深長。事實上，俾斯麥從普魯士利益出發，私
心想將這二個公國兼併[71]，但當時的環境，無論國內國際都反對，不允
許他這麼做。因此，他的政策必須迂迴前進。首先，普魯士必須站穩國
際法的立場。既然倫敦條約規定由克利斯蒂安繼承兩公國的王位，則邦
聯議會的決議有違條約就難以立足。因此不如根據條約，要求丹麥讓二
公國自治，名正言順[72]。其二，俾斯麥根本不在乎什麼民族感情，他重
視的是如何擴充普魯士的版圖，與邦聯議會分道揚鑣，以後才有行動自
由。俾斯麥很清楚，要取得丹南這兩個公國，不可能避免一戰。要成
功，一要靠實力，二要靠外交布署。實力上，如單單針對丹麥，普魯士
綽綽有餘。不談別的，光是人口，普魯士就有一千六百萬人，丹麥只有
二百五十萬，而其中三分之一還是德意志人，對丹麥毫無向心力。外交
上，則就沒有那麼樂觀，英國視丹麥爲其勢力範圍，反對將其削弱。但
英國除非在大陸上找到合夥人，無法單獨介入。奧國也不會同意普魯士
兼併這兩個公國，壯大普之實力，但這個阻力可以階段性的解決，第一
步是先拉奧國下水，共同行動。俄國可能也不會支持，但立場可以鬆
動。至於法國，因其皇帝對民族主義的同情，可以運作。由此可知，俾
斯麥對情勢的評估十分中肯，像梅特涅一樣長於精算。

　　至於奧國之所以參與表態，不過顯示其不自外於德意志人所關心的
問題，同時不能讓普魯士獨領風騷。其實奧國立場十分困難。首先，對
德意志境內高漲的民族主義，奧國不能不有所呼應，但民族主義對奧國
是兩面刃。其次，奧國一向與邦聯內的成員合作對抗普魯士，但這一次
卻必須與普魯士合作對抗邦聯內的國家，因爲就法理而言，它不能支持
邦聯讓這兩個公國獨立，加入邦聯的立場。再次，奧國明知俾斯麥在丹
南兩公國問題上別有所圖，但卻不能不與他同行，要如何不落入普魯士
的陷阱，相當不容易。所以，在普奧兩國議盟過程中，奧國外相雷赫貝

格（Rechberg）一直想將俾斯麥套住，將兩公國的未來地位說清楚，載入盟約。

雷赫貝格在1859年奧國在義北戰敗後，取代彪爾擔任外相，深知德意志問題終將引發奧普兩國衝突。像所有的奧國外相一樣，他也是梅特涅政策的追隨者，只是奧國現在的實力比梅特涅時代更弱，普魯士的野心卻比當時更強。在梅特涅的政策中，德意志地區的權力平衡與歐洲權力平衡同樣重要，必須努力維護；但在俾斯麥看來，情勢已經今非昔比，再說，即使改變了德意志的現狀，也不會影響歐洲的權力平衡。俾斯麥的見解也許不少歐洲大國，如英法都會認同，這可以從日後英法兩國的德意志政策得到印證。但是奧國的政治家卻不這麼想，說得最透徹、最有先見之明的是史瓦甄堡，他曾預言，普魯士領導的德意志今天如何對待奧國，有一天可能以同樣的態度對付歐洲[73]。證諸於一次世界大戰與二次世界大戰，他的預言果然不幸成真。

由於對普魯士的不信任，又深知奧國實力有限，雷赫貝格向俾斯麥提議，聯盟條約應清楚規定，除非普奧兩國一致同意，不能改變倫敦條約所保障的丹麥這兩個公國的地位。但俾斯麥滑得像泥鰍，從訂約前到訂約後始終推三阻四，終於未能將此提議寫入條約，此一立場變成只是兩國的口頭諒解，一旦普魯士推翻前議，奧國其實莫可奈何。這就成為普奧兩國以後在丹麥二公國問題上爭執的根源[74]。

在上述情況下，1864年1月16日，普奧兩國簽約成立聯盟，隨即揮軍進入什勒斯維格。對丹麥與德意志邦聯及普奧間的危機，列強的態度為何？

如上文所指出，英國視丹麥所臨的波羅的海為其勢力範圍，恐懼德意志的勢力進入此二公國，在基爾（Kiel）開通運河，溝通波羅的海與北海，所以在1863年12月31日，帕瑪斯頓建議召開倫敦條約的締約國會議，謀求解決。另方面，英國暗示丹麥尋求外援，1864年1月12日丹麥要求非德意志國家的集體斡旋，其實主要指法國。緊隨著，1月21日，英國建議法皇武力干預。

英國為何要求法國介入？原因是英國對於歐洲大陸的策略一直是

「以夷制夷」：即以奧普牽制法國，以法國牽制俄國，再以法俄牽制普奧，所以以海權立國的英國無須保持強大的陸軍。本來英國能夠提供介入歐陸的軍隊就相當有限，而海軍此時又因美國內戰，必須保持警戒，難以放手在波羅的海一搏，所以解決二公國問題必須要找幫手。由於波蘭事件俾斯麥因應得宜，俄國在投桃報李的考量下，似乎無意介入牽制普奧，因此英國只能把希望寄託在法國身上。

法國態度如何？當然是拒絕介入。

拿破崙三世之所以拒絕介入，原因有二：一，他對於英國最近在波蘭問題上所採取的不合作態度，尤其是率爾拒絕召開國際會議一事十分不滿，決心以牙還牙[75]。二，拿破崙對於民族主義的偏好與同情，使他對於德意志民族運動無法反對[76]。事實上，當時拿破崙對歐陸各地的民族運動，諸如斯堪的那維亞半島以及德境內的民族統一運動都十分同情。1861年他曾與瑞典國王談論過此一問題，1862年6月亦曾與當時還任普魯士駐法大使的俾斯麥，在楓丹白露（Fontainebleau）宮討論過此一問題。而在二個民族統一運動中，拿破崙顯然更重視後者。除了對民族運動的同情外，他私心還想幫助普魯士統一德意志北部，以便迫使奧國將威尼西亞交還義大利，解決法國在義大利的尷尬處境[77]。更有進者，如果普魯士兼併了這兩個公國，那豈不也是加速1815年維也納體制進一步的撕裂嗎？因此他在1863年12月知會新的普魯士駐法大使馮德哥茲（Von der Goltz），表示法願與普合作。

由於英法的不能同心，普奧遂取得行動自由，1864年2月1日，普奧聯軍進入什勒斯維格及霍爾斯坦，並攫取杜貝爾（Duppel）。英國再度提議召開國際會議，英國的提議最後終於為各方接受，交戰的雙方於5月9日被迫停火。各方又集合於倫敦，其中包括德意志邦聯議會的代表，也是薩克森的內務大臣的柏伊斯特[78]。但倫敦會議中各方對於該二公國的歸屬，意見紛紜。由於戰爭，普奧宣稱不再受1852年倫敦條約之約束，奧國提議將二公國歸屬於奧古斯坦堡的腓特烈公爵，普魯士雖私心想兼併此二公國，但在表面上卻不能不跟隨奧國的提議。拿破崙三世提議在什勒斯維格舉行公民投票，以決定未來的國界，但各方皆不接

受，俄皇亞歷山大二世認為公民投票無異革命，贊同的話，後患無窮。
英國則希望維持丹麥在該二公國之權利，不願其等被普兼併。丹麥則指
望由於各方意見不一，問題無法解決，屆時可以與德意志邦聯談判解
決，或在戰場上解決。會議因之於6月25日不歡而散。結果一個月後丹
麥被普奧聯軍擊敗，1864年10月30日的維也納和平條約，丹麥終於同意
將二公國給予奧普（參閱插圖四）。

拿破崙三世對丹麥問題的處理，檢討起來確實大錯特錯，他不僅大
大激怒了英國，使英法諒解隨之化為烏有。他對德意志統一運動盲目的
同情，更使其日後深受其害。六十年代中期以後，法國其實在歐洲已不
再有盟友，奧國與它的舊怨固不在話下，普魯士也不過在利用它，與俄
英的相繼交惡，使日後法國在面臨困難時，孤立無依。

第三節　德意志的統一

一、俾斯麥與普魯士

上文提到在德意志邦聯境內，1848年的自由主義與民族主義的革命
都沒有成功，單就民族主義的統一運動來談，其所以失敗，是由於奧普
兩國的利益衝突造成。不過德意志的統一運動並未因此而停頓，由普魯
士領導的德境關稅聯盟，至少在經濟上已為統一大業奠下相當基礎，奧
國一度企圖參與，但為普所阻。1859到1861年義大利民族整合運動的成
功，深深的鼓舞了德境民族主義者，特別是普魯士的士氣。普魯士之於
德意志，一如薩丁尼亞之於義大利，是居於領導的地位，不同的是，普
魯士在德境的領導地位並非獨佔，自四十年代末期以來，以迄普奧戰
爭，普奧兩國在德意志境內展開了白熱化的領導權之爭，因此普魯士如
想要領導德境統一，第一個要除去的障礙便是奧國。

另方面，1848年的革命失敗後，普魯士的「實力派」開始抬頭，認
為德意志的統一除靠實力外，別無它途。同時威廉在1858年起，因其兄

插圖四　丹麥戰爭與普奧戰爭

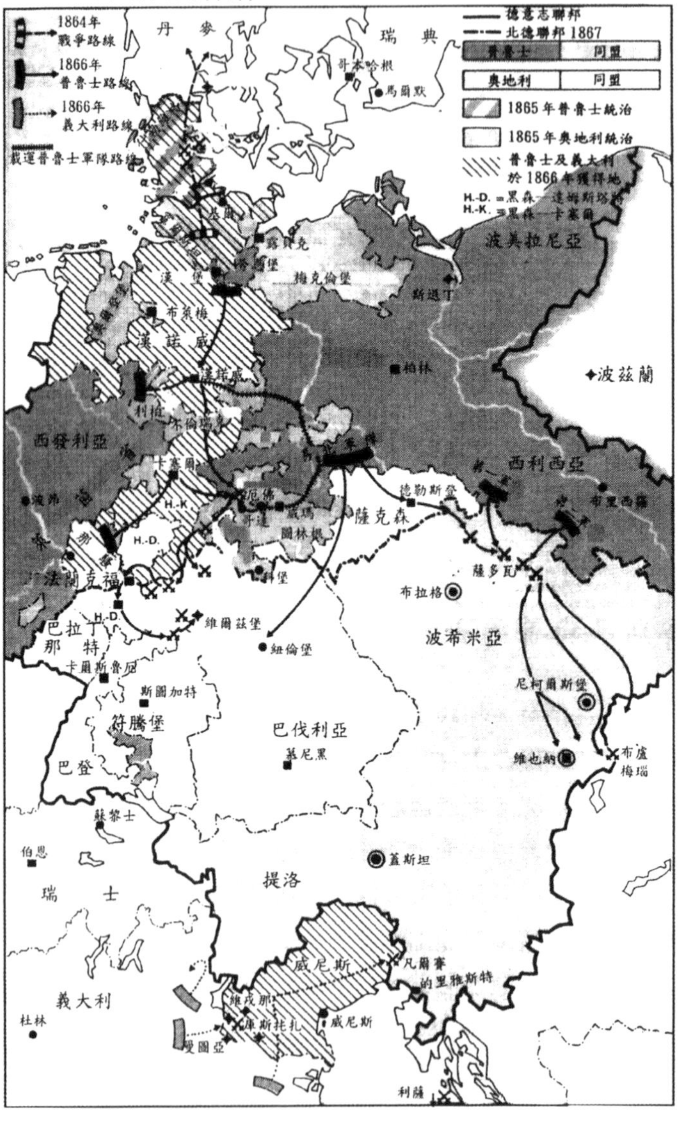

轉印、翻譯並修改自 The Anchor Atlas of World History. vol Ⅱ . p. 74.

腓特烈威廉四世心神喪失而攝政，威廉出身軍旅，對整軍經武饒有興趣。1861年其兄去世，他正式即位，為威廉一世。他起用柔恩（Von Roon）為戰爭部長，毛奇（Von Moltke）為參謀長，積極擴充軍備，並實施徵兵制。不過威廉一世的擴軍計畫受到1861年新選出自由份子佔多數的議會的強力杯葛。1862年雖將國會解散改選，仍無法改變議會中自由份子強大的反對，威廉一世一度心灰意冷，打算退位，但為其屬下所阻。後來，普王採用柔恩建議，將俾斯麥自巴黎召回組閣，以求突破。

俾斯麥於1851年崛起政壇，出任法蘭克福邦聯議會普魯士之代表，他一向反對自由主義與議會政治，在1848年的革命中，曾組織農民往柏林抗暴。他曾任駐俄（1859～1861年）及駐法（1862年）大使，對當時的外交情勢，及俄法兩國元首之性格頗有所悉。他有強烈的使命感，意志堅強，知道自己未來的方向[79]。1862年9月回普出任首相後，鐵腕治國。無論內政或外交，他都強調「實力」，是現實政治的服膺者。對於法律，無論是國內的憲法，或國際上的國際法（條約），對他都不具絕對的拘束力。只要衡量實力許可，他不在乎撕毀法律。他主張德意志的統一「不是靠演講及多數決」，而是靠「鐵與血」，因而被世人冠以鐵血宰相之名。俾斯麥上台後亦未能取得國會合作，但他深知國會的自由份子，雖會放言高論，但不會行動，遂置國會之反對於不顧，自行增稅擴軍，而國會確實也對他無可奈何。

俾斯麥是一個強烈的愛國主義者，但並不一定是民族主義者。他對德境統一運動的支持，動機只在擴張普魯士的國力版圖，對於奧國的日耳曼色彩並不重視[80]。由於在法蘭克福邦聯會議的經驗，使他對奧國瞭解甚深。他出任首相後，致力於普魯士勢力之擴充，期以普魯士領導實現小日耳曼計畫。對奧國則採取兩面外交：由於奧國在德境的傳統地位，俾斯麥認為如果奧國願以平等地位與普魯士談判，普魯士並不急於將奧國自德意志排出；如果奧國執意不願與普魯士分享領導權，則普魯士並不懼與奧國在戰場上決一勝負。

俾斯麥是現實主義的政治外交家，他雖然是不折不扣的保守份子，但那是他在內政上的立場，在外交上，他並不受此一意識型態的約束

[81]。他並不迷信保守國家間的友誼與聯合。他重視與俄國的友誼，那是因為在中歐的霸權之爭中，俄國的支持無可或缺，這是他得自於1848年革命的親身經驗。他並不排斥奧國，前提是奧國要讓出，或至少願意分享在德意志的領導權。他對法國也有懷疑與戒心，但覺得法國可以交好，可以利用。分析起來，他的外交基本立場與他的幾位前任，如曼德弗、拉多維茲、柏恩斯多夫，都有部分交集[82]，但在外交手腕與操作上則有很大的差別。

俾斯麥的外交經驗使其瞭解，對普魯士之領導德境統一運動，法皇似乎頗為支持。這一則是由於拿破崙對於民族主義的偏好，另則是由於法奧在義大利的矛盾。因此，如果普魯士給予法國一些虛幻的承諾，法國贊助普魯士的政策必無問題。在對法政策上，俾斯麥與他的前任柏恩斯多夫雖然一樣都對法國不信任，但不同的是，俾斯麥對拿破崙三世瞭如指掌，因此他並不懼怕法國，反而相信可以利用法國完成他的計畫。俄國則須大力爭取，因之波蘭亂事爆發後，俾斯麥即刻向俄示好，主動與俄締約，提供援助，令沙皇不勝感激，奠定了外交孤立奧國的基礎。

二、普奧衝突

從1848年以來，普奧在德意志境內的領導權之爭持續不斷，只是時弛時張。就奧國而言，他在德意志、義大利、巴爾幹都有利益要維護，確實備多力分。如果能排列優先順序，有所選擇與放棄，對奧國利益而言，未必不好。因此普魯士長久以來都想在外交上說服奧國：放棄德意志的領導地位，或至少同意與普魯士分享，以換取普魯士支持奧國在義大利的利益。但都未獲奧皇首肯。

對奧國來說，雖然其國力一直在式微中，但仍想維持在歐洲的大國地位。奧國在德意志、義大利等地區的地位是維也納協議所保障，維持維也納體制有利於奧國，所以成為奧國外交長久追求的目標。自1859年奧國在對薩丁尼亞的戰爭中失敗，失去倫巴底，導致彪爾下台以後，接任的雷赫貝格、其後的曼斯多夫（Mensdorff）等外相，仍然勉力維持此

一路線[83]。但維也納體制在法、普、義等國的政策衝撞後已經搖晃將傾，英俄對於影響此一體制存廢的奧普在德意志的爭議又袖手不管，在此情況下，奧國如要繼續維持此一體制就得靠強大的國力，與普一較短長。但不幸的是，與普相較，無論從政治、軍事、經濟任何一角度來看，奧國都居於下風。此時奧國仍不願面對現實，有所妥協，仍想以法、理、情爲據與普力爭，顯然並不明智。奧國天眞的想法是：除非在戰場上失利，不得已非得做一些讓步，那有在外交談判桌上將如此鉅大的利益拱手讓出的道理？因此，無論是與法薩戰前，或是普奧戰前，奧國立場都難以妥協[84]。

就普魯士來說，他不像奧國有許多國外利益要維護，可選擇，他的利益所在之地就是德意志地區，無可讓渡。但對於與奧國的關係，保守的普魯士政治人物，甚至威廉一世，都十分重視。因此，如何與奧國爭鋒而又不破裂，就成爲外交上難解的習題。對於拿破崙三世領導下的法國，普魯士的保守政治人士更是雙重的不信任。第一，拿破崙這個名字就是革命的表徵，會把現存歐洲秩序顚覆；第二，拿破崙三世的擴張野心牽涉到德意志地區，如萊茵河左岸，絕非德意志人所可接受。但俾斯麥的看法卻大不相同。俾斯麥以爲，與奧國的友誼固然值得珍惜，但如果與普魯士的利益抵觸，雖衝突也在所不惜。法國雖然不能信任，但只要與普魯士的利益相符，也未嘗不能論交。更有進者，只要有利於普魯士，1815年建構的歐洲秩序又有什麼不能推翻的理由？在保守的普魯士政界人士看來，這種論調顯然離經叛道，但在現實主義的俾斯麥看來，當然天經地義[85]。加上當時威廉一世已經上了年紀，對俾斯麥相當依賴，雖然未必完全同意俾斯麥的看法，但最後都拗不過他，只得被帶著走。在此一態勢下，普奧衝突其實很難避免。

就像1848～1851年間的普奧衝突一樣，六十年代中期兩國間的爭議也都圍繞在三個問題上打轉，那就是：德意志邦聯改組問題、德境關稅聯盟擴大問題、丹麥問題。

（一）德意志邦聯改組與關稅聯盟續約問題

　　在1863年春，丹麥問題爆發之後，普奧兩國在德境的勢力之爭也趨向白熱化。1863年夏天，當普魯士內閣與國會為軍事費用激烈爭辯，俾斯麥的內政外交政策被大事抨擊之時，奧皇法蘭西斯約塞夫在8月16日於法蘭克福召開德境各邦君主大會，討論邦聯改革草案，內容為：成立五人執政團，邦聯法院，由各邦議會選出三百人的邦聯議會。奧國希望此案能獲通過，則只要獲得邦聯議會三分之二的多數支持，奧國即能動員德境軍力，不必普魯士之同意。如此，一旦奧國捲入對外戰爭，即可自然而然取得德境各邦之支持[86]。該草案獲與會各國君主支持通過。

　　威廉一世基於德境各國君主間之情誼，本來想出席法蘭克福大會，但卻為俾斯麥所力阻。俾斯麥拒絕接受上述邦聯改革草案，提出三點相對要求，除非這三點要求獲得滿意答覆，普王不會赴會。這三點要求是：一、邦聯會議宣戰時，各邦皆有否決權。二、奧普地位平等。三、邦聯議會經由普選選出。如果接受這三點建議，奧國原先的構想就完全破功，所以奧國之不能同意勢所必然。由於普魯士的反對，德境各邦君主也不敢開罪普王的情況下，使得奧國所提邦聯改革方案於付諸執行時，遭到各邦反對，沒有結果[87]。

　　除了政治上德境邦聯的改組問題之外，奧國外相雷赫貝格承繼前財相布魯克的構想，一直致力於推動中歐關稅聯盟。1862年3月，法普曾簽商約，互予最惠國地位。此約引起南德各邦工商界保護主義者不滿，加以1853年續約的德境關稅聯盟條約將於1865年屆滿，又將面臨續約問題，所以奧國趁機致力加強其與符騰堡及巴伐利亞等國之經濟關係，希望透過他們的支持，將德境關稅聯盟擴大，讓奧國參加，落實中歐關稅聯盟的構想。上述南德各國因為也希望藉助奧國平衡普魯士的龐大影響，並想在這二大國之間形成第三勢力，也有意配合。但此計並未成功，一則因各國與普魯士經濟關係密切，普魯士威脅，如果各國支持奧國入關，則普不惜解散關稅聯盟，對各國形成壓力；二則因居於關鍵地位的黑思‧卡塞爾承受不了普魯士的巨大壓力，已同意無條件續約。最後，各國不得不向普靠攏，於1864年10月同意，不提奧國入關，在普法

商約的基礎上，續定關稅聯盟新約[88]。

對普魯士的政、經攻勢都失敗後，雷赫貝格認為奧國應改變政策，與普修好，爭取時間重組奧國，可是普魯士方面並無意平息爭執，更何況丹麥二公國問題的處理又迫在眉睫。

（二）丹麥二公國的地位問題

1864年2月1日普奧雙雙介入丹南二公國，目標雖同，動機則異。俾斯麥企圖以對外用兵，轉移國內的府會之爭，並攫取二公國，佔領基爾，以為開鑿北海到波羅的海運河之基地。奧國的介入則只在表示對德意志人問題的關切。上文指出，普奧1864年1月16日所定的同盟條約，並未明言這兩個公國未來的歸屬，所以在大敗丹麥之後，普奧兩國對上述二公國的處理，馬上起了爭執。奧國支持什勒斯維格及霍爾斯坦在奧古斯坦堡公爵的領導下，加入德境邦聯，成為邦聯的一員，該意見並獲邦聯會議以多數決通過。普魯士則希望兼併二邦，否認邦聯會議對此事有過問之權。此時雷赫貝格有一項錯誤的決策，就是同意俾斯麥將邦聯議會排除於與丹麥的和議之外，並將兩公國的主權暫時讓與普奧兩國。這一決策開啓了普奧兩國以後相關的爭議，並使奧國陷於不利的地位。

是時由於俾斯麥尚不能確知如果普奧衝突爆發，法義反應為何，所以有意先與奧國安協。1864年8月，俾斯麥伴隨威廉一世前往維也納，於香布朗宮（Schonbrunn）會晤奧皇法蘭西斯約塞夫及其外相雷赫貝格，普魯士希望奧國允諾將丹南二公國讓渡與普，奧國則提議以軍事援奧處理義境問題，以及支持奧國加入德意志關稅聯盟為交換條件。奧國所提兩個條件，尤其是前一個顯非俾斯麥所願接受，雖然在口頭上伴予同意，但一旦雷赫貝格嘗試將其形諸於文字，俾斯麥就開始躲閃。結果普魯士以奧國要求加入德境關稅聯盟非其所能答應拒絕[89]，雙方只同意未來在邦聯事務上相互合作[90]。

從丹麥問題在1863年引爆以來，可以看出，普魯士與奧國在丹麥二公國的立場上並不一致，但奧國仍然處處配合，寄望於俾斯麥的善意，顯然自欺欺人。1864年10月，雷赫貝格之助理畢吉勒班（Biegeleben）

向奧皇建議：如不能與普達成具體協議，則應捨棄普魯士與法國交好[91]。奧皇似乎仍然舉棋不定，所以仍然採取了雷赫貝格的「中道」作法，那就是：不跟任何國家結盟，儘量與英俄修好，改善與法國之關係。不過，即便畢吉勒班的想法靈活，但其建議也並不容易實現。蓋法奧關係能否改善的關鍵在義大利，而義大利尚待解決的問題有二，就是羅馬與威尼西亞。關於羅馬，拿破崙三世雖然已經在同年9月與義大利簽訂羅馬撤軍協議，但說服教皇的問題並未解決。至於威尼西亞，除非奧國打算在這個問題上對法讓步，與法改善關係的建議恐怕不易落實。

10月27日，雷赫貝格以在對普魯士的政治經濟政策都完全失敗而被撤換，由曼斯多夫取代其職。曼斯多夫出身軍旅，並無政治經驗，政策實際上一部分受艾斯特哈齊（Esterhazy）操縱，後者實際上為法國軍官，偽稱伯爵，此時服務於奧國軍中，為極端保守主義者[92]；另方面也受畢吉勒班的影響。在此二人的左右下，曼斯多夫的政策又趨向聯合德境中等國家。奧國態度轉趨強硬，唆使巴伐利亞在邦聯議會中提出要求，建議普奧將二公國主權移交與奧古斯坦堡公爵，結果此一建議於1865年4月以九票對六票通過。奧國又與奧古斯坦堡公爵頻頻接觸，鼓勵其訴求[93]。所以當普魯士於1865年逕自將在但澤的海軍基地遷往基爾之時，雙方劍拔弩張，戰雲密佈。不過因為俾斯麥自覺第一，為應付新的戰爭，必須有時間廣籌財源[94]；第二，外交部署尚未完成，不能確定一旦普奧衝突爆發，法國與義大利的立場為何，所以仍然決定妥協。奧國方面，雖然軍人出身的曼斯多夫傾向以戰爭解決問題，但一則奧國財政上幾近破產，又有匈牙利的憲政危機亟待處理，二則奧皇仍然主張中間路線，不希望在普魯士與德意志邦聯間做一清楚抉擇。因此，奧國也改變態度，傾向妥協。1865年8月14日，普奧雙方簽署蓋斯坦（Gastein）條約，約定暫時由普魯士接管什勒斯維格及基爾，奧國則佔領霍爾斯坦，二地主權最後歸屬容後再議。奧國也許想事緩則圓，豈知擱置主權爭議終必使俾斯麥找到更便宜的藉口，作為日後干預的依據。至於俾斯麥簽署此約，除了爭取時間，另一用意在陷奧國於不義，以破壞親奧古斯坦堡公爵的德境各邦對奧國之印象。對兩方而言，顯然這都是一個過

渡協議，雙方都在爭取時間，爲戰爭作萬全準備。

（三）俾斯麥的外交步署

條約既簽，訟爭暫息，俾斯麥開始外交步署，目標首先指向法國。拿破崙三世的民族主義熱情，促使其對蓋斯坦條約大張撻伐，認其「損傷了權利、民族主義原則、以及人民意願」[95]，俾斯麥對法國的反應深爲感動，向法國駐普代辦表示願與法締盟。1865年10月他親赴比亞里茲（Biarritz）與法皇會晤，在這次會談中，雙方雖然談到了北德、威尼西亞、比利時、盧森堡等問題，但雙方都未進一步表態。從晤談中俾斯麥清楚看出，法皇並不反對普魯士兼併霍爾斯坦，同時對普深具好感。另方面他亦看出法皇對擴張法國領土，以及解決威尼西亞問題的興趣。俾斯麥的判斷沒有錯，對於前者，他曾向法皇表示：普魯士不反對法國向說法語的地區擴充[96]。至於威尼西亞，拿破崙三世一直想以威尼西亞來補償義大利在羅馬的讓步。拿破崙認爲，威尼西亞的問題一日不得解決，他就一日不得安寧。他曾說，如果在他去世前還不能讓義大利取得威尼西亞，他兒子的王位就像安置在火山口[97]。於此，俾斯麥自信可以以模糊的承諾，滿足法皇的私心。因此我們可以說，普奧戰爭的深層原因固然是德意志地區的領導權之爭，但引信卻是威尼西亞。

雖然在比亞里茲，俾斯麥沒有爭取到法皇有關締盟或中立的正式承諾，但可以確定的是：雙方對奧國的態度都深具敵意。雙方所以都有所保留，對拿破崙而言，是因爲他相信普奧衝突一起，兩強相爭，必定曠日廢時，渾水摸魚的可能性不僅多，而且所獲也可能更豐盛，不說死，也許對法國更有利。至於俾斯麥，他是何等聰明，哪裡看不出法皇的盤算？但俾斯麥的盤算是：普奧戰爭一定要速戰速決，不能給法國要脅的機會。不過，由於法皇坦白的表態，俾斯麥知道一旦戰事爆發，他可以很容易的以某種不切實際的領土承諾，換取法國的支持。因此，在俾斯麥看來，比亞里茲會議雖未達成協議，但瞭解了法皇意向，也不是空手而回。

回到威尼西亞問題。1865年秋，義大利貴族馬拉沽齊（Malaguzzi）

曾遊說奧國，將威尼西亞賣給義大利，並提議支付五億法朗，奧國再向德意志地區尋求領土補償。俾斯麥聞訊聲稱：「啊，多愚蠢呀！一場戰爭也不過花三億法朗就夠了」[98]。當然，俾斯麥決不願見此一買賣成交。至於奧國，皇室認為這簡直是對奧國的侮辱，但奧國財相普蘭訥（Plener）則認為鑑於奧國財政窘困，其實不妨考慮[99]。義奧協商持續到1866年2月，並無進展。此時剛好羅馬尼亞國王亞歷山大因改革政策遭到反彈，被推翻，義大利政府遂想到遊說奧國，捨威尼西亞，取羅馬尼亞。義大利駐法大使尼格拉向拿破崙透露此議時，法皇以為，除非向奧國加施壓力，奧國不會就範，所以建議義大利與普魯士接觸[100]。

當義大利首相馬爾莫拉（Marmora）打算與普協商時，剛好俾斯麥的下一步棋也指向義大利。1866年2月28日，普魯士在內閣會議討論中，參謀總長毛奇即表示，如果與奧國的戰爭不能免，則在開戰前即應造成奧國雙線作戰之情勢，以掌握勝算。因之俾斯麥和義大利代表葛逢芮（Gavone）於3月中在柏林展開談判，但由於彼此猜忌，會談曠時廢日。義大利害怕普魯士會和法國在1859年7月一樣背盟棄約，普魯士則害怕如果奧國答應義大利，給予威尼西亞，義大利可能陣前倒戈。若非法皇在此及時介入向雙方保證[101]，普義條約恐不能成。1866年4月8日普義所簽之同盟條約，有效期間不過三個月，由此可知雙方合作之勉強。

其間拿破崙三世當然也想到對法國的補償問題。其實拿破崙在過去幾年中都未曾回應俾斯麥此方面的試探，似乎顯示他確實只關注民族主義，比較不熱中法國自身的領土擴充。但法國的民意並非如此，特別是他周遭的狂熱份子，如皇后尤琴妮、外相涂昂德呂、好友也是前駐英大使的裴希尼（Persigny）、拿破崙親王等人，都主張應趁此機會向普魯士索取領土補償，所以使他不能迴避。不過，基於避免歐洲輿論反彈，拿破崙三世不願向普明確表態，反而希望由普明確提出。以俾斯麥的精明，當然樂得裝糊塗。後來雖然經過中間人，一個匈牙利籍的移民尼可拉斯季斯（Nikolaus Kiss de Nemesker）提出要求：即在普義皆有所得後，法國希望取得位於萊茵河與莫塞爾河（Mosel）間，分屬於普魯士、巴伐利亞、黑思三角地帶的土地。但此議為俾斯麥所拒，後者透過

中人提議可以同意法國取得比利時、盧森堡、以及萊茵地區的邊界地帶
[102]。但法普兩國始終未就補償問題在戰爭前達成協議。

此時奧國亦見到雙線作戰的危機，向法國示好，4月底奧國駐法大
使梅特涅在巴黎向法表示：如能阻止普義合作，促成義大利在普奧衝突
中中立，奧國願意將威尼西亞讓與法國，再由其轉交義大利，奧國則向
普魯士取西利西亞（Silesia）以為補償[103]。面對此一建議，法皇處境困
難。他的朋友裴希尼，外相涂昂德呂，歷史學家蒂耶等，都呼籲不應支
持普魯士領導統一德意志，應維護1815年所建構的歐洲秩序及權力平
衡。而法國的民意並不在乎威尼西亞的歸屬，只重視在萊茵左岸建立緩
衝國，並納入法國保護之下。總之，保守派政治家及民意都認為法國的
利益與普魯士有衝突，贊成與奧國維持良好關係。在此壓力下，法皇不
得已將奧國提議轉告義政府，但為後者所拒。義大利之所以拒絕，真正
的原因是想在彰顯民族主義的前提下，在威尼西亞舉行公民投票，再收
回此地[104]。但此議對奧國而言，顯然是傷口抹鹽，那有可能接受？從拒
絕的原因看來，當時義大利的政治人物顯然沒有甚麼政治智慧。

法皇曾於5月8日取得英、俄同意之後，向普奧提議召開國際會議以
解決問題，包括丹麥南部二公國之歸屬、德意志邦聯之改組、威尼西亞
之歸屬等問題，奧國率直拒絕，俾斯麥為了不願讓法皇面子難堪勉強同
意。但因奧國拒絕而未果。奧國的拒絕顯然並不理智。

雖然沒有爭取到義大利的中立，但法奧卻於1866年6月12日簽署密
約，基於奧國所提的條件，法承諾於戰時採取中立，奧可自由改組德意
志邦聯，法則保留磋商權利，或可在萊茵河建緩衝國。法奧秘約對於保
守的奧國來說，可是外交路線上的一大變革，奧國一直拘泥於梅特涅體
制，但國際情勢已經改變，奧國無法永遠依附著過去。現在終於醒悟，
如果梅特涅建構的權力平衡體系已經無法維持，奧國非得打破陳規，與
不同意識型態的國家論交，接受政治疆界的調整，在其中尋求維護奧國
的利益[105]。只可惜奧國對於現實政治的領悟太晚，遠遠落後於俾斯麥，
現在起步，似已時不我予。

拿破崙自以為他的兩面外交十分高明，即無論哪方獲勝，法國皆可

取得威尼西亞，交與義大利。拿破崙這種過分的為義大利著想，實在荒謬。同時，拿破崙三世雖然對普奧衝突貌似中立，實則傾向於普。對拿破崙三世此種心態，蒂耶在1866年5月4日曾提出警告，謂普魯士如果領導德意志地區統一成功，將對法構成威脅[106]。但法皇深為蒂耶之言所激怒，反唇相譏，說這是抱著1815年條約基礎來看時事，法國對外政策如果以此為基礎實為泥古不化。法皇認為普奧勢均力敵，戰爭一旦爆發，絕非短期可結束，法國以仲裁身分介入，行動自如，將可在此戰中大收漁利。事實證明，拿破崙三世的如意算盤並未打成。

俾斯麥對英俄的態度相當自信。英國方面一向的立場是：只要歐洲均勢沒有巨大改變，英國不會插手過問。再說，對外交抱持強烈戒心的帕瑪斯頓在1865年10月18日去世，接任的首相羅素，外相克拉瑞頓，及一年後上台的首相德比，外相史丹利（Stanley, Edward, 1826-1893）[107]等人，看法都十分傳統，認為普魯士的壯大，正可以牽制法國。另方面，由於蘇伊士運河的開鑿已近尾聲，英國企業界及殖民部都以為此將威脅到英國通往印度之道路及商業利益，因之對法國懷有高度戒心，西方兩盟國的攜手自不可能。

俄國方面，由於亞歷山大二世對奧國處理克里米亞戰爭的舊恨，以及波蘭事件中對普魯士的感激，支持普魯士可以肯定，更何況俄普兩國皇室之間的親戚關係，更有助於兩國邦誼[108]。雖然葛恰可夫對於普魯士領導德意志統一，對俄國可能造成威脅一事，有其職業上的敏感，但終不敵亞歷山大二世的看法。

至於德意志地區的其他國家，對於二強的爭執始終十分關切，普奧也傾全力拉攏，雖然普魯士威嚇利誘不遺餘力，看起來奧國在軍事實力上也不是普魯士的對手，但如薩克森、漢諾威、黑思‧卡塞爾、巴伐利亞、巴登、符騰堡等國最後都是由於不願見到普魯士取得德境霸權，而倒向奧國[109]。

（四）普奧七星期戰爭

軍事準備與外交部署既已完成，俾斯麥乃開始一連串的對奧挑釁行

為。1866年4月9日，他重提邦聯改革之議，要求議會應基於普選產生，自然為奧所拒。兩國於此時即開始動員，準備作戰。5月俾斯麥派葛布倫茲（Von Gablenz）往維也納，提議以霍漢佐倫王室一員為丹南二公國之新君，並建議修改邦聯的軍事條款，由奧普兩國分享德意志的軍事領導權，亦未獲奧國同意。

5月9日，德意志邦聯議會以十票對五票，通過薩克森提議，要求普魯士解釋動員的意義。5月23日，奧國正式要求邦聯處理二公國問題。6月初奧國召開霍爾斯坦議會，商討公國未來處置問題，俾斯麥藉口奧國違約，於6月7日進兵霍爾斯坦。奧國遂將此事提到邦聯議會，後者在6月14日以九票對五票通過決議，斥責普魯士之侵略行為，並要求邦聯成員國動員。奧國於是日向普宣戰，普於6月15日向薩克森，漢諾威，黑思等宣戰，18日向奧國及德邦聯其他國家宣戰。義大利亦隨之向奧宣戰。

奧軍在南線對義的戰事中獲勝，但在對普的戰事中受挫，7月3日奧軍在薩多瓦（Sadova）被普軍大敗，通往維也納的門戶大開，首都開始騷動。奧國駐法大使梅特涅親王往見法皇，望其促成義軍退出，使奧得以全力對普，結果為其所拒，法皇僅僅表示願意向普義提出斡旋。7月5日法國內閣會議中，外相涂昂德呂建議在萊茵河附近動員，迫普停火[110]，並未為法皇所採，此實大錯，法皇的考慮究竟是基於什麼原因，無人知曉。法皇後來僅向普提出和平斡旋，普義雖然不滿，但仍有所顧忌，允以在適當條件下接受停火。

7月10日，法國內閣會議中，涂昂德呂再度宣稱如普義不接受停火，無論其藉口為何，法國都應與奧攜手合作，可是法皇仍執迷不悟，決定與俾斯麥談判條件。7月11～14日拿破崙三世與普使馮德哥茲商討停火條件，最後的協議是：一、解散德境邦聯，奧國因此被排出於德意志。二、奧國將威尼西亞給予義大利。三、普魯士可以領導成立北德邦聯，兼併丹南二公國，但日後應在什勒斯維格北部舉行公民投票，以決定其歸屬（後德拖延不履行，直到1919年），北德邦聯以梅茵（Main）河為界。四、南德諸邦仍可維持其獨立及國際地位。在法皇的心中，德

意志如此被南北二分，奧國仍可在此扮演平衡角色。但正如拿破崙對義大利邦聯的構想一樣，日後的發展令其規劃完全落空。

　　普魯士在7月19日接受法國所擬條件開始與奧接觸，然威廉一世及普魯士的軍官都希望進軍維也納，炫耀軍事勝利，並取得一塊奧國領土以屈辱奧國，但爲俾斯麥所力阻[111]。俾斯麥以爲普魯士的大患在法國，奧國友誼不能失去，以免爲淵驅魚，促成法奧聯合，此一決定殊爲明智。因此普奧雖經戰爭，關係並未惡化。如以此一對奧態度與普法戰後，普魯士屈辱法國的做法相比，即可以知其得失。因此，雙方在7月26日於尼柯爾斯堡（Nikolsburg）簽署草約。從普魯士進兵霍爾斯坦，到簽訂草約，爲期不過七週，史稱普奧七星期戰爭。8月23日，普奧布拉格條約正式誕生。在上述條件之外，奧國支付了小額賠款，本土並無損失（參閱插圖四）。

　　至於義大利，其在戰場上的表現實在乏善可陳，在海陸兩方面皆爲奧軍所擊敗，6月24日義大利在古斯多札（Custozza）爲奧軍大敗，但義大利並無自知之明，除威尼西亞外，還想向奧索討提洛，結果因法國僅支持其索取威尼西亞，使其對法不僅不感激，反生怨恨，認爲其爲德不卒。

（五）普奧戰爭結果評析

　　普奧之戰，普得奧失不在話下。其實，奧國如果考察形勢，在衝突醞釀之初，就能以某種外交方式，在不失面子的情況下，放棄威尼西亞，則不論是爭取法國中立，或義大利退出都有可能。如此，他就能在戰場上取得機會；延長戰爭，普魯士就多了法國介入的風險，俾斯麥就會比較容易妥協；奧國就可能不會因此一戰爭，同時失去在義大利與德意志兩地的利益。非僅如此，奧國的戰敗也在內政上引起鉅變，此即奧帝國從此脫胎爲奧匈二元帝國。因爲普奧戰前匈牙利就要求自治，乃至獨立。奧皇不得不妥協，先允其自治，以便於共同對外。戰敗之後，奧地利與匈牙利於1867年2月8日訂立奧匈協約（Ausgleich），將奧帝國改組爲奧匈二元帝國，3月經匈牙利國會批准。協約規定匈牙利完全自

治，成立責任內閣，奧匈各有憲法，各自有政府及議會，但奧地利皇帝
兼匈牙利國王。只有外交、軍隊、財政是統一的，交由奧匈帝國統一掌
握。奧匈帝國除皇帝及宮廷外，設外務、軍事大臣。兩國無共同的首相
及內閣，共同事務由兩國代表共同商定[112]。1867年3月協約生效。

　　對奧國來說，從單一國家改組成為奧匈二元帝國，帶給奧國的影響
實難以想像。二元帝國運作的困難，匈牙利對奧地利王朝的離心，使奧
國的有識之士認為，奧帝國在接受二元帝國決策上所承受的損失，遠超
過普奧之戰。之所以有這樣的看法是因為奧匈之間的協議（Compromise）
有兩個版本，內容出入甚大，史學家甚至懷疑法蘭西斯約塞夫是否真的
仔細閱讀過此一協議。協議在併入奧、匈兩國各自的憲法時，內涵並不
相同。在匈牙利的憲法中規定匈牙利可以擁有自己的軍隊，自己的外交
政策；但在奧地利的憲法中這些條款都被排除。所以二元帝國的運作基
本上是奠基在兩個內容不同的法律上。非僅如此，兩國對於奧匈帝國的
定位，看法上也完全不同。奧地利以為：奧、匈這「兩個半個」（two
halves）隸屬於一個「全部國家」（overall state），即「奧地利王朝」
（Austrian Monarchy）之下，但匈牙利卻完全無此認知，它認為匈牙利
為一己與奧帝國分離的憲政國家，只不過與奧地利共戴一君，在憲法上
與奧地利有一些特殊的安排。此一折衷協議後來成為奧匈雙方衝突的根
源，譬如以後因此產生的「經濟折衷協議」（economic compromise），規
定每十年檢討一次有關關稅、貿易、以及雙方應分攤共同業務經費之數
量，成為雙方摩擦的根源[113]。再說，由於想法不同、利益不同，所處地
利位置不同，奧地利與匈牙利在對外政策上常常不同調，使得二元帝國
內部需要不斷妥協，影響決策的方向與效率。

　　就普魯士而言，普奧衝突所冒風險也不小。此戰幾乎是與整個德意
志邦聯的成員為敵，萬一戰事拖延，不僅有法國介入，予取予求的可
能，萬一戰敗，發動此一在普魯士並不得人心戰爭的俾斯麥又要何以自
處[114]？這是何以俾斯麥不僅力求速戰速決，而且堅持對奧國寬大的主要
原因。因為如果條件太苛，非奧國可以接受，奧國必做困獸之鬥，普魯
士在外交上的不確定感將更大。

　　普魯士在戰勝之後，兼併了什勒斯維格及霍爾斯坦，又因漢諾威、黑思・卡塞爾、納騷、法蘭克福等領導人在戰爭中援助奧國，也將之兼併。因之，普魯士在戰後取得了二萬七千餘平方哩的土地，與五百萬的人口，國力大幅膨脹[115]。之後它解散德意志邦聯，在1867年7月1日成立北德邦聯，涵蓋了梅茵河以北二十六個邦。北德邦聯其實並非眞正的邦聯，它帶有濃厚的聯邦色彩，其實可以逕自轉化成聯邦，所以仍保留邦聯的形式和名稱，不過在不公然違反布拉格條約，以及方便以後南德諸邦的加入[116]。南德只剩下巴伐利亞、符騰堡、巴登、黑思・丹姆斯達特（Hesse Darmstadt）等四邦，俾斯麥沒有太爲難這些國家，除了黑思・丹姆斯達特割讓了一小片土地之外，並沒有其他的領土要求，賠款數量也極其有限。俾斯麥之所以如此大度，主要在引誘這些國家與普魯士簽定防衛同盟，以便未來在戰爭時期可以利用他們的鐵道與軍隊[117]。在全德邦聯解散之時，與南德各國的防衛同盟條約終於簽訂，透過此一盟約，俾斯麥建立了普魯士與南德各國新的聯繫之道，非僅如此，從此一盟約可以看出，此時俾斯麥的心中已經醞釀著另外一場戰爭。

　　對法國而言表面上其政策還算成功：威尼西亞終於交還義大利，了卻一樁心願；由於其及時介入，普魯士只能中途收兵，未能馬上遂其統一德意志的野心，但這其實只是一種假象。拿破崙三世日後應對自己的政策感到悔恨。對普奧戰爭結果，法國當時的軍政部長杭動（Random）將軍說得最是透徹，他說：「在薩多瓦被打敗的是法國」。蒂耶也說：「此乃自百年戰爭以來，四百年內法國最大災禍」。這些言論實是洞燭機先[118]。

　　普義對奧的戰爭當然在國際法上站不住腳：這是對1815年維也納會議的大翻案。不過在國際社會的本質越來越趨向於現實政治、權力政治時，原本制訂的國際法，經由條約建構的體系之維持，就越來越取決於權力本身，以及擁有這些權力者的政策與想法。五十年代出現在政壇的拿破崙三世、加富爾、俾斯麥都是現實政治者，非常瞭解權力的重要性，也都對外交有嫻熟的技巧，更重要的是都各有其政治理想。無論他們個別國家的實力如何，他們一致的目標都是要推翻1815年的維也納體

制。

　　經過這些人的推動，在義大利半島，除了羅馬，大致完成了統一，普奧戰爭也對德意志地區進行了大幅調整。現在，1815年所劃定的政治疆界已面目全非，此一體制可以說已經崩潰。加富爾與俾斯麥之想推翻1815年體制，情有可原，因為非如此不能達成他們的政治目的。拿破崙三世也想推翻此一體制，也認為非如此不能回應歐洲民族主義的需求，不能滿足法國調整疆域的願望，恐怕就很值得商榷。其實，以意識型態來指導外交，本身就是一個絕大的錯誤，十七世紀的紅衣教主黎希留之所以能成就法國的霸業，就是因為他能走出以宗教立場論交的限制。而為了他國的利益，輕忽本國的處境就更錯得離譜。就法國利益而言，誠如蒂耶所指出，只有維護1815年體制，讓法國周圍只存在一系列小國時，才最有利於法國的安全。這也是黎希留主教的政策。因此，即便法國想修正其並不滿意的疆界，也只能在現有體制下去設法，而不是去推翻與其有利的現有體制。這樣做，即便在過程中有渾水摸魚的機會，可以為法國爭取到一些蠅頭小利，但卻為他日製造了更大的競爭與威脅。只可惜已經老病交加，又被可笑的意識型態綑綁的路易拿破崙看不清時局，誤己誤國。只有透徹瞭解地緣政治，能從歷史中吸取教訓的人，才能避免錯誤。拿破崙三世為了實現他少年時期的義大利夢想，又不能不對法國人民的願望有所交待，在一廂情願的政策評估下，終於將法國帶上戰爭的不歸路。

三、普法衝突

（一）法國的小費政策

　　普奧戰爭進行之速，出乎拿破崙三世的預期，使其渾水摸魚的政策難以實現。由於判斷錯誤，法皇未能在戰爭進行中，及時向普魯士索取報償。當然，也可能是如拿破崙三世自己所說，其實他在乎的只是實現民族主義的理想，讓各民族當家作主，並不在乎法國版圖的擴張。但法國人民可不這樣想。即便是在君主立憲時代，即便是皇帝還有無上權威

與地位，但民意還是不能違拗的。法國民意的想法是：如果法皇不能造
就法國的偉大，不能恢復至少1814年的法國版圖，法皇的統治就沒有正
當性。路易拿破崙一直到1866年7月下旬，才在這股巨大的法國輿論壓
力下採取行動，但時機已失。

就當時的歐洲外交慣例來看，歐洲均勢如果出現巨大的變更，受此
變更影響的國家當然可以提出補償的要求。而從任何角度來看，沒人能
否認普魯士領土的大幅擴張，德意志邦聯的取消，不是1815年維也納體
制的巨大變更，而普魯士的緊鄰法國不受此變更影響。因此，法國提出
補償的要求應該是合乎常情[119]。可惜的是拿破崙提出補償要求的時機太
晚，手法也很拙劣；而俾斯麥又太精明狡詐，將法國玩弄於股掌之中。
因此使得日後法國一連串索償的要求，除被俾斯麥譏諷為討小費之外，
更進一步的破壞了法國在德境以及其他歐陸國家中的尊嚴及形象。

1866年7月23日涂昂德呂訓令法國駐普魯士大使貝尼德蒂
（Bénédetti），向普魯士要求荷蘭國王轄下的盧森堡以及薩爾，俾斯麥故
意含糊其詞，示意法國可要求巴伐利亞及黑思在萊茵河左岸之地，即巴
拉汀納德（Palatinate）[120]。法國本來對此地亦有興趣，因之7月29日，
貝尼德蒂獲得新的訓令，向普魯士要求上述萊茵河左岸之地，恢復1814
年之疆界，以及解除盧森堡的武裝。俾斯麥又故意要求法使以書面提
出，但旋即於8月7日正式拒絕，謂此要求有違德意志之民族感情，斷然
拒絕割讓任何德意志之領土。俾斯麥並將法使之書面要求透露給《法國
世紀報》（Le Siècle）的通訊員，在報上予以揭露，使得法國支持民族主
義的形象破壞無遺，不僅造成南德諸邦對法之疏遠，而且使它們對普不
勝感激[121]。此舉也使法皇以梅茵河為界，將普魯士之勢力阻擋於德意志
北部的構想完全落空。在英使詰難之下，法皇否認其曾提出此一要求，
於是涂昂德呂成了代罪羔羊，被迫於8月12日離職，由穆士蒂耶（de
Moustiers）侯爵取代其職務。

但在民意壓力下，法皇對於領土補償難以鬆手。如果德意志領土不
能割讓，則向北發展，取得比利時及盧森堡，亦為法國素有之企圖，而
此一可能也為俾斯麥一再明示暗示過。於是拿破崙三世與其親信胡耶

（Rouher, Eugène, 1814-1884）[122]瞞著穆士蒂耶，於8月16日再度訓令貝尼德蒂，對普提出新的要求。俾斯麥再度要求法使以書面提出，8月29日法使遂向其提出新的計畫[123]。依據此一計畫：如果普魯士支持法國取得盧森堡及比利時時，法皇同意普魯士越過梅茵河，向南德發展；法國並願與普締結攻守同盟。此一建議對俾斯麥有何吸引力呢？普魯士向南德發展，阻力不僅在法國，更在南德各邦。法國，正是俾斯麥用以激起南德各邦民族主義，撤除普魯士跨過梅茵河障礙的一著棋，與法國締結攻守同盟於普魯士有何好處？再說對普魯士而言，此一攻守同盟的假想敵會是誰？俄國？奧國？英國？顯然都不是。反倒是普法締盟，可能使上述各國與普為敵。如果說普魯士有潛在的敵人，似乎就是法國自己[124]。俾斯麥自然無意接受，所以稱病拖延。

　　但問題總得解決，12月談判重開，僵局仍難突破。此時由於根據1864年10月法義有關羅馬撤軍之約，法軍已自羅馬撤出，為保障教皇之安全，法國請普魯士向義施壓，遵守條約。俾斯麥藉口無法接受此一要求，談判又中斷。其實真正理由是，普魯士根本無意自盧森堡撤軍。按盧森堡雖由荷王兼領世襲大公所統治，但為德境關稅聯盟之一員，自1815年起普魯士即在此駐軍以防法，盧森堡之轉移自然牽涉到普魯士之利益。

　　如果普魯士拒絕是因為法國所求太多，那麼縮小要求是否會容易一點呢？再說，牽涉到比利時，英國的態度也不能不考慮。因此後來法國縮小範圍，只提盧森堡。1867年2月法國在國內輿論壓力之下，決心對普魯士採取強硬態度，迫其同意取得盧森堡，法皇認為此一要求成功的可能甚大：一，荷蘭國王對這二十萬講法語的人的統治並無實益，且荷蘭財政窘迫，法國如果直接與荷蘭談判，以錢購買，荷蘭不至於拒絕[125]。二，俄國一向爭取法國支持其在巴爾幹及土耳其之政策，此時塞爾維亞及克羅埃西亞剛好皆有動亂，法國可以以支持俄國的近東巴爾幹政策，交換俄國支持其西歐政策。三，從俾斯麥的言談看來，只要法國造成既成事實，他對此一要求似並不反對。因之，在與荷王達成初步諒解

後，貝尼德蒂於1867年2月22日正式向俾斯麥提出上述要求[126]。

俾斯麥當然還是無意接受，但也不能對法國的要求完全置之不理。因此俾斯麥盤算，最好把法國的注意力引向近東，西歐則可維持現狀。其實不僅俾斯麥如此想，當時奧匈的想法也是如此。但法國此時所有的注意都在西歐，不可能去過問近東巴爾幹，再說，法國主張維持鄂圖曼帝國現狀，所以對於普法聯合往近東發展之議，法國外相穆士蒂耶就曾對普魯士大使馮德哥茲如此說：「你給我們菠茱，但沒有鹽，盧森堡才是鹽」[127]。

3月16日，法國在久候不耐後，直接與荷蘭國王威廉三世（William III）展開談判，後者同意以五百萬荷蘭銀幣讓渡盧森堡，但以取得普魯士的同意爲前提，如此又把普魯士帶了進來。

但俾斯麥對此一要求實在無意接受，因之在4月1日授意普魯士國會自由派議員班尼格森（Bennigsen），就此問題向其提出強烈質詢，引起德意志地區群情激憤。普魯士又提出應徵詢其他1839年倫敦條約締約國的意見，把問題越扯越複雜。繼則以普魯士輿情激昂反對爲由，訓令其駐法大使馮德哥茲，要求拿破崙三世否認其與荷蘭間已就此一問題獲得協議。於是，法國到手的鴨子就這樣飛了[128]。

普法關係一度極其緊張，穆士蒂耶抱怨，法國已經極端遷就普魯士的意見，並依普魯士的建議處理，結果不斷受挫，這分明是俾斯麥設下圈套，故意醜化法國，挑起事端。普魯士方面雖然透過其駐法大使表示希望維持和平，其實深知法國無力發動戰爭，所以軟土深掘。由於英、俄兩國都不希望戰爭，並不支持法國，法皇不敢輕舉妄動。但英、俄也認爲普魯士也應做一些讓步，以安撫法國，於是有5月倫敦會議之召開。會中各國決定普魯士應由盧森堡撤軍，並將盧森堡中立化。

綜觀整個事件，毫無疑問俾斯麥的外交技巧與政策十分高明，亦十分陰險，在拿破崙三世整個尋求補償的過程中，俾斯麥掌握每一個機會，誘發拿破崙的領土要求，再予以公開、醜化、粉碎，使法國在歐洲舞台成爲一個令人極其厭惡的國家，法皇惡化的健康令其對情勢判斷極爲偏差，他根本不是精明強壯的俾斯麥的對手。

（二）普法戰前的外交步署

盧森堡事件之後，法國國內的輿論一致認為普法之戰終將難免。同時拿破崙三世也希望藉此重新挽回第二帝國的聲譽，不過此時的法國無論在國際或國內都處於劣勢。

以普法兩國本身實力而論，普魯士自六十年代開始即積極的整軍經武，在丹麥戰爭及普奧戰爭中普軍表現優異。法軍雖然亦能征善戰，但已老大，遠不及普軍之精練。在政治上，普魯士於1867年在梅茵河以北組成了北德邦聯，雖然維持了邦聯的形式，其實普魯士在邦聯內有絕對的權力，實力強大。另方面普魯士著手修改關稅聯盟，設立關稅聯盟議會，為全德統一鋪路，該一議會於1868年4月27日召開了首屆會議。而在法國方面，由於拿破崙三世連年的外交失敗：如1866年在墨西哥的笑話、義大利情勢發展的不能控制、以及普魯士崛起所帶來的屈辱，在在影響到法皇在國內的地位。法皇期待與普一戰以挽回聲譽，鞏固統治權，本身即是巨大的冒險，戰爭失利必然會帶來政權垮台。

在國際上，情勢亦對法國不利。波蘭事件的處理，得罪了俄國，使所謂的法俄諒解化為泡影；丹麥事件又得罪了英國，使克里米亞戰爭中形成的英法聯盟完全瓦解；再加上之前的兼併薩伏依與尼斯，引起歐洲國家對法國擴張的普遍警覺，法國在歐洲變得孤立又不受歡迎。

普法可能難免一戰，不僅是由於法皇想挽回其因決策錯誤而失去的威望，化解因此累積的民怨；另方面，俾斯麥那不斷擴張的野心，南德地區早晚會被其席捲，法國如不及早防止，未來面臨威脅將更大，此一考慮也是原因[129]。其實，俾斯麥一向以為：由於文化背景的差異，北德是普魯士擴張的天然疆域，對於南德並沒有那麼大的興趣。因此普奧戰爭剛結束之際，俾斯麥認為應花時間進行普魯士本身與北德邦聯的整合，無須向南德推進。他並認為由於宗教信仰的不同，併入南德後，天主教信仰對信奉新教的普魯士的威脅尤勝於自由民主制度[130]，因此對兼併南德並不是那麼積極。但德意志地區（王室除外）民族主義的呼聲甚高，使他不得不隨浪逐波。於是，利用德境民族主義，完成普魯士在德意志的霸業，成為其無法煞車、無可推卸的責任。

　　當法皇認爲與普魯士間的戰爭難以避免時，便集中力量爭取俄、奧、義的支持。至於英國，上文已指出，由於德比與史丹利對於大陸事務採取不干涉的態度，對普魯士領導德意志統一運動亦樂觀其成，再加上與法國在蘇伊士運河上的矛盾，法國知道爭取無望。

　　法國從1867年初與俄國接觸，6月，沙皇與葛恰可夫一同到巴黎訪問，當時克里特島反土的叛亂正殷，雙方討論甚多，但毫無進展。這裡牽涉到一個三角關係，一個政策矛盾，很難化解。

　　三角關係存在於法、俄、普之間。法國盡一切可能爭取聯俄抗普，但俄國的立場卻是：在任何情況下絕不做此承諾。這就像在波蘭危機後，普魯士力爭俄國共同抗法一樣，也遭到拒絕。俄國其實一直希望組成法俄普三國的大陸同盟，所以它在法普之間一向採取等距政策。俄國的政策不難瞭解：俄國的利益在近東與巴爾幹，此處它的主要競爭者是英國與奧匈。他需要聯法對抗英奧。但它與普魯士在波蘭有共同的利益，王室有姻親關係，普魯士也是波蘭的屏障，所以不能抗普。

　　法俄之間的政策矛盾是，法國致力於改變西歐現狀，卻希望維持近東現狀。近東問題牽涉到法英關係，法國不能輕忽，再說，法國也像英國一樣，主張維持土耳其現狀。雖然從處理義大利問題開始，法國就一再向俄國表示，可以幫助其修改巴黎條約中有關黑海中立化的規定，但卻都是口惠，從不認眞，形同欺騙。要法國改變其近東立場，除非俄國承諾可以幫助法國實現其對萊茵地區的願望。但對俄國而言，它希望法普相安無事，維持西歐現狀，大家把精力放在解決近東及巴爾幹問題上。法俄兩國的政策如此南轅北轍，當然很難找到交集[131]。

　　法國另一個爭取的對象爲奧匈，雙方進行磋商兩年多，進展也不大。這裡也是一樣：一樣的三角關係，一樣的政策矛盾。

　　法奧間的三角關係牽涉到普魯士與俄國。法國之所以積極拉攏奧匈，目的自然是爲共同對抗普魯士。在法國想來這或許並不困難，一則因爲普奧才經過一戰，要說奧國對於普魯士完全沒有怨恨，絕不可能；二則奧匈的帝國大臣柏伊斯特（Beust, Friedrich, 1809-1886）[132]與俾斯麥又是死對頭，所以聯奧匈以抗普應該可以成功。但法皇與法國駐奧大

使格拉蒙公爵（Duc de Gramont, Antoine A.-A., 1819-1880）[133]對奧國的瞭解顯然不夠。

話說普奧戰後，奧皇於1866年10月啓用了柏伊斯特爲外相。柏伊斯特原爲薩克森之外相，他曾大力提倡「第三德國」（Third Germany），擬整合德意志境內的中小國家，以共同的政策維護各國的主權獨立，不依附於普、奧。因爲有此構想，所以在普奧戰爭爆發時，參戰對抗普魯士。結果普魯士戰勝，成立北德邦聯，薩克森也被併入。柏伊斯特一則因爲政策失敗，二則因爲俾斯麥對他極爲厭惡，向薩克森國王約翰（John）施壓，被迫去職[134]。法國從常理判斷，以爲奧匈應該反普，但顯然只見其表，未見其裡。奧皇與其外相雖然對普魯士不無怨恨，也不樂見普魯士的勢力進入南德，但基於同爲德意志人，對俾斯麥領導德境統一運動也能理解。與法國聯手制普，不可能得到奧匈境內成千上萬德意志人的支持，更不會獲得南德各國的諒解。其次，普奧戰後奧國勢力被逐出義大利與德意志，奧國改組爲奧匈二元帝國後，匈牙利對於外交也有不少意見，基於現實情況，也基於地緣政治，奧匈自然將目光轉向巴爾幹。換言之，奧匈雖然希望保持其在南德的影響力，但不能藉助法國反普，因爲這有違德意志民族感情。奧匈比較希望向巴爾幹開拓，但東進路上最大的障礙就是俄國，所以奧匈如果聯法，自然是爲了抗俄。這又是另一個難以化解的僵局：因爲法國之不願聯奧匈以抗俄，一如奧匈之不願聯法抗普[135]。造成此一僵局當然是雙方政策重心不同。奧匈今後的利益在巴爾幹，法國的利益則在萊茵河。雙方都希望對方維持現狀，幫自己突破現狀。

在上述情景下，1867年4月法使格拉蒙向奧匈提議雙方締結攻守同盟條約，在對普戰爭勝利之後，奧匈可組南德邦聯，並取得西利西亞，法國則取萊茵河左岸之地，但柏伊斯特以匈牙利首相安特拉西（Andrássy, Gyula, 1823-1896）[136]反對，而且割讓德意志之土地亦將令奧國大失民心爲由，予以拒絕[137]。1867年8月法皇與奧皇在薩爾斯堡會談，舊案重提，仍未獲同意。奧匈的立場是：一，單純維持現狀的防衛同盟可以考慮；二，由於匈牙利對巴爾幹問題較有興趣，法奧應在這方

面有所合作。但法皇的想法是：同盟當然應兼顧攻守；至於在巴爾幹方面的合作，法國怕引起俄國誤會，不能考慮。因此會談並無結果。這樣的接觸一直持續到1868年底，始終毫無進展[138]。

　　如果法國與奧匈聯盟，義大利又被排除於外，對義來說當然不利，所以義大利也有意參與。於是三國有關人員，私下有了一連串的接觸，參與的有法皇自己、胡耶、柏伊斯特以及義王維克多伊曼紐二世。但三方立場更無焦集。義大利追求的國家利益，如取得羅馬為首都，取得提洛省南部，都與法國及奧匈的利益抵觸。而即便義大利加入，也無從化解法國與奧匈政策上的矛盾，反而更添了複雜。

　　1869年3月1日，胡耶提出了一個「三國同盟」草約，根據此約：如果奧匈與俄國開戰，法國將在萊茵部署觀察武力，一旦普魯士加入俄國，法國也將加入奧匈作戰；同理，如果法國與普魯士開戰，奧匈也將陳兵波西米亞，一旦俄國加入普魯士，奧匈也應加入法國。至於義大利，在上述任一情況下，都應提供二十萬軍力，它獲得的回報是取得提洛南部。至於羅馬，法國與奧匈將幫助其與教皇間尋求一個臨時協議[139]。這個草約很難獲得青睞，因為奧匈執意要在法普衝突中保持中立，義大利又覺得回報不足。幾經磋商，當三方高層終於在1869年5月達成一項防衛同盟的草約，只相互保障領土完整時，此時發生兩件事。其一為法國的內政危機，6月胡耶與拉伐雷德被迫離職，政局經過半年才穩定；而其間拿破崙三世在八、九月時又病了一個多月，所有重大決策都無法決定。其二，由於義大利政府風聞此約，又節外生枝的提出羅馬問題，聲稱在法軍撤出羅馬之前，不會簽約[140]。按遵照法義1864年之約，法軍已於1866年撤出羅馬。但1867年11月4日加里波底再度率領紅衫隊進攻羅馬，導致法軍重回此地。義大利政府自然趁此機會要求法軍再度撤出，但法皇顧及國內天主教友之壓力，不允撤軍，條約終被擱置。

　　兩年餘的外交磋商功虧一簣，法皇只得自欺欺人的說，在他看來，在道義上，此一同盟條約已經簽訂。他在1869年9月24日致函法蘭西斯約塞夫，聲稱如果奧匈受到侵略的威脅，法國將毫不猶豫的提供援助；法國與任何第三國做任何商談時，必會先行諮商奧匈。奧皇回復說，奧

匈如與他國締盟，必先告知法國。義王伊曼紐則說，一旦法軍撤出羅馬，盟約即可簽訂。顯然奧匈與義皆對法國有相當保留[141]。

在談判期間，法奧軍事人員雖有互訪，但無結果。奧皇對法皇的承諾至多只限於法國「被迫」作戰，並在南德取得勝利後才介入。此一承諾不僅外交意義十分有限，而且只具「道德」的拘束力。拿破崙三世心目中的法奧義聯盟，其實只是一個假象，對法毫無用處[142]。

當法國四出尋找盟友時，普魯士當然不會沒有反應。俾斯麥夢想中的同盟，即是普奧俄三國同盟，此一同盟也許在1870或1880年代裡有其可能，但在此時看來似乎還不成熟。一則俄國與奧匈在巴爾幹的利益衝突難以化解；二則此一同盟旨在抗法，而無論俄國或奧匈都不想與法國為敵。但普魯士分別交好俄國與奧匈是可能的。

由於法奧接觸中，曾提到巴爾幹問題，俾斯麥因此得以利用此一題目拉攏俄國，由於俄普本來關係良好，且於波蘭有共同的利益，雙方一拍即攏。1868年5月20日俾斯麥與葛恰可夫達致一項協議，據此俄國取得在巴爾幹某種程度的行動自由；相對的，當普法衝突，奧匈助法時，普魯士也取得對奧匈施壓的工具。

普魯士既然想拉攏俄奧結盟，就得設法凍結近東與巴爾幹情勢，但1866年夏天克里特島爆發反土耳其的叛亂，引起俄奧雙方關注，俄國想藉此炒作近東問題，奧匈也想乘機擴充其利益於波士尼亞及赫爾塞維那（Bosnia & Hercegovina）。此一叛亂綿延經年，而一波未平，一波又起，1868年羅馬尼亞又在布勒蒂亞努（Bratianu）的支持下，發生反對匈牙利的騷動[143]。俾斯麥對此採取了積極的措施。在羅馬尼亞方面，由於其國王卡爾是荷漢佐倫王室成員，所以透過威廉一世勸說，解除了布勒蒂亞努的職務，化解了危機。在克里特島方面，1869年2月18日俾斯麥發起在巴黎召開國際會議，強迫希臘放棄對克里特島叛亂份子的支持，終於使得叛亂平息。

法皇對俄國的爭取一直不成功，他在1869年底派佛勒里親往俄國，再度許諾協助俄國修改黑海地位，並力陳普魯士之威脅，但沙皇皆未為所動。1870年6月4日沙皇與威廉一世會晤於避暑勝地厄姆斯（Ems），保

證於必要時介入牽制奧匈。

至於奧匈，普魯士在普奧戰後就極力進行修好，但奧皇及柏伊斯特戰敗的餘怒未消，二人對法國友誼尚寄以高度期望，再說，俾斯麥所提的普奧防衛同盟，如果不以俄國爲對象，對奧匈有何意義？所以對於普魯士的殷殷表態無動於衷[144]。此一態度直到普法戰爭爆發之後方大幅改變。奧匈此時的外交政策堪稱正確。

俾斯麥尙擬爭取英國，但英國當時困於加拿大及印度問題，且對介入歐陸紛爭不感興趣，沒有結果。但1868年12月發生了比利時鐵路收購案，即法國鼓勵東方公司自盧森堡大公國收購比利時鐵路，以控制比利時鋼鐵工業，引起比政府反對。此事使英人十分震驚，認爲法國企圖藉此染指比利時，不惜動員軍隊向法施壓，俾斯麥乘機向英表示，法國確有兼併比利時之野心，使法英合作益不可能。因之，在普法戰爭爆發前，法國已陷入完全孤立。

（三）西班牙王位之爭

法普關係雖然在1867～70年間急速惡化，但並沒有非戰不可的理由。普法戰爭爆發後，法普雙方都指責對方爲戰爭禍首。持平而論，雖然普法雙方都有意一戰，法國又爲主動宣戰者，但在時機選擇上確實爲俾斯麥所精心策劃。俾斯麥求戰的主要目的在藉此統一德意志，收服南德諸邦；法國的目的則爲重振第二帝國的威望。而西班牙的王位之爭則成爲戰爭的藉口[145]。

雖然南德諸邦與普魯士締結了軍事同盟條約，並參與了普魯士所領導的關稅聯盟，但並不樂見由普領導成立德意志帝國。因之，俾斯麥以爲：唯一能激發民族情感，促成德意志統一的，就是一場對法戰爭。法國由於外交部署頗不順利，當時並無意與普魯士發生戰爭；更何況當時拿破崙三世在內政上承受很大的壓力，法國輿論對其十分不滿？他在1870年1月2日啓用奧利維耶（Ollivier）爲閣揆，進行內政改革，號稱建立「自由帝國」[146]，並任命達魯（Daru）[147]爲外相。達魯爲減低普魯士的軍事競爭壓力，更爲嘗試交好英國，提出迎合英國意向的裁軍建議：

普法皆應減少每年徵募新兵之人數。此議果然甚獲英國歡心，英國因而於1870年2月提出全盤裁軍計畫，法國當然無異意接受，而俾斯麥卻斷然而正式的予以拒絕。

西班牙為何成為普法戰爭的原因？這是因為1868年9月30日，西班牙女王伊莎貝拉被推翻，王位虛懸，西班牙政府於是尋求合適的王位人選，選來選去，結果選上了霍漢左倫·西格瑪林根（Hohenzollern Sigmaringen）的雷奧保德親王。據說這是俾斯麥買通了西班牙國會議員薩拉札（Salazar），讓後者於1869年9月向國會提出此一人選[148]。雷奧保德的父親卡爾安東（Karl Anton）對此一王冠很感興趣，虛榮心使他分外得意：他的一個兒子卡爾已經在1866年成為羅馬尼亞國王，如果雷奧保德又成為西班牙國王，則霍漢左倫·西格瑪林根王室的影響力在歐洲一東一西相互輝映，這是何等令人欣慰！但卡爾安東並沒有因此喪失理智，審度情勢，他瞭解法國的反應十分重要，因此聲稱：應先獲法皇及普王的同意，方能接受西班牙王冠。俾斯麥顯然比他急躁。1870年2月，當西班牙政府領袖普林姆（Prim）將軍正式向普魯士提出此一人選時，俾斯麥即刻予以允承。法國因此非常不悅，因為如此一來普法戰起，法國之處境將極為不利。其實威廉一世及雷奧保德本人，對是否接受此一王冠，都表現得極為猶豫，只有俾斯麥極為熱中。其後幾個月俾斯麥極力遊說雷奧保德：應視接受此一王冠為愛國義務。另方面又遊說威廉一世，終使後者勉強同意[149]。7月2日普魯士正式照會西班牙政府，表示接受，3日消息傳至巴黎，輿論大嘩。

法國內閣此時由奧利維耶領導，他雖願意維持和平，但無法掌控內閣，迫其同僚接受其意見。當時法國外相為前駐奧大使格拉蒙，他4月才就任外相職務。格拉蒙出身傳統外交官，思想保守，國家榮譽感極高，但情緒容易激動，短於決策，對事務觀察並不深入，行事亦欠缺考量[150]。事發之後，沒有經過深思，不直接向西班牙政府提出抗議，反逕自向普魯士交涉。事實上，西班牙王位人選雖然私底下俾斯麥捲入頗深，但在表面上，它是西班牙政府與相關個人的事，不是普魯士政府或普王的事，格拉蒙的反應不像是老謀深算的外交家的作為。7月6日格拉

蒙在法內閣宣稱，若普不退還西班牙王位，法認為將構成開戰之充分理
由，同時貝尼德蒂受命於7月11日至厄姆斯覲見普王[151]。這期間，俄皇
亞歷山大二世、英國女王伊利沙白以及比利時國王皆曾去電普王，要求
其謹慎將事，因之普王未知會俾斯麥，即接見貝尼德蒂，普王口頭雖然
拒絕了法國要求，實則在前一天，即10日，即知會雷奧保德之父宣稱放
棄，12日卡爾安東正式代表其子宣稱放棄西班牙王位[152]。事情至此告一
段落，俾斯麥之失望可想而知。

不想法方若干人士，包括皇后尤琴妮、外相格拉蒙、戰爭部長勒柏
夫（Leboeuf）等仍不滿意，認為應由普政府正式宣稱放棄。實則這批
人根本有意屈辱普王，樂見戰爭。這當然是基於錯誤的判斷。對外相格
拉蒙來說，他深信一旦戰爭爆發，奧匈會立即加入法方。對於戰爭部長
勒柏夫而言，他認為法軍備戰妥實，普軍根本不堪一擊[153]。法皇雖然猶
豫，但經不起這些好戰派的鼓譟，勉予同意。因之貝尼德蒂於7月12日
夜接獲新的訓令，命令其在13日再度覲見普王，尋求保證：保證日後一
定放棄對西班牙王位繼承之權。普王雖甚惱怒，仍禮待法使，予以拒
絕。法國新的要求可說自取其辱。

是日普王將經過電知俾斯麥，其時他正與參謀長毛奇及軍政部長柔
恩共進晚餐。俾斯麥本不滿普王退讓的態度，得知電文後，將其略加竄
改，披露於新聞界，這就是歷史上有名的厄姆斯電報（Ems
Telegraph）。結果給人造成的印象是：法使對普王無狀，因此使普魯士
反法情緒高漲；法方亦認為普王屈辱了法使，反普情緒亦隨之上升[154]。
消息傳抵法國時，恰為法國國慶日，群情激奮，下午舉行閣議時，奧利
維耶遂下令後備兵動員，但並無意開戰，他仍希望舉行歐洲會議以解
決。但當晚激進份子在外相格拉蒙支持下要求宣戰，15日國會未經辯
論，通過軍費案，英國此時提出斡旋，但法國置之不理，終於在7月19
日向普宣戰。

普法之戰顯然由俾斯麥一手安排挑起，但法國格拉蒙等人也過於激
情輕率，當時法皇因為生病，體力不足，決斷力差，聽任內閣操切行
事。不過縱令法方在西班牙王位一事上應付得宜，暫時能避開戰爭，但

由於俾斯麥執意要藉由與法一戰，兼併南德各國，仍不難另尋藉口。但法國如果能多拖一段時日，待其內政較穩，軍事準備較爲充分，國際情勢有所改變，較有外交運作空間，譬如近東問題再起（事實上近東問題只晚了幾年，在1877年爆發），則法國不難另尋與國，普魯士也可能在俄奧間難以自處，總之，爲法國計，至少應拖到時機於法有利時再戰不遲。

（四）普法戰爭及其結果

　　由於戰爭是由法國宣布，普魯士比較容易引用其與南德諸邦的軍事條款，促成南德各國參戰[155]。戰爭一開始，法國的外交處境即十分不利。7月20日奧匈由於恐懼俄國在邊境動員，所以馬上宣布中立。俄國在7月23日也宣布中立，不過其宣言中的話頗値得玩味：「帝國政府對於侷限敵對行動的空間、時間，重建歐洲和平福祉，將盡力並誠心協助」。而所謂「侷限敵對行動的空間」顯然在暗示奧匈不要介入普法衝突，事實上，當天亞歷山大二世也坦白告知奧匈大使，只要奧匈不動員或在波蘭滋事，俄國將維持中立，並保證奧匈之邊界穩定[156]。在柏伊斯特的促成下，義大利與奧匈在25日宣布對法採取善意中立。其間，柏伊斯特曾向法國建議，以法軍撤出羅馬爲條件，爭取義大利參戰；義大利本身也向法國表示，願以法軍撤除羅馬爲條件而介入。但此一務實建議卻爲法國所拒。格拉蒙說：「法國不能一面在萊茵河保衛其榮譽，一面卻在蒂伯（Tiber）河犧牲其榮譽」[157]。死要面子，使法國失去了稍縱即逝的機會，在軍事失敗後，8月20日拿破崙親王的翡冷翠之行，允義以同樣的條件，義大利亦不肯加入了。英國當然是交戰雙方極力爭取的對象。雖然拿破崙三世宣稱將遵守比利時的中立，希望以此投其所好；但俾斯麥更爲高明，他爲爭取英國中立，將1866年8月29日貝尼德蒂所提出，法國欲吞併比利時、盧森堡之計畫知會英國，並在泰晤士報上發表，此舉在英國發生強大功效，促成英國在7月21日宣布中立[158]。因此普魯士在戰爭一開始，即成功的孤立了法國，將戰事局限於二者之間。

　　法軍在戰場上表現亦實在不佳，8月6日法國在亞爾薩斯及洛林的戰

役雙雙敗北，奧利維耶因之倒閣，由巴利卡俄（Palikao）取代。後巴塞芮將軍在梅茲（Metz）被困，拿破崙三世親率十餘萬法軍馳援，結果亦爲普軍所圍，於9月2日在色當（Sedan）被迫投降，後被「接待」至黑思的王宮。9月4日，第二帝國在巴黎被推翻，皇后尤琴妮流亡英國。法國隨即成立了共和政府，即國家防衛臨時政府（le gouvernement provisoire de défense nationale）。

此時，俾斯麥與毛奇之間發生政策衝突。前者從政治外交的立場考慮，反對繼續進軍巴黎；後者與一干軍官們從軍事觀點來看，則不僅堅持進軍巴黎，甚至要踏平全法。前者不反對拿破崙或波旁王室復辟，後者則對拿破崙極爲仇視，這一爭論一直持續，後來普王決定適可而止，只限於攻克巴黎[159]。巴黎自9月19日被普軍所圍，10月29日，巴折芮在梅茲的大軍不支投降；普軍切斷巴黎城內糧食供應，又運來大砲猛轟，巴黎軍民奮勇抵抗，直至1871年1月28日方力竭而陷，前後被困127天。

普法之戰從色當之役、梅茲之役、最晚在巴黎城破之時，都可宣告結束，但由於普魯士從戰爭一爆發就有要求法國割地之企圖，此時戰勝，自然堅持割地，要求法國割讓亞爾薩斯及洛林[160]，由於法國不肯答應，和議因此一直無法達成。其實臨時政府成立後，就一面抗普，一面積極於外交奔走，目的都在追求不割地的和平。法國外長法佛（Favre）一方面遊說各國，請彼等介入，向普施壓，勸其放棄割地要求；一方面也直接向俾斯麥交涉，不過都難奏效。

同時蒂耶也先後赴維也納、倫敦、聖彼得堡尋求外交支援，希望他們能出面斡旋，但也都無功而返。其間英國首相格蘭斯頓（Gladstone, Willams E., 1809-1898）[161]對於普魯士不經諮詢當地人民，就要求法國割讓亞爾薩斯及洛林一事，表示不滿，但也不願出面干預。俄國認爲由於法國對割地不滿，未來將使德意志帝國不得不將相當的注意及力量投注在萊茵河一帶，這反而方便俄國處理其與奧匈間的問題，所以不肯對法假以援手。至於奧匈，政策變化更是出人意表：眼見俾斯麥的成功，奧匈對南德已不做指望，相反的，今後他可能需要爭取普魯士領導的德意志帝國，支持它與俄國周旋，法國已經不可能是潛在的盟友，對法的

態度自然更加冷淡[162]。

俄國之所以不反對普魯士要求法國割地除了上述原因外，還有近程的私心，那就是：當法國割地糾紛成為各國注意焦點時，俄國才可以放手廢除屈辱俄國的黑海條款。果然，俄皇在1870年10月31日，片面宣稱廢除1856年巴黎條約中有關黑海中立化的條款。從此時至11月底，俾斯麥有一段心神不寧的日子。俾斯麥先前曾建議俄皇：不提黑海中立化問題，只要在黑海造艦，建立艦隊就成了，中立化問題留待他國去提。但俄皇顯然不重實際重面子：即便俄國此時在黑海中並無任何艦船，他仍然重視俄國在黑海中應有的法律地位。俾斯麥深恐俄皇片面廢約的舉動，會促成英奧兩國改變中立立場，影響普法戰局。所幸一則俄國廢約之舉純粹為關乎法律的象徵性動作，在國際政治上並無實際的影響；二則英國方面因企業界正投資在俄興建鐵路，不願過分得罪俄國；三則英國首相格蘭斯頓一向不認同黑海中立化能抑制俄國的野心，他主張應喚醒巴爾幹半島的民族主義，如標榜羅馬尼亞的民族獨立，才最能達到此一目的[163]。再加上俄國於事後表示願意召開國際會議處理，所以英、奧皆只有口頭抗議，虛應故事而已[164]，俾斯麥的心頭重擔因而卸下。

上述會議於1871年1月在倫敦舉行，法國本來可參加，但卻因法佛短視的想法：應與巴黎被困百姓共存亡。因而失去機會。俾斯麥原擔心法國的出席，會將會議的主題轉移到斡旋普法衝突的層面上去，因之不僅要求英國與奧匈承諾，不得在會中提及普法問題，並隨時準備退席。法國的缺席，免去了他的顧慮。1871年3月13日，倫敦會議接受俄國的提議，廢除了1856年巴黎條約中的黑海中立化條款，允許土耳其在平時可將海峽開放給各友邦使用，但仍維持戰時關閉之約定。

在對法作戰談判的同時，俾斯麥亦積極著手他的德境整合計畫。由於1848～49年的革命中，普王不願意接受來自「下層」人民呈獻的王冠，所以這一次一定得安排由「上層」，就是普王的同儕，如另一個國王來呈獻王冠。此一重責大任就落在巴伐利亞國王的身上。其實對於普魯士勢力南下梅茵河，最大的障礙本來就來自巴伐利亞。南德四邦中巴登與黑思‧達姆斯達特比較容易談，符騰堡次之，巴伐利亞最難。南德

各邦政府及王室其實此時都已瞭解，普魯士挑起與法國的戰爭，目的不外藉此奪取各邦主權，因此大多心存抗拒，但民間的民族主義情緒被挑動，俾斯麥又向各邦政府施加壓力，縱有千般不願，這些國家還是得與普魯士周旋。1870年10月30日，普巴兩國在凡爾賽展開談判，普魯士遷就巴伐利亞之要求，未成立單一國，只在邦聯的基礎上進行討論，1870年11月23日巴伐利亞在獲得普魯士承諾：統一後巴伐利亞仍然可以維持獨立的政府、駐外使節、和平時期可保有軍隊的自主權等條件下，答允加入德意志邦聯[165]。不待巴伐利亞國會通過上述條約，1871年1月18日在凡爾賽的明鏡宮，應巴伐利亞國王的要求，普王答允接受德意志帝國的王冠[166]，這當然是俾斯麥一手導演的好戲。德意志的統一終於在法國的領土上完成，對法國來說，無異傷口抹鹽。

　　就國家體制來看，新成立的德意志帝國其實應是聯邦，但又具有邦聯的色彩。新的憲法轉換自北德邦聯憲法。它的統治者同時也是普魯士國王。行政大權完全掌握在皇帝手上，他任命首相與各部首長。立法方面，分上、下兩院。上院（Bundesrat）基本上是保守勢力集中之處，由五十八名議員組成，權力相當大。其中普魯士有十七個議席。一般事務經由過半數票決通過，不過由於普魯士的十七票十分團結，小國議員多唯其馬首是瞻，所以一般議案的決議不會有違普魯士意旨。至於憲法修正案，可以十四票否決，所以普魯士可以否決一切對其不利的憲法修正案。下院有三百九十七席，由直接普選產生，但卻沒有甚麼權力。聯邦首相與內閣雖要出席下院應詢，但並不需要其支持，即使下院反對其政策，內閣也不需辭職[167]。

　　在各邦方面，理論上各個國家的權力都被保留。特殊主義（particularism）、或稱區域主義（regionalism）、部分主義（sectionalism），仍然存在於新憲中，普魯士由於其實力，居於領導的地位，但其他各邦仍有其內政上及外交上的空間[168]。

　　另方面，普法間的戰事雖然在1871年1月28日巴黎城陷後，由法佛與普魯士簽訂停火協議，但由於和約內容有待議定，並須經批准，所以須等待法國新的國會選出。其後法國新國會在波爾多（Bordeaux）產

生，推選蒂耶爲法蘭西共和國之行政首長（總統）。2月26日簽署草約，其中最重要的內容就是，法國承諾割讓亞爾薩斯全部及洛林的一部分與德。此二地之議員雖在波爾多議會中猛烈抨擊此一草約，但已回天乏術。3月1日草約被批准，5月10日普法雙方正式在法蘭克福簽署和約：除了割讓亞爾薩斯及一部分洛林之外，法國賠償五十億法朗，賠款未清前，由普軍駐紮法境，法國給予德帝國最惠國待遇。

俾斯麥的外交一向洞燭機先，識人所未識，其如有敗筆即是迫使法人割讓亞爾薩斯及洛林。此舉引起法國長久不息的怨恨[169]，迫使俾斯麥在後來的二十年，處心積慮的建立一系列同盟體系來孤立法國，以免後者的報復及討債。孰不知消除怨恨最佳的途徑就是寬大，如果像普奧戰爭結束時對奧國的作法一樣，只予挫折，不予屈辱，法德關係當不至於積怨半世紀以上，其後五十年的歷史可能亦要重寫。

（五）普法戰爭的影響

普法戰爭結束，普勝法敗，法國在割地賠款之餘，對路易拿破崙外交決策錯誤的譴責痛恨，自然不在話下。但大錯既已鑄成，德國既已統一，法國今後所能做的不外兩項：一在致力加強本身的安全防衛，二在如何削弱德國的實力。但事實上，除前者操之在法，可以努力以赴之外，至於削弱德國，則無論在外交、軍事、經濟等各方面來說，除非德國自己犯錯，機會實在不大。相反的，德國既然預期法國報復，則在各方面制約法國，倒是法國難以掙脫的桎梏。

普法戰爭的結束在外交上有多重意義。其中之一是：德意志帝國在歐洲的崛起。此後的二十年，德國在歐洲外交取代了原來的法國，居於執牛耳的地位。其二是法國長期孤立的開始。在此後二十年裡，法國爲俾斯麥所建構的同盟體系徹底孤立，外交上完全沒有施展的空間，因此只好將精力放在殖民地的開拓上。其三是普法之戰改變了原有的歐洲權力結構，它使歐洲政治版圖更行簡化，所謂維也納體系至此完全破產。雖然德意志帝國內許多的國家，如巴伐利亞、符騰堡、巴登等等，理論上在國際社會還有其外交地位與活動空間[170]，但事實上，他們已經被由

普魯士領導的德意志帝國所掩蓋。左右國際關係的歐洲強權，爲數仍然是那麼幾個：英國、法國、德國、俄國、奧匈、義大利，但實力內涵與前此已大不相同。其四，普法戰爭的性質不再是所謂的「內閣戰爭」（cabinet war），而是民族鬥爭或戰爭（national struggle or war），它是邁向二十世紀總體戰（total war）的里程碑。有史學家認爲，在戰爭期間俾斯麥及其同僚將領所表現出來的個性上的嗜血與惡毒，諸如圍困巴黎，打算餓死其人民，砲轟巴黎平民，堅持割讓土地，爭取全面勝利，不惜引起德法兩國的長期衝突，都是開現代戰爭的惡例，有極大的道德上的爭議性[171]。

從戰後國際政治的角度來看，德國不是昔日的普魯士，奧匈也不是當年的奧帝國，他們的實力消長可以從日後的國際關係中得到驗證。戰後的頭幾年，德國相當滿意於它這幾年的斬獲，同時也需要時間去消化它的政治獵獲物，它在當時的國際關係中屬於饜足的一方，短時間內不想尋求新的擴充或衝突。至於奧匈，在被逐出義大利與德意志後，目光只好望向東方，就是巴爾幹，雖然維也納方面常常推說這是由於匈牙利的緣故，其實實情是維也納的統治者與軍事將領，在義大利與德意志受辱之後，都想在巴爾幹扳回一城，彌補一些損失。這也注定了奧匈與俄國無可避免的衝突。前此奧匈還擺動在普魯士與法國之間，但色當之役以後，在西瓜偎大邊的效應下，奧匈的外交政策被迫只得轉向統一的德意志。這不是沒有原因，其一，奧匈勢力範圍的縮小，內部體制的變革，對其國力的提昇與統治基礎的穩定產生很大的負面影響。其二，其境內佔多數的斯拉夫種族，對少數日耳曼人及馬札兒人的專橫統治並不順服[172]。因此它只能越來越倒向新興德國，藉助後者的支持來解決內部問題，並與俄國周旋。

俄國在這次衝突中不完全是隔岸觀火，它乘著普法戰爭吸引國際關注之時，出其不意的宣布廢除巴黎條約中黑海中立化的條款，相關國家在各有顧忌之下，只能透過國際會議來追認，彼此給個下台階。成功的外交出擊把俄國轉往東方的眼光，又拉回近東巴爾幹，新的近東風暴此時逐漸形成。從往後二十年俄國、德國、奧匈間之三角關係，及德國偏

祖奧匈的政策來看，俄國其實在普法戰爭時，可能犯了法皇在普奧戰爭中一樣的錯誤。如果法將杭動所說，「薩多瓦一役，戰敗的是法國」沒有錯的話；那麼泰勒教授套用他的說法，「色當一役，戰敗的是俄國」也相當正確[173]。因為普魯士既然領導德意志統一成功，在中歐它已無所求；普奧相互牽制，有求於俄的情勢也不再存在。雖然在外交上德國也許需要聯俄制法，但它的德意志情感也會使它在關鍵時刻必然偏祖奧匈。

　　當然俄國不是完全沒有反制德國與奧匈的籌碼，那就是俄國也可以聯法以制德奧。但是要如此靈活的操縱外交杆桿，前提是要俄國能走出被騙的陰影與意識型態的約束。對俄國來說，要馬上做到這一點似乎並不容易。克里米亞戰後，正確來說就是在1856到1863年間，俄國曾經做過這樣的嘗試，在法俄之間也形成了一種協商關係，但結果卻因拿破崙三世的拙劣操作，讓亞歷山大二世得到受騙的感覺，終而破裂。現在要改善法俄關係就更困難了：法國本來就不容易贏得俄國的信任，普法戰敗後成立的第三共和，其共和體制更難討亞歷山大二世的歡心，更何況法國老是庇護俄國的異議份子？再說，俄德兩國皇室間的姻親關係，也能適時對兩國關係有所調和，把想要出走的俄國及時拉回。

　　英國對於普魯士領導統一德意志地區，抱有甚高的外交期待：期許統一後的德國可以真正的扮演起雙重藩籬的角色，東制俄，西抗法。這是一個古老的外交夢想，早在1814～15年的維也納會議時，就浮現在英國外交家的腦海中。英國之所以在普法戰爭中採取中立，在普魯士壓迫法國割地，法國臨時政府向英國尋求奧援時，首相格蘭斯頓雖然基於「道德」的觀點，並不認可普魯士的行為，也認為袖手旁觀並不恰當，但英國政府仍然決定不介入斡旋，就是出於上述外交夢想的考量。從普法戰後頭二十年歐洲各國關係來看，英國的期望相當程度獲得實現：法國在歐洲完全孤立，再也難興風作浪；俄國雖然難以完全制約，但多少也受到一些牽制。但是收之桑榆，未必不會失之東隅。英國沒有想到的是，德國的崛起不僅很快的在工業上成為英國的強勁對手，後來在近東與海權問題上也成為令人威懼的敵人。

　　在普法之戰中，義大利統一的完結篇終於寫成。1870年8月以後，法軍為馳援本土的戰爭自羅馬撤出，9月2日色當之戰後，義大利預見法國的失敗已成定局，即毫不猶豫的進軍羅馬。教皇除了自囚於梵蒂岡外，別無他法，歐洲國家對於義大利的行為亦視若無睹，自此羅馬即成了義大利的首都。登上國際舞台還不久的義大利，自是意氣風發，雖然忝附列強驥尾，但興風作浪，擴張版圖的野心倒不可小覷。

註釋

1.為19世紀初期義大利一個愛國團體,主要活動地區在雙西西里王國、教皇國。主要訴求在成立代議制的立憲政府,維護義大利利益,拒絕外來勢力。對於國家體制並無共識,有主張共和、有主張君主立憲、有主張聯邦、有主張單一國者。在1820及1830年的革命中曾積極參與。其後重要性慢慢衰退。

2.加里波底在1858年任薩丁尼亞軍隊少將,1860年5月率千人紅衫隊跨海攻打雙西西里,並取下那不勒斯,與加富爾的軍隊會師。他曾有機會統治雙西西里,建立共和,實現他的夢想。但加里波底以為義大利全境的統一遠重於追求共和體制,所以拱手將半壁江山讓與薩丁尼亞,完成義大利統一。

3.L.C.B. Seaman, (1967). From Vienne to Versailles. In Brison D. Gooch, *Interpreting European History, vol. II From Metternich to the Present.* Homewood, Illinois: The Dorsey Press. p.233; Arthur J. Whyte, (1965). Cavour: Architect of Unity. In Charles F. Delzell (Ed.), *The Unification of Italy, 1859-1861, Cavour, Mazzini, or Garibaldi.* New York: Holt, Rinehart and Winston. p.14.

4.R. Albretch-Carrié, op. cit., p. 95.

5.J. Droz, op. cit., p. 387.

6.奧西尼參加了1848~1849年羅馬革命,事敗,避居國外,1855年後常留倫敦。行事激進,後與馬志尼決裂。

7.A. J. P. Taylor, *The Struggle for Mastery in Europe, 1848-1849.* op. cit., p. 102.

8.所謂「正當的藉口」,即指不違背當時主流國際價值的理由。帶有革命色彩,推翻現有統治者,如革命者所常常標榜的民族主義、自由主義,顯然不是當時認可的正當理由。而薩丁尼亞所想要的倫巴底、威尼斯等地,都是維也納協議劃歸奧國的。片面撕毀條約,顯然違反國

際法，也不是正當理由。

9.1859年4月初，英國駐法大使靠考利（Cowley）在對英國外交大臣馬爾米斯柏利（Malmesbury）的報告中即如此建議。見A. J. P. Taylor, *The Struggle for Mastery in Europe, 1848-1849*, op. cit., p. 108.

10.德比爲保守黨領袖、首相。1820年進入議會，1830年任愛爾蘭事物首席大臣，1831年入閣。1852、1858、1866年三度出任首相。狄斯雷里（Disraeli Benjamin, 1804-1881）對他評價頗高，稱許他廢除了奴隸制度，教育了愛爾蘭，改革了議會。

11.當時普魯士的外相曼德弗、駐俄大使俾斯麥都是保守派，主張聯俄。由於普魯士國王腓特列威廉四世心神喪失，1858年11月由其弟威廉攝政。威廉此時主張聯英，另方面在德意志民族主義的影響下，也主張支持奧國。所以上台後，換下親俄的外相曼德弗，換上許勒尼茲，後者被史學家泰勒稱爲只懂取悅君主，毫無政策。

12.普法之間的矛盾俄國知之甚詳，普想聯俄制法，俄想聯法制奧，因爲有這樣的糾結，所以俄國示意普魯士，聯俄之路需經巴黎。

13.A. J. P. Taylor, *The Struggle for Mastery in Europe, 1848-1918*, op. cit., p. 91.

14.E. Tarlé, *Napoléon III et l'Europe de la paix de Paris au debut du Ministère de Bismarck en Prusse (1856-1862)*. In V. Potiemkine, op. cit., pp. 470-471.

15.拿破崙三世習慣另闢管道直接指揮或溝通，以免制肘。此一做法令其外相至爲不滿。瓦雷夫斯基曾寫信給他抱怨說，大使們既然知道可以直通天聽，當然會越過他行事；而他給這些大使的指示，後者也不確定應該做或是不做。見Pierre Renouvin, *Napoleon III, Bismarck, and Cavour*. op. cit. p. 54.

16.後來成爲義大利統一後的第一位國王。勇敢，但並無才能。致力於鞏固王位，反對共和。1852年啓用加富爾當政，才使薩丁尼亞領導完成義大利的統一大業。1861年加富爾過世後，他親自主政，先後取回威尼西亞、羅馬。

17. A. Sked, op. cit. p. 172.

18. 史學家認為其實此議是彪爾所提出，並經內閣會議所通過，推給軍方的說法，不過在找一個代罪羔羊。

19. L. C. B. Seaman, Napoléon and Cavour and Bismarck, in Brison D. Gooch, Interpreting European History, vol. II, *From Metternich to the Present*, op cit., p. 234.

20. E. Tarlé, Napoléon III et l'Europe de la paix de Paris au debut du Ministère de Bismarck en Prusse (1856-1862). In V. Potiemkine, op. cit., pp. 476.

21. J. Droz, op. cit., p. 390.

22. Ibid. p.391; A.J.P. Taylor, *The Struggle for Mastery in Europe, 1848-1918*. op. cit., pp. 113-114.

23. 事實上，在議定維拉法蘭卡停火協議時，拿破崙三世即已提出此一條件，但法蘭西斯約塞夫拒絕將其形諸文字。後者一直以為各小國的君主應該有能力恢復自己的王權，但這顯然是誤判。

24. 關於加富爾與加里波底的關係，有兩種截然不同的說法，一種認為加富爾贊成並支助加里波底的西西里之行，如William Roscoe Thayer, (1965). Garibaldi's Sicilian Expedition Facilitated by Cavour. In Charles F. Delzell (Ed.), *The Unification of Italy, 1859-1861*. New York: Holt, Rinehart and Winston. pp.36-38. 但另一種說法則認為加富爾對加里波底的態度常常捉摸不定，總是懷有或深或淺的敵意，對加里波底的西西里之行並未幫助。見Denis Mack Smity, Cavour Hostile and Treacherous to Garibaldi. In Charles F. Delzell (Ed.), T*he Unification of Italy, 1859-1861*, op. cit., pp. 39-56. 其實我們認為事實應該在這二者之間。何以言之？加富爾在政治理念上與加里波底不同，是憲政主義的現實政治家，加里波底是狂熱的共和主義、民族主義的實行家，加富爾害怕加里波底的躁進活動危及薩丁尼亞的王權，對他深懷戒心是必然的。但也正因為如此，加富爾也可以利用加里波底去進行薩丁尼亞不便自己出面做的事。我們可以說，北、中義大利的統一，加富爾得

拿破崙三世之助，但南義的統一則是假加里波底之手才能完成。

25. 帕瑪斯頓風聞薩丁尼亞可能割讓熱內亞給法國，以換取法國的支持，所以主動向薩提出，英國可以與薩締結防衛同盟，條件是薩不能割地與法，也不得攻擊威尼西亞。薩並未接受英國的提議，但保證不會割地與法。

26. J. Droz, op. cit. pp. 394-395; A.J.P. Taylor, *The Struggle for Mastery in Europe, 1848-1918.* op cit., p. 123.

27. 關於公投的必要性及結果分析，參閱George Macaulay Trevelyan, Regrettable but Necessary. In Charles F. Delzell (Ed.), *The Unification of Italy, 1859-1861.* op. cit., pp. 63-65.

28. L. C. B. Seaman, Napoleon and Cavour and Bismarck, op. cit., p. 235.

29. Albert Guerard, (1963). A Forerunner of Woodrow Wilson. In Samuel M. Osgood (Ed.), *Napoleon III, Buffoon, Modern Dictator, or Sphinx?* Boston: D. C. Heath and Company. p.64.

30. Ibid. pp. 58-59, 64.

31. 是年9月法國外相杜弗奈給俄國外相葛恰可夫一個備忘錄，陳述法國政策。其中有兩個部分，上述提議為第一部分，第二部分涉及近東問題，法國同意在發生「災難」時，將先與俄國討論解決辦法。這部分葛恰可夫在華沙會議中隱而未提。參見A. J. P. Taylor, *The Struggle for Mastery in Europe, 1848-1918*, op. cit, pp.122-123.

32. 1860年6月威廉與拿破崙會晤於巴登巴登（Baden-Baden），威廉邀請了一群德意志國家的首領相伴，因此拿破崙取笑他，好像一位膽小的女孩，為了避免與惡名昭彰的戀人相會，留下話柄，所以邀了一堆人相伴。

33. 拿破崙三世曾經解釋，他之所以向薩丁尼亞或普魯士索取土地回報，不是因為他個人著眼於擴大法國的領土，而是囿於民意壓力，不得不如此以回應法國人民的要求，來鞏固自己的地位。1866年9月他曾說：神聖同盟解體了；義大利與德意志在法國贊許下獲得自由；歐洲人民組成偉大的國家，才能對抗俄國與美國兩大巨人。他不相信一國

的偉大有賴於鄰國的衰弱，眞正的權力平衡存在於歐洲各民族的願望
得以滿足。法國代理外相拉發萊德（La Vallete）傳閱信函，coted by
A. J. P. Taylor, *The struggle for Mastery in Europe, 1848-1918.* op. cit.,
p.176.

34.俾斯麥生於布蘭登堡，貴族出生，十七歲到格丁根大學習法律，畢業
於柏林大學。求學時代天性狂妄，常惹是生非。不屑就家人所謀文官
職位，寧願經營自家莊園。縱情享樂，喜好狩獵、騎馬、游泳。喜愛
閱讀，對文、史、哲及神學皆有造詣。1847年入政界，成爲德意志邦
聯議會議員。支持君權神授、愛國主義，反對自由主義，決心擴充普
魯士的權力對抗奧國，兼併德意志諸邦。

35.巴黎條約第21及22條的規定二個公國分別自治，見王繩祖、何春超、
吳世民，前引書，頁108。

36.R. Albretch-Carrié, op. cit., p. 108.

37.J. Droz, op.cit. pp.395-396; A. J. Grant & H. Temperley, op. cit. pp. 222-
223.

38.庫薩大公出身貴族，曾留學巴黎，1848年參加反俄、土革命，1857年
被選爲摩達維亞臨時議會議員。1859年春當選爲摩達維亞及瓦拉齊亞
大公。1861年正式宣布羅馬尼亞之統一。他力行土地改革，沒收寺院
土地給農民，輕徭薄賦（農民免稅），推行義務教育、建學校、設獎
學金、改革司法以及選舉、改組政府。但其政策爲大地主及若干中產
階級反對，1866年被迫退位。

39.巴巴拉杰拉維奇著，福建師範大學外語系編譯室譯，前引書，頁119-
120。

40.A. J. Grant & H. Temperley, op. cit., p. 223.

41.此一家族之卡拉喬治（Karageorge, 1762-1817）一生從事塞爾維亞民
族獨立運動，出身牧人，1787年參加奧軍對土作戰。奧土戰爭結束
後，以買賣牲畜致富，1804年率領塞爾維亞對土作戰，1807年俄土戰
爭後塞爾維亞人更添助力。1808年卡拉喬治被舉爲最高領袖，1813年
土三面圍攻塞爾維亞，卡拉喬治逃往國外，1815年爲其部屬米洛奇奧

布里諾維奇（Miloch Obrenovitch）派人謀刺。卡氏之子亞歷山大在 1842～1858年再度被擁為王，建立卡拉喬治維奇王朝（Karageorgevich Dynasty）。

42.奧布里諾維奇家族的領袖米洛奇為塞爾維亞農民革命家，參加卡拉喬治起義，失敗後卡拉維奇逃往國外，米洛奇為土招降，封為大公。米洛奇因恐卡拉喬治競爭，派人將其殺害，向土耳其獻上卡拉喬治首級，因而取得塞爾維亞的自治權與世襲權，從事各種改革。因為為人專橫，於1839年被迫退位。1859年又應國會之請復位，採取反奧政策，要求土削減駐塞爾維亞之軍力，但不久病故，由子麥可繼位。

43.A. J. Grant & H. Temperley, op. cit., pp. 221-222.

44.J. Droz, op. cit., p. 397.

45.Ibid. p. 398.

46.巴巴拉杰拉維奇著，福建師範大學外語系編譯室譯，前引書，頁121-122.

47.A, J. Grant & H. Temperley, op. cit., p. 220; R. Albretch-Carrié, op. cit., p. 110.

48.據說黎巴嫩的宗教衝突，幕後也有英國介入。法國在派軍介入之前，曾透過英國駐法大使考利向倫敦要求共同行動，但未獲應允。見E. Tarlé, Napoleon III et l'Europe de la paix de Paris au début du Ministère de Bismarck. In V. Potiemkine, Tome I. op. cit., p. 478.

49.A.Guerard, A forerunner of Woodrow Wilson. In Samuel M. Osgood (Ed.), *Napoleon III, Buffoon, Modern, or Sphnix?* op. cit., p. 59.

50.J. Droz, op. cit., pp. 398-399; R. Albretch-Carrié, op. cit., pp.110-111.

51.Ibid. p. 111.

52.有關此段史實請參閱：傅啓學（1966）。中國外交史。台北：三民。頁65-74，78-83；陳志奇（1993）。中國近代外交史。台北：南天。頁297-400，404-440。

53.此約旨在調和兩國在中美洲的利益，約中規定：兩國共同控制與保護擬議中將興建的巴拿馬運河，保證中美洲各國的中立地位，美英兩國

皆不得佔領、設防、殖民、實施或主張任何宗主權。

54.R. H. Ferrell, op. cit., pp. 272-291.

55.俄國在1863年波蘭事件發生後，與英法交惡，在美國內戰中較為同情北方政府，但最終只採取了武裝中立的立場。

56.J. Droz, op. cit., pp. 403-404.

57.Ibid. p. 404.

58.E. Tarlé, Napoleon III et l'Europe de la paix de Paris au début du Ministère de Bismarck. In V. potiemkine, Tome I. op. cit., pp. 479-480.

59.J. Droz, op. cit., p. 405.

60.拿破崙三世後來曾表示，他在義大利半島最大的失策，就是派遣法軍護衛教皇，這使他在其後的對義政策上受到許多約束與牽制。

61.這四點是：接受領土現狀、教皇國的債務轉移給義大利、給予教皇一份年俸、教皇國內部應自由化。

62.J. Droz, op. cit., pp. 406-407.

63.J. Droz, op. cit., p. 408.

64.威廉一世為腓特烈威廉三世之次子，致力於軍隊與軍事工作。其兄腓特烈威廉四世於1840年登位，因無子嗣，他成為法定繼承人。

65.W. Carr, op. cit. p. 86; 巴巴拉杰拉維奇著，福建師範大學外語系編譯室譯，前引書，頁125.

66.E. Tarlé, Napoleon III et l'Europe de la paix de Paris au début du Ministère de Bismarck. In V. Potiemkine, Tome I, op. cit., p. 484; A. J. P. Taylor, *The Struggle for Mastery in Europe, 1848-1918*, op. cit, pp.134-135

67.J. Droz, op. cit., p. 408.

68.Ibid. pp. 408-409; E. Tarlé, Napoleon III et l'Europe de la paix de Paris au debut du Ministère de Bismarck. In V. Potiemkine, Tome I, op. cit., pp. 484-485.

69.5月俾斯麥曾向俄提議組普俄聯盟；6月兩位君主曾書信討論；8月法蘭西斯約塞夫曾在法蘭克福召開德境各邦會議，企圖說服普魯士接受

奧國在此之領導地位，但普王缺席，未果。

70. A. J. P. Taylor, *The Struggle for Mastery in Europe, 1848-1918.* op. cit, p.141.

71. 俾斯麥就任首相之後就想兼併這二個公國，他在1862年11月就下令普魯士軍方研究進攻此二公國之計畫。參見，D. G. Williamson, (1986). *Bismarck and Germany, 1862-1890.* London: Longman House. p.17.

72. Ibid. p. 143; O. Pflanze, (1990). *Bismarck and the Development of Germany, vol. I. The Period of Unification*, Princeton University Press. pp.241-242.

73. Roy A. Austensen, Austria and the Struggle for Supremacy in Germany, 1848-64. In *Journal of Modern History*, Vol. 52, p. 224, Coted by Alan Sked, op. cit. p. 176.

74. O. Pflanze, op. cit. pp. 245-247; A. J. P. Taylor, *The Struggle for Mastery in Europe, 1848-1918.* op. cit, p. 145.

75. 法國外相涂昂德呂在巴黎跟英國使節說：「波蘭問題顯示出，當戰爭已經近在咫尺，英國卻無法依賴。」言下對英國在波蘭事件中的袖手，仍覺悻悻然。

76. J. Droz, op. cit. p. 410.

77. Ibid. p. 411.

78. 參閱本章第三節，第三小節頁222-223，及本章註132。

79. 據說在1862年他赴英國參觀國際博覽會，應邀出席俄國使館的一個餐會時曾說：「我即將被招回國領導普魯士政府，我的首要之務即是：不管國會支不支持，都將重組軍隊。普王有權推動此一工作，但他得不到目前國會議員的協助。當軍隊整編到如領導所預期，我將在第一機會與奧一戰，摧毀德意志邦聯，將中小國家收服，在普魯士的領導下給予德意志統一。我來此就是要將此訊息告知女王陛下的大臣們」。當時英國在野的保守黨狄斯雷里聽了這一席話後的感想是：「注意這個人，他會說到做到」。參見W. Carr, op. cit., p. 83.

80. J. Droz, op.cit. p. 412.

81.因此，他與他的恩師格拉赫（Gerlach）在對奧國、法國的外交立場上，看法完全不同。參見Henry Kissinger, (1994). *Diplomacy*. New York: Simon & Schuster. pp. 124-136.

82.俾斯麥像曼德弗一樣，主張爭取俄國支持；像拉多維茲，主張建立小德意志（lesser Germany）；像柏恩斯多夫，對法國友誼充滿懷疑。參見A. J. P. Taylor, *The Struggle for Mastery in Europe, 1848-1918*, op. cit., p.131.

83.A. Sked, op. cit. pp. 175-182.

84.兩次戰爭之前，奧國都被普魯士遊說，以讓出德意志境內的軍事領導權，換取普魯士的同盟，支持奧國在義大利半島的利益，但兩次奧國都拒絕了。

85.H. Kissinger, *Diplomacy*, op. cit. pp. 124-133。

86.W. Carr, op. cit., p.87.

87.J. Droz, op. cit., pp. 413-414.

88.Ibid, pp. 414; O. Pflanze, op. cit., pp. 255-258.

89.其實在中歐關稅聯盟一事上，俾斯麥並不完全反對，因為害怕一旦雷赫貝格下台，換上的新人態度強硬，更不容易對付。但由於普魯士的財政、貿易、經濟首長都一致反對，所以沒有接納雷赫貝格的要求。

90.O. Pflanze, op. cit., pp. 254-255.

91.Ibid. p. 255; A. Sked, op. cit. p. 179.

92.究竟曼斯多夫是受誰的影響，史家有不同的說法。A. J. P. Taylor教授以為是受艾斯特哈齊的影響，但J. Droz以及O. Pflanze等教授以為是受畢吉勒班的影響。後者是雷赫柏格的助理，反普，主張奧國應與法國結盟。其實二人都對當時的奧國外交有一定的影響力。

93.O. Pflanze, op. cit., pp. 260-261.

94.當時普魯士的財政實力不足，軍事動員並應付可能長達一年的戰爭，需要的錢約為六千萬塔勒（thaler，德意志舊銀幣名）。後俾斯麥後將國會置於一旁，以出售國有礦產與鐵路股票等方法籌款。Ibid. pp. 261-262.

95.J. Droz, op.cit. p. 415.

96.O. Pflanze, op. cit., pp. 264-265.

97.A. J. P. Taylor, *The Struggle for Mastery in Europe, 1848-1918*. op. cit., p.159.

98.O. Pflanze, op. cit., p. 295.

99.A. Sked, op. cit. p. 179.

100.A. J. P. Taylor, *The Struggle for Mastery in Europe, 1848-1918*. op. cit., p.160.

101.法皇建議義大利與普魯士接觸，原意是藉此向奧國施壓，迫使奧國讓出威尼西亞，其實並不贊成義普結盟。當義王將此情告知俾斯麥時，後者遂有第二次的比亞里茲之行，向法皇表達：普奧衝突本來就曠日廢時，義大利的加入在軍事上幫不了甚麼忙，只是在外交上可壯聲勢。俾斯麥的虛僞表白，益增法皇對自己判斷的信心，所以改變態度，促成普義締盟。See E. Tarlé, (1953). La Diplomatie de Bismarck lors des guerres contre le Danemark et l'Autriche (1864-1866). In V. Potiemkine, Tome I. op. cit., pp. 500-501.

102.O. Pflanze, op. cit., pp. 299-301.

103.奧國此一提議受到知情者強烈批評，因爲這叫在威尼西亞作戰的奧國軍人如何甘心？如果他們拼命維護的領土，無論戰勝戰敗都將讓與義大利，他們的犧牲代價又在哪裡？

104.A. J. P. Taylor, *The Struggle for Mastery in Europe, 1848-1918*. op. cit., p.163.

105.A. Sked, op. cit. p. 179.

106.J. Droz, op. cit., p. 417。蒂耶以其歷史學家的身份提出的此一看法雖然相當傳統，但卻也是最符合國際政治理論與現實的一種看法。法國的黎希留主教早在17世紀就主張：法國周圍應存在一系列小國，而不是一個大國，方不至於威脅到法國的利益。拿破崙見不及此，實在誤了自己，也誤了法國。

107.史丹利爲德比爵士之子，以史丹利爵士知名於世。1866～1868，

1874～1878年曾二度爲外相，反對狄斯雷里之政策，處理與法國的蘇伊士運河之爭，相當成功。

108.威廉一世爲亞歷山大二世的舅父。

109.O. Pflanze, op. cit., pp. 303-304.

110.涂昂德呂屬保守派政治家，一向主張聯奧，從克里米亞戰爭以來就是如此，他雖然是拿破崙的外相，顯然不懂拿破崙的心意。

111.俾斯麥曾數度爲此事與威廉一世爭執，甚至不惜掛冠求去。

112.Samuel R. Williamson, Jr, (1991). *Austria-Hungary and the Origins of the First World War*. New York: St Martin's Press. pp.13-14.; Nicholas Der Bagdasarian, (1976). *The Austro-German Rapprochement, 1870-1879, From the Battle of Sedan to the Dual Allianmce*. London: Associated University Presses. pp.35.

113.A. Sked, op. cit., pp. 189-190.

114.據說戰爭初起，義大利在南線敗北時，俾斯麥就將毒藥裝在口袋，以備不時之需。還好7月3日薩多瓦一役，普軍大勝，毛奇救了他。參見V. Potiemkine, op. cit. p. 502.

115.王增才（1973）。西洋外交史。台北：正中書局。頁155。

116.北德邦聯的行政權歸屬於世襲主席，即普魯士的國王，他可以決定邦聯的外交、和戰、控管軍隊，任命邦聯首相及各部首長，而首相負責邦聯的實際行政，權力極大。各邦君主仍保留相當主權，如召開貴族會議，派遣外交代表等。邦聯的立法機構有二，一爲參議院，由各邦代表組成，一爲帝國議會，由各邦人民中成年男子普選產生。

117.O. Pflanze, op. cit. p. 316, pp. 370-371.

118.A. J. Grant & H. Temperley, op. cit. p. 261.

119.O. Pflanze, op. cit., p. 371.

120.J. Droz, op. cit., p. 420.

121.A. J. Grant & H. Temperley, op. cit., p. 262.

122.胡耶於1848獲選入國會，1849任司法部長。爲路易拿破崙之親信，

爲其鎭壓左翼反對派，支持其恢復帝制，任第二帝國國務會議副主席。1863年起任國務大臣，號稱「副皇帝」。1869年自由運動獲勝後，被迫辭職。第二帝國垮台後，他於1872～1882年任國民議會議員。

123.此一書面文件俾斯麥在1870年交給英國泰晤士報發表，用以破壞英法關係。

124.A. J. P. Taylor, *The Struggle for Mastery of Europe, 1848-1918.* op. cit., p. 174; O. Pfanze, op. cit., pp. 372-374.

125.此一協議在暗中進行，據說是透過賄賂荷王之情婦所達成。但荷王最後覺得不安，堅持要在通知普魯士後才簽署。

126.J. Droz, op. cit., pp. 421-422.

127.A. J. P. Tayler, *The Struggle for Mastery of Europe, 1848-1918.* op. cit., p.179.

128.J. Droz, op. cot. p. 422; O. Pfanze, op. cit., pp. 377-378.

129.1868年3月中，拿破崙親王有柏林之行，他及法國駐普大使貝尼德蒂共同的看法都是：普魯士席捲南德只是時間問題。O. Pflanze, op. cit., p. 440.

130.Ibid. p. 368.

131.A. J. P. Taylor, *The Struggle for Mastery of Europe, 1848-1918.* op. cit., pp.181-182, 185.

132.柏伊斯特爲出生於德勒斯登（Dresden）之貴族，習法律，傾向自由主義（立憲），1830年畢業入外交界，曾在柏林、巴黎、倫敦等使館工作，1848年爲薩克森駐柏林公使，1849年爲薩克森之外交大臣，曾引普軍鎭壓德勒斯登起義，後曾與普魯士、漢諾威結成三國同盟。1853年轉任薩克森之內政大臣，致力發展經濟。後親奧，與俾斯麥對立。普奧戰爭後，薩克森國王受俾斯麥壓力，迫柏伊斯特去職。1866年10月爲法蘭西斯約塞夫任命爲外交大臣，1867年2月又被任命爲哈布斯堡王朝帝國大臣。他力阻德意志南部各邦與普統一，交好義、法，推動與之同盟。 1871年10月被解除職務，轉任奧匈駐

倫敦及巴黎之大使，1882年退休。

133.格拉蒙貴族出身的外交家，第二帝國時期歷任各外交使館，支持法
國介入義大利（1860年），擔任駐奧大使時力促法奧締盟抗普，1870
年5月任外交大臣，反對普王室接受西班牙王位，1870年7月12日致
普王電文造成普法衝突，1870年8月辭職退出政界。格拉蒙最大的問
題是誤解了奧匈的意向，也誤導了法皇，他一直認爲法與奧匈之間
可以締盟，奧匈會是一個忠實的盟友。

134. N. D. Bagdasarian, op. cit., pp. 35-36.

135.Ibid. pp. 36-38; A. J. P. Taylor, *The Struggle for Mastery of Europe,
1848-1918*. op. cit., pp.180-181.

136.安特拉希早年參加柯蘇士領導之匈牙利激進改革黨，1847年入匈國
會，1848～1849年反奧起義任營長，事敗逃亡國外。1857年任匈首
相兼國防部長，支持奧匈二元帝國。親德反俄，普法戰爭中牽制柏
伊斯特，使奧匈中立，1871年任奧帝國外交大臣，1879年簽奧德聯
盟條約，不久辭職，仍任匈國會議員。

137.其實，安特拉西並不反法，也不反對與法國締盟，但一切皆以能幫
助奧匈維護它在巴爾幹的利益爲指標。安特拉西也不是親普，只是
因爲馬札兒人在德意志並無利益。如果普魯士支持俄國在巴爾幹的
利益，則安特拉西當然會與普一搏。

138.O. Pflanze, op. cit., pp. 441-442.

139.A. J. P., Taylor, *The Struggle for Mastery of Europe, 1848-1918*. op.cit.
pp. 193-194; O. Pflanze, op. cit., pp. 443-444.

140.Ibid. pp. 444-445.

141.A. J. P. Taylor, *The Struggle for Mastery of Europe, 1848-1918*. op.cit.
p. 195.

142.J. Droz, op. cit., p.425.

143.布勒蒂亞努爲羅馬尼亞首相，他支持，或至少默許此一反對匈牙利
之民族統一運動。

144.N. D. Bagdasarian, op. cit., pp. 39-41.

145.普法之戰究竟由誰挑起，看法確實見仁見智。不少學者以爲是由拿破崙三世所挑起，因爲他不能容忍德意志的統一，而且期待戰爭能鞏固法國不穩定的政府。也有學者以爲是俾斯麥一手策劃，因爲俾斯麥既忍受不了南德的地方主義，也忍受不了普魯士境內，與他處處作對的自由派，期待以戰爭解決這些惱人的問題。也有人以爲在普奧戰爭結束後，俾斯麥自認爲他最重要的工作在提昇荷漢佐倫王室的地位，對王室的忠誠，他致力於取得西班牙王位也是基於此一考慮，頂多只在將法國注意力由萊茵河移向比利牛斯山。還有人以爲此一戰爭爲俾斯麥及拿破崙三世所一致追求，前者在藉以完成德意志的統一，後者在藉以重振第二帝國的威望。每種論斷都有部分道理。

146.F. Ponteil, op. cit. pp. 356-357.

147.達魯在同年4月，因對羅馬教皇國國務會議的看法與法皇不同而被解職，法皇任命駐奧大使格拉蒙爲新的外相。

148.1868年12月及1869年5月，俾斯麥曾先後派人前往馬德里，名義上是去瞭解情況，並非去談判，但傳言是去討論雷奧保德的人選問題。參見O. Pflanze, op. cit. p. 453.

149.Ibid. pp. 453-459.

150.Ibid. p. 462.

151.7月份在歐洲是旅行度假養身的季節，政府根本是空城，雖然直接要求覲見普王不合外交禮儀（原則上應透過外交部門爲之，或會見外相），但此時俾斯麥在瓦爾沁（Varzin）度假，普王在厄姆斯休養，只好從權。

152.O. Pflanze, op. cit., pp. 462-465.

153.E. Tarlé, La préparation diplomatique de la guerre Franco-Prussienne, in V. Potiemkine, Tome I, op. cit., p.516.

154.O. Pflanze, op. cit., pp. 466-469.

155.事實上南德各邦中，巴登與符騰堡的參戰沒有問題，其他兩國卻十分猶豫。如黑思‧達姆斯達特是盡力避免捲入戰爭，爲此曾一再向

奧國，甚至法國尋求支持。巴伐利亞的內閣，除了戰爭部長之外，一致主張中立，但是其國王路德維克二世（Ludwig II）在幾經猶豫，權衡輕重後，還是支持了參戰的決定。參見O. Pflanze, op. cit. pp. 490-491.

156.E. Tarlé, La préparation diplomatique de la guerre Franco-Prussienne. In V. Potiemkine, Tome I. op. cit., pp. 520-521, 其原文爲：Le gouvernement impérial est toujours disposé à preter son concours sincère à tout effort tendant à limiter le cadre des hostilités, à abreger leur durée et render à l'Europe des bienfaits de la paix.; A. J. P. Taylor, *The Struggle for Mastery of Europe, 1848-1918.* op.cit., pp. 207-208.

157.J. Droz, op. cit. p. 432.

158.O. Pflanze, op. cit., p. 473; J. Droz, op. cit., pp. 431-432.

159.O. Pflanze, op. cit., pp. 474-479.

160.Ibid. pp. 484-489. 其實俾斯麥就割讓土地一事曾與法國有過坦率的意見交換，他認爲德國之所以執意要取得此二地，是基於未來德國的安全考量：此二地關乎南德安全至鉅。他並認爲普法此次戰爭不過是未來兩國間一系列戰爭的開始。見V. Khvostov, (1953). La guerre Franco-Prussienne et la paix de Francfort. In V. Potiemkine. Tome I, op. cit., pp. 527-528.

161.格蘭斯頓爲英國十九世紀政治家，曾任自由黨黨魁及四屆的首相。他出生蘇格蘭，畢業於牛津大學，1832年爲國會議員，1834年入財政部，繼任殖民副大臣，1838年出版《國家與教會關係》，1843年皮耳首相任命其爲商務部主席，1845年任殖民大臣，一向主張自由政策。1850年批評帕瑪斯頓的外交政策野蠻侵略。1851年親睹那不勒斯犯人惡劣待遇，建議亞伯丁（外相）呼籲雙西西里改善。1852年批評狄斯雷里預算，造成倒閣。隨即加入亞伯丁聯合政府任財相。1858年出版《荷馬及其時代之研究》（三卷）。1857年批評帕瑪斯頓之中國政策，致使其失敗倒閣。拒絕加入1858年德比之保守內閣。1865年大選獲下院領導權。1868至1874年任首相，施政重點在外交

及愛爾蘭問題。1880～85年二度任首相兼管財政。致力解決東方問題，迫使土耳其將色薩利（Thessaly）割與希臘，1881年通過愛爾蘭土地法案，嘉惠當地農民，1882年解決埃及問題，支持愛爾蘭自治，同年6月選戰失利，辭首相職。1886年2月三度組閣，由於愛爾蘭自治方案被國會否決，辭職。1892年8月四度組閣（八十二歲），1894年3月因反對海軍軍費辭職。1898年因癌病去世。

162. A. J. P. Taylor, *The Struggle for Mastery of Europe, 1848-1918.* op.cit. pp. 212-213.

163. Ibid. p. 215; J. Droz, op. cit., pp. 432-433.

164. 俄國既然承諾經由國際會議更改巴黎條約，就承認了國際法上重要的原則：條約不得片面廢除或更改，這也給了英國下台階。

165. 巴伐利亞在一般的權限外，還要求：巴國需獲得在外交政策上平等的發言權，自有的軍隊（戰爭時期除外），獨立的軍事預算，對修憲的否決權，終止德境關稅聯盟之權。這些要求最後大部分都獲得滿意的答覆。1870年11月的條約中，普魯士對南德各邦做了兩方面的讓步，一是所謂「特殊權力」（special rights），一是所謂「保留權力」（reserved rights）。巴登、符騰堡、巴伐利亞雖然都享有這些權力，但內涵不同，其中巴伐利亞的待遇最爲特殊。所謂「特殊權力」，其實象徵意義比實質意義大。譬如在普魯士代表不能主持聯邦參議院會議時，由巴伐利亞代表代理之，巴伐利亞在參議院軍事委員會有常設的席位，在新設的外交委員會擔任主席（符騰堡與薩克森只有常設席位），在聯邦駐外使節不能執行職務時，可由巴伐利亞的使節代行職務，在和談時應有各自的代表等。至於「保留權力」，其實質的重要性很高，譬如巴伐利亞對內政的自主，可以管理規劃境內的鐵路、郵政、電報，它的軍隊在德國軍隊中自成一支，獨立管理，由德皇及巴伐利亞國王共同領導（換言之，只有在戰爭開始時由德皇領導），巴伐利亞境內所有城堡的統領皆由巴伐利亞國王任命。參見O. Pflanze, op. cit. pp. 494, 496-498; W. Carr, op. cit., pp. 115-116.

166. 新的皇帝被稱爲「德意志人皇帝」（German Emperor），而不是「德

意志皇帝」（Emperor of Germany），因為後者暗示對德意志土地的
領有權，事實上，根據當時的新憲法，在帝國下的各國君主還是各
國領土的領有者。參見A. J. Grant & H. Temperley, op.cit., p. 278.

167.Ibid. p. 279

168.Ibid. p. 278.

169.雖然俾斯麥在給普魯士駐英大使柏恩斯多夫的信上自我辯護說，即
使法國沒有割地，普法戰爭的失敗一樣也讓法國人難以釋懷。這話
也許有一部分是對的，但並不完全。戰敗使國家與人民都覺喪氣，
但疼痛會慢慢消失。割地一事卻讓法國無時無刻不感到屈辱，只要
失地一天不收回，傷口就一天不能結疤。

170.這些國家的駐外使館都仍然保留，也繼續接受外國的使節，可以和
其他國家簽訂僅涉及其本國的條約，日常的外交活動也如常進行，
直到1918年一次世界大戰結束後才完全改變。

171.W. Carr 及O. Pflanze兩位教授都持這種看法，參見W. Carr, op. cit., p.
115; O. Pflanze, op. cit., pp. 470-471.

172.當時奧匈帝國的人口約三千五百萬，匈牙利統轄區域內馬札兒人約
為五百三十萬，佔該區域人口36％。奧地利統轄區域內日耳曼人口
約為七百萬，佔該區域人口35.5％。換言之，這兩大民族的總人口
只佔奧匈帝國人口的三分之一強，超過60％的人口為其他民族所組
成。他們是：捷克人、斯洛伐克人、塞爾維亞人、克羅埃西亞人、
波蘭人、羅馬尼亞人、保加利亞人、以及猶太人等。其中大部分屬
斯拉夫族。參見N. D. Bagdasarian, op. cit., p. 35.

173.Taylor教授認為其實在色當一役，俄國與英國都是輸家，不過俄國
輸得更多。參見A. J. P. Taylor, *The Struggle for Mastery of Europe,
1948-1918*. op.cit., p.210.

第二篇

權力政治與合縱連橫

　　普法戰爭是十九世紀國際關係的一個分水嶺，它徹底終結了1815年
以來舊的歐洲權力結構，就是梅特涅體系，或稱維也納體系，開啓了一
個新的國際體系，就是以現實政治，或稱權力政治爲核心的體系。雖然
認眞檢視，即使是梅特涅體系也是建立在權力政治的本質上，如果沒有
權力做後盾，何能強求小國接受由大國操刀的領土處置？何能樹立正統
王室的合法性？何能建立對他國革命進行干涉的正當性？但是梅特涅體
系與七十年代以後的國際體系最大的不同點是，雖然同樣是建立在權力
政治的基礎上，但梅特涅體系裡有共同接受的國際原則，如均勢原則、
維持現狀原則、正統原則、補償原則；有大家都遵守的行爲規範，如條
約神聖、多邊諮商等。相反的，新的國際體系裡，既無普遍接受的國際
原則，也無共同遵守的行爲規範。國際秩序與和平的維持，並沒有任何
共同接受的國際架構可以依持。在追求國家利益的目標下，各國只能靠
本身對權力估算是否精準，只能靠積極的合縱連橫來增強自身的實力，
或補強自己可能的誤算。因此外交活動非常活躍，各國各憑本事，各擅
勝場，手段上了無限制，幾乎可以爲所欲爲。因此，新的體系裡密約充
斥，謊言漫天，爾虞我詐，都是常態。除了國家利益，外交沒有任何其
他的指導原則。

　　梅特涅體系有許多地方令人詬病，如它的保守、干涉、昧於時勢，
但它至少讓體系成員對它有期待、可確定。七十年代以後新的權力政治
體系既然沒有提出任何原則與規範足實遵循，這個體系的不確定性、不
可預期性就讓國際社會成員更容易產生焦慮，更容易採取極端的作法。

　　不過這兩個體系也有相同之處，那就是都致力於追求均勢，也就是
權力平衡。只不過梅特涅體系是藉維也納協議建構了，或回復了一個堪
稱平衡的歐洲均勢，往後只要悉心維持此一均勢就成了。但是1870年代
開啓的新的國際體系，由於德國的異軍突起，已經動搖了原有的歐洲均
勢，初時大家也許還覺察不出，但到九十年代以後，德國國力上升，加
上政策積極，方引起英國的警覺，致力牽制，以恢復均勢。歐洲大陸這
個傳統的追求均勢的政治規則，行之久遠，眾所共遵，但新大陸的美國
對此原則似乎並不欣賞。

　　不僅國際社會的本質起了根本的變化，七十年代以後國際社會的空
間也變得更為寬廣，成員也增加了。在美洲，經過四年內戰的美國，以
浴火重生之姿出現國際舞台，他對自身實力或許還沒有清楚的認知，但
畢竟「天生麗質難自棄」，在對國際事務逐漸熟習，涉足日深之後，其
影響力終於引起各方矚目。它首次插足的國際會議，即1884～1885年的
柏林會議，仍是以歐洲國家為主。它被歐洲國家視為大國，將其派遣的
駐使由公使級升格為大使，要遲至1892年才實現[1]。美國在國際社會首
次挑大樑的演出，要等到一次世界大戰。另一個國際社會的新成員則是
亞洲的日本。日本在1853年被美國艦隊司令裴理（Mathew Perry）率艦
打開門戶，引起人民反抗，攻擊德川幕府。1867年的政變結束了幕府時
代，還政天皇。明治天皇即位後，於1868年將首都由京都遷往東京，例
行革新，積極學習西洋的一切，從工業化到船堅炮利，完全照單全收。
「明治維新」使日本國力快速成長[2]，但在甲午之戰以前，西方國家仍未
把日本放在眼裡，日本並沒有參加討論非洲殖民、貿易和航行的柏林會
議。日本的嶄露頭角要到甲午之戰，甚至日俄戰爭之後。

　　談到國際社會，與前此不同的是，歐洲國家雖然仍是世界舞台的主
要演員，但是世界舞台已經不偏限於歐洲。舞台擴大了，從英國與波耳
人在南非的戰爭，英法兩國在蘇丹法碩達（Fachoda）的衝突，到遠東
的中日甲午之戰，日俄戰爭，再到美國與西班牙在古巴的戰爭，我們就
可以看出：舞台已經「全球化」，主角也不限於歐洲國家了。一次世界
大戰的結束，就是歐洲國家權力式微的開始，只是當時的歐洲國家還渾
然不覺罷了。另外兩個非基督文明的大國，近東的鄂圖曼（土耳其）帝
國與遠東的大清帝國，在帝國主義虎視眈眈，不斷的蠶食鯨吞下，早已
奄奄一息，除非自行圖強，奮起一搏，帝國主義者的鷹爪是不會放過這
麼好的獵物的。

　　十九世紀七十年代以後的國際關係有幾項特色，那就是：國家實
力、經濟動機、權力政治在外交上的影響力日益上升，而民間因素，譬
如，教會、勞工、民意、媒體，也逐漸展現了其對國家，甚或國際政治
的影響力。雖然國家實力一向左右外交的成敗，經濟動機一向存在於國

際交往，權力政治也一向是國際關係的常態，但這幾項因素在此後將更為突出。

國家實力與工業化的程度成正比，從這個角度看，英國是工業化的先驅，實力一向領先群倫。就地理上來看，工業化的程度是由西向東逐步遞減，由英國、法國、普魯士而奧俄。國家實力也與其人口版圖密切相關，從這個角度切入，則美國與俄國原本即有發展成為強權的本錢，但他們成為真正的強權，前者要等到一次大戰以後，後者則要等到二次大戰以後。新興的德國雖然在這兩個條件上比不上美俄，但在當時顯然比其他的歐洲國家條件為優[3]。整體而言，美國與統一後的德國，在七十年代以後國力蒸蒸日上，他們在工業化、鋼鐵生產、能源消費及整體工業潛力上都緊追英法，到二十世紀初年甚至超越英國[4]。日本雖然較為落後，但在亞洲國家中，仍然一枝獨秀。

一個國家工業化後，生產力大幅提高，就要追求市場，只能掌握國內市場是不夠的。市場又有兩個面向，一個是提供原物料的市場，另一個是購買工業產品的消費市場。不能掌控原物料市場，原料短缺，工廠就要停工；不能確定消費市場，成品就會滯銷。二者不能得兼，工業化的進程就會受阻。這種基於工業化的需求所導致的市場追求，進一步強化了殖民地與勢力範圍的爭奪戰。十九世紀最後二、三十年，到第一次大戰前，世界上已經沒有什麼未發現的土地，就連非洲也不能倖免，成為列強的俎上肉。勢力範圍之爭更如火如荼。出乎英國預料的，德國，這個英國心目中東抗俄，西制法的雙重藩籬國家，現在成為英國新的競爭對手。德國於八十年代加入非洲逐鹿，九十年代擠身近東事務。無論在殖民事務上，勢力範圍的爭取上，乃至於日後的海權競爭上，它帶給英國的壓力尤勝於法國。此一時期的列強外交重點之一，就是維護各國在殖民地與市場的經濟利益。

利益維護靠實力，追逐權力也就理所當然。雖然1815年維也納會議所建構的歐洲協調制度先天不良，後天失調，然而在七十年代以前，維也納體系仍維持了相當一段時期的歐洲和平。其後對此一體系一連串的破壞，始自法薩與奧國的戰爭，中經丹麥戰爭、普奧戰爭、到普法戰

爭，終於將此一體系完全解構。在這之前，維也納體系有其共同接受的原則與規範，國際社會成員有相當長的時期尊重並謹守這些規範。在當時條約仍有其神聖的地位，即便少數國家不以爲然，有些脫軌的作法，但大致上還不敢公然撕毀條約。或即便想撕毀，也得將自己的行爲合理化、正當化，也需要經過列強都接受的遊戲程序，才能變更。現實政治，或稱權力政治遊戲在此時尚不敢公然逾矩。但在這個體系解構之後，國際社會了無規範。在一切以國家利益爲先的前提下，在主權高於一切的主張上，國際法的約束力黯然失色，權力政治遊戲走火入魔。此後，外交上合縱連橫的頻繁固不在話下，而且秘密外交盛行，恫嚇與詐欺手段也見怪不怪。

　　既然權力高於一切，國家對於權力的追求當然不落人後。除了上述殖民地與勢力範圍的追逐之外，軍力的追逐也是此一時期的一大特色。德意志統一過程中經歷的三次戰爭，證明了普魯士整軍經武的成果，也證明了統一後的德國陸軍實力無國可比[5]。德國陸軍的壯大，無可避免的會引起法俄兩國的不安。九十年代後期，德國更致力發展海軍[6]，造成它與英國間更不易化解的爭執。德國持續不斷的擴充武力，帶動了歐洲的軍備競賽，所以俄國史學家波蒂也金（Vladimir Potiemkine）稱此一時期爲「武裝和平」時期[7]。軍備競賽代表需要花大把銀子，對於阮囊羞澀的俄國來說，眞是力不從心，所以俄國沙皇以冠冕堂皇的理由，發起了1899年及1907年兩次海牙和平會議，旨在裁軍，但都徒勞無功。擴軍聲中，戰爭部長與參謀總長等軍人的意見日益抬頭，他們成爲致力於外交工作者最大的對手。

　　隨著工業化、市場化，國際經濟的面貌有所不同，外交上可資利用的工具也推陳出新，貸款與對外投資雖然早已存在，但在此一時期扮演了更爲重要的角色，可以說是開二十世紀經援外交的先河。在對俄國的爭取上，德法兩國都以貸款爲主要誘餌，尤其是法國，九十年代以後對俄國的貸款與投資與日俱增，這也是法俄終於達成同盟的一大原因。非僅如此，隨著投資與貸款的注入，列強在其勢力範圍或殖民地的主導地位更形穩固，後者對前者的財政依賴也日益加深。這種情形我們看到發

生在歐洲以外廣大的地區：近東的土耳其，北非的埃及與突尼西亞，遠東的中國，北美的墨西哥等都是。

這段時期歐洲殖民帝國主義的對外擴充如此積極，仔細分析還有其他原因，譬如教會對於販奴的反對，促使英法兩國的傳教士湧向非洲傳教，探險家如李文斯頓（Livingstone）深入非洲尋找阿拉伯人口販子的證據。再譬如民眾，特別是資本家與勞工對殖民的熱中，因為他們可以從殖民擴充所帶來的財富中分享利益[8]。

民意、輿論、傳媒在國際關係上的影響力也日益抬頭。不管國家的體制為何，是民主共和，還是君主立憲，民意支持仍然是統治權力的基礎。19世紀初是如此，現在也依然如此。也因此，這是從事外交工作者所不可忽略的一環。如果我們注意到俾斯麥在普法戰爭前後，利用傳媒所造成的巨大外交效應，我們也可以預期：今後民意、輿論與傳媒會在外交上發揮更大的影響。透過蒐購、管制、提供假情報等途徑，一國政府對於新聞報導內容的左右能力超乎想像，這也是另一類型的外交戰。

於此值得一提的是左右此一時期國際關係發展的兩股思潮，那就是民族主義與社會主義。前者一直是十九世紀的主流思想，其在南歐及中歐的得勢，造就了統一的義大利與德國；而其在東歐及巴爾幹的持續流轉，卻造成鄂圖曼帝國及奧匈帝國內部的長期不安，此一持續的不安終於引爆了一次世界大戰，造成上述兩個帝國的崩潰。對於已經是民族國家者而言，民族主義激起的愛國心，促成帝國主義的勃興，使七十年代以後的殖民競爭與勢力範圍之爭轉趨激烈，列強間的衝突因之惡化，亞非拉各洲的國家與人民亦深受其害。另方面，急速工業化的後果，大幅的經濟及社會結構改變，使得社會主義應運而生，馬克思（Karl Marx）及恩格爾（Friderich Engel）即為此一時代社會主義之先鋒，他們的理論在十九世紀後期開始發酵，在二十世紀對世界產生強大的震撼。

不過，一切的變革都是慢慢的、不知不覺中發生的。在普法戰爭結束之初，國際關係的重心還在歐洲。上文曾對歐洲強權的處境有過分析，從中我們不難發現，在七十年代開始時，歐洲原有強權既老大，又各有問題。此時朝氣蓬勃，一身是勁的，大約就屬剛統一的德國，七十

年代以後將近半個世紀的時間，國際關係大約都是圍繞著德國而發展
的。

　　此後四十幾年歷史，約可粗分為三個時期，第一階段是自1871～
1890年，這二十年是德國全盛時期，也可以說是俾斯麥時代，其中心外
交政策是防止法國的報復，孤立法國，其外交重點置於聯俄及聯奧，其
次才是義大利。此時俾斯麥的主要困擾，在如何協調俄奧兩國在巴爾幹
的利益衝突。第二階段是自1891～1907年，在這段期間中，一方面由於
殖民衝突加劇，二方面由於俾斯麥的下台，德國外交政策改弦易轍，俾
斯麥締造的同盟體系逐一瓦解，以法國為核心的三國協約因而形成。第
三階段與第二階段有一點重疊，是從1905～1914年，其間德國致力於打
破三國協約對其所形成的「包圍」，與協約國間衝突不斷，最後，為了
支持其盟友奧匈在巴爾幹的利益，終於爆發了一次世界大戰。

註釋

1. Paul Kennedy, (1989). *The Rise and Fall of the Great Powers*. New York: Vintage Books, A Division of Random House. p.94.

2. 傅啓學（1966）。中國外交史。台北：三民。頁103；李邁先譯（1974）。西洋近世史（二）。台北：幼獅。頁299。原著Stewart C. Easton, *The Western Heritage*.

3. 關於七十年代開始時德國的工業實力探討，請參閱O. Pflanze, (1990). *Bismarck and the Development of Germany, Vol II, The Period of Consolidation, 1871-1880*. Princeton, Princeton University Press. pp. 4-8.

4. 這些國家在1880～1914年間實力成長的情形，彼此間力量的消長，詳細比對圖表參見P. Kennedy, op. cit., pp. 200-201.

5. 雖然截止1880年，德國的陸軍人數數量上還不及俄國及法國，但其裝備與訓練顯然超出。

6. 德國的戰艦由1890年的190,000噸，到1914年成爲1,305,000噸，直追英國，約爲英國艦隊噸位的半數，成長速度驚人，對英國構成的壓力不言而喻。參見P. Kennedy, op. cit., p.203.

7. Vladimir Potiemkine (Ed.), (1965). *Histoire de la Diplomatie, Tome II. La displomatie des temps modernes, 1872-1919*. Traduit du russe par Xenia Pamphilova et Michel Eristov. Paris: Editions M.-Th. Genin. p7.按本書是由V. Khvoslov（第一至十三章）及I. Mintz（第十四章至十七章）兩位教授所撰。

8. Gordon A. Craig 引述J. A.Hobson 的論點，認爲經濟金融因素是造成殖民主義大行其道的原因，這種說法是簡化了事實，他認爲原因是多面向的。見Gordon A. Craig, (1974). *Europe since 1815*, Alternate Edition, New York: Holt, Rinehart and Winston. pp.287-289.

第一章

俾斯麥體系之建立與調整

　　普法戰後頭二十年期間，號稱俾斯麥時代，歐洲國際關係的發展，重點圍繞在俾斯麥同盟關係的建立上。由於此一同盟體系宗旨在圍堵法國，所以俾斯麥爭取的對象，幾乎包含了法國以外所有重要的國家。這段時期中，國際上重大事件，一個是近東及巴爾幹問題，一個是非洲殖民地的爭奪。

　　俾斯麥之所以要孤立法國，因為他估計法國在遭受割地賠款的羞辱之後，不可能不伺機對德採取報復行動，德國必須未雨綢繆。但事實上法國在戰爭結束最初幾年，並無與德國再戰之意，也無再戰之實力。俾斯麥爭取外交結盟的對象，依照優先順序，分別是奧匈、俄國、義大利與英國。奧匈是俾斯麥同盟體系的核心。俾斯麥對奧匈之爭取與所抱持之善意，固然出於德國本身利益的考量，但檢視歷史，有時令人覺得似有一種近乎病態的「情結」，與拿破崙三世對義大利的態度差可比擬，這可以從後述的史實中加以驗證。俾斯麥對俄國的爭取則純從國家利益、外交考量的角度切入，談不上有什麼感情與喜好。更有甚者，他對俄國甚至還有一份厭煩、恐懼與猜疑的情緒，與威廉一世對俄國沙皇，發自內心的王室姻戚感情完全不同。至於英國則是俾斯麥敬威的國家，德國初統，與英國無論是在近東巴爾幹，或海外殖民地的爭奪上，都無直接利益衝突[1]。俾斯麥之所以要爭取英國，一在防止英國與法國攜手，一在為奧匈爭取夥伴，在近東巴爾幹問題上對抗俄國。至於義大利，在俾斯麥的眼中並無份量，但為了圍堵法國滴水不漏，也不失為一顆棋子。再說義大利雖然本身力量有限，但是還是有其利用價值：爭取到義大利，一方面在奧俄衝突時，可免去奧匈兩面受敵之苦；另方面由於難以爭取英國加盟中歐同盟，也可以借助義大利為橋樑，與英國建立間接鬆散的聯繫。

　　不過各國國家利益不同，立場各異，俾斯麥要把這些國家爭取過來頗不容易。像奧匈與俄國間的矛盾就很難調和，俄國與法國間的相互利用也很難切斷，英國與奧匈間利益更不見得完全重合，義大利與奧匈之間的矛盾則是欲蓋彌彰。因此，俾斯麥建構同盟體系固然極其辛苦，所建構的同盟體系體質也極差，極不穩定。操作此一體系需要高度的外交

技巧，力有未逮時，左欺右瞞，甚至恫嚇，也是迫不得已。操作這樣一個同盟體系只有像俾斯麥這樣的高手可以勝任，一旦俾斯麥去職，這個同盟體系的運作就會發生問題，甚至走向崩解。威廉一世就曾經對俾斯麥說：你好像馬戲班的表演者，騎在馬上拋五個彩球，如果失誤，戲法就玩不下去了。不過俾斯麥藝高人膽大，沒有失誤，俾斯麥下台之後，這個戲法就難有人接手。現在我們來看看這一同盟體系的形成、發展與演變。

第一節 法國復原及三皇同盟

一、普法戰後的法德關係

普法戰後德法兩國的關係充滿猜疑與仇視可以想像。德國雖然戰勝，但俾斯麥對法國仍深懷戒心。而從當時法國的民意、報紙、政府語言來看，似乎也都顯示法國急於報復，法德關係難以改善。俾斯麥預估法國付了部分賠償後，就可能在1874年發動報復戰爭[2]。因此，戰後俾斯麥外交政策的重點就在孤立法國，迫使法國信守條約。

在法國方面，戰敗割地的屈辱雖然使左右兩派都對德國充滿敵意，但也都有自知之明：人民厭戰，法國亦無實力掀起一場新的戰爭。在外交上，左右兩派的政策則都是希望尋求與國，對抗德國。不過因意識型態的不同，他們尋求的與國也不同：右派希望聯俄，左派希望聯英[3]。而蒂耶政府的態度卻相當務實，他認為在內政上，當務之急必須重整腐化的軍隊，模仿德制，力行革新，所以在1872年通過新軍事法案，實行徵兵，役期定為五年。在外交上，他以為既無力與德國較量，就不如與之交好，以求駐法德軍早日撤出，恢復法國起碼的尊嚴。所以蒂耶一再強調法國會遵守條約，非僅如此，蒂耶甚至打算提前履行條約義務，償付賠款，以使德軍早日撤出[4]。

當時德國對法亦有兩派不同的立場。軍方希望能延長佔領，以便就

近監視，延緩法國的復甦。俾斯麥則並不反對蒂耶提前償付賠款，自法撤軍的構想。之所以有此看法，是因為俾斯麥以為：法國如果提前償付五十億法朗，法國的實力亦必因此而被削弱，對德國構成的威脅就不大，更何況歐洲的輿論亦傾向要求德軍早日撤出？因此俾斯麥不斷製造許多小衝突，以促使法國儘速償還賠款。

1872年5月法國按預定支付二十億法朗的賠款，同時蒂耶與德國駐法大使阿寧在巴黎展開談判，討論提前償付賠償，為獲得德皇及其將領之讓步，蒂耶不惜以辭職為要挾。1873年3月15日，法德終於達成協議，以1873年9月為償付賠款之最後日期，屆時德軍應由法國撤出。這是蒂耶對法國的一大貢獻，兩個多月後，也就是1873年5月24日，因其發表同情共和體制的聲明而被推翻，並遭放逐。

二、三皇同盟

既然德法關係仍然外弛內張，所以雙方都將重點放在與國的爭取上，外交爭鋒相當激烈。法國爭取的對象是英國、俄國與奧匈。英國雖然不樂見德國的勢力繼續膨脹，但也不希望法國為失地興風作浪。就英國而言，英法合作的地區不在萊茵河，而在近東，就如克里米亞戰爭時一樣。因此除非近東再起事端，英法聯手不易。俄國的態度是法國應維持其大國的地位，俄國不會支持德國進一步削弱法國，但是也不會與法國聯手制約德國。對英俄兩國來說，此時都尚未感覺到德國的威脅，他們處理法德關係的立場，大約都是從權力平衡著眼。至於奧匈，前文已經指出，在普法戰後，其外交政策發生巨大變化，已經一面倒的倒向德國，法國對它的爭取不會成功。

至於德國，俾斯麥的外交對策就是：不惜一切孤立法國。為此，他的第一步棋就指向重振神聖同盟，爭取俄國與奧匈[5]。對於英國，德國爭取它的困難有二，其一英俄兩國對立，很難兩面俱全，如果要拉攏俄國，與英國就不能走得太近。其二，由於英國「光榮孤立」的傳統，爭取可能無益。事實上英國在1868～1874年格蘭斯頓主政期間，重視內政

遠甚於外交，軍事支出趨向減少，對外的注意力集中在帝國維護，對歐陸事務，只要無損於權力平衡，不會插手[6]。所以俾斯麥認為英國只要在關鍵時刻努力就夠了。在俄國方面，俾斯麥一直與亞歷山大二世維持著不錯的關係，但對葛恰可夫則頗有戒心，知道後者對法國較有好感，所以對俄國並無絕對的信心。除此之外，他也不想太過依賴俄國[7]。事實上葛恰可夫確實主張交好法國，不喜歡見到俄國在外交上跟隨德國亦步亦趨[8]；再說聯法對俄國解決近東問題是一石二鳥，既可防止英法聯合抗俄，又可牽制奧匈。因此，俾斯麥目前所要努力的是：如何防止俄國與法國接近。

　　至於奧匈，雖然從普奧戰後到普法開戰時，俾斯麥對奧匈的爭取都不成功，但在普軍對法之戰勝利之後，柏伊斯特從奧匈的利益來看，覺得政策非改弦更張不可。他曾說：「在匈牙利廣為流傳的，認為只要我們與普魯士談妥，普魯士就會與俄國決裂，甚至採取反俄的政策，這是錯誤的。只要普俄兩國目前的君主在位，這個有利的結果不會得到。因此，我們目前唯一可走的路，就是經由柏林通往聖彼得堡，以期達成一個過渡協議」[9]。作為一個一向反普的外交家，能有這樣務實正確的政策轉變，殊為不易。雖然此時柏伊斯特對德國採取了友好態度，但基於以往長時期的恩怨，俾斯麥對他還是不信任。為了徹底掃除路障，奧皇法蘭西斯約塞夫在1871年11月將柏伊斯特解除職務，派往倫敦為使，其遺缺則由匈牙利籍的安特拉西取而代之。這是另外一個政策象徵，它意味奧匈正式從中歐德意志的勢力範圍之爭退出，以及將向東歐巴爾幹地區開拓[10]。看起來此一政策轉變將使德奧關係改善之途暢通，因為安特拉西既然將目標放在巴爾幹，其外交政策本來就以交好德國與英國，防範或對抗俄國為主[11]。但此時俾斯麥對安特拉西的出線並無太多欣喜，因為他之所以聯奧，誠如施維尼茲（Schweinitz）所說，不過是因為俾斯麥自認德國力量與俄國還有一段距離，「必須騎在馬背上才能與俄國巨人一般高，奧國就是我們的馬匹，俾斯麥親王是要騎它，不是要與它結婚」[12]。除此之外，俾斯麥還知道同時聯俄聯奧匈的政策亦有其困難點，即後二者在巴爾幹半島的利害矛盾難以化解，與其中任何一國過於

接近，就會遭遇另一國的猜疑。

在俄國與奧匈方面，二者都想爭取德國，抗衡對方，不過這個政策顯然很難成功。俾斯麥不可能與俄國聯手對抗奧匈，也不可能與奧匈聯手抗俄，因為這種作法結果會將其中之一推向法國懷抱。相反的，他極力想促成德、俄、奧匈間的三皇同盟，因為唯有如此，才能排出俄國可能被法國爭取去的夢魘。

1871年8月俾斯麥伴隨威廉一世與法蘭西斯約塞夫及安特拉西在蓋斯坦會晤，開啓了兩國交好之門。俾斯麥向安特拉西保證，德國對奧匈二元帝國內的日耳曼人並無野心；安特拉西私心以為，如欲維護奧匈帝國在巴爾幹的利益，對抗俄國，德國之支持不可或缺，因此會中向俾斯麥多方遊說共同防俄，後者當然不為所動。

奧匈與俄國既然誰都無法說服俾斯麥對抗對方，只好改弦易轍，回過頭來考慮俾斯麥的建議，組成三皇同盟，因此有1872年9月三皇柏林之會晤[13]。此次會晤討論的重點表面上為反對第一國際，或稱馬克思國際，其實則是討論三國所關切的合作或結盟問題[14]。柏林之會，三皇之間聯誼超過討論，真正的溝通則由三國首相，透過雙邊方式進行[15]，其中葛恰可夫與安特拉西間的商談最為重要。雖然沒有簽訂任何協議，但雙方對於巴爾幹半島達成口頭諒解：其一是雙方都同意維持巴爾幹的現狀；其二是雙方都同意如果此地發生動亂，都不介入。俄與奧匈對巴爾幹地區的諒解可以說是三國進一步合作的基石。

1873年初，俄國陸軍元帥貝爾格（Berg）公爵提議，俄德兩國簽署防衛同盟，相互提供軍事援助。俾斯麥原則同意，但以奧匈加入為前提。5月，威廉一世在俾斯麥與毛奇陪同下，到聖彼得堡訪問，與俄皇亞歷山大訂下德俄軍事防衛同盟，互允在同盟國之一遭到第三國攻擊時，於最短時間內，提供對方二十萬人援助。一個月後，亞歷山大二世與葛恰可夫赴維也納，企圖說服奧匈參與德俄同盟，但奧匈害怕此約可能將奧匈捲入對英國的衝突；或者是在俄土發生衝突時，奧匈外交上將受箝制而損及本身利益，所以十分遲疑。最後在6月6日，俄國與奧匈只簽署了一項政治性條約，同意面臨歐洲秩序被破壞，或來自第三國侵略

威脅時，兩國君主應相互諮商。因爲奧匈拒絕加入德俄同盟條約，所以俾斯麥拒絕批准此約。但同年10月，德國加入上述俄奧政治條約，所謂「三皇同盟」（The Three Emperors' League）因而誕生[16]。事實上這僅是一項政治諒解條約，並無「同盟」存在，所以三國關係的基礎並不穩固，而且在此約中，各方動機也不相同。就俄奧而言，雙方都想藉此約獲得德國奧援，以對抗另一方；但就德國而言，其目的則在藉此約將俄奧在近東的衝突冷凍，使其可以將注意力集中在萊茵河地區。德國在巴爾幹半島根本沒有實際的利益，俄國與奧匈在此地的衝突，德國沒有理由介入；再說，俄奧之間在巴爾幹問題上的諒解也不知到能維持多久。不過俾斯麥認爲孤立法國的目的至少是實現了。

三、法德關係之考驗

當「三皇同盟」的情勢明朗時，法德之間新的緊張情勢亦開始形成。法國的蒂耶在1873年5月24日下台。蒂耶的下台是由於其支持法國採行共和體制，其實他個人內心相當同情並贊成實行如英國式的君主立憲，之所以有此矛盾，是因爲蒂耶認爲在當時的國際趨勢是走向共和，但此一態度，卻觸怒了保皇派，使他遭到放逐，由麥克馬宏（MacMahon）取代其總統職位。俾斯麥對蒂耶的下台及保守派的得勢極爲不滿，甚至遷怒德國駐法大使阿寧公爵，將其撤換。

俾斯麥在統一德意志後，就在德國境內進行文化革新與宗教改革，大力打擊天主教，提倡新教，在德國境內引起自由派人士及天主教徒相當大的反對與批評[17]。因此，俾斯麥以爲，法國新上台的保守天主教政府對俾斯麥在德國境內進行的文化革新及宗教改革十分不利，另方面假如法國的王室再度掌權，將較共和政府更易覓得盟友，這對德國千方百計想孤立法國的政策不利。是年8月法國境內昂傑（Angers）及尼默（Nimes）的主教發表「主教訊息」，抗議德國在萊茵河一帶對天主教友的迫害行爲，俾斯麥認爲此舉干涉德國內政，十分憤怒，並發動其所操控之媒體，指控法國意圖報復。法國政府因此訓令該二地主教保持緘

默，但德國並不滿意，要求法國對上述二地之神職人員進行司法追訴，兩國關係因此十分緊張[18]。12月26日法國駐德大使龔多必宏（Gontaut-Biron）告知巴黎，德國有動武之意。法國新外長德卡直（Decazes）因此分別向英、俄、奧匈告急，各國對法國處境咸表關切。1874年2月13日，法蘭西斯約塞夫與安特西亞前往聖彼得堡，會晤亞歷山大二世與葛恰可夫，兩國一致表示支持法國，不希望俾斯麥再起事端。英國女王也致函威廉一世，強調「如果德國再度對法用兵，有可能產生可悲的後果」。俾斯麥因此知難而退，等待時機成熟[19]。

另方面，德國對於法國的重整軍備，實行徵兵制，極為不安，而且認為法國復原的速度令人擔憂，如果終究要對法國用武，則晚打不如早打。1875年2月，俾斯麥派其心腹拉多維茲赴俄，試探如果以德國在近東問題上支持俄國為交換，俄國可否支持，或容忍德國發動新的對法戰爭。拉多維茲的俄國之行顯然並不成功[20]。恰在此時法國國會又通過新的法令，將軍中團的編制擴大，由一團三營變為一團四營，俾斯麥認為這是公然挑釁，下令禁止德國馬匹輸出。

稍早德國曾照會比利時，指責比利時天主教徒有反德示威，因此要求比利時修改其相關法令，這不過是在為假道比利時侵法預埋伏筆。

4月初德國新聞界組成反法陣式，御用媒體郵報（Die Post）曾以「戰爭已可預見？」（Is war in sight?）為題大做文章，「戰爭已無可避免」之說甚囂塵上。法國駐德大使龔多必宏在4月21日晚會見了拉多維茲，後者在晚餐微醺後常易失去戒心，與法使會見時，為預防性戰爭多所辯護，似乎坐實了德國確有發動預防性戰爭之意。龔多必宏將此談話報回巴黎，4月29日德卡直將此談話記錄分送英倫及聖彼得堡，向彼等揭露德國用心；另方面又將此一外交文件發表於泰晤士報，昭告歐人[21]。英國首相狄斯雷里及俄國沙皇對此一情勢果然十分重視，雙雙向柏林施壓：英國保守黨政府外相德比訓令其駐德大使羅素（Odo Russell）向柏林表示，希望維持和平；5月10日，沙皇及葛恰可夫甚至連袂訪問柏林，向德表示支持法國之立場[22]。俾斯麥見英俄反對其對法重新用兵，只好偃旗息鼓。

　　1875年法德緊張關係之化解，顯示：一，基於權力平衡的考慮，英俄兩國皆認爲法國不應被進一步削弱。二，德、俄、奧匈間的所謂三皇同盟，基礎並不穩固，後二者都不支持德國的對法政策[23]。三，在此一情勢下，德國有改變對法政策之必要。因此，我們即將看到，德國對法改弦更張，從一心一意想進一步削弱法國，改爲誘使法國向海外拓展，尋求補償，以擱置對德的舊怨。緊接著近東危機爆發了，近東危機是對新形成的「三皇同盟」一個最佳的考驗。

第二節　近東問題與柏林會議

一、近東問題與列強態度

　　衰弱的土耳其在巴爾幹半島上的領土，一直是各方垂涎的焦點。土耳其的式微來自三個因素，其一是統治階層的腐敗與無能。由於貪污腐化，土耳其的稅收大多中飽私囊，再加上蘇丹生活奢靡，後宮嬪妃多達九百人，當然財政赤字驚人，於是舉債成爲唯一解決辦法，在1854到1875年間，土耳其僅僅對英國的外債就高達二億英鎊，國家收入半數用於還本付息，最後無以爲繼，在1875年減少支付金額，1876終於全面止付。腐敗無能引發政情動盪，這是1875年巴爾幹危機的一個內在因素[24]。其二是巴爾幹半島的斯拉夫民族主義已然難以遏止。由於希臘、羅馬尼亞相繼獨立，塞爾維亞取得自治，使半島上的斯拉夫民族主義多所鼓舞，而塞爾維亞狂熱的領土野心與大塞爾維亞主義，使其對周邊不穩的情勢更有推波助瀾的作用。其三是列強的虎視眈眈。1873年6月6日，俄奧兩國的元首及執政者，雖然達成有關巴爾幹諒解的協議，贊成維持鄂圖曼帝國在此地的現狀，雙方自我遏止在此區的活動。但兩國的執政當局受到軍事將領們的影響與壓力，很難遵守原議，更何況兩者原都對此區有濃厚的興趣，巴爾幹半島上具爆炸性的情勢也很難讓兩國長期自制，而不介入。

就俄國來說，它對巴爾幹的問題牽涉最深，從希臘獨立到克里米亞
戰爭，充分顯露了俄國在此一區域的野心。亞歷山大二世對巴爾幹及君
士坦丁堡的興趣，主要來自於泛斯拉夫主義的民族情感[25]，以及共同的
宗教信仰。他真正積極的介入巴爾幹地區是在六十年代以後，終極目的
大約是想在此一地區，建立一系列接受俄國影響的衛星國。在此一背景
下，1870年3月俄國向土耳其蘇丹提出要求，希望後者允許原受君士坦
丁堡希臘籍大主教管轄的，巴爾幹南部的斯拉夫東正教徒能獨立出來，
讓保加利亞人在馬其頓（Macedonia）另行成立斯拉夫教會，擁有斯拉
夫人的宗教領袖。土耳其同意了俄國要求，一方面是迫於其壓力，另方
面也是期待希臘人與斯拉夫人可能因此發生衝突，對土耳其來說，未見
得不利。土耳其任命的保加利亞人大主教在1872年正式執行任務，而此
一保加利亞教會形成之後，更使斯拉夫民族主義高漲，保加利亞獨立的
要求益趨熱烈[26]。認真分析，俄國對於巴爾幹半島的南部斯拉夫主義發
展，確有推波助瀾的作用，但也僅此而已。基本上說，從二十年代逐漸
形成的南部斯拉夫民族主義，正如義大利及德意志民族主義一樣，是無
法阻擋的浪潮，證諸於七十年代爆發的近東衝突、延續到二十世紀的一
次世界大戰，都是這股民族主義造成的。

就奧匈來說，它對這股斯拉夫民族主義深以為憂。奧匈內部有不少
斯拉夫人，泛斯拉夫民族主義的發展，一定會對多元民族的奧匈帝國產
生撕裂的作用；同時奧匈也關心斯拉夫運動的發展會給俄國以機會，大
幅擴張俄國在巴爾幹的勢力。雖然都有對危機的認知，但如何因應此一
情勢，奧匈國內顯有不同的看法。一派以為應制約此一浪潮，維持土耳
其帝國在此地的統治。土耳其帝國若解體，奧匈也許暫時會得到一點好
處，但長久來看，奧匈可能成為下一個被支解的對象。因此，維持現狀
也許最符合奧匈利益。這派想法的代表人物就是安特拉西。但俄國贊成
維持現狀的承諾顯然並不可靠，所以安特拉西需要不斷的爭取外交奧
援，對抗可能的俄奧衝突。換言之，因為要維持現狀，奧匈需要反俄。
除了上述考慮之外，經濟也扮演了重要角色。1874年時奧匈是除英國以
外，土耳其次大的貿易對手。而且1870年奧匈與法國組成公司，著手興

建連接君士坦丁堡與奧匈間的鐵道，奧地利的企業家當然希望維持土耳其的穩定[27]。

另一派則以爲乘著這股亂潮，奧匈正好可以取得巴爾幹若干領土，特別是波士尼亞及赫爾塞哥維那，以打通通往薩隆尼卡（Salonica）灣之路，補償奧匈在義大利與德意志的損失，因此，反對這些領土落入塞爾維亞之手。持這種想法的多爲軍方將領，還包括奧皇法蘭西斯約塞夫以及奧匈境內的日耳曼人。他們認爲爲此可以與俄國合作，協商共同瓜分，也因此，他們極力阻止安特拉西對抗俄國[28]。在這些軍事將領的鼓動下，1875年5月法蘭西斯約塞夫甚至跑去達爾瑪西亞巡視，對已經騷動不安的波黑兩地情勢更有添油助火的效用。

簡單的說，在奧匈帝國內，日耳曼人親德不反俄，甚至可以和俄國合作；馬札兒人則親德反俄。但是多元民族的奧匈，除了上述日耳曼人與馬札兒人的看法外，其他的民族又有不同的看法。譬如，捷克人，他們反德親俄，願意見到與俄國在巴爾幹合作。塞爾維亞人與羅馬尼亞人親俄不反德，波蘭人則既反德又反俄。這些多元的外交意見對奧匈外交有所不利，那就是很難整合出大多數人都接受的政策；但也有有利的地方，那就是：必要時奧匈可以以此爲藉口，不採取任何行動[29]。由於除日耳曼人與馬札兒人外，其他的民族都不執政，意見比較不重要。所以奧匈的對俄與巴爾幹政策實際上是處於在日耳曼人與馬札兒人間的拉鋸戰中。

七十年代初期，波士尼亞、赫爾塞哥維那等地的斯拉夫東正教徒，對土耳其地方官吏在該二地的暴虐統治，時有反抗。1875年8月，反土耳其的叛亂首先在波士尼亞及赫爾塞哥維那爆發，深獲塞爾維亞人的同情與支持。面對此一情勢，列強的態度爲何？

奧匈的立場已如上述。至於俄國，在巴爾幹動亂升高之時，除了軍方的立場躍躍欲試之外，沙皇與外交部門都相當保守自抑，當時俄國一心放在內政改革上，至於外交，自克里米亞戰後就秉持葛恰可夫所擬定的「養精蓄銳」政策[30]。其中俄國駐英大使彼德舒瓦洛夫（Shuvalov, Pyotr A., 1827-1889）[31]最爲保守，認爲不予理會巴爾幹動亂最好。亞歷

山大二世與葛恰可夫雖然同情斯拉夫人的反土暴動，但一則因爲有與奧匈的約定，二則其他外交奧援難覓，也不敢強出頭。如果俄國不想缺席，葛恰可夫希望俄國之行動最好能與其他列強配合，上策莫過於使俄國成爲歐洲列強委任之代表，再以此身份與土耳其進行交涉。但俄國駐土耳其大使伊格納蒂耶夫（Ignatiev, Nikolas P., 1832-1908）[32]非常支持泛斯拉夫主義，主張俄國應積極介入，支持鄂圖曼帝國下的斯拉夫民族，組成一系列的斯拉夫國家，以俄國爲其領導。不過他的大膽建議都被沙皇與葛恰可夫否決，後二者有鑑於在克里米亞戰爭中俄國的孤立，不想重蹈覆轍[33]。總之，事變初起，俄國的立場極爲謹愼。

在英國方面，此時閣揆是保守黨的狄斯雷里（Disraeli, Benjamin, 1804-1881）[34]，他對近東情勢不甚瞭解，只知道墨守成規，支持土耳其。外相德比，是孤立主義的忠實執行者，反對對土採取任何行動。他們二人都刻意淡化土耳其在巴爾幹地區的不當統治。實則英國在土耳其的利益甚多，一則土耳其與奧匈對英國來說，是阻擋俄國勢力出黑海、南下地中海的屏障；二則土耳其也是英國通往印度的必經之路，如果落入其他強權之手，將對英國構成絕大的威脅；三則英國對土耳其有許多貸款與投資，土國一旦崩解，貸款與投資都將不保[35]。

法國是土耳其最大的債權國，對人權也相當關切，按理對近東新的局勢應有可觀的影響力，但一來普法戰後元氣大傷，二來近東問題爆發時，法德間的危機剛過去，還是靠著俄英出面才化解，此時縱然法國仍想擠身折衝，俄國也有意爭取，但國際現實不允許它有太大的舞台。

俾斯麥對近東問題再度成爲國際焦點其實心懷竊喜，因爲可以分散國際社會對於法德關係的注意力。他的態度分析起來重點有三。第一，德國在巴爾幹或海峽地區並無利益，如果他的兩個盟友，俄國與奧匈能夠擺平他們間的利益糾結，德國無需爲此費心那是最好。可惜事與願違，俄奧之間不僅矛盾重重；更有進者，俄國爲防範與英國發生衝突時，法國不至於加入英國，重現克里米亞的夢魘，一再表態拉攏法國，此一情勢使俾斯麥不得不對近東問題給予關注。第二，德國對於英國俄國因爲近東問題而發生衝突，或俄土之間爆發戰爭其實私心樂見，但前

提是不能將奧匈捲入。因為如此一來，大國都將注意力轉往巴爾幹與近東，他可以放心對付法國。第三，如果土耳其的敗亡是無可如何，俾斯麥的構想是不如瓜分土耳其，如此不僅俄奧都有利可圖，德國也可分些好處。瓜分土耳其首要疏通的就是英國，所以1876年1月2日，他向英國駐德大使羅素提議，英德兩國可以在近東問題上合作，考慮瓜分土耳其，英國可因此取得埃及[36]。此一提議在當時十分脫離現實，英國不可能接受，就是俄國也嗤之以鼻。

1875年8月，奧匈的安特拉西曾推動各國駐巴爾幹領事集會，向土耳其及各地叛軍提出調解方案，但方案被拒絕。1875年12月30日，安特拉西向土耳其及各國發出照會，要求前者實行改革計畫，並敦促列強對土施以壓力，是即所謂「安特拉西照會」。各國向土提出後，土雖表示接受，實際上並不執行，動亂因此持續不絕。

1876年4、5月動亂擴及保加利亞，法國與德國駐薩隆尼基（Saloniki）的領事也被謀刺。動亂持續中，1876年5月11日，葛恰可夫、安特拉西與俾斯麥集會柏林，商討對策。安特拉西主稿起草了另一個改革方案，稱為「柏林備忘錄」，呼籲歐洲國家促使交戰雙方停火兩個月，以實施改革方案。並要求巴黎條約的六個締約國應派遣艦隊到君士坦丁堡對土耳其施加壓力。此一備忘錄後送交英法義三國，請彼等加入。法義兩國接受了，英國卻予拒絕，認為未獲尊重[37]。

1876年5月29日土皇阿布杜爾阿濟茲[38]突遭政變罷黜，不數日即亡故。新皇阿布杜爾哈米德二世（Abdul Hamid II, 1842-1918）[39]在繼位之後，以大規模的屠殺報復叛亂，有一萬五千人左右遭到殺害，此舉使巴爾幹半島上的斯拉夫人同仇敵愾，忍無可忍，1876年6月20日，塞爾維亞及蒙地尼格羅二自治公國雙雙向土宣戰。

二、戰爭經過與戰時外交

列強面對此一情勢，採取何種態度因應呢？

英國首相狄斯雷里一廂情願的儘量低估土耳其的暴行，為其粉飾之

外，還派遣艦隊駛往海峽，停靠於達達尼爾海峽入口的貝西卡灣
（Besika Bay）。自由黨的格蘭斯頓因之對保守黨政府大加撻伐，寫成
「保加利亞之恐怖」（Bulgarian Horrors）小冊，四處散播攻擊。英國政
府此一姑息的態度使土耳其對改革之事，更加推拖敷衍，對「柏林備忘
錄」更加置之不理。

　　戰爭爆發後，7月8日俄奧兩國的君主與外交主政者，葛恰可夫與安
特拉西在波西米亞境內的萊希斯塔特（Reichstadt）會面，討論兩國應如
何因應，及在巴爾幹半島的勢力劃分。對於前一問題，雙方都同意不介
入。至於後一問題，雙方同意：如果土耳其戰勝，雙方要求恢復塞爾維
亞「現狀」，至於波士尼亞與赫爾塞哥維那，則要求土耳其遵照「安特
拉西照會」與「柏林備忘錄」處理。如果塞爾維亞與蒙地尼格羅戰勝，
俄奧也不支持他們建立一個大斯拉夫國家，但兩國的領土可有一定程度
的擴充。在戰勝國與俄奧雙方應得的補償方面，則歧見甚大，對此並無
協議。照俄國的說法，塞爾維亞可以獲得老塞爾維亞及波士尼亞的某些
區域，蒙地尼格羅則可獲得整個赫爾塞哥維那，以及一個亞得里亞海的
港口。至於奧匈則可以取得土屬克羅埃西亞、以及鄰近奧匈的一部分波
士尼亞。但照奧匈的說法，則蒙地尼格羅只能取得一部份赫爾塞哥維
那，剩餘的波士尼亞及赫爾塞哥維那都將隸屬奧匈。奧匈同意俄國取回
比薩拉比亞西南部以及兼併土耳其之巴圖（Batoum）。如果土耳其帝國
的歐洲領土整個崩解，俄國主張保加利亞與魯美利亞（Rumelia）應成
立獨立的大公國，奧匈則主張此二地及阿爾巴尼亞都應成為土耳其帝國
的自治省。雙方都同意伊庇魯斯（Epirus）及色薩利（Thessaly）劃歸希
臘。至於君士坦丁堡則定位為自由市[40]。可惜事與願違，戰事進行對
塞、蒙不利。而此一協議中俄國與奧匈的分歧，也深化了日後兩國間的
爭執。

　　奧匈之所以想取得波士尼亞與赫爾塞哥維那，是因為如此一來，奧
匈轄下的克羅埃西亞、斯羅文尼亞、達爾馬西亞都可得到安全保障，不
受塞爾維亞威脅[41]。

　　塞爾維亞與蒙地尼格羅在戰場上表現不佳，8月26日，塞國主動向

各國駐塞人員要求出面調停停火。從此時到1877年4月24日俄國對土宣戰前，外交穿梭遊說活動令人眼花撩亂。基本上各國都有其不可動搖的利益與立場，如何在其中找到交集，幾乎是外交上不可能的任務。歸納來說，外交活動大約有如下幾個主軸。

俄國外交最爲積極。俄國所以要與奧匈妥協，是由於俄國在黑海並無艦船，如果它最終必須和土耳其一戰，只能由陸路經羅馬尼亞，南下巴爾幹。如果不與奧匈取得協議，後者如出面阻擾，甚至夥同英國共同對抗，則克里米亞的惡夢必然重演。要避免此一不幸的局面，俄國的外交選擇有如下幾項。其一是與奧匈達成協議分贓。這已經著手推動，但其中仍有分歧與不確定性。其二是爭取德國制約奧匈。由於俾斯麥在此問題上始終顧左右而言他[42]，沙皇甚至不惜逾越外交禮儀，直接詢問德皇駐俄軍事代表魏爾德（Werder）將軍：「如果俄國與奧匈爆發戰爭，德國會否如俄國在1870年的作爲一樣」？[43]，但最後卻被將了一軍，因爲俾斯麥要求俄國在亞洛兩省問題上支持德國抗法，俄國只好知難而退。其三是爭取法國，但也不可能成功。法國雖然需要俄國友誼，但不想得罪英國，畢竟這兩國在剛過去的法德危機中都曾支持過法國[44]。其四是直接與英國協商。英國政府雖然支持土耳其，但土耳其大肆屠殺斯拉夫人的暴行在英國內部也引發許多批評，英國政府不能相應不理。事實上，英國對於巴爾幹半島的事務並感不興趣，對俄國在此的勢力範圍擴張，只要不達到愛琴海，也不會覺得不能忍受。俄英兩國間真正的問題在海峽與君士坦丁堡。

當俄國致力於爭取德國對抗奧匈的同時，後者也在對德國做同樣的努力。奧匈所不放心者，是俄國可能佔據保加利亞，所以透過特使孟克（Munck）男爵，向俾斯麥試探聯德抗俄的可能。但俾斯麥並不以爲俄國此一行動威脅奧匈，反建議如果奧匈有此顧慮，則不妨佔領波士尼亞以爲反制。而且俾斯麥還以爲奧匈如因此阻擋俄國南下，後者可能與英國和解，對奧匈更爲不利。俾斯麥上述分析雖不無道理，但也另有私心。其實德國對此地區的紛爭並無直接利益，它的關切主要集中在如何維持一個超然中立的地位，與奧俄雙方維持等邊關係。但另方面德國也

樂見俄土或俄英間發生戰爭，因為當歐洲大國都把注意力投注到近東問題上時，則他孤立法國的目的才有機會達成。這是為何當葛恰可夫在8月要求俾斯麥出面呼籲召開國際會議，解決近東問題，卻被他拒絕的原因。

外交折衝無功，休戰無法達成，亞歷山大二世耐心漸失，1876年10月31日俄國向土耳其致送最後通牒，限其於48小時內回答是否接受停火。他宣稱，無法繼續容忍土耳其在巴爾幹的暴行，示意俄國將改變前此不介入的立場，打算加入戰局。英國見情勢惡化，德比提議召開國際會議處理，俄國因此在12月11日於君士坦丁堡召開上述會議。

參加此一會議的俄國代表為其駐土大使伊格納蒂耶夫，英國代表為其掌理印度事務大臣索爾茲伯里（Salisbury, Robert C., 1830-1903）[45]，他們兩人也是此一會議的靈魂人物。索爾茲伯里對土耳其的看法其實與狄斯雷里[46]不同，他認為土耳其的崩解既無可避免，也不一定對英國不利；此外他還想分裂三皇同盟，削弱俾斯麥在歐洲事務上的影響力，所以他主張與俄國合作。至於伊格納蒂耶夫，則希望爭取時間舒緩俄國的財政壓力，並希望從英國那兒爭取到德國答於給予的「歐洲代表」（European mandate）身份，代表歐洲與土耳其過招。因此在會議上，這兩人合作無間。與會各國都建議土耳其改革；也同意土耳其應給予波士尼亞、赫爾塞哥維那、保加利亞等地自治；並在奧匈堅持下，將保加利亞由北至南一分為二。看起來這次的近東衝突有可能和平解決。但此時英國首相卻跳過其外相與代表，直接指揮其駐土大使艾利奧特（Elliott），慫踴土耳其宣布，以即將實施新憲為由，將建議予以擱置。會議雖進一步向土耳其要求接受其所提建議，但土耳其政府在狄斯雷里撐腰下，二度拒絕接受[47]，於是君士坦丁堡會議不歡而散。

俄國人早知會議不會有何結果，預見戰爭在所難免，如此，則確定奧匈嚴守中立至關重要[48]。因此在會議期間，即1877年1月15日即與奧匈協商，締結了布達佩斯密約，俄國承諾不將戰爭帶到塞爾維亞，奧匈則允承於俄土交戰時採取善意中立，戰後則以取得波士尼亞及赫爾塞哥維那為補償。俄國在戰後可收回比薩拉比亞西南。雙方並重申萊西斯塔特

協議中其他的共識。

另方面，俄國與英國在2月重行接觸，透過俄國駐英大使舒瓦洛夫與英國外相德比之間的會談，達成「倫敦議定書」，雖然英國仍然拒絕對土直接施壓，但在此文件中同意，要求土耳其接受經過修正的君士坦丁堡會議改革方案。英國為何改變態度與俄國合作？說來有趣，這是俾斯麥的意外促成。俾斯麥看到歐陸列強都被近東事務纏身，認為機會難得，所以又想玩弄他的媒體外交老套，在1月裡透過報紙，宣稱法國在法德邊境聚集騎兵，有對德發動戰爭之可能，因此俾斯麥向英國建議兩國聯盟，對抗法國。但此計為英國識破，不僅拒絕締盟，而且認為德國野心勃勃，需要防範其進一步壯大，英國應改善與其他國家關係，因此反倒促成英俄「倫敦議定書」的誕生[49]。伊格納蒂耶夫因而銜命到各國說明，3月31日各國代表在倫敦加入此一議定書，轉致土耳其。但後者以其干預土耳其內政，於4月12日正式拒絕。外交努力徹底失敗後，俄國於1877年4月24日正式對土耳其宣戰，羅馬尼亞加入俄方。不過俄國真正有效的軍事行動遲至6月底才正式展開。

英國的反應值得注意，英國主要的利益在防止俄國出黑海，因此只要海峽不受威脅，英國沒有即時介入的必要。但英國預期俄國可能戰勝，因此不得不未雨綢繆，限制俄國的勝利果實。5月裡，葛恰可夫與舒瓦洛夫以「小和平」方案遊說英國，根據此一方案，俄國同意保加利亞的自治只限於巴爾幹山脈以北的地區，以此為條件，英國應承擔中立及不進佔海峽及君士坦丁堡。但此一方案很快就被放棄，一方面俄國內部反對保加利亞一分為二，另方面英國也不感興趣，特別是亞歷山大二世不願承諾放棄「暫時」佔領君士坦丁堡之意圖。

於是英國轉向奧匈試探。英國向奧匈提議共同對抗俄國，為此兩國分工：英國派遣艦隊進入海峽，奧匈則切斷俄國在多瑙河地區的退路。此一分工勞逸不均十分明顯：由於俄國沒有艦船，英國艦隊毫無風險；奧匈要對抗龐大的俄國陸軍，死傷可以預期。所以奧匈拒絕結盟，只允協調彼此近東政策[50]。

英國在上述試探之後，始終按兵不動，原因甚多。其一是俄國師出

有名。土耳其的暴虐統治、屠殺、對基督文明的敵視，在歐洲已引起公憤，英國國內的輿論也是如此，英國政府不宜公然袒護土耳其，對抗俄國。其二是土耳其的態度太過顢頇，對所有外交折衝都置之不理，雖然這是由於背後有英國政府的暗中撐腰所致，但民眾未見得瞭解，英國政府也不會自暴其短。其三是因為英國沒有陸軍。英國對歐陸一向的外交策略就是抓一個打一個，無論是聯法抗俄、聯奧抗法，總之一定要有大陸盟友。沒有盟友英國就只能袖手旁觀。

其實一旦戰爭機器啟動，勝負決於戰場。俄國如果能速戰速決，其他國家很難反制。初期俄國行動相當自由，但俄國在戰場上表現不佳，土耳其軍隊的頑抗，使雙方在普利夫那（Plevna）僵持了4個月之久，直到1877年12月10日該地才被攻下。普利夫那失守之後，俄軍直指君士坦丁堡而來，英國才慌了手腳，外相德比被指責對俄姑息而下台，但這只是對俄表示抗議而已，不數日，他又重回內閣。12月13日，英國向俄致送照會，謂不能允許俄國進佔海峽，即便是暫時的進駐也不行。1878年1月下旬，英國下令其停靠於貝西卡灣之艦隊駛入達達尼爾海峽[51]。但即便英國艦隊於2月13日進入海峽，由於英國並無可以登陸的軍隊，還是得找尋與國，所以英國再度向奧匈施壓，迫其對俄採取因應措施。

俄國在攻下普利夫那之前已經向土耳其提出和平條件，基本上與君士坦丁堡會議的方案相同，只是在黑海東岸領土兼併上與海峽制度上有所不同。土耳其因為無力再戰，於12月24日央求英國調停，英國轉告俄國後，後者答覆要求土耳其要同意俄國所提之和平條件。不過涉及「歐洲利益」（如海峽制度）的問題，俄國同意可以提到國際會議中討論。1878年1月8日，土耳其正式要求停火，展開談判。1月31日停火協議簽字。

英國在此時態度之所以轉趨積極，有幾個原因。一是俄軍已經威脅到君士坦丁堡及海峽，不能不有所因應；二是普利夫那一戰土耳其軍隊持久頑抗，英國政府乘機突出土軍之英勇，淡化其暴虐不仁[52]，改變英國民眾對土之不良印象，方便政府推動支持土耳其之政策；三是俄軍雖然勝利，但勝得勉強，也許可以說動奧匈改變立場，與英攜手。

　　英國與奧匈展開接觸後，安特拉西雖然以許多藉口推脫，但內心未必不心動。因為就維持土耳其帝國的存在，及其巴爾幹領土不被分割而言，奧匈與英國有共同的利益。但奧皇與將領們堅持，除非萬不得已，絕不輕言對俄作戰。而俾斯麥也警告安特拉西說，與英國聯合抗俄，結果正是終結鄂圖曼帝國。因此，安特拉西對英俄兩國只好兩面敷衍[53]。在英國的一再施壓下，奧匈雖然於1878年2月28日表示必要時將動員，但並未付諸行動。

三、聖史蒂法諾條約

　　在上述英艦介入，奧匈可能有所行動之壓力下，俄軍終放棄進入君士坦丁堡，並授意伊格納蒂耶夫與土磋商。伊格納蒂耶夫與土耳其的談判完全從俄國的利益考量出發，並未顧及其他國家，對俄國與奧匈的萊希斯塔特協議與布達佩斯條約約定也未放在心上。此時葛恰可夫因為年事已高，又生病，對談判內容並未多所過問。談判進行很順利，土耳其自知沒有能力再戰，對於俄國所提條件只好照單全收。3月3日，俄土達成聖史蒂法諾條約（San Stefano），俄國由此條約取得驚人的利益：

（一）領土利益：土耳其將小亞細亞的卡爾斯（Kars）、阿達漢（Ardahan），黑海邊的巴圖，黑海歐洲沿岸的多布魯加（Dobrudja），讓與俄國。俄擬以多布魯加與羅馬尼亞交換比薩拉比亞。

（二）成立由多瑙河以迄愛琴海的大保加利亞自治國。

（三）擴大塞爾維亞及蒙地尼格羅的土地，允許這兩個自治國成為完全獨立的國家。

（四）波士尼亞及赫爾塞哥維那置於奧匈帝國行政管轄下，但兩地主權仍屬土耳其（參閱插圖五）。

　　對此一條約，列強反應激烈，一致認為俄國所獲利益太大；大保加利亞的建立既違反俄國與奧匈萊希斯塔特及布達佩斯協議，也違反君士

插圖五　1878-1913巴爾幹疆界之變遷

特引、翻譯並修改自 Raymond James Sontag, European Diplomatic History 1871-1932, p. 12.

坦丁堡會議之結論，奧匈及英國都難以接受。這個條約事實上完全是伊格納蒂耶夫一人的主意，俄國外相葛恰可夫對於聖史蒂法諾條約的協議內容不僅事先並無所悉，事後也認為內容有所不妥，所以3月6日葛恰可夫宣稱同意召開歐洲會議，修正聖史蒂法諾條約[54]。葛恰可夫希望在歐洲會議舉行之前，先與兩個關涉國即英國與奧匈取得事先的諒解，因此分別與奧匈及英國進行談判。

伊格納蒂耶夫與安特拉西的談判進行得極不順利，安特拉西對於前者不顧兩國兩度協議，逕自擴大保加利亞之舉十分不諒解，堅持要將聖史蒂法諾條約中擬議的大保加利亞加以分割，但當伊格納蒂耶夫打算讓步時，安特拉西又故左右而言他，所以沒有進展。

與英國的談判由俄駐英大使舒瓦洛夫主導，由於舒瓦洛夫對泛斯拉夫主義根本不支持，對大保加利亞的成立也沒有興趣，所以談判進行不下去時，俄國大使常不顧外交部門訓令，便宜行事。英國對聖史蒂法諾條約有兩大不滿。其一涉及大保加利亞，如果大保加利亞果真獨立，且為俄國所掌控，則俄國可以經由此地，南向直達薩隆尼卡灣，出愛琴海；東向直取君士坦丁堡，這都對英國構成威脅[55]。其二，俄國如果取得小亞細亞土耳其的領土，此地的俄國軍隊如與自君士坦丁堡東往亞歷山德塔（Alexandretta）的俄軍配合，將對英國形成箝形攻勢，切斷英國來往印度之路，也絕非英國所可忍受[56]。

狄斯雷里為了表達其絕不妥協的立場，在3月27日撤換其外相，德比這次真的下台了，由索爾茲伯里接替。索爾茲伯里前此服務與到過的地方都是英國的自治領或屬地，他第一次踏上的外國領土就是君士坦丁堡，他對歐洲國際關係的瞭解大多來自二手資料，狄斯雷里啟用他為外相似乎稍嫌大膽，但他確實具有外交長才[57]。其實在對俄國的立場上，狄斯雷里最為強硬，前後兩任外相相對都較為妥協[58]。索爾茲伯里雖然願意與俄國折衷，但他以為在這之前，應先聲奪人，讓俄國知道英國的厲害[59]。他在4月1日照會各國，申明英國反對下列發展：（一）大保加利亞的範圍直達愛琴海；（二）任何領土安排足以使俄國有效控制黑海；（三）要求土耳其大幅賠款導致俄國操控土耳其；（四）任何有損

土耳其主權獨立的安排[60]。因此在與俄使舒瓦洛夫展開談判時，未假辭色。後者因此不顧本國政府的訓令，毅然與英在1878年5月30日達成妥協：俄同意新保加利亞的版圖只剩聖史蒂法諾條約的三分之一，其西南方的馬其頓及南方沿愛琴海一帶土地歸還土耳其，其東南方的土地則新成立一自治區，名為東魯美利亞（Eastern Rumelia）。英國則同意俄國可以取得比薩拉比亞西南，以及小亞細亞的土地。

同一時間，索爾茲伯里也與奧匈及土耳其進行外交談判。6月6日，英國與奧匈達成密約，英國同意奧匈可以取得波士尼亞與赫爾塞哥維那，雙方並同意在即將展開的國際會議中，採取共同的立場。至於英國與土耳其的談判，也在6月4日達成協議，土耳其同意，在俄國取得小亞細亞領土的前提下，將把東地中海的塞普魯斯管轄權交與英國，以平衡英國在此一區域的戰略損失。這些條約都是密約，所以土耳其不知道英國已經答應奧匈可以取得波士尼亞與赫爾塞哥維那，俄國已經答應將保加利亞的三分之二都退還給土耳其，俄國與奧匈也不知道土耳其已經同意英國可以取得塞普魯斯，否則土俄兩國未必會做這麼大的讓步[61]。

上述安排既達成，會議乃於1878年6月13日在柏林召開。

四、柏林會議及其檢討

此次會議地點選在柏林[62]，會議時間長達一個月，自1878年6月13日至1878年7月13日。柏林會議所達成的協議與聖史蒂法諾草約中的內容相去甚遠，俄國人的利益被大幅削減，俄國人軍事行動所付代價甚大，但勝利的成果卻被其他國家分享，這是俄人所極不甘心之處。柏林條約的重點如下：

（一）保加利亞被三分。南邊幅員廣大的馬其頓地區還給了土耳
　　　其，中部靠東邊的一部分成立東魯美利亞自治省，仍歸土耳
　　　其管轄，北部的保加利亞建立為保加利亞自治國，但土耳其
　　　仍有宗主權。

（二）波士尼亞及赫爾塞哥維那仍歸土耳其，但其行政權劃歸奧匈，奧匈並取得在諾維巴札的聖傑克（Sanjak of Novi-Bazar）駐軍權，切斷了塞爾維亞及蒙地尼格羅之間的聯繫。同時更保留了通往薩隆尼卡灣之道路。

（三）塞爾維亞取得尼希（Nish）及皮羅特（Pirot），蒙地尼格羅取得安提發里港，兩國的領土都作了小幅擴張。這兩國以及羅馬尼亞的獨立在此次會議中獲得國際正式承認。

（四）俄國取得多布魯加與羅馬尼亞交換比薩拉比亞西南，另取得黑海邊之巴杜姆、小亞細亞的卡爾斯及阿達漢。

（五）英國方面則因調停之功，向土耳其索取塞普魯斯以為償。此地自此由英國管理，但主權仍屬土耳其。（參閱插圖五）[63]

　　這個條約顯然令俄國及巴爾幹半島上的斯拉夫人都極為不滿。俄國參戰的目的是要恢復在克里米亞戰爭中受損的國家尊嚴，滿足國內日益高漲的、同仇敵慨的泛斯拉夫主義的熱情，當然也是想染指君士坦丁堡及操控海峽[64]，但這些目的幾乎都沒有實現，俄國當然感覺不到勝利的榮耀與成果，相反的，倒倍感屈辱。保加利亞亦為縮小的版圖感到憤怒，馬其頓與東魯美利亞之所以仍保留給土耳其，都是基於軍事的考量：前者可以阻斷俄國南下出愛琴海，後者將縮小的保加利亞阻隔於巴爾幹山脈以北，使其不至於威脅到君士坦丁堡。此一分割完全沒有考慮到斯拉夫人的民族分佈與感情。英國史學家泰勒教授以為，把馬其頓從保加利亞畫出去並不妥當，因為馬其頓人當時其實就是保加利亞人[65]，而把波士尼亞、赫爾塞哥維那劃歸奧匈亦未見得智慧，因為它更增添了奧匈帝國內斯拉夫人的數量，以及區域的不穩定性。這可以由馬其頓後來在此區中引起的糾紛，甚至到今日問題都不得完全解決，還有波士尼亞在1908年及1914年引爆的危機中得到印證。所以泰勒教授認為，如果維持聖史蒂法諾條約，巴爾幹可能不會持續動亂不安，鄂圖曼及奧匈兩帝國可能今日仍在[66]。這個分析相當值得玩味。

　　俄國當然是柏林會議的失敗者，但柏林會議的地主國德國，也沒有

佔到太大的便宜。俾斯麥以會議主持人的身分掌控會議，其強勢作風從其自稱「會議就是我」（Le Congres c'est moi）的談話可以看出[67]。他雖然強調以「誠實的掮客」來主持此一會議，但事實上誠實不誠實要由相關國家的感覺來認定，不是自己說了就算的。雖然自近東危機爆發之後，他便爲如何在此問題上對俄奧採取等距離外交而苦惱，但實際上無論是事件進行中或在柏林會議上，他的表現卻不是眞正的不偏不倚，他抑俄袒奧的作法看在俄國眼裡十分不受用。他在柏林會議中與葛恰可夫的互動非常不好[68]。但俄國特別不滿的是：俄國人用鮮血打下的戰功，被他國的外交干預七折八扣的抵銷了大半，而奧匈不費吹灰之力卻坐收大幅漁利，這不僅令其對奧匈心懷嫉恨，對主其事的地主國自然也十分不諒解。亞歷山大二世對俾斯麥之怨恨，久久揮之不去，1879年4月及8月他還曾二度修書威廉一世，坦承對俄德友誼不無懷疑。因之，我們可以說，柏林會議重大影響之一即俄奧在巴爾幹上的利害競爭並未擺平，「三皇同盟」經此事件可以說已被完全摧毀。更令人憂心的是，此一發展印證了泛斯拉夫主義者所主張的，即斯拉夫和德意志兩個民族間存在著不可避免的衝突。而巴爾幹問題所留下的俄奧仇恨，形成了一種揮之不去的陰影，爲日後的不幸埋下禍根[69]。

柏林會議贏家之一是奧匈：不費一兵一卒就取得了波士尼亞及赫爾塞哥維那大片土地的管轄權，面積廣達一萬八千平方英里，人口多達一百二十萬，這當然是外交運作成功的結果，值得大書特書。事實上，安特拉西在1876年開始即致力於離間德俄兩國之關係，他不斷的向俄方表示：一旦俄奧發生衝突，德國將會支持奧匈。另方面，他又不斷向德國傳輸俄國可能不忠於德國友誼的諸多傳聞，譬如，俄國傾向與法國結盟，俄國爲解決其內政上的問題可能在外交上大幅更張，德國如何能信任這樣一個國家[70]？以此加強德國對俄國的疑慮。俄土開戰後，安特拉西的外交操作更趨積極，他以其迷人的儀態，誠懇動人的言詞，輕而易舉的就爭取到俾斯麥的好感與支持[71]。但在柏林會議上，安特拉西一樣對俾斯麥的立場有所懷疑與不滿，認爲其與舒瓦洛夫過從甚密，並未完全照顧到奧匈的利益。但與葛恰可夫不同的是，安特拉西及奧皇法蘭西

斯約塞夫把所有的不滿都留在心裡，沒有形諸於色。外表上對德國仍然表現得十分領情，因此開啓了兩國進一步聯合的契機[72]。

英國在柏林會議中影響力極大，受益亦多。狄斯雷里與索爾茲伯里雙雙出席了此次會議。由於英國在會前已經透過秘密外交，爲自己取得許多好處，土耳其對其有所仰賴，奧匈又從其得到利益，德國立場又非完全公正，所以英國在會場中對俄國的態度相當頤氣指使。談判中俄國稍有意見或堅持，狄斯雷里就威脅要乘坐早已準備好的專車離去，聽任談判破裂[73]。這種要談不談隨你的恫嚇外交，是外交史上第一次。所以最後柏林會議所做決定的內容完全遵照了英國的意旨。唯一讓英國感到不順心的是：土耳其因爲怕對俄國太過挑釁，所以無論英國如何對其施壓，要求其與英國簽約，同意只要英國認爲有必要，英國的艦隊就可以駛入海峽，土耳其始終不肯答應。此事讓索爾茲伯里極爲不快，所以在閉會前，他在柏林宣稱，日後英國如認爲合適與必要，將隨時進入黑海[74]。換言之，土耳其蘇丹同意英國當然最好，如果不同意對英國單獨開放海峽，英國也不會理會他。這是何等嚴重的、公然挑戰既存國際條約（1841年海峽公約及1856年巴黎條約）、他國主權獨立的談話！從這裡我們可以看出，強權政治的色彩現在較以往更爲突出。以往強權雖然也對弱者予取予求，但還會爲其行爲披上一件法律的外衣，以條約做個包裝，但現在則是赤裸裸的連條約的包裝也省了。只要有實力，強權侵犯弱國的主權領土好像是天經地義的事。另一件打破慣例的事，是狄斯雷里在柏林會議上不使用國際通行的法語，而以英語致詞，這也是外交界的第一次，它顯示了法文爲國際通用語言地位的動搖，以及英文的抬頭[75]。狄斯雷里與索爾茲伯里在柏林的意氣風發，滿載而歸，使他們雙雙得到英國女王的褒揚[76]。

另外還有兩個出席柏林會議的國家，未引起太多注意，他們就是法國與義大利，它們也是俾斯麥最終同意主持這場不討好的會議所得到的附帶好處。先說法國，以其過去對近東事務牽涉之深，以及爲鄂圖曼帝國之最大債權人的身份而言，它在會議中被這樣的漠視顯然是不當的。柏林會議上，因爲英土之間關於移轉塞普魯斯予英的條約被公開，法方

代表瓦丁棟（Waddington）才為此在會議上向英國抗議，英德兩國從歐
洲全局著眼，支持法國擴充其在突尼西亞之利益，以為補償。實則此二
人都另有所圖。就俾斯麥而言，由於1877年法國國內的共和派的得勝上
台，此時德法關係已趨緩和；再者德國在北非並無利益，鼓勵法國往突
尼西亞發展，既可緩和其尋求報復之心，並可挑起法義之間的利益衝
突，進一步孤立法國[77]。正如俾斯麥在埃及支持英國對抗法國，動機也
是一樣，都在製造衝突，孤立法國。英國方面的著眼點是：英國已自土
耳其取得塞普魯斯，且於埃及有濃厚興趣，如能以突尼西亞化解法國的
抗議，並補償法國在埃及之所失，對英國其實有利。此外英國也想藉此
消除法國在蘇伊士運河股權蒐購案上的不滿。此事緣起1875年時，埃及
政府因為財政困難而擬出售其名下的運河股權，但是由於1875年法德危
機中，英國曾聲援法國，乃乘機向法國討人情，迫使後者讓步，使英國
得以順利收購這批股權。法國當時縱然千般不願，也只能屈服。現在英
國取得了塞普魯斯，下一步棋就是將法國擠出埃及，這一定會引起英法
間的不快，所以英國也希望將法國的注意力引往突尼西亞。

　　至於義大利，亦與法國一樣，其存在並未引人注意。但義大利對巴
爾幹與近東的衝突十分關切，認為一旦奧匈在巴爾幹有所斬獲，則義大
利即可分一杯羹。義大利擴張型民族主義者（irredentist）始終對奧匈轄
下的若干操義語的領土，如特蘭蒂諾、的里亞斯特、依斯垂亞等地虎視
眈眈。1876年上台的左翼政府的領袖，如德普雷蒂斯（Depretis,
Agostino, 1813-1887）、克里斯比（Crispi, Francesco, 1819-1901）、卡伊
羅利（Cairoli）等人對這些訴求又相當同情。在衝突過程中，義大利政
府曾派其國會議長克利斯比赴德，爭取俾斯麥的支持，可惜無功而返
[78]。在柏林會議中義大利與會的代表柯爾地（Corti）主張，由於奧匈因
為取得波黑二地實力增強，義大利也應得到補償，這自然是自不量力的
要求，徒然惹人笑話而已[79]。不過義大利是俾斯麥下一步要與爭取的國
家，鼓勵法國向突尼西亞發展，引起法義之間的衝突，是爭取義大利的
最佳途徑。

　　從這次戰爭可以看出，土耳其逐漸式微已經是無可如何之事。雖然

土耳其也曾利用列強間的利益矛盾，維護本身的利益，但列強間爲了擺平相互的衝突，最後都以土耳其爲犧牲，土耳其也只能聽憑列強予取予求。就此一角度來看，柏林條約的眞正內涵不過是將土耳其局部瓜分。土耳其在普利夫那的奮力抵抗大概已經用盡其所有的力量。普利夫那一戰對於外交局勢當然有其影響：因爲此戰使英國誤以爲土軍也許可以擋住俄國南下之路，所以沒有立即對俄採取因應措施；也因爲此戰，英國利用媒體，將土耳其的形象由對基督徒的暴虐統治，轉化爲對抗俄軍的英勇不屈，改變了英國人民的立場，將英國人對土耳其蘇丹暴政的厭惡，轉變爲對英勇抗敵土軍的支持。由此可知民意對一國外交的重要性，宣傳戰在外交上的影響力，以及政治人物操作民意的手法。

另外，財政援助在此次戰爭中也發揮了杆桿作用：當外交折衝無法奏效，或某個外交決策引起某國不滿時，列強常常用經援來催化或彌補。前者如英國在1877年春爭取奧匈不得要領之時，其首相狄斯雷里曾經赤裸裸的詢問奧匈：「你究竟需要多少錢？」[80]英國所以提出此問，自然是基於以往經驗，認爲此舉可以奏效。雖然這一次並未成功，但不能忽視經援的功用。另外如1877年1月法德關係惡化，引起英國疑慮，導致英俄兩國一度對土耳其問題有所諒解時，德國爲避免俄國倒向英國，對德造成無可彌補的損害，所以俾斯麥同意貸款一億盧布給俄國，以供其作戰之需。在以經援作爲外交補助工具方面，前提是國家必須擁有豐富的財力，否則就難以運用。在這方面，無疑的，英國、法國、德國條件比較好，我們可以看出這幾個國家先後對俄國、奧匈、土耳其、埃及、突尼西亞等國，都採取了相同的策略，也都達到不錯的結果。

第三節　俾斯麥同盟體系的誕生

柏林會議之後，所謂的三皇同盟可以說已煙消雲散。雖然德法關係此時平靜無波，但俾斯麥仍謹愼而不敢掉以輕心。此後幾年，俾斯麥成功的建立了第一波同盟體系，以德國爲核心，先後吸納了奧匈、俄國、義大利，締造了德奧同盟、三皇同盟、三國同盟。這幾個同盟國對德國

的向心力，也依其被吸納的先後而遞減。在俾斯麥這一波外交運作中，英國雖然始終沒有就範，但俾斯麥透過對鄂圖曼帝國北非屬地的安排，將英國與法國巧妙的離間了。

一、德奧同盟

柏林會議之後，俄國與奧匈之間關係惡化溢於言表，兩國之間爆發戰爭也不無可能。俄奧之間如起衝突，德國會選擇支持哪一方的態度似乎也很清楚，這就使得俄德之間的關係也連帶趨於惡化。

俾斯麥究竟如何看待德國與俄國和奧匈的關係？可從下面的談話中可以看出。在1878年末他曾透過比羅（Bülow）向德國皇太子解釋，德國對保加利亞新暴動的看法，其中說明了德國如何看待他這兩個鄰國。他的解釋是這樣的：「德國的利益不在維持巴爾幹的長久和平。從我們的地理位置來看，所有那些恨我們的大鄰國，一旦雙手自由，就很可能找到適當機會對抗德國。再說，奧地利在很短的時間內可能會在政府與制度上發生改變，使得反德派與教會人士上台，而奧國皇太子又在推動與法修好，可能導致奧法聯盟出現。因此，德國必須維護他與俄國的關係。如果我們能成功的使巴爾幹傷口不癒合，使其他強權的聯合因而挫敗，使我們的和平更有保障，那就是我們國家的勝利」[81]。其後比羅引伸他的話，把問題說得更為明白，那就是：德國希望巴爾幹危機能對德產生正面的影響，使俄國與奧匈因為彼此在此地區的衝突，而競相爭取德國的友誼，反德聯盟無法形成，在此一地區衝突生時，德國可以對俄、英、奧都能維持一個友善自由的立場[82]。

從上述談話不難看出，其實俾斯麥衷心想建構的還是三個保守國家的聯盟（entente à trios），也就是原來的三帝同盟，只有同時將奧匈及俄國都抓在手裡，讓敵對的奧匈及俄國相互牽制，才對德國最有利[83]。基於首要維護德國利益的考量，在柏林會議之後，俾斯麥曾一再想召集德、俄、奧三國間的會議，希望重塑三皇聯盟，但都遭安特拉西的反對，未能實現。

　　當時俄國國內輿論與民情一致譴責德國忘恩負義，俄皇亞歷山大二世也毫不隱瞞他的不滿，曾一再致函威廉一世，指責德國在俄奧之間未能採取公正立場[84]。其實如果平心靜氣的反省，俄國在外交上基於保守立場，一廂情願的推估，忽視國際政治的現實性，一再犯下相同的錯誤，是很值得檢討的。俄國在1848年的援奧，1866年與1870年的兩度助普，結果都是落得背棄的下場，令人扼腕。不過指責歸指責，俄國外交體系，包含亞歷山大二世本人，都希望能改善與德國的關係。

　　面對此一情勢，俾斯麥在外交上有三種選項，其一是安撫俄國，修補與俄國的關係；其二是不理會俄國，繼續提昇與奧匈之關係；其三是同時與俄奧改善關係。在這三個選項中，第三項已經證明行不通。俾斯麥只好選擇優先與奧匈改善關係。爲何作此選擇？從心理層面解析，可能是基於德奧屬於同一民族，血濃於水。從現實政治考量，則可能是因爲俾斯麥深信奧匈較俄國更有可能爲英國及法國所爭取。至於俄國，其實俾斯麥也不是眞的想放棄，不過由於一時無法兼顧，再者由於他對葛恰可夫的厭惡，希望在他下台之後再來努力[85]。

　　其實就德國所處的地理位置來說，它有可能受到來自兩方面的威脅，其一是法國，或有可能（即便可能性是多麼小）與法國組成「自由同盟」的英國（如克里米亞同盟），另一則是俄國。不過在德俄雙邊關係上，來自俄國的威脅是不存在的，此一威脅只有在奧匈與俄國發生戰爭，而德國又與奧匈站在一邊時才有可能發生。此一推斷我們可以從以後的歷史中得到驗證。因此，如果要避免東面受敵，其實德國應與奧匈保持適當距離。這其實也是威廉一世的看法。

　　俾斯麥之所以重奧匈而輕俄，部分是由於不盡正確的判斷。第一，俾斯麥其實對俄國的動向並不瞭解，總是基於已有的經驗來判斷它未來的走向，所以以爲俄國仍然對巴爾幹與海峽地區伺機而動。其實俄國在柏林會議之後頗有自知之明，知道自身實力無法與英國在海峽，與奧匈在巴爾幹再起爭端，它的外交重點已經移往亞洲，對奧匈並不構成威脅，暫時也不想在此地區惹事。第二，俾斯麥認爲就俄國而言，由於它的意識型態，很難與法國攜手，加上其與英國存有無可化解的利益矛

盾，也不可能與英國和解，因此，孤立俄國風險不大。奧匈則不同，從普奧戰爭被逐出德意志後，它的眼光就轉向巴爾幹，在柏林會議嚐到甜頭後，更得到鼓舞，提昇了它對巴爾幹半島的領土野心。奧匈自七十年代以來一直尋求英國[86]，甚至法國的支持，現在當然更爲積極。此一可能必須盡力排出。其實奧匈要聯英或聯法都不容易。英國在巴爾幹半島並沒有利益，除非危及海峽與君士坦丁堡，否則它不會與奧匈聯合。至於法國，聯俄可能比聯奧匈效益更大。如果法國爭取奧匈，一定會要求奧匈對抗德國，但這個條件奧匈不會答應；而法國，當然也不會與奧匈聯手去對抗俄國。

因爲外交優先順序已定，所以俾斯麥根本就不把俄國的情緒反應放在心上。非僅如此，1879年兩國的經濟關係也亮起紅燈：該年1月，由於傳出俄國境內部分地區發生鼠疫，俾斯麥下令禁止從俄國輸入家畜，爲了保護普魯士的地主利益，稍後又提高從俄國輸入小麥的關稅。因爲德國市場佔俄國農產品輸出的三分之一，此舉對俄國經濟的打擊自然很大[87]，對惡化的德俄關係自然更是雪上加霜。

上文指出俄國雖然不滿德國，但在外交上仍委曲求全，原因是俄國南方農產品輸出非常依賴海峽通道，俄國又因爲財政問題，黑海艦隊尚未著手興建，如果海峽遭英國海軍封閉，便完全無招架之力。因此，聯德防英是當時俄國外交的重點工作。從這個角度看，海峽問題是目的，巴爾幹問題不過是手段。就德國方面而言，其實很想在俄奧兩方的諒解下，將兩國在巴爾幹的勢力範圍作一個劃分，從現存的塞爾維亞與保加利亞間的疆界，向南方延伸，東邊爲俄國勢力範圍，西邊爲奧匈勢力範圍[88]，如此就可以擺脫德國夾在俄奧兩國中間左右爲難，但當時俄奧兩國都無意接受。

俄國駐德大使薩布羅夫（Saburov）爲嘗試強化兩國關係，曾與俾斯麥會談。薩布羅夫在外交立場上與彼德舒瓦洛夫相同，比較務實，對於泛斯拉夫主義並無興趣，因此他提議：如果在英俄爆發戰爭時，德國採取中立，則在德法爆發戰爭時，俄國亦將中立，並爭取他國中立。如果奧匈不再擴充其在巴爾幹之影響力，俄國願保證尊重其領土完整[89]。

此一提議其實完全合乎德國利益，但卻並未爲俾斯麥所接受，因爲俾斯麥深怕此舉將使奧匈更快加入西方陣營。

1879年8月，維也納傳出安特拉西因爲健康關係想退隱，此事令俾斯麥十分焦慮，於是積極安排在同月下旬與安特拉西會晤於蓋斯坦，達成了德奧同盟（Dual Alliance）條約的基本原則。德奧之間對此同盟動機上不同的是，俾斯麥在藉以反法（間接），安特拉西則在藉以反俄。對於這個協議的反俄條款，德皇極不贊成，認爲有違普魯士的外交傳統。9月，當威廉一世與沙皇在華沙晤談時，他還重申對沙皇的個人友誼。事實上，德俄兩個皇帝間舅甥情濃，都希望維持兩國友好關係。俾斯麥因此與威廉一世在德奧同盟問題上爭執了許久，甚至不惜兩度以辭職相威脅，最後終占上風[90]。1879年10月9日，德奧軍事同盟條約終於誕生。基本上這是一個秘密的防衛同盟，約中規定，締約國之一如受到來自俄國的攻擊，另一國應予馳援；如遭到來自俄國以外國家的攻擊，則另一國只需保持中立，此約有效期五年，期滿可以續約[91]。這個條約是俾斯麥軍事同盟的核心，經一再續約，一直到一次大戰。

分析起來，此約對奧匈當然絕對有利，因爲得到德國共同抗俄的保證。但在法國攻德時，奧匈只需採取中立，並無援德的義務。在威廉一世看來，此約自然不是一個公正的條約。既然締約宗旨應在防法，而德奧祕約既未能滿足德皇和輿論之要求，俾斯麥只好繼續保持與俄國之接觸。

德奧同盟開啓了此後以德國爲核心的一系列軍事同盟，這究竟是正確的一步，亦或是錯誤的一步，非常值得探討。在此後一系列的同盟條約間，矛盾、抵觸常見，但唯一爲德國信守不逾的，就只有此一雙邊條約。其他的同盟條約，在俾斯麥看來，都只是他的外交工具。在德奧同盟簽約之後，爲了釋沙皇之疑，俾斯麥還起草了另外一份假的德奧條約，宗旨在維護和平，並將之送交沙皇，邀請其加入。這是俾斯麥詐欺外交的開始。

二、三皇同盟的再生

　　就俾斯麥的規劃看來，德奧同盟只不過是邁向新的三皇同盟的踏腳石而已，德國並不想真的孤立俄國。俾斯麥以為，德奧同盟可以讓俄國看清自己在歐洲的外交處境，然後不得不重回三皇同盟的懷抱。

　　就當時的國際情勢來看，俄國在外交上確實也難有選擇的餘地。就它與英國的關係來說，由於在海峽與亞洲中部兩國間的衝突，鮮有交好可能。雖然1880年4月，英國自由黨的格蘭斯頓上台[92]，因為其長久以來就反對土耳其對基督徒的迫害，所以打算改變英國對土耳其的政策，甚至不惜分割鄂圖曼，但是英國女王維多利亞及外相格蘭維爾（Granville, George L.-G., 1815-1891）[93]皆反對此一政策，不贊成格蘭斯頓與俄交易。而另方面，在巴爾幹，俄國與奧匈的衝突仍然存在，奧匈此時已換成海默勒（Haymerle, Heinrich, 1828-1881）[94]為外相，海默勒行事積極，比其前任安特拉西還反俄，更急於拉攏英國。歐洲大國中再下來就只有法國了，俄國雖然一度想與法結盟，但兩項因素使其無法成為事實。其一是俄皇極為厭惡法國的共和政體，其二是當時俄國有許多反沙皇的恐怖份子，其中之一哈特曼（Hartmann）留居法國，俄國要求法國引渡，法國卻拒絕。在此情況下俄國只好再度將眼光轉向德國。

　　就德國而言，雖然與俄國之間嫌隙猶存，但俾斯麥有兩個外交工具可以使沙皇重修舊好：其一是以德奧秘約為要脅，其二是與英展開談判，啟俄疑竇。後一項，在1879年9月至10月，英德之間曾有接觸。當時德國曾詢問英國，如果德國繼續反對俄國的巴爾幹政策，導致德俄衝突時，英國的立場為何？英國的答覆是：如果法國捲入支持俄國，英國認為這構成開戰原因（casus belli）。英國的答覆雖然不乏善意，但因為德國此舉純為外交上的假動作，終於不了了之[95]。1880年初，俾斯麥與俄使薩布羅夫重行接觸，討論建構一個新的德、俄、奧匈三國同盟之可能性。談判進行因亞歷山大二世的猶豫以及海默勒的抗拒並不快速。

　　在俄國方面來說，俄國希望達成一項與德國的雙邊條約，不僅不希望奧匈參與，甚至是以反奧匈為目的。俄國外相葛恰可夫此時已高齡八

十一，加以健康不佳，雖仍居外相之位直到1882年，但其實已不管事，外交業務多由其副手吉爾斯（Giers, Nikeolay K., 1820-1895）[96]決斷。吉爾斯為德意志人，本來就資質平庸，猶豫不決，再加上在俄國既無錢財又無關係，以及對德國利益及俾斯麥有所顧忌，在外交上並無絕對影響力，不過其個人的立場是親德的。俄國此時之所以想與德國改善關係，除了外交部門的意見外，還受軍方影響。當時俄國戰爭部長米里烏丁（Milioutine）認為俄國主要對手是英國，俄國應爭取時間，重組軍隊，興建黑海艦隊，以對抗英國，所以應先交好德國[97]。直到1881年3月13日，俄皇為恐怖份子所謀刺，亞歷山大三世（Alexander III, 1845-1894）[98]即位，才決定積極進行談判。

之後，俾斯麥以左欺右瞞的手段，將俄奧雙方帶到談判桌上。俾斯麥給奧匈的印象是：即便簽訂三皇同盟，如果俄奧發生衝突，德國將助奧抗俄。但其給俄國的印象又是：三皇同盟如果再生，德奧同盟將成具文。

1881年6月10日三皇同盟重行誕生，但性質迥異於1872年「三皇同盟」，而是真的同盟，其重要內容為：

（一）締約國之一如遭外來的侵襲時，其他二國採取善意中立。此時法德關係已緩和，法無攻德現象，因之俄所冒風險不太，因為得到德奧拒英之保障，而得利較多。

（二）鄂圖曼帝國現狀的變更，三國須相互諮商以解決領土補償的問題，在此約中奧匈向俄表示將不反對保加利亞的兩部分合併，此對英國不利。俄則同意奧匈可兼併波士尼亞及赫爾塞哥維那，事實上自1876年俄即有意同意，所以俄國沒有實質上的讓步。

（三）明確承認俄國對海峽之關切，土耳其如對關閉海峽一事採取差別待遇，則三皇同盟即認為土對受害之同盟國已處於作戰狀態，其他盟國即不再保證土耳其之領土完整，此條款帶有排英色彩[99]。

　　此一同盟有效期間只有三年，它只在1884年被延長一次。在此同盟中，俄德分別得到在彼等與英法發生衝突時，另一國會採取中立的保證，此約因此對德俄較有利，對奧匈則不明顯。但在三皇同盟復活時，德奧同盟仍然存在，並未被取代，這顯示出德俄與奧匈三國間關係並不平衡。三皇同盟的重心仍是以冷凍或緩解俄奧在近東巴爾幹的利益衝突為主，本質上是一個勉強的婚姻，難以長久運作是在意料之中。

　　在三皇同盟誕生之後，奧匈分別與塞爾維亞（1881年6月28日）及羅馬尼亞（1883年10月30日）締盟，顯現俄奧之爭並未淡化，奧匈仍積極挖俄的牆角。另方面顯示出，由於自俄土戰爭以來，俄國把注意力集中在保加利亞，也造成塞爾維亞與羅馬尼亞的不滿，終至離心。而奧匈與塞爾維亞之約，事實上已將後者貶為奧匈之被保護國。而德國在此也扮演了重要的角色，他不僅促成奧匈與羅馬尼亞訂約，自己也加入了這個條約，顯見德國在俄奧之中明顯偏向奧匈[100]。

三、突尼西亞問題與三國同盟

　　分析柏林會議後的國際情勢，我們不難發現，當時法俄兩國對歐洲事務最為消極。法國無力與德國再起事端，所以專心海外殖民地的拓殖。至於俄國，前文已指出，已將注意力轉往亞洲，並無心與奧匈在巴爾幹爭鋒，只求維持現狀。當時對歐洲事務最為積極的其實另有其國：一個是在柏林會議上，意氣風發，唯我獨尊的英國；一個是不費吹灰之力，卻嚐到大塊甜頭的奧匈；再來就是空手而歸，無比敗興的義大利。英國雖然積極，但是以反制俄國在海峽的動向為目的，不會主動出擊。但奧匈與義大利則不同，都是野心勃勃，甚至自不量力，一心想挑起事端，以便從中牟利。

　　義大利乘普法之戰，攫取羅馬完成統一，但統一的義大利因為其資源貧乏，財政窘困，以及南北之間的矛盾，難以真正的擠身列強之林。而且自從義大利在1871年9月在法軍回國馳援，強佔羅馬，據為首都之後，就一直對法國忐忑不安，害怕報復[101]。當法國右傾保守的天主教勢

力，在1873年5月下旬上台以後，義大利一直害怕法國會爲羅馬問題對其用兵，所以開始拉攏中歐國家，因此其後曾與德奧兩國有過許多接觸。1877年義大利首相克里斯比[102]曾親訪俾斯麥，所獲的暗示是通往柏林之路，應經由維也納。這多少令義感到爲難，因爲後者對奧匈轄下操義語的地區，即特倫蒂諾及的里雅斯特等地有領土要求，除非放棄上述土地，否則無法與奧匈改善關係[103]。1878年柏林會議中，義大利曾積極的爭取領土，但卻空手而歸，於是反奧匈的情緒更濃，要求取得特倫蒂諾及的里雅斯特的呼聲更高，因此與奧、德攜手十分困難。奧匈在1880年12月亦曾主張爭取英國加盟德、奧，一則可抗俄，一則可抗義，但未爲德國所採。1881年後，德國卻主張聯義，以保障奧匈之西南疆，並防俄義聯手。之所以有此轉變，是因爲突尼西亞的問題改變了義大利與奧匈之間對立的情勢：1881年5月，法突巴爾多（Bardo）條約的簽訂，使義大利決心不惜代價向奧匈與德國靠攏。

突尼西亞名義上臣服於土耳其之蘇丹，但實際上相當獨立。突尼西亞所欠外債甚多，終至無法償還。1868年，英法義在此成立了一個債務委員會，監督突之財政，實則各方皆想將突據爲己有。時法據有阿爾及利亞，英據馬爾他，義據西西里，三方勢力正好在此相會。但是義大利因爲其人民移居此地的很多，對此地特別關切。

上文指出1878年柏林會議上，德英兩國爲安撫法國，同意後者向突尼西亞發展。但柏林會議之後，法國並未立即採取行動。法國國內對向突尼西亞發展有兩種不同的主張。一派認爲應放手海外拓殖，爲此法國應與德國維持友好關係；另一派則以爲，海外拓殖雖然重要，但以不危及法國國家安全爲限，因此，任何情況下都不能考慮將法德邊境上的法軍外調。因爲意見相持不下，所以並不特別積極。

1880年時，法義在突尼西亞的衝突逐漸昇高，這主要還是因爲義大利太過積極，使法國不得不出面反制。當時兩國，甚至連英國都不落人後，競相爭取突尼西亞的電信與鐵路工程，又大事蒐購土地。義大利駐突尼西亞領事馬奇俄（Maccio）手腕靈活，在其運作下，義在突之影響力大增。突尼西亞之總督也偏向義大利，1881年1月曾派其侄子赴巴勒

瑪（Palerma）向義王溫伯特一世（Humbert I，爲伊曼紐二世之子）致
敬。其間法國駐突尼西亞總領事胡士丹（Roustan）亦不甘示弱，一再要
求法方介入。1880年8月法國總理兼外長的佛雷西內（Freycinet,
Charles-Louis, 1828-1923）[104]曾打算派艦進入突尼西亞水域，置突尼西
亞於法國保護之下，但當時英國保守政府索爾茲伯里下台，自由黨的格
蘭斯頓及格蘭維爾剛接任，否認前任政府在突尼西亞問題上對法之承
諾，因此未成。9月佛雷西內政府由費里（Ferry, Jules, 1832-1893）[105]取
代，費里對殖民政策深有興趣，主張交好德國，免去後顧之憂，以便全
力拓展殖民地。其外長聖伊萊赫（Saint Hilaire）亦主張對突干預。費里
上台不久，1881年3月，突尼西亞之克魯米爾（Kroumir）人侵入阿爾及
利亞，爲法國出兵介入提供絕佳口實。法國在介入之先確定了德、英都
將支持法國之立場，所以進行順利。義大利卡伊羅利（Cairoli）內閣因
未能防患於未然，被國會譴責推翻，義政府一時更加無法因應。因之，
法突於1881年5月12日簽巴爾多條約，將突尼西亞納爲法國之被保護
國。法國因此接管了突之外交，參與突之行政，並對突實行軍事佔領
[106]。

　　突尼西亞事件使義大利對法國十分怨恨，決定不計代價，投入德國
懷抱。1881年9月，其首相德普雷蒂斯[107]表示不再拘泥細節，願與德奧
立即結盟。義大利首先與奧匈展開談判，但進行仍有困難。1881年10月
義王溫伯特一世訪問維也納，就溫伯特一世個人而言，突尼西亞事件到
不是重點，重點是他一直認爲，來自法國的共和思想對他的王位是一大
威脅，所以積極尋求奧匈支援，以穩定其受共和派威脅之政權。爲此溫
伯特一世提議：俄如攻擊奧匈，義將嚴守中立，但法如攻義，請奧匈援
助。由於奧匈外相海默勒在溫伯特一世訪問前去世，其職務由卡爾諾基
（Kalnoky, Gusztav S.,1832-1898）[108]取代，後者雖然剛上台，但是一個
極端保守主義者，同情教皇處境，不願立刻放棄教皇，對義的領土也心
存疑慮，並未立即同意義大利之提議[109]。最後還是得勞動俾斯麥。俾斯
麥在1882年2月介入遊說奧匈締約，是因爲在俄國發生了史柯貝雷夫
（Skobelev）事件[110]，史柯貝雷夫爲俄國之泛斯拉夫主義者，大力推動聯

法之說，雖未成功，但德國仍覺俄國不可靠，需要多加一層安全網，予以防範。

由於俾斯麥的及時介入，德、義、奧匈終於在1882年5月20日締結了三國同盟（The Triple Alliance）條約。此一秘約有效期為五年，可以續延。締約者同意：

（一）如果法國攻擊義大利，德奧兩國將予以援助，如果法國攻擊德國，義大利亦將予德援助。

（二）如果締約國之一遭到兩個國家的攻擊，其他二國即將介入。

（三）締約國之一如「被迫」採取攻擊，其他二國將守中立[111]。

此約對三國都甚有利。此約之目的除進一步孤立法國外，便是為奧匈提供抗俄保證：在俄奧衝突時，免去奧匈後顧之憂。義大利雖然因此在外交上走出外交孤立，但實際上所得不多，因為此時法國攻擊義大利的可能性微乎其微。另方面，即便義大利與奧匈結為同盟，但兩國間有關領土的矛盾依然存在，頂多只是被包裝淡化罷了。此約在前言中明言，其目的不在反英，並希望英國加入[112]。

1882年時，俾斯麥的同盟體系，似乎已相當完整，德奧同盟，三皇同盟，三國同盟，使其成功的孤立了法國，英國雖然難以爭取，但英法在埃及的利害衝突，可以使其放心，英國亦決不會倒向法國。

四、埃及事件與英法交惡

在殖民地與勢力範圍的拓展中，英法兩國間存有一種既合作又競爭的關係。在亞洲與太平洋，英法兩國合作的時候多，競爭的時候少。在近東，兩的步調也相當一致。在中亞，由於法國的缺席，英國的主要競爭對手是俄國。但在非洲，無論是阿拉伯非洲，或黑色非洲，兩國間的關係卻都競爭激烈。

七十年代開始以前，英法兩國在埃及即有衝突，但法國在埃及的影響深遠，無論在政治、文化、經濟各方面，顯然皆駕凌於英國之上。

1869年蘇伊士運河的啓航，更使英國深悔在此事上決策錯誤。

1870年以後，埃及在伊斯邁爾總督[113]的統治下，步上突尼西亞的後塵，財政日趨窘困，最後終於付不出所舉債務的利息，而引發了英法在此地的衝突。法國是埃及最大的債權國，英國如不設法改善其處境，埃及未來必落入法人控制之中，這是英國所不能容忍的。

1875年時伊斯邁爾總督爲了償付債息，不得不出售在運河公司中十七萬七千股的股權。法國本欲購買，但卻爲英國耍手腕取得先機。因爲是時法德關係正十分緊張，法國需要英國的外交支援，方能化險爲夷。因此在運河股權購買問題上，只好對英國讓步[114]。

1876年，埃及由於無力承擔債務，只好應允組織債務委員會，由英法兩國共同監督，英法並在埃及政府中派遣代表。但是此一債務委員會的運作，卻激起埃及人民強烈的反對。究其原因，一方面是因爲著眼於改善埃及經濟所採之種種措施太過激烈，令人難以接受；另方面，在債務委員會的控管下，埃及歲收近90％都用在支付歐洲貸款者的利息、土耳其蘇丹貢品、或蘇伊士運河股東紅利之上，埃及政府所能用在行政開銷上的費用只佔歲入的10％多一點[115]。1879年伊斯邁爾被認爲太過柔弱，爲其子陶菲克（Tevfik）[116]取代，但動亂並未消減。一般相信，此一動亂爲陸軍首領尤拉比帕夏（Urabi Pacha, 1839-1911）[117]在幕後支持。1881年11月的另一次叛亂，迫使陶菲克改組內閣，啓用大批民族主義份子，英法兩國都認爲情勢嚴重，既怕投資收不回，又怕埃及求助於土耳其，將削弱歐人在埃及之影響力。時法國由甘貝大（Gambetta, 1838-1887）[118]執政，建議與英國共同軍事介入，但英人卻接受了俾斯麥的建議，主張暫時由土耳其佔領，英法共同監督。佛雷西內接替甘貝大後，鑑於此事牽涉甚廣，並未堅持[119]。

1881年底1882年初，埃及排外的動亂更趨激烈，5月以後，情勢惡化，埃及有意宣布獨立，6月，亞歷山大港的排外暴動，使六十名左右的歐人喪生。英法覺得情勢嚴重，有軍事介入必要，但雙方仍同意先在君士坦丁堡舉行國際會議，謀求解決。會議遲遲無定論，英國怕尤拉比帕夏準備充分後更不易就範，決定積極單方介入，於1882年7月13日砲

轟亞歷山大港[120]。法國總理佛雷西內向法國國會建議採取有限度的軍事
行動，佔領運河區，結果爲國會否決。法國國會之所以反對，原因甚
多，一方面是由於對法國本身安全的考量。保守派認爲此一軍事行動太
過冒險，法國介入埃及，會不會令德國起覬覦之心？因爲德國至此尚未
對埃及事件表態。而激進派則以爲行動太過約束，根本起不了效用。二
是由於法國才將突尼西亞收爲被保護國，綏靖需要著力。法國還在遠東
的東京與安南用兵，實在無力在埃及進行軍事行動。因爲國會否決其政
策，7月29日佛雷西內內閣因此垮台，而德國卻在次日（7月30日）宣稱
贊成英法聯合行動[121]，俾斯麥的狡詐實在可怕。

由於法國政府遭國會制肘，失去先機，英國取得單獨行動的自由。
9月13日英軍在帖耳埃耳克畢爾（Tell-el-Kebir）將埃及之國民軍擊潰，
繼而佔領了整個埃及。英國首相格蘭斯頓及外相格蘭維爾，爲平息歐洲
國家的反對，同時避免因爲英國強佔埃及，引起他國（如俄國）瓜分土
耳其帝國的要求，所以一再聲稱，一旦埃及情勢平緩，英國就將從埃及
撤軍。法國希望與英國共同控制埃及，但爲英國所拒[122]。事實上，直到
1922年英國名義上允許埃及獨立爲止，英國重申上述立場不下六十次之
多，卻始終在埃及盤據不去。自從英國控制埃及，就處處排斥法國，自
此開始了另一段英法在埃及的鬥爭史，不過在這一段，英國顯然居於上
風。此後，爲了債務委員會的問題，蘇伊士運河區的地位問題，英國自
埃及撤軍問題，法英之間摩擦不斷，關係自難好轉。俾斯麥孤立法國的
另一步棋又贏了，他在英法衝突中，時而左袒，時而右偏，極盡其翻雲
覆雨之能事。

第四節　俾斯麥同盟體系的調整

一、影響同盟之國際情勢

俾斯麥用盡心機建構其同盟體系，孤立法國，但每一個同盟條約的

效期都不長，而國際關係變動不居，情勢發展也很難一如預期，所以同盟體系需要時時檢討、強化、調整、延續，這個外交工程並不輕鬆。八十年代中期，國際局勢的發展使俾斯麥所建構的同盟體系受到相當嚴格的考驗，分析起來，這有幾方面的因素：其一是八十年代中殖民競爭已經越來越白熱化；其二是俄奧兩國在巴爾幹的衝突又轉趨劇烈。其三是法德關係重趨於緊張。其四是英法義等國在地中海一帶的殖民衝突不斷升高。上述諸種因素的匯集，加上各個條約的效期陸續屆滿，使得俾斯麥必須得將其同盟體系加以適度的調整。

(一) 殖民衝突的上升

十九世紀七十及八十年代帝國主義氣焰高漲，各國競相向歐洲以外地區進行殖民拓殖，主要是受經濟因素影響。工業先進國家，如英國、法國，受到後起之秀如德國、美國等國的強大競爭，大批工業產品都要尋找市場，彼此競爭激烈。以英國為例，英國此時之所以全力向外拓殖，主要原因就是由於輸出減緩、商業收支無法平衡。而競爭日趨激烈，使英國對自由貿易的信仰不得不發生動搖，亟思開拓保護性市場，帝國主義的思想因而勃興。再以德國為例，八十年代中期時，德國已經成為重要工業國家，為了增強競爭力，不僅拋棄自由貿易的圭臬，更為自己建立保護性關稅，德國工業產品不僅攻進英國的殖民地，連英國本土也被攻佔，帶給英國的壓力可以想見[123]。更有進者，此一時期經濟循環速率驚人，景氣與衰退，常常呈現大起大落的現象。如1873年德國與奧匈的經濟景氣之好前所未見，但不久卻面臨前所未見的衰退。這波經濟衰退沒有一個國家倖免，美國英國也都在1877～1878年被捲入。1879～1881年間經濟情況略見好轉，但1881～1882年又發生新的危機，這波衰退時間頗長，一直持續到1889年[124]。

各國不僅對外貿依賴頗重，對投資的需求也非常急迫，於是為資金尋找出路也就成為列強推行殖民地國主義的重要原因。儘管經濟情況起起落落，但民間儲蓄卻日益增長。以英國為例，在1860年時的流動資金約為七十三億美元，到1896年時已經增長到二百一十億美元。而銀行貼

現率持續下降，到九十年代中期，銀行利率跌到2％，市場利率只比1％
稍高，資金留在銀行無利可圖，勢必得另尋投資管道。在這些流動資金
中，二分之一到三分之二都流向國外，除了在歐洲大陸投資外，許多資
金流向美國、拉丁美洲、澳洲、乃至於其他較爲落後地區。就實際收益
而言，境外投資的收益顯然比對外貿易高出甚多，後者大約只有前者的
五分之一[125]。經濟情勢反映到國際政治層面，就是強權間一連串的殖民
衝突。

英國政黨雖然有保守與自由之分，但在致力於殖民帝國主義的推展
方面，政策卻並無二致。七十與八十年代中，代表自由黨的格蘭斯頓
（1868～1874年，1880～1885年），及代表保守黨的狄斯雷里（1875～
1879年）交替執政。雖然格蘭斯頓以主張自由人權聞名，曾對狄斯雷里
的土耳其政策大張撻伐，並破天荒的在1880年的選舉中，以外交政策辯
論贏得選舉[126]，但本質上兩人在捍衛英國利益，推行帝國主義政策的作
爲上並無太大差異。諷刺的是，格蘭斯頓在1880年上台時，標榜這將是
一個「和平與安寧的時代」（an era of peace and tranquility），但在他任
內卻與大陸上的法俄兩國在殖民地問題上衝突不已。他與狄斯雷里所不
同的只是在遇到衝突時，他的妥協度稍高而已。

在此一時期中，除了前述對於近東問題的處理，諸如：維護英國在
海峽的利益、取得塞普魯斯、奪得蘇伊士運河股權、把法國擠出埃及之
外，英國於1880年代中取得非洲的索馬利蘭、奈及利亞、英屬東非、好
望角等地。在南太平洋，於1874年取得斐濟群島（Fiji Islands），1883年
取得新幾內亞，1888年取得北婆羅洲，並與法國共管新希布萊茲（New
Hebrides）。在亞洲方面，英國有兩個對手，在東南亞是法國，在南亞則
爲俄國。英法的勢力在東南亞的暹邏交會，一度發生危機，但並未擴
大。在南亞印度，英國於1858年取消東印度公司後，已直接經營，並於
1879年派軍進入阿富汗，但稍後就遇到南下的俄國。不過經過妥協，英
俄在波斯、阿富汗的衝突已經得到控制[127]。

俄國之所以對殖民事業感興趣，是因爲在1878年柏林會議結束，其
在近東之發展受挫，所以改變方向，傾全力向中亞發展，對波斯、阿富

汗,以及中國之新疆,興趣都十分濃厚。俄國勢力於1884年進入阿富汗,以及印度與巴基斯坦北部的旁遮普(Pendjab),俄國與英國的勢力在阿富汗相會之後,摩擦劇烈,幾乎瀕臨戰爭邊緣(參閱插圖六)。爲了反制俄國,格蘭斯頓一度打算出兵海峽,但三皇同盟與法國皆向土耳其蘇丹施壓,不允英艦通過海峽[128]。其後亞歷山大三世與格蘭斯頓雙方自我克制,於1885年9月達成協議:俄國保留旁遮普,英國則保留阿富汗[129]。格蘭斯頓因爲在中非及中亞的殖民政策都失敗,並與法俄交惡,因此下台,後由索爾茲伯里組閣,其後與德關係改善。新上台的索爾茲伯里自然要記取教訓,不可能支持奧匈對抗俄國。而俄國在知道英國的阻力無法破除後,放棄向印度推進,轉而將矛頭指向中國,爲達成此一目標,於1890年代開始動用法國資金,修建西伯利亞大鐵道。

至於法國,其總理費里在突尼西亞嘗到甜頭之後,對殖民政策更形熱中,並將其予以系統化、組織化。費里在1880年～1881年與1883年～1885年兩度擔任法國總理,在內閣更換頻仍的法國來說,時間不算短。費里算得上是當時共和派中能力甚強的政治家[130]。費里的政策是交好德國,一方面可以免去兩國關係緊張之憂,二方面可以放手海外殖民地的爭取。而這也符合俾斯麥對法國的期待:一方面冷卻法德敵對關係,另方面逐鹿海外會爲法國製造更多競爭對手,增加法國外交上的衝突與孤立。1881年開始,法國積極向越南東京灣一帶擴充,1883年以軍事行動迫越南與其訂順化條約,收越南爲保護國,引起中法之戰。中國雖然戰勝,但外交拙劣,居然在1885年4月4日天津條約中,正式承認安南爲法國之被保護國[131]。同一時期法國除在埃及與英國有衝突之外,在非洲剛果河流域,雙方亦有角力。法國此一時期在非洲的拓展十分驚人,廣及西非的塞內加爾(Sénégal)、象牙海岸(Côte d'Ivoire)、尼日(Niger),中非的赤道剛果(Congo Equatorial)、查德湖(Lac Chad),以及印度洋中的馬達加斯加島(Madagascar)等地[132]。俾斯麥欣喜法國熱中殖民,加以德國在殖民問題上與法國並無利害糾葛,所以大力支持以示好,1884年3月曾打鐵趁熱的派其親信,即銀行家布雷赫羅德(Bleichröder)赴巴黎直接與費里商談,改善法德關係[133]。在此時期,俾

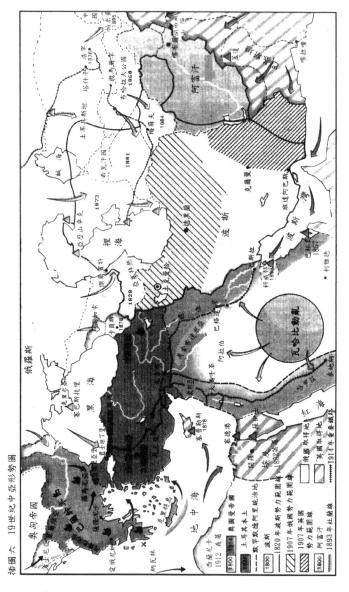

插圖六　19世紀中亞形勢圖

引：翻譯並移改自 Kinder and Hilgemann, The Anchor Atlas of World History, vol Ⅱ, p. 86.

斯麥在殖民問題上與法國合作，對抗英國，甚至向法國建議組成協商（entente），以制約英國的殖民獨霸。在以解決非洲殖民衝突爲目的的1884～1885年柏林會議召開時，德法關係友善達於頂峰[134]。

不僅英、俄、法等國都對殖民拓展十分熱中，連實力不足的義大利也野心勃勃。義大利於1881年在突尼西亞失敗後，尋找殖民地的初衷不變，所以首相德普雷蒂斯決定向其他地區發展，於1882年獲得紅海邊的阿沙普（Assab）港，1885年取馬沙華（Massowa）、厄里垂亞（Eritrea），1889年取得部分索馬利蘭（Somaliland）[135]。義大利還對北非的的黎波里（Tripoli）及昔蘭尼卡（Cyrenaica）亦極感興趣。

甚至在遙遠的美洲，美國帝國主義者在同一時期亦極爲活躍。1880年時，門羅主義已受到相當的修正，美國已經不是只關注美國自己，它對美洲、乃至於整個世界，都發生了濃厚的興趣。比如說1885年美國就參加了解決非洲殖民問題的柏林會議；1889～90年美國曾主張並主持召開第一屆泛美會議，會中美國務卿布萊恩（Blaine）勾劃出了泛美主義，並在華盛頓成立美洲共和國辦事處。1885年後，支持美國向外拓展的書籍如馬漢（A. Mahan）的《海權對歷史的影響》、柏格斯（Burgess）的《政治學》、影響深遠，而政治家，如美國議員洛奇（Lodge）、柏維里奇（Beverridge）以及羅斯福（Roosevelt）總統更積極推廣落實。另方面經濟界爲了拓展市場，狂熱的基督徒爲了宣揚教義，都支持大力擴充。起初美國的帝國主義著重的不在開疆闢土，而是在建立勢力範圍，他們曾以金元外交爲手段，成功的在中美洲推行其政策。但是八十年代中期到九十年代初，一波新的美國「命定說」（Manifest Destiny），卻對爭取海外殖民地表現了濃厚的興趣，然後在90年代末付諸行動[136]。

不僅大國對殖民地的取得興趣濃厚，連小國也不甘後人。比利時的國王雷奧保德二世，早在1876年就在他個人帶領下成立一個「國際非洲文化研究協會」，但目的是征服剛果河流域。此一組織在美國人史丹利（Stanley）帶領的探險隊在1879～1884年間，將大部分剛果河流域收歸到比王個人名下，成爲其私產[137]。同一時期，對剛果河流域採取行動的還有法國，英國因爲行動遲緩，則只好與葡萄牙簽約，想藉由後者控制

剛果河出海口，此一條約又因受到法、德兩國共同施壓，不得不被取消[138]。一時之間，非洲中部瓜分戰進行得十分白熱。

在這一股殖民風潮中，唯一毫不動心的是德國。俾斯麥對於殖民，一來是不屑，二來是政策的考量。俾斯麥政策的重心在鞏固新成立的帝國，確保帝國的安全與發展，確保王權於不墜。俾斯麥曾有一個生動的比喻，他說殖民地之於德國，就如貂皮大衣之於小小的波蘭貴族，如果這個落魄的貴族連睡衣都沒有，徒有貂皮大衣又有何用[139]？所以最初幾年俾斯麥始終按兵不動，反倒鼓勵法國、英國、義大利等四處拓展，希望因此造成他們彼此間的不睦，德國則可以上下其手。但是德國民意可不這麼想。大的海商與金融機構都認為，殖民地代表的不僅是國威，而且是無限商機，在他們不斷施壓下，俾斯麥最終也不得不讓步。再說，眼見各國海外競逐，德國在歐洲所受安全上的威脅也大大減少。

德國殖民起步雖然很晚，但進展卻很快。德國在1883年進入西南非，1884年4月宣布建立保護關係，緊接著，1884～1885年間德國取得了喀麥隆（Cameroon）、多哥（Togo）、德屬東非（Eastern Africa of Germany），並取得太平洋上的新幾內亞東北（North-East of New Guinea）[140]。英國對於德國的加入殖民行列，最初反對，但俾斯麥不斷施壓，特別是以支持法國在埃及的地位相脅迫，促使格蘭斯頓最後不得不鬆口贊成[141]。

如前所述，這一波由於經濟因素推動的殖民熱潮，到了八十年代中期，殖民拓展引發的衝突越來越多，列強之間的關係因此更行緊張。為了解決上述英國、葡萄牙、法國與德國之間在剛果河流域之殖民衝突，所以列強（包括美國）從1884年11月到1885年2月在柏林召開國際會議，不僅承認了屬於比王私產的剛果獨立國（Independent State of Congo），還訂出了一些領土取得的規則，如有效佔領（effective ooccupation）原則就是在此一會議上所制訂，豐富了國際法的內涵。

因為殖民角逐所引起的諸多衝突，使列強間的關係更行複雜。而埃及、阿富汗等地的衝突，使倫敦、巴黎、聖彼得堡都必須向柏林示好。原來的歐洲國際關係勢必要有所調整，以為因應。前面我們已經談過如

何因為殖民衝突，而使義大利改變其外交政策，倒向德奧；英法如何因
埃及而齟齬，達成德國進一步孤立法國的結果。下文將探討其後的衝突
如何使國際關係發生變化，以及俾斯麥如何利用這些熱點地區的情勢，
將其同盟體系作最有利於德國的調整。

（二）俄國與奧匈在巴爾幹的衝突加劇

　　巴爾幹半島不僅是俄國與奧匈爭鋒之地，半島本身的幾個小國，特
別是塞爾維亞與保加利亞之間，也有難以化解的矛盾，各個小國也都想
乘著土耳其的衰弱，以及俄奧間的利益衝突撈些好處。

　　就俄國來說，柏林會議後，它的興趣已經轉向亞洲，積極於東方的
經營，對巴爾幹半島與海峽的態度都相當消極。對巴爾幹，俄國只希望
維持現狀，阻止奧匈在此一地區擴充，取得優勢。對海峽，由於俄國的
黑海艦隊才開始建造，所以希望維持柏林會議的規定，繼續關閉，將英
國阻擋於黑海之外就夠了。此後二十餘年，上述態度就是俄國對巴爾幹
半島的政策主軸。

　　奧匈雖然對巴爾幹半島有濃厚野心，但也不無矛盾。當年德國俾斯
麥曾有沿著塞保兩國邊界南下，將巴爾幹劃分東西勢力範圍之議，東歸
俄，西歸奧，奧匈並未置可否。所以如此，一方面是奧匈的野心尚不止
於東巴爾幹；另方面，巴爾幹上的斯拉夫人卻又是多元民族國家奧匈的
隱憂，取得新領土，即意味併入更多的斯拉夫人，對已經複雜的民族問
題更添不確定的因素。因此，奧匈對於柏林會議中對波黑二州的模糊安
排也欣然接受，並未要求立即取得主權。奧匈的當務之急在於確定能掌
控巴爾幹各小國，確信其對奧匈採取友好政策[142]。但是奧匈內部也有不
同的意見，即軍方與商界都主張必須向巴爾幹尋求發展。軍方一直對開
疆闢土饒有興趣，以補償在義大利與德意志所遭受的挫折與屈辱；商界
則推動興建鐵路，通往東方[143]。

　　至於身為俄奧兩國盟國的德國，此時對巴爾幹與海峽的態度是：只
要俄奧兩國同意，任何安排德國都不反對。德國為了防範法國，甚至一
再向俄國表示，德國不反對俄國維持在保加利亞的優勢，乃至於掌控海

峽，取得君士坦丁堡。只是，俄國的重點不在此。俄國知道自己的實力，也知道國際現實，沒有與英法達成協議，對海峽與君士坦丁堡的任何意圖，都只能是想想而已，認真不得。俄國只希望德國在可能的巴爾幹俄奧衝突中維持中立就夠了，但這個要求又絕非德國所能答應。這是三皇同盟最大的致命傷。

上文曾提及在三皇同盟生效之後不久，奧匈帝國即與塞爾維亞和羅馬尼亞分別締約，這當然是有與俄國一較長短的企圖。就塞爾維亞來說，它對俄國在俄土戰爭與柏林會議上的表現極為失望，因為俄國只顧著為保加利亞爭取利益，卻置塞爾維亞於不顧。這是促使塞爾維亞後來倒向奧匈的主要原因。另方面，塞爾維亞在經濟上對奧匈也有依賴，塞爾維亞的貨物有賴通過奧匈管轄下的土地，再從薩隆尼卡灣免費出口。更有進者，塞爾維亞之國王米蘭·奧布諾維奇（Milan Obrenovitch）因花費無度，需要奧匈財政支援及政治支持。在此情況下，1881年5月6日，塞爾維亞先與奧匈簽下商約，緊接著，又於同年6月28日簽下同盟條約。其實塞爾維亞對奧匈並無好感，只有恐懼，這兩個條約的簽訂都是基於實利的考量，條約基礎不算鞏固[144]。至於奧匈的動機則在防止大塞爾維亞主義在其境內蔓延，並保證薩隆尼卡灣通道，以及其轄下波士尼亞及赫爾塞哥維那之安寧。此約規定，塞爾維亞若與任何國家有政治性的談判或締約，必須先獲奧匈同意。就此點看來，塞爾維亞實際上已經淪為奧匈之被保護國。不過塞爾維亞也從約中獲奧匈允諾，必要時支持其向保加利亞宣戰，以獲取領土補償[145]。1885年11月，塞爾維亞果然以保加利亞與東魯美利亞合併，實力增強，塞爾維亞因此應有所補償為由，向保加利亞宣戰，只是不堪一擊，半個月後大敗於保軍，要不是奧匈及時介入，連現狀都難以保持[146]。

就羅馬尼亞來說，也與塞爾維亞一樣，對於俄國在柏林會議中的表現深感失望。羅馬尼亞參戰一場，但勝利之後幾乎毫無所得，雖然取得了多布魯加，卻失去了比薩拉比亞。既然與俄國聯手毫無好處，俄國也不重視它的感受，當然不希望俄國再假道羅馬尼亞南下巴爾幹，把羅馬尼亞捲入衝突。羅馬尼亞希望有以防俄，於是給予奧匈可乘之機。但羅

馬尼亞對奧匈也並不放心,所以俾斯麥被迫介入,由於羅馬尼亞國王卡
爾乃威廉一世之表弟,俾斯麥在動之以情之外,還接受了羅馬尼亞的條
件,加入羅奧同盟,才使此一同盟在1883年10月30日誕生[147]。這是一個
針對俄國的防衛性同盟,此約的誕生,進一步證明了奧俄關係的敵對,
以及德國在奧俄兩國間明顯的傾斜。

　　奧匈與塞爾維亞及羅馬尼亞之條約,使俄國深感不安,乃執意扶植
保加利亞以與前者對抗,而是時保加利王之國王乃沙皇的侄子巴登堡
(Battenberg)的亞歷山大親王,他在1879年赴蘇菲亞(Sofia)時,帶去
了大批俄籍軍官。登基後,舉凡外長,軍政部長皆為俄人。但不久後,
亞歷山大卻接受了保加利亞之民族主義,抗拒俄國的政經壓力。1883
年,他撤換了俄籍軍事將領[148]。

　　1885年9月21日在未曾知會俄國下,亞歷山大逕自宣稱將保加利亞
及東魯美利亞二地聯合。俄國本來並不反對合併,但對亞歷山大毫不尊
重俄國的片面決定深為不滿,因而對其失去信心,召回俄國在保加利亞
一批官員,不再給予支持,並要求保加利亞回復原狀。關於東魯美利亞
的處置,在列強意見莫衷一是的情況下,最後得到的妥協是允許其與保
加利亞組成君合國[149]。但俄國的餘怒未消,在俄國策劃下,1886年8月
12日,蘇菲亞發生軍事政變,亞歷山大垮台,俄國重新控制了保加利
亞,但俄國派往保國的人並未能得到保加利亞人民的支持。此後一年
間,為了掌控保加利亞,俄奧之間關係緊張,外交活動頻繁。

　　奧匈為了對抗俄國,同時爭取德國與英國的支持,但德英都不願得
罪俄國,相互推諉。德國是怕如此有助形成法俄聯盟,不利德國;英國
是怕激怒俄國,造成禍水東引,對英國在中亞的利益帶來麻煩[150]。前此
格蘭斯頓因為在中非及中亞的殖民政策失敗,並與法俄交惡,因而下
台,索爾茲伯里接替組閣,自然要記取教訓。索爾茲伯里不可能支持奧
匈對抗俄國,他的政策是與德國改善關係。

　　德國因為是奧匈的同盟國,所以必須為奧匈多方設法,於是以法國
為餌爭取英國。不過英國既不相信由埃及事件所引起的法國敵意可以輕
易化解,也不相信法俄可能達成協商。再說英國也付不出法國所索的代

價：以結束對埃及的佔領交換對英國的支持。至於法國，其實也和英國德國一樣，不願意得罪俄奧雙方，特別是俄國，去淌保加利亞這個渾水，所以置身事外就是最好的政策。

　　情勢因此膠著。不過由於俄國無法掌握保加利亞的政治趨向，後者在1887年7月，選出了薩克森科堡的費迪南（Ferdinand of Saxe Coburg）為保加利亞親王。此一發展使俄國大驚失色，因為費迪南曾在奧匈軍中服務過，立場親奧，是奧匈所支持之人選。

　　至此，俄國十年來在保加利亞的投資全盤皆輸，當然使其與奧匈的關係益形緊繃，而三皇同盟又在1887年屆滿，續約之事在此情勢下顯然無望。德國必須設法因應這一局勢。

（三）法德關係之重趨緊張─布朗傑事件

　　所謂福無雙至，禍不單行，法德關係在此一時期又重趨緊張，令俾斯麥深為憂慮。前文曾指出，法德兩國在費里執政時期，關係十分融洽。在解決非洲殖民衝突的柏林會議上，德國支持法國對抗英國。據說會前俾斯麥即在1884年9月向法國提議締結法德同盟對抗英國，柏林會議期間，即1885年1月，又提議兩國元首在中立國會談，可惜法國對這些建議都無動於衷[151]。費里的立場是：法國願意在某些問題，如殖民問題上與德合作，但一般性的合作或進一步的締盟，法國無論如何不會考慮。第一，費里懷疑這是德國離間英法的手法。第二，失土不能讓其永遠不收回。第三，法國民間反德情緒尚濃。1885年3月30日，費里因中法戰爭戰敗而下台，使法德間的短暫緩和又形過去。

　　1885年夏法國的新政府誕生後，法德關係變得極為緊張，這是因為反德復仇的中堅人物，布朗傑（Boulanger, George, 1837-1891）[152]將軍在於1886年6月出掌軍政部長。布朗傑軍功卓著，儀表堂堂，深懂造勢與自我宣傳，就任以後致力軍隊改革，提昇軍力，改善基層人員待遇與環境，半年內，聲望即扶搖直上，甚至超越總理與總統[153]。其實在普法戰後的十餘年間，法國的仇德情緒一直存在，只是時弛時張而已。布朗傑上台以後，俾斯麥抱怨法國民族主義的活動增多，為了反制，德國於

1887年1月通過新的軍事法規，並對亞洛二省採取嚴厲措施，引起法國極大的憂慮。雖然法國新任駐德大使艾赫柏德（Herbette）認爲德國的備戰措施只是假象，但法國政府仍不能釋懷。1887年4月20日發生了施納克貝勒（Schnacbélé）事件，此人爲法國在法德邊界地方之警官，其實爲法國間諜，德國在法國領土上將其逮捕，法國認爲德國侵入法國領土逮捕法人犯違反國際公法，要求德國釋放人犯。同時布朗傑要求法國總統下令動員，但總統格雷維（Grevy）及外長佛魯杭斯（Flourens）都不支持。後來在法使艾赫柏德奔走游說下，德國終於下令放人[154]。1887年5月，法國新政府將布朗傑解職，一則因爲布朗傑聲望過高，激起民眾狂熱的仇德情緒，對內閣穩定與法德關係發展都不利，二則以法國當時的實力來看，並不適合與德國發生軍事衝突。雖然如此，法國國內民意反德情緒仍然高漲，兩國關係並未好轉。

　　認眞分析，其實所謂的布朗傑主義不過是一種現象，反映了當時法國民間的反德情緒，但法國政府相當理智謹慎，並未受此股風潮影響，仍然主張應與德國和平相處。但是就俾斯麥而言，雖然明知所謂法國開戰危險不過子虛烏有，但布朗傑主義卻是俾斯麥在內政外交上都可以利用的一張好牌，藉此可以做好軍事與外交的準備[155]。

（四）地中海情勢變化

　　八十年代開始後，我們已經見證了兩件地中海區域的衝突，一件是法國與義大利在突尼西亞的交鋒，另一件則是英國與法國在埃及的鬥爭。這兩件事情的發生，凸顯了這些國家對地中海地區的重視。

　　就英國而言，它是一個海權國家，保持海路的暢通，維持地中海通紅海，出印度洋航道的安全，是十分重要的國家利益。英國在地中海的據點甚多，西有直布羅陀，中有馬爾他，東有塞普魯斯，按說對英國在地中海的安全已能提供相當保障。但埃及扼溝通兩海（地中海與紅海）咽喉，在蘇伊士運河通航後，英國當然欲得之而後快。這是英國不得不與法國較勁奪取的原因。英國之所以支持法國取突尼西亞，就是要以此與法國交換其在埃及的利益。只是法國並不做如是想。法國在埃及問題

上的緊咬不放，對土耳其轄下其他北非地區如摩洛哥的旺盛企圖，使得一心想維持地中海現狀的英國，不得不考慮有所因應。

另一個地中海國家義大利，也對法國費里政府的殖民競爭十分不滿，亟思有以反制。突尼西亞的挫敗導致義大利不計條件的投入德奧，組成三國同盟，想藉中歐國家反法。但此一同盟運轉幾年下來，卻讓義大利深感失望。第一，德奧都不是地中海國家，對此地區沒有興趣。第二，德國既然以鼓勵法國海外發展，來淡化法國對德國強割法國土地的積怨，當然就更不會爲了義大利去挑起與法國的爭議。至於奧匈本來就對義大利戒心重重，加入三國同盟是德國的壓力所促成，奧匈又有何理由得罪法國呢？由於義大利對三國同盟意興闌珊，德奧如想續約就得出更高的價碼。另方面義大利開始另覓新的合作夥伴，英國是可能的選擇。英義合作對英國、義大利、乃至德國來說，都是一個不錯的構想。

就德國來說，俾斯麥曾一再嘗試拉英國進入中歐同盟，一方面可以進一步孤立法國，另方面又可將奧匈抗俄的負擔轉嫁於英，但都沒有成功。此時的俾斯麥與索爾茲伯里可謂棋逢對手，俾斯麥固然老謀深算，索爾茲伯里也十分精明[156]。就索爾茲伯里而言，英國與法國雖然在地中海或其他地區有殖民衝突，但並不是全面衝突。套句中國大陸今日的俗語來說，那是「自由陣營」（liberal alliance）的內部矛盾，還不是敵我矛盾。英國的利益確實使英國較爲傾向與三國同盟合作，但英國既不想爲亞洛二省而與法國翻臉，也不想去承接德國的負擔，支持奧匈抗俄。在此情勢下，就俾斯麥看來，如果義大利能居間扮演橋樑角色，讓英國間接的與中歐國家建立較爲特殊的聯繫，未始不是好事。就索爾茲伯里來說，如果直接與德國合作有這麼多的後遺症，與純粹地中海國家的義大利合作顯然單純得多。就德普雷蒂斯來說，在地中海區域，英國顯然要比德奧影響力大得多，如果能得到英國的明確支持，義大利的殖民拓展好景在望。

至於奧匈，充其量只是一個亞得里亞海國家，但因爲巴爾幹問題不可避免的與海峽問題相互牽連，使其對海峽情勢不得不予關切，因此也與地中海搭上了邊。事實上，奧匈一直爭取德國對抗俄國，但德國一再

以本身安全為藉口，左躲右閃，不願承擔，並想將奧匈這個負擔推給英
國，在深為失望之餘，奧匈也想另謀外交出路。

在上述情況下，可以預期地中海區域的國際關係必有一番新貌。

二、三國同盟之續約

由於巴爾幹上俄奧衝突昇高，法德關係又趨於緊張，三國同盟如能
續約，對德奧兩國當然有利。德奧既有求於義大利，義自然處於較為有
利的談判地位，義外長羅比朗（Robilant）伯爵因此決心把握時機，大
撈一筆。義大利希望能獲得德奧支持，保持地中海的現狀，防止法國向
的黎波里及昔蘭尼卡發展。同時義對巴爾幹半島亦有領土野心，希望奧
匈在此區的擴充亦能分義一杯羹。奧匈對於義大利的獅子大開口頗不以
為然，並不想續約。在奧匈的外相卡爾諾基看來，三皇同盟與三國同盟
都不重要，因為前者中的俄國，後者中的義大利，都對奧匈都沒存什麼
好心，奧匈只要維持德奧同盟就夠了，也希望德國有此認知。但德國的
看法顯然不同，就德國而言，法俄兩國，一西一東，德國不管喜不喜
歡，都不能得罪，尤其要防止法俄聯手，否則德國的麻煩就大了。

由於此時德奧所求於義者較多，所以談判在俾斯麥的主導下，大幅
回應了義大利的要求，但也要考慮到奧匈的立場，因此德國付出的代價
相對較高。為了減少來自卡爾諾基的阻力，三國同盟照原約續約，展延
五年，在1887年2月20日簽字。為了滿足義大利的上述要求，同時締結
兩個新的雙邊條約。在義奧條約中，雙方承諾如一方在巴爾幹半島獲得
暫時的或永久的領土，一定要給另一方相當補償。由於規定並不清楚，
其間詮釋的空間很大。奧匈以為補償是指義大利對阿爾巴尼亞的主張，
義大利則認為是指提洛。

在義德條約中，德國承諾幫助義大利阻止法國向北非的黎波里及摩
洛哥發展，在義大利往北非拓展或攻法時給予支持，並支持義大利為維
持其海疆安全，取得若干領土。此處所謂領土，實際上就是指法國統治
下的科西嘉、尼斯、突尼西亞等地。此一雙邊條約顯然已使德義之間的

同盟關係，由防衛性的走向攻擊性的。非僅如此，由此密約更可以看出俾斯麥的承諾以及條約的尊嚴性都十分可疑。俾斯麥爲化解法國因爲割讓亞洛二省所引起對德國的敵意，曾一再向法國表示，除了亞洛二省，德國支持法國一切殖民擴充與領土要求。此一承諾顯然已經被新的義德條約所否定。而就義德條約中德國的承諾而言，義大利是否可以信賴，一旦義大利向法國提出科西嘉島、尼斯與突尼西亞等地的要求，而對法國發動戰爭時，德國會助義抗法？就俾斯麥的瞭解，在義德條約中德國眞正的義務，不過在阻止法國向的黎波里與昔蘭尼卡發展，或當法國取得摩洛哥時，德將支持義大利取的黎波里而已。

由於三方面對於條約認知的差距，可以知道三國同盟續約的基礎相當脆弱。而三方面都無意將自己立場說明白，也表示三方面都認爲此一同盟還有利用價值。

三、地中海地區的新安排

上文已經提到，地中海地區權力競爭轉趨激烈，各國在防止法國在此地區繼續擴充的共識下，經俾斯麥幕後推動，索爾茲伯里在1887年1月19日主動向義大利首相德普雷蒂斯提議，增進英義關係，使之「更爲親密有用」（more intimate and useful）[157]。義大利本來就想與英國攜手抗法，自然欣然接受。只是英國不願走得太遠，不希望有明確承諾。1887年2月17日雙方締訂英義地中海協議。在此一協定中，英義雙方互相保證維持地中海現狀，義大利支持英國在埃及的地位，英國支持義大利對的黎波里及昔蘭尼卡的訴求，阻止法國向此區發展。英義協定內容顯然是反法的，不過範圍只限於地中海。另方面，因爲此一協議中也強調關閉海峽，所以也帶有反俄的色彩，但並不鮮明。檢視歷史，英國從未在平時與任何國家簽署過同盟條約，當然也不願在在英義協議中破例。所以索爾茲伯里極盡其所能的對約中用語字斟句酌，務求其非正式而含糊。英國並未明確承諾「維持現狀」，或是武力支援，而是強調兩國間的「合作」，「至於合作的性質，是在有合作的需要時，取決於該

一事例的情勢，再由雙方決定」(the character of that coopration must be decided by them, when the occasion for it arises, according to the circumstances of the case.) [158]。這種模糊精緻的外交文字，一方面是在不突破傳統，爲英國預留可以脫困的外交空間，另方面也在規避議會阻力。

英義地中海協議在維持地中海現狀，防止法國繼續在此區擴張上有其功用，但對英國而言，尚未排除俄國對東地中海的威脅，因此，1887年2月19日，英國主動向奧匈提議，邀其加入英義地中海協議，奧匈的卡爾諾基一向主張聯英，本想乘此機會要求英國在巴爾幹問題上明白表態，但索爾茲伯里何等老謀深算，當然不會答應。卡爾諾基退而求其次，認爲含糊的承諾勝過毫無承諾，所以與英國在1887年3月24日換文，雙方同意維持愛琴海與黑海的現狀[159]。另方面，西班牙亦在義大利遊說下，於5月4日達成一項換文，雙方承諾維持摩洛哥的現狀[160]。

透過三邊的及雙邊的協議，地中海的情勢有了顯著的變化，英、義、奧、西組成了一個維持地中海現狀的協商機制，法俄兩國已經被孤立，但因爲所有這些協議都是密約，法俄兩國初時還渾然不覺。

英國雖然沒有加入三國同盟，但透過地中海協議，已與三國同盟搭上關係。義大利在二者之間則扮演了橋樑的角色。索爾茲伯里相信如此一來，在英國與法俄發生衝突時，可以間接的得到德奧的支持。俾斯麥則以爲地中海協議的出現，可以更爲孤立法國及減輕德國對奧匈的負擔。

此一鬆散的三邊地中海協議，後來得到進一步強化，與義大利的政局有關。義大利的克里斯比[161]在1887年8月的關鍵時刻，出任首相兼外相，極希望在國際事務上有所表現，以凸顯義大利的國際強權地位。同年10月，他在往訪俾斯麥後，向奧匈表示在必要時提供其軍事援助以抗俄，實則義大利希望在巴爾幹有所領土補償。卡爾諾基也十分支持克里斯比，主要的原因是奧匈極力想拉攏索爾茲伯里，共同抗俄，如果義大利能促成三邊關係更形強化，奧匈即使要在巴爾幹半島支付義大利一些代價，也是值得。英國方面，原本在海峽與近東地區就一直與俄國有衝

突，現在更擴及中亞，加上此時保加利亞的情勢更形緊張，對俄國的戒心自然更高，也期待能將三邊的地中海協議強化，使之涵蓋海峽、保加利亞以及小亞細亞，所以對義奧的表態回應熱烈。事實上，在阻止俄國勢力在保加利亞擴充及南下海峽方面，英奧利益是一致的，前此英國之所以一直拒絕與奧攜手，只是期待德國能負擔此一責任，以及不願與中歐同盟走得太近，開罪法國。現在既因埃及事件與法國關係搞僵，顧忌也就較少。於是三方面在各有所求，目標一致之下，於1887年12月12日締定二次地中海協議，彼此承諾，維持近東現狀，阻止俄國勢力南下保加利亞與海峽。至於德國，英國雖然還是不能與之走得太近，但也不能任其將奧匈的負擔都丟給英國，如此英國國會也很難批准新的三國地中海協議。在索爾茲伯里要求表態下，俾斯麥將1879年的德奧密約內容照會前者，藉以證明德國既不會在俄國攻奧時，棄奧於不顧，也不會在法國攻英義時，袖手旁觀。

第二次英義奧地中海協議就性質而言，已經接近同盟條約，並且是在和平時期所締訂，這對英國外交來說，確實是一大改變。此一條約的最大受惠者是土耳其，但最大受害者也是土耳其。因為此約中規定，如果任何「非法企劃者」（illegal enterprise，指俄國）進犯土耳其，三國將集會討論防衛土耳其應採的措施；但如果土耳其不事抵抗，與前者合作，則三國就有正當理由協商佔領土耳其若干領土。值得指出的是，第二次地中海協議重點是在防俄，與第一次地中海協議是以法國為主要對象有很大的差異。這也突顯出此時英俄關係之惡劣。

從另一個角度看，兩次地中海協議是英國外交政策轉變的風向球，也許英國仍然眷戀於孤立主義，但由於法、俄兩國的軍力整頓與提昇，已經使得英國不得不考慮尋求與國。

四、德俄再保證條約

透過上述條約，俾斯麥成功的將奧、義、英、西等國拉離法國，但俄國尚未被拉入，法俄之間是否可能接近？這確實是個危險，應該儘量

排除。由於俄奧在保加利亞問題上的裂痕甚深，三皇同盟想再續約已絕無可能，因此唯一的辦法是德俄單獨締約。

德俄兩國的關係在1886～1887年時並不穩定。俾斯麥也許無意得罪俄國，但他在三皇同盟中顯然向奧匈傾斜的態度，使俄國對其難免由失望而生怨尤。德國在對俄政策上有兩派不同的看法，德皇威廉一世主張應大力交好俄國，俾斯麥則比較重奧輕俄。在俄國也一樣，對德政策也有兩派不同的看法，保守派主張加強與德國的關係，代表人物主要有以前的駐英大使彼德舒瓦洛夫，現任駐德大使保羅舒瓦洛夫[162]兩兄弟，以及外相吉爾斯。另一派則是激進的民族主義者，主張俄國應放棄陳舊的外交路線，交好法國，在可能的法德衝突中尋求更大的國家利益[163]。至於沙皇亞歷山大三世，雖然原則上也屬保守派，但立場卻不是那麼堅定，對於德國的高姿態也覺得很難接受。

事實上，在1880年代中期，德俄兩國間除了在政治上有對奧匈的歧見之外，在經濟上也有矛盾。俄國在1870～1880年間是德國工業產品的重要市場，但同一時間，俄國也在力圖發展工業。為了保護自己的工業，也為了替國家財政尋找財源，俄國從1876年開始，逐步調高進口工業產品的關稅，此一政策自然引起德國資本家的不快。而不巧的是，1880～1890年間正逢世界經濟不景氣，德國政府雖然努力開闢土耳其、中國的市場，並向羅馬尼亞及義大利輸出武器及鐵路設施，但俄國市場仍然不可或缺。八十年代中期，俾斯麥曾一再要求俄國降低關稅，但俄國的關稅卻越調越高。俾斯麥因此只好威脅俄國，要調高從俄國進口的小麥關稅。這對有大宗農產品出口德國的俄國來說，當然也不容忽視[164]。

1886年夏，俾斯麥一度擬以政治承諾交換俄國的經濟讓步，所以對俄國大使保羅舒瓦洛夫說，德國可以支持俄國在保加利亞的立場，以及未來管控海峽，但希望俄國在調降關稅一事上優於考慮。保羅舒瓦洛夫認為此一交換甚為合算，但報回聖彼得堡後，俄國的反應卻十分冷淡。一方面，基於自身實力考量，俄國此時根本無意佔取海峽，另方面俄國的貿易保護主義者亦極力反對，而以卡特科夫（Katkov, Mikhail N.,

1818-1887）[165]爲首的泛斯拉夫主義者，又大力批判俄國的外交政策，主張俄國應與德國決裂，與法交好。在此情況下，俄政府要回應德國的提議也有實際上的困難[166]。

是時法國方面由於布朗傑所帶動的反德情緒正濃，俾斯麥在外交與內政上都對法國動作頻頻，使法國政府深爲憂心，擔心德國攻法，所以法國外長佛魯杭斯亦傾全力攏絡俄國，與到訪的俄國新聞界人士卡特柯科夫相互唱和，也令俾斯麥頗感不安。

因此，1886年底到1887年1月，俾斯麥與俄國駐德大使及其兄彼得舒瓦洛夫幾經磋商，俄國承諾：在法德衝突時採取中立，保障奧匈領土完整，接受塞爾維亞爲奧匈勢力範圍；換取德國承諾：支持俄國重建在保加利亞的影響力，不反對俄國取得海峽。俄國政府當時也許十分在意保加利亞，但海峽並不在俄國外交優先排序中，所以舒瓦洛夫兄弟的談判被認爲讓步太大，並未得到亞歷山大三世的支持[167]。

不過亞歷山大三世的外交立場並非絕對不受其左右影響，加以其外相吉爾斯明顯親德，所以即便俄國駐法大使莫杭漢（Morenheim），因爲要回復法國詢問，請示俄國政府：在德國攻法時，俄國會否給予法國道義支持？俄皇之答覆是「當然會」，吉爾斯仍然將沙皇的答覆留中不發，只對法國駐俄大使拉布雷（Laboulaye）說，俄國對法德雙方都無任何義務，有一切行動自由。

俄國對法國沒有明確承諾，法國政府又對德國動向憂心如焚，因此也不敢進一步與俄國洽商，以免更加觸怒德國。在此情況下，吉爾斯又向沙皇進言：與德國有約總比無約好。所以亞歷山大三世最後只得改變初衷。在德國方面，由於沙皇反對保羅舒瓦洛夫的談判，所以俾斯麥也不敢對法國輕啓戰端。但轉過來，俾斯麥對俄國則開始軟硬兼施，逼迫其同意，展開雙邊談判。幾經週折，德俄雙邊談判在1887年4月展開。

談判展開後，俄國先想以放棄法國，交換德國放棄奧匈。但德國不爲所動，仍想以支持俄國控制海峽以及取得君士坦丁堡爲交換。沙皇曾提議與俄國簽訂一個一般性的中立條約，但俾斯麥以其與德奧同盟之義務不能相容，很難答應。爲了讓沙皇知難而退，俾斯麥甚至大膽的將德

奧同盟的相關內容知會俄國大使保羅舒瓦洛夫[168]。此一舉措顯然讓俄國大吃一驚，因為它證實俄奧如發生衝突，德國不會袖手旁觀，聽任俄國對奧匈採取軍事行動。亞歷山大三世雖然震怒，但冷靜細想，俄國也沒有其他更好的選擇。法國雖然殷勤，但其政府更換頻仍，又為俄國的無政府主義及虛無主義者提供庇護，實在很難相與。亞歷山大三世因此不得不讓步，而勉強出爐的條約，內容其實無關宏旨，這也注定了德俄關係難以真正好轉。

1887年6月18日德俄簽署了為期三年的再保證條約（Reinsurance Treaty），此乃一祕約。此約有如下幾個重點。

（一）當締約國之一與第三國發生戰爭時，他造締約國應嚴守善意中立，並盡力將衝突地方化。但此一義務不及於德國攻法，或俄國攻奧（第一條）。

（二）德國承認俄國在巴爾幹上的歷史權力，特別是它在保加利亞與東魯美利亞優越與決定性影響力的合法性；簽約雙方並約定，除非事先經雙方同意，不得變更巴爾幹領土現狀（第二條）。

（三）重申1881年條約有關關閉海峽的相關規定（第三條）[169]。

就德國而言，此一條約根本是對俄國進行詐欺。即便約中已經將法國與奧匈排出，德國還是不可能履行其義務，因其內容與1883年德國所參加的奧匈與羅馬尼亞同盟密約的義務不能相容。根據此一密約，如果俄國與羅馬尼亞發生軍事衝突，德奧都有援羅的義務，德國怎麼可能採取善意中立呢？不過，俾斯麥與亞歷山大三世相看兩厭，互不喜歡，而再保證條約本來就是個相當勉強的產物，因此俾斯麥對他在約中存心欺騙沙皇毫無內咎之感。可嘆的倒是沙皇，他那德裔外相吉爾斯是明知其中有詐，卻聽任沙皇上當，只因他親德的立場與對俾斯麥的威懼。對俄國而言，再保證條約其實不能保證什麼，只要德國不肯放棄奧匈，其他任何承諾都無意義，俄國與法國改善關係的大門就永遠敞開。對德國來

說其實也是一樣，只要俄國不肯承諾放棄法國，德國的後患就無窮，所以要繼續對俄國施以壓力。至於條約義務不相容，根本不會對俾斯麥造成任何苦惱。

在德俄再保證條約墨審未乾之時，保加利亞的危機又爆發了。1887年7月，保加利亞選出奧匈支持的薩克森科堡的費迪南前往蘇菲亞就職，根本不理會俄國之反對，並於8月14日正式登基。義、英、奧匈在此問題上利害一致，英義因此支持奧匈。德國應否支持俄國呢？雖然奧匈與德國軍方此時都主張應對俄國發動預防性戰爭，但俾斯麥卻獨排眾議，他不惜於1888年2月將1879年的德奧條約公開，坦白向奧匈表示，此一條約僅為一防衛性條約，不能期待德國幫助奧匈發動預防性戰爭。在保加利亞問題上，德國為了維持俄國的面子，要求土耳其蘇丹宣布，費迪南被選為保加利亞親王是非法的。不過這一宣布其實無補於事，也改變不了什麼，只更進一步證明俄國的巴爾幹政策全盤皆輸。

至此，俾斯麥同盟體系的調整已經告一段落。在此一調整的過程中，靈魂人物自然非俾斯麥莫屬。經過1887年中的大幅調整，俾斯麥外交上反法、孤立法國之目的可說完全實現。但此一同盟體系並不健全，一連串的秘約，一連串內容互有矛盾的承諾，使俾斯麥好像高空走繩索似的，時時擔心一旦失手，將碎身粉骨。威廉一世當時已年近九十，體力日衰，離蒙主寵召不遠，對俾斯麥這種複雜權謀的外交作為即便並不贊成，但也無力阻攔。

在此過程中扮演重要角色的另一位政治人物是索爾茲伯里。索爾茲伯里為人聰明細緻，天生冷靜，做事不慌不亂。貴族出身的他，行事並不積極，精力也不旺盛。無病無災到公卿，他最好的策略就是「等等看」[170]。他在1885～1890年的首相任內，成為俾斯麥主要的外交對手，相互較勁，精彩可看。

在俄國方面，1882年葛恰可夫去世之後，就沒有什麼傑出人才。繼任的吉爾斯因為是德國後裔，自然親德。由於亞歷山大三世為人專制，掌控外交主導權，吉爾斯十分懼怕他，每次進宮議事，其助手蘭斯多夫都要跑到教堂為其祈禱，求其平安無事。吉爾斯雖然極力修復與德國的

關係，但是俾斯麥自有其盤算，不可能被說服。沙皇與威廉一世的關係雖然不錯，但他極不喜歡俾斯麥。而沙皇也不喜歡法國的共和制度，因此不能與德國決裂。他雖然專斷，但在關鍵時刻有時還是難免受左右影響。

　　奧匈的卡爾諾基在1881年執掌外交兵符，直到1894年。他的出線是由於奧皇想要休養生息。在海默勒去世後，本來安特拉西又想重出江湖，但奧皇卻啓用了出身特蘭西伐尼亞的莫拉維亞貴族卡爾諾基，認為他不至於躁進搶功，較可信賴。奧皇當時的外交重點有二，一為交好義大利，二為與俄國維持和平[171]。前一任務順利達成，誕生三國同盟，後一任務顯然並不容易。1887年三皇同盟之所以終於崩解，固然是由於保加利亞的情勢所造成，但奧匈也巴不得切斷德俄關係，讓奧匈在德國可以獨佔專寵。從這點看來，其實卡爾諾基與安特拉西的差別並不大。卡爾諾基在1887年外交工作中最大的成就是與英國、義大利達成地中海協議。不過與其後的幾位奧匈外相比較起來，卡爾諾基還算沈穩，所以從1887年直到他1994年他辭世，俄奧之間並無進一步的衝突。

　　至於法國與義大利的領導人，根本不在俾斯麥的眼裡，因為這些人的眼睛既然都瞪著殖民地，就不會對德國造成什麼威脅。什麼布朗傑的威脅，那不過是法國時弛時張的民族情緒，法國實際上的當政者都對德國十分戒懼，豈會讓一個小小的部長恣意妄為，招來大禍？俾斯麥又豈有不知？俾斯麥的炒作，不過在刻意泡製一個假象，用以作為外交操作的籌碼。

　　總之，俾斯麥與上述這些人過招，輕而易舉。1887年中俾斯麥同盟體系的調整與重組在當時看來是成功的，但因為其中機關重重，高手操作都不容易，如果換一個新手，那就眞的禍福難卜了。

註釋

1.英德兩國在近東的衝突要到1890年代後期才發生，在殖民地爭奪上的摩擦也要到1880年代中期以後才出現。

2.O. Pflanze, *Bismarck and the Development of Germany, Vol II, The Period of Consolidation, 1871-1880.* op. cit., p. 252.

3.A. J. P. Taylor, *The Struggle for Mastery in Europe, 1848-1918.* op. cit., p. 222.

4.Ibid. p. 223; J. Droz, op. cit., p. 442.

5.O. Pflanze, Vol II , op. cit., p. 255.

6.Ibid. pp. 257-258.

7.N. D. Bagdasarian, (1976). *The Austro-German Rapporchement, 1870-1879, From the Battle of Sedan to the Dual Alliance.* London: Associated University Presses. p. 116.

8.O. Pflanze, Vol II, op. cit., p. 257.

9.其原文為"It is an error especially widespread in Hungary that it would suffice simply for us to come to terms with Prussia and she would immediately break with Russia. Indeed, they believe that she would even adopt a hostile stance against her. But as long as the present rulers in Russia and Prussia sit on their thrones, such a favorable result will never be obtained. Thus, the only way open for us is to seek the road to St. Petersburg via Berlin and in this way to reach a modus vivand". See N. D. Bagdarasian, op. cit., p. 87.

10.Ibid. pp. 103-104, pp. 111-113.

11.其實當時奧匈內部亦有兩派不同的想法，軍方，特別是日耳曼籍將領，難以忘懷薩多瓦戰敗之恥，在此時主張全力抗德，為此不惜在巴爾幹半島大幅讓步，以與俄國修好（軍方的態度最初是如此，但後來認為抗德無望，立場轉而變成親德）。但出身匈牙利的安特拉西，對

奧國在德義的挫折並無特別深刻的感覺，也無向巴爾幹擴充版圖之意，只是因為地緣關係，他更重視俄國在巴爾幹對匈亞利構成的威脅，所以主張聯德聯英以抗俄。在聯英方面，安特拉西在1871年8月於蓋斯坦與俾斯麥會談之後，曾特別赴英倫會晤英首相格蘭斯頓，但以英國不願捲入奧匈與俄在巴爾幹的爭霸戰，無功而返。

12.N. D. Bagdarasian, Vol II. op. cit., p. 116.

13.這次會晤其實也頗為曲折。先是規劃德奧兩國元首會晤，但法蘭西斯約塞夫排拒前往柏林，後是俄皇風聞其事，怕被冷落，主動詢問德使，使德國不能不邀雙方同時訪德。詳情見Ibid., pp. 114-122.

14.第一國際的正式名稱是國際工人協會，於1864年9月在倫敦成立，創建者是當時英法最有影響力的工會領袖，馬克思雖非創建人，但卻擔任領導職務。第一國際內部流派複雜，馬克思的集權制社會主義與巴古寧的無政府主義衝突尤烈，終於在1872年海牙代表大會上分裂。馬克思後將第一國際總部遷往紐約，但兩派鬥爭仍不斷，第一國際於1876年解散。巴古寧份子自1873～1877年間仍每年召開代表大會，但也無法使第一國際存續下去。

15.這是一場十分敏感的會晤，因為各方都有鬼胎，俾斯麥又怕壞了氣氛，搞僵了關係，所以沒有三邊對話，所有的對話都是以雙邊方式進行。

16.V. Khvostov, (1965). Après le Traité de Francfort (1872-1875). In dans V. Potiemkine (Ed.), *Histoire de la Diplomatie, Tome II. La diplomatie des temps madernes 1872-1919*, op. cit., pp. 16-17; O. Pflanze, *Bismarck and the Development of Germany, Vol II*, *The Period of Consolidation, 1871-1880*. op. cit., pp. 259-260; A. P. J. Taylor, *The Struggle for Mastery in Europe, 1848-1918*. op. cit., p. 219

17.有關俾斯麥1870年開始在德境內展開的文化鬥爭（Kulturkampf, struggle for culture），可參閱W. Carr, op. cit., pp. 123-128; D. G. Williamson, (1992). *Bismarck and Germany, 1862-1890*. London: Longman. Sixth Impression, pp. 50-56; O. Pflanze, Vol II, op. cit., pp.179-206.

18.O. Pflanze, Vol II, op. cit., pp. 262-263..

19.V. Khvostov, Après le Traité de Francfort (1872-1875), op. cit., pp. 20-21.

20.Ibid., pp.22-23; O. Pflanze, Vol II, op. cit., p. 265.

21.德卡直此舉是以其人之道還治其人，報了1870年俾斯麥揭露貝尼德蒂向普魯士索討比利時的一箭之仇。參見Ibid., p. 268-269; A. J. P. Taylor, *The Struggle for Mastery in Europe, 1848-1918*. op. cit., pp. 225-226.

22.V. Khvostov, Après le Traité de Francfort (1872-1875), op. cit., pp. 24-25.

23.此次法德之間「戰爭已可預見？」危機，在外交上法勝德敗、「三皇同盟」虛有其表之情勢殊爲明顯，對此情勢之評析，見W. Carr, op. cit. pp. 147-148.

24.N. D. Bagdarasian, op. cit., pp.183-184.

25.其實泛斯拉夫主義眞正的發源地是奧國，其轄下的斯洛伐克人在二十年代即鼓吹此一思想，俄國接受此一思想約在六十年代。此一時期俄國介入支持被土耳其鎮壓的蒙地尼格羅與塞爾維亞。參見A. J. Grant & H. Temperley, op. cit. pp. 295-297.

26.Ibid. pp. 297-298.

27.N. D. Badgarasian, op. cit., pp. 185-186; A. J. P. Taylor, *The Struggle for Mastery in Europe, 1848-1918*. op. cit., p. 231.

28.Ibid. p. 232; N. D. Badgarasian, op. cit., pp. 186-187.

29.A. Sked, (1989). *The Decline & Fall of the Habsburg Empire, 1815-1918*. London: Longman. pp.239-240.

30.巴巴拉杰拉維奇著，福建師範大學外語系編譯室譯（1978）。俄國外交政策的一世記，1814-1914。北京：商務。頁116, 153。

31.舒瓦洛夫曾在軍中服務，參與克里米亞戰爭，1857～1861年曾擔任警察首長，後擔任波羅的海三省總督，1866年回聖彼得堡擔任憲兵參謀

長，爲亞歷山大二世親密顧問。後出任駐英大使，直到1879年。爲極端保守派，反對解放農奴。

32. 伊格納蒂耶夫爲俄國外交家與政治家。1856年參加巴黎會議，1858年率使去中亞，1860年定中俄北京條約，回俄後任亞洲司司長。1858年任駐土大使，力主塞爾維亞自治。俄土戰後，代表俄締結聖史蒂法諾條約，1881年任內政大臣，爲極端保守主義者，對俄境內猶太人被屠殺並不關切。

33. A. J. P. Taylor, *The Struggle for Mastery in Europe, 1848-1918*, op. cit., pp. 229-233.

34. 狄斯雷里爲義裔猶太人，頗有文學造詣，出過幾部小說，娶英國富孀爲妻，社會地位因此提昇。爲保守黨員，先跟隨皮爾，因未獲重用，反目成仇。在德比內閣中數度出任財政大臣，1868年接替德比任首相，但僅數月即在選戰中落敗下台。他與自由黨的黨魁格蘭斯頓素爲政敵，彼此攻訐。1872年後再度組閣，外交上極力推行帝國主義，在土耳其問題上全力支持蘇丹，打擊俄國，無視土耳其的腐敗。

35. 據估到1875年爲止，英國對土耳其的貸款就高達二億英鎊，英國貸款人其實希望政府對土施壓，確保債權。參見，V. Khvostov, (1965). La Crise d' Orient (1875-1877). In V. Potiemkine (Ed.), Tome II. op. cit., p. 31, p. 36.

36. A. J. P. Taylor, *The Struggle for Mastery in Europe, 1848-1918*, op. cit., p.235; N. D. Badgarasian, op. cit., pp. 187-189.

37. O. Pflanze, Vol II, op. cit., p. 419-420..

38. 阿布杜爾阿濟茲於1861～1876年在位，1861～1871年間推行改革，頒布第一部民法典，與法英友好，曾訪問歐洲。巴爾幹動亂發生時，曾交好俄國，但因動亂蔓延到波士尼亞、赫爾塞哥維那、保加尼亞，疑爲俄煽動所致，遂遠俄。施政專橫、糧食歉收、國債日增、引起群眾不滿，政變被黜，數日後暴斃，疑遭謀刺。

39. 阿布杜爾哈米德二世在1876～1909年間爲鄂圖曼蘇丹，即位後頒布鄂圖曼第一部憲法，1877年對俄戰爭失敗，1878年停止行憲，自此依賴

祕密警察，統治四十年。1881年法取突尼西亞，1882年英取埃及，之後在外交關係上倒向德國，1899年允德建巴格達鐵路。

40.V. Khvostov, La Crise d' Orient (1875-1877), op. cit., pp. 34-35.

41.對於有人認爲這是奧匈帝國主義的表現，學者Robert A. Kann認爲並不正確。他以爲奧匈所爲完全是基於安全考量，並非如其他殖民帝國主義國家，是致力於海外殖民帝國的建立。參見R. A. Kann, (1977). Trends Towards Colonialism in the Habsburg Empire, 1878-1918, the Case of Bosnia-Hercegovina, 1878-1914. In D. K. Rowney & G. E. Orchard (Eds.), *Russian and Slavonic History*. New York. pp. 164-180.

42.俾斯麥不僅在聯手制奧問題上不願正面回答，對於俄國在8月所提召開國際會議，解決土塞糾紛一事上也不支持。

43.V. Khvostov, La Crise d' Orient (1875-1877), op. cit., p.39; O. Pflanze, Vol II, op. cit., p. 423.

44.Taylor 教授以爲，法國在這次近東危機中所採取的不作爲政策十分正確，見A. J. P. Taylor, *The Struggle for Mastery in Europe, 1848-1918*. op. cit., pp. 240-241.

45.索爾茲伯里侯爵爲保守黨領袖，畢業於牛津大學，曾三度任首相、四度任外相，1853年入下院，1866～1867年任印度事務大臣，因不滿保守黨支持議會改革及不信任狄斯雷里而退出政府。1874年狄斯雷里再任命其爲印度事務大臣，盡釋前嫌。1878年任外相，與俄國不和，在柏林會議上挫敗俄國，大勝而歸，與狄斯雷里同獲表揚（得嘉德勳章），1881年狄斯雷里去世，接受黨魁職務，曾三度組閣（1886～1892年，1895～1900年，1900～1902年），大部分時間兼任外相。他是孤立主義與擴張主義者，具白人優越感。他的政策是避免與大國衝突，主張不結盟，不支持張伯倫（Chamberlain）與德締盟之議，但其外相蘭斯頓（Lamsdown）仍於1902年與日結盟。

46.他在此時被封爲比肯斯菲爾德爵士（Lord Beaconsfield），不過本書爲求一貫，仍用舊名。

47.V. Khvostov, La Crise d' Orient (1875-1877), op.cit., pp.42-43; O.

Pflanze, Vol II, op. cit., pp. 427-428.其實土耳其蘇丹根本無意改革，新憲法不過是塘塞國際要求的幌子，1877年5月，新憲就被取消。

48.Taylor 教授以爲，俄國根本不瞭解奧匈的眞實處境，所以才會不惜代價爭取。其實奧匈根本無力與俄國作戰，也不想與俄作戰。相反的，奧匈軍方是想與俄並肩對土作戰，以收漁利；安特拉西則是千方百計躲開戰爭，以免拉高哈布斯堡王朝的聲望，損及匈牙利的利益。參見 A. J. P. Taylor, *The Struggle for Mastery in Europe, 1848-1918*. op. cit., p. 242.

49.V. Khvostov, La Crise d' Orient (1875-1877), op. cit., pp. 44-45.

50.V. Khvostov, (1965). La guerre Russo-Turque (1877-1878) et le Congrès de Berlin (1878). In V. Potiemkine (Ed.), Tome II. op cit., p. 47.

51.英國因爲擔心俄國軍隊進入君士坦丁堡，在1月下旬下令艦隊駛入達達尼爾海峽，後發現消息錯誤，旋即取消。2月8日在下令艦隊駛入，仍然是基於錯誤的戰訊。艦隊於13日進入瑪爾莫拉海（Sea Marmora）。

52.A. J. P. Taylor, *The Struggle for Mastery in Europe, 1848-1918*. op. cit., pp. 245-246.

53.Ibid. pp. 247-248.

54.俄國外交當局非常不滿伊格納蒂耶夫的恣意妄爲，葛恰可夫要他自己惹的麻煩自己解決，所以後者只好去維也納找安特拉西善後，安特拉西在保加利亞問題上毫不妥協，談判拖延甚久。

55.A. J. Grant & H. Temperley, op. cit., p. 302.

56.Ibid. p. 303.

57.Keith Robbins, (1996). Experiencing the foreign: British foreign policy makers and the delights of travel. In Michael Dockrill & Brian Mackercher (Eds.), *Diplomacy and World Power, Studies in British Foreign Policy, 1890-1950*. Cambridge: Cambridge University Press.

58.德比外相由於傾向不作爲，對俄較爲有利，而其夫人是俄使舒瓦洛夫的好友，所以英國內閣的政策討論與立場，都由其透露給後者，使後

者可以取得正確情報，預爲因應。除此之外，德比的下台還與其已瀕
臨酒精中毒，精神狀況幾近崩潰有關。至於索爾茲伯里，相當瞭解鄂
圖曼帝國的情況，知道它的式微是無可如何之事，所以也不是不能與
俄安協。。

59. V. Khvostov, La Crise d' Orient (1875-1877),op. cit., p. 53.

60. O. Pflanze, Vol II, op. cit., p. 436.

61. A. J. Grant & Harold Temperley, op. cit., p. 304.

62. 會議地點按照Grant及 Temperley 兩位教授的說法是俾斯麥毛遂自薦
（見前引書p. 302），按照A. J. P. Taylor及W. Carr兩位教授的說法，俾
斯麥是根本不想攬這件吃力不討好的事，他首先主張以巴黎爲會議地
點，但俄國主張在柏林；其後他想將主席一職推給法國，但法國不接
受，俾斯麥只好硬著頭皮來擔任這個吃力不討好的「誠實的掮客」
（分別見前引書p. 253及pp. 149-150）。俾斯麥之所以一再推辭，主要
是他直覺的感受到：近東危機會成爲三皇同盟無法承受的考驗，甚至
是致命的一擊。依情理而言，A. J. P. Taylor及W. Carr的說法較可採
信。

63. 有關聖史蒂法諾條約及柏林條約詳細內容參閱王繩組、何春超、吳世
民。前引書，頁204-205，211-214。

64. 對於開放海峽一事，原爲俄國所關心，但後來在與英國的談判中，俄
國並未要求，原因是俄國人想通了：既然俄國在黑海上無艦隊，開放
海峽，俄國無艦可出，反而是他國艦船到可長驅直入黑海，威脅俄國
沿岸安全。

65. A. J. P. Taylor, *The Struggle for Mastery in Europe, 1848-1918*. op. cit.,
pp. 246, 252.

66. Ibid. pp. 252-253.

67. N. D. Bagdarasian, op. cit., p.239.

68. 葛恰可夫以俄國全權代表出席會議，他與俾斯麥一向關係不睦，俾斯
麥本來十分期待俄國駐英大使舒瓦洛夫能以俄國全權代表身份出席會
議（後者也出席了此一會議，但是爲第二號代表），則雙方溝通會較

為容易愉快，但由於年高體弱的葛恰可夫堅持要親自上陣，連沙皇也拗不過他，所以令俾斯麥十分失望。其實當時葛恰可夫已經高齡七十九，身體不好，咳嗽不止，需用輪椅出席會議，反應也不若以往敏銳，在柏林會議中的表現不佳，很難維護俄國利益。有關柏林會議進行的詳情，請參閱Ibid., pp. 239-252.

69. 巴巴拉杰拉維奇（著），福建師範大學外語系編譯室（譯），前引書，頁162.

70. Ibid, p. 277

71. 據說安特拉西有吉普賽人的血統，器宇軒昂，英挺迷人，拉多維茲形容他是「貴族與吉普賽人的混合體」（a mixture of Grand Seigneur and Gypsy），所到之處，群眾為之風靡，很得德國政壇人士歡心。非僅外表英俊，安特拉西充滿活力與勇氣，才能出眾，是天生的政治家。他瞭解他的人民，知道如何管理，在匈牙利的治績也不錯。外界人士看他態度樸質，誠懇，信譽良好。但是正如所有的保守人士一樣，他堅定反對自由民主。見N. D. Bagdarasian, op. cit, pp. 104, 240.

72. Ibid. pp. 256-257.

73. V. Khvostov, La Crise d' Orient (1875-1877). op. cit., p.55.

74. A. J. P. Taylor, *The Struggle for Mastery in Europe, 1848-1918*. op. cit., pp. 251-252.

75. 其實對此一有違外交慣例的舉措，葛恰可夫大可當場抗議，尤其是他對英文並不嫻熟，但他並未機敏反應，以致於事後在針對狄斯雷里的談話有所回應時發生錯誤。

76. 雖然泰勒教授以為這兩人在柏林會議的表現，對英國而言是短多長空，使得英國人自以為國力鼎盛，而不思經營軍力，導致軍力停滯不進；又認為英國這種強勢外交使得英國在歐洲大陸與國難求，以後漸趨孤立。但事實上，我們不能否認這兩個人在維護英國國家利益方面，確實做得有聲有色。而且在以後的二十年裡，並未出現泰勒教授擔心的事。如果說英國直到二十世紀初年才找到盟國，那是因為在這之前對結盟，尤其是和平時期的結盟沒有興趣。

77. 其實，俾斯麥的外交國務秘書比羅也許允諾義大利，同意把突尼西亞
給予義大利。這是典型的一女兩嫁，詐欺外交，目的就在製造法義間
的衝突。

78. N. D. Bagdarasian, op. cit., pp. 233-235.

79. 會議中俄國外交官聞知義大利此一要求，曾笑謔的問，「義大利人憑
什麼要領土補償，他們又在那兒吃了敗仗嗎？」此語影射普奧之戰
中，義大利爲普魯士盟友，在戰場上慘敗，還取得威尼西亞。見V.
Khvostov, La Crise d' Orient (1875-1877). op. cit., p. 56.

80. A. J. P. Taylor, *The Struggle for Mastery in Europe, 1848-1918.* op. cit.,
p.244.

81. N. D. Bagdarasian, op. cit., p. 283.

82. Ibid. pp. 283-284.

83. Ibid. p. 278; W. Carr, op. cit., p. 151.

84. 俄皇強調其在普奧戰爭及普法戰爭中對普魯士的支持，德國不念及
此，反而支持俄國的對手奧匈，顯然是恩將仇報。但俾斯麥卻以爲，
俄國在上述兩次戰爭中之所以支持普魯士，是由於普魯士先在克里米
亞戰爭及波蘭事件中對俄國展現了友誼。兩國此時已經是互不相欠。

85. 俾斯麥十分期待彼德舒瓦洛夫能取葛恰可夫的地位而代之，可惜沒能
實現。由於在柏林會議中俾斯麥與葛恰可夫相處不佳，反與舒瓦洛夫
來往甚密，導致葛恰可夫亦與舒瓦洛夫產生心結，會後在沙皇面前說
了許多後者的不是，沙皇大爲震怒，將其由駐英大使調爲駐法大使，
一年後又將其召回，投閒置散，彼德舒瓦洛夫於1889年鬱鬱而終。

86. 就奧匈而言，其政策確實如俄國軍方推理所想，認爲奧匈應該與英國
聯合，根本無須與俄妥協締盟，此一努力直到格蘭斯頓在英國上台，
情勢才有轉機。

87. V. Khvostov, (1965). L'Alliance Austro-Allemande et le renouvellement
de l'Accord des Trios Empereurs. In V. Potiemkine (Ed.), Tome II, op.
cit., p.58; N. D. Badgarasian, op. cit., p. 150.

88. R. Albretch-Carrié, op. cit., p.180.

89.A. J. P. Taylor, *The Struggle for Mastery in Europe, 1848-1918.* op. cit., p. 266.

90.德皇與與俾斯麥對此約的爭執過程請參見N. D. Bagdarasian, op. cit., pp. 287-290.

91.約文請參閱Herman N. Weill, (1972). *European Diplomatic History, 1815-1914, Documents and Interpretations.* New York: Exposition Press. pp. 235-236.

92.1880年4月的選戰中,格蘭斯頓以外交為選舉議題,贏得選舉,這是英國選舉史上的第一次。外交第二次成為選戰議題要到1935年。格蘭斯頓以道德維護者自居,不僅批判土耳其政府殺害基督徒,而且譴責狄斯雷里助紂為虐。除此之外,在對外政策上,格蘭斯頓還主張交好俄國,以歐洲協商取代權力平衡。

93.格蘭維爾畢業於伊頓公學及牛津大學,1836年選入議會,1846年進入政府,一直為上院中之自由黨領袖,是維多利亞女王及格蘭斯頓之間的調人,1870～1874年,1880～1885年兩度為格蘭斯頓之外相,支持格蘭斯頓的愛爾蘭自治方案。

94.海默勒接替安特拉西為奧匈之外交大臣(1879～1881年),他在1850年入外交界,曾服務土耳其、希臘、德意志各國。丹麥戰爭後被派往丹麥,普奧戰後被派往柏林,後歷任駐希臘、荷蘭公使,及駐義大使。締結了第二次德、俄、奧匈三帝同盟及奧塞協定,使塞爾維亞淪為奧匈之衛星國。

95.N. D. Bagdarasian, op. cit., p. 303.

96.吉爾斯於1838年進入俄國外交部亞洲司,歷任駐外外交官員,後升任亞洲司長和外交副大臣(1875～1882年),1879年代理外交大臣,1882年真除。他的立場親德,任內最大外交決策為建立德、俄、奧匈三皇同盟,三皇同盟破局後,在1994年締造法俄同盟,但實際上這不是他的決策,而是亞歷山大三世的意向。

97.V. Khvostov, La Crise d' Orient (1875-1877). op. cit., pp. 62-63.

98.亞歷山大三世為亞歷山大二世的次子,因為並非皇儲,二十歲以前所

受教育極爲有限，長兄尼古拉去世後，成爲皇儲，才開始接受正規教育。個性獨裁，繼位後一改其父的自由化政策。認爲只有專制制度、東正教與民族主義可以拯救俄國，所以大力推行俄語，打壓其他基督教派，實行中央集權制。在外交上秉持傳統親德的政策，但在再保證條約續約失敗後，轉向法國。

99.詳細約文請參見，王繩祖、何春超、吳世民編選，前揭書，頁217-219.

100.R. Albretch-Carrié, op cit., pp.181-182.

101.Ibid. pp. 182-183.

102.克里斯比爲西西里人，1848年參與西西里起義，1853年萊茵起義。流亡倫敦時認識馬志尼。1859年又參與西西里起義，統一後任內政大臣，後曾組閣兼掌外交。1887～1891年，1893年數度組閣，作風保守，常採高壓手段，致力殖民，對非洲興趣極大。

103.J. Droz, op. cit., p.455; R. Albretch-Carrié, op. cit., p. 183.

104.佛雷西內畢業於巴黎綜合工科學校，普法戰爭中從軍，有組織長才。1876年入參院，1879年組閣，1882年再組閣兼外長，埃及事件下台。1888年任陸軍部長，爲第一個文人部長。此後五年，他致力陸軍改革工作，實施三年兵役制，建參謀總部。巴拿馬醜聞案中下台，1915～16年再度任不管部部長。

105.費里爲法國政治家，反對教會教育政策，1855年爲律師，1870年巴黎被困時爲巴黎市長。1880～1881年，1883～1885年兩度任總理。熱中殖民事業，任內取得突尼西亞（1881年）、越南東京（1885年）、馬達加斯加（1885年），法屬剛果（1884～1885年），1893年被刺。

106.J. Droz, op. cit., pp. 449-450.

107.德普雷蒂斯爲義大利左翼政治家。1848年爲皮德蒙議員，1860年赴西西里協助加利波底。義大利建國後，歷任公共工程大臣、海軍大臣、財政大臣等職務。1876年首度組閣，1881年再度組閣，主導1882年三國同盟之成立。推行非洲殖民政策，1887侵略阿比西尼亞

失敗，倒閣下台。但同年再度組閣，不過僅數月，因病死於任上。

108.卡爾諾基原為軍人，1854年棄軍從政，入外交界，1880年任駐俄大使，1881～1895年任奧匈外相，政策保守，以防俄為主。1882年促成三國同盟，改善與塞爾維亞、羅馬尼亞、保加利亞之關係。但亦盡力維持及改善與俄關係。

109.A. J. P. Taylor, *The Struggle for Mastery in Europe, 1848-1918*. op. cit., p. 274.

110.史柯貝雷夫為俄土戰爭之名將，與伊格納蒂耶夫一樣，篤信泛斯拉夫主義，支持法俄聯合，曾在1882年1月赴巴黎訪問，爭取聯盟，無功而返。途經波蘭時，又大力鼓吹泛斯拉夫主義，並不得亞歷山大三世之欣賞。

111.約文請參閱N. Weill, op. cit., pp. 238-239.

112.R. Albretch-Carrié, op. cit., pp. 184-186.

113.伊斯邁爾曾在巴黎求學，並曾在土耳其駐歐洲不同外交使館中工作。1863年獲派埃及總督，1867年受封為世襲總督，直到1879年被土耳其蘇丹罷免。任內成立埃及代表大會，完成蘇伊士運河之啓航。因有心將蘇丹置於埃及控管之下，雇用了大批歐人與美人，指導其行政與軍事，花費驚人，入不敷出，逐漸債臺高築。初當政時，埃及外債不過七百萬英鎊，到1876年時，已經累積到近一億英鎊，多為歐洲財政金融機構提供。

114.J. Droz, op.cit. p. 451.

115.以1877年為例，埃及之歲入約為九千五百萬英鎊，七千五百萬英鎊被用以支付貸款者的利息，見V. Khvostov, (1965). L'Expansion coloniale des Grandes Puissances. In V. Potiemkine (Ed), Tome II. op.cit. p. 75.

116.陶菲克帕夏繼任後並不受人民擁戴，任內發生反歐事件，英國佔領埃及之後，獲英支持，方能控制全局。

117.尤拉比帕夏為埃及民族英雄，出身農民家庭，參加過1875～1876年埃及與衣索比亞的戰爭。1879年參加軍官反抗伊斯邁爾總督的鬥

爭。1881年領導起義，反抗外族，提出「埃及屬於埃及人」的口號。1882年9月爲英軍所俘，流放錫蘭。1901年獲准重返埃及。

118.甘貝大爲法國共和派政治家，出身律師。1869年進入議會，普法戰爭時，極力奔走抗德。戰敗後他極力推動共和，是第三共和的催生者。1881年11月一度組閣，但只做了三個月，於1882年1月下台。外交上採取親英立場，但並不成功。

119.J. Droz, op. cit., pp. 451-452.

120.Raymond James Sontag, (1933). *European Diplomatic History, 1871-1932*. New York: Appleton-Century-Croftsm Inc. p. 32

121.V. Khvostov, L'Expansion coloniale des Grandes Puissances, op. cit. p. 78.

122.R. J. Sontag, op. cit., p. 33.

123.William L. Langer, (1956). *The Diplomacy of Imperialism, 1890-1902*. Cambridge. Second Edition, p. 72.

124.V. Khvostov, L'Expansion coloniale des Grandes Puissances, op. cit. p. 66.

125.W. L. Langer, op. cit., p. 73.

126.這是英國選舉中第一次以外交政策爲選戰議題。

127.G. A. Craig, op. cit. pp. 293-297; R. Albretch-Carrié, op. cit., p. 191.

128.雖然索爾茲伯里在1878年柏林會議結束時曾蠻橫的說，只要英國認爲有必要，它將毫不猶豫的讓英國軍艦通過海峽，開進黑海，但實行起來並不容易。德法等國之所以阻止蘇丹同意，對俾斯麥來說是因爲俄土戰爭給他帶來的在俄奧外交上的困擾，猶存腦際，希望凍結海峽與巴爾幹情勢。對法國來說，與英國的埃及之爭尚在進行中，同時也想藉此爭取俄國，所以一致向土施壓。

129.A. J. Grant & H. Temperley, op. cit., p. 315-316; W. Carr, op. cit., p.155; A. J. P. Taylor, *The Struggle for Mastery in Europe, 1848-1918*. op. cit., p. 300.

130.法國當時的政情與費里的起落，請參閱J. P. T. Bury, (1985). *France,*

1814-1940. London: Routledge. Fifth Edition, pp.160-164.

131.A. J. Grant & H. Temperley, op. cit., p. 314.

132.R. Albretch-Carrié, op. cit., pp. 191-192.

133.J. Droz, op. cit., p.458.

134.W. Carr, op. cit., p. 155.

135.R. Albretch-Carrié, op. cit., p. 193.

136.Robert H. Ferrell, (1969). *American Diplomacy, A History*. New York: W. W. Norton Company. pp.332-333.

137.G. A. Craig, op. cit. pp.292-293; R. Albretch-Carrié, op. cit., p. 193.

138.V. Khvostov, L'Expansion coloniale des Grandes Puissances. op. cit. pp. 78-79.

139.Ibid. p. 80.

140.Ibid. pp. 80-81; W. Carr, op. cit., p. 154.

141.R. J. Sontag, op. cit., pp. 35-36.

142.R. Albrecht-Carrié, op. cit. p. 181.

143.此鐵路稱爲東方線（Orient line），在1888年完成維也納到君士坦丁堡工程。

144.V. Khvostov, (1965). La politique extèrieure de Bismarck au cours de ses dernières années (1885-1890) et la conclusion de l'Alliane Franco-Russe (1891-1893). In V. Potiemkine, Tome II, op. cit. p.85.

145.Ibid. pp. 85-86.

146.Ibid, p. 86; A. J. P. Taylor, *The Struggle for Mastery in Europe, 1848-1918*. op. cit., pp. 305-306.

147.R. Albrecht-Carrié, op.cit., p.182.; A. J. P. Taylor, *The Struggle for Mastery in Europe, 1848-1918*. op. cit., p. 277.

148.J. Droz, op. cit., p.457.

149.由於俄國反保的態度強硬，三皇同盟原本希望由土耳其收回東魯美利亞，但英國（此時索爾茲伯里剛掌政權）反對，堅持要遵守柏林條約的規定，維持現狀。

150.A. J. P. Taylor, *The Struggle for Mastery in Europe, 1848-1918*. op. cit., pp. 306-307.

151.J. Droz, op. cit., pp. 458-459.

152.布朗傑爲法英混血兒，父親是布列塔尼（Bretagne）人，母親是威爾斯人。1856年入陸軍，曾在義大利、阿爾及利亞、印支服役，參與普法戰役。1880年5月任准將，一度駐突尼西亞，後回巴黎參與克里蒙梭（Clemençeau）之激進黨，1886年任佛雷西列內閣之陸軍部長、爲反德領袖，1887年5月新政府免去其陸軍部長的職務，調爲軍團司令。此時布朗傑運動已蓬勃展開，獲保皇黨等保守勢力支持，1888年被解除軍權，但當選爲北方各省議員，1889年1月2日又以高票當選巴黎議員，群眾促其接管政府，未被接受，受新政府壓迫逃往比利時、倫敦，被判放逐，1891年自殺於布魯塞爾。

153.J. P. T. Bury, op. cit., p.170.

154.Ibid, p.171; J. Droz, op.cit., pp. 459-460.

155.1887年4月，俾斯麥曾經坦白的說：「我無法虛構布朗傑其人，但這個事件的發生對我確實十分便利」。

156.Sontag 教授形容索爾玆伯里是「機敏、有耐性、不會因細節而忽略大局、很少對現實有錯誤的期待、洞悉歐洲各領導人的人性貪婪弱點、對維護英國利益滿懷熱情，使他成爲貴族傳統的英國政治家中的佼佼者」。參見R. J. Sontag, op. cit., p. 40.

157.A. J. P. Taylor, *The Struggle for Mastery in Europe, 1848-1918*. op. cit. p. 310.

158.Ibid. p. 311.

159.Ibid. p. 313.

160.Ibid. J. Droz, op. cit., p. 461.

161.克里斯比被譽爲是從加富爾到墨索里尼間，義大利最精明的政治家。

162.保羅舒瓦洛夫在1885年被任命爲駐德大使。

163.A. J. P. Taylor, *The Struggle for Mastery in Europe, 1848-1918*. op. cit., pp. 315-316.

164. V. Khvostov, La politique extérieure de Bismarck au cours de ses dernières années (1885-1890) et la conclusion de l'Allianc Franco-Russe (1891-1893), op. cit., pp. 88-89.

165. 卡特科夫為俄國新聞工作者，在俄國政府中有相當影響力。曾支持亞歷山大二世的自由改革政策，如解放農奴。1863年波蘭事件後，成為極端的愛國主義者。他在報上的評論文章頗受亞歷山大三世的喜愛與重視。

166. V. Khvostov, (1965). La politique extérieure de Bismarck au cours de ses dernieres annees (1885-1890) et la conclusion de l'Allianc Franco-Russe (1891-1893), op. cit. p. 90.

167. 吉爾斯對沙皇態度的改變覺得十分愕然。吉爾斯的得力助手蘭斯多夫（Lamsdorf）曾寫下如下的備忘：似乎卡特科夫那一夥陰謀份子與某些危險人士使沙皇改變了主意。陛下不僅反對三皇同盟，也反對與德國同盟。陛下以為此一同盟不得民心，也有違俄國民族感情。見V. Khvostov, La politique extérieure de Bismarck au cours de ses dernières années (1885-1890) et la conclusion de l'Allianc Franco-Russe (1891-1893)", op. cit. p.98.

168. Ibid. p.103; R. J. Sontag, op. cit., p. 43.

169. 王繩祖、何春超、吳世民（1996）。國際關係使資料選編（17世紀中葉～1945）。北京：法律。頁232。

170. V. Khvostov, La politique extérieure de Bismarck au cours de ses dernières années (1885-1890) et la conclusion de l'Alliance Franco-Russe (1891-1893), op. cit., pp.107-108.

171. Edward Crankshaw, (1987). The Fall of the House of Habsburg. London: Papermac. pp. 277-278.

第二章

殖民衝突與權力重組

　　俾斯麥苦心經營的同盟體系，在其後幾年疲態漸顯，原因當然很多。其中人的因素最爲主要。

　　1888年3月9日威廉一世去世，其子腓特烈當時已經罹患嚴重的癌症，病中繼位，所以只統治了三個月即隨其父歸天。再由威廉一世之孫即位，是爲威廉二世（1859-1941）。他是腓特烈王儲與英國女王維多利亞長女的兒子，先天左臂萎縮畸形。由於生理畸形，加上德國剛剛統一成爲大國，整個國民心理上都有一份自卑與敏感，威廉二世也不例外。二者結合，使威廉二世的性格極不成熟，行爲乖僻，甚至有人懷疑他的頭腦是否清晰[1]。威廉二世即位時才廿九歲，這個年青的皇帝與其年老的首相之間代溝何止一代？威廉二世對外交內政都有自己的主見，但他的意見常常偏向感覺，並不成熟，與老謀深算，謀定而動的俾斯麥完全不同。他受不了俾斯麥的專橫，想親自命令指揮內閣，俾斯麥也受不了幼主的頑冥不靈，不受教誨。威廉二世不滿俾斯麥的對俄妥協，俾斯麥亦不滿威廉二世在外交上的短視淺見、不計後果與好大喜功。這樣的矛盾摩擦當然有爆發的一天，最後終於導致俾斯麥在1890年3月18日下台。他一手創導的同盟體系也因既不被珍惜，又缺乏熟練圓滑的操作者而逐漸走向解體。

第一節　德俄交惡與法俄同盟

一、俾斯麥下台與德國對俄政策之轉變

　　1887年，當保加利亞問題成爲俄奧鬥爭焦點時，德國的立場是關鍵，因爲德國偏向那方，那方就佔上風。客觀來說，當時德奧關係遠較德俄關係爲佳，俾斯麥確實比較支持奧匈，但從德國利益來看，這一態度顯然並不恰當。其實，爲德國本身利益計，德國必須與俄國維持友好關係，否則俄國就有可能受法國利誘，倒向法國。法俄如果聯手，一旦開戰，德國即處於腹背受敵的窘境。這一點，俾斯麥不是沒有看到，他

也一再制止德國軍方蠢蠢欲動的野心。但俾斯麥做的顯然不夠多，也不夠徹底。

俾斯麥英明一世，但也有他的盲點。如果說義大利是拿破崙三世的包袱，那麼奧匈就是俾斯麥的負債。歷史的嘲諷眞是可怕呀！義大利情結導致拿破崙在外交上失誤連連，奧匈情結也使俾斯麥決策偏差。我們可以設問：如果在俄奧巴爾幹衝突中，德國選擇中立，兩邊都不得罪，那對德國又有何害？德國因此可以極少的代價，輕易的免去兩面受敵之憂。至於奧匈，雖不無損失，但也許可以因此冷靜，滿足於現狀。即便奧匈仍鋌而走險，在德國縮手之後，英國也許不得不補位，聯奧抗俄。其實即便德國在俄奧間採取中立，俄國也不會因爲得到德國保證，輕舉妄動，因爲俄國深知要在此區獲勝，除非得到法國支持，共同對抗英國，免去英國從海路進攻之險，否則絕無可能。但要法國抗英，就如同要俄國抗德，絕無可能。俄國對此頗有自知之明。更何況當時的俄國外交重點是在亞洲，對於海峽與巴爾幹只求維持現狀。

可是俾斯麥對奧匈的情結導致他對俄國不假詞色，在保加利亞問題的處理上，處處袒護奧匈，卻又矯情的對俄使說，支持俄國維護其在保加利亞的影響力。非僅如此，當時俾斯麥十分清楚俄國在經濟上對德國的依賴，但爲表示支持奧國立場，他還於1887年11月6日下令禁止德國銀行貸款與俄[2]，隨之又將自俄國進口的小麥關稅提高[3]。這種種作法其實都是爲淵驅魚，所以我們可以說，是俾斯麥自己，親手爲法俄同盟奠下第一塊基石。

不過俾斯麥既然功於算計，當然亦知道俄國的重要性，再不喜歡，德國決不能與其完全決裂，再保證條約就是這種認知下的產物。另方面他即使重視與奧匈的關係，但也知道如何加以牽制，他從來不鼓勵奧匈與俄國衝突，從未給予奧匈任何空白支票。奧匈對德國而言也是一顆可以操作俄國的棋子。在俾斯麥的外交認知中，年輕的德意志帝國地理處境並不好，四周被強國環繞，安全感特別脆弱，特別是東方的俄國與西方的法國，威脅尤大。如果要免去兩面受敵的危險，俄國友誼當然要爭取。不過新上台的威廉二世的想法可不是這樣。威廉二世本來倒是十分

支持與俄國聯盟的，甚至在他上台以前，索爾茲伯里還擔心一旦他繼
位，就會改變對奧匈的政策，倒向俄國[4]。但那知道，威廉二世上台之後
就被軍方，特別是新的參謀總長瓦德西（von Waldersee）等人士所包
圍，接受了有必要發動對俄國的預防性戰爭之說，此一立場自然為老成
持重的俾斯麥所反對。

　　威廉二世在外交上既然由親俄轉變為反俄，自然就得另覓盟友，所
以英國就成為亟待爭取的對象。爭取英國也一直是俾斯麥所支持的，在
德俄關係即將生變之時，為進一步確保德國安全，更顯必要。因之，
1889年1月俾斯麥差遣其子，當時已經擔任德國外相的赫柏·馮·俾斯
麥（Herbert von Bismarck） 親赴英倫，遊說索爾茲伯里，與德組成防衛
同盟，對抗法國。但英方反應冷淡，令其鎩羽而歸[5]。

　　德皇威廉二世與俾斯麥之間，因為對俄政策不同調，嫌隙日深。而
威廉二世年少氣盛，毫不遮掩其親奧遠俄[6]的想法，許多草率的言行，也
一直讓俾斯麥冒冷汗。如在1889年8月奧皇法蘭西斯約塞夫訪問柏林
時，威廉二世聲稱，無論基於何種理由，管他是保加利亞或其他情勢，
德國必隨奧匈之動員而動員。11月威廉二世訪問鄂圖曼帝國，成為第一
個到土耳其帝國訪問的歐洲國家元首，言行之間也充分顯現了德國在此
地對抗俄國之決心[7]。這些動作都令俾斯麥引以為憂。另外令俾斯麥不放
心的是法國趁虛而入，正大力推展對俄外交。1888～1889年間，俄國在
法國市場上大量舉債，法國貸款源源而來，使法國取代德國，成為俄國
最大的資金提供國[8]。

　　1890年開始，德俄再保證條約即將屆滿，亞歷山大三世有意讓它自
然消失，威廉二世也絕不想虛偽作態，但吉爾斯與俾斯麥都有意續約。
前者擔心德英同盟出現，後者擔心法俄聯盟形成，都顯現了專業外交人
員的警覺。3月17日，俄使保羅舒瓦洛夫正式向德提議，將再保證條約
續約六年。但可惜的是，次日俾斯麥即與威廉二世正式決裂，宣告下台
[9]。對德國與歐洲而言，這都是一個重要的事件，不僅德國的對俄政策因
此將發生劇變，德國外交與歐洲國際關係也都將面臨不同的挑戰。

　　俾斯麥下台後，由開普里維（von Caprivi, Leo, 1831-1899）[10]出任

首相，馬諧爾（von Biberstein Marchall）出任外相，霍爾斯泰茵（von Holstein, Friedrich, 1837-1909）[11]則擔任外交顧問。開普里維是軍人出身，據說威廉二世之所以選中他，主要是因為認為他的個性隨和，比較聽話[12]。他對外交當然不甚了了，馬諧爾也好不到哪裡去。這些人可以說都是外交門外漢，至多是外交的業餘愛好者。至於霍爾斯泰茵，與上述二人比較起來，雖然對外交事務涉獵甚久，也有相當程度的瞭解，但認真檢討，也不過是半瓶醋，與俾斯麥相較，黯然失色。

霍爾斯泰茵雖為俾斯麥所一手提拔，且一度為其親信，但與俾斯麥的外交理念不合。俾斯麥雖然並不喜歡俄國，但他知道為了德國的利益，還是必須重視與拉攏俄國，霍爾斯泰茵則反俄，親英奧，與俾斯麥意見相左。事實上，開普里維行伍出身，霍爾斯泰茵又與軍方將領過從密切，自然受軍方看法影響。他們都一致支持德奧應聯手抗俄，反對德俄再保證條約續約，認為此一條約既與三國聯盟的精神相違，也與爭取英國的目標不符。這個說法理論上倒也站得住腳[13]。他們聲稱德國今後的外交作為應服膺誠信原則，他們與威廉二世都不喜歡俾斯麥的權謀與耍詐[14]。

另外一個原因則涉及私人恩怨，即霍爾斯泰茵男爵不僅對俾斯麥的政策不以為然，還想阻斷其子赫柏的政治前途[15]，所以一直與這對父子唱反調。此後十六年，即一直到1906年，霍爾斯泰茵的意見完全左右了德國的當政者。霍爾斯泰茵天資聰穎，喜愛權力，卻懼怕責任。為人多疑，不容易信任別人，終日生活在害怕與懷疑之中，有時候完全無稽。妒忌心雖重，卻又不喜曝光，做個公眾人物，所以十六年來，他一直隱身幕後，情願做個有實權的外交顧問，也不願出任光鮮的外相職務。而他悲觀主義的傾向，與現實生活的脫節，不可理喻的恐懼，對政治算計的虛幻不實，當然會使他對情勢的研判出錯[16]。在剛開始的幾年，隨著三國同盟的續約，英德領土交換條約的簽訂，以及外圍的地中海協議的存在，德國的外交處境尚稱平穩，但其後，在法國的外交攻勢下，霍爾斯泰茵對俾斯麥聯盟體系的操作逐漸失靈，終至完全解體。

對歐洲各國的領導人來說，威廉二世的上台，俾斯麥的罷官，使他

們對於德國外交走向突然完全捉摸不住。他們雖然並不喜歡俾斯麥的專斷權謀，甚至討厭他，恨他，但他至少是一個比較可以預期的對手，更何況他們之間原則上都有維持現狀與和平的共識。

在德國外交班子更替之時，俄國外交部門還力謀挽回，吉爾斯一度建議，再保證條約如不能續約，至少可以經由雙方換文，強調兩國友誼。德國駐俄大使施維尼茲亦極贊成此議，但開普里維與霍爾斯泰茵等人仍力持反對。他們的看法是第一，續約之事若為英國知道，將不利推動中的英德同盟。此一看法當然無稽，因為與英國聯盟豈有那麼容易？俾斯麥前前後後在此一議題上花了多少精力，結果還不是白費心機？第二，他們以為孤立俄國並不可怕，因為俄國不可能在大陸上另覓盟友。這一想法極其脆弱，不久即不攻自破。

二、法俄同盟之誕生

俾斯麥下台之後，德國新外交班子的外交重點有二，一是直接強化與英國的關係，另一是透過義大利，進一步將英國拉入歐洲同盟，形成一個德、英、奧、義新四國同盟。

索爾茲伯里當時對如何維護英國在埃及的利益，及向埃及南方之蘇丹擴充極感興趣。德國投其所好，1890年7月1日，與英國簽定領土交換條約：德國將其非洲東海岸外的桑吉巴島（Zamzibar）讓與英國，交換英國在北海中的黑爾戈蘭（Heligoland）島。此約讓雙方都極滿意，英國因取得桑吉巴島而強化了它在尼羅河及紅海的地位，德國也因取得黑爾戈蘭島強化了它在北海的地位。但德國希望藉這個條約開啟英德合作的大門，卻顯然是奢望，英國對於進一步與德國合作並無興趣。雖然如此，這個條約卻讓法俄兩國都起了警惕之心，擔心英德協商機制已經成形。換言之，這個條約正打歪著，對於法國想要推動的法俄同盟起了催化的作用。

在法國方面，突破外交孤立，盡力爭取俄國，是歷任政府的共識。前文已經提到，自1887年起即大力爭取俄國，由於德國拒絕給予俄國貸

款，遂予法國可乘之機。法國銀行界隨即與俄國財政當局展開談判，1888年11月12日，法國銀行界同意提供俄國一萬二千五百萬盧布的國際貸款，助其發展鐵道，其後又陸續貸出數筆。法國期望以貸款換取俄國聯盟，但爲俄所拒。俄國沙皇不喜歡法國的共和政府，並想與德國維持友好關係，不願開罪德國。直到1890年春，亞歷山大三世還對德國新首相信誓旦旦的說，他絕不會與一個共和國結盟[17]。但世事多變，也就是在這一年，俄國態度起了根本變化。

從再保證條約續約不成，到三國同盟提前續約，亞歷山大三世從痛苦中學到務實，逐漸修正了他的對法政策：從討厭法國，到不得不面對現實，接受法國。與他相較，吉爾斯似乎仍然執著於傳統，癡心等待德國的回心轉意。雖然吉爾斯不斷攔阻，但這一次，沙皇不再受其影響，決心要與法國改善關係。沙皇認爲：「我們必須與法國有所協議，一旦德法開戰，我們要立即對付德國，使其沒有時間在打敗法國後，再來對付我們。我們必須改正過去的錯誤，在第一時間擊敗德國。一旦德國被擊敗，奧國就不敢惹事生非」[18]。在政策改變過程中，沙皇雖然有掙扎，但時間並不長。面對決心已定，專斷權威的沙皇，吉爾斯所能做的，除了抱怨，不過在努力拖延時間而已。

德俄再保證條約續約之事擱淺後，法國趁機示惠。1890年5月法國政府逮捕了十四名流亡在巴黎的俄國恐怖份子，取悅沙皇；8月又派副參謀總長布瓦德浮爾（Boisdeffre）將軍訪俄，與俄國軍方商討同盟之可能。最初誠如霍爾斯泰茵所料，雙方難有交集。俄國對亞洛兩省並無興趣，顯然不願意聯法抗德，反而希望在俄國攻打奧匈時，法國能牽制德軍。至於法國，在近東巴爾幹並沒有利益，豈能爲此而去激怒德國？於是談判無疾而終。1891年3月，沙皇雖曾派代表赴法向法國總統致敬，但對法俄同盟態度仍相當保留。

同一時間，法國外長黎波（Ribot, Alexandre, 1842-1923）[19]也致力於爭取義大利，解構三國同盟。義大利首相克里斯比是個浮躁不安的人，1890年時，他正推動兩個外交構想。一個是提前討論三國同盟續約問題，將1887年所簽的三個條約合而爲一，如此，可使奧國在德國保證

下參與反法，德國則在奧國保證下介入巴爾幹[20]。另一構想則是1890年英德有關領土交換之條約簽署之後，克里斯比要求索爾茲伯里支持義大利取得的黎波里，但英國在地中海的政策既然是維持現狀，當然不會答允[21]。克里斯比兩個構想都未成功，因而於1891年1月下台。

取代克里斯比為首相的魯迪尼（Rudini, Antonio, 1839-1908）[22]，也極思在外交上完成前任所不能完成的任務，以保全他搖搖欲墜的左右聯合政府，所以也朝上述兩個方向努力。於此同時，法國也以貸款為餌，對義施加壓力，迫其放棄三國同盟，不想弄巧成拙，反使三國同盟提早於1891年5月6日續約，並如義大利所願，將1887年的三個條約合併。合併後的條約有一附加議定書，據此，德國承諾，在北非地區改變現狀時，將基於利益均衡與補償原則，支持義大利取得的黎波里與昔蘭尼卡，但前提是英國也支持此一立場。而英國方面顯然並無共識。

三國同盟的續約已經讓法俄兩國都不無憂心，另方面，由於義大利國會在討論三國同盟續約時提及地中海協定，更使敏感的俄國恐懼英國會以某種形式加入三國同盟。而法國又於此時對俄施加經濟壓力，於4月拒絕繼續對俄貸款。上述發展，終於改變了沙皇對法的猶豫不決。

1891年夏天，布瓦德浮爾再度訪俄，與俄方討論到防衛同盟的可能性。由於亞歷山大三世已經決定與法國建立某種聯盟關係，一向親德的外相也無可奈何，只好以細緻的外交手法將其拖延或淡化。法國方面希望雙方簽訂軍事條約，在戰爭發生時，同時動員；俄國方面則只希望簽訂一個政治性的條約，讓自己有足夠的迴旋空間。1891年7月18日，吉爾斯反守為攻，主動向法國駐俄大使拉布雷提議建立兩國協商。雙方就此展開拉鋸性談判。吉爾斯既否決了法國同時動員的提議，又拒絕了法國修正的折衷提議，即在危機發生時應舉行諮商。按法國希望與俄國就歐陸局勢達成諮商協議，俄國則希望就一般性問題（包括歐陸以外地區）達成協議[23]。換言之，法國的主要目標在抗德，而俄國的主要目標在抗英。俄國所極力想避免的，在不鼓勵法國對德進行報復性戰爭，吉爾斯極想再等一段時期，看看英國的政策動向再說。法國為了早日爭取到俄國，似有讓步可能。

就在雙方僵持之時，英國適時的爲法國解決了難題。1891年7月24日，法國艦隊訪問俄國在芬蘭灣的港口喀朗斯塔德（Kronstadt），訪問期間長達兩週，法國艦隊官兵在該港受到民衆空前熱烈的歡迎，沙皇並親臨法國艦隊的旗艦，脫帽聆聽第一次在俄國解禁的法國國歌馬賽曲，其意義顯然非比尋常。英國恐懼法俄關係快速好轉，爲懷柔法國起見，向後者表示：英國對法並無惡意，也未參加任何反法組織，並邀請法國艦隊在回程時，順道訪問英國的普茨茅斯（Portsmouth）港。此舉顯然又激起俄國的猜疑，亞歷山大三世深恐法國倒向英國，使俄國完全孤立，所以迫使吉爾斯於1891年8月27日與法國先行達成了一個一般性的政治協定，或說是一個諮詢性條約。至於「技術性」的協議則容再行研議。此一經由換文而達成的政治協定，主要內容有二：

（一）兩國將對任何具有威脅普遍和平性質的問題舉行會商。

（二）和平如遭受威脅，特別是兩國之一有被侵略的危險時，雙方
　　　應就兩國應採取的措施獲致諒解。

由是可知，此一換文僅規定雙方在和平遭受威脅時，或兩國之一有被侵略可能時，進行外交協商，並非一防衛性軍事同盟[24]，但是由於這是一個秘密條約，內容不爲人知，難免令人有無限遐想。

此一條約雖然內容並不驚人，但卻是外交史上重要的一頁。首先，這是法俄兩國外交政策的大突破。基於意識型態，也基於王室情誼，俄國一直與德國維持良好關係，本來也不想有所改變，但德國一味偏袒奧匈，乃至於拒絕俄國，迫使俄國不得不與意識型態截然不同的法國攜手。對於法國，基於理念，與英國及義大利聯合自然較爲順理成章，但埃及與突尼西亞的利益衝突無法解決，這一理想組合就無法達成。退而求其次，爲了防德，不得不做次佳的選擇，與俄國聯手[25]。其次，法俄的攜手，是歐洲外交情勢大反轉的開始，但德國這批外交門外漢卻毫無警覺，非僅如此，反而認爲如此正可以將英國推往三國同盟的懷抱，他們渾然不覺俄國的外交正起了革命性的變化。

不過，在黎波看來，法俄此一政治諮商性的協定顯然不夠，打鐵應該趁熱，加上換文時俄國駐法大使莫瑞漢（Mohrenheim）[26]曾說，此約只是開始，應該有後續發展，所以黎波乃不斷向沙皇及吉爾斯遊說和施壓，建議續訂軍事條約。1892年夏天，布瓦德浮爾又到聖彼得堡訪問，與俄將奧布魯切夫（Obruchev）繼續商談，其間雙方立場差距頗大。法方所提的草約中，將焦點置於德國，希望在德國單獨攻法的戰爭爆發後，俄國應攻德援法；但在奧匈單獨攻俄時，法國卻可以袖手旁觀。換言之，法國以為法俄同盟主要針對的是德國。不過俄國既不認為其主要敵人為德國，也對此不平等的內容有所不滿。雙方折衝良久，最後還是相互妥協。俄國同意在德國單獨攻法時援助法國，法國也允承即便奧匈單獨對俄國動員，法國也會動員[27]。1892年8月27日，法俄兩邊的將領終於簽署秘密草約，其主要內容為：

（一）法國如被德國攻擊，或被德國所支持的義大利攻擊，俄國應援法抗德。俄國如被德國攻擊，或被德國所支持之奧匈攻擊，法國亦應援俄抗德。

（二）三國同盟中任何一國進行動員，法俄無須協商，應立即動員，並將軍隊調到邊界附近。

（三）對德作戰時，法國出兵一百三十萬，俄國出兵七十至八十萬。兩國軍隊應儘速參戰，使德國同時在東西兩面作戰。法俄兩國都不得單獨媾和。

（四）此約效期與三國同盟相同[28]。

此一草約尚須等待兩國外交當局以及最高領導人的審查批准。從任何角度來看，此一軍事同盟的達成都是法國外交的勝利，因為此約針對的對象是以德國為主，與法俄政治性協定的內涵主要是以英國為主，有很大的不同。此約簽字後拖延了一年多，才獲得雙方政府之批准，其間有多種理由。法國方面，其總統卡赫諾（Carnot）以為此約文字有欠清楚，加以為密約性質，形式違憲，所以要求黎波還要做進一步的修改。

但真正的原因其實在俄國，俄國方面吉爾斯根本反對此一軍事同盟，所以藉口生病拒絕研討約文。另方面俄國對德國尚有所期待，1892年10月，法國發生巴拿馬醜聞案[29]，造成內政上的大幅波動，導致總理佛雷西內及外長黎波雙雙在該年底下台，俄國正好找到藉口拖延。事實上，俄皇之子尼古拉（Nicolas, 1868-1918）[30]曾在1893年1月訪問柏林，4月，吉爾斯亦向德示好，力謀扭轉，但德國在開普里維內閣領導之下，一意孤行，完全不考慮與俄修好。相反的，1893年俄德兩國間爆發關稅戰[31]，吉爾斯期望談判解決，但開普里維連商業談判亦無興趣，並在1893年7月通過新的軍事法案，增加兵源，以示德國不惜兩面作戰的決心，這使德俄關係改善徹底無望。就是在這樣的絕望中，亞歷山大三世決定讓俄國艦隊在10月訪問法國地中海的港口杜隆（Toulon）。俄國艦隊在杜隆受到空前歡迎，法國人民也得到空前鼓舞：法國終於掙脫俾斯麥所設計，長期對法國的全面外交圍堵。12月27日，亞歷山大三世批准了此一秘約，1894年1月4日，雙方換文。

一般的外交史學者，都以為法俄密約是法國外交的一大勝利，使法國掙脫了廿餘年的外交孤立，所以此約對法國的意義遠較對俄國為大。自然亦有人以為法國簽訂此約，所冒危險甚大，因一旦奧俄衝突，法國必須動員，德亦一定馳援，如此，則地區性的衝突豈不變成歐洲大戰？但這也許正是法國所希望的，沒有這種變局，法國何能希望收回失土[32]？對德國而言，此約改變了歐洲的均勢，是德國由盛而衰的開始，但德國是時尚不自知，實在可嘆。

正因為此約一旦付諸實行必然掀起歐洲大戰，所以史學家認為俄國改變其傳統政策，捨中歐保守國家而就法國相當不智。因為此約之出現，形成了三國同盟與法俄同盟對峙之勢，使歐洲對立的氣氛不斷升高，終至引爆一個不值得一戰的戰爭。就俄國而言，威脅俄國安全的主要地點並不在巴爾幹或海峽，而是在中歐的波蘭與德奧交會之處。如果連巴爾幹與海峽都不是俄國主要利益所在之地的話，萊茵地區就更與俄國無關。因此，俄國就算無法與德續簽再保證條約，也不應與法締盟，刺激德國。

　　這種批評雖不無見地，但很可能是事後的先見之明。以九十年代開始時俄國的處境而言，除了針對俄國的三國同盟外，還有三國同盟與英國在地中海協議中的合作，這些組織對俄國形成的包圍與壓力，促使俄國不得不尋求與國自保。於是法國成為唯一可以選擇的對象，更何況法國長期的示好與財政支援[33]？與其責怪俄國草率與法締盟，到真該檢討德國的外交失算。

　　就德國而言，其安全威脅也不是來自巴爾幹或海峽，而是來自萊茵及德俄交接的波蘭。因此與法俄，特別是與有傳統友誼的俄國維持友好關係，才是德國外交上的正途。俄國雖然對德偏袒奧匈不無怨尤，但在別無選擇下，曾一再對德委曲求全，一再拖延時間，嘗試挽回德國友誼，但始終得不到善意的回應。其實德國當時只要給予俄國一些關愛的眼神，讓俄國存一線希望，即便再保證條約不續約，俄國也還不會投入法國懷抱。可惜德國這批外交門外漢絲毫無動於衷。法俄同盟的出現改變了歐洲既存的權力結構，是德國由盛而衰的開始，德國的渾然不知，才真令人扼腕。

　　不過，即便法俄同盟誕生，俄國方面仍未完全放棄與德國修好之念，1895年德國所開鑿的基爾運河啟用時，尼古拉二世（1894年繼位）曾親往致賀，法國此一盟友仍不穩定。法國為了自身的利益應大力爭取英國，不過英國傳統的孤立政策使其很難輕易加入歐洲的聯盟活動，但英國的海外拓植，不可避免的遭到後起之秀的干擾，英國逐漸覺得不能墨守成規，與國的爭取確有必要。

第二節　國際舞台延伸與列強政策改變

　　法俄同盟的出現，不僅使歐洲原有的國際關係結構起了根本性的變化，而且此時歐洲國家向外發展也到了關鍵時刻，因此歐洲國家都面臨了外交政策調整的考驗。

一、法國的外交重心

對法國來說，當時的外交政策重點，從費里、阿諾多（Hanoteau, Albert-Auguste G., 1853-1949）[34]到後來的德卡塞（Delcasse, Théophile, 1852-1923）[35]，都不外下述兩個：其一是致力於尋求盟友，維護本土安全；其二是致力於海外殖民地拓殖，增進法國利益。法國本身的安全，理論上會因法俄同盟的出現而得到較佳的保障。但國際關係複雜之處，就是政策是互動的：一國政策的改變與成敗，自然會引起相對應國家的回應，而此一回應也可能就把改變後的優勢抵銷了。因此，法俄同盟是否真的增加了法國的安全，其實不無爭議，這種看法可以由下述事實得到印證。

在法俄同盟商議之時，也就是1892年夏天，德國參謀總長換了人，瓦德西因為政治涉入太多，不為開普里維所喜而下台，新的參謀總長為施利芬（Schlieffen）。施利芬是一個精明幹練的軍事家，他和毛奇及瓦德西一樣，都認為德國在開戰時無法避免兩面作戰。不同的是，毛奇以為俄國較弱，一旦作戰，應先攻俄，在解決俄國之後，再回師攻法。所以毛奇將主要兵力部署在東線，在西線只部署了有限的兵力。但是施利芬則以為，東線的俄國雖然軍力較弱，但腹地深廣，一旦陷入，曠日廢時，終至於不可自拔。換言之，拿破崙一世在俄國泥淖深陷的教訓不可不記。所以施利芬主張，一旦開戰，德國應傾其全力攻法，務期在最短的時間內解決法國，再回師東征[36]。所以施利芬以後的戰略兵力部署就改為：將東線多數兵力西移，在德國西線北部部署優勢的兵力，西線南部因為多山，只留少許兵力。就戰略觀點而言，此一布置堪稱正確，但在政治外交上它卻可能為德國帶來災難性的後果，也使得法俄同盟對法國安全所產生的效果打了大大的折扣。

施利芬計畫改變了德國的外交方向。七十年代中期以後，俾斯麥認為德國並無須與法國再決勝負，所以他的政策一直是引導法國向海外發展，避免後者向德國尋釁。俾斯麥所期待於法國者，是當德國因為奧匈而不得不與俄國在可能的巴爾幹衝突中兵戎相見時，法國能保持中立。

但施利芬計畫卻徹底扭轉了此一外交方向，將德國對法政策從求和而轉向求戰，也使法國欲借法俄同盟強化本身安全之初衷完全落空。

撇開上述發展不談，法俄同盟使法國得以突破外交孤立，對法國而言自然有利。但天下事常常是利弊相伴，所謂弊那就是在法俄關係上，俄國一再嘗試拉法國下水，共同抗英，使法國無比困擾。其實，法國在海外的拓殖，遇到的第一個勁敵就是英國，無論是埃及、蘇丹、黑非、還是東南亞，法英間都有利益衝突。由於俄國與英國也在海峽、中亞、中國等地與英國有難以化解的矛盾，照理說，法俄兩國聯手反制英國似乎順理成章。但是法英兩國卻不約而同，有一個政策共同點，那就是雙方都不願意在歐洲問題上相互對抗。法國不會在近東問題上支持俄國對抗英國，英國亦不會在萊茵地區支持德國對抗法國。這兩國畢竟有共同的意識型態，所以雙方都努力的將衝突侷限在殖民地上，在一個雙方不至於演變成全面對抗的界線內。所幸此時俄國的眼光留住在遠東，對海峽與巴爾幹持消極態度，目的只在維持現狀。因此法俄兩國對英國的政策差異還不至於給雙方帶來太大的麻煩。

不過，法國這個新盟友始終不是一個忠誠度很高的盟友，而德國在開普里維尋求與英國交好，數年來障礙重重，氣餒之後，又開始回過頭來尋求俄國友誼。德法兩國競相支持俄國干涉日本，迫使後者將遼東半島歸還中國就是一例，在波耳人戰爭中德國呼籲與俄國，乃至於法國共組大陸同盟又是一例。法國必須得不斷的補強其與俄國的同盟關係，而金錢，大約就是這個關係的重要基礎。

二、俄國外交重心之轉移及與日本之利益衝突

俄國在1878年俄土戰爭結束之後，就將經營的重點轉往東方。1880年代中，雖然在巴爾幹半島與奧匈有相當衝突，甚至在保加利亞受到很大的挫敗，但因當時其外交政策重點在開拓遠東的領土與經濟利益，對於巴爾幹與海峽持消極的、維持現狀的政策，所以都隱忍了下來。雖然俾斯麥一再鼓勵俄國往保加利亞與海峽發展，一心想挑起俄英間的衝

突，但因爲俄國對情勢瞭然於胸，所以始終無動於衷。就俄國來說，有一點是俄國看得非常清楚的，那就是，要往巴爾幹或海峽地區發展，沒有法國的背書，共同抗英，一切都是空想。在把法國敲定以前，俄國不會上德國人的當。因此，在1890年代中，土耳其轄下的近東與巴爾幹地區雖然不是完全寧靜，但與以前相較，確實平靜得多。

俄國在1880年代以後全心向亞洲發展，與此同時，日本帝國主義也已興起，對俄國在遠東的領土及經濟利益都構成嚴重的威脅，因此也促使俄國的政策更爲積極。1885年與英國在阿富汗的衝突化解以後，俄國就開始構思興建鐵路，穿越西伯利亞，直達海參威。此一擬議中鐵路不僅具有戰略價值，也有經濟價值。但俄國欠缺資金，只能望洋興嘆。1891年以後，法國資金大批湧進，俄國才能開始興建上述鐵路。1892年，維特（Witte, Sergey, 1849-1915）[37]出任財長，此人精明幹練，雄才大略，對遠東看法獨到。他上台後向亞歷山大三世提出了一個有關遠東的報告，建議大力推動此一區域的開發計畫，興建鐵路，通往滿洲，奪取中國市場，發展俄國遠東艦隊等等。此後十年間，「維特計畫」推動得如火如荼，俄國的工業化，西伯利亞鐵道的興建，他功不可沒。維特也擅長外交，被譽爲最佳的非職業外交官。在中日甲午戰爭前後，展露了圓潤的外交手腕。

和俄國一樣看重中國市場，覬覦中國藩屬，乃至於領土的，還有一個帝國主義的後起之秀，那就是明治維新後茁壯的日本。日本早在1874年就曾經藉口台灣山胞殺害日人及琉球人，率領軍隊三千攻打台灣，後來由英國調停，與中國簽約，獲得撫卹銀兩，結束衝突。1876年日本和朝鮮訂立華江條約，承認朝鮮爲獨立國，否定了中國的宗主權，蹣頇的清廷並未提出抗議。1879年日本滅琉球置沖繩縣，中國力爭，不得要領，成爲懸案。1882年朝鮮內亂，情勢日趨複雜。1884年10月17日，日本在幕後導演，發動政變，欲讓親日的開化黨人組閣，但事變後兩日，袁世凱帶兵進宮，與朝鮮衛兵夾擊日軍，日軍敗退，親華的事大黨再度掌權。1885年中日訂天津條約，相約同時自朝鮮撤軍，並承諾：今後朝鮮有事，一國出兵，即應通知他國，事平，則同時撤軍[38]。此約等同承

認中日兩國在朝鮮地位平等。

日本追隨西方國家加入殖民追逐之後，其與俄國的覬覦焦點都是衰弱的中國，這兩國間的衝突可以預言。此一問題留待下節討論。

三、德國外交的改弦易轍

上文已經指出，1890年後，德國新的外交班子，在外交政策上與俾斯麥有很大的不同。他們唯一相同之處是都十分看重與奧匈的關係。很可惜的，這也正是德國外交最大的錯誤。

新舊外交領導人之間，除了對與俄國的關係看法南轅北轍之外，他們對於德國的發展也有截然不同的主張。俾斯麥的重點是，在內政上要凝聚對柏林的向心力，徹底消除內部仍然存在的分離意識；在外交上則是鞏固德國在中歐的地位，新統一的德國要獲得歐洲國家的接受、尊敬，承認德國的強大，乃至領導是很重要的。俾斯麥的德國是一個饜足的德國，他不屑於什麼殖民競爭。所以他可以很慷慨的將他不放心的對手，如法國、英國引往歐洲以外的地方去發展。即便最後在民意壓力下，八十年代中期德國也不得不加入殖民行列，逐鹿非洲或其他地區，但俾斯麥心目中的第一要務仍是歐洲，他曾說：「我的非洲地圖存在於歐洲，這兒是俄國，那兒是法國，我們在中間」[39]。

但是威廉二世與開普里維以及霍爾斯泰茵等人的德國，可不是一個饜足的德國，他們急於展現自己的實力，向非洲、近東、遠東，各處去發展。此時的德國經過二十年的工業化，實力確實已經大幅成長。在九十年代威廉二世親政後，推動所謂「新路線」（New Course），希望把德國塑造成為新的世界強權，這個政策最後無可避免的使德國除了和法國間的宿怨，俄國間的猜忌之外，又增添了一個可能的敵人，那就是英國。

其實在九十年代開始時，德國並無意與英國為敵，相反的，還大力爭取英國的友誼。雙方在1890年7月所達成的領土交換條約，德國以放棄東非的桑吉巴島交換英國在北海中的黑爾哥蘭島，並進一步劃分雙方

在東非的勢力範圍，正是這個政策的明證[40]。天眞的德國領導班子希望
簡化他們的政策：如果能爭取到英國加盟三國同盟，德國就無須在俄奧
之間操作平衡，以維持近東安全。但是國際關係的複雜顯然不是簡化的
外交政策可以應付，德國開始海軍建構，和英國在南部非洲與土耳其帝
國即將發生的劇烈摩擦，無可避免的將使這個政策落空。具體而言，德
國與英國的關係以1894年爲分水嶺，在這之前，開普里維內閣一直追求
與英國進一步聯合，以共同對抗法俄，但始終不成功。在該年11月，開
普里維下台，換上了霍恩洛厄·希靈斯菲斯特（Hohenlohe-
Schillingsfurst, Chlodwig Karl V., 1819-1901）[41]以後，由於後者大力推行
「世界政策」（Weltpolitik or World Policy）[42]，拓展殖民地與發展海軍，
英德修好更無可能。非僅如此，南部非洲的波耳人（Boers，即荷蘭農
民）共和國遭羅德唆使的人進攻以後，德國還一度想籌組「大陸同
盟」，即聯合法俄兩國，共同抗英。雖然沒有成功，但由此可見德國外
交政策改變幅度之大，以及英德修好之不可能。

四、英國的殖民煩惱與政策選擇

　　1890年代以後，英國對於殖民拓展更爲專注，在備多力分的情況
下，對於維持歐洲權力平衡，已經沒有那麼在意。另方面英國也認爲，
歐洲權力平衡爲歐洲大陸國家切身關切之所在，自然不會允許其輕易失
調，因此英國實在用不著多費心思。英國此時在開拓對外貿易的政策驅
趨下，更爲熱中殖民事業，其中代表性的人物有約色夫張伯倫（
Chamberlain, Joseph, 1834-1914）[43]、羅斯柏里（Rosebery, Archibald,
1847-1929）[44]、羅德（Rhodes, Cecil）等人，他們無視於自由貿易，孤
立主義這些陳規，強調帝國利益，主張在殖民母國及殖民地間建立密切
的政經聯繫，對亞非兩洲的拓殖極爲熱中。在他們的推動下，英國在歐
洲以外地區，從近東、北非、中非、南非、乃至遠東，都積極擴充版圖
或勢力範圍[45]。

　　九十年代開始，英國就覺得需要和其他國家合作，以維護英國利

益。譬如近東的海峽地區為歐亞橋樑，對英國十分重要，為防止其被俄國控制，英國有必要與歐洲大陸國家維持密切關係。但究竟是與德國領導的三國同盟合作，或是與理念較近的法國合作？在英國國內有不同的看法。但無論與哪一方合作，英國此時都還無意於組成同盟。從1887年地中海協議的產生，顯見英國當時的執政者較為偏好德國。

但傾向間接與三國同盟合作的索爾茲伯里，在1892年8月的選戰中失敗下台。以自由主義形象聞名的格蘭斯頓再度組閣，因為其自由立場，他一向不喜歡三國同盟，上台後本想改變外交政策，交好法國，在近東共同抗俄。但一來其內閣不具穩定多數支持，二來其外交大臣羅斯柏里是索爾茲伯里的忠實信徒，並不同意其交好法國的看法，在羅斯柏里強調外交政策有其延續性的作法下，英國仍然與三國同盟維持間接的秘密合作關係，與法國改善關係不過是想想而已[46]。

其後，歐洲局勢發展顯然不利於英國，法俄同盟的出現，使英國在近東聯法抗俄的機會消失。透過兩次地中海協議間接與德國建立起來的關係，由於英國只肯支付有限的代價，似乎也難以提供英國可靠的奧援。1894年羅斯柏里繼任為首相後，在非洲殖民競爭上與法國之關係形同水火，而在德國，前面已經提及，開普里維的下台，與霍恩洛厄‧希靈斯菲斯特的掌權，使英德修好更無可能。在別無選擇下，羅斯柏里只得回到「光榮孤立」的原軌，主張英國應不假外求，建立強大的艦隊，以自身的海軍實力，維護英國的利益[47]。

1895年6月索爾茲伯里再度掌權，曾一度嘗試在近東問題上與俄國合作。由於索爾茲伯里認為土耳其是扶不起的阿斗，早晚會崩解，頗後悔英國在克里米亞戰爭前沒有抓住時機，積極回應俄皇尼古拉一世的建議，當時就把土耳其瓜分。再說，索爾茲伯里認為海峽的重要性已經不如以往，而英國可能也沒有力量長期部署兵力，保障英國在海峽的優勢。猶豫兩年之後，索爾茲伯里終於想付諸行動。由於瓜分土耳其之事牽涉層面甚廣，三國同盟中的德奧在此都有利益，所以索爾茲伯里先把瓜分之意透露給奧匈駐英大使，想不到弄巧成拙，由於此時的奧匈並無意挑起巴爾幹風波，反而促成了1897年俄奧兩國關於維持巴爾幹現狀的

協議。1898年，索爾茲伯里再對德國駐英大使哈茨費爾德（Hatzefeldt）透露，說英國不反對俄國取得君士坦丁堡，以及「由此而帶來的一切（後果）」（avec tout ce qui s'ensuit）[48]。哈茨費爾德倒是相信英國有意透過國際協議，瓜分土耳其，但柏林方面卻揣測，認為英國另懷鬼胎，所以這些試探都不了了之[49]。

兩度碰壁之後，索爾茲伯里仍不死心，由於俄國才是英國在土耳其的主要對手，所以他決定直接與俄國溝通。1898年，索爾茲伯里向俄國提出一個同時解決中國與土耳其問題的方案。由於當時俄國對土耳其海峽問題並不感興趣，所以討論重點集中在中國。但俄國希望直接瓜分中國，英國則只同意劃分勢力範圍，談判也無疾而終。

諸多碰壁之後，索爾茲伯里只好自我解嘲的認為，孤立是英國最佳的選擇。但他的內閣同僚張伯倫則認為，英國實力下降，殖民衝突增多，單打獨鬥的時代已經過去了，英國必須尋找盟友。於是英國又轉過頭來爭取可以合作的國家，滑鼠從德國開始，展開了一連串的搜尋。

五、奧匈與義大利的政策侷限

在歐洲列強中，奧匈與義大利其實算不上兩個強國。受地理環境的影響，奧匈帝國的興趣主要集中在巴爾幹，並無意追隨其他歐洲國家拓展歐洲以外的殖民地。雖然在八國聯軍侵華時，奧匈也派了一小隊人馬參與，但這是例外。這個二元帝國，因為匈牙利的存在，因為匈亞利反對一切拓殖，滿足於現狀，害怕變革帶來更多禍害，甚至連巴爾幹地區也不例外，所以基本上是不想惹事[50]。這段時期中奧匈的兩個外相，卡爾諾基（1881～1895年）與葛魯霍夫斯基（Gluchowski, Agenor, 1849-1921）（在1895～1906年任外相）[51]的政策焦點，都在如何爭取德英支持，防範或對抗俄國的威脅。但囿於現實政治的考慮，德英兩國都極力牽制奧匈，不希望其與俄國攤牌。

事實上，自八十與九十年代以來，歐洲強權都致力於海外拓殖，國際政治的焦點並不在歐洲，巴爾幹半島相對十分寧靜。奧匈此時在巴爾

幹的處境相對而言也相當安全，一方面塞爾維亞、羅馬尼亞都與奧匈有盟約存在，而且一再正常續約，直到1916年，而保加利亞也與奧匈維持著良好的關係。俄國方面，此時一心只在遠東，對巴爾幹與海峽只想維持現狀，所以直到日俄戰爭結束以前，巴爾幹地區都還算平靜，1897年與1903年俄國與奧匈還兩度協議，維持巴爾幹半島的現狀[52]。

不過奧匈的鄰國義大利仍然頗讓其苦惱。義大利雖然參加了三國同盟，但實際上擴張型的民族主義並未因此稍斂，其政治人物與人民仍然對奧匈轄下義大利人居住之地念念不忘，甚至對於巴爾幹半島上的阿爾巴尼亞也垂涎三尺。

義大利受地緣政治的影響，除了傳統上對奧匈、法國、乃至巴爾幹的領土訴求外，對於北非、東非亦有濃厚的興趣。1880年代中期以來，英國人爲了在埃及對抗法國，所以對義大利頗假以顏色，不僅支持義大利取得東非若干領土，而且有條件的支持義大利取得的黎波里等地。但當1896年3月義大利在阿比西尼亞的軍事行動失敗以後[53]，英國覺得義大利已無利用價值，不願加重包袱，遂對其轉趨冷淡。對義大利來說，這是很大的打擊，也是促使義大利改弦易轍，調整對法政策的主要原因。

第三節 世紀末的殖民衝突熱點

上面約略的描述了十九世紀的最後十年各國外交關切之重心，從中可以看出，此時國際關係的複雜性較諸以前增加了很多。在這之前，國際問題的焦點不是在土耳其海峽、巴爾幹半島、就是在地中海周圍。即便在非洲的剛果河流域、中亞的阿富汗也有一些衝突，但都只是零星的。可是九十年代前後，國際舞台突然變寬廣了，列強在非洲中北部、東北部、南部，在亞洲的東南部、東北部的活動越來越活躍，衝突也越來越多。甚至在遙遠的美洲，也都興起了波瀾。

本來，列強的關係是以歐洲爲取向，歐洲本土的安危，權力平衡的考量，左右了各國的外交方針。三國同盟、德奧義之聯英、法國之聯

俄，無不是出於這樣的動機。但在國際舞台放大之後，卻產生了意想不到的影響：不僅參與者隨之增多，國際關係變得更加複雜，而且歐洲以外地區利益的考慮，使列強的外交政策也隨之做了一定程度的調整。列強外交政策也許仍不脫歐洲取向的本意，但在實際操作上，很可能因為地區性利益的考量，反而影響到原來歐洲取向的外交政策。舉例來說，德國在開普里維等人上台之後，外交政策的主軸是爭取英國，但日後兩國在非洲南部波耳人共和國問題的處理上發生齟齬，再加上其他因素（如商業衝突、發展海軍），終而導致兩國關係漸行漸遠。

到九十年代後期，也就是世紀末，列強在非洲與亞洲的衝突更趨複雜，頻率也高。美國也跟隨殖民先進國家登台亮相，在加勒比海與早已式微的老牌殖民國家西班牙爆發戰爭，加入殖民行列。亞洲方面的衝突，也因俄國政策東移、日本的崛起、其他歐洲國家的不落人後、美國的加入而更形激烈。下面為了進一步剖析列強間的關係，也為了方便敘述，我們先從非洲開始討論，依次再論及其他地區。

此一時期是非洲瓜分時代，列強在非洲的衝突火爆性十足（**參考插圖七**）。就英國而言，其在埃及，尼羅河流域及馬達加斯加一帶與法國的衝突很劇烈，這使得兩個「自由同盟」的國家原有的合作基礎受損，很難在歐洲政策上配合。英國在南部非洲與波耳人所建共和國的衝突更為慘烈，影響到它與德國的關係。在東北非，即蘇丹、阿比西尼亞、索馬利亞一帶，義大利也插了一腳，因此也與英法間有若干過結。德國逐鹿非洲起步甚晚，並沒有引起與其他列強間太大的摩擦，它後來與英國在波耳人共和國問題上所產生的不快，是源出於歐洲的政治考量，而這些不快，最後又投射到歐洲政策，使其改變了原來的外交取向。這些關係錯綜複雜，頗值玩味。

一、英法法碩達之爭

英法在埃及的衝突其來有自，前文已略有所述。不過兩國在埃及的衝突後來延伸到了埃及南部的蘇丹（Sudan）。英國對蘇丹之所以有高度

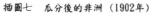

插圖七 瓜分後的非洲 (1902年)

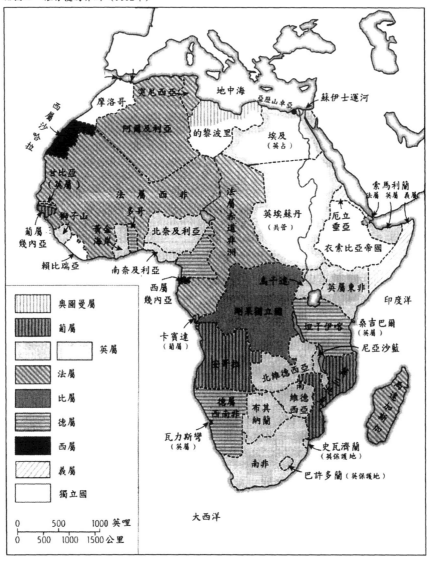

轉引、翻譯並修改自 Simon C. Smith, British Imperialism 1750-1970, p.76.

的興趣，一則是由於此處為尼羅河之發源地，為下游埃及農地灌溉之所需[54]；另則乃由於英國想興建由開羅到開普敦頓（Capetown）的CC鐵路[55]。英國為此曾做了一系列的外交安排，首先獲得義大利承認英國在此區的特權，後又於1890年7月1日與德國訂約，獲得德國承認烏干達及上尼羅河地區為英國之勢力範圍。1894年5月12日，英國復與剛果獨立國締約，英國同意後者向巴爾艾爾葛札（Bahr-el-Gazal）地區發展，換取後者讓與英國一條寬二十五公里的走廊，以興建由開羅通往開普敦的鐵道。英國更擬借此條約將法國勢力阻擋於烏班基（Oubangui）河（剛果河支流）以外[56]。

英國與剛果獨立國代表，即比利時國王，所定之條約大大觸怒了法國，因為後者也有向巴爾艾爾葛札以及蘇丹地區擴展之心。按法國與英國在埃及的衝突，特別是關於英軍撤出一事始終沒有解決，已經讓法國人民不滿，如果再坐視英國往埃及南方拓展，這是任何一個法國政府都難以向法國人民交代的事。法國先向英國抗議，理由是蘇丹南部的巴爾艾爾葛札是土耳其主權所及之地，英國無權越俎代庖，將此地給予剛果獨立國；如果此地不屬於土耳其所有，則任何國家都有權向此一地區發展，端視誰先取得，英國也不能與比王私相授受。但英國政府充耳不聞，根本不理會法國的抗議[57]。法國因此轉而向比利時國王雷奧保德二世施壓，後者由於國內並不支持其與法國對抗，終於在1894年8月14日同意開放巴爾艾爾葛札，讓法國也可以向此地發展。法國復提出英軍佔領埃及的合法性問題，困擾英國。是年秋天，英法兩國為上尼羅河事一再磋商，無法得到雙方都能接受的協議。

法國為何與英國爭取上尼羅河地區？法國駐剛果的總督戴布拉札（de Brazza）說得最為透徹，他在1895年2月時說：「從南方進入尼羅河谷，是唯一可以使我們在未來，以符合我們利益的方式，解決埃及問題的方法」[58]。1894年11月，法國殖民部長德卡塞訓令其駐上烏班基河之專員李俄達（Lieotard）派人向上尼羅河開拔，爭取先機。不過此時這一決定的宣布，外交施壓的成分較大，實際付諸行動的成分較小。此舉引起英國強烈抗議，當時其外交部次長格雷（Grey, Edward,1862-1933）

[59]宣稱，法國此舉不友好，稍後英國外相金伯雷（Kimberley）也對法使古賀塞（Courcel）提出抗議，法國軍隊因此並未立即成行[60]。

英法此時雖有利益摩擦，但尚未爆發正面衝突，原因是有義大利為緩衝。是時義大利因已據有義屬索馬利亞，積極想向阿比西尼亞發展。英國想以義大利阻擋法國向阿比西尼亞擴充，所以對義大利的企圖有所諒解。1894年法國動工興建由吉布地通往阿比西尼亞首府阿地斯阿貝巴（Addis Abbeba）之鐵路，頗令義大利心急，終於導致義大利決定對阿用兵，但不幸於1896年3月於阿多瓦（Adowa）被阿軍擊敗。英國因此覺得義大利已無利用價值，若要阻擋法國勢力進入上尼羅河地區，唯有親自出馬，因而與法國發生正面衝突[61]。

1896年，蘇丹南方慓悍之馬赫迪人（Mahdistes）[62]叛亂達到高潮，英國於3月宣稱將派軍迎戰，由基奇勒（Kitchener）將軍領軍。法國政府因此也下令在法屬剛果駐紮之馬赫尚（Marchand），率軍赴上尼羅河地區，馬赫尚於1897年3月出發。法國擬以此行動迫使英國召開國際會議，討論埃及與蘇丹問題[63]。同時法國亦想建立由法屬剛果直通吉布地的通路。當時法國外長阿諾多是費里政策的繼承者，他亦深深瞭解英法衝突的危險性，所以極力爭取德國之支持，只可惜他於1898年6月離職時，此一工作尚未達成[64]。

1898年7月馬赫尚率軍抵法碩達（Fachoda），9月25日基奇勒攻下卡圖姆（Khartoum）[65]，與馬赫尚形成遙相對壘之勢，並聲稱以埃及總督之名，統轄整個蘇丹，英國並壓迫法國，要其立即召回馬赫尚，法國外長德卡塞告訴英使，在談判未開前絕不撤軍。英國隨即派艦前往比塞德（Bizerte）及布里斯特（Brest）示威。但雙方其實並無意輕起戰端，所以各自尋求下台階。英國後來放棄「立即」召回之說，法國雖頗猶豫，但自忖無力與英進行海戰，1898年11月3日，接到馬赫尚所派專人巴哈地耶（Baratier）的情報後，決定撤軍。英法後來於1899年3月簽約，雙方劃分在剛果及尼羅河的勢力範圍：蘇丹入英國懷抱，法國獲英同意向西方發展至查德，巴爾艾爾葛札亦劃入英國之勢力範圍[66]。法碩達事件實是法國外交上一大失誤，因為除非法國在軍事上有必勝的把握，則在

英國自1895年起即已大力警告後，就應慎重因應，避免自取其辱。

二、波耳人戰爭與英德摩擦

　　在南部非洲方面，英國的拓殖遭遇到波耳人所建共和國的杯葛。於此必須一提的是羅德這個人。就英國人的立場來看，羅德是一個傑出的英國移民和殖民者，他在1870年來到南部非洲，剛好趕上鑽石礦的發現，兩年之內就致富。在1870年代他致力於鑽石生意，八十年代隨著金礦的發現又兼營黃金生意，並跨足政治，成為開普（Cape）殖民地議會的重要領導人。在金伯利（Kimberly）、威特沃特斯蘭德（Witwatersrand），都有他所屬的礦區。1890到1896年間他又擔任開普殖民地的首相，集財富與大權於一身[67]。

　　1886當特蘭斯瓦（Transvaal）共和國中的威特沃特斯蘭德地區發現金礦，吸引大批移民前來投資採礦，羅德當然為其中佼佼者，由於他的野心，很快的就與特蘭斯瓦總統克魯格（Kruger）發生了嚴重的衝突。英國其實早在1884年即已承認奧蘭治（Orange）及特蘭斯瓦這兩個波耳人共和國的獨立，但羅德對南部非洲野心勃勃，想在此地成立一個自治聯邦，將波耳人、英國人、班圖黑人統一於其領導下，隸屬於大英帝國，並與之維持密切聯繫。但克魯格認為特蘭斯瓦既然已經是獨立的共和國，對參加這樣的政治組合就沒有興趣，於是在羅德與克魯格之間的矛盾就越來越大。羅德於是採取兩種手法來對付，其一是鼓勵大批英裔移民前往特蘭斯瓦的約翰尼斯堡（Johannesburg）採金，製造波耳共和國的內部糾紛[68]。在羅德的鼓勵下，這些被波耳人稱為外國人（Uitlander, outlander）的新移民向特蘭斯瓦政府要求公民權，由於一來波耳人較保守，二來這些外國人數量眾多，如果給予公民權，就等於將政權拱手讓人，特蘭斯瓦政府當然予以拒絕，因之衝突時起，羅德則持續鼓勵這些英裔人士反抗波耳人的統治[69]。另一個對策則是在取得英國當局授權後，繞過波耳人共和國，向北方的波札納蘭（Bechuanaland）一帶發展，在地理上將兩個波耳人共和國圈圍起來。克魯格如不妥協，

就無法經由開普與那塔爾（Natal）的鐵路出海。但是克魯格倔強而不願
屈服，在被圈圍的問題上，他與葡萄牙人談好，自建鐵路，經由葡屬的
德拉哥亞（Delagoa）海灣出海[70]。克魯格的不願屈服，惹惱了羅德，他
私下運送了不少武器給在特蘭斯瓦的英裔移民，1895年12月28日，他在
英國殖民大臣張伯倫的默許下[71]，下令詹姆森（Jameson）進攻特蘭斯
瓦，結果失敗。英國此舉引起歐洲輿論強烈批評，其中尤以德國批評最
烈。

德國反應激烈，分析起來有諸多原因。一來是由於德國在此地區有
西南非殖民地，不希望南部非洲發生巨大的領土變更。二來德國一向支
持波耳人，德國在特蘭斯瓦有不少投資，還有一萬五千人在此地的礦場
工作。三來德國想挫一挫英國的銳氣，將其逼進三國同盟。早在1894
年，當羅德打算強行控制波耳人所建，由普里多利亞（Pretoria）通往葡
屬羅倫索瑪給（Lorenco-Marques）港口的鐵路時，德國就曾經施壓令其
知難而退。1895年底的衝突爆發前，德國又派出戰艦到德拉哥亞灣，以
示對特蘭斯瓦共和國的支持，克魯格也期待德國在必要時會給予支援。

在詹姆森事件後，威廉二世不僅向英國提出外交抗議，並致函克魯
格總統，恭賀其不靠外力就成功擊敗來犯者，英勇果敢，並謂日後特蘭
斯瓦如再遭遇任何威脅，德國必將鼎力協助，這就是有名的克魯格電報
（Kruger Telegram）[72]。威廉二世一度曾想聯合法俄，共同向英國施壓，
以取得後者在南非維持現狀的保證，但以法俄退縮而未成功。

德國此舉在外交上的影響十分深遠。對英國來說，對德國在殖民與
貿易競爭上多年來所累積的不滿，因此爆發，英國輿論對德一片撻伐之
聲，倫敦街頭也發生砸毀德國商店之事。英國對德國所生怨尤，導致其
在日後對1887年與義大利及奧匈所簽之地中海協議態度轉趨冷淡，在
1897年拒絕續約[73]。這一作法間接削弱了三國同盟，因為若無英國的支
持，義大利必須調整其對法的政策，奧匈對俄國也要有適當的妥協，這
為法義與奧俄關係的改善提供了可能性。因此我們看到奧匈在德國支持
下，在同年與俄國締結了維持巴爾幹半島現狀的第一個協議[74]，義大利
則在1900年與法國締結了有關的黎波里與摩洛哥的協議。

　　羅德自然不會因此氣餒，尤其是到十九世紀最後幾年，特蘭斯瓦所產的黃金佔全球總產金量的25％，這是何等誘人的財富，羅德豈能輕易鬆手[75]？如果與波耳人的戰爭在所難免，基於前車之鑑，英國在開戰之前就需有一番外交部署，以中立德國與葡萄牙。就索爾茲伯里來看，英國在南部非洲用兵，法俄兩國不會過問，除非德國出面帶頭，所以如何擺平德國是外交的重點工作。其次，葡萄牙所屬的莫三鼻克（Mozambique）關係到特蘭斯瓦的對外交通，如果切斷其對外通道，則英國要滅掉這兩個波耳人國家就如甕中捉鱉。於是英國先在1898年8月30日與德國訂約，擬議私下瓜分葡萄牙在南部非洲的兩大塊殖民地，即西邊的安哥拉（Angola）與東邊的莫三鼻克。根據該約，德國可取得安哥拉之南，莫三鼻克之北，英國則取得安哥拉之北及莫三鼻克之南，方法則是透過貸款與葡萄牙，取得後者在該二地的關稅監督權，再進一步施壓。不過此約並未能實現，葡萄牙雖然在1897年時跡近破產，又有革命威脅，同時還面臨莫三鼻克鐵道股東要求賠償的難題，但並不認爲一定要透過向外舉債來解決，葡萄牙既然不想貸款，便使英德兩國無可趁之機[76]。二來英國也無意盡速落實，德國人很快就明瞭這不過是英國用以牽制德國的工具，使德國不要插手特蘭斯瓦而已[77]。

　　在英法法碩達的衝突於1899年3月解決以後，國際情勢似乎對英國在南部非洲採取行動更爲有利，打鐵自然得趁熱。1899年10月，英國與葡萄牙在溫莎簽約，英國要求葡萄牙斷絕與特蘭斯瓦的商業來往，即關閉羅倫索‧馬給港口，以交換英國支持葡萄牙在非洲殖民地之領土完整[78]。

　　同年10月11日，兩個波耳人共和國因爲不堪英國不斷以「外來人」地位問題相擾，同時知道英國的軍事與輿論準備尚未完成，因此主動的對英宣戰。戰事初起，戰況激烈，英國很快的拿下兩國首都，波耳人開始打游擊戰，令英國難以招架。英國雖然有龐大的海軍，但陸軍僅具象徵武力，所以調用了不少屬地的軍隊。此戰對於英國人來說，是想像不到的艱辛[79]。

　　德皇對英國之冒然發動戰爭，十分不滿，戰爭爆發後，在柏林談論

大陸聯盟（法俄德）與海權國家（英美）對抗之聲，甚囂塵上。1900年
1月德國一艘駛往南非的汽船遭英艦捕獲，為了對抗英國，威廉二世召
見俄使，提議德俄法三國共同調停，以阻止英國繼續戰爭。俄國亦於3
月3日向各國提出一個施壓草案，在討論過程中，因德國伺機提出要求
法俄等國承認歐洲領土現狀，遭法國反對，而使進一步的具體行動受
阻，克魯格引領而待的歐洲援助結果落空。波耳之戰廢時二年半，英國
才在1902年5月31日將兩個共和國兼併，此戰英國雖然獲勝，但由其歷
時之長，動員之眾，英國以四十萬人軍力對抗五萬波耳人，可知英國國
力已大大式微[80]。

三、甲午戰爭與三國干涉還遼

　　進入十九世紀九十年代，近東的鄂圖曼帝國相對平靜，遠東式微的
大清帝國則取代其地位，成為列強拓展勢力的焦點，首先便是中日甲午
之戰。

　　1894年，朝鮮發生東學黨之亂，中日兩國依約出兵，但事平後日本
卻不願撤軍，當時日本首相伊藤博文（1841-1909）[81]與外相陸奧宗光都
有意挑起與中國之戰爭。中國自知實力不足，李鴻章想「以夷制夷」，
央求英俄調停，迫日講和，但未成功。7月，日軍兵分兩路，首先攻
擊，清廷被迫於8月1日對日宣戰。中國海陸兩軍都不堪一擊，李鴻章建
議長期抗戰，但慈禧傾向議和，正好遂了日本所願，因為日本正想速戰
速決，以免列強干預。清廷一方面請英俄法美義等國調停，另方面一再
派人赴日試探和議，皆因層級不合日本之意，被拒絕。1895年3月清
廷只好派李鴻章親往日本議和，幾經週折，終於在1895年4月13日簽訂
馬關條約。該約主要內容為：中國承認朝鮮為獨立國家，割讓遼東半
島、台灣全島及其附屬島嶼、澎湖列島與日本，賠款白銀二萬萬兩。此
約內容較諸以前中國與歐洲列強所簽之約，更為苛刻，因此激起中國人
對日本長久的怨恨[82]。

　　日本向朝鮮及中國的擴充行動，對英國在華的經濟利益應當產生一

定程度的威脅，但英國看法並不如此。相反的，英國倒覺得俄國對中國的政策更令其憂心。英國認爲日本未來可以成爲英國在遠東牽制俄國的助力，這是英國對清廷要求介入調停中日戰爭，卻冷淡以對的原因。於此，英國似乎將其在土耳其海峽一帶聯奧匈以抗俄的政策在遠東翻製，成爲聯日抗俄。俄國的看法則不同。中日之戰爆發之後，俄國一再在閣議中討論，非常關心情勢的發展。最初，俄國關切的重點在維持朝鮮半島現狀，當中國戰敗求和之時，俄國其實頗想軍事介入，但軍中海陸兩方都認爲沒有把握，而予攔阻。最後俄國與英法兩國取得共識，在1895年3月達成維持朝鮮獨立的協議。此舉引起日本高度疑慮，立即宣稱日本並無兼併朝鮮之意。當中日和約內容揭曉，俄國知悉日本取得遼東半島、台灣、澎湖等地之後，大爲緊張，恰好李鴻章運作列強干預，俄國遂藉機介入。

此時俄國沙皇爲尼古拉二世，他的父親，亞歷山大三世於1894年10月，因腎臟病去世，尼古拉二世即位時才二十六歲，所受教育有限，也未在政府裡擔任過重要職務，即位時準備並不充分。加上個性優柔寡斷，容易受左右影響，決策並不一定正確。而吉爾斯也在1895年1月過世，新任外相爲前駐奧匈大使洛巴諾夫‧羅斯托夫斯基（Lobanov-Rostovsky, Aleksey B., 1824-1896）[83]，爲人十分幹練。他忖度情勢，在不能確定法德兩國態度以前，不敢輕舉妄動。此時俄國的選擇有二：一是逼退日本，但這需要外交奧援；另一則是，打不贏則入夥，與日本一起瓜分中國與朝鮮部分土地[84]。尼古拉二世似乎中意後一方案，但4月11日，洛巴諾夫報告沙皇，德國向俄表示，願意支持俄國任何限制日本擴張的作法。而洛巴諾夫也取得法國同意，配合俄國的行動。這是1895年4月23日俄德法三國干涉還遼的背景。由於三國干涉，壓力龐大，日本在5月10日宣布將遼東半島歸還中國，但要求增加賠款[85]。

從三國干涉還遼事件我們可以看出，遠東情勢相當程度牽動了歐洲國家間原來的關係。法俄同盟適用的範圍原本侷限在歐洲，法國本來沒有在遠東支持俄國的義務，其所以參與三國干涉行動，是因爲害怕俄國會被德國所爭取。德國之所以支持俄國在遠東的行動，則有多重動機。

此舉固然是著眼於分化法俄關係，但也在於將俄國的注意力引離德奧，同時還可使德國插足遠東，在中國尋找到海軍據點。值得一提的是英國的態度。英國在甲午之戰之所以採取不作為的態度，上文已經指出，是基於防止俄國進一步向中國擴充，並想聯日抗俄。果然，二十世紀開始，英國第一個盟國就是日本，1902年英國與日本締結英日同盟。

　　三國干涉還遼在遠東所造成的影響也是多面向的。第一，此事件使日俄兩國在中國的衝突日益突出，不到十年，兩國終於為此兵戎相見。其二，由於俄國在此事件中所表現出來對中國的友好，使清廷與中國人民都對俄國十分感激。1895年4月俄國財長維特伯爵向俄政府建議加強與中國財政合作關係，以為建立政治影響力的先驅，獲沙皇同意。1895年12月，俄國引進法國資金，在華設立中俄銀行，以助清廷償還對日賠款，對後者之控制增強。清廷感激有加，隨之派李鴻章以祝賀俄皇加冕之便，與俄國在1896年5月22日簽訂中俄密約。根據此約，俄國允諾清廷，在日本侵犯中國與朝鮮時，將幫助清廷抗日；任一國皆不可單獨對日媾和；清廷允許俄國西伯利亞鐵道穿越中國黑龍江吉林一帶，直接海參威，但不得藉故佔地或損及中國權利[86]。同年9月8日，俄國進一步與清廷簽約，取得承建北滿鐵路以及對鐵路沿線之行政權，並與日簽約劃分朝鮮之勢力範圍。

四、劃分中國勢力範圍

　　甲午之戰後，列強對中國的覬覦之心更見旺盛。除了原有的英、法、俄、日等國外，德國也打算加入角逐。德國的加入，與德國打算發展海軍有很大的關係，而這又與提爾皮茨（von Tirpitz）這個人有關。後者對海軍很有才華，他在1878年時不過是一個負責海軍魚雷組的軍官，1890到1892年間先後在地中海與波羅的海的艦船上服務，1895年晉升為海軍少將，1896到1897年間，他指揮德國東亞巡洋艦分遣艦隊，看中了膠州灣，視其為德國在遠東的海軍基地。1897年起任帝國海軍大臣，此後不僅對德國的海軍發展很有影響力，就是對德國的外交也一言

九鼎[87]。

其實德國在三國干涉還遼後，就以有功於中國，先是要求在天津漢口設立租界，獲清廷允許後，又要求租借港口。清廷恐此例一開，難以善了，予以拒絕。其實德國根本不在乎清廷的態度，德國在乎的是俄國的想法，不想與俄國在此一地區發生衝突。所以1897年8月，威廉二世赴聖彼得堡拜訪尼古拉二世，試探俄國口氣，沙皇答以俄國並無意於此地，俄國想在稍微北邊一點，如朝鮮半島覓一港口（意指平壤），德國因此甚為放心[88]。但與清廷的外交溝通一直沒有進展，只好循武力途徑奪取。此時（11月）剛好發生德國傳教士在山東被殺的事件，提供德國絕佳藉口，後者決定佔領膠州灣，威廉二世通知俄國，希望俄國遵守前議，尼古拉二世答以膠州灣不屬於俄國，所以對德國此舉既不能表示贊同，也不能表示反對[89]。但是俄國外相穆拉維約夫（Muravyov, Mikhail, 1845-1900）[90]卻向德國外交部抗議，引起德國不快，為了化解俄國阻力，德國建議俄國向清廷要求承租旅順大連。

俄國如何反應？當時李鴻章曾根據中俄密約，要求俄國出面向德國施壓。在俄皇的御前會議中，外相穆拉維約夫主張應乘機取得旅順大連，財政大臣維特則認為，基於誠信，俄國既宣稱承認中國領土之完整，就不應乘人之危[91]。可惜維特之議未為俄皇所採。俄國確實派遣軍艦到旅順，但不是為了保衛中國，而是為了俄國本身的利益[92]。

1898年3月3日，俄國駐華代辦巴布羅夫向總理衙門提出租借旅順大連，及延長鐵路之要求。德俄兩國狼狽為奸，清廷被左右夾擊。3月6日，李鴻章、翁同龢和德使海靖（Heyking）簽訂中德膠澳租借條約，約中同意租借膠州灣，租期九十九年，並准設砲台；同意德國可在山東修築鐵路，鐵路左右三十華里的礦產由德國開採；山東日後開辦一切實業，德國有優先權。此約簽訂後來自俄國壓力更大，清廷迫於實力有限，無能阻擋，同月27日，中俄在北京簽訂旅大租借條約九款，5月10日，又在俄京簽訂旅大租借續約六款。根據該約，中國同意租借旅順大連灣及附近水域，租期二十五年，期滿可商談續借；旅順為軍港，只准中俄船隻出入，大連除口內一港僅得由中俄軍艦出入外，其餘地方為商

港，各國船隻可出入；中國同意中東鐵路可以延長修造到大連灣支線，或到營口鴨綠江支線。中俄密約簽訂不到兩年，俄國在其中承諾遇他國侵華時，當協力保華，怎料密約墨瀋未乾，俄國竟夥同德國，侵佔中國領土[93]。

在德俄兩國開例後，果然如清廷原先所擔心的，其他國家紛紛向中國施壓，要求援例租用港口或土地，清廷在積弱不振之下，外交交涉當然毫無功效。於是法國在同年3月向中國要求租借港灣以便法國海軍儲煤；雲南兩廣不得割讓於他國；由法國承建東京到雲南昆明的鐵路。事實上法國早在1895年就向中國提出相關要求，中國都還能據理力爭，但在德俄兩國相繼向中國取得上述條約利益後，清廷已無力阻擋，同年11月中法簽約，中國租借廣州灣於法，期限九十九年，法國可築砲台駐兵防守；法國可從廣州灣修建鐵路，達於雷州西岸安舖。英國不落人後，亦在1898年6月9日與清廷訂中英展拓香港界址專約，以九十九年爲期，租借九龍。7月1日又簽訂，以二十五年爲期，租借威海衛。日本也在1898年4月20日照會中國，要求不將福建省內之地讓與或租於別國，清廷於24日回覆「中國斷不讓與或租借也」，日本因此視福建爲其勢力範圍。唯一被拒絕的是義大利。義大利也提出要租借浙江三門灣，清廷覺得已忍無可忍，加以義大利實力不足，所以表示不惜一戰，義大利也就知難而退。

這一波帝國主義者對中國領土的蠶食，伴隨著鯨吞式的勢力範圍劃分。由於各個帝國主義者彼此間有利益的衝突，於是一方有所得，他方必想援例；爲化解其他國家的反對，於是就以中國爲犧牲。以英國來說，英國本來反對俄國對中國的租借要求，怕俄國勢力在華坐大。但俄國由陸路往中國擴充，非英國所能阻擋。再說，英國前有與德國關於特蘭斯瓦的摩擦，現在與法國又有上尼羅河蘇丹之爭，實在不宜各方樹敵，於是改弦易轍，與俄國協商劃定兩國在華的勢力範圍[94]。1899年4月28日英國與俄國以換文方式達成協議，僅就「鐵路興建特權」而言，長城以北及滿洲爲俄國勢力範圍，長江流域則爲英國勢力範圍[95]。爲化解日本與德國的反對，順利取得威海衛，英國又承認福建爲日本勢力範

圍，山東為德國勢力範圍。而法國也取得雲南兩廣為其勢力範圍[96]。

當時對華貿易的大國為英國日本，僅英國一國就佔有對華貿易的百分之八十。對這些工業國家來說，市場愈大愈好，中國一旦被徹底瓜分，對他們並不利。此時美國與西班牙戰爭已結束，美國取得原來西屬的菲律賓，對遠東涉足日深，而美國尚未在華取得任何據點，深恐勢力範圍的劃定，會妨害美國在華利益的拓展。因此，1899年9月6日美國國務卿海約翰（Hay, John,1838-1905）[97]訓令駐英德俄三國大使，11月又訓令駐法義日三國大使，向各駐在國提出對華「門戶開放政策」（open door policy），這是美國第一個門戶開放政策。

其實「門戶開放」政策並非海約翰的新構思，因為在英俄兩國前述換文之前，張伯倫就提出維持中國門戶開放的建議[98]，當時海約翰還是美國駐英大使，從英國政府方面得知英國有此一主張。其後，海約翰的遠東顧問羅克希爾（W. W. Rockhill），也對其提出相同的建議[99]。這第一個門戶開放政策內涵有三：第一，各國彼此不干涉各自在中國所獲租界地、勢力範圍及通商口岸投資事業。第二，各國勢力範圍內的各港口，所有進口關稅，均由中國政府，按現行海關稅率課徵。第三，各國對進出其勢力範圍內港口的船舶，使用其鐵道的貨物，不得課徵本國以上的稅賦或運輸費[100]。說穿了，此一政策不過是著眼於保護美國的商業利益，根本無所愛於中國。對中國影響比較大的是1900年7月3日海約翰所發表的第二個門戶開放政策聲明，在這個聲明中，美國強調支持中國領土完整。不過美國所以發表第二個門戶開放聲明，主要在阻止八國聯軍之役後，列強進一步瓜分中國，原本是一個「臨時辦法」（modus vivandi），但不想日後卻發展成為一個新的對華政策指標[101]。

列強對中國這樣的蠶食鯨吞，不可能不引起中國人的反彈，所謂義和團事件就是在這樣的氣氛中引爆，只不過中國的實力不夠，慈禧的政治判斷不足，結果給中國帶來更大的屈辱（參閱插圖八）。

插圖八 1860 年之中國及滿清末年列強在華勢力

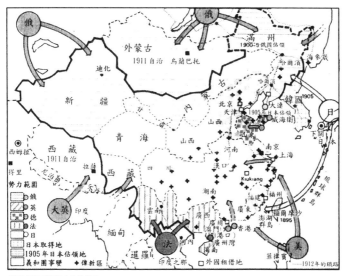

1860 年的中國

滿清末年列強勢力在華範圍

轉引、翻譯並修改自 Kinder and Hilgemann, The Anchor Atlas of World History, vol II , p. 90.

五、美國崛起與美西戰爭

　　受到歐洲國家殖民主義的影響，1890年代裡，美國也開始積極插手國際事務。隸屬民主黨的克利夫蘭（Cleveland, Stephen）總統，任內（1893～1896年）在對外政策上堅守孤立主義，反對美國兼併夏威夷、拒絕支持古巴反抗西班牙起義，對殖民作為甚為排斥。但其後兩位共和黨的總統，即麥金利（W. Mckinley）與羅斯福（Roosevelt, Theodore,1858-1859）[102]則對殖民事業極為熱中。美國此時除上述對遠東地區的插足之外，還將美洲地區視為其禁臠，對加勒比海與太平洋地區的拓殖也更見積極。麥金利任內（1897～1900年）起步還有些蹣跚，因為麥金利重視外交，行事比較猶豫。羅斯福任內（1901/9～1908年）則快速衝刺。老羅斯福為保守主義中堅份子，典型的弱肉強食者，他赤裸裸的主張使用武力為美國爭取利益。對小國粗暴，大國謹慎。在處理外交事務上，他主張「說話和氣，但手持巨棒」。視拉丁美洲為其禁臠，禁止他國干預。

　　英國在美洲殘餘的影響力此時遭遇到美國強力競爭。1895年，英國與委內瑞拉為了英屬圭亞那劃界事務發生衝突，克利夫蘭本來不擬理會，但在國會及群眾壓力下，不得不介入英委劃界糾紛。他透過其國務卿奧尼（Olney）表示：任何美洲問題之解決，不能將美國排斥於外。這顯然是「強化了的門羅主義」，英國被迫亦只好接受，允許美國派遣一個調查委員會[103]。不過，最能彰顯美國帝國主義的，還是稍後發生的古巴與巴拿馬兩個事件。

　　對加勒比海中的西屬古巴，美國早就興趣濃厚，因為此一島嶼控制巴拿馬地峽以及墨西哥灣入口，戰略加值甚高。早在1849年時，美國就曾向西班牙提議，以一億美金購買，但未獲回應[104]。1895年古巴第二度發生反西班牙的暴動[105]，美國認為機會終於來了，發動對西班牙的外交攻擊，批判其在古巴的統治不人道。拖到1898年，麥金利決定採取行動[106]。

　　由於古巴反西班牙統治的暴亂始終無法平息，美國藉口為了維護其

農民在古巴的利益，且基於戰略和人道的考慮，向西古雙方表示願予斡旋，並派戰艦緬因（Maine）號前往哈瓦那，西班牙政府一再請求美國不要派艦前往，因爲這只會使情勢更形複雜，但美國一意孤行，仍然派艦前往。結果該艦在1898年2月15日於港內爆炸，造成二百六十六人死亡。美國指控此事爲西班牙所策劃，西班牙慌了手腳，提議進行調查或交付仲裁，但美國都不接受[107]。歐洲國家在4月6日，集體介入，要求美國「基於人道情感與理性」考慮，處理其與西班牙的糾紛，美國婉轉拒絕。爲使事件破裂，美國於4月20日向西班牙致送最後通牒，要求後者放棄古巴，西班牙當然無法應允，戰事遂起[108]。戰爭在古巴及菲律賓兩處同時進行，老大的西班牙自然不是美國的對手，終於在1898年7月要求停戰，進行和議。麥金利在議和過程中姿態強硬，堅持要西班牙割讓菲律賓、波多黎各，並允許古巴獨立，西班牙因爲無力再戰，最後只好照單全收。8月12日西班牙與美國在巴黎簽約。美國帝國主義當時氣焰甚高，所謂給古巴獨立也不過是障眼法，1901年3月美國與古巴經由普萊特（Platt）修正案協議，古巴給予美國干預之權，使美國實際上成爲了古巴的主人[109]。

美西戰爭因古巴而起，但是美國爲何要向西班牙索取菲律賓？喬治肯楠曾如此質疑[110]。答案也許並不難找：這是落實美國帝國主義的必然結果。美國在1890年代先後取得夏威夷群島、東薩摩亞群島，在太平洋中的影響力大增，積極跨足亞太地區。同一時期也開始發展海軍，需要海軍基地。這兩個因素都是取得菲律賓的充足理由。不過美國當時對於取得菲律賓的後果有無預見，倒是值得研究。兼併菲律賓意味美國插足亞洲將越來越深，捲入列強在亞洲衝突是無可如何之事[111]。

美國由於在加勒比海及太平洋中的影響力大增，對開鑿通洋運河的興趣益濃。早在1850年，美英就曾簽定克萊頓─柏爾維（Clayton-Bulwer）條約，雙方曾互允不單獨從事運河的開鑿。但此時由於英國正捲入南非波耳人的戰事中，美國遂想乘機解除此一約束。在不斷施壓下，美國務卿海約翰終於迫使英國大使龐斯福特（Pauncefote）在1901年11月18日與美國簽約，允許美國單獨承造運河，防衛並保證其中立。

由於巴拿馬屬於哥倫比亞所有，美國爲此與後者商談，但是哥倫比亞不肯合作。爲斧底抽薪，美國在1903年支持巴拿馬人脫離哥倫比亞的統治，獨立爲巴拿馬共和國。後者在獨立後，與美國締結海·布南·瓦里拉（Hay-Bunan-Varilla）條約，同意給予美國一條十六公里寬之土地作爲運河開工之地，是年11月運河正式動工興建[112]。此時美國在中美洲之勢力已經奠定，1904年9月16日羅斯福總統更進一步宣稱，如美洲任何國家發生內亂，唯有美國有權干預，英國對於美國此一高姿態，無計可施，只有將其在此地之影響力拱手讓與。在老羅斯福任內，美國在拉丁美洲擴張迅速。1905年美國迫使多米尼加接受美國派去的「經濟顧問」，實際擔任該國經濟部長；1906年美國在古巴組聯合政府。同一時期美國還與北邊的加拿大發生邊界衝突。

第四節　英國孤立政策之終止

由上文分析可知，十九世紀末，英國與老牌殖民國家，如法俄兩國的衝突，已經使其左支右絀；而後起的殖民新秀，如德美等國，更是咄咄逼人，使英國備感威脅。此時，「孤立」的感覺似乎已經不像往日那般美好。再說，英國想要再維持「光榮孤立」，似乎已經力有未逮，當時英國的有識之士，如殖民大臣張伯倫，以及先任軍政大臣，1900年後轉任外交大臣的蘭斯多恩爵士（Lord Lansdowne, Henry Ch., 1845-1927）[113]，都深深體會到，英國國力大不如前，孤立政策有修正必要，英國應該尋求盟友。從1897年起，英國就在尋尋覓覓，德國與俄國都是聯盟的對象，如果無法成功，美國與日本也可以接受[114]。爲什麼不是理念較爲相合的法國？因爲它與英國在殖民問題上處處爲敵。義大利太弱，奧匈既弱又麻煩。在俄德之間比較，俄國與英國的戰略與勢力範圍之爭在近東雖然相對減低，但雙方在中國的勢力範圍之爭在世紀末卻有白熱化趨勢，兩國理念也有距離。算來算去只剩德國。德國當然與英國在殖民問題上也有衝突，但是與法俄兩國的衝突比起來，顯然是小巫見大巫。

一、英國尋求與國—與德締盟之可能性

（一）英德間的矛盾與改善關係的嘗試

英國雖然想聯德，但令英國深感不安的是，德國威廉二世在1894年後積極推展「世界政策」，對殖民及海軍擴充都越來越感興趣。對威廉二世來說，殖民與海軍是一體二面的政策，沒有強大海軍的殖民政策是荒謬的，因為在英國實力充沛的海軍艦隊威脅下，德國的殖民地、海上商業帝國都將脆弱不經一擊。在這樣的認知下，1897年6月，威廉任命提爾比茨為海軍部長，10月任命比羅（Bulow, Bernhard, 1849-1929）[115]為外相，積極落實「世界政策」。

比羅言詞便給，反應靈敏。但貴族出身的他，生性慵懶，惰於思考，並不擅於構築外交戰略。戰術雖然靈活，卻沒法補救戰略匱乏的缺失[116]。他的外交構思多半出自霍爾斯泰茵。霍爾斯泰茵在經過過去許多年與英國交手的經驗後，終於認定與英國達成協商毫無可能，因此他認為德國今後的外交方略，應該是採取一種擺盪在英國與俄國之間的策略，利用後二者間的矛盾，從中取利。此一策略之基礎建立在英俄兩國間的矛盾，將使這兩國無從修好的假設上[117]。此一假設風險甚大，誠如英國帕瑪斯頓所言，「英國沒有永久的朋友或敵人，只有永久的利益」，當英國基於利益的考慮，決定與俄國妥協修好時，德國外交的麻煩就大了。事實上，霍爾斯泰茵顯然不夠敏銳，否則的話，他應該感覺得出來，那就是當時德國與英國之間的矛盾其實尤甚於法國與英國，或俄國與英國，原因是後二者間的矛盾，只止於殖民衝突，是部分性的。但德國與英國之間的矛盾則不止於殖民衝突，還及於貿易與海權競爭，是全面性的。特別是海權競爭，最為深刻，最後終於導致英德反目。

至於提爾比茨，鼓吹海軍發展不遺餘力。提爾比茨曾說：「沒有海權的德國，其在世界上的地位，就像軟體動物沒有殼」[118]。他不僅說服了德皇，為了爭取民意、地方與國會的支持，他還動員了媒體、大學、輿論，更親自訪問地方貴族，可見任事之積極[119]。

1897年11月4日，德國強佔膠州灣，在遠東建立海軍基地。年底宣

布造艦計畫，將原有的七艘戰艦提昇到十二艘，二艘重巡洋艦擴充爲十二艘，七艘輕巡洋艦增加爲三十艘，外加新建八艘裝甲海防艦，全部計劃在1904年完成，以能在北海對抗英艦爲目標。旋又於1898年、1900年二度通過海軍法案，快速發展海軍，對英國的海權形成嚴重挑戰[120]。雖然比羅對德國外交頗有影響，在力求改善與英國關係的前提下，並不贊成海軍擴軍計畫，但由於威廉二世的政策邏輯，醉心於船艦與海權發展，也無力阻攔。

英國因爲其殖民地遍佈全球，又有維護貿易路線暢通的需要，一向十分重視其在海權上的絕對優勢地位。英國人認爲，維持海權優勢在英國來說是必需品，對其他國家如法俄德等國來說，只是奢侈品[121]。英國不僅對德國擴展海軍滿懷疑懼，對法俄兩國的海軍發展一樣未掉以輕心。

雖然英德之間的矛盾如此深刻，但英國尋求與國的第一個對象既非法國也非俄國，卻是德國，張伯倫曾說德國是英國「天生的盟友」（natural ally），這是頗堪玩味的[122]。追究其原因，一則可能是由於英國以爲其與德國在殖民問題上的衝突，不如與法國俄國那樣劍拔弩張；二則可能是由於張伯倫個人對日耳曼人遠較拉丁人有好感；其三則是宗教上較接近[123]。從1898年到1901年間英國曾三度嘗試與德國結成同盟。

第一次是1898年3月，張伯倫與德國駐英大使哈茲費德會面，單刀直入的向德使提議：英德兩國締結同盟。由於張伯倫的行事作風不似傳統外交官，倒像現實的商人，很令德方愕然。但柏林方面，對此提議並未給予應有的重視，主要是他們認爲英法或英俄的聯手可能性極低，不予理會也沒有什麼風險，最後終予拒絕。但是爲了不讓英國覺得難堪，比羅向張伯倫提議：爲了創造締結同盟的氣氛，英國似宜幫助德國取得一些西班牙所屬的殖民地（也就是美西戰爭後美國所取得的），但是比羅後來也瞭解，由於此事涉及美國，英國不可能涉入，所以又改提議與英國共同瓜分葡萄牙的非洲屬地。因之1898年稍後的談判，只及於葡屬非洲問題[124]。

再度嘗試是在1899年。是年因爲德國想將薩摩亞群島據爲己有，或

至少完全取得其中一部分，不願意再與英美共管此一群島，因而與英美兩國發生爭執。英德之間的談判，由於德國硬要，英國不讓，情勢一度甚僵。其後由於波耳人的戰事爆發，英國怕多所樹敵，決定讓步退出。1899年11月14日英德簽約，雙方同意此一群島由美德兩國瓜分，由德國取得西薩摩亞[125]。不過英國也未空手，英國在讓出薩摩亞之後，取得東加、一部分所羅門群島以爲補償。同月，威廉二世由比羅陪同赴英訪問，張伯倫以爲，英國已經在薩摩亞群島的糾紛上對德國展現誠意，英德聯合應是時機，又舊事重提。張伯倫提議，德國如果與英國聯手，阻止俄國向遠東繼續擴張，英國可以同意德國取得一部分摩洛哥，支持德國興建巴格達鐵路。但威廉二世仍答以德國不能與俄國鬧翻，但可以和英國在殖民問題上合作，使英國的嘗試再度落空。

　　最後一次努力是在1901年。是年1月22日，英國女王維多利亞[126]去世，威廉二世親往祭悼，與其母舅愛德華七世（Edward VII, 1841-1910）[127]會晤，其間張伯倫及德國顧問艾卡斯坦（Eckardstein）、蘭斯多恩[128]與哈茲費特之間有密切接觸，商討英德締結防衛同盟以對抗法俄之可能性，但此議仍爲德國所拒。德國要求英國加入三國同盟，但英國以爲奧匈帝國行將解體，義大利不過一地中海國家，不願加入，同時，英國首相索爾茲伯里仍難完全忘懷光榮孤立。在德國方面，其駐英大使哈茲費特曾警告柏林，如不聯英，英國可能轉向法國，且將義大利帶走。但德國外交顧問霍爾斯泰茵則堅信，英國不可能與法俄和好。而德皇及其海軍部長提爾皮茨亦表反對，認爲如聯英，德國的海軍就不必發展了。1901年12月19日蘭斯多恩曾提議英德先就地中海、波斯灣等處先行達成諒解，但亦沒有結果[129]。

　　客觀來看，德國的決策既取決於上述各個決策者的偏好與推理，其實也取決於德國的地緣戰略位置。德國在當時很不可能聯英制俄。原因之一是德國如要避免兩面受敵，俄國就不能得罪。原因之二是當時俄國既然志在遠東，在1897年又與奧匈達成協議，維持巴爾幹現狀，不論是爲德國本身利益，或爲奧匈的利益著想，德國都不能去把俄國的眼光從遠東引回東歐巴爾幹來，也不能去觸怒俄國。比羅等人很清楚，英國尋

求與德國結盟，不過在找一個最便宜的對象，一旦英國與俄國在遠東發生衝突，英國在海戰上對付俄國游刃有餘，但陸戰的重擔則可委諸德國。如此一來，德國兩面作戰的威脅就會惡夢成真，德國外交諸公怎會見不及此？所以比羅曾經說：「我們必須在兩強（英國與俄國）之間保持獨立，我們要做天平的指針，而不是永無休止擺盪的鐘擺」[130]。

（二）大陸同盟之說再起

　　海權、殖民地與商業利益的衝突，使英德兩國攜手的可能性降低，波耳人的戰爭又成為英德之間的另一爭執。事實上此時威廉二世對聯英並沒有很大的興趣，反倒是不時提議籌組大陸同盟。在英德西薩摩亞之爭時，即1899年10月，德國外相比羅曾向法國外長德卡塞提議，法德兩國應在殖民問題上合作，但當後者詢問如何合作時，卻沒有下文。波耳戰爭爆發後，由於德國郵船被英國捕獲，而戰爭進行激烈，所以俄國外相穆拉維夫於1900年2月底，基於人道考慮，以及早日結束戰爭，提議德、法、俄三國共同對英國施壓。法國德卡塞評估此一建議鮮少有可行性，法國既無意與英國對抗，但也不想得罪俄國，所以德卡塞的回應是，如果能保障法國東疆的安全，則可以同意參加。當穆拉維夫的提議轉交德國後，比羅則趁機向俄國兜售大陸同盟，提出三國共同介入的前提，應是以相互保證現存歐洲政治疆界為基礎。換言之，要法國死了收回亞洛兩省的心[131]。此一條件自非法國所能接受，所以大陸同盟之說，雖然甚囂塵上，結果卻是雷聲大雨點小。而外交的爾虞我詐，常令人匪夷所思。在商討大陸同盟的過程中，威廉二世為討好英國，向維多利亞女王透露，大陸同盟是穆拉維夫的構想；而穆拉維夫也不是省油的燈，向英國揭露，德國才是始作俑者[132]。看來德國兩次提出大陸同盟似乎都沒有很大誠意，終於使這一構想無疾而終。觀察德國對英、俄兩國這種矛盾的態度，或許也就是霍爾斯泰茵所主張的「擺盪在英俄之間」政策的具體體現吧！比羅的「天平指針」之說似乎知易行難。不管英國相信誰，英國都不能忽視歐洲大陸這一股蠢蠢欲動的反英情勢。

　　在與波耳人苦戰的兩年多時期中，英國不難發現，各國都乘人之

危，謀奪英國的海外利益。上文中我們已經敘述美國如何介入英屬圭亞那與委內瑞拉之間的劃界糾紛，以及如何奪取巴拿馬運河的開發權。不僅美國如此，德國也乘機奪取了西薩摩亞群島，俄國則深入了中亞及中國東北內蒙一帶。1900年1月，俄國藉由貸款波斯，增大其對該國的影響力；2月6日俄國知會英國，聲稱由於俄國與阿富汗爲緊鄰，兩國貿易頻繁，使俄國不能不與該國維持直接政治關係。當時英印聯軍大批被調往波耳共和國，無力反制，只好接受事實[133]。

直到1902底，英國都不斷尋求德國回心轉意，如與德國聯合向委內瑞拉武力索債，提議以資金挹注巴格達鐵道興建、與德國簽訂揚子協定等，但所有的努力終究還是白費。在波耳人戰爭中期，兩國關係轉趨惡化。1902年發生英德艦隊聯合以武力向委內瑞拉索債一事，引起美國強烈反彈，下令美艦阻止歐洲艦隊登陸，英德只得屈服。英國以爲武力索債乃受德牽連採取，更爲怨恨德國。在結束波耳人戰爭後，英國政府一方面認爲不再需要不計代價的爭取德國，而在長期的追求落空之後，1902至1903年後，英國國內的反德情緒日益上升，這情形尤以外交及海軍兩部門爲最。因之，英國尋求盟友的注意力，開始轉向他國。

二、八國聯軍與英日同盟

英國最早尋得的盟國其實不是歐洲國家，而是遠東的日本。英日在亞洲的共同利益，就是圍堵俄國勢力，阻止其向朝鮮及中國方面持續擴張。這種情形幾乎是近東關係的翻版，不過是把聯奧制俄，變成了聯日制俄罷了。而促成此一同盟的誕生，主要是由於八國聯軍之役。

（一）拳匪之亂與辛丑合約

前文已經指出，甲午戰後，列強向清廷要求租地、租港、劃分勢力範圍，激起中國人民強烈的仇外意識。其實這種仇外意識，在英法聯軍之役後即已慢慢形成，起因主要是傳教士再度來華後，他們不像以前耶蘇會的教士那麼尊重中國文化習俗，種種在中國人看來有悖禮數的行爲，惹人反感。而有些教民藉傳教士的勢力胡作非爲，欺壓平民。更有

進者，遇涉及教民的官司，地方官吏怕惹事，總是判定教民勝訴，民間
仇外心理由是更爲高昇。在官方來說，自鴉片戰爭以來，列強對中國的
侵略不絕如縷，焉能對外國產生好感？加上因爲光緒推行維新，不爲慈
禧所喜，擬將其廢立，但外國多表反對，因此更仇恨洋人[134]。

1897年義和團的前身大刀會，就在山東一帶與教會發生衝突，兩名
德籍傳教士之死，開啓了列強租港借地之災。1899年袁世凱繼任山東巡
撫後，大力清剿。義和團逃至直隸，直隸總督裕祿對彼等頗爲放縱。因
爲義和團號稱不畏槍砲，又打著扶清滅洋的口號，頗得慈禧之助，因此
越發囂張，暴亂不斷擴大。1899年6月11日，日本使館書記官山彬被
殺，16日德國公使凱特勒（Ketteler）亦被殺，義和團暴民與甘軍董福祥
的部眾並圍攻使館區[135]。照常理，此次動亂爲暴民挑起，清廷如果能懲
處暴民，與外國的紛爭就可以解決。但是由於慈禧等人對洋人的憎惡，
雖經四次御前會議，慈禧與主戰派仍自不量力的堅持，要與外國一較短
長，輕率的於1899年6月21日主動對各國宣戰[136]。

各國對拳匪之亂的反應爲何？一般來說都是氣憤塡膺，其中德國自
認受損最大，威廉二世多年來一直呼籲其他歐洲國家，注意「黃禍」
（yellow peril）之可怕，這次終於「印證」，決定派兵懲兇[137]。英國民意
則以爲此事爲俄國支持慈禧所發生，首相索爾茲伯里也認爲英國並不怕
中國動亂，俄國才是最大的危險，中國應該被征服、瓜分，英國應保障
其應取份的安全[138]。

至於俄國，當時內部對於中國政策有兩派不同的意見。一派以財政
大臣維特、外交大臣穆拉維夫、以及其後任蘭姆斯多夫（Lamsdorff）爲
代表，主張以和平的方式向中國擴張，盡量維持兩國關係的和諧，所以
在德國啓動租港借地風潮時，最初並不主張佔取旅順大連。另一派以戰
爭大臣庫魯帕特金（Kuropatkin）爲代表，包括海陸兩軍及若干外交部
門的人士，主張只要一有機會，就應盡量奪取中國任何可到手的東西。
在拳匪之亂爆發時，維特對沙皇的影響力已經減弱，當時得寵的是庫魯
帕特金。這兩派人對拳匪之亂的看法與因應顯然也不同，前者反應謹愼
保守，後者則相當躁進。這是爲何最先俄國並不想出兵，後來卻表現積

極的原因[139]。

拳匪之亂最後引起八國聯軍（英、法、德、俄、義、奧、美、日）進佔中國，聯軍由德將瓦德西統率，在華留下許多暴行紀錄。其實當時德國在華力量並不大，之所以由德國出面為首統領，實在是列強折衝所致。因為英國原擬推舉日本單獨負責對華軍事行動，想以日本為籬，阻隔俄國，俄國自然反對。德國為離間法俄，自然支持俄國立場，推翻英國提議，結果是八國皆派軍介入。為了對德投桃報李，俄國支持由德國將領統帥八國聯軍。不過瓦德西抵達中國時，激戰已過，8月14日聯軍進入北京。

在實力本來就脆弱，又寡不抵眾的情況下，慈禧挾光緒離京避難，稍後任李鴻章為直隸總督，電召其上京，會同奕劻，進行議和。八國聯軍進京以後，燒殺擄掠，無惡不做。對於聯軍進入中國，特別是北京，俄國人實不樂見，害怕國際勢力在此盤據，減損俄國對華之影響力。但另方面，俄國為擴充其在中國東北之勢力，反乘此機會出兵東三省，由7月中旬到10月，俄國兵分數路，將整個東北都予以佔領。俄國在財長維特及新外相蘭斯多夫的推演下，覺得應給中國政府支持，以便將來可以影響清廷，所以8月25日俄國外交部通告各國，提出四點具體建議：一，各國採取一致立場；二，維持中國過去的體制；三，排除瓜分中國想法；四，共同恢復北京中央政府。並稱使館圍困既解，各國軍隊應撤出北京，讓中國政府回京[140]。但除法國外，各國皆不表贊同，所以除俄軍撤出之外，其他各國軍隊仍滯留不去。

因為俄國有此表示，日本也向中國示好。在和議進行中，日本外務省甚至向中國建議：「寧賠款，勿割地」[141]。在八國對華的態度上，俄日因別有所圖，對華較為友好，美國態度也較溫和，唯獨德國，態度十分惡劣。早在7月27日，威廉二世對開拔往中國的軍隊訓示時就說，德軍應給予中國人嚴厲懲罰，使其對德國人留下深刻印象[142]。奧義兩國，因三國同盟關係，自然支持德國立場。至於英國方面，因為強烈反俄，決定聯德制俄，故對於德國在和議中所提懲凶賠款要求，無異議支持。英德兩國並於1900年10月16日簽訂揚子協議，確定維持中國領土完整，

門戶開放之政策。實則英德兩國各懷鬼胎。德國懷疑英國有意染指上海，強化其對長江流域的掌控。而英國則想拖德國下水，在滿洲共同抗俄，不過兩方都不成功[143]。兩大強國既然有維持中國領土完整，門戶開放的諒解，其他大多數國家也都贊成，俄國的激進派也就只好同意。

1900年12月24日，奕劻與各國代表簽訂議和大綱十二條，其重要內容爲：一，向德日道歉並懲兇；二，外國人民遇害之城鎮停止科考五年；三，禁止軍火機器進口兩年；四，賠款四億五千萬兩白銀，年息四厘，分三十九年還清，合計爲九億八千二百餘萬兩（是爲庚子賠款）；五，擴展各國使館區，由各國管理駐軍；六，撤除大沽到京師之砲台，准許各國在若干據點駐兵；各國駐京軍隊應於1901年9月17日前撤退；七，廢除總理各國事務衙門，改設外務部，爲六部之首[144]。1901年9月7日清廷與各國代表簽下和約，是年歲次辛丑，此約遂被稱爲辛丑和約。和約簽訂後，聯軍於9月中下旬陸續撤出北京與直隸。

在此役中，俄軍得以乘機深入滿洲，並於同年11月11日，與逃匿之盛京將軍增祺在旅順簽訂奉天交地暫行條約，由於此約之簽訂並非北京授權，內涵又對中國極爲不利，幾乎視中國爲其被保護國，所以清廷不予承認。其後清廷派駐俄公使楊儒與俄國商談東三省問題，俄國態度始終蠻橫與不妥協，俄國雖同意撤軍，但卻附加許多條件，以鞏固其在東三省的影響力。李鴻章以俄國要求出示歐西各國，爭取國際支持，楊儒亦能有所堅持，所以俄國的無理要求並未得逞[145]。但有關俄軍撤出之事仍得討論，清廷先著李鴻章與俄國公使談判，李鴻章病故後又著奕劻與王文韶繼續談判，俄國雖然在一系列談判中都做了一些讓步，但清廷與若干封疆大吏，如張之洞、劉坤一等人並不願意接受[146]。一直到1902年4月8日，奕劻、王文韶方與俄使締結交收東三省條約。此約之締訂與稍早前出現的英日同盟條約有關，其主要內容爲：

1.俄國允諾交還東三省，分三期，每期六個月，自東三省撤軍。

2.未撤軍前，中國可與俄國商訂派駐東三省的軍隊人數與處所，俄軍撤除後，中國可決定駐軍數目，但應知會俄國。

3.俄國將山海關營口新民廳各鐵路交還中國，由中國賠償重修及養
　路費用，上述路段不允許讓與他國。
4.此後在東三省南段需修鐵路或支路，應彼此商辦[147]。

（二）英日同盟

　　對於俄國向中國東三省擴張，心存憂慮又虎視眈眈的是日本。事實
上，在三國干涉還遼後，就種下日俄衝突的種子，日本以為與俄國一戰
必不可免，而且越早越好，最好能趕在俄國西伯利亞大鐵道修好以前。
但一則由於日本有財力上的限制，另方面又無與國，所以不敢輕舉妄
動。在諸多歐美國家中，日本最可能爭取的與國是英國，所以1901年4
月日本駐英大使林董向英政府表示，英日兩國在遠東利益一致，應攜手
合作。同年7月日本更清楚指出，日本謀求聯英旨在孤立俄國，英國頗
為所動，英王愛德華七世及外交大臣蘭斯多恩也都傾向聯日[148]。其實日
本之所以大力拉攏英國，主要是怕法國在遠東的海軍介入支持俄國，如
果英日攜手，英國就可以抵銷法國海軍。

　　但英國首相索爾茲伯里及外相蘭斯多恩也不是完全沒有顧慮，他們
既擔心日本實力不足，可能拖累英國；另方面當時英國海軍被波耳戰爭
所羈絆，難以與法國對抗，英國甚至連維護本身各殖民地的安全都還感
到不夠。因此，英國並未積極回應日本。蘭斯多恩想到的萬全之計是：
由於1900年10月英德兩國間曾有揚子協定，對華立場已經趨於一致，所
以英國擬拉攏德國，與日本組成三國同盟，如此德國就可以牽制法國
[149]。德國則反將英國一軍，首相比羅要求英國先加入德奧義三國同盟，
並應先與奧匈協議。德國之所以有此反建議，主要是德國並不想與俄國
發生衝突；更有進者，如果英國期待德國在遠東加入英日對抗俄國，英
國自然應在巴爾幹支持奧匈對抗俄國[150]。英國不願插足巴爾幹，所以聯
德之想只好打消。不過德國對形成中的英日同盟倒是樂觀其成，並樂見
日俄發生衝突。原因很簡單：俄國往遠東發展可以減輕德國東線之壓
力，日本如果能削弱俄國實力更能強化德國的安全。所以德國的兩面外

交手法是：一方面向日表示，日俄戰起，德國會保持中立；另方面向俄表示，俄國可以放手去除「黃禍」，德國保證俄國不會有後顧之憂[151]。

　　爲促使舉棋不定的英國早日下定決心，日本採取了另一個外交步驟：假意聯俄，以啓英國疑慮。1901年11月，日本派前首相伊藤博文出訪聖彼得堡，商談與俄國和解，劃分兩國在遠東利益之事。伊藤素來主張聯俄，俄國對他的到訪自然極爲歡迎。俄國外相蘭姆斯多夫向伊藤表示，俄國在朝鮮的利益有限，僅止於朝鮮海峽的通航無阻，俄國可以承認日本在朝鮮的政治經濟利益，甚至日本出兵朝鮮的權利，但出兵數目與駐留期限應有所限制，不得將朝鮮用於戰略用途。換言之，俄國並不願放棄其在朝鮮半島的利益，將此地完全置於日本勢力之下。與此同時，俄國則要求日本承認俄國在滿洲，及與俄國相鄰之中國其他地區的優越地位，日本並不得藉口介入[152]。俄國要求顯然非日本政府所能答允，就日本政府而言，如果日俄兩國各自以朝鮮與中國東三省劃分勢力範圍，可以答允；但如果俄國還想在朝鮮分一杯羹，就非日本所能容忍，所以伊藤無功而返。不過日本此一外交動作果然令英國感到焦慮，因此於1902年1月30日同意與日本締結英日同盟（Anglo-Japonese Alliance）。此約主要內容爲：

1. 兩國支持中國及朝鮮之獨立。英國在中國及日本在中國及朝鮮之特殊利益如遭侵害，兩國可採取必要措施。
2. 爲維護上述利益，締約國之一方與第三國發生戰爭時，另一國應守中立。
3. 遭遇兩個以上國家之攻擊時，則防衛聯盟即付諸實施[153]。

　　這個條約有效期爲五年，目的在迫使俄國在遠東讓步。有此認知，所以此約簽訂後，俄國要求法國採取共同步驟，反制英日。與德國極力鼓勵俄國向遠東發展相反，法國不願俄國將其武力調往遠東，但又不願拒絕俄國，惹其不快，所以1902年3月20日，與俄發表共同聲明：「在其他強權採取敵對行動，或中國發生新的動亂時，兩國保留採取必要措

施，以保障自身利益之權利」[154]。

　　誠如上文所說，英日同盟條約在迫使俄國自中國東三省撤軍一事上，曾發生短暫的效力。此約簽訂後不久，俄國確實修正了過往對中國若干無理的要求，1902年4月8日，俄與清廷締約，允諾在一年半內，分三期自滿洲撤軍，至遲在1903年10月應完全撤除，遠東情勢因之暫時緩和。

　　但俄國其實並無意快速自滿洲退出，所以在第一期撤軍後，第二階段撤軍前，突然向清廷提出許多新的要求，保障其在滿洲之特權與商業利益，並不得對他國讓與滿洲。當時俄國外相蘭姆斯多夫及財相維特主張履行撤軍之約。但王黨領袖貝佐布拉佐夫（Bezobrazov），及其屬下的財經界之人士，因在中韓邊境鴨綠江畔及俄韓邊境開發森林，他們與俄國遠東事務委員會等都建議俄皇採取強硬態度，即便與中國簽署了撤軍協定，也無須撤出滿洲。尼古拉二世之好友烏奇湯姆斯基（Ouchtomski）親王在報界極力支持此一見解，俄國遠東事務之真正負責者亞歷克謝耶夫（Alexeiev）將軍也大力支持，所以促使沙皇轉變態度，拒絕履約[155]。於是俄國與日本之間的衝突注定無可避免。

　　英國尋求盟友的過程可說曲折非常，英國第一個盟友居然不是地緣上較近的歐洲國家，也不是歷史血緣上較親的美國，這說明了幾件事。其一，這表示英國與歐洲國家間的矛盾環環相扣，不容易化解。雖然英國最早尋求的盟國是德國，並不表示英德間沒有利益衝突，只是當時英國自以為其二者間之衝突比英法或英俄間的衝突為小罷了。其二，英日同盟的出現表示國際關係的舞台已經大幅擴充，列強間的矛盾衝突已經在遙遠的遠東上演。其三，雖然國際舞台擴大，但列強的核心利益還是在歐洲及其鄰近地區，而列強間的衝突與關係，也不是如一般人想像的那樣，沒有重新調整的可能。因此，我們要重新回到歐洲及其鄰近地區，看看列強關係的重新出發。

三、英法修好與協商

　　誠如上文所指出，此一時期法國的外交政策重點不過兩項，一在維護本土的安全，一在對外拓殖。法國也和英國一樣，尋找新的盟友極爲不易。德卡塞任外長期間，因爲對德國的高度戒心與敵意，只能牢牢攀附著俄國。此一時期由於法英兩國在埃及與蘇丹的劇烈衝突，法國即便想與英國改善關係，也十分困難；何況英國也視法俄兩國爲其最大敵國，爲了對抗，一再籠絡德國。

　　但遠東情勢的發展，與英日同盟的出現，改變了這種僵滯的國際關係。就法國而言，英日同盟帶給德卡塞的憂慮是，如果俄國與日本開戰，法國就會面臨兩難：如果不支持俄國，德國就會取而代之；如果支持俄國，捲入戰爭，就給德國可乘之機，危及自身安危。因此，爲法國利益計，法國能有的選擇不外兩種：或是勸和日俄，化解戰爭危機；或是與英國和解，達成英不助日，法不助俄的諒解。

　　由於斡旋日俄分歧困難度較高，所以德卡塞轉而先尋求與英國和解。與英國和解最大的困難來自國內民意的抗拒，對法國人來說，不到二十年間，他們在埃及與蘇丹兩度受英國羞辱，情緒難平。但德卡塞非常務實，對國際局勢瞭解透徹，也很能掌握機會。就他看來，英國在埃及立足已久，法國不論怎麼與英國周旋，都很難改變現實，不如拿埃及與英國去交換摩洛哥，對法國還更爲有利。在1900與1902年法國已經與義大利兩度就摩洛哥歸屬達成協議[156]，但義大利國力有限，對法國處境沒有實質幫助。當時在摩洛哥有影響力的外國主要是英國、西班牙、德國，其中又以前二者實力較強，並有歷史淵源。法國原曾想在摩洛哥孤立英國，所以曾與德國及西班牙有過外交接觸。德國曾表示對摩洛哥並無興趣，西班牙與法國的談判，卻因前者顧慮英國的反應，臨陣抽腿[157]。所以德卡塞後來認爲還是需要與英國直接協商，既可解決兩國長久以來的殖民地衝突，又有助於化解遠東情勢對法國造成的困擾。

　　就英國方面來看，1902年7月，英國的外交亦起了很大的改變，該年7月，難以忘情於孤立主義的首相索爾茲伯里下台，首相一職由其侄

子貝爾福（Balfour, Arthur J., 1848-1930）[158]取代。雖然截止到1902年
底，英國都還不死心的想與德國達成協商，但1902年10月英國海軍部門
突然想通了：德國之所以發展短程巡洋艦，證明德國的假想敵人是英
國。因此，英國政府認為，在英德關係好轉困難的情況下，英國應避免
與法俄兩國發生衝突[159]。就是這靈光乍現，開啟了英國與法國、俄國的
談判的契機。

　　英日同盟簽訂之後，英國為釋俄國之疑慮，在1903年曾與俄國有過
商談。對英國而言，如果俄國在中國的勢力擴充，只侷限於滿洲，英國
其實可以接受。英國本想在門戶開放的原則下，承認俄國在滿洲的特殊
利益與地位，以換取俄國同意切斷與阿富汗的政治關係，並承認英國在
波斯南方的勢力範圍。對於英國的提議，俄國有兩派不同的意見：以貝
佐布拉佐夫、亞歷克謝耶夫為首的「朝鮮幫」極力支持；但是反對「朝
鮮幫」的俄國資本家，十分重視俄國在阿富汗與波斯的利益，堅決不肯
讓步，所以接觸就沒有下文[160]。

　　由於法英兩國都感受到來自德國的威脅，雙方都有修好意願，所以
情況頓時柳暗花明。法英兩國有幾個人對於兩國修好特別有貢獻。除了
上述法國外長德卡塞之外，另一個是英王愛德華七世。雖然君主立憲制
度下，英國國王並沒有太大的權限，但對於內政外交還是有一定的影響
力。愛德華七世在外交立場上一向比較親法俄，1903年中，英國與俄國
的商談就是在愛德華七世的推動下進行的。愛德華七世對法國的友好態
度，對法國駐英大使保羅甘朋（Cambon, Paul, 1843-1924）[161]也是一種
鼓勵。甘朋在英法關係最危險的時期，也就是1898年8月法碩達危機爆
發時，銜命出使英國，致力於法英關係的修好，是法國外交界中有名的
親英派，前後駐節英國長達二十二年，對法英關係由針鋒相對，到關係
改善，達成協商，並在一次世界大戰中攜手抗德，功不可沒。他的弟弟
朱烈甘朋（Cambon, Jules, 1845-1935）[162]小他兩歲，也是出色的外交
家，在1897年出使美國，1902年任駐西班牙大使，1907～1914年間任駐
德大使。兄弟兩人都致力於防止與德國發生戰爭。

　　德卡塞的策略是，先推動法英兩國元首互訪，塑造兩國親善氣氛，

　　再進一步說服英國在摩洛哥問題上對法國鬆手，改變法國民意，法國則可順水推舟，在埃及問題上對英國讓步。對於以摩洛哥交換法國對埃及鬆手，英國的殖民大臣張伯倫也頗有興趣，1902年12月，張伯倫過開羅時，即向法國駐當地的總領事透露，願意與法改善關係。

　　1902年8月，保羅甘朋與英外相蘭斯多恩開始會商，首先觸及的是殖民地問題，確切的說，即暹邏及摩洛哥問題，由於兩國各有堅持，會議進行並不順利。10月、12月兩次談判亦無結果。英法在這段商談時期中，其實雙方互信尚未建立，英國固然仍與德國持續接觸，法國也想在摩洛哥問題上孤立英國，而與德國及西班牙分別進行談判。不過直到此時，德國的比羅與霍爾斯泰茵仍以為德國最好保持自由之身，他們對國際情勢發展並未有所警覺，也未嗅出風向已經開始轉變。

　　就德國而言，其實它在中國東北與摩洛哥都沒有什麼利益，它之所以到處插一腳，不過在保證英國與俄法兩國保持敵對。所以在1902年中，比羅一再向德卡塞表示：德國在摩洛哥沒有什麼利益，它們實在微不足道，無甚意義[163]。

　　由於德國一再表示其對摩洛哥並無特殊興趣，而法西兩國有關摩洛哥的雙邊談判，前文提到因為西班牙在意英國的立場未竟其功，所以在1902年12月法英間第三次談判中，法國向英國表示，摩洛哥問題應由英、法、西三國解決，而將德國排除，英國並未置放可否。

　　1903年春，英方態度轉趨積極。該年5月愛德華七世訪法，十分成功；緊接著7月德卡塞陪同法國總統魯貝（Loubet）報聘英倫，使兩國間的友善氣氛大增，談判情勢似乎較趨成熟。雖然如此，從7月開始，英法間的談判進行仍遭遇若干困難，前後持續了半年以上。事實上雙方談判的並不只限於埃及與摩洛哥，還觸及雙方在非洲、大西洋、太平洋各地的殖民糾紛，做一次總清算。雙方在埃及及摩洛哥問題上較少分歧，但在次要問題上則頗有爭執[164]。法國雖一直堅持，但1904年1月，眼見英國保守黨的政府即將垮台，為避免長期談判功虧一簣，法國決定讓步，使協議儘速達成。另方面英國駐埃及之高級專員克羅美（Cromer）亦頻頻向英政府施壓，希望英法兩國間有關埃及的紛爭能早日落幕。而

1904年2月爆發的日俄戰爭亦為英法協商加了一臂之力。所以雙方終於在1904年4月8日達成下述協議，史稱英法友好的協商（Anglo-French Cordial Entente）：

（一）英國聲明無意改變埃及的政治地位，法國聲明無意改變摩洛哥的政治地位。

（二）法國宣稱不再阻擾英國對埃及的行動，同意取消債務委員會，英國則相對承諾，保證在埃及之法國學校可以繼續辦學。

（三）英國宣稱對法國在摩洛哥之行動亦不再阻擾，但法國不得侵犯英國在此地的既得權力。

（四）法國宣稱放棄在紐芬蘭的專享漁業權，但英國給予法國在非洲，如西非、中非、馬達加斯加若干補償。

（五）以湄公河為界，劃分兩國在暹邏的勢力範圍，東屬法，西屬英，但兩國聲明維持暹邏的獨立。

（六）同意維持對新赫布里（New Hebrides）的共管，共同解決有關管轄權與地產糾紛。

除了上述協議外，尚有一些秘密條款，涉及兩國可分別改變埃及與摩洛哥的政治地位，將其收歸為被保護國；在上述情況下，締約國可以保護自身有關鐵路、海關等費率的利益；承諾不得阻礙蘇伊士運河的航行，武裝與直布羅陀海峽相對的摩洛哥海岸。如果法國將摩洛哥置於保護關係之下，則應將與直布羅陀相對之摩洛哥土地給予西班牙等[165]。

英法上述協議並非一般性的政治承諾，只是將兩國過去長期的殖民衝突做了一個總清算，化解兩國因此而生之嫌隙。雖然如此，這一協議仍頗有利於兩國關係的改善與信心的提昇。英法協商可以說是法國外交上的另一次大突破，雖然有人以為在此協商中，法國所做讓步比較大，因為即便英國不再制肘，法國在摩洛哥的拓展仍有許多變數，並不確定；相反的，法國一旦承諾在埃及放手，英國在埃及的地位便告確定，

雙方在利益交換上顯然並不對等[166]。此一論斷固然不無道理，但對法國
而言，與英國關係的改善，使他在外交上多了許多迴旋的空間，在面對
德國的威脅時，不再是只有依賴俄國一途，也不必硬著頭皮，非與德國
競標俄國不可，更何況俄國心繫遠東，大軍東調之後，爲法國牽制德國
的力量也大不如前。

此一協商的誕生使歐洲列強關係產生了巨大的調整，但德國首相比
羅當時的警覺不夠，不論是對德俄關係的看法，對英法關係的可能改
善，對摩洛哥問題，比羅都採取了一種置身事外，靜觀其變的態度。對
於與俄國的關係，比羅以爲德國只需要維持一種不即不離的態度：既不
與其交惡，以便宜法國；也不與其交好，以致於被其拖累而對抗日本。
對於英法協商，比羅以爲英法間的矛盾錯綜複雜，一時的關係緩和，並
不能保證未來不發生衝突。至於摩洛哥，比羅相信英法間的利益早晚擺
不平，法西間的談判也不會有結果。因此，比羅的外交政策就是：保持
自由，以不變應萬變。霍爾斯泰茵對此一無所作爲的政策並不以爲然，
尤其是對摩洛哥問題的迴避，認爲有損德國的威信，但比羅仍堅信自己
的判斷。其後，比羅又寄望英國與俄國間會發生衝突，當一切都未如比
羅預期後，比羅才慌了手腳。1905年以後，比羅的外交重心就在致力於
測試並破壞英法間的親善協商，並阻止法國勢力向摩洛哥發展。

第五節　法義修好

法國外交在德卡塞任外長的時期相當積極，而且外交人才備出，除
了前述的甘朋兄弟之外，駐俄國的彭芭（Bompard），駐義大利的巴黑赫
（Barrère），都是一時之選。巴黑赫在1897年出使義大利，由於他的義文
造詣，更由於他的交遊廣闊，使他在義大利備受歡迎，對拓展法義關係
頗有幫助。英法協商雖然是法國外交的一大突破，但法國外交繼俄國之

後，英法協商之前的新突破點卻是義大利。

一、突尼西亞事件後之法義關係

突尼西亞事件後，法義關係惡化。其後義大利加入三國同盟以及英義地中海協議，儘管條約內容秘而不宣，法國已覺察出義大利的強烈敵意。兩國之間的關係在1888～89年間極度惡化，檢討起來原因有如下幾項。第一是由於突尼西亞的爭議不斷，法國雖然取得突尼西亞的保護權，但義大利在1868年與突尼西亞總督所簽之約，已經給予當地義僑許多特權，使義僑社區成為突尼西亞的「國中之國」，處處牽制法國。第二是由於義大利於1887年12月15日廢止法義間之商約，導致兩國經濟關係破裂。1888年2月28日，義大利又首先發難，對法國採取歧視性關稅，此後雙方互採差別關稅，情勢惡劣。第三，義大利在佔領馬沙瓦（Massawa）後，取消了法國人在鄂圖曼帝國此一地區所享之特權，令法國深為不滿，兩國關係雪上加霜。第四，此時義大利首相克里斯比（1887-1891）因為熱中殖民，非常反法，對三國同盟則有極高期待。法國認為克里斯比故意尋釁，1888年2月曾一度宣布派艦前往史佩濟亞（Spezia），使兩國關係更為緊張，連英艦也隨之動員，幸而危機並未進一步加深[167]。

1889年後，法義關係逐漸緩和，一方面是由於雙方的經濟戰使義大利所受損失遠大於法國，半島之經濟情況十分惡劣，所以1889年10月義大利主動放棄對法國的差別關稅措施。1889年11月，克里斯比在義大利國會宣稱，願重建與法國之友誼，但法國反應並不熱烈[168]。克里斯比態度有此變化的另一原因，是他開始對三國同盟感覺失望與懷疑，他認為德國對義大利的殖民拓展並未大力相助；非僅如此，他甚至以為，即便有條約規定，如果義大利對法作戰，德國恐怕也不會給予義大利幫助，所以開始調整政策，緩和與法國的關係。不過在九十年代初，法義關係

雖然緩和，卻仍不穩定。

二、義大利之殖民挫折

　　眞正具有決定性的，促成法義和解的原因，可能是義大利在殖民問題上所受的挫折。義大利在東北非的拓展上已取得厄立垂亞，以此爲依據，於1889年與阿比西尼亞之曼涅里克二世（Negus Menelik II）[169]訂定烏其亞利條約（Treaty of Uccialli）。該約第十七條規定，「在阿比西尼亞與其他外國交涉時，可經由（might make use of）義大利爲之」，義大利故意曲解條約，將阿比西尼亞視爲其被保護國，並將此一結果周知歐陸國家，1891年英國亦承認了此區爲義大利之勢力範圍。但曼涅里克一直否認義大利的解釋，否認爲義大利之被保護國，兩國在訂約後爲此一分歧交涉不斷[170]。1893年克里斯比重新掌權，他不斷要求在厄立垂亞之義大利總督巴拉地也里（Baratieri），乾脆出兵征服阿比西尼亞。克里斯比之所以如此激進，有多重原因。一則當然是由於曼涅里克不願承認其與義大利之保護關係，而且他還向阿比西尼亞南方發展，擊敗其他對手，頗有所獲。二則是法國於1894年動工興建由吉布地通往阿迪斯阿貝巴之鐵道。

　　1893年2月，曼涅里克宣布廢棄烏其亞利條約，使義大利與阿比西尼亞的爭執更爲激烈，兩方都開始積極備戰。曼涅里克積極於蒐購軍火，提供者多爲法國商人，俄國商人也有相當程度的介入。1895年時兩國已經不宣而戰，巴拉地也里的軍隊進入阿比西尼亞南部蒂格爾（Tigre），初期頗有進展，但是爲了確保能戰勝曼涅里克，義大利也展開外交佈署，先是向英國要求假道英屬索馬利亞港口，運兵增援，但此時英法在周遭地區關係緊張，英國不願再啓法國疑慮，予以拒絕。義大利直接轉向法國接洽，希望獲得其同意，經由法屬索馬利亞港口，但法國總理布赫如瓦（Bourgeois）回以義大利參加三國同盟，使法國東北疆界之不安全感增加，除非義大利退出三國同盟，否則欠難考慮。四處碰壁令克里斯比極爲氣餒，把所有怨氣都發到德國身上，認爲如非參加三國

同盟，義大利的外交處境當不致如此尷尬。而比羅則建議義大利退出衝突，認為義大利身處英、法、俄之間，就猶如森林中的小紅帽，身處狐、狼、熊之間是一樣的危險[171]。

1896年1月，戰事逆轉，克里斯比雙管齊下，一方面繼續與阿交涉條約解釋，另方面決定在軍事上孤注一擲。前者在各有堅持下，自然無法達成妥協。遂決定於2月大舉進兵阿多瓦，結果在3月初被阿比西尼亞大敗，這是白人在非洲的第一次挫敗。

義大利向阿比西尼亞發展受阻，在北非，唯一能拓展的地方只剩下的黎波里與昔蘭尼卡。由於英國對「克魯格電報」的惱怒，為報復德國，在1897年拒絕更新英義西地中海協議，使義大利在此區孤立無依，如果不與法國妥協，則很難有所進展。

阿多瓦之戰後，克里斯比下台，由魯迪尼取代，魯迪尼一向反對躁進的殖民政策，外交立場上較親法，決心與法改善關係。1896年7月義大利駐法大使托爾尼也利（Tornielli）與法國之阿諾多就突尼西亞境內義人問題展開談判，9月28日達成協議，義大利正式承認法國在突尼西亞的保護權，法國則允諾保留義人在突境之特權，不過領事裁判則予取消。隨即義大利內閣又派盧查迪（Luzzatti）赴法談判商務問題，於1898年11月21日簽署協議，互允最惠國待遇。

法國此時之所以對於改善與義大利關係轉趨積極，主要是因為德卡塞主張交好義大利，希望以的黎波里與昔蘭尼卡交換摩洛哥，並設法誘使義大利脫離三國同盟。義大利雖對三國同盟頗為失望，但魯迪尼上台後，仍於1896年5月續訂了三國同盟。此一時期的義大利似乎在舊友及新交之間仍猶豫不定。為爭取義大利，巴黑赫於1897年受命出使羅馬，後者的外交才具加上努力，終於使法國爭取到了義大利。

當然，國際情勢的演變也有利於法義關係的改善。1898年底英法在法碩達的風暴過去之後，兩國於1899年3月21日簽定協約，根據該約，英國允許法國向尼羅河以西之地區拓展，令義大利十分不安，恐法國向的黎波里與昔蘭尼卡發展，更急於與法國商談，改善法義關係之想法益形成熟。

三、法義修好與換文

　　英法1899年3月21日協議簽訂之後不久，義大利要求法國澄清對的
黎波里及昔蘭尼卡之立場，巴黑赫及義大利外相維斯孔蒂‧偉諾斯塔
（Visconti-Venosta, Emilio M., 1829-1914）[172]展開磋商。1900年艾曼紐三
世（Emmanuel III）繼位，極為贊成與法修好，因此雙方經過長時期磋
商之後，於1900年12月14日換文。約中法國宣稱只要它取得在摩洛哥之
正式影響力後，即不再對的黎波里等地產生興趣，並允許義大利在此地
有完全之行動自由。義大利亦作了相同的宣言，承諾只要取得的黎波里
與昔蘭尼卡，義大利就同意法國可以放手取得摩洛哥[173]。此項換文使地
中海的權力結構為之改變，義大利對德國之依賴不僅降低，法國在此地
區的孤立亦為之打破。隨著兩國關係之改善，1901年義大利艦隊到法國
港口杜隆訪問。是年12月，義大利之新外長普里涅提（Prinetti）在義大
利國會發表演說，洩露了法義換文之秘密。德國首相比羅雖然故做幽默
的說，這不過是自己的女朋友與他人跳了「一曲華爾滋」（Tour de
valse），不值得大驚小怪，但內心實已引以為憂[174]。

　　1902年，義大利在外交上仍然徘徊於德法之間，難以抉擇，比羅要
求義大利將三國同盟依照原約續延，德卡塞雖不知此約真正內容，仍通
知義大利，謂三國同盟與法義換文精神抵觸，要求其有所選擇。普里涅
提其實兩面都難捨棄與得罪。雖然他對比羅的「一曲華爾滋」評論極為
不滿，強調義大利將在婚姻與側室間作一選擇，但事實上仍有他需要兼
顧的難處。自從1897年5月俄國與奧匈在聖彼得堡簽約，雙方互允不干
預巴爾幹地區糾紛之後，義大利東北防衛即呈現虛空，不能輕言放棄三
國同盟。至於與法國關係改善所獲得的利益，當然也不能輕易拋棄。結
果義大利只好用欺騙的手段，雙管齊下，一方面於1902年6月28日與德
國重續前約，一字不改；另方面又與巴黑赫談判以一紙新的換文重申對
法的保障與承諾，此一新的換文於1902年7月10日達成，但文上日期卻
推後為1902年11月1日，想是掩飾外交行為的背信。此一新的換文內容
為：

（一）兩國之一如遭受外來的攻擊或遭受直接挑釁而被迫作戰時，
　　　他一國承諾嚴守中立。

（二）　兩國互允不攻擊對方。

（三）義大利可自由向的黎波里發展影響力，不必與法國在摩洛哥
　　　的行動有連帶關係[175]。

　　法義第二次換文可視爲兩國外交之成功。對法國而言，此一換文已
經動搖了三國同盟之根本，分化三國同盟之政策已經成功；而義大利承
諾在法國捲入戰爭時中立，更免去了法國腹背受敵的憂慮。對義大利而
言，獲得允諾可以向的黎波里自由發展，不必等待法國在摩洛哥之地位
確定，意味由義大利主動的來尋求時機上的切入點，使得義大利行動自
由大增，當然極其有利；至於嚴守中立，在所謂「遭受直接挑釁被迫作
戰」一節上，各個政府皆有自由裁量之權，伸縮性很大，所以義大利可
在法德之間採取一種曖昧兩可之態度。德國雖不知法義換文的內容，但
確信其與三國同盟之精神有矛盾。繼俾斯麥、索爾茲伯里之後，普里涅
提也有樣學樣，外交上的欺騙手段越來越有賣點。

　　無論法義換文眞正的義意爲何，但表面上，兩國的關係已不斷改
善。1903年10月，伊曼紐三世訪問巴黎。1904年3月法總統魯貝報聘羅
馬，比羅對義大利日益脫軌之行爲，相當引以爲憂。

第六節 近東新情勢與列強在遠東之衝突

一、近東新情勢

（一）土耳其內部之新動亂

　　巴爾幹地區的情勢在1890到1900年間雖然亦相當不穩，不過未發生
大規模的衝突，這是由於此一時期各國對巴爾幹的政策已有相當大的轉
變，近東地區在列強心目中已經不似往日那樣重要。如英國一向是維護

土耳其帝國主權不遺餘力的，但在九十年代中卻一度想瓜分土耳其。新加入的德國則採取了英國以前的政策，維護土耳其之主權獨立與領土完整，因此繼續鼓勵俄奧和解。俄國因其政策重心實際上已移往遠東，亦主張維持巴爾幹與海峽現狀。法國因為注意力集中在本土安全與非洲殖民利益，對近東事務已經不如往日熱心，也不希望見到俄國在此地與其他列強發生衝突，陷自己於不利。

九十年代鄂圖曼帝國境內的動亂又起，主要發生在亞美尼亞、馬其頓及克里特島一帶。探究此一波新的動亂原因，主要還是由於土耳其腐敗的統治所引起，當然其中也有民族主義的成分。雖然土耳其在1878年柏林會議中做了許多承諾，但卻並未遵照履行，對當地的東正教徒仍極苛刻。在亞美尼亞方面，1893年，土耳其開始用庫德（Kurdes）人來屠殺亞美尼亞人，引起叛變，動亂持續擴大，歐洲各國咸表關切。英國首相索爾茲伯里在輿論鼓勵下，於1895年正式向列強提出瓜分土耳其之計劃，並於9月表示必要時將介入海峽。俄國沙皇對此力表反對，並向土耳其表示，如果英國圖謀攫取海峽，俄國將以武力防衛，兩國立場恰與前此完全相反。僵持至1896年8月，英國再度表示要武力制裁土耳其蘇丹，英俄雙方關係一度相當緊張。不過由於英國的提議其實試探的成分居多，並非周延的方案，英國也並未堅持，最後被擱置，雙方劍拔弩張之勢因而消除[176]。

法國對於英俄間的爭執究應如何表態，頗感為難。就法國的利益計，法國從來就不支持俄國在近東引爆爭端，冷凍近東衝突，才是法國的政策重心。再說，此時的法國，無論民意或政府都不可能接受在近東作戰。但身為俄國的同盟國，法國不能不支持俄國。所以法國最後在上述事件中採取了兩手策略：一方面阿諾多向索爾茲伯里表示，法國支持土耳其之領土完整；但另方面又向俄國表示，在英俄爆發武力衝突時，俄國不能期待法國之軍事援助[177]。

另方面，自1896年以來，馬其頓之東正教徒亦在保加利亞支持下反抗土耳其之統治，此時俄國與保加利亞關係已趨好轉，因為保加利亞國王費迪南已將其子領東正教洗禮，以此示好俄國，俄國遂承認其為保加

利亞及魯美利亞之國王。所以動亂發生之後，俄奧關係一度十分緊張，但由於俄國此時全力傾注於遠東，故羅巴洛夫[178]寧可與奧匈和解。至於奧匈，由於德國的霍恩洛厄並不支持其與俄國對抗，而英國方面，前文已經提及，此時對德國及地中海協議都已經意興闌珊，不肯續約，自然也不會支持奧匈去與俄國對抗。既然德英都不肯相助，奧匈也就只好妥協。1897年5月俄國外相穆拉維約夫與奧匈之葛魯霍夫斯基在聖彼得堡簽約，雙方互允不干預巴爾幹半島紛爭。由於該地之動亂迄未止息，雙方又於1903年9月由俄皇尼古拉二世及奧皇法蘭西斯約塞夫簽約，共同要求土耳其改進，英國則建議讓若干地方自治。

克里特島在1896年發生叛亂，土耳其無力維持治安，希臘乃於1897年2月10日介入，並稱將幫助克里特脫離土耳其。雖然列強斡旋，建議土耳其讓克里特自治，但雙方都無意接受，希土之戰仍於該年4月爆發，結果希臘潰不成軍。在事後的和議中，德奧支持土耳其，英國支持希臘，折衷妥協的結果是不許克里特島獨立，但可以自治。土耳其並割讓特沙里亞（Thessalia）的一小部分土地與希臘，希臘國王之次子則成為克里特島之總督[179]。

（二）列強在近東的互動與勢力消長

從1890年代列強對近東動亂所採取的態度，我們可以看到幾個新的現象。其一是此一時期俄奧在此一地區的對立相對較為溫和，除了俄國此時的政策重心不在此區的原因外，是因為雙方都受到本身盟國的制約。其二是制約俄奧的國家其實都各有動機。在法國來說是不希望因此而捲入德奧與俄的衝突，導致本身東北疆界的威脅。在德國來說，其勢力正逐漸擴充到土耳其帝國，不願見到俄奧相爭，削弱土耳其的實力。至於英國，此時在非洲及遠東要煩心的事正處理不完，只要近東情勢凍結，英國就不會主動去解凍。其三，在這波近東騷亂中，法國對俄國之立場並未給予堅定支持，此事當然會令俄國有所不滿，法俄同盟的堅實性受到考驗。

由於俄國對法國在近東新的混亂中對俄表現欠佳似頗不滿，加上德

國爭取俄國的威脅，所以德卡塞在1898年出任法國外長後，力圖強化與俄國之關係。1899年8月他訪問聖彼得堡，與穆拉維約夫在同月9日達成換文，將1891年的協約無限期延長，並強調維持歐洲均勢。在德卡塞之推動下，兩國於1901年4月再度換文，涉及軍事，互允在必要時在印度、英法海峽等處對英動員。不過這其中似乎潛藏了矛盾，因為1902年開始，德卡塞也致力於尋求與英國協商，如此，在舊盟友與新朋友之間的若干矛盾要如何化解，確實頗費思量。也許我們不能否認，在1901年春法俄新的換文達成時，法國對俄國的忠實，但事實上，此一同盟盟約的履踐確有其困難。為法國計，最好的解套辦法也許是推動英俄兩國的和解，這也是法國外交未來努力的方向。

另方面，德國在威廉二世上台後，就對土耳其帝國興趣大增。1888年從維也納通往君士坦丁堡的的鐵路通車，土耳其蘇丹因之頗受鼓舞，為了經濟及戰略的理由，亟思興建鐵路，希望從首都開始，發展土耳其本土安納托利亞的鐵路網絡，以及通往米索不達米亞及敘利亞的鐵路通道，此一構想付諸實行所需資金龐大，歐洲各國爭相提供資金，藉以控制土耳其，法德兩國競爭尤其激烈。由於法國當時在土耳其投資甚多，並控制著鄂圖曼銀行，蘇丹對其頗有忌諱，所以希望能從德國取得資金，以為平衡。於是，在德國政府支持下，德國商人取得了興建從海達帕夏（Haida Pasha，君士坦丁堡亞洲岸城鎮）通往安卡拉（Ankara）的鐵路承造權。威廉二世對土耳其的興趣由是更為揚升。但對進一步通往巴格達等地的鐵路計畫，由於無利可圖，各國商人，包括德國商人在內興趣都不高，1889年威廉二世的造訪蘇丹與鼓勵，也引不起德國投資者的興趣[180]。

由於對土投資增加，貿易水漲船高，威廉二世對九十年代的近東騷亂所採取的立場不僅是反對英國瓜分土耳其，也致力促成俄奧和解。各國對安納托利亞鐵路建造的興趣，在1894～1897年間，由於土耳其對亞美尼亞人的屠殺而趨冷淡，認為這樣的暴君應該垮台，不值得幫忙。但在土耳其於1897年打敗希臘之後，又使歐洲人重燃了對土耳其改革的希望，與開拓商業利益的遠景。威廉二世於1898年10月二度親訪君士坦丁

堡、耶路撒冷、及巴格達，充分顯示德國有意擴充勢力於小亞細亞，乃至於肥沃新月地區。1899年1月，德國獲得特許，在海達帕夏興建港口[181]。這個特許不僅使各方不滿，也使擬議中認爲不值得投資的巴格達鐵道起死回生。歐洲各國競爭激烈，不僅法德兩國爲海達帕夏港口爭得面紅耳赤[182]，英德兩國也有路線之爭，俄國對於德國勢力大幅向土耳其擴充，以及在鐵路興建完成後土耳其動員能力的提升，更是充滿疑慮。1899年11月，德國終於在此競賽中勝出，承建由安卡拉通往巴格達的鐵路，這就是歷史上俗稱的三B鐵路，即由柏林，經博斯普魯斯（Bosphores），至巴格達（Bagdad）[183]。1903年3月5日德土又簽新約，土耳其允許德國建造通往敘利亞及波斯灣之鐵路支線，及沿線採礦之特權，期限爲九十九年。

英、俄兩國見德國勢力迅速進入土耳其，極爲憂慮，紛紛向土耳其施以財政壓力。另方面俄國要求土耳其承諾，德國修建之鐵路應遠離高加索，並要求土耳其允許俄國沿黑海修建鐵路。英國則向科威特施壓，不得讓德國修建鐵路經此而出波斯灣。上述要求都獲土耳其應允。一直到1911年，列強見德國修建鐵路之事已成定局時，方紛紛與德直接磋商，要求若干有利之安排。而德國努力在土耳其的大幅擴充，卻爲傳統上在此一地區針鋒相對的英俄兩國提供了改善關係與合作的契機。

二、列強在遠東之衝突與日俄戰爭

（一）戰爭之爆發

近東長期以來是列強覬覦的對象，十九世紀末年近東衝突略見緩和，那不是列強已經知所反省，而是列強覬覦的重心已經移往遠東，中國成爲新的待宰羔羊。上文已經分別提到1895年甲午之戰、三國干涉還遼、1898年列強的強借港灣、1899年的八國聯軍、1902年的中俄東三省交收條約、以及同年稍早的英日同盟等事件，由是可知列強對中國是如何的予取予求。列強彼此之間利益衝突頻仍，其中尤以日俄在此區之摩擦最爲白熱化。列強在遠東之利害衝突，不僅使清廷之統治基礎深受打

擊，列強間之關係，亦因此必須調整，英日同盟、英法協商都是在這種情況下出現的。

前文已經討論過，英日同盟的出現，是由於俄國對東三省及朝鮮的動作太大，引起日本非常大的焦慮。而英日同盟出現後，確實也對俄國造成很大的壓力，所以俄國便與清廷簽訂了東三省交收條約，答應清廷在十八個月內，分三次自東三省撤軍。但由於俄國國內的「朝鮮派」得勢，所以第二次撤軍前，突然提出了許多條件，而且遲不撤軍。

俄國的中途變卦，使日本十分不安，1903年8月12日，日本駐俄大使粟野向俄國外相蘭姆斯多夫[184]提議就下列建議進行談判：尊重中韓兩國之獨立與領土完整，保持日俄在該二國工商業之機會均等；日本承認俄國於滿洲鐵路有特殊利益，俄國承認日本在韓有優越利益；俄國不得阻擾韓境鐵道延伸至滿洲南部與中東鐵路及營榆鐵路相接等等[185]。此一提議就俄國人看來，顯然不對等，因為日本只承認俄國對滿洲鐵路有特殊權力。日本既然吝於承認俄國在滿洲的權力，俄國對日本也就不必客氣，所以10月3日，俄國駐日大使羅眞向日本外相小村提出的對案八條，隻字不提滿洲。究其眞意，就是不准日本過問滿洲；另方面也只承認日本在韓國有限度的利益[186]。如此針鋒相對，談判自然難有進展。自1903年10月起，會談已無望，其後雙方雖然進行了另一回合的交涉，但立場堅持如故。其間雙方都曾致力爭取清廷，但清廷以門戶開放為由，拒絕無理要求。1904年1月13日，日本要求俄國肯定答覆：是否承認滿洲之完整？俄方拒不回答，日本認為談判已經無益，另方面欲利用海參威港冰封之機會，所以於2月5日宣布與俄國斷絕外交關係，8日砲轟旅順港之俄艦，10日正式對俄國宣戰。

（二）對歐洲列強關係之影響

當日俄兩國戰雲密佈時，最為緊張的是法國，德卡塞不斷勸阻俄國，但又不能失了分寸，讓俄國倒向一再鼓勵他東進的德國；所以調過頭來，德卡塞要求英國約束日本，但英國雖然已經和日本締定訂了英日同盟，仍疑心日本會與俄國妥協，背棄英國，所以拒絕了德卡塞[187]。同

時英國也不相信日本打得贏俄國。不死心的德卡塞曾於1904年1月6日親
自向日俄斡旋，要求雙方相互讓步，俄國態度妥協，日本卻強硬拒絕，
結果當然還是失敗。

　　日俄戰爭牽動的不僅是遠東情勢，歐洲列強間的關係也因而受到波
及。英法協商是由戰爭所催生，因為英法都不願因為各自盟友在遠東的
糾紛而引起英法間的衝突。戰爭期間德國也十分積極的爭取俄國，破壞
法俄同盟，德皇威廉二世曾於1904年6月修書沙皇，力陳法俄同盟之無
用。俄國此時為求歐洲疆界之安全，不能得罪德國，為報答德國的中立
與友誼，俄國與德國簽署了商約，同意降低對德國產品的關稅，使德國
終於獲得夢寐以求的大市場。投桃報李，德國同意為開赴遠東的俄國波
羅的海艦隊提供加煤服務。

　　德國對俄國的爭取一部分是真心，因為德國這種長期擺盪在英俄之
間，維持自由之身，不做選擇的政策，已經走到了盡頭。英國從1903年
開始在其與德國相對的東部海岸，興建軍事與海軍基地，這具有不尋常
的意義。因為在此之前，英國只有在與法國隔海相望的英法海峽有軍事
基地。在英日同盟簽訂後，英國可以減少在遠東的艦船；在英法協商簽
訂後，英國不需再提防法國，所以將海外，特別是地中海的英國戰艦召
回英國水域，數量之多遠遠超過德國。更有進者，英國軍中不少人認
為，如果英德之間早晚會有衝突，何不出其不意，攻其不備呢[188]？英國
的這些舉措與想法難免傳入德國，引起德國恐懼可以想見。如果德國想
像中的英俄衝突一直不發生，德國只好改弦易轍，認真的來改善與俄國
的關係。

　　事實上，日俄戰爭爆發後，比羅與霍爾斯泰茵都認為，這是爭取俄
國的最佳時機，如果俄國可以把法國也拉進來，則德國的「大陸同盟」
構想就可以實現。以大陸同盟為後盾，德國可以放手與英國逐鹿天下，
在殖民地、海軍競賽上與英國一較短長。

　　在爭取俄國的過程中，1904年10月發生了英俄道格灘（Dogger
Bank）事件，即俄國海軍統帥基於錯誤的情報，在北海道格灘附近，下
令開砲轟擊了一些他認為是日本魚雷艇的英國漁船。這一事件成為外交

上的燙手山芋，俄英兩國都極尷尬。德國認爲終於等到了英俄衝突的機會，所以火上加油的由威廉二世電告尼古拉二世，告以英國一直有意阻攔德國爲俄艦加煤，並建議俄德組成同盟，並拉法國參加，共同向英國施壓，打消英國介入的念頭。在沙皇要求提供具體約文下，威廉二世建議：在兩個帝國之一受到另一個歐洲國家攻擊時，另一締約國將提供所有陸上與海上武力支援。必要時，兩國可共同提醒法國，其在法俄同盟中所承擔的義務[189]。

沙皇與蘭姆斯多夫將約文研究之後，頗覺不安。第一，俄國正與日本作戰，亟需外援，如果德國把共同對付的外來攻擊僅僅定位在另一個歐洲國家，對俄國來說，遠水就不了近火，毫無意義。第二，德國雖未明言，但顯然同盟要對付的對象指向英國，道格灘事件已使英俄關係陷入極端敏感情況，俄國不想多惹事端，不能被德國拖下水。第三，法俄同盟要防範的對象就是德國，德國怎能渾然不知，還要與俄國共同提醒法國其條約義務？第四，與日本的戰爭花錢如流水，法國貸款是俄國的主要財源，德國本身在三B鐵道的興建上都已經捉襟見肘，即便可以提供俄國若干需求，也不能完全彌補此一財政缺口。

幾經考慮，沙皇向威廉二世建議，應先將德國所提約文照會法國。換言之，法國如果不反對，俄國才能應允。威廉二世本來就是想先與俄國敲定同盟，給法國一個既成事實，怎會答應先通知法國？於是此事胎死腹中。

道格灘事件使德卡塞十分震驚，而德俄商討同盟之事也令德卡塞十分緊張。因此他派了他的得力助手巴雷歐羅格（Paléoloque）親赴倫敦，向蘭斯多恩陳述，這是自薩多瓦以來，法國最大的危機，因爲法國被迫要在英國及俄國德國間做一選擇，要解除此一危機，只有英國與俄國在道格灘事件上達成妥協。法國的從中斡旋使得此事件終於和平收場[190]。事實上英國本來就無意在此一事件上爲難俄國。

威廉二世在1904年秋天推動大陸同盟，功敗垂成的原因是法國這塊擋路石。威廉二世雖然氣餒，但沒有死心。在俄國戰敗與日議和時，威廉二世又想舊事重提。威廉二世之所以如此契而不捨，基於幾項原因：

其一是因為法國與德國的摩洛哥之爭,初步已經解決[191],威廉二世覺得拉法國入夥大概不難。其二是俄國內部的革命騷動威脅俄國王室統治,使他心有戚戚,希望以與俄聯盟拉抬沙皇聲望,並保障德國在俄國的投資[192]。

1905年7月24日,威廉二世與尼古拉二世雙雙乘船巡曳於波羅的海,相會於比約廓(Björko),威廉二世以新近與法國所達成的,就摩洛哥問題召開國際會議之協議,遊說俄皇,謂法德關係已經好轉,如果俄國同意與德國簽署大陸同盟,法國會同意加入。當時俄外相蘭姆斯多夫並未隨俄皇出巡,俄皇在威廉二世的遊說下,未經深思,同意與德國簽署防衛同盟。尼古拉二世之所以同意,可能是情緒性的回應,以為此舉有助於與日本的和約談判[193]。

等到普茨茅斯條約簽訂,首相維特與外相蘭姆斯多夫回到俄京,9月12日,在獲悉德俄防衛同盟之內容後,都以為俄國不能簽署與德國在比約廓約定的同盟條約。第一,此約將使法俄同盟化為泡影,使俄國在外交上淪為德國之附庸,減損俄國威望。第二,此約防衛範圍僅限於歐洲,而俄國的問題在遠東與中亞,不在歐洲。第三,此約可能促使英國與法國進一步靠攏,使克里米亞聯合陣線的幽靈再度復活。第四,俄國急需法國資金來解決其財政上的困難。

因此,尼古拉二世在10月7日致函威廉二世,謂在法國同意加入之前,德俄條約將無法批准。換言之,是否批准,要看法國態度而定。於是俄國駐法大使奈里多夫(Nelidoff)正式試探法政府,詢以是否可能加入大陸同盟?胡維耶當即予以拒絕。因之俄皇再於11月23日修書德皇,強調俄國沒有理由背棄盟友,如果德國可以附加一個特別聲明,強調德俄同盟在任何情況下,都不適用於與法國之戰爭,則俄國可以批准德俄同盟條約。此一說法可以說是俄皇為自己出爾反爾的作法找到一個下台階,實質上等於將了德國一軍,後者只好知難而退。

(三)日俄和約與遠東情勢

戰爭爆發後,日本在五月封鎖了旅順港,取得制海權。陸軍方面,

日本先登陸朝鮮，四月越鴨綠江，進入遼東。另外更兵分數路，進攻遼陽、旅順、大連等地。日本海軍實力不弱，1904年8月重創俄國海參威艦隊，1905年1月攻佔旅順，將封鎖在旅順港內的俄國艦隊悉數摧毀。俄國遂派遣波羅的海艦隊，繞了半個地球，至遠東參戰，但不幸又於5月27日被日本大敗於對馬海峽。7月，日軍進佔庫頁島，並擬向西伯利亞挺進。日本不僅海軍大勝，陸上日軍亦在3月9日進佔長春，將俄軍逐出滿洲。

日俄戰爭不僅牽動歐洲國家神經，美國也深表關切。戰爭爆發之初，由於不樂見俄國勢力向滿洲擴充，並將之據爲其禁臠，有違美國門戶開放政策，所以美國頗期待日本戰勝。但戰爭後期，眼見日本海權已經威脅到美國在東亞，特別是菲律賓的利益，所以老羅斯福總統及時介入調解。俄方因爲戰敗，國內有革命的危險，而日方因財政軍費等問題的牽制，雙方都無意繼續纏戰，於6月9日接受調停[194]。

日俄雙方在美國普茨茅斯（Portsmouth）進行和議，日本代表爲外相小村壽太郎，俄國代表爲首相維特、外相蘭姆斯多夫，另加兩國駐美使節。經過兩個多月的折衝，9月5日雙方簽訂普茨茅斯條約，約中主要內容爲：

1. 俄國承認日本在朝鮮政治、經濟、軍事上之優越地位，雙方同時自東三省撤軍。
2. 俄將旅順大連的承租權讓與日本，並將南滿鐵路，即長春至旅順及其支線之權限與採礦權讓與日本。
3. 割庫頁島南端與其附屬島嶼與日本，但宗谷、韃靼兩海峽應維持航行自由[195]。

此約等於承認朝鮮爲日本之勢力範圍，日本因此於1905年11月7日與朝鮮締結保護條約，1907年7月25日復迫朝鮮國王退位。1907年7月30日，日本通知俄國，日視朝鮮、南滿爲其勢力範圍，同時承認北滿及外蒙爲俄國之利益範圍。1910年8月23日終於將朝鮮兼併。

在日俄戰爭中最為倒楣的莫過於中國，清廷雖在1904年2月12日，即戰爭爆發後第三日就宣布中立，但並無法排出戰爭在中國領土上進行的事實，戰爭結束後亦未獲得雙方賠償，俄國對日本讓出其在東三省的利益還要中國認帳。是年11月18日，日本外相小村壽太郎，駐華公使內田康哉，與慶親王奕劻，外務部尚書瞿鴻磯，直隸總督袁世凱展開商談，直到12月23日，雙方才達成「中日會議東三省事宜條約」。約中日本不僅取得俄國在滿洲的地位，還自中國搾取許多額外的利益[196]。

日本在日俄戰爭中的大獲全勝，出乎歐洲國家與美國的意外。日本連續在甲午戰爭及與日俄國戰爭中獲勝，不僅使日本在遠東的大國地位更形穩固，也激勵了日本往後對中國進一步侵略之野心。美國羅斯福總統之所以出面斡旋，是怕日本在遠東的影響力太過膨脹，危及遠東均勢，甚至威脅到美國利益。至於俄國，經此一役不僅在國力上元氣大傷，在遠東的利益也有相當多的損失：它在朝鮮的利益固然完全被清算，在南滿亦被掃地出門。俄國政府雖然對遠東還難以忘情，但其國內情勢騷動，革命呼聲日高，使其不得不調整政策，在遠東採取守勢，同時將政策重心移往近東。

註釋

1. R. Albrecht-Carrié, op. cit., pp. 204-205.

2. J. Droz, op. cit., p.463.

3. V. Khvostov, La politique extérieure de Bismarck au cours de ses dernières années (1885-1890) et la conclusion de l'Allianc Franco-Russe (1891-1893), op. cit. p.105.

4. A. J. P. Taylor, *The Struggle for Mastery in Europe, 1848-1918.* op. cit., p. 326.

5. J. Droz, op. cit., p. 462.

6. 威廉二世的民族主義思想促使其親奧，虛假的民主傾向（以獲得民意支持爲目的）促使其親英，與俄國漸行漸遠勿寧是必然趨勢。

7. Richard Langhorne, (1981). *The Collapse of the Concert of Europe, 1890-1914*, London, Macmillan Press Ltd. p. 71, R. Albrecht-Carrié, op. cit., p. 205.

8. 第一筆法國貸款爲五億法郎，其後俄國即向法國訂購了一批來福槍，Ibid, p.206; V. Khvostov, La politique extérieure de Bismarck au cours de ses dernières années (1885-1890) et la conclusion de l'Allianc Franco-Russe (1891-1893), op.cit., p. 107.

9. 二人決裂的原因導火線是由於內政問題，即：是否將憲法擱置，用武力粉碎社會民主主義者的騷動？這是一個界於專制與民主間的抉擇，但加以推演，也是一個在外交上親俄或親英的選擇。從此時起，直到一次大戰，由於工業化帶來的社會問題日益增加，德國內政受到來自社會民主黨的挑戰越來越嚴重。

10. 開普里維爲卓越軍事家，參與普奧、普法戰役，1883年任海軍大臣，1890年3月任首相，1890年7月與英訂立劃分非洲勢力範圍協議，1894年教育法案未通過，辭職。

11. 霍爾斯泰茵在1860年經俾斯麥拔擢入外交界，駐俄實習。1865～67年

派駐美國，投資失利回德。1870年跟隨俾氏，1876年重回外交部，多
次謝絕駐外使節任命，1900年拒絕任外長，寧居幕後，任職外交顧
問，曾輔佐三任首相，威廉二世執意發展海軍，與英反目，他極其苦
悶，1906年下台。

12. W. Carr, op. cit., p. 163.

13. V. Khvostov, La politique extérieure de Bismarck au cours de ses
dernières années (1885-1890) et la conclusion de l'Allianc Franco-Russe
(1891-1893), op.cit., pp.108-109.; A. J. P. Taylor, op. cit., pp. 328-329.

14. R. J. Sontag, op. cit., p. 51.就爲人的角度看，這批人確實比較誠實，
值得尊敬，但從國家利益看，沒有權謀可能就很難維護。

15. J. Droz, op. cit., p.464.赫柏俾斯麥在其父親下台後拒絕擔任外相職
務，但他才是最瞭解他父親外交理念與如何操作的人。

16. R. J. Sontag, op. cit., p. 48; W. Carr, op. cit., p. 188.

17. J. P. T. Bury, op. cit., p. 178.

18. W. L. Langer, op. cit., p. 32.

19. 黎波屬於溫和的法國共和黨，1890～1893年任法國外長，致力於建構
法俄聯盟。在1892～1917年間五度出任內閣總理。

20. R. Albrecht-Carrié, op. cit., p.209.

21. A. J. P. Taylor, *The Struggle for Mastery in Europe, 1848-1918*. op. cit.,
pp. 330-331.

22. 魯迪尼曾參加1860年革命，1869年一度任內政大臣，屬右派。1891
年與左派合組聯合內閣。1896年再度組閣，因割讓卡薩拉與英國，而
於1898年6月倒閣。

23. W. L. Langer, op. cit., pp. 21-22; R. Langhorne, op. cit. p.72; A. J. P.
Taylor, *The Struggle for Mastery in Europe, 1848-1918*. op. cit., p. 334.

24. 協議內容見王繩祖、何春超、吳世民，前揭書，頁241-244.

25. 法國在那個時代的傑出外交家保羅甘朋，當時是法國駐西班牙大使，
他在1889年即曾勸告那時候的法國外長史必雷（Spuller）：「如果得
不到你所喜歡的，就必須喜歡你所得到的。今天我們唯一的資源就是

期待俄國的支持，以及此一期待所可能引起的俾斯麥的焦慮」。

26.吉爾斯與其副手蘭姆斯多夫都認爲其駐法大使收受了法國好處，所以才努力推動法俄聯盟，由於吉爾斯的親德立場，導致他們對莫瑞漢極端不滿。參見W. L. Langer, op. cit., pp. 23-25.

27.折衝細節見Ibid. pp. 35-37.

28.王繩祖、何春超、吳世民，前揭書，頁245-247.

29.所謂巴拿馬醜聞案，是指由戴雷色普（de Lesseps），也就是蘇伊士運河的設計及開鑿者，在1881年起在巴拿馬執行的運河開鑿計畫，由於工程困難，資金需求極大，需要不斷在市場上募集。據說爲了取得法國國會同意，允許以發行彩票方式集資，所以戴雷色普對若干國會議員進行賄賂，此事後來被揭發，發展成爲政治上的軒然大波，即是所謂巴拿馬醜聞案。詳細情況請參閱J. P. T. Bury, op. cit. pp. 179-181.

30.即後來的尼古拉二世，爲羅曼羅夫王朝最後一位皇帝。1894年11月1日繼承王位，1895年5月26日在莫斯科加冕。他在知識上有相當侷限性，不善思考，不喜與群眾接觸，專制偏頗，對國際事務無知到令人咋舌。他也好大喜功，與日本在遠東的爭執導致日俄戰爭，戰敗，又轉向黑海海峽競爭，終於導致嚴重的俄奧衝突，引爆一次世界大戰。1917年被政變推翻，1918年舉家被殺。

31.此一關稅戰由德國首先發動，目的仍然是要打開德國工業產品在俄國的市場，並控制俄國經濟。見V. Khvostov, La politique extérieure de Bismarck au cours de ses dernières années (1885-1890) et la conclusion de l'Allianc Franco-Russe (1891-1893), op.cit. pp. 114-115.

32.J. Droz, op. cit., p. 466.

33.巴巴拉杰拉維奇著，福建師範大學外語系編譯室譯，前引書，頁192.

34.阿諾多爲法國政治家、外交家、歷史學家，1880年入外交部工作，1886～1889年任國會議員，1894年任外長，主張與德國修好，大力推展殖民政策。法碩達危機後下台。不喜歡英國。1920～1923年出席國聯，精於當代外交史，著有《當代法國史》（1871-1900，1903-1908）四卷。

35. 德卡塞出身新聞記者，1885年獲選進入下議院，1893年任工商及殖民副部長，1894～1895年任殖民部長，1898～1905年任外長，歷經六任內閣。他也熱中殖民事業，但對德國極有戒心與敵意。在其任內加強與俄國關係，與義大利修好，與英國締協商。1905年因其對摩洛哥及德國之政策遭反對而下台。1909年東山再起，任海軍調查委員會主席，1911～1913任海軍部長，1914～191515任外長，1915年退休。

36. A. J. P. Taylor, *The Struggle for Mastery in Europe, 1848-1918*. op. cit., pp. 339-340; W. Carr, op. cit., p.169.

37. 維特為俄國現代化之倡導者，1889年受聘籌建財政部鐵道司，1892年任交通大臣，旋改任鐵道大臣，提出了發展俄國經濟之計畫，並付諸實施。他向各國貸款，推動工業化，並積極興建西伯利亞大鐵道。在十年間，「維特計畫」獲得相當大的成功。但世紀之交，國際局勢動盪，貸款減少，國內情勢騷動，加上其與尼古拉二世關係不睦，1903年離開財政部，後雖一度組閣，但與沙皇關係未見好轉，於1906年下台。

38. 陳志奇（1993）。中國近代外交史，下冊。 台北，南天。頁695-696.

39. W. Carr, op. cit., p.154.

40. 俾斯麥直到1884年才十分不情願的同意企業家彼得斯（Carl Peters）進入東非，因此與早已進入此區的英國發生強烈競爭。參見Woodruff D. Smith, (1982). *European Imperialism in the Nineteenth and Twentieth Centuries*. Chicago: Nelson-Hall. pp. 134-136.

41. 霍恩洛厄・希靈斯菲斯特為巴伐利亞人，曾在普魯士任官，支持德意志之統一，1894到1900年任德國首相，雖有外交資歷，但初任首相期間的外交政策主要還是由霍爾斯泰茵掌舵。

42. W. Carr, op. cit., p. 190; R. Langhorne, op. cit. p. 71.

43. 張伯倫是十九世紀末二十世紀初英國帝國政策的制訂者。十六歲即進入社會工作，未受大學教育。1873年被選為伯明罕市長，政績卓著，自此步入政壇。1876年被選為議員，1882年任商務大臣。1895～1906年間任殖民大臣。對殖民開拓極為熱中。1899～1902年在南非

戰爭中他極力主戰。他也熱中於透過保護關稅，爲英國建立一個保護市場，但後一主張未爲政府接受。1906年7月突然癱瘓，從此離開政壇。他的兩個兒子都大大有名，一爲奧斯丁張伯倫（Austin Chambertain），曾任內閣諸多重要職務，一次大戰後擔任外交大臣。另一爲尼維爾張伯倫（Neville Chamberlain），在二次大戰前擔任英國首相。

44.羅斯柏里於1881年進入政壇，初任職內政部，1886年2～7月及1992年8月～1994年3月擔任格蘭斯頓內閣中的外相，雖然爲自由黨人，卻是索爾茲伯里政策的忠實追隨者。1894～1895年曾擔任首相。

45.關於這幾個人的殖民地國主義論點，參閱W.L. Langer, op. cit., pp. 76-80.

46.A. J. P. Taylor, *The Struggle for Mastery in Europe, 1848-1918*. op. cit., p. 341

47.R. J. Sontag, op. cit., p. 54.

48.哈茨費爾德給霍爾斯泰茵的信，泰勒所引用，見A. J. P. Taylor, op. cit., p. 359.

49.R. Langhorne, op. cit. pp.76-77.

50.E. Crankshaw, op. cit., p. 323.

51.葛魯霍夫斯基的父親爲波蘭貴族，曾任加利西亞總督及奧國內政大臣。他本人服務外交界，在1895～1906年間任奧匈外交大臣。因爲係波蘭後裔，所以反俄。但爲人溫和，大體上還能體認時局，任內對俄並無對抗措施。

52.A. Sked, op. cit., pp. 251-252.

53.義大利與阿比西尼亞之間的衝突詳見本章第五節。

54.論者認爲索爾茲伯里這樣的想法純然無稽，因爲在那個時代、那一個國家會在這個不毛之地，花大把銀子來蓋水庫？參見T. O. Lloyd, (1984). *The British Empire, 1558-1983*. Oxford University Press p. 238；W. D. Smith, op. cit. p. 133.

55.從「開普到開羅」（Cape-to-Cairo）的鐵路是源自於羅德的構想，關

於羅德，參閱下文介紹。

56.Ch.-Andre Julien, (1958). *Histoire de l'Afrique, des origins à 1945.* Paris: Presses Universitaires de France pp. 108-109; J. Droz, op. cit., pp. 470-471.

57.A. J. P. Taylor, *The Struggle for Mastery in Europe, 1848-1918.* op. cit., pp. 353-354.

58.W. L. Langer, op. pit., p. 263.

59.格雷為自由黨人，服務外交界，波耳戰爭時主戰，在1905～1916年間任英國外交大臣，親法反德，支持英日同盟，英法協商，任內達成英俄協商。在摩洛哥爭端中支持其前任蘭斯多恩之政策，因為擔任外相長達十一年，對這段時期中的英國外交方向，頗有影響力。。

60.W. L. Langer, op. pit., p. 263; J. Droz, op. cit., p. 471.

61.Ch.-A. Julien, op. cit., p. 110.

62.其首領為馬赫迪（Mahdi, 1844-1885），創建了伊斯蘭教國家蘇丹，自創教派，1870年率領信徒到白尼羅河上的阿巴島修行。1881年率領信徒，在不到四年時間內奪取了埃及蘇丹大部分的土地。英國佔領埃及之後，夥同埃及清剿，都被打得大敗。1885年1月馬赫迪並擊敗英國人戈登（Gordon）將軍。他在同年稍後病故。1886年以後索爾茲伯里鑑於英國財政短拙，無力支持埃及南下清剿，聽任馬赫迪門人在蘇丹盤據，另一原因是由於他們彪悍難纏。

63.G. A. Craig, op. cit., p.301.

64.J. Droz, op. cit., pp. 471-472.

65.基奇勒取得卡圖姆，保守估計至少犧牲了二萬蘇丹人。參閱Roland Oliver & J. D. Fage, (1969). *A Short History of Africa.* Baltimore: Penguin African Library. p. 192.

66.J. Droz, op. cit., pp. 471-472.

67.W. D. Smith, op. cit. pp. 141-142.

68.到九十年代中期，在特蘭斯瓦的「外國人」隸屬不同國家，有英國人，也有德國人，特別是英裔外國人越來越多，正確數字比例各方說

法雖然不一，但是至少不低於波耳人，甚至超過當地的波耳人。參見 W. L. Langer, op. cit., pp. 222-223.

69.R. Oliver & J. D. Fage, op. cit., pp.193-194.

70.W. L. Langer, op. cit., pp. 218-219.

71.英國政府對當地情勢瞭如指掌，詳情參見Ibid. pp. 225-226.

72.Ibid. pp. 232-242; W. Carr, op. cit. p. 191.

73.Ch.-A. Julien, op. cit., pp.112-113.

74.A. Sked, op. cit. pp. 251-252.

75.Simon C. Smith, (1998). *British Imperialism, 1750-1970*. Cambridge University Press. p. 88.

76.R. Langhorne, op. cit. pp. 79-80.

77.W. L. Langer, op. cit., pp.618-619.

78.Ibid, p. 625; J. Droz, op. cit., pp. 473-474. 由於英德與英葡兩個條約的義務相互矛盾，所以英國外交部的官員尼柯爾森（Necolson）曾經說：「這是我整個外交生涯中所見到最僞善的事」，因爲他不能理解英國如何去履行這兩個完全矛盾的條約義務。

79.V. Khvostov, (1965). Début de l'antagonisme Anglo-Allemand et aggravation de la crise d' Extreme-Orient. In V. Potiemkine (Ed.), Tome II, op.cit., p.155.

80.Ch.-A. Julien, op. cit., p.113.

81.伊藤博文生於普通武士之家，在明治維新以前已參與改革運動，1863年赴英國學習海軍，1878年任內政大臣，促成日本通過憲法，1889年由天皇頒布，第二年成立國會。1890年中擔任日本首相，促成英國取消在日本之治外法權，1895年發動中日甲午之戰，1905～1909年任朝鮮總督。被朝鮮獨立運動成員所謀刺。他的外交政策雖然也充滿帝國主義色彩，但比之於後起的日本軍國主義，相對之下還算溫和。他一直主張聯俄，認爲日本實力有限，不宜與俄國交戰。

82.陳志奇，前引書，頁806-831; 傅啓學編著，前引書，頁103-119.

83.洛巴諾夫·羅斯托夫斯基於1844年入外交界。曾出使柏林、巴黎、君

士坦丁堡。1863年卸職，1878年重回外交界，歷任駐君士坦丁堡、倫敦、維也納和柏林大使，爲俄國在歐洲最有影響的外交家之一。1895年3月任外交大臣。支持法俄聯盟，重視遠東問題。

84. V. Khvostov, Début de l'antagonisme Anglo-Allemand et aggravation de la crise d' Extreme-Orient, op.cit. pp.125-126.

85. 陳志奇，前引書，頁835-869.

86. 締約經過及詳細約文，請參照傅啓學，前引書，頁122-125；陳志奇，前引書，頁895-930.

87. Paul Kennedy, (1983). *Stratege and Diplomacy, 1870-1945*. London: George Allen & Unwin. p. 133.

88. W. L. Langer, op. cit., pp. 450-451.

89. V. Khvostov, Début de l'antagonisme Anglo-Allemand et aggravation de la crise d' Extreme-Orient, op. cit., pp.136-137.

90. 穆拉維約夫爲俄國貴族，1864年進入外交部，1893年任俄國駐丹麥公使，1896年8月在羅巴洛夫過世後，接任外交大臣。極力鼓吹俄國向中國東北發展，佔領旅行順大連，1898年3月與中國訂約，取得佔領遼東半島二十五年，修築從旅順到哈爾濱的中長鐵路支線。

91. W. L. Langer, op. cit., pp. 457-458.

92. V. Khvostov, Début de l'antagonisme Anglo-Allemand et aggravation de la crise d' Extreme-Orient, op. cit., pp. 137-138.

93. Ibid. 傅啓學，前引書，頁129-131

94. 前文已指出，1898年初，索爾茲伯里曾向俄國政府提出一個很大膽的建議，就是瓜分中國與土耳其。根據其建議，在中國方面，俄國可取得長城以外之地，以及中國的北方到黃河流域一帶爲勢力範圍；英國則取得長江流域爲勢力範圍。在土耳其方面，俄國可取得小亞細亞北部、米索不達米亞北部、以及海峽爲勢力範圍；至於英國則取米索不達米亞南部、埃及及阿拉伯地區爲勢力範圍。但俄國未予接受。參見 V. Khvostov, Début de l'antagonisme Anglo-Allemand et aggravation de la crise d' Extreme-Orient, op. cit. p. 139.

95.W. L. Langer, op. cit., pp. 682-683.

96.傅啓學，前引書，頁133; W. L. Langer, op. cit., pp. 462-480.

97.海約翰在1861～1865年任林肯總統私人秘書，1879～1881年任助理
國務卿，後出使英國。1898～1905年任國務卿，外交立場強硬，主導
美西戰爭和平會議，訂巴黎條約，堅持取得全部菲律賓，使美國成爲
帝國主義大國。除主張中國門戶開放之外，另一外交傑作爲自英國手
中取得巴拿馬運河開鑿權，鼓勵巴拿馬脫離哥倫比亞獨立，以便美國
勢力在此拓展。

98.W. L. Langer, op. cit., pp.682-684.

99.羅克希爾的朋友英人希皮斯利（A. E. Hippisley） 兩人都是中國通，
後者在英國控制的中國海關中任職，對中國持較友好態度，他對羅克
希爾提出門戶開放政策，再由其趁機對海約翰進言。參見 Robert H.
Ferrell, *American Diplomacy, A History*. New York: W. W. Norton &
Company Inc. pp. 410-411.

100.Ibid, 傅啓學，前引書，頁136-137.

101.R. H, Ferrell, op. cit., p.412.

102.羅斯福爲美國第二十六任總統，屬共和黨。就讀過哈佛與哥倫比亞
大學，習法律。在麥金利總統第一任內擔任海軍副部長，力主對西
作戰。1900年在麥金利第二任內任副總統，1901年9月，麥金利被無
政府主義者所謀刺，羅斯福繼任總統。並於1904年獲選連任。

103.J. Droz, op. cit., pp. 468-469.

104.V. Khvostov, (1965). L'achèvement de la lutte pour le partage du monde
et les premières guerres pour sa redistribution (1898-1904). In V.
Potiemkine (Ed.), Tome II, op.cit. p. 152.

105.第一次暴動發生在1868年，後來演變成長達十年的游擊戰，1878年
才結束。

106.當時美國共和黨及一般民意態度強硬，十分好戰，對於麥金利在古
巴問題上的猶豫不決，虛耗時光，十分不耐，對他施加了許多壓
力。

107.George Kennan承認引起這場戰爭責任並不在西班牙，因爲事先西班牙政府就曾一再攔阻，知道此舉恐另有陰謀。該艦爆炸確實也非西班牙政府所爲，西政府事後也傾一切努力補救。參見George Kennan, (1951). *American Diplomacy, 1900-1950*. Chicago: The University of Chicago Press, pp. 8-10.

108.V. Khvostov, L'achèvement de la lutte pour le partage du monde et les premières guerres pour sa redistribution (1898-1904), op. cit. pp. 152-153.

109.J. Droz, op. cit., p. 469.

110.G. Kennan, op cit., pp. 15-17.

111.R. H. Ferrell, op. cit. p.393.

112.Ibid. pp. 469-470.

113.蘭斯多恩爵士爲愛爾蘭貴族，伊頓公學畢業，屬自由黨。歷任財政大臣、陸軍部次官、印度事務大臣、加拿大總督、印度總督，1895年任陸軍大臣，在對波耳人的戰爭中被批判，指控其準備不足。1900～1906年任外交大臣。

114.R. Langhorne, op. cit. p. 82.

115.比羅親王攻讀法律，1874年入德國外交部，1893年任駐義大使，1897年6月被任爲外相，1900～1909年間任德國首相。任內奪取中國膠州灣、加羅林群島和薩摩亞。積極推動修建巴格達鐵道，擴張德國在中東勢力。支持奧匈兼併波士尼亞、赫爾塞哥維那，在摩洛哥問題上與英法對抗。

116.V. Khvostov, Début de l'antagonisme Anglo-Allemand et aggravation de la crise d' Extreme-Orient, op. cit., p. 141.

117.Ibid. p. 142.

118.Oron James Hale, (1964). *Publicity and Diplomacy, With Special Reference to England and Germany, 1890-1914*. Gloucester: Mass Peter Smith. p.156.

119.Ibid. pp. 157-167.

120.Ibid. pp. 144-145; J. Droz, op. cit., p. 475.

121.W. L. Langer, op. cit., p. 423.

122.R. Langhore, op. cit. p.81.

123.J. Droz, op. cit., p. 475.

124.V. Khvostov, Début de l'antagonisme Anglo-Allemand et aggravation de la crise d' Extreme-Orient, op.cit. p. 143.

125.J. Droz, op. cit., p. 475; W. L. Langer, op. cit., pp. 619-624.

126.維多利亞女王的長女嫁於腓特烈爲妻，爲威廉二世之母，維多利亞女王爲威廉二世之外祖母。維多利的外孫女之一嫁與俄皇尼古拉二世爲后。因此維多利亞女王權傾歐洲，當時被稱爲「歐洲的祖母」。

127.愛德華七世爲維多利亞女王之長子，喜愛交際，衣著講究，爲人親和。因爲維多利亞女王認爲其父親艾伯特之死肇因於其不負責任，因此不欲其過問國事。即位後，穿梭於歐洲各國首都，主張與法俄兩國修好，對於英法、英俄協商之達成，頗有貢獻。

128.蘭斯多恩在1900年12月，由陸軍大臣轉任外交大臣。

129.J. Droz, op. cit., p.476.

130."We must remain independent between the two powers (Britain and Russia); we must be the tongue of the balance, not the restlessly swinging pendulum". 參見R. Langhorne, op. cit. p. 78.

131.W. L. Langer, op. cit., p. 669.

132.V. Khvostov, L'achèvement de la lutte pour le partage du monde et les premières guerres pour sa redistribution (1898-1904), op. cit., p. 158.

133.Ibid. p. 159.

134.傅啓學，前引書，頁140-142。

135.W. L. Langer, op. cit., pp. 693-694.

136.有關拳匪之亂請參閱傅啓學前引書，頁141-151；陳志奇，中國近代外交史，下冊，頁1009-1050。

137.W. Carr, op. cit., p.193; W. L. Langer, op. cit., p. 699.

138.Ibid. p. 695.

139.Ibid. pp. 695-670.

140.傅啓學，前引書，頁148.

141.同上註。

142.V. Khvostov, L'achèvement de la lutte pour le partage du monde et les premières guerres pour sa redistribution (1898-1904), op. cit. p. 163.

143.Ibid. p. 165; W. Carr, op. cit., pp. 193-194.

144.庚子條約之詳細內容，請參見王繩祖、何春超、吳世民，前引書，頁340-344.

145.傅啓學，前引書，頁156-159；V. Khvostov, L'achèvement de la lutte pour le partage du monde et les premières guerres pour sa redistribution (1898-1904), op. cit.,p. 166.

146.1902年1月下旬，奕劻與俄國商訂：（1）撤兵期限兩年。（2）中國可自由決定東三省中國軍隊兵額及所用軍械。（3）中國人民可以在東三省經營工商業，如需財政援助，華俄銀行有優先權。奕劻認為此一內容對華已經相當有利，主張簽約，但張之洞、劉坤一等人認為不妥而反對，所以清廷並未應允。

147.王祖繩、何春超、吳世民，前引書，頁347-349.

148.J. Droz, op. cit., p. 492.

149.黃正銘（1967）。中國外交史。台北：正中。頁22：A. J. P. Taylor, op. cit., pp. 394-395.

150.V. Khvostov, L'achèvement de la lutte pour le partage du monde et les premières guerres pour sa redistribution (1898-1904), op. cit., pp. 166-167.

151.Ibid., p.167; A. J. P. Taylor, *The Struggle for Mastery in Europe, 1848-1918.* op. cit., p.395.

152.V. Khvostov, L'achevèment de la lutte pour le partage du monde et les premières guerres pour sa redistribution (1898-1904), op. cit., pp. 168-169.

153.Herman N. Weill, (1972). *European Diplomatic History 1815-1914,*

Documents and Interpretations. New York: Exposition Press, pp. 255-256. 王祖繩、何春超、吳世民，前引書，頁353-354.

154. V. Khvostov, L'achèvement de la lutte pour le partage du monde et les premières guerres pour sa redistribution (1898-1904), op.cit. p. 169.

155. Ibid.p. 170; J. Droz, pp. 492-493. 這一批人號稱「朝鮮幫」。

156. 參閱本章第五節。

157. A. J. P. Taylor, *The Struggle for Mastery in Europe, 1848-1918*. op. cit., pp. 404-407.

158. 貝爾福畢業於劍橋大學，爲保守黨人。在索爾茲伯里第一屆內閣內任地方政府事務大臣，第二屆內閣內任蘇格蘭事務大臣，後改任愛爾蘭事務大臣，反對愛爾蘭自治。在索爾茲伯里第三屆內閣中（1895～1902年）權勢大增，索爾茲伯里退休後，他接任首相。

159. A. J. P. Taylor, *The Struggle for Mastery in Europe, 1848-1918*. op. cit., pp. 408-409.

160. Ibid. p.418; V. Khvostov, L'achèvement de la lutte pour le partage du monde et les premières guerres pour sa redistribution (1898-1904), op. cit., pp. 170-171.

161. 保羅甘朋屬共和派外交家，早年曾追隨費里，後者擔任巴黎市長時，任其秘書，1882年，爲費里任命爲駐突尼西亞駐辦公使，1891年8月調任駐西班牙大使，後又調往土耳其。1898年8月在英法法碩達危機爆發後出使英國，一直任職到1920年。對英法關係的改善著力甚多。

162. 朱烈甘朋早年從事地方行政工作，1991年任阿爾及利亞總督。1897年轉入外交界，任駐美大使，其間發生美西戰爭，曾幫助美西雙方締結和約。大戰爆發後從駐德大使任上回法，任外交部長。大戰結束後，任監督凡爾賽合約條款實施的大使會議主席，直到1931年。

163. A. J. P. Taylor, *The Struggle for Mastery in Europe, 1848-1918*. op. cit., p. 405.

164. 談判緩慢的原因學者間有不同的看法，A. J. P. Taylor以爲是卡在埃

及與摩洛哥問題上，J. Droz則以爲是在其他的殖民糾紛上，如紐芬蘭（Newfoundland, 法文地名爲新地la Terre-Neuve）北部捕魚權的歸屬。後一說法有其見地。因爲有關埃及與摩洛哥問題，英法雙方經過談判已有相當默契，倒是其他各地如暹邏、紐芬蘭、西非、中非、馬達加斯加等地，兩國間的糾紛或新或舊，都需要時間解決。以紐芬蘭爲例，雖然在1713年烏德勒支條約中，英國已取得該地之所有權，但仍保留給法國人在該島北部享有排他的捕魚權，英國想把法國享有已經近兩個世紀的權力一筆勾消，予以收回，法國自然會抗拒，談判當然不容易。

165.英法協商約文請參見H. N. Weill, op. cit., pp. 257-260;王祖繩、何春超、吳士民，前引書，頁371-375。

166.Taylor教授即持此看法，見A. J. P. Taylor, *The Struggle for Mastery in Europe, 1848-1918*. op. cit. pp. 415-417.

167.J. Droz, op. cit., pp. 480-481.

168.Ibid. p. 481.

169.曼涅里克二世爲現代衣索比，當時稱亞阿比西尼亞的締造者。其父爲紹阿國王，1855年爲阿比西尼亞皇帝特沃德羅斯二世所滅。1865年曼涅里克率眾推翻紹阿總督，自立爲王。在特沃德羅斯二世去世後，他先後將阿比西尼亞的幾個小王國併入自己的版圖，1889年終於取得阿比西尼亞的皇冠，號稱曼涅里克二世。同年他與義大利簽訂條約，在義大利故意曲解條約後，曼涅里克二世即將條約廢除。

170.根據曼涅里克的解釋，該條款的眞意是「在處理阿比西尼亞的對外關係時，可以經由義大利政府」("might make use" of the Italian government in all relations with otherspowers)，「並未同意利用它」(not that he consented to make use of it)，參見W. L. Langer, op. cit., p. 272.

171.Ibid. pp. 273-278.

172.維斯孔蒂·偉諾斯塔曾參加義大利獨立運動，1860年在皮埃德蒙從事外交工作，1863年任義大利外相，1864年下台，出任駐土耳其大

使，1866年回外交部工作，1896年負責指揮義駐法大使與法國談判突尼西亞問題。

173.A. J. P. Taylor, *The Struggle for Mastery in Europe, 1848-1918*. op. cit., p. 406; J. Droz, op. cit., pp. 482-483.

174.Ibid. p. 483.

175.H. N. Weill, op. cit., pp. 256-257.

176.R. Albretch-Carriè, op. cit., p. 220; J. Droz, p. 485.

177.Ibid.

178.於1896年8月去世，遺缺由穆拉維約夫取代。

179.J. Droz, opo. cit. pp. 485-486.

180.W. L. Langer, op. cit., pp. 632-635.

181.海達帕夏港爲通往安卡拉鐵道的出海口，這段鐵道已經在1892年秋天完工。

182.法國自認爲是建造港口的專家，但卻因法俄同盟引起蘇丹疑懼而被排斥。

183.W. L. Langer, op. cit., pp. 636-645.

184.蘭姆斯多夫在穆拉維約夫於1900年去世後，接替其遺缺。

185.日本提議內容請參見傅啓學，前引書，頁165.

186.同上，頁165-166.

187.A. J. P. Taylor, *The Struggle for Mastery in Europe, 1848-1918*. op. cit. pp. 418-419.

188.V. Khvostov, La formation de la Triple Entente (1904-1907). In V. Potiemkine (Ed), Tome II, op. cit. pp. 178-179.

189.V. Khvostov, La formation de la Triple Entente (1904-1907), op. cit. p. 180; A. J. P. Taylor, op. cit., pp. 422-423.

190.英俄兩國後來同意成立一個國際調查委員會，調查事件眞相。最後調查委員會判定俄國波羅的海艦隊統帥應負責任，俄國賠償六萬五千英鎊。見Herbert W. Briggs (Ed.), (1952). *The Law of Nations*. New York: Appleton-Century-Crofts, Inc., 2ed, p. 690.

191.關於法德摩洛哥之爭的細節，請參閱本篇第三章第一節。此處是指法國讓步，同意召開國際會議解決糾紛。

192.A. J. P. Taylor, *The Struggle for Mastery in Europe, 1848-1918*. op. cit., p. 432.

193.日本在談判初期獅子大張口，要求的條件相當苛刻。如割讓整個庫頁島，沒收俄國在中立國港口之軍艦，限制俄國在遠東之海軍，日本可以享有俄國遠東海岸之捕魚權，賠償軍費等等，俄國堅拒不允，曾擬重新開戰，日方才允讓步。

194.R. H. Ferrell, op. cit., pp. 413-416.

195.約文節錄請參見王繩祖、何春超、吳世民，前引書，頁357-359；關於日俄戰爭詳細經過、中國的因應與牽連及相關條約約文，可參閱陳志奇，前引書，頁1057-1123。

196.黃正銘，前引書，頁233-235.

第三章

走向戰爭之路

　　歐洲國家走過九十年代的風風雨雨，到美西戰爭與日俄戰爭之後，赫然發現國際社會多出幾個新的對手，搶著分食它們在美洲與亞洲的利益。雖然如此，歐洲國家尚未真正體會到這些新興國家對它們的威脅，它們的目光焦點仍然停留在它們彼此間的關係，歐洲周遭地區，或傳統的衝突地區，如海峽、巴爾幹半島、亞洲中部等地。

　　自1905到1914年間，歐洲歷經了一連串新的危機，這其間北非的摩洛哥及東歐的巴爾幹是衝突的焦點。促成衝突的原因甚多，但最主要的是由於英法與英俄協商的相繼出現，引起德國高度猜疑，促使德國或是親自出面，以行動考驗或試探英法協商的親密程度，或是支持奧匈對抗俄國，以破壞法俄同盟與英俄協商。

　　德國在此期間採取強硬外交，以炫耀武力的姿態介入摩洛哥及近東問題，雖然獲得表面的勝利，但卻給歐洲國家留下好戰、危險的印象，反而促成英法更進一步的攜手，及使俄國與英法關係加深。這可能是德國執政當局始料所未及。

　　在此期間，英德兩國的海軍競賽也日趨白熱化，德國國內一部分執政者如首相比羅（1900-1909）及其繼任者貝特曼‧霍爾維格（Bethmann Hollweg, Theobald, 1856-1921, 1909-1917年間擔任首相）都曾主張聯英，並要求減緩海軍發展。但提爾皮茨將軍一心要發展海軍，快速造艦，以迎頭趕上英國，並迫英和解。威廉二世在此兩派系中，無法協調，他選擇支持了後者，德英關係因之更趨惡化。

第一節　大陸同盟的失敗與第一次摩洛哥危機

一、德國插足的動機

　　前文已述及法國外長德卡塞為了解決摩洛哥問題，已經分別與義大利、英國獲致協議。在英法協商成立後，法國即積極向此地區發展，並與西班牙展開談判。由於英國之支持，法西雙方於1904年10月3日達成

協議，法國同意放棄摩洛哥部分地區（北部及南部），但費茲（Fez）則歸法。

話說英、法、西此時之所以積極想要瓜分摩洛哥，與摩洛哥本身的情勢有關。摩洛哥最後一個強人，哈桑一世（Moulay Hassan I, 1857-1894）[1] 在1894年去世，繼任者阿卜杜勒·阿齊茲（Abdal Aziz, 1878/1881-1943）[2]爲人軟弱，政權不穩。英法等強權都認爲摩洛哥早晚要分崩離析，相關國家如要乘機建立其在摩洛哥的勢力範圍，可以藉口改革而介入[3]。

因此，法國與英西協商好之後，就轉向與摩洛哥蘇丹交涉，要求蘇丹儘速進行國家重組，法國駐費茲之領事達揚迪耶（Daillandier）也不斷向蘇丹施壓，但是後者由於獲得德國領事瓦塞爾（Vassel）之助，並不願意妥協。1905年2月，摩洛哥回教貴族舉行會議，法國代表乘機在會中提出改革方案[4]。

對德國而言，雖然在摩洛哥亦有若干商業利益需要維護，但德國介入此地的真正原因其實很耐人尋味，因爲對於不同的人，原因也不同。就首相比羅而言，是起源於下列幾項政治考慮：一，弱化法國的國際地位；二，試探英法協商的密切程度；三，凸顯德國的大國地位，在德國點頭以前，不允許英法私相授受，解決摩洛哥問題。換言之，德國插一腳的目的，不在爭取其在摩洛哥的利益，而在凸顯國際事務的解決，德國意見不能被忽視。由於比羅的政策僅著眼於外交上一時的考量，所以對於解決摩洛哥問題並無具體與最終的方案，也不知道要爭取哪些實質利益。

至於外交顧問霍爾斯泰茵，其想法則與參謀總長施利芬的看法相近，後者認爲德國的地位似有日漸走軟的趨勢，此時如有機會與法國一戰或有可能扭轉此一趨勢，再說法國的盟友俄國在對日戰爭中失利，而德國才剛完成戰爭計畫的最後檢視，此時應該是與法國一決勝負的最佳時機。霍爾斯泰茵受施利芬態度影響，因此認爲在解決摩洛哥問題上，德國可以採取高姿態，法國要不就接受狠狠的屈辱，要不就得被迫一戰。不過比羅可沒有這麼大的膽子，所以霍爾斯泰茵這些心底的想法也

就深藏未露[5]。但其給比羅的點子顯然十分躁進。

　　威廉二世對於摩洛哥並無興趣，因爲德國民意對於此一殖民問題實際上頗爲厭惡，所以他也無意在摩洛哥惹事。但威廉二世雖不贊成比羅的策略，卻因無太多主見，也不堅持，就由著比羅操作。1904年秋天德國所推出的聯俄計畫失敗之後，比羅決心在摩洛哥問題上借題發揮。比羅宣布，威廉二世將乘巡弋地中海之便，於1905年3月31日，在摩洛哥大西洋岸之丹吉爾港（Tangier）登岸。此一消息引起英法兩國高度疑慮，自不在話下。威廉二世在上述日期登陸之後，受到蘇丹叔父的熱烈迎接，旋即發表演說，強調摩洛哥之獨立地位不容侵犯。4月1日及4日，蘇丹及威廉二世先後提議召開國際性會議，討論摩洛哥問題，4月13日德卡塞探詢德國駐法大使拉多林（Radolin）親王，試圖瞭解德國之意圖，結果碰壁。

　　德國爲何提議召開國際會議解決摩洛哥問題？那是基於霍爾斯泰茵的分析，霍爾斯泰茵以爲，在此會議中，義大利與奧匈基於三國同盟的關係，應會支持德國；俄國受日俄戰爭牽制，不會與德國對抗；美國應該會響應德國在摩洛哥的「門戶開放」政策；至於英國與西班牙，應該會爲可以免除對法國之承諾而高興。因之，德國認爲國際會議將凸顯法國的孤立，使法國不得不對德低頭，德國在外交上將大獲全勝。

　　對法國而言，從1900到1904的幾年中，德卡塞領導的外交部門，努力的透過多個雙邊協議，終於把摩洛哥問題擺平，怎麼會同意再把問題提到國際會議上去討論，讓情勢再起變化？於是，法德間的僵局因而形成。

二、德法爭執焦點

　　是時法國內閣中對德政策有兩派意見。外長德卡塞，一向反德，主張強硬對抗；但總理胡維耶（Rouvier, Maurice, 1842-1911）[6]則素來親德，主張讓步，以成立德法諒解。德國駐法大使拉多林深悉此一矛盾，電告霍爾斯泰茵，認爲此乃除去德卡塞之良機。根據法國駐英大使甘朋

的說法，胡維耶不喜歡德卡塞，除了對德政策兩人看法完全不搭調之外，還另有原因。日俄戰爭爆發以前，胡維耶投資甚多俄國股票，因為受希望俄股上升的心理期待影響，胡維耶堅持日俄之間不會爆發戰爭；德卡塞基於外交觀察，認為恐怕難免。結果戰爭爆發，俄股大跌，胡維耶損失不貲，難免耿耿於懷，遷怒德卡塞。至於德卡塞，他認為胡維耶是那種為了股市投機，不惜出賣法國的人，兩人之間嫌隙頗深。

相關國家的反應為何？由於法國與義大利、英國、西班牙都有利益交換的協議，他們當然以法國馬首是瞻，除非法國答應召開國際會議，否則他們不會搶先表態。美國距離摩洛哥很遙遠，不想選邊站。俄國陷入遠東苦戰，不能背棄其盟友。算來算去大約只有奧匈不得不支持德國。

這其中，英國的態度最為關鍵。英國對於威廉二世出現在丹吉爾十分震驚，害怕法國會以摩洛哥部分土地，如大西洋岸的拉巴特（Rabat）與德國交換，平息雙方爭議。此舉將影響到英國在此區的戰略利益。因為有這樣的認知，所以蘭斯多恩向法國表示，英國支持法國的立場，兩國應推誠相與，保持密切接觸，交換情資，如有不同意見應事先討論解決[7]。英國的表態使德卡塞更具信心，堅決反對接受德國召開國際會議之提議。

德法相持不下之際，胡維耶及拉多林之間接觸頻頻，5月13日，胡維耶甚至向後者表示將適時除去德卡塞。胡維耶因而與德卡塞在6月6日的內閣會議中，就對德政策展開激辯。德卡塞認為只要法國堅持，德國終將讓步，否則，就算戰爭爆發，英國亦會全力相助。德卡塞並出示英國外相蘭斯多恩致甘朋的信件以為證明，並謂英法將就摩洛哥成立一防衛性協定。胡維耶則辯稱，如果英法進一步締盟，則德國一定將由絕望走向戰爭。比羅的高姿態政策在此收到了效果，內閣會議中德卡塞陷於孤立，終於當晚辭職。這是德國外交的空前勝利，因為德國的壓力，使得法國外長下台[8]。

胡維耶暫時兼代外長，他雖然接受德國召開國際會議之提議，但認為應先與德國交換意見，達成一定諒解後，才正式接受。但德國態度強

硬，堅持先接受、後談判。胡維耶此時恐國內輿論指責，亦不願軟化其立場。德國的強硬引起英國強烈反感，同時英國亦絕不能容忍德國在摩洛哥立足，因此於6月16日向法國表示：英國全力支持法國，如果法國拒絕召開國際會議，英國將追隨。僵持不下之際，美國羅斯福總統出面斡旋，促法國先接受開會之原則，再與德國協商細節。胡維耶的堅持不過是表表態，對國內輿論有個交代，既然美國提供下台階，就順勢推舟，於7月1日向柏林表示接受，7月8日法德雙方達成初步協議，德國遵重法國在摩洛哥之「特殊利益」。這可以說是德國外交上的又一次勝利，德國的堅持完全被接受。

德國的外交勝利使其對大陸同盟重燃希望。所以有德俄兩皇的比約廓同盟草約之簽訂。法國因之面臨嚴重考驗：法國如參加大陸同盟，則英法協商將成泡影；法國如拒絕參加，則法俄同盟即將破滅。德國為了爭取德俄同盟之通過以及法國之加盟，所以在解決摩洛哥問題之籌備會議上，對法態度頗為友好。9月28日雙方同意：摩洛哥及阿爾及利亞之邊界安全，由法國警方負責。摩洛哥西方之警衛問題則仍有待商議。但法德雙方對此一協議文件頗有誤會，德國以為法國總理胡維耶已向其全權代表羅申（Rosen）承諾，不再尋求在摩洛哥之最優地位，法國則斷然否認[9]。

德俄聯盟構想破裂之後，德國對法之態度轉趨強硬，1905年11月25日，法國想進一步與德國商討9月份雙方所達成之初步協議，遭德拒絕。12月，英國政府亦發生更替，自由黨重行執政，新政府的首相為坎貝爾‧班納曼（Campbell Bannerman, Henry, 1836-1908）[10]，外相為格雷[11]。法使甘朋曾詢問格雷，一旦德法發生戰爭，英國之立場為何？格雷躲躲閃閃，並未就是否給予支持做正式答覆，因為害怕給予法國過份的鼓勵會將英國捲入戰爭。其實格雷與其前任蘭斯多恩一樣，都認為德國志在獨霸歐洲，防止之道唯有與法國聯手，共同牽制。所以在解決摩洛哥問題上會信守與法國的協議，支持法國。當時法國為化解德國阻力，曾擬以部分法屬剛果予德，交換後者承認法國在摩洛哥保護權。德國並不知道法國有此打算，再說當時德國民意對殖民地的取得並不熱

中，所以比羅沒有考慮到以利益交換方式，解決摩洛哥問題。

三、阿爾赫西拉斯會議

在上述情況下，阿爾赫西拉斯（Algeciras）會議在1906年1月17日召開，中心爭論則為摩洛哥之警察權究竟交與誰？法方代表雷浮瓦（Revoil）提議，由法西兩國擔任。德國反對，其會議代表，即德國駐西班牙大使拉多維茲在1906年2月12日提議，由摩洛哥之蘇丹在國際監督下組成，人員則由小國提供。此一提案遭到各方反對，美國總統羅斯福以為此提案暴露了德國對摩洛哥之野心。俄國因為要巴黎貸款，自非支持法國不可。義大利因有法義換文，表示在衝突發生時將採中立。至於英國自然支持法國。甚至德之盟國奧匈雖然支持德國，但態度亦頗猶豫。德國因見陷於孤立，謹慎起見，於3月8日提出第二案：摩洛哥之警衛由法西兩國擔任，但應另置一總監，由瑞士或荷蘭籍人士出任，長住卡薩布蘭卡（Casablanca）。英俄一度對此議頗表興趣，但是時胡維耶因內政問題倒閣（3月7日），繼任之閣揆克里蒙梭（Clemençeau, George, 1841-1929）[12]，外長布爾茹瓦（Bourgeois），此二人皆為激進派，對摩洛哥之態度極為堅定，同時法國立場獲美國大力支持，所以堅持不妥協。比羅最後終於決定讓步。4月7日達成之最後議定書規定：各港口之警衛，視港口而異，分別交與法西兩國負擔，但法國並未取得對摩之保護權。

第一次摩洛哥危機的處理，就德國而言，是外交上的一大失敗，此次危機，不僅未動搖法俄聯盟，英法協商反因而加強，英國外交部之克勞（Crowne）稍後在「目前與法德關係備忘錄」中，對德國曾有嚴厲之批評[13]。而三國同盟本身的裂痕則日益顯現，義大利因與法國曾有1900及1902年兩次換文，所以無法支持德國，就是奧匈亦曾一再要求德國軟化其立場。這次摩洛哥危機令比羅清楚看出他的孤立，這完全出乎他的預期。

在決策過程中，比羅及其外交顧問霍爾斯泰茵對情勢研判，都犯了

一廂情願的錯誤，強悍的態度令其他國家留下很壞的印象。其中比羅的錯誤尤多。因為在德卡塞下台、胡維耶被迫讓步、德俄比約廓協議之後，比羅志得意滿，對法國的態度就趨向寬鬆，霍爾斯泰茵卻頗不以為然，他提醒比羅，既然解決摩洛哥問題的國際會議召開在即，德國宜先研擬出一個萬全的會議議程，保證在會中將法國一舉擊敗。但比羅卻以為霍爾斯泰茵太過慮了，並未聽取[14]。比羅一向自負、輕率，這種挫折，只有使他更為憤懣，更鋌而走險。至於威廉二世，雖然也好大喜功，但本質上態度較為和緩，重視和平。而霍爾斯泰茵與施利芬在此次摩洛哥危機之後，分別退出外交與軍事決策舞台，不過令人覺得遺憾的是，為時已晚，俾斯麥的同盟體系在他們的操作下，幾乎已面臨完全破產的狀態。

　　就法國而言，第一次摩洛哥危機雖然解決了警察權的歸屬問題，但法國夢寐以求的保護權問題並未解決。如果這是一場戲，那麼現在是中場休息，下半場即將上演。

第二節　三國協商

一、英俄兩國的政策轉變與英俄協商

　　大體而言，英國在1905年的外交處境有相當大幅的改善，英日同盟減輕了英國在遠東來自俄國的威脅；英法協商，也減輕了它在地中海來自法國的壓力，剩下來有待處理的是與德國在各方面的競爭與隱約的敵意。

　　對英國而言，德國在1904年秋與1905年夏，兩度與俄國談判締結大陸同盟的努力，雖然都沒有成功，但此一針對英國的外交動作，令英國不能掉以輕心。而在處理摩洛哥問題上，比羅張牙舞爪的表現，更加深了英國對德國的戒心。針對此一情勢，英國採取了幾項因應措施。

　　英國第一個措施就是加強英日同盟，使英國減輕在遠東防衛上的負

擔。因此，英日同盟在1905年8月12日更新，他與1902年條約的不同之處在：第一，同盟防衛的範圍擴及印度；第二，只要締約國之一遭到任何一個（原約規定爲兩個國家）第三國攻擊，他造締約國就應提供援助[15]。英日兩國的這個新約，可以視爲是反制德俄比約廓條約而誕生。

英國第二個措施是鞏固英法協商。英國外相蘭斯多恩對於德卡塞的下台感到十分遺憾，擔心在胡維耶的主政下，法國會逐漸倒向德國。所以英法兩國在1905年秋天關係一度十分冷淡。1905年12月，英國保守黨政府下台，換上來的自由黨政府，在外交路線上並沒有太多改變，不過在作法上有不同的風格。其中格雷擔任外相一職，長達十一年，在外交上的影響力，有目共睹。格雷在出任外相以前，一直在外交界服務（任次長職），對於英國自九十年代中期以來，不斷爭取德國的外交挫折，有親身的經驗，所以他對德國已不抱任何希望。格雷像許多自由黨人一樣，支持改善與法國和俄國的關係，重視透過與歐洲國家間的協調，解決相關問題，維持歐洲的平衡，防堵大陸同盟出現。如此，首要之務是強化與法國的關係。

但如何強化與法國的關係呢？這事相當棘手。英國這次自由黨的上台得力於黨內右傾的帝國主義派，如格雷、阿斯奎斯（Asquith, Herbert H., 1852-1928）[16]、哈丹（Haldane, Richard B., 1856-1928）[17]等人，與左傾的激進「親波耳人」派，如莫利（Morley）、勞合喬治（Lloyd George, David, 1863-1945）[18]等人的通力合作。繼續維持自由黨內這兩派人士的合作，是維持內閣穩定的先決條件。因此，在外交政策上，格雷要小心避免引起這兩派之間矛盾的任何作爲。同時，也要避免引起才下台的在野黨強烈攻擊[19]。

在上述國內外情勢的考量下，格雷一方面鼓勵法俄兩國採取獨立外交政策，防止其倒向德國；另方面又要保持英國的自由之身，不被法俄兩國所綑綁，引起英國內閣成員間的分歧。因此格雷的外交風格就是不對相關國家做任何清楚承諾，預留自己在外交與內政上迴旋的空間。許多事情「只能做，不能說」。加上他個性上的獨斷，他的許多決定未必會先諮詢內閣，更不會告知群眾。

　　英國新政府上台時，阿爾赫西拉斯會議召開在即，西班牙國王阿豐索十三世（Alfonso XIII）突然聲稱德國對其施壓誘惑，迫其加入德方，呼籲英法協助解決。其實，這只是西班牙害怕法國與德國妥協，犧牲掉西班牙在摩洛哥利益的一個藉口。法國對此不得不有所因應，因此法使甘朋詢問英國：應如何解決來自德國的威脅？

　　格雷的反應是一方面清楚的向德國駐英大使梅特涅說：「英國人民絕不會容忍法國因為英法協商的關係而捲入與德國的戰爭，如果發生，則無論是自由黨或保守黨當政，英國政府都會被迫援助法國[20]」。但格雷也不願因此與法國締結正式盟約。他找到的一種模稜兩可的解決方式，就是在對法國無任何正式承諾下，獲得英國國防部長哈丹的支持，於1906年1月31日，下令英國與法國展開參謀人員間的軍事對話。格雷不認為此舉改變了既有的對法政策，所以也就不必將此決定知會內閣。

　　以軍事會談取代同盟，對英國來說，在未來的決策上當然較有彈性。英法間的秘密軍事會談在1906年1月到3月間進行了好幾個回合，也得出了一些結論，如一旦英國參戰，支援法國對抗德國，英國將派四個師進入法國，對於時間、運輸方式、行動據點等細節都有規劃。英國與比利時之間也有相同的談判。而法國與俄國之間在同年4月也有相同的談判。

　　英國第三個外交措施是改善與俄國的關係。上文已經論及，英國在愛德華七世登基後，在日俄戰爭爆發以前，曾經嘗試與俄國改善關係，英國願意以承認俄國在滿洲的權利，交換俄國退出阿富汗、劃分兩國在波斯的勢力範圍、承認西藏不在俄國勢力範圍內，但並沒有成功。當時俄國正熱中於在中亞與遠東的經營，也還沒有遇到重大的挫折，當然不願做如此重大的讓步。

　　不過1906年時，國際情勢有了很大的改變，俄國出乎國內外意料，在對日戰爭中戰敗，加上國內革命勢力蠢動，使俄國不得不在外交上做一些調整。就俄國而言，雖然日俄戰爭時德國向其頻送秋波，戰爭結束後又暢言籌組「大陸同盟」，但明眼人都看得出來，那只是離間法俄同盟、對付英國的手法，不可全信。雖然沙皇及保守派一直對德國表示友

善，但德國的缺乏真誠卻令俄國十分失望。首相維特的話最能表達有識之士對德國外交動作的瞭解。他說：「德國的外交政策如此反復無常，如此衝動，如此驚人的自私，俄國不應為柏林的甜言蜜語所蠱惑」[21]。恰於此時，俄國外相蘭姆斯多夫在1906出去職，由俄國駐丹麥大使伊茲沃爾斯基（Izvolski, Aleksandr P., 1856-1919）[22]接任。伊氏為人還算能幹，對於所謂的歐洲王室團結、泛斯拉夫主義等論述並不重視[23]，這點倒算務實。但他的缺點是急功近利，在對日戰爭失敗後，急於想有番作為，拉抬俄國地位，也成就其個人的外交事業。他的外交重點十分清晰：俄國必須因應巴格達鐵道通車後可能帶來的衝擊，應在俄國領土高加索外劃出一個中立區；如果不能獨佔波斯，俄國應考慮與英國劃分在波斯的勢力範圍；爭取英國同意對俄國開放土耳其海峽；與日本在遠東的衝突如果再起，防止之道在爭取與英國締約，反制日本[24]。

就英國而言，改善英俄兩國關係是基於不同的考慮。波斯是一個原因，主要是英國國力有限，不能同時在歐洲與亞洲承受雙重負擔。如果要選擇其一，則歐洲自然重於亞洲，波斯問題上必須與俄國妥協。歐洲最主要的問題是應付德國海權擴充帶來的威脅。英德之間對於對方的海軍發展都極為關切。德國怕英國採取制敵機先的策略，在德國海軍還不夠強大之時，就一舉將其摧毀。英國則對德國的快速造艦計畫感到寢食難安，英國以為如果德國擁有世界上最強大的陸軍之後，又在海權上急起直追，趕過英國，那時德國豈不是可以為所欲為？因此英國在海軍實力上一定要超越德國。為了增強其海軍實力，1906年英國第一艘大型戰艦無威號（Dreadnought）正式下水啟用。此舉對德國造成巨大刺激，所以德國在同年通過一個新的海軍法案，決定每年生產四艘大型戰艦。而德國的決定又引起英國的惶恐，因為是時英國不過預定每年生產三艘。於是海軍競賽一發不可收拾[25]。

英國早在1904年英法協商簽訂之後，即已調整海軍部署，將本土的艦隊集中北海，以加強在北海之實力。此時更有意聯俄，取得與俄波羅的海艦隊之合作，對抗德國[26]。其次，德國一再推動大陸同盟，亦令英國不安，有拉攏俄國之必要。另外一個因素則是法國，後者因為與英俄

雙方皆有協議，自然希望促成英俄修好，減少其外交上之困難。所以其
駐英大使甘朋，及駐俄大使彭巴，都不遺餘力的為英俄拉攏。

　　在英俄雙方都有意修好，法國又大力贊助的情況下，英俄雙方展開
接觸。1906年5月，英國駐俄大使尼柯爾森（Nicolson）會晤俄國外相伊
茲沃爾斯基，商討化解雙方衝突，締結協商。談判進行長達一年餘，並
不順利。這是因為一方面英國民意不喜歡俄國沙皇及其政府，另方面，
俄國人亦不喜歡英國，而較偏愛德皇。同時俄國軍方不願在中亞方面對
英讓步，伊茲沃爾斯基希望能開放海峽，英國亦不能同意[27]。直到1907
年8月31日，雙方決定擱置爭議，僅就可以妥協的問題，簽署協議，主
要之重點即在中亞：

> （一）波斯一分為三，北部為俄國勢力範圍，東南部為英國勢力範
> 　　　圍，中部中立，但雙方都承認波斯之主權。
> （二）俄國承認阿富汗為英國之被保護國。
> （三）雙方互允不介入西藏，承認中國對後者之宗主權[28]。

　　英俄協商（Anglo-Russion Entente）的基礎非常薄弱，因為此約在
英俄兩國都未得到民意支持，英俄兩國政府也並未因此約之簽訂而產生
互信或相互接納，不過此約確實對兩國都有利[29]。海峽及遠東不在協議
之內，就此而言，此一協議自然對英國較為有利，因為英國屬地印度在
此條約簽訂後，已經為一條安全帶所隔離。不過英國也考慮到俄國在遠
東的處境，所以以為日俄雙方拉攏，法國也以貸款援助日本的方式，鼓勵
日俄兩國和解[30]。因此，1907年7月28日，日俄兩國簽署了漁業條約，三
天後，又簽署了一個政治協議。根據後一協議，日本承認北滿外蒙為俄
國勢力範圍，俄國承認南滿、朝鮮為日本勢力範圍。而稍早，即1907年
7月10日，法國也與日本簽定了協議。透國英日、俄日、法日間幾個雙
邊條約，遠東情勢乃得以維持均衡。

二、三國協約影響之檢討

由於英俄協商的成立，加上法俄同盟，英法協商等幾個雙邊協定，遂形成了所謂的三國協商或三國協約。

三國協約的關係實際上很鬆懈，無論是英法協約或英俄協約，其內容都只涉及化解雙邊關係上的殖民或勢力範圍之爭，並不涉及政治或軍事上的合作，所以並不如比羅所想的對德國構成嚴重威脅。但由於所有的條約都是秘密協議，並不對外公開，難免會令對手有所疑慮。

其實，三國協約的各國之間仍有心結，進一步的合作談何容易？第一，英法兩國對俄國沙皇的專制政府並無好感，俄對英法亦然，三國協約的心理基礎十分薄弱。第二，三國協約的利益結合也充滿矛盾：法俄1892年的聯盟因日俄戰爭的考驗而被削弱，兩國此時關係的維持主要在於俄國十分需要法國的貸款；至於英俄協商則更是脆弱，俄國外相一心想獲得黑海兩海峽的開放，英國卻始終反對。第三，三國協約的成員都認為，縱使有協約關係的存在，並不妨礙各自與德國改善關係：俄國認為英俄協約既只止於清算雙方在中亞的勢力範圍之爭，當然無礙於德俄關係的發展。1907年秋，德俄二國君主在史懷夢德（Swinemunde）會晤，伊茲沃爾斯基曾與德方談判維持波羅的海現狀，並將談判對象侷限於沿岸國，如是英國即被排除[31]。而在英國內閣中，激進的自由黨人認為俄國政府是歐洲最反動的政府，有人甚至對於俄國革命的無疾而終，感到惋惜。對於法國也有頗多批評，認為法國急切想收回亞洛二省，以及急於向摩洛哥拓展，才是引起摩洛哥危機的主要原因。他們的結論是法國才是好戰的，德國愛好和平，是被俄法兩國的行動所迫，才不得不有所回應。至於法國，從胡維耶到卡以約（Caillaux, Joseph, 1863-1944），這些親德派的人士都嘗試與德國修好合作，以化解可能的德法衝突。

由上面這些事實可以推知，在1907年，三國協約不過剛剛萌芽，在英、法、俄之間，不僅各有想法，互有猜疑，而且各國都有其衷心關切之點，如俄之於海峽、巴爾幹，英之於德國的海軍威脅，法之於摩洛

哥、以及亞洛二省之收回。各國對他國的願望縱有瞭解，並不完全支持。三國協約能否持久，有待時間的考驗，但德國卻自認陷入包圍，德國這種判斷形成了一種情緒感染，在經過以後的一連串危機的衝擊考驗之後，幻影成眞，三國協商眞的逐漸加強，成爲反德聯盟。

不過換另一個角度看，雖然無論在心理層面或實利層面，三國協約都很脆弱，但它的出現證明，英國與法俄兩國間的矛盾遠小於與德國間的矛盾。英國與前兩國的衝突主要在殖民地與勢力範圍之爭，但與後者的衝突不僅涵蓋此一範疇，還擴及英國生命線，即海權之爭。

第三節 波士尼亞危機

一、塞爾維亞與南部斯拉夫人主義

前文指出，1880與1890年代中，俄國對巴爾幹半島的政策失誤甚多，導致塞爾維亞、保加利亞等國都倒向奧匈，當時俄國注意力在遠東，對此情勢也不太在意。俄國與奧匈在1897與1903年兩度簽約[32]，同意維持巴爾幹半島現狀，冷凍兩國在此地區的利益衝突。但是奧匈卻在此段時期，先是趁俄國全心向遠東發展，無暇西顧，後是趁俄國在日俄戰爭後亟需休養生息之際，悄悄的伸張其勢力於巴爾幹半島。

巴爾幹半島對奧匈之有利情勢後來逐漸發生變化，1903年6月10日塞爾維亞發生政變，推翻了奧布里諾維奇王朝，由親法、俄之卡拉喬治維奇王朝之後裔彼得（Peter）取得政權，啓用巴希奇（Pasitch）任總理，脫離了奧匈之控制，走向鼓吹大塞爾維亞民族主義之路。奧匈爲了掌控由此引起，漫延到波士尼亞、蒙地尼格羅、以及奧南等地區的南斯拉夫人的民族運動，思考採取行動，將塞爾維亞自歐洲地圖上抹去。

其實對於巴爾幹半島情勢，前文曾提及，自1867年二元帝國誕生之後，維也納與布達佩斯向來政策不同。面對1903年塞爾維亞的新情勢，究竟應採取何種政策以對，奧匈政府內部立場仍然不一致。恰巧奧匈政

府的人事在此時發生大幅變動，1906年10月，充滿野心及活力的埃倫塔爾（Aehrenthal, Aloys, 1854-1912）[33]接替了葛魯霍夫斯基，就任奧匈之外相，康拉德·馮·赫岑多夫（Conrad von Hotzendorf, 1852-1925）[34]接替了貝克（Bech）爲參謀總長。前任皆較保守，而新任皆野心勃勃，他們都想乘俄國積弱不振時，撕毀俄奧在1903年所簽之穆爾茲特格（Mürzeteg）條約，大展抱負。對埃倫塔爾來說，他對奧匈帝國內的複雜情勢瞭解頗深，想藉助於外交上的斬獲來拉抬帝國外強中乾的聲勢[35]。於是以王儲法蘭西斯·費迪南（Francis Ferdinand, 1863-1914）[36]、參謀總長康拉德、外相埃倫塔爾爲首的一批政要，加上維也納的財閥，基於消滅大塞爾維亞主義，以及開發巴爾幹半島經濟的興趣，計畫逐步將此半島納入奧匈勢力範圍。第一步是兼併波士尼亞與赫爾斯哥維那，事實上波黑兩州自1878年以後就在奧匈統治之下，當年奧匈就可以直接兼併，國際上也無人反對，之所以爲未如此做，其實是受到匈牙利的牽制，因爲後者不希望併入太多斯拉夫人。自1878年以來，波士尼亞一直由維也納統治，維也納新上台的班子希望取得名義上的主權[37]。第二步是發動對義大利及塞爾維亞的預防性戰爭，將塞爾維亞兼併。不過在後一步驟上，埃倫塔爾看法較保守，基於外交考量，避免引起太大反彈，他主張與俄國所支持的保加利亞，甚至羅馬尼亞一起瓜分塞爾維亞[38]。

對於上述構想持反對立場的還是布達佩斯，匈牙利政府的考量仍然和1878年時一樣：由於其轄下已經有不少的南斯拉夫人，後者本來已經對馬札兒人的高壓統治十分反彈，如果再將塞爾維亞併入，則匈牙利內部南斯拉夫人的比重更大，形成尾大不掉，更不利於匈牙利的統治[39]。

1906年初，奧匈即已對塞爾維亞發動關稅戰，阻止自塞爾維亞輸入家畜，即所謂「豬隻戰」（Pig War），以圖在經濟上扼殺塞國，但成效不彰[40]。1907年1月，埃倫塔爾宣布奧匈將建造鐵路經由諾維·巴札的聖夾克（Sandjak of Novi-Bazar）通往薩隆尼卡。此一鐵路不僅可以隔離塞爾維亞及波士尼亞、蒙地尼格羅，而且可以讓奧匈得到出愛琴海的便利。

俄國的反應爲何？此時俄國之外相爲伊茲沃爾斯基，他於1906年4

月上台，較埃倫塔爾在奧匈掌權早六個月，他亦和後者一樣，野心勃勃，不過他主要的關切點在海峽，希望獲得英國支持，改變1878年柏林條約的相關規定，讓俄國戰艦可以通過土耳其海峽。但此一政策其實是虛榮心作祟，僅在追求俄國「應享的權力」，凸顯俄國的尊嚴，並無實際利得，因爲此時俄國在黑海尚無任何戰艦。對於巴爾幹半島，伊茲沃爾斯基野心並不顯著，但也不容奧匈在此一地區擴充勢力。在英俄協商議訂過程中，伊茲沃爾斯基即已努力遊說英國對俄國開放海峽，但未成功。

面對奧匈在巴爾幹的擴充，伊茲沃爾斯基當然不甘示弱。所以他提出一個反制計畫，即宣稱俄國將興建從阿爾巴尼亞在亞得里亞海的港口，通往多瑙河的鐵路。奧俄兩國針鋒相對十分明顯，幸而上述兩條鐵路都未興建，否則俄奧間之戰爭將提早爆發。

奧匈要實現其對巴爾幹的政策，直接受衝擊的國家當然是塞爾維亞，但塞爾維亞僅憑其本身實力，無論如何也無法與奧匈抗衡，所以俄國的反應至關重要。如果俄國不願意妥協，奧俄之間爆發衝突，奧匈也沒有必勝的把握，因此德國的支持就成爲關鍵。如果德國並未涉足土耳其，在土耳其並沒有影響力，則即便德國支持奧匈向巴爾幹發展，與俄國發生衝突，只要不波及海峽，英國也不會過問。

不過事實並非如此，德國自十九世紀九十年代涉足近東事務以來，在鄂圖曼帝國的影響力日增，取得承建巴格達鐵道的權力以後，德國更致力於將土耳其轉變爲其殖民地。土耳其方面，由於阿布杜爾‧哈米德（Abdul Hamid）蘇丹的政權並不穩固，既要藉助德國的資金解決財政問題，也要藉助德國的實力來對付巴爾幹上騷動的斯拉夫人、小亞細亞的亞美尼亞人、阿拉伯人、以及帝國內部的激進份子，所以使得德國在土耳其的勢力蒸蒸日上[41]。如果德奧兩國聯手向土耳其本土及巴爾幹半島挺進，掌控其人力、資源與戰略地位，這就使得英國不能坐視。因爲在英國眼裡，土耳其是歐洲與印度間的橋樑，英國陸上生命線中重要的一環，絕不能聽任他國盤據。在俄國來說也是一樣，如果德奧控制了土耳其與巴爾幹，則俄國南方由黑海到外高加索一帶的安全就受到威脅。這

一情勢的出現，使一向在近東問題上針鋒相對的英俄找到了共同利益。

英國的反制措施有幾項。其一是在1903年4月開始施加財經壓力，令其銀行界拒絕對巴格達鐵道興建工程貸款，也不同意土耳其提高其關稅稅率[42]，這使得柏林當局處境十分困難。其二，針對1902～1903年馬其頓的動亂對土耳其施以政治壓力，要求蘇丹進行改革。其三，為使蘇丹在外交上轉向，以及德國知所節制，英國不惜聯俄。1908年6月，英王愛得華七世在外次哈丁（Hardinge, Charles, 1858-1944）[43]、海軍大臣費希爾（Fisher, John A., 1841-1920）[44]等人陪同下到雷發爾（Reval）會見尼古拉二世及伊茲沃爾斯基。雙方除就馬其頓情勢交換意見，支持馬其頓的改革外，也討論到德國的威脅。在會中哈丁甚至清楚告訴俄國外相，英國對德國的海軍擴軍疑慮日增，勸告俄國應儘速建軍，保持強大。哈丁認為在七、八年後，局勢可能十分危急，如果俄國實力充足，就可以在維持和平問題上扮演仲裁角色，並在歐洲安全上發揮比海牙會議更大的影響力[45]。哈丁的談話顯示了他的先見之明。

但英俄兩國各有其利益，在對德政策上不可能一致。俄國雖然也忌諱德國勢力控制土耳其，但雙方並無海軍發展的爭執。俄國既不敢得罪德國，也不願在英俄關係上啟德疑竇，所以對於哈丁的提議只是敷衍。至於英俄兩國在海峽與波斯的利益衝突，也沒有因英俄協商的簽訂而完全化解。哈丁對伊茲沃爾斯基的建言看似出自肺腑，其實是因為此時英德兩國有關海軍擴張的爭執正炙，亟需拉攏俄國向德國施壓。

由於英國對開放海峽一事始終不讚一詞，所以伊茲沃爾斯基把矛頭轉向奧匈，認為可以單獨與埃倫塔爾談筆交易。奧俄兩位外相的野心，一度確曾使彼等攜手合作，可惜好景不長，反而為兩國新的紛爭拉開序幕。

二、波士尼亞危機的爆發

1908年7月2日，伊茲沃爾斯基主動致函埃倫塔爾，討論巴爾幹問題，在主張維持巴爾幹現狀之外，提到兼併波黑二州及開放海峽都是歐

洲重要事件，俄奧兩國無權片面改變柏林條約內容，但俄國會基於友好精神處理此一問題。

正在此時，即7月3日，在少年土耳其運動運動的策劃下，土耳其駐紮馬其頓的軍團起義，要求恢復1876年憲法。土耳其蘇丹阿布杜爾·哈米德無力反抗革命，在7月24日答應少年土耳其運動之要求，恢復憲法，啓用親英的基亞米爾帕夏（Kiamil Pacha）爲首相，並擬於八、九月間舉行國會議員選舉，由於波士尼亞、赫爾斯哥維那名義上仍爲土耳其之一部分，勢必也將舉行選舉[46]。此一情勢發展頗出奧匈之意料，一方面擔心土耳其新政府會逐漸脫離德奧影響，另方面擔心由塞爾維亞領導的南斯拉夫人運動會快速感染到波士尼亞、赫爾斯哥維那，乃至於奧匈本土。因此，埃倫塔爾認爲最好的辦法莫過於快速將此兩省正式兼併。

於此值得指出的是，由於多元民族的特性，奧匈所有重大問題都無可避免的同時牽動帝國的內政與外交。譬如匈牙利轄下羅馬尼亞裔如有差別待遇，羅馬尼亞一定會爲其請命，如此奧羅同盟可能受到影響。俄國的泛斯拉夫主義可能影響奧匈境內的斯拉夫人對奧匈的向心，奧匈如要求俄國節制，可能使得俄奧關係緊張。同理，土耳其的內政變化影響到波黑二州的穩定，奧匈當然不能不有所反應[47]。

爲此，埃倫塔爾在外交與內政上都要有所部署。在外交方面，他認爲取得德義兩國支持不成問題[48]，唯一較懸心的即俄國。所以他決定邀請伊茲沃爾斯基到波西米亞的布赫洛（Buchlau）會商。1908年9月15日，俄奧兩國外相會晤於布赫洛，雙方達成口頭協議：奧匈承諾不反對對俄國戰艦開放海峽，俄國承諾同意奧匈兼併波士尼亞及赫爾斯哥維那，但認爲此事應獲得其他列強諒解之後才能動手。在內部，9月17日，埃倫塔爾終於說服奧匈兩個內閣接受其意見兼併二地。

布赫洛商談中，俄奧雙方雖然在大方向上有共識，但在細節與程序上歧見甚多。譬如說，俄國要求在奧匈兼併波黑二州後，應給予塞爾維亞與蒙地尼格羅若干補償，應召開國際會議正式修改柏林條約。對於前者，埃倫塔爾是直接了當的拒絕；對於後者，則含糊以對，聲稱無論如

何，兼併一事奧匈都會在適當時機告知俄國。在對俄國戰艦開放海峽一事上，俄國強調應不影響土耳其的獨立與安全，而且僅有黑海沿岸國家可以享受此權，如此，就把其他歐陸強權都排斥在外了[49]。

布赫洛會議之後，伊茲沃爾斯基立即啓程往歐洲各國首都訪問，遊說各國支持召開國際會議。首先來到德義兩國，這兩國原則上不反對，但要求有所補償。10月6日來到巴黎時，伊茲沃爾斯基聽聞埃倫塔爾已經在前一日片面宣布兼併波黑二州。埃倫塔爾此一作法令伊茲沃爾斯基大爲窘憤，認爲受騙，並使其在國內處境更添困難，因爲俄皇尼古拉二世雖然支持其政策，但俄國內閣對伊茲沃爾斯基開放海峽的主張卻不以爲然。當時的俄國首相斯托雷平（Stolypin, Pyotr A., 1862-1911）[50]認爲俄國既然在黑海尙無戰艦，尋求開放海峽並無實利，殊無必要爲此與英國發生摩擦。斯托雷平更爲重視斯拉夫民族感情，不願見到俄國與奧匈交易傷及斯拉夫人之利益，更不能容忍奧匈染指塞爾維亞。

但是伊茲沃爾斯基此時已經進退兩難，只好繼續硬著頭皮與法英兩國交涉。法國的態度並不反對召開國際會議，乃至對俄國戰艦開放海峽，但一切得看英國態度而定。法國此舉顯然是找個藉口，推卸責任。因爲法國雖係俄國之盟國，但本身與德國在摩洛哥的爭執未了，不願爲巴爾幹半島這些次要問題與德奧破裂。至於英國，伊茲沃爾斯基來到倫敦會見格雷之後，格雷表示，英國支持兼併波黑之事應召開國際會議解決；但對於開放海峽，則認爲如果要開放，則應一視同仁，即各國戰艦都有權可以進出海峽。後一主張等於將了俄國一軍，因爲如此一來，英國戰艦可以長驅直入黑海，而俄國此時在黑海尙無戰艦，則此舉對俄國的威脅豈不更大？伊茲沃爾斯基因此鎩羽而歸，騎虎難下。

奧匈宣布兼併波黑二州之後，拒絕召開國際會議討論此一問題，德國完全支持其立場。德國之所以如此，主要著眼於：一，屈辱俄國，使其明瞭俄國錯選了結盟對象；二，在離間俄國與英法的關係，誘使俄國在對法英失望之後，倒向德國。德國首相比羅在該年10月28日致其駐德大使的訓令中，對上述企圖直言不諱[51]。比羅並判斷英法在兼併波黑問題上絕不會支持俄國。

　　伊茲沃爾斯基在無計可施之下，回到聖彼德堡後，逕自宣布應召開國際會議，討論兼併問題。從國際法的角度來看，俄國的立場無懈可擊：條約豈能片面修改？奧匈行動顯已違反1878年柏林條約，召開國際會議來討論或修改1878年柏林條約，理所當然。只不過國際現實與國際法是兩回事，此時的國際社會對條約神聖的原則已經沒那麼重視。國際社會既然意見不一，伊茲沃爾斯基最後只好直接向奧匈施壓，要求召開國際會議，但埃倫塔爾表示，除非擬議中的國際會議，旨在承認奧匈兼併波、黑二地的事實，否則不願參加。

　　情勢越來越僵，1909年1月以後，德奧兩國的參謀人員磋商動作日趨密切。奧匈的參謀總長康拉德一向好戰，而且不考量奧匈實力，急於引爆戰爭。因為在他看來，奧匈帝國內一切騷動不安皆出自於塞爾維亞與俄國，所以兼併塞爾維亞，無論是經由和平的或戰爭的途徑，就成為解決問題斧底抽薪的作法。他在1906年接替貝克時即提出此一主張，此時更為堅持。他堅信，奧匈與塞爾維亞之戰無可避免，為此他與德國參謀總長小毛奇在1909年1月到3月間聯繫頻繁。小毛奇取得首相比羅的同意之後，對1879年的德奧同盟做了擴張解釋：在俄奧衝突中，即便俄國沒有直接攻擊奧匈，但是一旦介入奧匈與塞爾維亞之爭，德國也將視其為德國介入之充足理由[52]。按照1879年俄奧條約，只有在俄國對奧匈發動攻擊時，德國才需介入。這是德國外交政策上的一大變革：由俾斯麥時代的盡力約束奧匈，淡化和冷凍奧俄衝突，以維持巴爾幹半島的和平；走向全力支持奧匈，鼓勵奧俄衝突，以求在列強間重新洗牌，使列強間出現新的組合。德國此一政策改變已預言了大戰爆發。

　　德國支持奧匈對塞爾維亞採取軍事行動，英法感覺情勢緊張，向德國建議聯合和平調解，但比羅斷然拒絕。此時德國與法國之間有摩洛哥爭執，與英國之間又為海軍擴張之事鬧得極為不快，按理說不應再在巴爾幹問題上與俄國直接衝撞，多所樹敵，但比羅卻不如是想。為展現德國的強勢立場，比羅決定不妥協，比羅判斷英法絕不至為此事而與德奧起衝突，因之絕不會支持俄國。果然，英國勸俄讓步，法國亦向俄表示其在巴爾幹無重大利益，不便介入。奧匈因此取得自由行動。

　　為了使協約國，特別是俄國不至於太下不了台，也為了規避召開國際會議，奧匈決定與土耳其私了，所以主動與土耳其連絡，允諾以二百五十萬英鎊以交換波黑二地，迫土接受此一既成事實。另方面埃倫塔爾於1909年3月19日向塞爾維亞致送最後通牒，要求後者承認此一情勢。

　　何以奧匈兼併波黑要求塞爾維亞承認？前文已經指出，這是因為塞爾維亞與波黑二地同屬南斯拉夫人居住之地，在大塞爾維亞主義者的眼中，這些地方早晚將整合。早在1878年柏林會議將波黑二地劃由奧匈「佔領」時，已令塞爾維亞覺得如芒刺在背，不過尚存一線希望：因為該二地名義上仍屬土耳其，他日仍有合併可能。現在奧匈宣稱將該二地兼併，又取得土耳其之同意，塞爾維亞之失望與反彈可想而知。因之奧匈宣布兼併波黑，第一個要確定的便是塞爾維亞的反應。

　　另方面，德國亦在3月21日訓令其駐俄國大使波特雷斯（Pourtales），正式通知俄國，德國已經接受奧匈兼併波黑二地的事實，並要求俄國清楚表態，是接受或不接受？德國並宣稱，躲閃含糊的答案將被視為拒絕。一旦拒絕，德國將放手讓奧匈自行決定，由此衍生之一切責任皆歸屬俄國。至此俄國瞭解，如果不與德國妥協，則戰爭即不能避免，而俄國此時無論在軍力人力物力上，都無法一戰，最後只得讓步。至於英法義，也接受了此一事實。

　　在上述情形下，塞爾維亞陷入孤立，最後終於向現實低頭，於1909年3月31日承認奧匈兼併波黑二地的事實，並與奧匈簽署善鄰條約。

三、波士尼亞危機之檢討

　　由於俄國與塞爾維亞的讓步，1908～1909年的波士尼亞危機終於有驚無險的結束。在這次危機中，德奧當然是勝利的一方，俄國在巴爾幹半島上的影響力大減。俄國的屈辱，雖然使其對法國的支持不力有所怨尤，對英國在海峽的不肯鬆手心存芥蒂，但程度並不如德國之預期，基本上對於爭取開放海峽一事，俄國首相斯托雷平、財政大臣柯科夫思夫（Kokovtsev）、戰爭部次長波利法諾夫（Polivanov）等人都反對，只有

尼古拉二世支持伊茲沃爾斯基的想法，在政策失敗後，俄國政府將所有責任都推給伊茲沃爾斯基，視此一事件純粹是伊茲沃爾斯基個人的外交冒險[53]。其後，俄國政府的外交重心仍然是在亞洲的中國與波斯。雖然如此，俄國畢竟受到屈辱，所以對德奧的巴爾幹政策頗為懷恨，決心要在此地予以報復。

1909年10月24日俄皇尼古拉二世在伊茲沃爾斯基陪同下，與義大利國王伊曼紐三世及義國外相提多尼（Tittoni），在拉孔尼吉（Racconigi）會晤。義大利對於奧匈兼併波黑也極不滿，提多尼亦如伊茲沃爾斯基一樣，認為被埃倫塔爾所欺騙。按在奧匈兼併波黑以前，義奧兩國外相曾在薩爾茲堡會晤，討論到波黑二地問題，但提多尼認為，埃倫塔爾當時僅告訴他波黑二地為奧匈與土耳其間的問題，並非國際事務，並未告知他奧匈兼併之企圖，提多尼也不認為兼併一事是可能的或即將行動，所以當後來被通知時，義大利極為反彈。事實上，義大利一直認為，按照1887年三國同盟續約內涵，奧匈一旦在巴爾幹有所斬獲，就應當對義大利有所補償。但就奧匈來看，波黑二地早就在奧匈統治之下，如今只不過取得形式上的主權，並無實質上的增減，所以對義大利並無補償的義務，雙方看法南轅北轍。由於俄義雙方對此一情勢都不滿，所以在拉孔尼吉一拍即合，獲得協議：

（一）俄義兩國致力維持巴爾幹半島現狀。

（二）在巴爾幹半島發生的一切情勢皆適用民族原則，排斥一切外國霸權。

（三）兩國共同對抗一切與此抵觸的行動，並不簽訂任何無對方參與的有關東歐之協定。

（四）雙方同意，對於俄國在海峽問題上的利益，或是義大利在的黎波里、昔蘭尼卡的利益，彼此友好對待。[54]

就俄國來說，這個協議的真正目的既在分化三國同盟，也在防範奧匈進一步在巴爾幹採取片面行動。對義大利來說，則在拉攏俄國，爭取

義大利在巴爾幹半島與北非的利益。此時的三國同盟，對義大利來說，
幾乎已不再具有價值。

平心而論，俄國在日俄戰後國內情勢不穩，亟需休養生息之際，在
國際關係上應低調行事。因此，伊茲沃爾斯基主動挑起海峽與巴爾幹問
題殊非明智。更荒謬的是，俄國自1870年趁普法之戰，廢除黑海中立化
的條款以來，始終未在黑海興建艦隊，既無艦隊，開放海峽又有何益？
尼古拉二世與伊茲沃爾斯基不爭實利爭空名，惹得一身腥不說，同時讓
冷凍的巴爾幹問題解凍，對實力猶待復健的俄國來說，簡直就是自找麻
煩。

對德國來說，雖然在外交上獲得空前的勝利：嚇退英法，屈辱俄
國，但這只是表象。相對的，經過這次危機，英法對德國的戒心更重，
俄國也開始從事眞正的大規模整軍。而德國國內對俄國的態度也不一
致，雖然陸軍部門可能視俄國爲頭號敵人，支持比羅對俄國的強勢外
交，可是海軍部門可能較爲親俄遠英，工業界看中俄國的市場，也希望
與俄國維持較爲友好關係，他們未必肯定比羅的政策。

波士尼亞的危機原本只是一個地區性衝突，可以用較緩和的態度予
以解決，但在處理此一問題時，比羅卻似乎故意要小題大作，將它擴大
爲三國同盟與三國協商間的一次正面對抗。過程中比羅的張牙舞爪，留
給英法等國十分惡劣的印象。如果說第一次摩洛哥危機對英俄協約的出
現不無影響，那麼波士尼亞危機與稍後發生的第二次摩洛哥危機，對三
國協約毫無疑問的會產生強化的效果，這可能是比羅始料所未及。

奧匈在此次事件中其實也未能眞正解決斯拉夫民族主義所引起的問
題。奧匈刻意屈辱塞爾維亞的作法，更引起塞爾維亞人持久的憎惡，所
以事件過後，塞爾維亞的領導人在波黑二地私下，甚至公開發動宣傳，
鼓動民族主義，並招募青年到塞爾維亞，灌輸彼等大塞爾維亞主義[55]。
這種情勢一旦失控，奧匈所受反挫力之衝擊，未必是它所能承受。

在波士尼亞危機發展的同時，英德兩國的海軍競賽已臻白熱化。德
皇在1908年8月向英國外次哈丁爵士表示，海軍發展事關德國尊嚴，德
國寧可作戰，亦不願英國干預德國海軍發展。10月，又發生了每日電訊

報事件，在德英兩國都產生激烈的反應。1909年春，在在野黨的鼓動下，英國民眾要求擴大造艦計畫，英國政府只得接受。比羅後因每日電訊報事件與內政問題，於1909年6月下台，由貝特曼‧霍爾維格[56]繼任為首相，基德倫‧華希特（Kiderlen Wächter, Alfred, 1852-1912）[57]為外長，兩人亦致力縮減造艦計畫，並以此誘導英國與其成立政治協定，在德國與他國發生衝突時中立，但英國並未上當[58]。

　　總之，波士尼亞危機之後，在協約國的印象中，德國極端好戰，大戰的危機似已隱約可見。

第四節　第二次摩洛哥危機

一、起因

　　摩洛哥在1906年阿爾赫西拉斯會議之後，仍然是法德兩國的爭執重心，德國在摩洛哥之外交領事人員主要工作即在對抗法國勢力的深入。1908年8月摩洛哥蘇丹阿卜杜勒‧阿齊茲為其兄弟穆萊‧哈菲茲（Mulay Hafiz）推翻，在動亂中有一個法國人被殺，提供法國藉口，佔領了與阿爾及利亞毗鄰的摩洛哥省份，以及卡薩布蘭卡。對於法國勢力逐漸向摩洛哥擴充，德國難免關切。同年12月25日，德國駐卡薩布蘭卡的領事庇護了五名法國外籍兵團的逃兵，在協助這些逃兵上船逃逸時，後者卻為法國捕獲。德國十分憤怒，要求法國將捕獲的逃兵交出，法國堅拒，德國雖然以斷交相威脅，但法國當時之總理克里蒙梭亦堅持不讓步。後來雙方終於同意將此爭端交由海牙仲裁法院裁決，結果法國獲勝。

　　是時波士尼亞危機正處於高潮，德國為爭取法國中立，決心與法和平解決彼此在摩洛哥之爭執，法國對俄在波士尼亞問題上之立場並不感興趣，亦頗願與德修好。因之法德於1909年2月9日協議：德國承認法國在摩洛哥之最優地位，法國則允德國以公平地位參與摩洛哥之經濟活動。法國以為從此可以避免德國在摩洛哥問題上不斷抗議干擾，德國則

以爲如此摩洛哥之獨立地位既可保，德國還可以在經濟上分一杯羹。實則雙方不僅期望過高，而且各懷鬼胎，合作不可能愉快。法國既不願將開採摩洛哥地下資源的礦業聯合公司大股讓與德國，對德國要求以平等地位與法國共同興建摩洛哥之鐵道並提供人員，亦不能接受。在英國方面，由於1909年2月的德法協議，將英國排除，亦深感不滿，故對已經困難重重的德法協議又予阻撓。德國在失望之餘，在1910年後打算利用阿爾赫西拉斯會議的決議，阻止法國深入摩洛哥。

此時，摩洛哥的情勢亦十分不穩，摩洛哥新的蘇丹穆萊·哈菲茲雖獲國際承認，但國內仍有許多反對者。1910年許多部落反叛，首都費茲告危，新的蘇丹遂向法國求援。1911年4月初，法國表示由於摩洛哥內亂，爲保護法國在該地之僑民，於4月11日出兵費茲。德國認爲法國的行動顯已逾越了阿爾赫西拉斯協議，重提摩洛哥問題。

此時之德國首相貝特曼·霍爾維格智慧不高，學究氣重，覥腆而重形式，欠缺政治細胞，遇事又乏決斷力。其外相基德倫·華希特則剛好相反，高傲狂妄、態度強硬、無視法律、不講細節、不計後果，更完全不把首相放在眼裡。他推崇比羅是蜥蜴，敏捷靈活，貝特曼·霍爾維格則是蚯蚓，笨拙脆弱。因此，基德倫·華希特跳過首相，直接向德皇建議：法國既然不遵守阿爾赫西拉斯之協議，出兵摩洛哥，則德國自然也不必受此協議拘束。德國可以考慮將摩洛哥讓與法國，但法國必須提出補償。爲確保補償之取得，德國似可佔領摩洛哥之港口，如阿加迪爾（Agadir）、摩加多爾（Mogador）以爲質押。德皇接受了此一建議。

此舉在外交上會有一定的風險，難道德皇與其外相看不出來嗎？事實上他們的推理完全是從另一個角度切入。就基德倫·華希特來說，他認爲此舉是幫法國政府解除民意上的壓力，使其更容易做出讓步。至於德皇，由於剛從英倫訪問回來，感受到英國民眾對德國無可動搖的善意，可能也認爲考驗一下英法關係應該沒有風險[59]。

當時法國財長卡以約（1911年6月27日起擔任總理）[60]立場親德，不希望爲摩洛哥再與德國起爭執，法國駐德大使朱烈甘朋也是如此，二人都主張爲了避免與德衝突，法國給予德國適當補償是有必要的。卡以

約有意以一部分法屬剛果給予德國，以為補償。6月21日朱烈甘朋與基德倫・華希特會晤，以瞭解德國所要求之補償究何所指。會談中，朱雷甘朋既未明言可以一部分法屬剛果為交換，德國也不肯表明希望取得什麼，所以一無所得。兩人相約一個月後，待朱雷甘朋回法度假返德時再談。但德國卻於7月1日派遣砲艦「豹」（Panther）前往阿加迪爾，以「保護德國在摩洛哥利益」，第二次摩洛哥危機就此揭開序幕。

二、解決經過及影響

法國此時究應採取相對步驟，派艦佔領另一港口？抑或先與德國展開談判呢？對此情勢法國總理卡以約似乎並不驚慌，他估計英俄兩國都不會假以援手，法國應持續與德國進行秘密談判。法國新上台的外長塞爾維（De Selves）就此情勢諮詢英國格雷之意見。法英兩國外交首長都傾向派遣艦船到阿加迪爾，以為反制，但兩國內閣都不贊成。英國內閣建議法國仍應與德談判，同時為了避免法德兩國私下解決，危及英國在直布羅陀的利益，英內閣表示英國不會承認沒有英國參與的任何安排。

當時英國國內意見並不一致。內閣中的激進自由派親德人士，認為德國的作為完全是法國過激的擴張所引起，英國絕不應捲入支持法國，與德國敵對。海軍部門中甚至有人不反對德國取得阿加迪爾。更有人主張召開國際會議解決，會中應要求法國也要補償英國[61]。另方面，外交部門的格雷、駐法大使貝爾提（Bertie）則以為英國應支持法國，防止德國海權進一步擴張。內閣中另一激進自由派閣員，勞合喬治則擔心德國在英國的海上貿易通道取得一個大的海軍基地。

7月15日德國外相基德倫・華希特才向法使朱烈甘朋表示，德國要求取得全部法屬剛果。此舉顯然出乎法國意料之外，法國至多只打算讓出部分剛果。基德倫・華希特張狂好戰，告知首相貝特曼・霍爾維格，如果法國不應允，應以「強制方式為之」（proceed very forcibly），但德皇並不贊成。法國因仍想透過雙邊談判，私下解決，所以並未告知英國。

　　英國外交部門願意聽任法德透過談判解決，排除英國內閣企圖召開國際會議討論之議。7 月21日，英國激進派首領，掌璽大臣勞合喬治公開宣稱：在涉及英國基本利益之處，英國不能被忽視。爲了維持和平，我們已經準備好做更多的犧牲。如有必要英國將武裝介入，不惜代價換取和平，對英國這樣的大國來說是不公平的等等[62]。其原意在告知法國，在重新瓜分摩洛哥時，英國的利益不能被排除，並非支持法國對抗德國，但被法德兩國錯誤解讀[63]。由於英國之表態，加上基德倫·華希特深知德皇威廉二世絕對不贊成爲摩洛哥而與英法開戰，所以7月26日基德倫·華希特決定讓步，表示可以部分剛果作爲談判基礎。於是法德雙方在8月展開雙軌談判，除了公開的外交管道的協商之外，還有德皇與法國總理私人代表的私下談判。現在問題的癥結在：法國究竟應將剛果的那一部分給予德國？法國可自德國獲得何種補償？

　　談判過程並不順利，曾一度中斷。法國外交處境亦不佳，英國的支持並非毫無保留，而俄國鑑於法國在波士尼亞危機中的冷漠，也以牙還牙，雙方都認爲法國在剛果並無重大利益。因之，法國只有讓步，決定擴大其補償，除了部分剛果，還允承給予德國在摩洛哥若干經濟利益。同時，卡以約以財政操作，引發柏林股市恐慌，終於迫使基德倫·華希特妥協，使會談得以在九月重開[64]。

　　法德雙方後來在1911年11月4日獲得協議，德國承認法國在摩洛哥之保護權，法國則劃出兩條剛果領土給德國，使後者可以由此抵達烏班基河及剛果河。同時並約定，如果比屬剛果出售，法國要行使以前獲得的先購權的話，應與德會商。摩洛哥在1912年3月正式成爲法國之被保護國。

　　摩洛哥危機雖然落幕，但由此所引發的愛國主義卻在法德兩國蔓延，解決此一危機的條約在法德兩國都引起激烈批評。卡以約原想藉助此約爲緩和法德關係鋪路，結果法國人卻認爲此約是卡以約在德國威脅下所簽，使法國喪盡顏面，法國的民意反彈與敵對政黨的反制，終於使得卡以約在1912年1月下台。繼任者潘加雷（Poincare, Raymond, 1860-1934）[65]是法國愛國主義、反德勢力的代表，他上台後主要的工作就是

準備對德戰爭，收回亞爾薩斯與其故鄉洛林。法德修好當然不可能。

在德國，貝特曼・霍爾維格與基德倫・華希特也受到無情的攻擊，認爲他們太過無能與軟弱，狂熱的殖民者認爲德國的殖民利益並未受到周延維護，殖民部長林德奎斯特（Lindequist）甚至憤而請辭[66]。提爾皮茨也摩拳擦掌的說：我們越被屈辱，吵鬧聲就越大，（通過）新的海軍法案可能性就越近[67]。原本對殖民地並無興趣的一般德國民眾，在這片高亢的外交喧囂中，受到愛國情緒的感染，立場也越來越鷹派。

另方面，第二次摩洛哥危機讓英國看清了德國的危險與威脅，反德情緒再一次被挑起。此後，英國採取了兩面手法，一方面致力修好、安撫德國，另方面作最壞的打算，認眞做好作戰的準備[68]。上述勞合喬治1911年7月21日的談話是一個指標，他喚醒了英國民眾的警戒心。他曾經以戰爭危險迫近爲由，成功的終止了一場鐵路罷工。非僅如此，由於阿加迪爾危機對於英國海權所造成的威脅，使邱吉爾被任命爲海軍大臣，進行海軍改造。此後邱吉爾不僅全力投入海軍整頓，他對德國的懷疑也影響到未來兩國的關係[69]。格雷將這些反應戲稱爲「政治酗酒主義」（political alcoholism），但不論如何論斷，從英法兩國內閣的人事異動，英國民意的憂慮，法國民族主義的抬頭，以及德國民意的屈辱感，我們不難想見，危機之後英法與德國的關係必將更爲惡化。

第二次摩洛哥危機中，三國協約中的英俄兩國並沒有給予法國外交上太多奧援。由於法國在波士尼亞危機中對俄國的支持不力，加上卡以約不支持法俄同盟的立場，俄國這次其實是袖手旁觀。至於英國勞合喬治的表態演說，其實並不在支持法國，而是在強調英國不容被排斥於解決摩洛哥的協商之外，如果被德國解讀爲是聲援法國，那不過是歪打正著。此時英國與俄國的關係由於雙方在波斯的衝突升高，也甚爲緊張。所以認眞來說，三國協約內部其實充滿不信任，內聚力極弱，但德國的耀武揚威使英國心生恐懼。英德雙方爲了化解緊張情勢，在1912年曾嘗試改善雙邊關係，但在有關海軍裁減、政治協議之談判破局後，反而促成英法間進一步之合作。

至於三國同盟，其實也同床異夢。奧匈外相埃倫塔爾在危機中採取

了中立的立場，並以此為由，要求法國對奧匈貸款開放法國證券市場。卡以約倒是樂觀其成，但由於他的下台，此事不了了之。最讓德國苦在心裡口難開的，還是其另一盟國義大利。義大利在1911年9月29日，摩洛哥危機尚未塵埃落定時，突然毫無理由的向土耳其宣戰，進軍的黎波里。除了俄國以外，幾乎所有的大國都表震驚與惋惜，事實上，這些國家，如英國、德國、法國、奧匈都希望維持近東現狀。義大利的趁人之危，引爆了新的巴爾幹危機。

第五節 巴爾幹戰爭

一、義土戰爭與各國態度

在二次摩洛哥危機中義大利一直伺機而動。由於三國同盟條約中，德國與奧匈對義大利已有承諾，不反對其向的黎波里及昔蘭尼卡一帶發展；1900及1902年法義又兩度協議，相互承諾不反對對方在的黎波里及摩洛哥的發展；而1909年義俄條約中，俄國也承諾以友好態度對待義大利向的黎波里發展。既然幾乎各個重要國家都已經與義大利有所諒解，再加上1911年7月以後各國都將注意力放在摩洛哥，義大利因此早就躍躍欲試，想趁機控制的黎波里及昔蘭尼卡。1911年9月，看到法德之間有關摩洛哥的談判已有進展，再不動手，將時不我與，遂藉口土耳其在上述二地行政措施不當，於1911年9月29日向土宣戰。

義土開戰，除了俄國情緒充滿矛盾外，其他各國都十分不滿，因為這些國家都不認為此時挑起土耳其問題為明智之舉。對德國來說，它與土耳其的關係在最近二十年來日益密切，而義大利是三國同盟的成員，德國夾在當中難免為難；再說德國也不希望見到土耳其進一步被削弱，除非是被德國自己收歸為被保護國。對英國來說，土義戰爭必然會導致俄國與德國某種程度的介入，使列強在近東的關係更添複雜，如果巴爾幹問題再經引爆，可能更不可收拾。對法國來說，他是土耳其最大的債

權國，在土耳其的外債中，法國債權就佔60％，德國只佔24％，英國更少，只有14％[70]，削弱土耳其對保障法國債權可沒有什麼好處。

對奧匈來說，它反對義土戰爭的態度最為堅定，因為它知道義大利的野心並不限於土耳其的北非領土，它對土耳其轄下的巴爾幹領土也垂涎三尺。奧匈此時並不想攪動巴爾幹半島這一池混水，雖然波士尼亞危機時，奧匈的鷹派人士曾有一舉兼併塞爾維亞之想法，但外相埃倫塔爾認為如此所激起的不可收拾的斯拉夫民族主義，將撼動奧匈帝國的根基，反而不利於帝國的生存。埃倫塔爾此時的政策取向是鞏固土耳其在巴爾幹半島的統治，維持半島現狀。如果行不通，就推動創建阿爾巴尼亞國，阻止塞爾維亞與蒙地尼格羅出海[71]。此一政策獲得奧皇支持，所以在鷹派的參謀總長康拉德提議對義大利發動預防性戰爭時，奧皇就以其主張過於激烈而將其解除職務[72]。因為奧匈對土義戰爭可能帶來的巴爾幹半島動亂充滿憂心，自然對義大利挑起戰爭表達極度不滿。雖然如此，奧匈的不滿也只能透過外交表態為之。

總結來說，雖然上述所有國家都反對義大利輕起戰端，不過卻都怕開罪義大利，使後者倒向敵對陣營，因此不敢強烈表態或採取立即行動。

俄國對土義戰爭為什麼情緒矛盾？就當時的俄國政府來說，它雖然關切開放海峽、巴爾幹半島的斯拉夫民族主義等問題，但這些問題眼前對其都沒有太大的實益，俄國外交的重點此時仍在遠東的中國與中亞的波斯。尤其是中國內政在1911年發生了劇烈的變化，滿清退位，民國成立，國內一片混亂，是俄國在此擴充勢力千載難逢的好機會。從這個角度看，俄國其實並不希望此時在土耳其帝國內再起波瀾，也不樂見義大利對土耳其採取行動。再者，對俄國戰艦開放海峽此時也沒有實益，因為俄國戰艦才開始興建。1908～1909年的波士尼亞危機中，俄國汲汲於開放海峽的外交動作，不過是伊茲沃爾斯基的個人意見，想成就其個人功業罷了。而俄國對於巴爾幹半島上的泛斯拉夫主義，雖有同情，但並不願意不計俄國本身利益來支持，如果土義戰爭波及此一地區，會使俄國進退維谷。這些因素應當使俄國不樂見土義戰爭之爆發。

　　但從另一個角度看，對於巴爾幹半島這些年不斷上升的斯拉夫主義，俄國民意十分同情，這種民意對即便是專制政府的沙皇也構成相當的壓力，不能視而不見。而俄國駐巴爾幹各小國的外交人員，受當地氣氛的影響，也常常不顧俄國外交當局的政策，躁進行事。土義戰爭爆發後，巴爾幹小國情緒浮動，認為與土耳其攤牌的機會來到。在上述兩個因素影響下，俄國難免會被捲入。

　　義大利對土宣戰之後，在的黎波里及昔蘭尼卡發動的軍事行動，受到當地阿拉伯人的頑強反抗，進展不大，但仍在1911年11月5日宣布合併的黎波里及昔蘭尼卡二地。在地中海，義大利作勢要向海峽進撲，在1912年4月至5月佔領了鐸德卡尼斯（Dodecanes）等島嶼。此舉使俄國起了很大的戒心。土耳其海峽雖然在1878年後對俄國戰艦關閉，但對俄國商船仍是開放的。俄國50%的產品，其中包括90%的穀物，都要經過此一海峽輸出，西歐國家的工業產品也要經過此一海峽輸入[73]。如果因為戰火波及，使此一航道受阻，又或土耳其海峽落入一個不友好的強國手中，如德國等國，則俄國南部的經濟命脈就控制在它國之手，這是俄國絕不能接受的。

　　就巴爾幹各個小國的立場來看，巴爾幹半島上的反土情緒，百年來從未消退，只是時弛時張。1902～1903年爆發的馬其頓動亂，雖一度被壓制，但餘火撲了又起。對1908年上台的少年土耳其革命政府，各國曾有期待，但事實證明其對待內部少數民族及異教份子的政策與手腕，並不比被推翻的蘇丹政府為佳。因此，義土戰爭爆發後，巴爾幹半島上各國積極的籌組同盟，一致抗土。這一情勢使俄國無法置身事外。

　　在義土戰爭爆發之初，短視的尼古拉二世倒是興致勃勃，有意效法1833年在恩機亞‧史開來西條約中所用的政策，透過其駐土大使查理可夫（Charykov）向土提議：俄國願維持土耳其現狀，並幫助土耳其與巴爾幹小國結成同盟，但以土對俄國戰艦開放海峽為條件。不過土耳其以及其他列強對俄國的構想都不支持。英國外相格雷的說法一仍舊慣：英國不反對對俄國戰艦開放海峽，但前提是各國一律平等，海峽也應向其他各國戰艦開放。英國的表態讓俄國知難而退[74]。俄國新外相沙佐諾夫

（Sazonov, Sergey D., 1860-1927）[75]亦認為此一政策太過冒險，並否認俄國進行這樣的外交部署，查理可夫也因此於1912年3月被調職[76]。

在巴爾幹半島方面，各小國早就有聯合抗土之意，1911年4月塞爾維亞首相米羅瓦諾維奇（Milovanovitch）即向保加利亞外相多謝夫（Tocheff）提議，雙方應劃出在馬其頓的勢力範圍，奠定未來共同抗土的基礎。但因為自1878年柏林會議以來，保加利亞認為就民族觀點來看，全部馬其頓皆為其所有，並未理會此一提議。義大利對土耳其宣戰之後不久，即1911年10月，輪到保加利亞主動向塞爾維亞提議，商討對土聯盟之可能。但由於雙方在瓜分土耳其歐洲領土，即馬其頓有所爭執，所以拖延不決。當時俄國駐塞爾維亞之公使哈特韋格（Hartwig），以及駐保加利亞之公使尼克魯鐸夫（Nekludov）都十分幹練積極，對各該駐使國的情況極為瞭解，但對整個大局，以及俄國本身的整體對外政策、其重點、國家實力，並無宏觀的認知。所以兩人在致力協調塞保兩國關係上，雖然著力甚多，也頗有成效，但未見得符合俄國利益[77]。由於尼克魯鐸夫的調停，俄國出面，促成1912年3月13日之塞保雙邊協定。根據該一協定，塞、保兩國對土、奧兩國組成防衛同盟，在土耳其發生動亂時，則對土耳其組成攻擊聯盟。在馬其頓的劃分上，保加利亞委曲求全，同意其北邊讓與塞爾維亞，南部歸保加利亞，兩者之間的爭執地帶則留待來日解決，如果相持不下，則由俄國主持仲裁[78]。

其實塞保兩國不僅有領土主張重疊的問題，兩國外交防範的重點也不同，塞爾維亞主要在防止奧匈對它的威脅，而保加利亞則對此無動於衷，後者的重點僅在打敗土耳其，以取得其在巴爾幹的領土為職志，其領土野心不限於馬其頓，還包括色雷斯、薩隆尼卡、君士坦丁堡等地。塞保條約的簽訂，塞爾維亞原指望在聯手對付土耳其之後，保加利亞會幫助其對抗奧匈，這當然是奢望。

緊接著5月29日希臘也參加了此一同盟，希臘總理維尼澤洛斯（Venizelos, Eleuthérious, 1864-1936）[79]之所以參與此一同盟，當然也是著眼於土耳其的歐洲領土，雖然維尼澤洛斯沒有明確提出希臘的領土主張，但顯然也是著眼薩隆尼卡、君士坦丁堡等地。8月蒙地尼格羅亦加

入了上述巴爾幹同盟體系。上述同盟中曾約定，同盟在勝利後，領土的分配上如發生爭議，將請俄國仲裁。這個同盟顯然對奧匈及土耳其都構成重大威脅。

由事實發展可知，巴爾幹各國對土耳其歐洲領土的覬覦，是促成巴爾幹同盟出現的主因，俄國雖然促成此一同盟，但私心仍不無顧忌。這有幾重原因。第一，巴爾幹同盟對於俄國來說，既有利益也有危險，是一把雙面刃。俄國希望將此一同盟定位爲防衛性質，目的在防止奧匈向東擴充，打破巴爾幹現狀；俄國並不想削弱土耳其。但此一同盟的成員個個都垂涎土耳其的歐洲領土，摩拳擦掌，想趁土耳其與義大利交戰時，與土一決勝負。第二，巴爾幹各國各有其利益，未必與俄國利益相符，甚至還有衝突，如保加利亞與希臘對君士坦丁堡的野心，就不可能見容於俄國。第三，巴爾幹小國已經是主權獨立的國家，在處理涉及自身利益的國際事務時，未必會聽命於俄國，俄國已經無法完全操控這些小國。

俄國駐保加利亞公使館的秘書烏魯索夫（Ouroussov），早在塞保同盟出現時，在給俄國外交部的報告中，就曾有透徹的分析。他說：塞保等國一旦達成同意，就會對土宣戰，此一戰爭可能在俄國軍事準備尚未完成時，就造成奧德兩國介入。巴爾幹各領導人很清楚俄國在近東與斯拉夫民族主義的立場，不可能置身事外，到時只能介入支持[80]。因此，烏魯索夫的結論就是：塞保協議的黎明，不是和平的曙光，這個在戰爭中誕生的協議，目的也是戰爭[81]。俄國外相薩佐諾夫不喜歡此一同盟，原因也是一樣。他深知此一同盟可能裂解土耳其歐洲領土，如果衝突不能順利解決，可能促使奧匈介入，提早引爆歐戰。

時法國對此一聯盟之形成已有所悉，1912年4月俄國駐法大使伊茲沃爾斯基已約略透露了一些給法國總理潘加雷。若是以往幾位法國總理，如胡維耶、卡以約在位，一定會對俄國大力施壓阻止。但是潘加雷則不同，潘加雷的故鄉是洛林，一方面他極爲反德，不惜與德一戰，已經把法國一向防衛性的國防政策改變爲進攻性的，另方面則更加支持法俄同盟，不在乎被捲進巴爾幹衝突。但他對俄國沒有事先告知塞保同盟

一事仍耿耿於懷，要求下不爲例。由於此時俄國南部已經取代土耳其，成爲法國的投資重點，海峽的自由進出對法國來說也十分重要，加上英國地中海艦隊爲因應德國海軍威脅已經撤出此一地區，於是在強化法俄海軍合作的前提下，法俄兩國在1912年7月簽下兩國海軍合作條約[82]。

是年8月潘加雷訪俄，獲悉塞保條約內容時，雖然宣稱這是一個戰爭條約，並向俄國外相沙佐諾夫提出警告，謂法國民意決不會同意法國介入一個純粹巴爾幹的衝突。但他又加了一個但書，那就是：如果與奧匈的衝突引來德國介入的話，法國會履行其條約義務。法國對俄國積極支持的態度不言可喻。

英國方面，與俄國在波斯的利益衝突雖在1912年春以後較爲緩和，但並未解決；與德國的海軍談判雖然在1912年2月破裂，但兩國卻都積極修好，在巴格達鐵道與葡屬非洲的談判都有不錯的進展。所以英國極力避免捲入巴爾幹紛爭。

在上述情況下，俄國建議塞保二國謹愼將事。俄國當時實力並無應付全面歐戰的能力，所以首相柯可福礎夫（Kokovtsov）決定，除非是涉及海峽，俄國絕不參戰。薩佐諾夫更以爲俄國已經爲巴爾幹各國爭取到獨立，其他的就不是俄國的事了。但由於此時土耳其在對義戰爭中失利，已經與義大利在洛桑（Lausanne）展開和談，巴爾幹半島上諸國判斷，機會稍縱即逝，所以未將俄國建議放在眼中。

在同盟國方面，對於巴爾幹的情勢雖然十分關切，但卻沒有一致的政策。其中義大利對於巴爾幹問題，樂於見到其擴大，甚至爆發戰爭，如此才有利其在此一地區渾水摸魚。德國對巴爾幹問題，如果爲土耳其與奧匈兩國的穩定著想，應該壓制此區小國盲動，雖然德國基於民族主義對這些小國有一點同情，但基本上還是支持前二者。至於奧匈，無論是剛過世的外交大臣艾倫塔爾（1912年初過世），還是剛接任的貝希托德（Berchtold, Leopold, 1863-1942）[83]，都希望維持巴爾幹半島的寧靜。是年8月貝希托德向各國建議在巴爾幹採取聯合行動，共同要求土耳其進行改革，俄國對此議並不接受，其他各國意見亦不一致。後來法國總理潘加雷，德國、奧匈與俄國等國的外交大臣一致同意：維持巴爾

幹現狀，反對任何變更。列強並於10月7日正式通知巴爾幹同盟國家，反對彼等與土耳其決裂及改變領土現狀。不過列強耗費了太多的時間在彼此揣摩上，又不肯坦誠溝通，外交運作爲時太晚，同時並沒有任何具體牽制行動予以配合，在巴爾幹情勢已經失控的情況下，發出這樣的照會只有加速戰爭的爆發。

巴爾幹同盟國家鑑於土義和約當時已呼之欲出，也爲了斷絕列強進一步外交干預的機會，決心把握時機，速予定奪。10月8日，蒙地尼格羅逕自向土耳其宣戰。緊接著，塞爾維亞與保加利亞在10月17日，希臘在同月19日分別向土耳其宣戰。其間，即10月15日，土義和約在烏西（Ouchy）簽字，對土耳其來說，屋漏偏逢連夜雨，眞是一波未平，一波又起。

二、巴爾幹戰爭的經過與爭執焦點

（一）第一次巴爾幹戰爭的結果與紛爭

戰爭爆發後，出乎列強意料，巴爾幹同盟國在戰場上大勝土耳其。10月底，保加利亞的軍隊即已取得東馬其頓與絕大部分色雷斯，塞爾維亞佔領了馬其頓北部與諾維巴札，蒙地尼格羅佔領了阿爾巴尼亞北部的史庫塔里（Scutari），希臘也取得了馬其頓南部與伊庇魯斯，保、塞聯軍在攻下亞德里亞堡後，逼近君士坦丁堡，相距只有三十公里。在各戰線上全面潰敗後，11月3日，土耳其要求列強出面斡旋，停戰媾和，巴爾幹同盟國在列強的壓力下只好接受。事實上，在短暫的戰爭進行期間，俄國與奧匈都極爲焦慮，都期待戰爭能夠盡快結束。對俄國來說，保加利亞軍隊逼近君士坦丁堡，該城一旦失守，一定會引起其他列強，如德英的干預。即便上述情況沒有發生，該城如由保加利亞掌控，俄國又能完全相信保加利亞德裔的統治者嗎[84]？在巴爾幹同盟中，俄國既不信任保加利亞，也不在乎希臘，它眞正支持的是塞爾維亞。

對於奧匈來說，與俄國正相反，它最在意的就是塞爾維亞。塞爾維亞軍隊攻城掠池，除了侵入馬其頓，還佔領了奧匈在1908年撤出的諾維

巴札的聖夾克一帶外[85]，還不斷向亞得里亞海岸挺進，已經到了令其忍無可忍的地步。奧匈鑑於本身實力，雖無法消滅或阻擋斯拉夫主義的蔓延，但至少可以阻絕其通往亞得里亞海。因此，11月奧匈在塞奧邊境動員了一部份軍隊，以防萬一。由於俄國早已在奧俄邊界的加里西亞部署了軍隊，所以奧匈也在此部署軍隊以為牽制，兩國關係緊繃[86]。

俄奧兩國的友邦態度又是如何呢？法國其實對俄國參戰多所鼓勵，當得知奧匈已經局部動員之後，法國戰爭部長米勒杭（Millerand）曾經與俄國駐法武官伊格拉地耶夫（Ignatiev）上校晤談，極力鼓勵俄國採取軍事行動，但後者始終閃爍以對。其後米勒杭雖然一再激勵嘲諷，但伊格拉地耶夫仍然態度冷靜，他的看法是：雖然俄國重視巴爾幹半島的斯拉夫問題，但歷史告訴我們，一個國家首先要考慮的還是本身的國家利益，不能為抽象的的觀念犧牲本身國家利益[87]。伊格拉地耶夫的看法不失為維護俄國利益的真知灼見。俄國軍方此時之所以如此低調，是因為俄國自知實力不足，不能挑起歐戰。當時俄國民意也十分高漲，俄國政府甚至希望法國總理潘加雷對俄國參戰，做一些負面表態，以釋放俄國政府所承受來自民意的壓力[88]。法國顯然不願配合，也對俄國參戰不死心。法國以為，如果激勵嘲諷都不見效，則還可以施以財政壓力：法國在其對俄國1913年的貸款中附以條件，要求俄國必須趕建西部的戰略鐵道，增加軍備，以為不時之需[89]。

英國此時態度仍然閃爍，希望保持中立。不過1912年11月，奧匈與塞爾維亞為了後者撤出阿爾巴尼亞海岸，發生激烈爭執，使奧匈求助於德國。為此，12月2日德國首相貝特曼·霍爾維格公開宣稱：奧匈如被侵略，德國當盡同盟義務。此一談話被視為是對奧匈參戰的鼓勵。德國的態度使奧匈在同月12日，召回在上一年11月因為主張發動對義大利預防性戰爭，言論躁進而去職的康拉德，官復原職，重任參謀總長。透過此一舉動，奧匈有意參戰之意圖已經不言而喻。此一態勢使得舉棋不定的英國終於覺得需要清楚表態，所以針對貝特曼·霍爾維格的談話，格雷對柏林聲稱：假如戰爭爆發，德法都參戰，英國可能不會中立。同月，威廉二世的弟弟，亨利親王（Prince Henry）訪問倫敦，英王的回

答也是一樣。貝特曼・霍爾維格清楚知道格雷談話的嚴重性，不能掉以輕心。英國此一立場對德國產生嚇阻作用，因此德國對奧匈施壓，要求謹慎處理。在戰爭選項被排除後，德奧聯手，提出召開國際會議，解決巴爾幹問題。

12月中，和平會議在倫敦召開，由英國外相格雷擔任會議主席。事實上有兩組會議同時進行，一組由交戰國的代表參加，另一組則由五個列強（三國協約與三國同盟）駐倫敦的大使及地主國的外相參與。倫敦會議一直開到次年5月，由拖延之久，可見達成和平的條件談判並不容易。其間，土耳其與巴爾幹同盟國間的戰事一度再起，這是由於1913年1月24日土耳其發生政變，恩維爾帕夏（Enver Pasha）取得政權後，在德國撐腰下，改採較強硬的態度，對於和平條件堅不妥協，無論如何不肯將亞德里亞堡讓與保加利亞。但2月3日戰事再起，土耳其軍隊仍然一敗塗地，除了自招屈辱外，別無好處，在亞德里亞堡被佔後，土耳其只好二度求和。

倫敦會議的中心議題有二：一是土耳其歐洲領土分配問題，另一則是阿爾巴尼亞的建國問題，二者又互有關聯與影響。領土分配問題中，保加利亞除想取得亞德里亞堡外，南部馬其頓早在開戰前的塞保條約中已獲塞爾維亞認可，馬其頓中部的「爭議區」也想保留，另外還想取得薩隆尼卡。其中除亞德里亞堡因土耳其二度戰敗，只好拱手讓與，獲得解決外，其他地區都發生了問題。

戰爭爆發後不久，塞爾維亞佔領了亞德尼亞海岸邊，阿爾巴尼亞的港口杜拉措（Durazzo），蒙地尼格羅也佔領了阿爾巴尼亞的史庫塔里，兩國都想將這些地方據為己有。但奧匈不可能對塞蒙兩國的擴張視若無睹，在取得貝特曼・霍爾維格之支持後，貝希托德即威脅塞爾維亞及蒙地尼格羅，要求彼等自佔領地撤出。事實上，為了斷絕塞爾維亞通往亞得里亞海的念頭，奧匈的斧底抽薪之計是在阿爾巴尼亞建立一個自治公國，版圖越大越好。此一公國名義上主權仍歸屬於土耳其，但實際上由六個列強監管。由於阿爾巴尼亞人確實與其他斯拉夫人不同，從民族主義的觀點看來，此議有其正當性，後來遂獲其他國家同意。

決定建立阿爾巴尼亞公國可以說是中歐同盟，特別是奧匈外交的勝利，因為如此一來，就可永遠將塞爾維亞阻絕於亞得里亞海之外。義大利的首相吉奧利蒂（Giolitti）也相當支持這個主意，因為義大利也不願意見到塞爾維亞大幅擴充，影響到義大利在亞得里亞海的地位。俄國雖然支持塞爾維亞取得一個亞得里亞海的港口，法國亦因俄國而支持塞爾維亞，奈何英國不願因此與中歐同盟鬧翻，不肯支持，所以在德奧壓力下，俄國只得放棄其立場，並勸塞爾維亞與蒙地尼格羅接受。塞蒙兩國當然極不願意，因此大力抗拒。

塞爾維亞在阿爾巴尼亞這方面的所失，使其對其他地方，正確來說即是馬其頓，一再提出新的領土要求。1913年2月，塞爾維亞向保加利亞提議，修改1912年3月兩國有關劃分馬其頓領土之協議，讓其取得較原協議為多的馬其頓領土，保加利亞自然不能接受。

另方面，希臘也野心勃勃，首先它想擠壓阿爾巴尼亞，取得其部分領土。義大利非常反對希臘此一立場，法國卻十分支持。法義立場不同是由於兩國在地中海的競爭所致，法國支持希臘擴充，不過在制衡義大利。但是由於奧匈支持阿爾巴尼亞，所以希臘的企圖並未得逞。希臘為補償其在阿爾巴尼亞所失，轉而要求取得薩隆尼卡、馬其頓南部以及所有愛琴海中的島嶼，前兩項要求又與保加利亞的利益發生衝突，後一項要求也與俄國及義大利的利益有所杆格[90]。

蒙地尼格羅雖然小國寡民，但野心不小，也最不肯妥協，佔有阿爾巴尼亞史庫塔里後堅不撤出。另方面，塞爾維亞也佔據阿爾巴尼亞的港口杜拉措不肯鬆手，一度引起奧俄兩國緊張對峙，即便在俄國壓力下，蒙地尼格羅及塞爾維亞也拖到1913年5月中才讓步[91]。

總結而論，倫敦會議中要求土耳其放棄其絕大部分歐洲領土，並沒有發生太多問題，問題出在如何將這些領土公平的分給幾個戰勝國。曠時費日的談判讓地主國英國的外相格雷也失去耐性，最後甚至跟巴爾幹同盟國說，想簽約的國家可以馬上簽約，不想簽約的可以離開[92]。這一說法形同逐客令，就是在這樣的表態下，1913年5月30日倫敦條約才終於簽字。根據該約，土耳其的歐洲領土除了在艾諾斯·米迪亞（Enos-

Midia）以東的土地以外，在該線以西的歐洲領土，如色雷斯、馬其頓、愛琴海中島嶼，包括克里特島以及鐸德卡尼斯群島等都失去了。阿爾巴尼亞疆界最終如何確定，交由六個強權決定；克里特島割讓給各個同盟國；克里特島以外愛琴海上各島嶼交由英俄德奧君主定奪[93]。由於愛琴海中諸島嶼的歸屬仍未定案，這就成為以後希土糾紛的根源。

由於此一條約僅確定了土耳其之所失，並未確定巴爾幹同盟各國之所得。再加上巴爾幹各同盟國間的同床異夢，勾心鬥角，注定了無法建立巴爾幹地區，乃至此一地區各國與土耳其之間穩固的和平，所以條約墨瀋未乾，巴爾幹烽火又起，就不足為奇。

（二）第二次巴爾幹戰爭之經過與影響

巴爾幹半島各國間重疊的領土主張已如上述，塞爾維亞及希臘想犧牲保加利亞的利益，來滿足自己的領土慾望態勢甚明。塞希兩國也都知道保加利亞絕不會聽任宰割，所以早在對土條約議定過程中，雙方就討論到日後聯手對保的問題。因此，在對土合約簽訂之後的第二天，也就是6月1日，塞希兩國簽下對抗保加利亞的同盟條約。緊接著，羅馬尼亞也加入了此一同盟。按羅馬尼亞並未參加巴爾幹同盟對土耳其的戰爭，反倒是在戰爭中採取了中立的立場。但在一次巴爾幹戰爭停火議和的過程中，羅馬尼亞卻以其在戰爭中，對保加利亞採取善意中立的立場，要求保加利亞回報，將多布魯加割讓給羅馬尼亞，保加利亞自然不願意。

依照保塞兩國瓜分馬其頓的條約，如有爭議，可請俄國仲裁，俄國亦表示願意予以仲裁，但相關各國並未接受其意見。當俄國全力斡旋，排解糾紛之際，奧匈卻煽動保加利亞發動戰爭。對奧匈來說，因為不願意見到塞爾維亞坐大，亟思聯合保加利亞，對塞爾維亞形成東西牽制。保加利亞原先想爭取俄國支持，對抗塞爾維亞，但俄國親塞，未予回應。對保加利亞來說，情勢對其太不公平，在對抗土耳其的戰爭中，保國出力最多，但戰爭犧牲所換來的勝利果實，絕大部分卻為他國收割。在氣憤填膺的情緒導引下，未經深思，保加利亞於6月29日首先對塞希開火，引起塞希聯手對抗。

戰爭爆發後，保加利亞立即陷入非常不幸的處境。土耳其及羅馬尼亞乘著保加利亞在馬其頓對抗塞爾維亞，在薩隆尼卡對抗希臘，雙面作戰之時，亦對保發動戰爭，剎時間，保加利亞陷入四面楚歌之中。在四面圍剿之下，保加利亞自然節節敗退。戰爭中，土耳其取回了亞德里亞堡、部分色雷斯；羅馬尼亞取得了南多布魯加；保加利亞原應分得的馬其頓，則大部分由塞希兩國瓜分，只留下一小塊通往愛琴海的馬其頓領土及色雷斯。7月底保加利亞被迫休戰，其處境比二次巴爾幹戰前還要糟糕。1913年8月10日，保加利亞與各交戰國在布加里斯特（Bucarest）簽訂和約，內容就是照戰爭結果寫成（參閱插圖五）。

列強在第二次巴爾幹戰爭中所採取的態度很值得玩味。就奧匈帝國而言，它對巴爾幹同盟的形成十分反對，也不希望塞爾維亞過份強大，刺激帝國內部的種族問題。在二次巴爾幹戰爭爆發前及進行中，奧匈在匈牙利首相蒂查（Tisza, István, 1861-1918）[94]及其駐維也納代表布里昂（Burian）等人的影響下，偏向支持保加利亞，所以在保加利亞軍事失利之後，奧匈首相貝希托德及參謀總長康拉德曾有意參戰支援，在1913年7月曾為此爭取德義兩國支持，終以後者反對，未能實現[95]。德國之所以反對，原因甚多。不僅格雷在1912年12月的警告言猶在耳，德國本身的軍事準備亦尚未完成[96]，而且德國很想在外交上爭取塞爾維亞、希臘與羅馬尼亞[97]。奧匈雖然並未參戰支持保加利亞，但其對後者的同情態度，隱含對馬尼亞的敵意，對德奧羅同盟關係產生了不利的影響。

二次巴爾幹戰爭使俄國進退失據，雖然它曾經施壓羅馬尼亞，使保加利亞在北邊不至於失去太多領土，但因為無法也不願意施壓制約塞爾維亞及希臘，並不能見諒於保加利亞。俄國出於補償心理，奧匈為了將保加利亞拉入自己陣營，一度立場相同，雙方都支持保加利亞取得薩隆尼卡灣上的卡瓦拉（Kavala）港，但由於德法兩國討好希臘，支持希臘之要求，卡瓦拉還是為希臘取得。

在二次巴爾幹戰爭結束之後，巴爾幹半島的國家分成兩個集團，其一是由塞爾維亞、希臘、羅馬尼亞所組成，另一則是保加利亞，它後來又與土耳其的關係有所改善。保塞希等國巴爾幹集團的解體，可以說是

俄國外交的挫敗，那麼對中歐同盟來說，自然是外交上的一大收穫，但事實又似乎未見得如此。俄國在此一地區領導地位的動搖，雖然方便了列強，特別是中歐同盟對巴爾幹小國的爭取，但後者日益凸顯的獨立性與相互間的利益衝突，更容易被列強利用爲合縱連橫的籌碼，也更容易爆發爭端。

　　阿爾巴尼亞的出現，使巴爾幹半島西邊，亞得里亞海的情勢也趨於複雜。義大利與奧匈雖然在此一區域有傳統的衝突，但此時兩國對阿爾巴尼亞的立場倒相當一致：都主張維持阿爾巴尼亞的版圖，不容塞爾維亞與希臘染指。這兩國的盟國德國，在此並無特殊利益，對它來說，只要奧義兩國同意，它就支持。至於法俄兩國，前者支持希臘，後者支持塞爾維亞，對剛誕生的阿爾巴尼亞都不友善，但是由於英國轉向支持中歐同盟的立場，法俄也只好放棄自己的偏好。阿爾巴尼亞的劃界工作持續了幾個月，其間紛爭不斷，1913年10月18日奧匈在德國支持下，以最後通牒方式，強迫塞爾維亞自阿爾巴尼亞境內撤出，俄國只好棄子認輸。奧匈曾希望促成保加利亞及土耳其的同盟以對付塞爾維亞，並設法將羅馬尼亞拉入此一體系，但對羅馬尼亞的爭取並不成功。

　　另方面，兩次巴爾幹戰爭也使土耳其受創頗深，德國希望強化土耳其，同時增強德土雙邊關係。1913年11月15日德土兩國簽約，德國同意派遣一個四十二人組成的軍事代表團到土耳其，團長爲桑德斯（Liman Von Sanders）將軍，桑德斯將軍不僅被委以土耳其軍事總監之名義，還兼任君士坦丁堡之軍事總指揮。此一發展引起俄國強烈反感，因爲如此一來，德國人就控制了俄國出黑海的生命線。1914年1月俄國向德國提出強硬抗議，法國也予以聲援，爲了安撫俄國，德國略作讓步，將桑德斯將軍的君士坦丁堡軍事總指揮名義拿去，但仍保留土耳其軍事總監之名。

　　總的來說，從波士尼亞危機到兩次巴爾幹戰爭，使沉寂了二十年左右的近東巴爾幹地區，又再度成爲國際焦點。相關國家的政策有許多地方值得檢討，這其中尤其以俄國、奧匈與德國爲最。

　　以俄國來說，俄國的外交重點既在亞洲，黑海艦隊又未成軍，就不

應對開放海峽操之過激，也無須與奧匈談判任何條件交換。換言之，只要俄國不介入，波士尼亞危機就無從發生，即便發生，那也是奧匈的事，與俄國無關。波士尼亞危機激化了巴爾幹半島的斯拉夫民族主義，俄國國內支持泛斯拉夫主義的聲浪也隨之高漲。其實俄國政府對自身實力頗有自知之明，清楚還不到與奧匈攤牌的時刻；對於土義戰爭可能帶來的影響，巴爾幹半島上斯拉夫國家對土耳其蠢蠢欲動的領土野心，也都瞭如指掌。為俄國本身利益計，俄國需要視若無睹，戒急用忍，把握時間，壯大自己。

俄國外交在巴爾幹問題上之所以舉棋不定，一方面是憚於國內民意，不得不對巴爾幹問題表態。二方面是約束不了駐外的外交人員，或說根本未警覺的加以約束，如俄國駐保加利亞、塞爾維亞公使，任由他們傾全力的為保、塞拉攏，促成保塞同盟，才造成巴爾幹戰爭；如果聽任巴爾幹各國相互猜疑牽制，對凍結局勢，爭取時間壯大俄國實力反而有利。再如駐土大使查理可夫，想渾水摸魚，向土耳其交涉，以俄國援助交換開放海峽一事，也不是出於授權，而是想成就自己的紀錄。三方面是俄國高層，如尼古拉二世、薩佐諾夫其實徘徊在理念與現實間，本身立場有時也反反覆覆。他們期待保塞同盟可以抑制奧匈在巴爾幹進一步發展，所以乍聞同盟成立時，都喜形於色。那知道這是請虎驅狼，反被虎噬。巴爾幹戰爭的結果既直接弱化了土耳其，增加了奧匈境內的騷動，升高了半島情勢的不安，更削弱了俄國在此一區域的影響力，甚至更提早聚集了引爆一次世界大戰的能量。其實對直接相關國家都沒有好處。

對奧匈來說，奧匈帝國多元民族的特性，使其最容易受到半島上斯拉夫主義覺醒的傷害。全身之道一在維持現狀，越久越好；二在分化半島上的斯拉夫人國家，讓他們彼此牽制。所以兼併波黑二地並不是聰明的做法，第一，此舉就像打開潘朵拉的盒子，使半島上的斯拉夫民族主義一發而不可收拾。第二，此舉使半島上各個國家間突然萌生了同仇敵愾的情愫，反而暫時淡化了其彼此間的衝突。第三，奧匈並無清楚的想法去因應隨兼併波黑而來的奧塞衝突，而且在此一問題上，維也納與布

達佩斯的想法並不相同。維也納要併，布達佩斯要放。畢竟匈牙利頗知道塞爾維亞人之不好駕馭，而它轄下已有太多的塞爾維亞人，不再想要更多。不過，既然兼併波黑的錯誤已經鑄成，剩下來能做的是只好設想如何善後？可以選擇的途徑不外幾項。一，要不就是亡羊補牢，與土耳其合作，協助其維持在歐洲領土上的統治，這也是費力最少，對奧匈最為有利的政策。二，要不就是放手一搏，置之死地而後生，取土耳其在歐洲領土上的統治地位而代之，這當然會掀起一場混戰，即便德國拔刀相助，也未必勝券在握，這是一個相當躁進的政策，不宜輕言嘗試。三，折衷之道，或許是在巴爾幹情勢發生變動時，適度介入，使情勢不至於太過失控。如果第一個選項匪夷所思，有違奧匈的傳統政策，第二個選項冒險太大，不合奧匈保守的個性，則折衷的第三個選項應當是合理的選擇。但奧匈在第一次巴爾幹戰爭中始終龜縮不前，只有在塞爾維亞攻下阿爾巴尼亞海岸時，才在局部地區動員並出兵反制，但為時已晚，無補大局。可能奧匈也自知在政策上犯了大錯，所以當第二次巴爾幹戰爭爆發，奧匈就有意支持保加利亞，夾擊塞爾維亞，可惜此一政策因為得不到德國的支持，無法實施，奧匈只能坐看時機流逝。

德國的情況又截然不同。德國這十幾二十年來，與土耳其關係越來越密切，除了經濟的、戰略的、政治的利益之外，德國甚至還想乾脆將土耳其收為他的被保護國。德國不想瓜分土耳其，所以並不樂見義大利發動對土耳其的戰爭。德國在巴爾幹半島上沒有什麼直接的利益，相反的，由於德意志民族整合的經驗，它對巴爾幹半島的斯拉夫民族主義還有一點同情。但德國的核心盟友奧匈，與半島上的斯拉夫民族主義勢同水火，難以兩立，德國只好站在奧匈的立場處理問題。再說，德國看待巴爾幹半島上的俄奧衝突，不是純從俄奧雙邊關係著眼，它常是從三國同盟與三國協約，集團對集團的角度來看，因為角度不同，常常扭曲了事務的本質，也擴大了衝突的規模。結果德國不是幫忙奧匈解決地區衝突問題，反而是為德奧製造了新的問題。在上述邏輯下，德國在波士尼亞危機及兩次巴爾幹戰爭中的作為，不是為奧匈解決僵局，而是為了挫敗俄國，凸顯三國協約對俄之無用，以求將俄國拉出此一集團，破壞三

國協約。德國的國內政治也令情勢更複雜。德國軍方幾乎都希望早點決戰，所以對奧匈一再慫恿鼓勵，要不是格雷1912年12月談話的嚇阻作用，引起德國外交部門力踩煞車，在一次巴爾幹戰爭尚未結束時，奧匈就參戰了。

德國外交最值得檢討的是，無論是對英國或俄國，德國的初衷都是想把他們從與法國的協商或同盟中拉出來，並不想與他們決裂。事與願違的是，德國的政策卻正好把這兩個國家推往法國。德國不惜代價的發展海軍，就像威廉二世在1908年8月對訪德的愛德華七世所說，發展海軍對德國而言，是涉及德國「榮譽與國家尊嚴的問題」（Une question d'honneur et de dignité nationale），榮譽與尊嚴很抽象，但此一政策對英國來說，卻是威脅到英國海上霸權與生命線的重大問題，十分現實具體。只要德國此一政策不改，與英國的修好就絕無可能。德國不惜代價的支持奧匈在巴爾幹與俄國對抗，也是想讓俄國知道，英法兩國不可能在此一地區全力支持俄國，俄國只有與德國合作，甚至讓三皇同盟重新復活，才最有可能維護俄國在此區的利益。但德國越支持奧匈，就越將俄國推向英法。更有進者，德俄兩國在近東原本沒有什麼利益衝突，兩國關係一向友好，兩國君主又是姻親，修好應該不困難，但是德國不斷向土耳其帝國伸張其勢力，到任命桑德斯將軍為土耳其軍事總監，兼君士坦丁堡軍事總指揮之事件發生後，俄國驚覺到德國已經捏住俄國出黑海的咽喉，與德國之間的利益衝突一下子似乎比與英國及奧匈還要尖銳，從此，俄國對德國的所有幻想化為泡影，俄德兩國已經勢不兩立。

第六節　大戰邊緣的歐陸局勢

從上文可知，廿世紀開始後，在短短不到十年的時間中，歐洲列強間就經歷了四次危機；兩次在摩洛哥，兩次在巴爾幹，雖然每次都能有驚無險，將衝突予以地方化而獲得解決，但列強間關係日趨緊張，無庸置疑。在這段區域衝突此起彼落的期間中，外交折衝與軍備競賽幾乎雙管齊下。外交方面，兩個陣營互動綿密，三個協約國的成員幾乎都曾嘗

試與德國改善關係，其中以英德間的談判持續最久，引起法、俄、奧匈等國相當大的不安。在軍備競賽方面，無論是海軍擴建或陸軍改革，相關的法案與預算不斷通過，各方都感到緊張。戰爭氣氛在相關人士的談話，與媒體的渲染下，越來越濃。

一、兩個陣營間成員的互動

（一）英德改善關係的嘗試

　　1908年德國通過新的造艦計畫不久，10月波士尼亞危機爆發，當時列強無一願意戰爭，相反的，此時英、法、俄都分別尋求與德修好，而德奧似乎亦有相同之傾向。從1908年到1912年的這段期間中，最令協約國中法俄兩國忐忑不安的，即為英國的動向。在英德兩國長期的海軍競賽中，兩國外交部門都曾一再試圖緩和並改善此一緊張關係。就英國方面而言，當時執政的自由黨因為財力不勝負荷，無法同時兼顧軍備發展及社會改革兩項目標，所以有意與德安協，給予相當讓步，以減輕軍備負擔。同時英國的和平份子亦極力反對擴軍，贊成與德修好，這些和平反戰份子在工黨及自由黨中都不乏其人。英國外交部門十分瞭解，德國希望以各個擊破的方式瓦解三國協約，來爭取他的歐洲霸權。為了不落入陷阱，英國的立場是只要不以其與法，俄的關係為犧牲，願意與德修好。在德國方面，亦不乏希望與英國改善關係的人，持這種意見的人主要是首相比羅、接替比羅的貝特曼·霍爾維格、以及外交體系的工作者。

　　在緩和兩國關係願望的推動下，1908年中，英德曾二度討論海軍發展問題。一次是經私人管道溝通，即由英王愛德華七世的親近友人，英國金融家卡塞爾爵士（Sir E.Cassel），與威廉二世的好友，漢堡美國（Hamburg-Amerika）企業的首領巴林（A. Ballin），舉行雙邊談判。另一次是在英王愛德華七世訪問柏林時與威廉二世舉行。由於德皇無意以擱置海軍造艦計畫，來換取英國友誼，兩次談判皆不歡而散。但比羅並未放棄，比羅以為，如果英國可以接受某些政治條件，德國也許可以以

某種海軍造艦讓步來作交換，但這純粹是比羅的個人意見，不是德國的主流想法。

　　事實上，對海軍擴充的狂熱，使提爾皮茨決定全力推動快速造艦，並獲得德皇的支持。根據1900年的海軍相關法規，德國一年造艦兩艘，所以自1900～1907年的八年間，德國共造艦十六艘。1908年的新法規規定，從1908～1912年，每年可以興建四艘相當英國無威級的戰艦，以及與其配合所需的巡洋艦與魚雷艇[98]。此舉本來就已經讓英國深覺不安，更有進者，提爾皮茨在1908年秋趕造了兩艘原訂在1909年才應興造的船艦，此舉在英國掀起軒然大波，使英國對德國所公布的造艦計畫完全失去信任。英國開始認為，今後應考慮德國之造艦能力，而非其造艦計畫。德國的加速造艦，在英國引發了連串效應。其一是使英國政府在1908年11月宣稱：今後英國的海軍將採「兩強標準」（Two Powers Standard），即英國的海軍實力要維持在任何兩國海軍實力之和，另加10％以上。其二，使英國在野的保守黨在1909年春鼓動了一次成功的政治風潮，「我們要八艘，不要等待」（We want eight and we won't wait）的口號獲得群眾大力支持[99]。在此以前英國民意大多數是親德的，但在此以後，則有了轉變。既然是民意要求加速造艦，就解決了預算排擠問題，自由黨政府可以名正言順的加稅造艦。在1909～1911年的三年中，英國共造艦十八艘，而同期德國只得其半。

　　英國對海軍競賽的反應大出德國預期，讓德相比羅十分不安，因此於1909年4月，正式向德皇威廉二世建議：以不增加海軍發展計畫，換取其他政治補償。為此德國外相基德倫‧華希特提議英德兩強締結海軍協議，雙方承諾：一，彼此放棄戰爭。二，不參加與對方為敵之聯合。三，一方與第三國發生戰爭時，他方採取善意中立。德國要求以此政治承諾作為減緩海軍擴充之先決條件。但事實上，基德倫‧華希特並不誠實，他只是想以此為餌，引誘英國上鉤，德國海軍擴充其實仍可暗地進行。英國外交部門對德國的想法瞭如指掌。「善意中立」的建議，其實坐實了英國對德國想離間三國協商之猜測[100]。比羅曾一再要求提爾皮茨讓步，甚至提議德國可以暫且減緩造艦速度，以後再加速補上以為變

通，但未獲應允。而1908年10月發生的每日電訊報事件[101]，使威廉二世在國內聲望大減，因此遷怒比羅，後者於次年6月下台，此亦正遂其願，因其對當時的局勢已感心餘力拙。

　　接替比羅的貝特曼‧霍爾維格，政策上亦和比羅一樣，想交好英國，但海軍發展的死結打不開。從英德雙方展開接觸，英國外相格雷即表示：英國既無意孤立德國，但也不願傷害與法俄友誼。雙方談判一直僵在：英國要求德國無條件的停止海軍擴充，德國要求英國先給予政治承諾。持平而論，如果德國對停止海軍擴建根本沒有誠意，只是拿它做個誘餌；那麼英國的政治承諾也是敷衍，因為英國認為只要德國停止海軍擴建，即使不簽政治協議，英德關係也必然會改善。因此停止海軍擴建的談判不僅未能使兩國關係緩和，反使兩國猜忌日深。

　　為化解此一僵局，格雷建議建立英德兩國的海軍信心機制，英德互換海軍造艦計畫，甚至透過中立者進行對兩國造船船塢之查證。有關此一議題的談判在1909年8月到1911年6月間持續進行，但都在原地打轉，沒有成果。英國認為德國之所以在海軍擴建上如此堅持，旨在向其海上霸權挑戰；而德國卻以為英國之所以在政治承諾上毫不妥協，乃是因為其想包圍德國。雙方都有一點杯弓蛇影，但德國的想法顯然比英國更為錯誤。其實德國如果停止海軍擴充，可能會贏得英國之中立[102]。

　　阿加狄爾風波使得英國對德國逐漸鬆弛的戒心又告甦醒，開始認真進行戰爭準備。稍後，又傳出提爾皮茨正在準備新的海軍造艦計畫，籌建第三支德國艦隊，英國的恐懼更甚。此時在英德兩國都有人考慮，透過新一輪談判，延緩德國新的造艦計畫，緩和英德間的緊張情勢，不過動機各異。在德國來說，其駐英大使伍爾芙‧梅特涅（Wolff Metternich）向貝特曼‧霍爾維格強烈建議，應謹慎處理與英國的關係。後者也十分認同，所以希望藉談判來打消提爾皮茨新的造艦計畫。至於英國，則是因為格雷受不了國內親德的激進自由派人士，如首相艾斯奎斯等人的壓力，希望透過談判讓彼等死心[103]。為此，再度由巴林及卡塞爾爵士居中安排，德國邀請英國外相格雷或新的海軍大臣邱吉爾（Churchill, Winston, 1874-1965）[104]訪德。但為了堵住親德派的悠悠之

口，以防在談判無成時外交部門被怪罪，英國最後派了親德的軍政大臣霍爾丹爵士（Lord Haldane, Richard B., 1856-1928）[105]，在1912年2月9日至12日訪問柏林。此時英國立場已趨緩和，不再堅持要求德國先無條件停止海軍擴充，同意減緩軍備擴充與政治談判可以同時進行。雖然英國有此讓步，但談判仍不順利。其所以如此，乃因德國要求英國承諾，在戰爭爆發時，對德國採取中立立場，而英國卻只願承諾與德國簽署互不侵犯條約。換言之，英國只願答應不侵犯德國，以及不參與主動發動的對德戰爭。但並不承諾不參與對抗由德國發動或挑起的戰爭，談判因之擱淺。

綜觀英德兩國長達五年的海軍裁減談判，之所以一直原地打轉，沒有進展，主要的原因在於一，德國志不在減緩海軍擴建，而在設法將英國從三國協約中分離出來。用提爾皮茨的話說，即是：英國應該放棄他現有的協商，我們應該取代法國的地位[106]。二，在英國方面，則剛好與此相反，它的主要訴求就是停止海軍軍備競賽。它的立場是：英國無意對德採取侵略政策，也不會對德發動無正當理由的戰爭，但英國也不會放棄它的朋友法、俄，英國希望與德國相互停止海軍擴建[107]。這樣的談判難有交集，也不會有結果。談判失敗，格雷堵住了內閣中激進自由派的悠悠之口。在德國，提爾皮茨及貝特曼‧霍爾維格之間的歧見則愈來愈深，終於導致後者憤而在1912年3月6日提出辭呈，雖然獲得挽留，但不意味他的立場獲得威廉二世的背書。3月22日德國公布新的造艦計畫，4月，此一計畫為德國國會接受。

英德之間的緊張關係，自1911年7月阿加迪爾事件至1912年2月霍爾丹爵士訪德失敗，達於顛峰。但其後卻鬆弛下來，其間德國的海軍擴張政策一仍舊慣，何以英國的態度反而軟化？追究起來可能有如下的原因：一是英國自信在海軍競賽上不會輸給德國，談不攏也無大礙。二是法國在潘加雷執政後，似乎對與德一戰充滿信心，如是則英國對德國的擔心相對就可以降低。三是英國國內的親德人士仍然未覺醒，殖民大臣哈庫爾特（Lulu Harcourt）接替艾斯奎斯，成為親德派的火車頭，想以在殖民地的分贓與巴格達鐵道的貸款，繼續攏絡德國[108]。其後英德乾脆

撤開海軍問題不談，而談及次要的諸如巴格達鐵道興建，葡屬非洲瓜分等問題。由於此等問題非如海軍發展般尖銳，兩國可以找出妥協之道，關係自較緩和。1913年5月英王喬治五世（George V, 1865-1936）[109]造訪柏林，顯示兩國關係大有改善。此次訪問中，雙方就葡屬非洲的瓜分達成原則性協議[110]。在巴格達鐵道方面，經過長時間的協商，英國同意土耳其調高關稅，籌集巴格達鐵道興建資金，德國則允承除非獲得英國同意，不將鐵道興建往波斯灣，並同意英國可以開採莫蘇爾（Mossul）的石油。不過由於大戰爆發，此約未能簽署[111]。

（二）俄德與法德修好之努力

如果海權競爭如此激烈的英德兩國都可以嘗試修好，並無重大利益衝突的俄德之間，就更沒有不能修好的理由。事實上，俄國雖然與英法分別有協商及同盟關係，實則並無反德之企圖，它與法國之同盟旨在擺脫孤立，它並不那麼憂慮德國之侵略或尋求歐洲霸權。波士尼亞危機後，俄德關係雖然不佳，但因爲這純粹是伊茲沃爾斯基個人的政治冒險，而沙皇雖對海峽表示關切，但他當時主要的興趣仍在亞洲的中國與波斯。俄國當時的外交邏輯有點複雜，也透著天眞。當時俄國在遠東之發展已與日本妥協，又獲法國支持，比較持反對態度的爲德、英、美等國，因爲這幾個國家想恢復中國之秩序，與俄國想延續中國亂局，以便渾水摸魚的企圖有所抵觸。因此消極來說，俄國樂於見到英德關係緊張，以瓦解他們在遠東之聯合陣線。積極而言，俄國願意與德修好，以免德國因猜忌俄國而改善與英國之關係。此外，波斯於1909年發生革命，推翻了親俄之統治者，想仿英國建立議會制度，使英俄關係重趨緊張。俄國的對策是想藉由對德讓步，改善俄德關係，破壞英德關係。英國如需要俄國支持，以便其在歐洲對抗德國，則自會在波斯問題上讓步，以爭取俄國。

但由於伊茲沃爾斯基個人在波士尼亞危機中之失敗，在其任外相時期，要改善德俄關係較爲困難，後者甚至於在1909年10月還慫恿尼古拉二世與義大利國王在拉孔尼吉簽約以對抗德奧。但好在1910年9月伊茲

沃爾斯基被外放至巴黎。繼任者沙佐諾夫上台後，俄國政策大幅改變。
沙佐諾夫也對遠東，波斯較有興趣，所以上台後於1910年11月陪伴尼古
拉二世去波茨坦會晤威廉二世與基德倫‧華希特，討論兩國關係之改
善。根據俄國所提出德俄修好建議，德國如支持俄國在波斯北部興建鐵
路，俄國則不反對德國修建一條巴格達鐵道的支線，直達土耳其與波斯
邊境。但德國對俄上述建議不感興趣，正如英德談判一樣，基德倫所希
望獲得的是一紙政治協議，所以他宣稱：德國今後不會支持奧匈在巴爾
幹的侵略性政策；相應的，他認為俄國也應給予德國政治承諾，即「俄
應宣稱俄國並未參與，且亦無意支持英國可能推行的敵視德國之政策」
[112]。德國企圖獲得俄國之書面承諾，轉以示英，以迫使英國採取同一政
策，循此將三國協商個個擊破。沙佐諾夫洞悉德國陰謀，拒絕答應，德
國自然亦不會支持俄國之波斯政策。擬議中的波茨坦協議（Potsdam
Agreement）因之延宕下來，談判拖到1911年8月19日，雙方才就波斯北
部與巴格達鐵道延長支線簽署的條約，但政治部分則被薩佐諾夫拒絕。

　　英國雖然自己也與德國進行談判，但俄國擬與德國改善關係之談判
傳到英國，卻引起極深的怨尤：英國既惱怒俄國的波斯政策與其利害相
左，更不滿其與德國的勾結。格雷故此向俄國駐英大使班肯鐸夫
（Benckendorff）透露：他打算辭職，由合適的人來擔任外相，一方面解
決與德國之海軍爭論，他方面解決與俄國在波斯之衝突。格雷雖然有點
情緒，但上述談話並不是純粹的意氣之言，實際上格雷此時在國內的處
境確實頗為不利，國會中的激進份子，對格雷在波斯衝突及德國海軍兩
個問題上的軟弱，攻擊頗烈。1911年時英俄在波斯之衝突加劇，是年
秋，土義戰爭爆發，俄對海峽躍躍欲試，英國在獲悉俄國駐土耳其大使
查理可夫與土耳其有關開放海峽的協商內容後，格雷所承受到的國內壓
力更為加重，對俄國更加不滿，故於該年12月2日重申，如英俄情況無
法改善即將辭職，聽任英俄協約解體[113]。

　　在與德國改善關係的努力上，法國自然也不後人。上文在討論兩次
摩洛哥危機中曾指出，從胡維耶執政時即尋求與德國修好，為此不惜與
德國合作，整垮法國當時的外長德卡塞。在1909～1911年間，以卡以約

為首的一批親德人士接下棒子，進行另一波的法德關係改善工作，初時卡以約擔任財長，希望加強法德兩國財經關係，以促進兩國修好。後來卡以約接任總理，在第二次摩洛哥危機中，力求與德安協。胡維耶與卡以約兩位總理皆為激進派（Radicals）人士，受社會黨之支持，皆致力與德國修好，但與德修好的政策在法國國內不得人心。因此前者在結束一次摩洛哥危機後，於1906年3月倒台，後者則在結束第二次摩洛哥危機後，在1912年1月掛冠。

二、兩個陣營之內部關係

英國與法俄的關係十分曖昧，就英國看來，協商並不等於聯盟，在關鍵問題上，格雷的言詞經常閃爍不定，很難讓法國放心。法國對於英德之間的談判，一直惴惴不安，這種不安在英國的霍爾丹爵士訪德時達於頂峰。當時法國向英表示：即使一項英德間的互不侵犯條約，亦與英法協商的精神不符。英國駐法大使貝爾地，及外交部次長尼克爾森都不贊同格雷之政策，前者主動走訪潘加雷，示意其再對英國抗議[114]。但無論法國駐英大使保羅甘朋如何施壓糾纏，格雷始終不肯對英法兩國盟約作肯定承諾。因之，英德談判的破裂，使法國頗為寬心。

也就是因為英德海軍談判破裂，英國方面感覺有必要強化本土安全，所以1912年3月，海軍大臣邱吉爾決定，將英國以馬爾他為基地的大部分地中海艦隊調往北海，以保衛其本土及海上航道之安全，其餘的則集中在直布羅陀。也因此，英國需要與法國合作，由法國艦隊來防衛英法兩國在地中海的利益。尼克爾森及貝爾地強烈建言，與法國同盟對英國而言，是代價最小、最簡單、最安全的辦法。但即便如此，格雷還是不願意與法國有超乎協商的關係。邱吉爾也強調，英法其實各有其利益。因之，在各有立場下，是年8月兩國在馬爾他會商，討論兩國海軍合作事宜，英國嘗試要求法國把布署在大西洋岸，以布列斯特（Brest）為基地的海軍艦隊，調往地中海。但法國在未能確定獲得英國承諾，在戰爭時英國會承擔法國在英法海峽與大西洋岸的防務以前，當然不能答

應[115]。保羅甘朋頗想乘此機會取得英國書面承諾，以白紙黑字明言協商之精神、法英之間的一般政治性承諾、乃至於上述軍事協防之協議，但格雷一直左閃右躲[116]。當然，格雷也有其立場上的困難：給予法國任何明確承諾，都會引起親德內閣成員的攻擊，也不會得到國會的支持。

在幾經交涉之後，1912年11月22～23日，格雷及保羅甘朋之間產生了一項換文，根據此一換文：英國承諾在戰爭威脅發生時，英法應集會協商應採取之手段[117]。但進一步之承諾，如採取共同行動，則無論甘朋如何遊說，格雷都不願意答應。上述換文中，英國並未承擔在戰時必然介入，但即便如此，此一換文在英法關係上仍有其積極意義。在格雷·甘朋換文的精神下，兩國海軍參謀部簽署了一項軍事條約，根據此一條約，英國承擔了法國大西洋岸的防衛任務，法國艦隊則防衛英國在地中海的利益。此一軍事分工密約既未提報內閣會議，當然更不可能向國會提出。此一密約知情的只有首相阿斯奎斯、外相格雷、軍政大臣霍爾丹、海軍大臣邱吉爾等四人[118]。

由於潘加雷積極反德，他不僅支持強化與英國的關係，也努力強化與俄國的關係。除此之外，也是由於此時法國從俄國工業化過程中獲利非淺，軍方也認為法國的軍力可以擊潰德國，才使潘加雷的行動如此積極[119]。1912年7月潘加雷訪俄時，兩國的軍方曾締訂條約，涉及雙方在海軍及陸軍的合作事宜。新的協議使法國的負擔反而減輕，即在奧匈單獨動員時，法國並無義務自動動員。前文也提到法國在巴爾幹戰爭中所給予俄國的支持，1913年底，隨著德卡塞的出使俄國，法國又貸款與俄幫助其強化西部鐵路網，以迅速集結軍隊。但1914年4月法國大選之後，政情有了轉變，新國會裡面左翼勢力大增，不僅推翻了延長兵役年限、降低役齡的法案，而且迫使潘加雷在該年6月不得不任命左翼的維維亞尼（Viviani, René, 1863-1925）[120]組閣。潘加雷雖然避掉了激進的卡以約與社會黨的岳黑（Jaures）合組極為親德的政府[121]，致力於法德合作，但新內閣仍不脫親德的色彩，與總統潘加雷的立場格格不入。不過不管英法兩國的親德人士如何努力，德國的政策終將使他們失望。

1913～1914年，當歐陸局勢的緊張度不斷升高時，俄國與法國都致

力於拉攏英國，想進一步強化三國協約。1914年2月俄國外相薩佐諾夫認為，如果能把英俄協商轉化成為防衛同盟，就可以牽制德國，使其不敢輕舉妄動，因而保障歐洲和平。法國也有同樣的想法，因此，當英王喬治五世於1914年4月在格雷的陪同下到巴黎訪問時，法國極力為英俄拉攏。但英國對與俄國進一步結盟並無意願，只是為了不使法國太過失望，英國同意仿1912年英法海軍談判的模式，與俄國展開秘密的海軍合作談判。但這個談判對英國來說，作用不大，興趣不高，所以舉行其實敷衍的成分多，而即便如此，由於俄國駐英使館有人將情報出賣給德國，經後者在媒體揭發後，引起英國輿論大譁，最後也無疾而終[122]。

就英國外交部門而言，英國支持法國，不容德國攻擊法國；但對俄國則不同，英國固然樂見俄國留在協約國陣營，但由於與俄國間的矛盾，不僅不願對俄國有任何承諾，甚至還樂見俄德兩國在海峽衝突，英國可以坐收漁利。英國內閣與民意對與法俄兩國的關係，立場就更保留，當時英國自由黨的內閣中，絕大部分閣員都親德反俄，對法國則無可無不可。要緊的是，他們都認為英國不應該捲入歐陸對德國的戰爭，在這種情勢下，當然絕對不會同意與這兩個協約國作進一步的結盟，格雷深知此一情況，所以對法俄兩國無法做任何清楚承諾。

在三國同盟方面，情形又如何？三國同盟的條約雖然在 1912年12月5日第六度續約，但其實內部關係很有問題。

首先，三國同盟是一個內部成員實力極不均衡的組織。在1910年代開始後，德國國力蒸蒸日上，在一次世界大戰爆發前達於顛峰。與其成極端對比的是奧匈，奧匈雖然看起來是一大強權，在1909年的波士尼亞危機中對俄國占了上風，甚至在巴爾幹戰爭中也挫了俄國的氣焰，但實際上其實力卻在不斷衰退中。這是因為：其一，帝國在日益高漲的分離型民族主義拉扯下，內聚力不斷被弱化，自己找不到解決的辦法，而完全將之歸咎於塞爾維亞的泛斯拉夫主義。第二，二元帝國的兩個行政中心，即維也納與布達佩斯，對奧匈所面臨的困難，認知上有相當大的不同，無論在內政與外交上，都各有其不同的利益與判斷。舉例來說，奧匈王儲法蘭西斯費迪南主張以聯邦制解決帝國內的民族問題，但匈牙利

首相蒂查並不贊同,馬札兒人對其境內不同民族的統治向來爲人詬病。維也納方面希望發動與塞爾維亞的戰爭,兼併其部分領土,但匈牙利則完全反對,害怕併入太多的斯拉夫人後,統治不易,也反對將二元帝國(日耳曼、馬札兒兩個不同民族組成)轉化爲三元帝國(日耳曼、馬札兒、南斯拉夫三個不同民族組成),弱化了匈牙利在帝國內的地位。

德國在二次巴爾幹戰爭之後,深切體認到同盟國在巴爾幹地區的影響力實際上並未增長,而奧匈內外交迫,瀕臨解體,因而後悔在1913年7月過於牽制奧匈,使它未能把握機會,一舉解決境外擴張型的泛斯拉夫民族主義,及其國內分離型的民族主義問題。德國此時認爲,如果老大的奧匈必須要借助於一次戰爭才能重新壯大,德國不應再加以阻撓,於此似已伏下了一次大戰的惡因。

但是,要問的是,如果德國明知奧匈不是一個有實力的盟國,德國本身在巴爾幹半島又無特殊的利益[123],何以非要支持奧匈不可呢?德國外交人員中不少人皆向當局建議,應放棄老大的奧匈,交好英國,如德國駐英大使李赫諾斯基(Lichnowsky)及德國駐奧大使柴爾希基(Tschirschky),都有類似的建議,貝特曼也有此意,可惜的是他不敵軍方,對威廉二世沒有決定性的影響力。

德國軍方之所以全力支持奧匈,原因無他,只是因爲只有奧匈隨時可以提供作戰的藉口與機會。德國軍方自認爲此時德國軍力最爲強大,其主要對手俄國大約在1917年就可以完成軍事準備,到時候,以俄國的人力、物力、資源,德國要戰勝俄國就不容易。既然時間拖下去,只有對德國不利,當然速戰速決爲上策。

在上述認知下,1914年5月德奧兩國的參謀人員在卡爾斯貝德(Kalsbad)集會商談,討論製定共同的軍事計畫。小毛奇(von Moltke, Helmuth,1848-1916)[124]甚至向康拉德說,任何延遲都是機會的流失,在人力方面我們無法與俄國競爭,所以德奧一定要在俄國準備好前,及時出手。另方面,德義兩國的參謀人員在1913年亦有接觸,論及地中海兩國艦隊的合作,以及必要時義大利出兵萊茵河之可能[125]。

不過德奧雙方雖然在對俄政策上看法一致,但在其他的外交問題

上，由於雙方利益不同，還是有矛盾。就以巴爾幹上的幾個小國而論，奧匈與塞爾維亞、羅馬尼亞間的衝突甚大，這是由於塞爾維亞的民族主義下一步針對的就是奧匈境內的斯拉夫人；而羅馬尼亞在斯拉夫民族主義的感染下，對匈牙利境內特蘭西伐尼亞區域二百萬的羅馬尼亞人也想爭取。因此奧匈有意與保加利亞結盟，共同對抗塞、羅。但是德國卻不支持此一想法。德國對此一區域民族主義的同情已如上述，除此之外，德國更想在外交上爭取塞爾維亞與羅馬尼亞。德國希望奧匈做些讓步，可以改善與這兩國的關係，使三國同盟可以更為擴大，但是所謂讓步，對奧匈來說，直接就牽涉到領土的損失，當然難以接受。

其次，德國面臨十九世紀末三皇同盟時類似的困擾，即三國同盟中，奧匈與義大利的關係每下愈況，而德義之間亦有磨擦。以義土戰爭為例，德國與奧匈皆十分不滿義大利之所為，德國的困擾為其十餘年來都致力爭取土耳其，其在後者境內的影響力已隨著巴格達鐵路在1899年11月開工而與日俱增，義土之戰使德國在二個交戰國間左右為難。至於奧匈，它對義大利在巴爾幹的野心亦虎視眈眈，不容其實現。上文曾提及在義土戰爭之前後，奧匈之參謀總長康拉德即一再主張對義用兵，終以茲事體大，德國不主張燥進而未果，康拉德也一度因此罷官。待二次巴爾幹危機爆發，奧匈及義大利雖然都支持在亞得里亞海建阿爾巴尼亞公國，阻擋塞爾維亞之勢力南下，其實各懷鬼胎，雙方都全力拉攏維特（Wied）親王，以圖建立在阿爾巴尼亞之影響。因此，義大利在三國同盟中是一個極不穩定的份子。

三、軍備競爭與戰爭氣氛之增長

隨著列強在不同區域的衝突日益加深，列強間的軍備競賽亦趨向白熱化。阿加迪爾事件促使英國海軍積極備戰，已如前述。非僅如此，自霍爾丹爵士在1905年擔任陸軍大臣以來，英國也開始積極整頓陸軍，他的陸軍改革計畫此時已接近完成。不過英國的重點一向在海軍，陸軍與其相比實微不足道。其他國家在義土戰爭與隨之而來的巴爾幹戰爭爆發

以後，也提高了備戰的警覺。首先是德國，多年來，除了發展海軍[126]，德國對陸軍發展更是用心，由於其處在法俄兩國之間，本來就需要龐大的陸軍來維護國家安善，更何況其一心想擊敗法俄兩國，稱霸歐陸？1913年德國在海陸兩軍的建軍工作都已經有相當成績，在所有國家中，他的軍備最為完全。但是德國仍覺可以改進。為了確保在戰爭爆發後，俄國介入前，即制伏法國，德國在1913年7月3日通過法案，增加平時軍員。

此舉對於法國是重大刺激。法國從潘加雷上台以後，就把施政重點放在國防與外交上，當時法國的參謀總長霞飛（Joffre, 1852-1931）[127]對於將法軍戰略由守勢轉為攻勢，極具信心。在德國決定增加平時軍員後，法國為了對抗，潘加雷亦要求法國國會在8月7日通過法案，將兵役延長為三年。並把役齡由二十一歲降為二十歲，除役年齡則由四十五歲升高為四十八歲。法國之所以採取延長服務年限的政策，是由於法國的低出生率，使其根本無法增兵[128]。

俄國方面亦隨之跟進，在1913年底實施軍事重組計畫，增加常備兵十三萬人，役期延長三個月，並趕修西線戰略性鐵路網，不過此一計畫要五年後方能完成。除了上述這些大國個個積極擴充軍員軍備外，連小國也受到感染，比利時亦通過法案，增加陸軍兵力。

在上述情況下，各處都在擴軍整軍，愛國主義高漲，不過在1914年一次大戰爆發前真正有備無患的只有德國。所以德國軍方認為戰爭在此時爆發，對德國最為有利，並將此思想向政界人士灌輸，1913年11月威廉二世因此向比利時國王表示：「戰爭是必要而無可避免的」。1914年5月13日德國參謀總長小毛奇向奧匈參謀總長康拉德表示：現在是成功機會最大之時。好戰的氣氛在柏林抬頭，如非如此，奧皇太子在薩拉耶沃被刺後，德國將不會給奧匈一張空白支票。

隨著戰爭的煙硝味四處飄散，外交部門方面，特別是協約國這一方，都感到危機迫近，因而力圖補強內部的凝聚力，或是化解與對方陣營之間的緊張關係。對於德國好戰之氣氛增長，英國外相格雷以及法國駐德大使朱利甘朋都主張，在經濟及殖民問題上對德稍作讓步，以求緩

和緊張情勢。因此，英法在1914年2月14日及6月15日，先後承認了德國在土耳其承建巴格達鐵路之既得權益。英德復論及瓜分葡屬非洲，英國擬以慷他人之慨的方式討好德國。英法的安協顯示已經注意到德國的威脅，英法如果安協無功，說不定就會調轉頭來反制，到那時德國就未見得一定能佔到便宜，因此，當時德國駐英大使李赫諾斯基曾一再向德國進言：捨棄老大的奧匈，接納英國。但這一切努力與忠言皆未能改變德國少數執政者的一意孤行。

第七節　1914年7月危機與大戰爆發

　　在上述情勢下，民眾透過大眾傳播的介紹，已逐漸習慣於「戰爭不可避免」的論調。巴爾幹半島上的氣氛更火上添油，使情勢更加惡化。對奧匈帝國來說，它面臨可怕的事實：一，由於其轄下三百萬羅馬尼亞人的關係，使羅馬尼亞前此在1883年與奧匈所締結之秘約成為廢紙。二，塞爾維亞雖與奧匈有1909年的善鄰條約，但由於在奧匈轄下的八百萬塞爾維亞人及克羅特人的呼籲，與其維持和諧關係亦十分困難。

　　1914年6月奧匈皇太子的被刺事件發生後，德國無條件支持奧匈的強硬外交，終於使一個地區性的衝突演變成全面戰爭，主戰場雖在歐洲，但事實上歐洲以外的地區也遭波及，亞洲的日本、中國、美洲的美國，都捲入了戰爭的漩渦，而成為一次道地的「世界戰爭」。

　　奧匈的皇儲何以會被刺？這就必須由他的主張與塞爾維亞的情勢談起。

一、奧匈皇太子被刺與奧塞衝突

　　塞爾維亞有三個組織鼓吹泛南斯拉夫主義，一為公開的國防聯盟（National Defence League），以宣傳為主。一為黑手黨（Black Hand），以暗殺為主，由狄米垂耶維奇（Dimitriyervitch），另稱阿比斯（Apis）領導。另外還有以蒐集情報為主旨的「邊界軍官」（Frontier Officers）

組織[129]。塞爾維亞政府對這些組織相當縱容，原因其總理巴希奇說得很透徹：塞爾維亞之所以存在，其唯一的目的就是要合併奧匈帝國的南斯拉夫省區。這些組織就是達成目的的工具。

　　二次巴爾幹戰爭結束後，塞爾維亞攫獲了可觀的領土，奧匈為此一直惴惴不安，已如前述。1913至1914年間，大塞爾維亞運動的狂潮在塞爾維亞達於頂點，此一狂潮透過新聞媒介快速的傳遍了波士尼亞，達爾瑪西亞，克羅埃西亞等地，對奧匈帝國構成空前的威脅。所以1914年4、5月，奧匈參謀總長康拉德才一再向奧皇、外相貝赫托德、德皇及小毛奇等人表示，對塞爾維亞的戰爭已無可避免，貝赫托德接納了他的意見，一度積極拉攏保加利亞、羅馬尼亞、希臘、土耳其等國，以圖在外交上孤立塞爾維亞，作為戰爭準備，但此外交部署尚未完成，卻發生了奧匈皇太子費迪南被刺的事件。

　　奧匈皇太子費迪南為奧皇侄子，一向主張建立聯邦，以解決國內種族問題。他的理想是要把將奧匈帝國改建為「大奧合眾國」（United States of Great Austria），由十到十二個邦組成。在此合眾國中，克羅特人、波士尼亞人、達爾馬西亞人、波希米亞人、羅馬尼亞人、塞爾維亞人等都能在聯邦中各自成為一邦，有其自己的家園，享受充分的自治，只有外交國防由聯邦政府處理。他相信此一制度可以解決奧匈帝國內的分離型民族主義，甚至還有可能將塞爾維亞吸入。但匈牙利不接受此一構想，匈牙利只在乎大匈牙利主義，不願意稀釋自己的權力，也不想降低自己在帝國內的地位。

　　塞爾維亞人亦視費迪南為眼中釘，一方面固然是因為如果費迪南的聯邦主張落實，會影響大塞爾維亞主義的發展，另方面也因為費迪南像康拉德一樣，屬於鷹派，正準備必要時對塞發動戰爭，所以費迪南成為黑手黨謀刺對象。

　　費迪南在1900年代中已經在法蘭西斯約塞夫的安排下，參與國政。但他在帝國內人望並不高，一方面是與他持不同立場的人士，如匈牙利首相蒂查等人十分反對他；另方面是費迪南娶宮女，也是波西米亞女大公蘇菲亞（Sophia）為妻，開貴賤通婚之特例，引起奧皇族及許多人反

對。

1914年6月下旬，費迪南偕蘇菲亞訪問波士尼亞的首府薩拉耶沃（Sarajevo），其實當時波士尼亞的情勢已經很不寧靜，有人勸阻他，認為不應在此時前往，但他未接受勸告，結果在28日為激進份子普林西比（Printsip）所刺殺。事件發生後，奧匈立即將之歸咎為塞爾維亞所唆使，雖然當時並無確切的證據，證明此一謀殺案與塞爾維亞有關。

不過事實上，1914年初，阿比斯即計畫謀刺費迪南，塞爾維亞首相巴什奇在5月即得知此一訊息，並曾在內閣會議中討論，內閣主張宜予制止，以避免與奧匈發生戰爭。其實就當時塞爾維亞政府而言，兩次巴爾幹戰爭犧牲不小，戰後併入的領土幾乎使原來版圖增加一倍，需要時間調養生息，以及奠定對新取得的領土與人民之統治，所以並不想馬上與奧匈發生衝突。但情勢發展由不得人。再說，黑手黨行事激進，如果反對，內閣成員反可能成為暗殺對象，所以不敢攔阻[130]。因此奧匈將責任歸之於塞爾維亞，也非無的放矢。

對奧匈若干當權人士，如康拉德、貝赫托德而言，謀刺案乃與塞爾維亞一決勝負之良機，但是匈牙利首相蒂查反對對塞動武，於是貝赫托德轉向德國求助。事實上，無論蒂查態度為何，德國的態度才是關鍵。德皇收到來自奧皇的信函與一份奧匈巴爾幹政策備忘錄之後，7月5日在波茨坦接見奧匈駐德大使索基耶尼（Szogyeny），由於德國軍方希望越早發動戰爭越好，所以威廉二世對索基耶尼的結論就是：別再延遲對塞爾維亞的行動。7月6日貝特曼·霍爾維格又對奧匈駐德大使表示，奧國可以信任「德國的全力支持」[131]。於此，奧匈無異得到一紙空白支票。

但是行事緩慢的奧匈直到7月22日下午才把定稿的最後通牒拿給德國外次賈高（Jagow）看，德國對於奧匈的迂緩十分不滿，但奧匈也有其考慮，這是因為貝赫托德需要說服匈牙利首相蒂查，以及對通牒文字一再推敲，確定塞爾維亞不能接受而拒絕，都需要時間。再者，當時法國總統潘加雷正在俄國訪問，為避免法國對俄國有所制肘，等到他們離去後再發通牒比較好。這其間德國駐英大使李赫諾斯基警告賈高，不能聽任奧匈肆意而為，不過空白支票既然是德皇與首相所給，他們二人又

都去度假了，也非賈高所可攔阻。尚未等德國認可，7月23日下午6時，奧匈駐塞爾維亞公使吉塞爾（Giessl）將軍向塞爾維亞致送了最後通牒，要求後者在48小時內答覆。奧匈自信由於通牒文字嚴厲，塞爾維亞將絕不能接受，而塞爾維亞一旦拒絕，奧匈就可以對塞宣戰。

按奧匈之通牒共包含10項要求，其中主要的爲：一，調查陰謀謀殺份子並繩之以法。二，停止對波士尼亞私運軍火，懲處有關機構人員。三，禁止煽動奧匈領土分離之宣傳。四，國防聯盟應予解散，宣傳品予以沒收。五，允許奧匈官員參與取締反奧匈之行動。六，允許奧匈官員參與謀殺案的審訊等等[132]。

塞爾維亞接到此一通牒自然備感棘手，以塞國的實力而言，絕對不是奧匈的對手，除非得到俄國的支持，否則只能讓步。所以塞爾維亞隨即致電俄皇，要求俄國表態。俄國對奧塞之間有關謀刺案的衝突，一直密切觀察，擔心事態擴大，難以肆應。雖然幾天前，即7月20～22日間，法國總統潘加雷在俄國訪問時，已給予俄國相當肯定的承諾：在德國攻打俄國時，法國將履行其同盟義務，但鑑於俄國備戰措施並未完成，還是希望謀刺事件能和平落幕最好。薩佐諾夫當然認爲奧匈最後通牒要求過份，但在上述考慮下，不能硬接招，所以電告巴希奇：茲事體大，處理不好可能演變爲歐洲大戰，塞爾維亞宜允儘量克制；除此之外，並建議後者提議將此一爭端交由歐洲強權定奪。由於俄國態度保留，塞爾維亞只好自抑。所以出乎奧匈意料，25日塞爾維亞的答覆中，接受了奧匈十項要求中的九項，只排出了該通牒第六項要求，即未應允奧匈官員參與謀殺案審訊，認爲此有違塞爾維亞之憲法與刑事訴訟法[133]。

奧匈當然不會以此答覆爲滿足，在事先已經周密策劃下，7月25日當晚，奧匈公使吉塞爾宣布斷絕與塞之外交關係，隨即率館員搭乘火車離開塞爾維亞，創下外交史上斷交撤館最爲迅速之紀錄。奧匈於7月26日正式拒絕塞之答覆。7月25日下午3時塞爾維亞下令全面動員，其實，塞爾維亞在7月24日上午已經動員十五個師的兵力。奧匈於7月25日晚8:30下令局部動員，對塞爾維亞動員二十一個師之兵力。但奧匈眞正動

員是在7月28日。

二、英國的立場

在整個奧塞衝突中，當事國與相關國家，如德國、俄國、法國的立場都很清楚，另一個歐洲大國，英國的立場又如何呢？奧塞衝突初起時，英國的立場頗有商榷餘地。7月6日，當格雷與德國駐英大使李赫諾斯基會面討論到此一衝突時，他向後者強調俄國希望維持和平，並說如果事態複雜化，英國將盡力周旋，避免風暴；他並強調英國不能聽任摧毀法國，並警告奧匈不能逾越界線[134]。此一談話或許希望化解德國對俄國的猜疑，但問題是格雷並未向德國表明，如果風暴不能免，英國的立場為何。他雖然強調英國不能聽任「摧毀法國」，警告奧匈不能「逾越界線」，但卻沒有明言如果不幸德奧與俄爆發戰爭，英國態度為何，所謂「界線」究竟何所指？甚至7月23日，格雷在危機爆發後，第一次與奧匈大使曼斯多夫（Mensdorf）會晤時，也沒有對傳聞中的最後通牒內容有何批評，只是惋惜奧匈只給塞爾維亞48小時的答覆時間，未免太短了[135]。由此可見，格雷對德奧兩國頗為姑息，當然，這也可能是受國內親德派壓力所致。但在與俄國駐英大使班肯多夫會談時，格雷則強調情勢嚴峻，奧匈有可能發動戰爭，德國對俄國敵意頗深。這些話倒是實情。

格雷的焦慮在7月24日看到奧匈的最後通牒後才更為具體化，他稱此一通牒為：外交上從所未見的可怕文件。同日他召見德國大使李赫諾斯基，告知，如果奧塞衝突擴及到俄國、法國，這樣一場四強間的戰爭，後果難以估計。但格雷沒有提到第五個強權，即英國在四強之間發生戰爭時的立場為何，格雷這樣刻意不提英國立場，對德國而言，如果不算鼓勵，也是誤導[136]。不過格雷內心應該清楚，如果歐洲四強間爆發戰爭，英國要置身事外也不容易，特別是英法之間存在著那些未經公開的外交文件，使法國自然而然認為英國不會袖手，甚至英國的若干知情人士，如邱吉爾也認為英國有此義務。但是既然這些外交協議都瞞著內

閣與國會，格雷又如何向他們說明英國有此義務？如果現在和盤托出，那格雷的政治責任如何追究？當然格雷可以繼續隱瞞，也不理會法國的要求。他可以自我安慰：那些外交文書都用字模糊，並沒有綁死英國。但是從情理與道義而言，英國如果不支持法國，格雷午夜捫心，恐怕也會有內愧神明的感覺。

就是因為有這樣的兩難，所以格雷的態度一直令人捉摸不定，英國內閣的看法也見仁見智。7月27日，英國內閣舉行了自從薩拉耶沃危機爆發以來，第一次有關國際情勢之討論，會議中格雷強調，事態發展迅速，是該英國作出決定的時候了：是積極參與？或置身事外，嚴守中立？如果內閣決定置身事外或嚴守中立，格雷宣稱要辭職。在內閣成員中，格雷只獲得阿斯奎斯、霍耳丹及邱吉爾等人的支持，這幾個人也是瞭解英法曖昧協議內情的人。反對的閣員，以莫雷為首，達十一人之多，勞合喬治等人則採取中立[137]。外交部門也向格雷施壓，要求有所決定。國際上，由於不僅法俄兩國不能確定在戰爭爆發時，英國是否會假以援手，德國亦不確定其是否會維持中立，所以也分別向格雷施壓。

鑑於情勢緊張，各方壓力紛至沓來，格雷於7月26日與27日相繼提出兩項建議：一，舉行國際會議，由非衝突直接當事國的其他國家參與，以解決奧塞衝突。二，以塞爾維亞對奧匈通牒的答覆為基礎，由兩個當事國直接談判。德國希望將爭執地方化，排除他國之介入，因而反對英之第一案，德首相貝特曼·霍爾維格謂，「德國不允許藉口奧塞糾紛，而將奧匈置於歐洲法庭之前」。德國雖接受了英國的第二項建議，並將其轉告奧匈，但並未對奧匈施以足夠壓力，迫其接受[138]。另方面，俄國亦嘗試與奧匈直接談判。奧匈為了避免外交干擾，影響其原定構想，貝赫托德遂於7月28日晨正式向塞宣戰。

三、俄奧對立

於是衝突由奧塞之間轉變而為俄奧之間。塞爾維亞對俄國而言並非那麼重要，但俄國不能容忍再蹈1909年波士尼亞危機的覆轍。俄國已經

勸導塞爾維亞讓步妥協，但是如果委屈無法求全的話，那也只好硬著頭皮接招了。因此，薩佐洛夫在奧匈對塞宣戰後，即向英國駐俄大使葛申（Goschen）表示，俄國將「不允奧匈將塞爾維亞摧毀」。法國駐俄大使巴雷歐羅格，在28日，即奧匈對塞爾維亞宣戰之當日下午，又再度向薩佐洛夫重複幾天前潘加雷所提保證：在德國攻打俄國時，法國將履行其同盟義務。因之，俄國於28日晚間下令部分動員，並通知相關各國。

不過俄國並無意與德國衝突，所以薩佐諾夫在致俄國駐德代辦的電文中，特別囑其向德國政府強調，俄國對德絕無任何侵略想法[139]。此外，沙皇並於29日中午致電威廉二世，說明他個人所受壓力之大，要求威廉二世制止其盟友奧匈不要走得太遠，以免爆發歐戰[140]。

同日薩佐諾夫亦與奧匈駐俄大使查巴利（Szapary）會談，俄國外相向奧匈大使表示，只要奧匈不對塞爾維亞採取行動，俄軍亦將不動。薩佐諾夫並稱，如果奧匈修改對塞之最後通牒，俄國亦可解除動員令。會談中，薩佐諾夫突然獲得情報，謂奧匈軍隊已砲轟貝爾格來德，因之十分震怒，會談不歡而散。

在奧匈行動激怒下，薩佐諾夫、俄國戰爭部長蘇科姆林諾夫將軍（Sukhomlinov）、以及參謀總長雅努齊克維奇（Janushkevitch），一致向尼古拉二世建議，由於俄國可能與德國發生軍事衝突，局部動員不足以因應，為防萬一，宜直接宣布全面動員。對尼古拉二世來說，這是非常艱難的決定。他固然對南斯拉夫民族主義有其同情，對奧匈的一再進逼也覺得忍無可忍，但更關切俄國本身的利益，以及羅曼諾夫王朝的前途。戰爭對任何王室與政府都一樣，贏了固然好，輸了可就都得倒台。他對俄國實力知之甚明，與德皇有私人情誼，對德國也並無敵意，那麼有必要冒這個險嗎？但是國內輿論壓力甚大，幾個相關部長及軍方人士從軍事求勝的觀點看，都一致要求全面動員，對他們的建議能完全置若罔聞嗎？在幾經猶豫之下，俄皇於29日下午3時決定將宣布全面動員。

可是另方面，俄國先前的局部動員行動就已經大大的激怒德國，德國駐俄大使波特雷斯接到首相貝特曼‧霍爾維格的電報，指示其向薩佐諾夫表示，如果俄國繼續軍事準備工作，則德國將被迫動員，如此歐戰

將不能免。

話說度假歸來的威廉二世，在28日上午看到塞爾維亞回覆奧匈通牒的全文，大為讚賞，認為塞爾維亞能在這麼短的時間內擬出這樣的答覆，殊屬不易。他認為奧匈帝國應該認為其整體願望已經實現，剩下的一點歧見可以透過談判解決。不過為了確保這些歧見可以順利解決，「溫和的暴力」（gentle violence） 有其需要，因此他建議奧匈可以拿下貝爾格萊德以為質押[141]。顯然威廉二世的態度與危機初起時相較，有了一百八十度的轉變。可能是擔心德國臨陣變卦，威廉二世的提議在28日上午10時提出，奧匈外相卻在一個小時後對塞爾維亞宣戰。

其實在戰爭真的迫近時，威廉二世也難免猶豫，所以於7月29日下午6:30分致電尼古拉，謂其正盡力調解俄奧衝突，促俄勿升高軍事行動。尼古拉二世對戰爭的猶豫與恐懼尤甚於威廉二世，既然還可能有挽回的機會，自然樂意等候，因而又將當日下午三時已經同意之全面動員命令撤回。不過儘管威廉二世對戰爭的態度有所轉變，可是貝特曼、賈高、小毛奇、柴爾希基等人卻轉不過彎來，德皇對奧匈之外交介入為彼等所阻，而奧匈的外交與軍事兩個體系的人都急於一戰，所以奧匈於30日下午正式拒絕了佔領貝爾格萊德以為質押的建議，非僅如此，貝赫托德還同時通知俄國駐奧匈大使史貝科（Shebeko），奧匈已經在俄奧邊境動員。

戰爭的煙硝味已十分濃厚，德國與法俄兩國都希望能確定英國的態度。7月29日，格雷兩度召見德國大使李赫諾斯基，在第二次會面中，格雷告訴德使：如果衝突侷限於德俄之間，英國還希望與德維持友好關係，但是如果法國被捲入，情況就完全不一樣，英國政府可能無法長久自外於衝突。簡言之，如果法國捲入戰爭，英國不可能中立[142]。對英國立場的謎底揭曉，德國政府以威廉二世為首，以及外交人員莫不驚恐失望，尤其是貝特曼知道英國警告的嚴重性，有意迫奧匈接受德皇的提議。但德國軍方倒是處之泰然，因為他們從來不相信英國會中立，也認為英國中不中立其實沒有什麼關係，他們對自己實力非常有把握。

就英國來說，雖然格雷對德國大使表明了立場，老實說那是他及少

數內閣成員的立場，整個內閣的決定爲何，國會及民意的看法爲何，還在未定之天。不過，就在這關鍵性的時刻，德國一連串操切的外交動作，卻替格雷解了圍。

英國駐德大使葛申在29日晚上10點給格雷電報，說才被貝特曼召見，貝特曼要求英國在戰爭爆發時採取中立，並說知道英國不會允許法國被摧毀，所以德國保證在戰勝後，不會索取法國本土任何土地，換言之，法國的殖民地則不在保證範圍內。至於荷蘭，只要對手尊重其中立，德國也會遵守。而比利時，只要他不與德國站在敵對方，戰爭勝利後德國也會尊重其領土完整[143]。格雷覺得此一要求大膽狂妄，十分惱怒的回電拒絕了。

7月30日晚，沙皇在薩佐諾夫、蘇科姆林諾夫、雅努齊克維奇等人一再要求下，重新下令總動員。爲了免得沙皇再度反悔，動員命令一下，參謀總長就把電話摔掉，電線剪斷。俄國在31日清晨宣布此一決定，此一動員不僅針對奧國，亦擴及德國，於是衝突爲之歐洲化。俄國做此決定，不僅未接受法國先前之建議，要求它表面向德國保證停止動員，但祕密準備仍可進行；亦未與法國磋商。雖然如此，法國還是給予俄國支持。分析起來，俄國決定全面動員是基於三項推論：一，奧匈即將攻塞。二，德國將全面動員以回報俄國之局部動員。三，德國未對此衝突進行調解。

四、全面戰爭及原因探討

外交活動失敗之後，軍方勢力自然抬頭，而軍方所最關心的仍是在何種情況下最有利於其軍事作戰計畫之實現。德國的施利芬計畫在軍事上來說也許對德是最有利的，但在外交及政治上（甚至在某種程度上而言，軍事方面也如此），則將德國推向絕境。上述計畫期望在六星期內，也就是在俄國的動員準備完成之前，即將法國摧毀。這是德國所最關切之事，因之在危機進行之中，德國的外交重點，是儘量延緩俄國動員；在俄國動員之後，德國則希望儘速破裂。也因此，在31日得知俄國

全面動員之後，柏林隨即宣稱戰爭危機已經升高，在當天下午3:30分同時向俄國與法國發出最後通牒。對俄國的最後通牒要求俄國在十二小時內停止動員，否則德國也會動員；對法國的最後通牒要求法國在十八小時內回答：在德俄戰爭爆發時，法國是否會保持中立？如果法國宣稱會採取中立，為保證法國會兌現其諾言，要求法國將都爾（Toul）及維爾頓（Verdun）兩地交與德國[144]。8月1日德國亦下令總動員，並逕自向俄宣戰。

德國對法國的要求顯然令後者難以接受，所以儘管俄國之總動員事先未諮詢法國，法國亦不確定英國的態度，法國仍然拒絕了德國之要求，並下令動員。法國絕不能容忍德國摧毀俄國，稱霸歐洲，破壞歐洲均勢，不過法國亦儘量小心，下令其軍隊自邊界後撤十公里，以免德國尋釁[145]。德國於8月2日得向比利時發出最後通牒，要求假道，3日藉口法機飛越紐倫堡（Nuremberg）上空，向法宣戰。

德國主動向俄法兩國宣戰，以及對比利時的假道要求，是極其不智的，因為這不僅削弱本身的外交力量，而且加強了敵人的實力。義大利及保加利亞皆以其與德國之同盟僅屬防衛性質，所以於7月30日宣稱採取中立。另方面，英國一直為是否應支持法國而徬徨不決，英國曾於7月31日分別致電法德，詢問是否尊重比利時之中立，法國予以肯定答覆，德國則拒絕作答。雖然如此，在7月31日及8月1日，格雷仍兩度拒絕了法國大使甘朋給予法國軍事支援之請求。德國的要求假道比國為法國解除了外交困擾，英國輿論轉而支持法國。8月3日，英國上議院通過戰爭費用案，4日英德斷交。

1914年6月～7月的危機如與1909及1911年兩次巴爾幹危機相較，本質上並無重大區別，如果各方能稍自抑，則第三次的巴爾幹危機亦不難以一種較和平的方式予以解決，然而此次危機何以會導發一場全面的戰爭呢？戰爭責任究竟應如何分攤？分析起來大約有如下幾點原因：

第一，是由於強權間的對立，日趨尖銳，難以化解。英德之間的海軍競賽問題，日形惡化，始終無法解決。法德之間，摩洛哥的衝突不過

是亞洛兩省衝突及相互間安全猜忌的延伸，摩洛哥問題的解決，並不能將結完全解開。奧俄之間在巴爾幹地區的矛盾根深蒂固，一方要防止民族主義蔓延，危及自身生機；一方要圍堵其向此一地區擴充，損及其影響力，五、六年間三度在巴爾幹短兵相見，可以想像衝突激烈程度。

　　第二，民族主義在巴爾幹甦醒抬頭，不僅促成該地各國的競相向土耳其與奧匈帝國挑戰，以圖開疆闢土，同時更喚醒了奧匈帝國內斯拉夫少數民族的民族意識[146]。氾濫高昂的民族主義，使巴爾幹小國一旦獨立，就如脫韁野馬，不聽約束，強權對他們再也不能操控自如，相反的，強權反被它們造成的情勢牽著鼻子走，所拖累。奧匈帝國對此一民族主義束手無策，再加上二元帝國各有所圖，在內政外交上都不同心，使問題的解決更添困難。

　　第三，德奧兩國的軍方人士一致判斷當時是戰爭獲勝的最佳時機，因此在危機發生時不求自抑，只求早日獲得戰爭機會。德國希望藉此戰爭，擊敗法俄，成為歐洲獨霸，再與英國爭取世界霸權。同時德國也有感於其忠實盟友奧匈所處困境，有意支持其以戰火的洗禮，重組老邁的帝國。至於奧匈，其與俄國之間的利益矛盾，糾纏數十年，之所以無法與俄國攤牌，主要是找不到後台撐腰者，這次難得德國挺身相助，再加上國內外民族主義帶來的威脅已經避無可避，所以也希望儘速一戰，起死回生。

　　第四，俄國因為軍事準備尚未完成，並不想在此時與奧匈開戰，但自從波士尼亞危機以來，俄國在巴爾幹半島已經數度吃驚，在外交顏面上頗感掛不住，這次絕不能再讓。另方面俄國內部政情雖然仍蘊含不穩定的因子，但已較前幾年為佳，經濟情況也漸有起色，比之於巴爾幹戰爭時相對較好。再說沙皇前此在巴爾幹問題的處理上，受到不少內部泛斯拉夫主義者的不滿，如果再處處退縮恐怕難以平息這些民怨。不過俄國的動員機器龐大緩慢，萬一有事再來啟動，鐵定緩不濟急；但先行啟動又可能引起不測反應，折衷考量後，所以先宣布了在奧匈邊界局部動員。由此可知，俄國雖在做最壞的打算，但並無意於戰爭。由局勢升高後，沙皇對於下達全面總動員令的猶豫，我們可以知道其內心的掙扎：

戰爭勝了當然可以解決眼前的難題，一旦輸了，則皇室可能不保。這是非常大的賭注。尼古拉二世清楚知道，俄國的軍事準備並未完成，法國雖然承諾履行盟國義務，但英國始終未做決定，而英國的參與才是勝負關鍵。所以認真檢討，俄國的總動員令其實只是外交動作：希望以戰迫和。那裡知道德奧志在求戰，俄國總動員的決定，給德奧製造了絕佳的機會與藉口。

第五，法國在危機爆發後對俄國的態度，有火上添油的作用。其實以法國的實力而言，與俄國加總起來，也未見得是德奧的對手。因此，法國國內親德派的意見，希望與德國維持較為友好的關係，未必完全沒有道理。如果法國可以確定戰事一旦爆發，英國必定會給法國援助，那麼法國冒險一試猶有可說，但當事實並非如此時，則潘加雷對俄國的承諾就是太過操切。要不是德國的軍事戰略戕害了其外交處境，法國很難脫困。

第六，軍事戰略與外交戰略間有其矛盾。軍事戰略上的致勝之道，往往在外交上卻將國家推往萬劫不復的深淵，施利芬計畫就是如此。德國軍方如果不那麼迷信西攻東守、假道比利時攻法是不二捷徑，就可以取得外交上較優的地位。另方面，軍方與外交的角力勝過合作。德國外交當局致力於戰爭爆發前獲得英國中立的承諾，因為他們認為這才是獲取勝利的最大的保證，但是軍方對此根本嗤之以鼻：他們既不相信英國會中立，也自信可以兩面迎敵。

第七，英國外相格雷在整個薩拉耶沃危機中，因為顧及自由黨內閣的穩定，不想引爆此一頗無共識的外交議題，再加上他與法國大使甘朋間的秘密協議，難以公開，始終對相關各國採取一種曖昧的態度。每個國家的外交部門都在猜測英國的真正意向，解讀如格雷、英王喬治五世的談話時，在各自內心願望的投射下，難免都有點一廂情願。英國的舉棋不定，使相關各方在危機初起時沒有受到應有的壓力，聽任情緒發酵，危機節節升高。

第八，幾個關鍵當事國的元首，像是奧皇法蘭西斯約塞夫、俄皇尼古拉二世、德皇威廉二世，其實都不想引爆戰爭。威廉二世也許有一點

自大狂妄，有一點搖擺，但骨子裡是懦弱的，所以事到臨頭想抽手。這三位皇帝共同的弱點都是猶豫、被屬下大臣擺布。但凡他們之中有一個果敢一點，自主一點，能夠向這些文官武將們堅定的說聲不，戰爭就可以避免。當威廉二世責怪格雷沒有向法俄兩國施壓，否則就可以化解危機時，他應該想到的是，德國爲什麼沒有向奧匈施壓？如果威廉二世向奧匈說，接受我所提出的佔領貝爾格萊德以爲質押就收手，否則德國將不會支持奧匈，奧匈會堅持一戰嗎？

除了列強間的長期對立與民族主義外，上面所列舉的各種原因都是引爆戰爭的近因，但戰爭的爆發可能還有更深層的因素。

從深層探討，這個戰爭其實是這半個世紀來，列強在經濟競爭與殖民衝突中累積的能量，到達了飽和點，遇到火花而引爆[147]。從過程來看，工業革命後造成原料不足，產品供應過剩，拓展殖民地就成了帝國主義者最便捷的解決之道。因爲要拓展殖民地，就必須以武力爲後盾，因之又導致軍國主義抬頭，軍備競賽激烈。大國間的衝突因此越演越烈，終至劍拔弩張，一發而不可收拾。從經濟角度解釋，那就是工業社會的出現讓人類擁有了新的可怕力量，它創造了生活上的舒適與便捷，也創造了社會的不安與猜忌，更使武器的數量大幅成長，殺傷力日益增高。四十年來，它所形成的這種緊張與累積的過剩能量，最後造成的結果就是悲劇性的戰爭。

秘密同盟的出現顯然也對國際關係的正常發展不利。在俾斯麥同盟體系出現以前，並不是沒有同盟條約，但以往的同盟多半是在戰時，或國際關係緊張的戰前締結，而俾斯麥的同盟體系卻都是和平時期的產物。這些同盟最初締結的目的都是防衛性的，但由於其內容秘而不宣，引人猜忌，隨著國際關係的演變，猜忌升高，緊張升高，就轉化成爲攻擊性的同盟，對和平構成嚴重威脅。三國同盟續約時德義雙邊條約以及巴爾幹戰爭後德奧同盟的變質，都是明證。即便不是同盟條約，如英法協約與英俄協約，也因爲其內容的神秘性，引起德國的無比憂慮，想方設法嘗試一探究竟，結果使兩個陣營的關係更行惡化。因之，秘密條約

當然是一次大戰的惡因[148]。

一次世界大戰也有高度的內政因素參雜其間。對任何國家來說，內政外交交互影響都是正常的，只是程度有所不同罷了。但就戰前歐洲國家來說，德國與奧匈都將外交政策做為解決內政問題的錦囊妙計，前者是因爲承受到內部社會民主黨崛起的空前威脅，再加上它是世界最強的國家，有操作強勢外交轉移內政焦點的本錢；後者是因爲其國家體制脫離時代，已經無法改造，內部民族問題的矛盾也難以解決，在國家面臨存亡絕續考驗，又別無選擇的情況下，執政者只企求以戰爭來釋放國內壓力，根本無法計及是否有能力操作躁進外交[149]。

詳言之，就德國而言，由於過去四分之一世紀人口增加快速[150]，加上長時間工業化的結果，造成大批工人階層、工會、大型都市的出現，造就了聲勢凌人的社會民主黨。這個政黨對於德國王室、普魯士在帝國內的地位、普魯士的農業菁英、德國的憲政體制都構成莫大的威脅。由於其勢力龐大，立場不易妥協，使中產階級對社會主義產生莫名的恐怖。爲與其對抗，遂形成了由農業團體、企業經營者、商店店東、銀行家等組成的不穩定聯盟，它們支持帝國政府，尋求一種政策，可以將工人階層從社會民主黨抽離出來，以削弱其力量，減少威脅。於是，政府想到了俾斯麥的手法：以外交危機轉移內政危機。所不同的是，俾斯麥所用以轉移國內注意力的，是來自於外的外交危機；此時的德國政府則以本身狂熱的民族主義外交政策，把自己塑造成爲他國的外交危機。對這種情勢推波助瀾的是德國的學界，如地緣政治說、社會達爾文主義的提出。這些學說合理化了德國的擴張取向，使德國的「世界政策」、殖民政策、大海軍政策受到激勵與支撐。他們也合理化了反民主，或至少是有違民主精神的決策機制，因爲認定民主制度不利於果斷的、有效的決策形成[151]。就是在這樣的內政氣氛下，德國政府才會做出如此大膽的宣戰決定。

至於奧匈，內政在其外交與戰爭上扮演的角色同樣深刻。奧匈最大的內政困擾有二。一是奧匈根本就沒有國家的機制，二是任何的改革方案都有無法超越的困難。就前者言，奧帝國本來就是一個十八世紀以前

的產物，奧國只有王室、封建地主。土地不是屬於奧皇，就是屬於地主。哈布斯堡王朝與土地所有權是名號與權力的來源，除此之外，別無正當性；在統治者與被統治者之間沒有任何黏著劑。普奧戰爭結束，奧國改組成爲奧匈二元帝國以後，匈牙利獨立了出去不說，帝國的政府結構也做了大幅調整，匈牙利的發言權大幅上升，在帝國的許多政策上它都與奧地利的立場南轅北轍，使決策形成不是困難重重，就是遭到修正。至於帝國改革方面，更令人氣餒。帝國內各個不同的民族在識字率提高後，民族意識抬頭，他們致力於追求自身民族的發展，遠勝於帝國整體的振興。帝國的封建地主也不願輕易放棄自己的既得利益，去換取一個並不確定的改革前途，何況即便改革成功，他們也得不到什麼利益。徹底改革國家體制勢在必行，但無論聯邦制或單一國，匈牙利都不能接受，可是對維也納當局而言，民族主義的挑戰卻無論從內部或外部來看，都已是大敵壓境，不容迴避[152]。維也納當局在束手無策下，只有鋌而走險，選擇躁進的外交政策，以應付內部的離心與外來的撕裂。這是爲什麼在費迪南被刺後，維也納當局一心求戰的原因：寄望一戰，以同時解決塞爾維亞的挑釁，並穩住帝國的崩解。

當然也有人認爲新聞報紙也是戰爭的幫兇。由於識字率的逐漸提高，從美國內戰以來，報紙就只重視自己的發行量，而忽視了他們應追求事情眞相，忠實報導的媒體社會責任[153]。各個大國的媒體都競相毒化他們的民衆，散播民族主義情緒，誇大或扭曲報導外國情勢。對尋求化解，建立友善關係的外交努力刻意錯誤報導，製造路障。對立國家間的報紙更常常相互攻杵，大打筆戰，激起民間對抗情緒。媒體號稱第四權，本來應該是社會良心，第四權的唯利是圖，譁眾取寵與道德淪喪，也形同爲戰爭鋪路。

總之，一次大戰的爆發可以說是冰凍三尺，非一日之寒所致。日積月累的各種遠因近因，在奧匈皇太子被刺之後，點燃火種，一發而不可收拾。

註釋

1. 哈桑一世於1873年繼承王位，任內努力維持國內治安，使列強找不到瓜分的藉口。他雖然保守，卻致力摩洛哥的現代化，派學生到歐洲學習，並聘僱歐洲人當教官，建立了一支常備軍。

2. 阿卜杜勒·阿齊茲在1894～1908年間任摩洛哥蘇丹，1900年首相巴·艾哈邁德過世後，他推動賦稅改革，國家現代化，但因缺乏管理人才，沒有成功。老派人士不滿他的政策，他的兄弟在1907年發動叛亂，1908年兵敗退位。

3. A. J. P. Taylor, *The Struggle for Mastery in Europe, 1848-1918*. op. cit., p. 405.

4. J. Droz, op. cit., p. 499.

5. G. A. Craig, op. cit., p. 309.

6. 胡維耶在1871～1902年間擔任國會議員，是財政專家，曾七度擔任財政部長，最後一任是在1902～1905年間。1905～1906年任總理兼財長，1905年6月，德卡塞辭職後又兼任外長。1906年3月因實施政教分離而被倒閣。

7. A. J. P. Taylor, *The Struggle for Mastery in Europe, 1848-1918*. op. cit., pp. 430-431.

8. G. A. Craig, op. cit., p. 309; J. Droz, op. cit., pp. 500-501; 威廉二世為獎勵比羅在外交上獲得的空前勝利，同日策封比羅為親王。

9. Ibid. pp. 501-502.

10. 坎貝爾·班納曼於1868 年起擔任下院議員，歷任內閣要職，1905年末任首相，直到1908春。

11. 格雷在1908年阿斯奎斯出任首相時，仍留原職。

12. 克里蒙梭學醫出身，曾旅美四年，1869年回法，參加政治活動，1876年成為激進派領袖。1906年任內政部長，後組閣，直到1909年。個性堅毅強悍。1917年二度組閣，並兼任國防部長，帶領法國打敗德國為

首的同盟國。

13.A. J. P. Taylor, *The Struggle for Mastery in Europe, 1848-1918*. op. cit., p. 440.

14.Ibid. p. 433.

15.關於約文，請參閱王繩祖先、何春超、吳世民，前引書，頁355-356.

16.阿斯奎斯畢業於牛津大學，曾任律師。1886年當選爲國會議員，此後連任達三十二年之久。1895年成爲自由黨領導人之一，屬於自由黨中的右派，即帝國派。但因支持對波耳人戰爭與帝國擴張政策，與坎貝爾‧班納曼反目，另組自由黨聯盟。1906年任財政大臣，1908年接任首相，直到1916年。1909年因上院反對增加海軍預算，乃於翌年提案限制上院權限，是爲1911年議會法案。1916年因一次世界大戰失利，處理愛爾蘭事件又引起國內爭議，被迫下台。

17.哈丹在愛丁堡大學畢業後執律師業。1895～1911年擔任下議院議員。與阿斯奎斯同屬自由黨中的帝國派。1905年底任陸軍大臣，組織參謀總部，1909年組織帝國總參謀部。1912年初任大法官。

18.勞合喬治屬自由黨中的左派，即激進派，業律師。1890年當選爲下院議員，此後五十五年一直保持議席。反對波耳人戰爭。1905任商業大臣，1908年改任財政大臣。對社會改革法案的推動不遺餘力。1909年提出「人民預算」，1911年又提出國民保險法，是現代福利國家的先聲。在一次大戰爆發後的自由與保守兩黨合組的聯合內閣中任軍機大臣，1916年任國防大臣。1916年底領銜組成五人戰時內閣，領導打贏一次大戰。1922年在對土耳其戰爭中失敗，因而下台。

19.A. J. P. Taylor, *The Struggle for Mastery in Europe, 1848-1918*. op. cit., p. 436.

20.R. Albrecht-Carrié, op. cit., p. 251.

21.R. Langhorne, (1981).op. cit., p. 95.

22.伊茲沃爾斯基爲俄國外交官，歷任俄國駐各國使節，1906年由駐丹麥大使調升外相，任職到1910年，後改派駐法大使，直到1917年。外相任內所推動的政策主要爲與英國訂定協商條約，推動開放黑海海峽，

與奧匈爭奪巴爾幹利益等。在1908～1909年的波士尼亞危機中處理失敗。

23. A. J. P. Taylor, *The Struggle for Mastery in Europe, 1848-1918*. op. cit., p. 442.

24. Ibid; V. Khvostov, (1965). La formation de la Triple Entente (1904-1907). In V. Potiemkine (Ed.), Tome II, op.cit., pp.192-193; G. A. Craig, op. cit. p.310.日俄兩國根據普茨茅斯條約規定所進行的漁業條約的談判，困難重重。俄國擔心日本可能會趁俄國戰後積弱不振，再度對俄用兵。

25. R. Albrecht-Carrié, op. cit., p. 253.

26. J. Droz, op cit., p. 505.

27. 其實格雷對開放黑海海峽一事並不全然反對，因為俄國實際上在黑海並無艦隊，但此一象徵性的對俄開放海峽，很可能引起英國輿論反對，格雷不想冒這個險。至於伊茲沃爾斯基所以有此要求，不過在尋求恢復俄國法律上的權利，在外交上做點業績，並不是要立即行使此一權利。

28. 條約全文請參閱：H. N. Weill, op. cit. pp. 263-265.

29. G. A. Craig, op. cit. p. 311.

30. R. Albrecht Carrié, op. cit., p. 256.

31. J. Droz, op. cit. p. 506.

32. 法蘭西斯約塞夫與外相格魯周斯基在1897年4月去聖彼德堡訪問，簽下條約。1903年雙方又在穆爾茲特格第二度簽約。

33. 埃倫塔爾在1877年進入外交界，1895年任駐羅馬尼亞大使，1899年任駐俄國大使。1906～1912年任外交大臣，任內最大的作為即是兼併波黑二州。導致與俄國關係破裂。

34. 康拉德‧馮‧赫岑多夫為傑出軍事戰略家，思想保守，好戰。1906年任參謀總長，主張對塞爾維亞及義大利發動預防性戰爭。一次世界大戰中，他的戰略雖然不錯，但沒有足夠強大的軍隊來執行，同時由於逐漸附屬於德國參謀部，難以發揮。1916年被新皇帝查理一世罷免。

35.Samuel R. Williamson, Jr, (1991). *Austria-Hungary and the Origins of the First World War*. New York: St Martin's Press. pp. 42-43.

36.法蘭西斯‧費迪南在1889年王儲魯道夫死後，成爲奧匈帝國皇位繼承人。爲查理路德維希大公之長子，因爲與宮女蘇菲亞結婚，與皇帝及宮廷不睦。他主張以聯邦制解決帝國內的多元民族問題，強化皇室地位。外交上希望在德奧同盟之外，建立與俄國間的諒解。1906年後逐漸取得軍權，1913年任陸軍總監。1914年在薩拉耶沃被刺身亡，引起一次世界大戰。

37.R. Langhorne, op. cit. p.97.

38.V. Khvostov, (1965). La lutte entre l'Entente et le Bloc Austro-Allemand (1908-1911). In V. Potiemkine (Ed.), Tome II, op.cit. p. 199.

39.Ibid. pp. 209-210.

40.A. Sked, op. cit. p.252.

41.V. Khvostov, La lutte entre l'Entente et le Bloc Austro-Allemand (1908-1911), op.cit. p. 198.

42.根據土耳其與歐洲國家所簽訂之協議，土耳其已經被剝奪了關稅自主權，進口關稅訂在8％，除非獲得歐洲強權共同的同意，土耳其無權自行調高稅率，這使得土耳其無法自籌款項，支援興建鐵路之需要。

43.哈丁在1880年進入外交界服務，1904年任駐俄大使，1906年任外交部常次。1910年被封爲貴族，改任駐印度總督。1916年回國，再度擔任外交部常次，1920年任駐法大使，1922年去職。

44.費希爾於十三歲進入海軍，參加過入侵廣州戰役（1859～1860年），此後一路攀升，1904年任海軍大臣，負責建造「無畏」號戰艦，加強英國本土水域海軍力量，反對邱吉爾，認爲其領導海軍不力，1915年辭職。Paul Kennedy 教授認爲他與德國海軍大臣提爾皮茨在出身、歷練、海軍思想與主張上，都有極高的相同點。參閱P. Kennedy, *Strategy and Diplomacy, 1870-1945*. op. cit. pp. 111-126.

45.V. Khvostov, La lutte entre l'Entente et le Bloc Austro-Allemand (1908-1911), op. cit., p. 201; A. J. P. Taylor, op. cit., pp. 448-449. 按1899與

1907年，俄皇曾經兩度發起召集海牙裁軍會議，或稱海牙和平會議，參與國家雖然眾多，但都沒有裁軍意願，所以成效不彰。兩次海牙會議只締訂立了一系列規範戰爭、爭端和平解決的條約。

46.J. Droz, op. cit., p. 507.

47.S. R. Williamson, Jr, op. cit. p.10.

48.德國對奧匈的支持不在話下，義大利基於三國同盟盟約中，奧匈曾經承諾，一旦奧匈在巴爾幹半島有所獲，將分義大利一杯羹，義大利有此期望，當然不反對奧匈兼併波黑二州。

49.V. Khvostov, La lutte entre l'Entente et le Bloc Austro-Allemand (1908-1911), op. cit. pp. 204-205.

50.斯托雷平曾任地方州長，屬保守派，因堅決鎮壓農民叛亂而得尼古拉二世寵信。1906年先任內政大臣，旋提升為首相。在1906與1907 年兩度解散國家杜馬，成立軍事法庭審判叛亂者，死於暗殺。

51.R. Langhorne, op. cit. p. 99; V. Khvostov, La lutte entre l'Entente et le Bloc Austro-Allemand (1908-1911), op. cit. p. 209.

52.Ibid. pp. 210-211.

53.尼古拉二世本來就優柔寡斷，對許多政策都沒有定見，誰與他最接近，誰最後與他商討，他就可能接受其看法。他雖然支持伊茲沃爾斯基的想法，但在政策失敗後也保持緘默，讓他獨自受過。

54.王繩祖、何春超、吳世民，前引書，頁389.

55.S. R. Williamxon, Jr, op. cit. pp. 27-28.

56.貝特曼‧霍爾維格攻讀法律，後進入政界。1905年為普魯士內政大臣，1907年改任德國內政部國務秘書，1909年接替比羅為首相。在內政上屬溫和自由派，外交上主張減緩海軍擴張，改善與英國之關係。處理1914年巴爾幹危機並不得體，引爆一次世界大戰。拒絕進行無限制潛艇戰，1917年7月被迫辭職。

57.基德倫‧華希特也是攻讀法律，1879年進入外交界，外交立場強硬。1898年任駐羅馬尼亞公使，後轉調駐土耳其大使，支持興建巴格達鐵道。1908年任外交部次長，1910年升任外相。作風強悍，好戰。

58.詳細內容請參見本章第六節。

59.R. Langhorne, op. cit. p.102.

60.卡以約於1886年法學院畢業後進入財政部任職，1898年當選爲衆議員，長於理財，1899～1902年，1906～1909年間兩度擔任財政部長。1911年6月組閣，外交立場上猶如胡維耶，親德反俄。處理第二次摩洛哥危機，裡外不討好，於1912年1月下台。他的親德立場使他在一次世界大戰中被指控叛國，因妨礙國家外部安全罪名被剝奪公民權十年。

61.A. J. P. Taylor, *The Struggle for Mastery in Europe, 1848-1918*. op. cit., p. 469.

62.R. Langhorne, op. cit. p. 103; V. Khvostov, La lutte entre l'Entente et le Bloc Austro-Allemand (1908-1911), op. cit. p. 220.

63.A. J. P. Taylor, *The Struggle for Mastery in Europe, 1848-1918*. op. cit., p. 471.

64.J. Droz, op. cit., pp. 512-513.

65.潘加雷出身律師，後從政，1887年被選爲衆議員。1893～1906年間歷任不同內閣部長，1912～1913年間擔任閣揆兼外交部長，對德國採取不妥協立場。1913～1920年任法國總統。1922～1924年間再度擔任閣揆兼外長，下令佔領魯爾。1926～1929年在左派執政發生財政危機後，再度掌權，1928年決定讓法朗貶值。

66.J. Droz, op. cit., p. 513.

67.A. J. P. Taylor, *The Struggle for Mastery in Europe, 1848-1918*. op. cit., p. 472.

68.在該年八月與九月英國積極從事戰爭準備，而英法兩國也進行了軍事合作的磋商。

69.R. Langhorne, op.cit. p. 103.

70.A. J. P. Taylor, *The Struggle for Mastery in Europe, 1848-1918*. op. cit. p. 504.

71.貝希托德在1912年接替埃倫塔爾出任外相後並未改變此一態度，見S.

R. Williamson, Jr, op. cit. pp. 124-125.

72. A. Sked, op. cit. p.253.

73. A. J. P. Taylor, *The Struggle for Mastery in Europe, 1848-1918.* op. cit. p. 474, p. 504.

74. V. Khvostov, La lutte entre l'Entente et le Bloc Austro-Allemand (1908-1911), op. cit., p.224.

75. 薩佐諾夫於1883年進入外交部，1910年10月接替伊茲沃爾斯基，成爲外交大臣，當時他的妹夫斯托雷平擔任首相（1906～1911年）。他雖然長年服務外交界，外交經驗與手腕並不老到。他的外交政策在交好英法，緩和與德國的關係，保持巴爾幹半島的均勢。一次大戰爆發之前，力勸沙皇下令全面動員。1916年因勸說沙皇在戰後允許波蘭獨立而被解職，派駐倫敦大使，俄國革命後去職，定居巴黎。

76. 查理可夫所進行的對土交涉，薩佐諾夫並不知情，因爲當時他正在瑞士治病。但他的主張獲得駐法大使伊茲沃爾斯基的共鳴與尼古拉二世的支持。

77. 這是各國外交都可能遭遇到的問題。即外交人員也許對駐在國的情勢瞭解透徹，對促進其國家與駐使國間的關係也努力以赴，甚至著有貢獻，但如果不能瞭解本國外交政策的整體規劃、重心、推行政策的實力，結果對本國卻是愛之反而害之。

78. V. Khvostov, (1965). Les guerres Balkaniques (1912-1913). In V. Potiemkine (Ed.), op. cit. pp. 232-233; A. J. P. Taylor, op. cit., pp. 484-485.

79. 維尼澤洛斯生於克里特島，雅典大學法學院畢業，1910年當選國會議員，同年10月初任首相。他改組軍隊，建立巴爾幹同盟，在隨後的巴爾幹戰爭中，自土耳其取得許多領土，使希臘的土地與人口增加了一倍。一次世界大戰中曾因外交政策與君主不合，自建共和國，其後即成爲共和派。一次戰後又自義大利取回鐸德卡尼斯群島。他數度組閣，因爲大幅擴大希臘的版圖，被人尊爲現代希臘的偉大政治家。

80. V. Khvostov, Les guerres Balkaniques (1912-1913), op. cit. pp. 232-233.

81.Ibid. p. 237.

82.A. J. P. Taylor, *The Struggle for Mastery in Europe, 1848-1918*. op. cit., pp. 486-488.

83.貝希托德出身富豪，1893年進入外交界，曾在倫敦、巴黎使館服務，1906年任駐俄大使，1912年2月任外交大臣。一次巴爾幹戰爭時，企圖維持現狀，不成，決心阻止塞爾維亞向西南擴充，極不妥協，在他手中爆發一次世界大戰。1915年1月被迫辭職。

84.V. Khvostov, Les guerres Balkaniques (1912-1913), op. cit. p. 238.

85.1908年波士尼亞危機時，埃倫塔爾爲展現其對土耳其轄下其他領土並無野心，快點解決波士尼亞問題，所以撤出此地，被認爲是外交決策上的一大失誤。

86.S.l Williamson, Jr, op. cit. pp. 124, 126-128.

87.V. Khvostov, Les guerres Balkaniques (1912-1913), op. cit. pp. 239-240.

88.A. J. P. Taylor, *The Struggle for Mastery in Europe, 1848-1918*. op. cit., p. 494.

89.V. Khvostov, Les guerres Balkaniques (1912-1913), op. cit., p. 240.

90.希臘所要求鄰近海峽的島嶼，俄國基於保持海峽暢通不受威脅的考慮，不能同意。至於義大利，在1912年10月的土義和約中，義已經同意將鐸德卡尼斯群島歸還土耳其，但尚未執行，當然不能同意由希臘取得。就義大利來看，同樣是對土戰爭之戰勝國，如果希臘可以取得，義大利更可以取得，更何況群島還在義大利手中？

91.S. R. Williamson, Jr, op. cit., pp. 135-140.

92.V. Khvostov, Les guerres Balkaniques (1912-1913), op. cit. p.244.

93.約文請參見王繩祖、何春超、吳世民，前引書，頁418。

94.蒂查隸屬匈牙利自由黨，但卻是地主利益的代表人。1903～1905年任匈牙利首相，1912年任國會下議院議長，1913年再度組閣。1917年因爲反對查理一世在匈牙利實施選舉改革而下台，1918年被馬札兒人謀刺身亡。

95.蒂查在1913年擔任匈牙利首相後，經常去維也納，對於外交決策參與

頗多，令貝希托德十分困擾。蒂查所以支持保加利亞出於以夷制夷的考量，想以保加利亞牽制羅馬尼亞，因為後者對匈牙利轄下的羅馬尼亞人地區有所覬覦。奧匈因此尋求德國支持，以便軍事介入。參見S. Williamson, Jr, op. cit. pp. 146-149.

96.據估計德國的軍備效力要到1913年底才能發揮，參見V. Khvostov, Les guerres Balkaniques (1912-1913), op .cit. p. 248.

97.A. J. P. Taylor, *The Struggle for Mastery in Europe, 1848-1918.* op. cit., p. 498.

98.在無威級戰艦誕生以前，英德兩國舊有的艦船數量之比為63:26，到無威級戰艦下水以後，戰艦比例有新的實力評比。1908年時，英德兩國無威級戰艦數量之比已經成為12:8（9），兩國實力差距已經大幅縮小。參見V. Khvostov, (1965). La lutte entre l'entente et le bloc Austro-Allemand (1908-1911). In V. Potiemkine (Ed.), Tome II, op. cit. pp. 196-197.

99.R. Albretch-Carrié, op. cit. p. 271. J. Droz, op. cit., p. 519.

100.A. J. P. Taylor, *The Struggle for Mastery in Europe, 1848-1918.* op. cit., p. 459.

101.威廉二世接受英國每日電訊報記者的訪問，訪談重點之一，是強調他對英國的友誼，使他成為德國的少數；二是強調他在波耳人戰爭中對英國的外交支援。這些論點在英國僅引起一些嘲諷，但在德國本身卻掀起軒然大波。德國人以為德皇的態度既有傷德國的民族自尊，也使德國在外交上陷入孤立。德皇在德國的支持度因此受損。在國際上，德國人民強烈的反英情緒終於使英國親德的政治人物以及其支持者覺醒。每日電訊報訪談全文請參閱H. N. Weill, op. cit., pp. 269-272.

102.A. J. P. Taylor, *The Struggle for Mastery in Europe, 1848-1918.* op. cit., p. 461.

103.Ibid. p. 477.

104.邱吉爾出身貴族，畢業於皇家軍事學院。1895～1899年任職軍中，

1900年進入國會，原為保守黨，後轉入自由黨。1908年任阿斯奎斯內閣商務大臣，1911年改任內務大臣，旋又轉任海軍大臣。主張做好戰爭準備，擴建海軍，創海軍參謀總部。一次大戰中因攻打土耳其海峽失利下台，1917年任軍需部長，研製坦克有成。1919年任國防大臣，其後歷任內閣要職。1929～1939年退出政壇，專心寫作。1939年反對張伯倫對德妥協，後反為張伯倫啓用為海軍大臣。1940年任首相，帶領英國打贏二次大戰。

105. 霍爾丹為英國律師、哲學家和政治家，屬自由黨帝國主義派，1895～1911年間任下議院議員，1905年底任陸軍大臣（或稱軍政大臣、戰爭大臣），對整頓與重組英國陸軍、參謀體系著有功效。

106. A. J. P. Taylor, *The Struggle for Mastery in Europe, 1848-1918*. op. cit., p. 478.

107. R. Langhorne, op. cit. p. 101.

108. A. J. P. Taylor, *The Struggle for Mastery in Europe, 1848-1918*. op. cit. pp. 481-482.

109. 喬治五世為愛德華七世之次子，1910年5月繼位，在位二十六年，一次大戰期間曾數度到法國前線視察，有五子一女。

110. 英德兩國早在1898年就曾經針對葡屬非洲有過瓜分協議，只是後來被束諸高閣。新的原則性協議由於其中英國讓步太大，格雷一直延遲作業，直到1914年7月底，大戰爆發前夕才批准。

111. V. Khvostov, (1965). Le début de la première guerre mondiale. In V. Potiemkine (Ed.), Tome II, op.cit. pp. 259-260.

112. Ibid. p. 215; A. J. P. Taylor, *The Struggle for Mastery in Europe, 1848-1918*. op. cit., p. 463.

113. Ibid. pp. 464, 475.

114. Ibid. pp. 478-479; V. Khvostov, La lutte entre l'entente et le bloc Austro-Allemand (1908-1911), op. cit., p. 228.

115. Ibid.

116. 格雷在是年11月12日致甘朋的信中，充分發揮了模糊外交的藝術。

他在信中說：「From time to time, in recent years the French and British naval and military experts have consulted together. It has always been understood that such consultation does not restrict the freedom of either Government to decide at any future time whether or not to assist the other by armed force. We have agreed that consultation between experts is not, and ought not to be regarded as, an engagement that commits either Government to action in a contingency that has not arisen and may never arise. The disposition, for instance, of the French and British fleets respectively at the present moment is not based upon an engagement to cooperate in war. You have, however pointed out that, if either Government had grave reason to expect an unprovoked attack by a third Power, it might become essential to know whether it could in that event depend upon the armed assistance of the other. I agree that, if either Government had grave reason to expect an unprovoked attack by a Third Power or something that threatened the general peace, it should immediately discuss with the other whether both Governments should act together to prevent aggression and to preserve peace, and, if so, what measures they would be prepared to take in common. If these measures involved action, the plans of the General Stafs would at once be taken into consideration, and the Governments would then decide what effect should be given to them」.整個信函中格雷完全沒有任何肯定的承諾。信函引述自R. Albretch-Carrié, op, cit. p. 279.

117. Ibid. p. 228; A. J. P. Taylor, *The Struggle for Mastery in Europe, 1848-1918*. op. cit., pp. 479-480.

118. V. Khvostov, (1965) Le début de la première guerre mondiale. op.cit. p. 230.

119. R. Langhorne, op. cit. p.107.

120. 維維亞尼出身律師，後從政，爲社會黨人。1893～1902年間爲巴黎選出的衆議員。1906～1909年在克里蒙梭政府中任勞工部長。1913

～1914年間曾擔任短暫的教育部長，1914年6月出任總理兼外長，德國對法宣戰後辭去外長職務。1915年10月下台。大戰結束後曾擔任若干外交職務。

121. 卡以約與岳黑原來組閣幾成定局，但後來卡以約爆發醜聞，他的第二任妻子因爲阻止巴黎一家報紙刊出卡以約在婚前寫給他的情書，殺死該報出版人，因而使卡以約無法組閣。

122. V. Khvostov, Le début de la première guerre mondiale, op. cit. p. 261; A. J. P. Taylor, *The Struggle for Mastery in Europe, 1848-1918*. op. cit., pp. 512-513.

123. 基於經濟及戰略利益的考量，德國對土耳其海峽及其亞洲領土有高度興趣。從這個角度看，德國需要確保它可以經由巴爾幹通往上述地區的通道暢通。爲此，德國有保持其在巴爾幹的影響力的必要。但事實上，陸上通道需穿過的國家太多，變數不少。再說德國海軍實力強大，經由英法海峽與地中海，直達土耳其還更爲便捷。如此，德國在巴爾幹又有何利益？

124. 小毛奇是老毛奇的姪子，職業軍人。因爲係老毛奇的姪子，官運亨通。1882年時爲老毛奇之助手，1903年爲陸軍軍需總監，1906年接替施利芬，任參謀總長。他雖然承襲了施利芬兩線作戰的策略，但又將其修改：戰爭爆發後，增強西線南翼的兵力，阻止法軍攻德，又減少了西線北翼主攻力量，後又應奧匈要求抽調一部份兵力馳援東線，結果陣腳大亂，使西線速戰速決策略破功。1914年9月14日被撤換，鬱鬱而終。

125. J. Droz, op.cit., pp. 521-522.

126. 德國強力發展海軍造成其與英國關係上無可挽回的裂痕。邱吉爾曾譏諷的說，發展海軍對英國來說是「必要品」，對德國來說則是「奢侈品」。這話或許有某種程度的道理，但卻不見得全對。德國因爲其海外利益，當然也需要有相當的海上武力，只是德國太過投入，威脅到英國的海上霸權。

127. 霞飛畢業於巴黎綜合工科學校，後從軍，曾在法屬印度支那、西非

及馬達加斯加等地服務。1905年升任師長，1911年任參謀總長，一次大戰1914～1916年任法軍西線總司令。在第一次馬恩河戰役擊敗部分德軍，使德軍想在西線迅速取勝的策略幻滅。

128. 不過1914年4月後由於選舉的結果，此案被擱置。

129. 紐先鍾（編著）、黎東方（校訂）（1977）。**西洋全史（十五）。第一次大戰**。燕京文化。V. Khvostov, Le début de la première guerre mondiale, op. cit., p.262.

130. 詳情請參閱紐先鍾、黎東方前引書，頁82-83。

131. V. Khvostov, Le début de la premiere guerre mondiale, op. cit. pp. 264-265; A. J. P. Taylor, op. cit., p. 522.

132. 通牒全文請參考Ed. By H. N. Weill, op. cit., pp. 285-286.

133. 塞爾維亞的答覆文見Ibid., pp. 288-289.

134. V. Khvostov, Le début de la première guerre mondiale, op. cit. p. 268.

135. Ibid. p. 269.

136. Ibid. p. 272.

137. Ibid. p. 279.

138. J. Droz, op. cit., pp. 524-525.

139. 俄國的動員通知送抵德國等國家時是29日上午，俄國局部動員的地方爲奧得薩、基輔、莫斯科以及喀山（kazan）等地。電文內容參閱H. N. Weill, op. cit., p. 292.

140. 威廉二世顯然不認同尼古拉二世的看法，所以在他幾小時後的回電說：只要俄國作個觀眾，不捲入奧塞衝突，歐洲就不會有戰爭出現。Ibid. p. 311.

141. 威廉二世對奧匈建議的全文見Ibid., p. 291.

142. 李赫諾斯基的報告讓威廉二世爆怒，他說：「英國的底牌掀開了…英國一直以甜言蜜語欺騙我們，什麼英國將中立，將盡力置身衝突之外，都是謊言。格雷只要嚴肅的告訴巴黎與聖彼得堡，要求他們中立，一切都會平靜過去。他們不此之圖反而威脅我們，眞是卑鄙的狗娘養的」。參見V. Khvostov, Le début de la première guerre

mondiale, op. cit. pp. 274-275.

143.Goschen to Grey, No. 121-34, see H. N. Weill, op. cit., p. 294.

144.有關這兩個通牒全文，請參閱H. N. Weill, op. cit., p. 296.

145.紐先鍾黎東方，前引書，頁121.

146.許多學者都以為，民族主義在催化第一次世界大戰方面，扮演了重要角色。這些學者如Pierre Renouvin, Bernadotte E. Schimitt, Lafore, A. J. P. Taylor, Sidney Bradshaw Fay, Raymond Aron等，都認可這一原因，只是重要性不等罷了。

147.持這種見解的學者亦多。如Barbara W. Tuchman, (1966). *The Proud Tower: A Portrait of the World Before the War, (1890-1914)*. Hajo Holborn, (1951). *The Political Collapse of Europe*. Bernadotte E. Schmitt, (1966). *The Origins of the First World War*.他們三人的意見被引述在Brison D. Gooch, (1967). (Ed.), *Interpreting European History, Volume II*, The Dorsey Press, Homewood. Illinois, pp. 276, 281-282, 288-291.

148.Sidney Bradshaw Fay, (1928). *The Orgins of the World War*. B. E. Schmitt持此見解 Ibid. p. 278, pp. 282-283.

149.R. Langhorne, op. cit. p. 29.

150.德國在1890年時人口四千九百萬，到1915年時已經高達七千萬。

151.這些看法都是德國史學界的反省，參見R. Langhorne, op. cit. pp. 112-113.

152.Ibid. pp. 51-55.

153.John U. Nef, (1950). *War and Human Progress: An Essay on the Rise of Industrial Civiliszation*. reprinted In Brison D. Gooch (Ed.), op. cit. p. 295.

參考書目

英文部分
法文部分
中文部分

英文部分

Albrecht-Carrié, René, (1973). *A Diplomatic History of Europe Since the Congress of Vienna.* New York: Harper & Row, Publishers.

Bagdasarian, Nicholas Der, (1976). *The Austro-German Rapprochement, 1870-1879, From the Battle of Sedan to the Dual Alliance.* Rutherford: Fairleigh Dickinson University Press

Bemis, Samuek Flagg, (1953). *A Diplomatic History of the United States.* New York: Henry Holt and Co., 3rd Edition.

Black, Eugene, C., (Ed.). (1967). *European Political History, 1815-1870: Aspects of Liberalism.* New York: Harper & Row.

Bury, J. P. T. (1991). *France 1814-1940.* London: Routledge.

Carr, William, (1991). *A History of Germany, 1815-1990.* London: Edward Arnold, Division of Hodder & Stoughton, 4th Edition.

Case, Lynn M. (1954). *French Opinion on War and Diplomacy during the Second Empire.* University of Pennsylvania Press.

Colin, Armand, (1991). *Introduction à l'histoire des relations internationales.* Paris: Armand Colin.

Crabb, Jr, Cecil V. (1989). *American Diplomacy and the Pragmatic Tradition.* London: Louisiana State University Press.

Craig, Gordon A. (1974). *Europe Since 1815.* Alternate Edition, New York: Holt, Rinehart and Winston.

Craig, Gordon A. (1972). Political and Diplomatic History. In Felix Gilbert and Stephen R. Granbard (Eds.), *Historical Studies Today.*

Crankshaw, Edward. (1987). *The Fall of the House of Habsburg.* London: Papermac.

Delzell, Charles F., (Ed.). (1965) *The Unification of Italy, 1859-1861:Cavour, Mazzini, or Garibaldi?* New York: Holt, Rinehart and Winston.

Dockrill, Michael, & McKercher, Brian, (1996). *Diplomacy and World*

    Power, Studies in British Foreign Policy, 1890-1950. Cambridge University Press.

Ferrell, Robert H. (1969). *American Diplomacy: A History.* New York: W. W. Norton & Company Inc.

Gooch, Brison D. (1970). *Europe in the Nineteenth Century.* London: The Macmillan Company.

Gooch Brison D., (Ed.). (1967). *Interpreting European History, Voloume I, From the Renaissance to Napoleon; Voloume II, From Metternich to the Present.* Home Wood. Illinois: The Dorsey Press.

Gooch Brison D., (Ed.). (1963). *Napoleon III, Man of Destiny, Enlightened Statesman or Proto-Fascist?* New York: Holtm Rinehart and Winston.

Gosser, F. (1948). *The Management of British Foreign Policy, 1880-1914.* Leiden.

Grant, A. J., & Temperley, Harold, (1953). *Europe in the Nineteenth and Twentieth Centuries (1789-1950).* London: Longmans, Green and Co. Ltd, 6th Edition.

Hale, Oron James, (1964). P*ublicity and Diplomacy, with Special Reference to England and Germany, 1890-1914.* Gloucester: Mass. Peter Smith.

Hargreaves, David, (1991). *Bismarch and German Unification (Documents and Debates).* Macmillan.

Hayter, William, (1961). *The Diplomacy of the Great Powers.* New York: the Macmillan Company.

Kennan, George F. (1951). *American Diplomacy 1900-1950.* Chicago, Illinois: The University of Chicago Press.

Kennedy, Paul, (1983). *Strategy and Diplomacy, 1870-1945.* London: George Allen & Unwin.

Kennedy, Paul, (1987). *The Rise and Fall of the Great Powers.* New York: Vintage Books.

Kissinger, Henry A. (1973). *A World Restored: Metternich, Castlereagh, and the Problems of Peace, 1812-1822*. Boston: Houghton Mifflin.

Kissinger, Henry A. (1994). *Diplomacy*. New York: Simon & Schuster.

Knaplund P. (1970). *Gladstone's Foreign Policy*. London.

Kohn, H. (1960). *Panslavism: Its History and Ideology*. New York.

Langer, William L. (1956). *The Diplomacy of Imperialism, 1890-1902*, 2nd Edition.

Langhorne, Richard, (1981). *The Collapse of the Concert of Europe: International Politics, 1890-1914*. London: The Macmillan Press.

Lloyd, T. O. (1984). *The British Empire, 1558-1983*. Oxford University Press.

Lowe, John, (1991). *The Concert of Europe: International Relations, 1814-1870*. London: Hodder & Stoughton.

Macomber, William, (1975). *The Angels' Game: A Handbook of Modern Diplomacy*. New York: Stein and Day, Publishers.

Marriott, J. A. R. *A History of Europe: from 1815-1939*. London: Methuen & Co. Ltd.

Musulin, Stella, (1975). *Vienna in the Age of Metternich:From Napoleon to Revolution,1805-1848*. Colorado: Westview Press.

Oliver, Roland & Fage, J. D. (1969). *A Short History of Africa*. Baltimore: Penguin Arican Library.

Osgood, Samuel M., (Ed.). (1963). *Napoleon III, Buffoon, Modern Dictator, or Sphinx?* Boston: D.C. Heath and Company.

Palmer, R. R. & Colton, J. (1966). *A History of The Modern World*. New York, 3rd Edition.

Pflanze, Otto, (1990). *Bismarck and the Development of Germany, Volume I, The Period of Unification, 1815-1870; Volume II, The Period of Consolidation, 1871-1880; Volume III: The period of Fortification*. Princeton: Princeton University Press.

Plamer, Alan, (1972). *Metternich*. New York: Harper & Publishers.

Rosenau, James, (1971) *The Scientific Study of Foreign Policy.* New York: The Free Press.

Robbins, L. C. (1939). *The Economic Causes of War.* London.

Rowney, D. K., & Orchard (Eds.). (1977). *Russian and Slavonic History.* New York.

Schwarz, Henry F. (1968). *Metternich: The "Coachman of Europe": Statesman or Evil Genius?* Boston: D.C. Heath and Company.

Schuman, F. L. (1931). *War and Diplomacy in the French Republic.* New York.

Sked, Alan, (1991). *The Decline & Fall of the Habsburg Empire, 1815-1918.* London: Longman, 4th Edition.

Smith, Simon C. (1998). *British Imperialism, 1750-1970.* Cambridge University Press.

Smith, Woodruff D. (1982). *European Imperialism in the 19th and 20th Centuries.* Chicago: Nelson Hall.

Sontag, Raymond James, (1933). *European Diplomatic History 1871-1932.* New York: Appleton-Century-Crofts, Inc.

Steele, E. D. (1991). *Palmerston and Liberalism, 1855-1865.* Cambridge: Cambridge University Press.

Taylor, A. J. P. (1993). *The Course of German History, A Survey of the Development of German History Since 1815.* London: Routledge.

Taylor, A. J. P. (1982). *The Struggle for Mastery in Europe, 1848-1918.* Oxford.

Toscano, & Mario, (1970). *Designs in Diplomacy: Pages from European Diplomatic History in the Twentieth Century,* Translated and edited by George A. Carbone. Baltimo and London: The Johns Hopkins Press.

Webster, Charles, (1951). *The Foreign Policy of Palmerston 1830-1841, Britain, the Liberal Movement and the Eastern Question, Vol. II.* London: G. Bell & Sons, Ltd.

Weill, Harman N. (1972). *European Diplomatic History, 1815-1914*. New York: Exposition Press.

Williamson, D. G. (1986). *Bismarch and Germany, 1862-1890*. London: Longman.

Williamson, Jr, Samuel R. (1991) *Austria-Hungary and the Origins of the First World War*. New York: St Martin's Press.

法文部分

Bourgeois, Emile, (1922). *Manuel historique de politique étrangère, 4 vols.* Paris.

Droz, Jacques, (1959). *Histoire Diplomatique de 1648-1919*. Paris: Librairie Dalloz, 2ème édition.

Julien, Ch.-Andre, (1958). *Histoire de l'Afrique, des origins à 1945*. Paris : Presses Universitaire de France.

Ponteil, Felix, (1973). *Histoire générale contemporaine, du milieu du XVIIIe siècle à nos jours*. Paris: Dalloz.

Potiemkine, Vladimir, (Ed.). (1953). *Histoire de la diplomatie, Tome Premier*. Paris: Librairie de Medicis.

Potiemkine, Vladimir, (Ed.). (1965). *Histoire de la diplomatie, Tome II, La diplomatie des temps modernes, 1872-1919*. Paris: Editions M.-Th. Genin.

Renouvin, Pierre & Duroselle, Jean-Baptiste, (1991). *Introduction à l'histoire des relations internationals*. Paris: Asmand Cotin, 4ème édition

中文部分

王增才（1972）。**西洋近代史**。台北：正中。

Roland N. Stromberg（著）王增才（譯）（1983）。**西洋現代史**。台北：正中。

王繩祖、何春超、吳世民（編選）（1998）。**國際關係史資料選編（17世**

紀中葉一1945）。北京：法律出版社。

Stewart C. Easton（著）李先邁（譯）（1974）。**西洋近代史（The Western Heritage）二、三冊**。台北：幼獅。

陳志奇（1993）。**中國近代外交史，上下冊**。台北：國立編譯館，南天。

黃正銘（1959）。**中國外交史**。台北：正中。

傅啓學（1965）。**中國外交史**。台北：三民。

楊逢泰（1986）。**現代西洋外交史，正統主義和民族主義時代**。台北：三民。

黎東方（校訂）鈕先鍾（編著）（1976）。**西洋全史，自由主義與保守主義（十四冊）**。台北：燕京。

黎東方（校訂）鈕先鍾（編著）（1976）。**西洋全史，第一次世界大戰（十五冊）**。台北：燕京。

巴巴拉．杰拉維奇（著）福建師範大學外語系編譯室（譯）（1978）。**俄國外交政策的一世紀**，1814-1914。北京：商務。

近代國際關係史（1814-1914）

著　　　者☞ 張麟徵

出 版 者☞ 揚智文化事業股份有限公司

發 行 人☞ 葉忠賢

總 編 輯☞ 林新倫

副總編輯☞ 賴筱彌

登 記 證☞ 局版北市業字第 1117 號

地　　　址☞ 台北縣深坑鄉北深路 3 段 260 號 8 樓

電　　　話☞ (02)2664-7780

傳　　　真☞ (02)2664-7633

印　　　刷☞ 鼎易印刷事業股份有限公司

初版四刷☞ 2011 年 2 月

I S B N ☞ 957-818-447-6

定　　　價☞ 新台幣 500 元

網　　　址☞ http://www.ycrc.com.tw

E-mail ☞ book3@ycrc.com.tw

國家圖書館出版品預行編目資料

近代國際關係史（1814-1914）/ 張麟徵著. --
初版. -- 臺北市：揚智文化，2002[民91]
　　面；　公分
參考書目：面
ISBN　957-818-447-6（平裝）

1.世界史－19世紀　2.國際關係

578.09　　　　　　　　　　　　91017303